2019-2020
THE 98th JAPAN HIGH SCHOOL
SOCCER
TOURNAMENT

令和元年度
第98回 全国高校サッカー選手権大会
主催：（公財）日本サッカー協会／（公財）全国高等学校体育連盟／民間放送43社

高校サッカー
"令和"
新時代へ

JN000004

令和初となる大会の通算来場者数は33万6999人。決勝戦が成人の日に
固定された第81回大会以降最多だった31万3824人（第94回大会）を超えた

選手権 決勝

静岡学園 3-2 青森山田

1-0 前半11分、青森山田はFKのボールに藤原がヘディングで合わせ先制。
今大会全試合で先制に成功

連覇をかけた王者 青森山田

2-0 前半33分、ペナルティエリア内で倒されたキャプテン武田が
自らPKを決めてリードを広げる

2−1

前半アディショナルタイム、FKから波状攻撃を仕掛ける静岡学園。
こぼれ球を中谷が右足で蹴り込み貴重な1点を返す

復活をかけた王国 静岡学園

後半16分、左サイド草柳の突破からパスを受けた加納が
DFを背負いながら左足でシュート。同点に追いつく

2−2

後半40分

左サイドのFKから中谷がファーで合わせ静岡学園
が2点差を逆転。「セットプレーから一発ほしかった」
川口監督の思惑が的中

静岡学園24年ぶり2度目＆初の"単独"優勝

▶埼玉スタジアム２○○２では２０１６年度から負けていない青森山田は悔しい幕切れ

◀試合終了のホイッスルの瞬間、ピッチに静岡学園ベンチの選手たちがなだれ込む

▲第74回大会は鹿児島実との同時優勝だった。悲願の単独優勝と女子選手権での藤枝順心とのアベック優勝で「静岡サッカー100周年」に華を添えた

▼「やるべきことを徹底できなかった」（黒田監督）。青森山田は連覇を逃すも、初戦から強豪校との連戦を勝ち抜き強さを示した

▲攻め続けて摑んだ日本一。歓喜の胴上げを味わった川口監督は、「初体験夢の世界。正直、心の底から嬉しい」

選手権 準決勝

青森山田、直近4大会で
3度目の決勝進出
新潟県勢初4強の帝京長岡も意地見せる

青森山田 2-1 帝京長岡

試合開始から押され気味だった青森山田
だが前半16分、右サイドの裏に抜け出し
た内田がクロス。ファーで待ち構える田
中の先制ゴールをアシスト

経験豊かな青森山田が
見せつけた決定力

前半16分、内田のクロスを田中が下がり
ながらの体勢でヘディングを決め先制。
少ないチャンスを得点に結びつけた

後半2分、再び右サイドからのクロス。こぼれ球に1年生MF
松木が合わせ追加点。効果的なゴールで優位に立つ

▶前半チャンスを作り続けた帝京長岡。37分には酒匂が頭で押し込むもゴールライン上でクリアされる
◀新潟県勢初となる準決勝。強い思いは試合開始から見られた

「人とボールが動く」帝京長岡サッカー、大舞台で躍動

後半32分、田中が中央突破から青森山田DFを次々とかわし強烈な左足シュートで反撃の1点を返す

▲後半終盤には足をつった青森山田・武田を、帝京長岡GK・猪越が抱きかかえてピッチ外に運ぶシーンも
◀注目の帝京長岡FW晴山は両チーム最多の4本のシュート。しかしゴールネットを揺らすことは叶わず

埼玉スタジアム２○○２で戦う経験値が蓄積されている青森山田。「辿り着いたのではなく戻ってきた」（黒田監督）。意識の高さで難しいゲームを制した

▲帝京長岡の古沢監督は「率直に悔しい」。それでも「選手が楽しそうにピッチを駆け巡ってくれて満足」と感慨深げだった
▶Jリーグ内定選手を複数擁し、技巧派軍団として準決勝でもシュート17本を放った帝京長岡。試合後には大きな拍手が贈られた

▶前回大会8強、そして今大会4強。帝京長岡は着々と歴史を更新◀試合後の両チームには、互いをねぎらう温かさがあった

静岡県勢12年ぶりの決勝進出
堅守徹底の矢板中央、
後半アディショナルタイムに悲劇

静岡学園 1
矢板中央 0

選手権
準決勝

後半アディショナルタイム、右サイドから静岡学園・
松村がドリブル突破を図る。直後、倒されPKに

静岡学園の攻撃スタイル

それにたちはだかった"赤い壁"

◀2大会ぶりの埼玉スタジアム2002。「力の差は認めながら自分たちのできるサッカーをやろう」(高橋監督)と覚悟を決めた矢板中央イレブン

▲ベスト4のうち3チームはチームカラーが緑。唯一、赤の矢板中央の存在感が際立つ

高橋監督の言う「最後までひたむきに身体を張った全員サッカー」を具現化。静岡学園の個人技を複数で抑えにかかる

時にはペナルティエリア内に11人全員が入りゴールを死守した矢板中央。2次攻撃、3次攻撃にも耐えた

後半アディショナルタイム突入後、
静岡学園・田邉のシュートがゴール
へ。しかしポストに嫌われる

最後の最後まで攻め続けた静岡学園
がアディショナルタイムを4分経過し
たところでPKを獲得。執念を実らせる

ドリブル突破で倒された松村自らがPKを決めて
決勝点。シュート24本を撃ち続けた静岡学園の
歓喜が弾ける

3度目の準決勝も勝利はできず。それでも粘り強い堅守に監督も感動。
観客からもひたむきな守備に対する拍手が起きた

矢板中央は3年連続で8強以上。栃木県勢のこの
4年で3度のベスト4という成績は立派

選手権 OPENING CEREMONY 開会式

▶第15代応援マネージャーの森七菜さんが入場行進を先導

▲ご臨席された高円宮久子妃殿下と田嶋幸三・日本サッカー協会会長が夢舞台を行進する選手たちを見守る

選手権 開幕戦

國學院久我山が開幕戦史上最多の8ゴール！

令和最初の一戦でFW山下と FW山本（航）が3得点

前半6分、國學院久我山はFW山下が右足シュートをゴール左隅に流し込む。山下は3得点で令和のハットトリック第1号。國學院久我山は開幕戦の得点記録を更新する8得点

國學院久我山 8-0 前原

▼後半30分、FW山本（航）が左足でこの日3得点目を記録。國學院久我山は開幕戦で2選手がハットトリックを達成した

國學院久我山は交代出場DF河原が角度のない位置から「狙っていました」という左足ループシュート。仲間たちも驚くゴールに沸いた

▼前原は2年生GK中山を中心に相手の猛攻に耐えたが無念の8失点。中山は「この悔しさをバネにして練習から頑張っていきたい」と誓った

▲令和初の選手権に臨んだ審判団と選手たち。点差の開く結果となったが、1万3949人の観衆の前で最後まで全力プレーを見せた

選手権 1回戦

後半38分、1点を追う富山第一は右クロスをFW碓井が右足ダイレクトボレーで決めて歓喜の雄叫び

初出場の専大北上と
大手前高松が初戦突破！
北信越勢3チームが全て2回戦へ

富山第一　2
立正大淞南　2
［4 PK 3］

先 富山第一	PK	立正大淞南
高木 ○	1	○ 伴木
真田 ○	2	○ 澤田
碓井 ×	3	× 山田（真）
鈴木 ○	4	○ 大迫
吉藤 ○	5	× 石橋
中村	GK	豊田

立正大淞南は伝統の中央突破、高速プレスからFW伴木が決めて2-1としたが、追いつかれ、PK方式で涙をのんだ

▲総体準優勝校の富山第一は2度リードされながらも追いつき、PK方式の末に2回戦進出。GK中村は、J2松本に加入する立正大淞南MF山田（真）のシュートをストップ

神村学園　0
前橋育英　0
［5 PK 4］

先 神村学園	PK	前橋育英
軸丸 ○	1	○ 栗原
中島 ○	2	○ 山田
濵屋 ○	3	○ 山岸
樋渡 ×	4	× 渡邉
野邊 ○	5	○ 相原
成富 ○	6	× 倉俣
吉山	GK	高橋

◀PK方式6人目、神村学園の2年生GK吉山が前橋育英MF倉俣のシュートを止めて決着。神村学園が第96回大会優勝校を破って2回戦へ

3バックシステムを採用した前橋育英はMF山岸の配球などからチャンスを作ったが、相手GK吉山の好守に阻まれるなど無得点で敗退

17

専大北上 3
龍谷　　　1

▼初出場だった前回大会でベスト16に入った龍谷だったが、今年は初戦敗退。下級生中心のチームは来年の雪辱を期す

▲初出場の専大北上は同じく初出場だった総体に続いて初戦突破。MF阿部（耀）は約25mの無回転ミドルを含めて2得点を叩き出した

神戸弘陵 3-2 秋田商

◀神戸弘陵は1年生MF田中（祉／右）が決勝点。失点に繋がるミスをしていたMFは、ゴールで挽回した

▲4年ぶり出場の神戸弘陵は前回大会ベスト8の秋田商に逆転勝ち。スタンドの仲間たちと喜びを分かち合う

◀秋田商は双子のMF原田（悠）とFW原田（遥）がともに先発出場。弟の原田（遥）は一時勝ち越し点となるゴールを決めた

明秀日立 1-0 高知

◀明秀日立のGK友野が抜け出してきた相手選手との競り合いを制して雄叫び。明秀日立は総体16強の高知を下して2回戦進出

◀高知はMF野島が決定的なボレーシュートを放つシーンもあったが、0-1で惜敗。これで高知県勢は4年連続で初戦敗退に

仙台育英 1 / 五條 1 [3 PK 0]

GK佐藤（文）が「遼が同点に追いついてくれてしっかり繋いでくれた」と感謝。1年生FW佐藤（遼）のゴールで同点とした仙台育英は、PK方式の末に2回戦進出

先 仙台育英	PK	五條
杉田 ○	1	× 池田
渡邊 ○	2	× 井澤
山口 ○	3	× 米川
佐藤（文）	GK	中尾

五條は4年連続での県決勝敗退などを乗り越えて悲願の選手権初出場。敗れたものの、後半5分にFW菅田が頭で初得点を記録した

高川学園MF内田（右）が北海FWに厳しいチェック。内田はCKから決勝点も決めるなど攻守にわたって活躍した

高川学園 1-0 北海

総体8強の西京を山口県予選決勝で破って選手権に出場した高川学園が1-0で勝利。北海は15年ぶりとなる白星を得られず

草津東 4-2 東久留米総合

▲東久留米総合のDF下田主将（上）は前半8分に負傷交代。諦めずに最後まで戦い抜いた仲間たちの奮闘に感謝していた

▼前半を0-3で折り返した東久留米総合だが、1点を返すと後半24分にMF柳田が決めて1点差。敗れたものの地元の応援団は大いに盛り上がった

▶過去2大会は青森山田に0-6、0-5で敗れていた草津東が5年ぶりに1勝。渡邉は2得点で勝利に貢献。1年時からレギュラーのエースFW

筑陽学園 1-0 愛工大名電

東福岡の連覇を6で止めて11年ぶりに福岡県代表の座を掴んだ筑陽学園は、持ち前の堅守を全国でも発揮して2回戦へ

「日本一のハイプレス」を掲げる愛工大名電は選手権初出場。2年生GK安原の好守もあり、強豪に最後まで食らいついた

丸岡は勝負強さを発揮して、名将・小嶺監督率いる長崎総科大附に逆転勝ち。スタンドの応援団も大興奮

▲丸岡は後半36分に追いつくと、39分にDF河上が劇的な決勝点。予選未出場の"秘密兵器"は2得点1アシストの大活躍

丸岡 3-2 長崎総科大附

静岡学園 6
岡山学芸館 0

静岡学園はプリンスリーグ中国優勝チームの岡山学芸館を6-0で圧倒。MF井堀は先制FKを含む3得点の大暴れ

矢板中央 2 [6 PK 5]
大分 2

▶大分は後半7分までに2点ビハインドも、1点差とすると、27分にMF重見のスルーパスをFW大神が決めて同点。だが、2年連続PK方式で涙

先	大分	PK		矢板中央
	永松 ◯	1	◯	左合
	菊地 ◯	2	◯	加藤
	森山 ◯	3	◯	久永
	大神 ◯	4	◯	霊見
	重見 ◯	5	◯	長江
	佐藤 ×	6	×	矢野
	竹谷 ×	7	◯	服部
	塩治	GK		藤井

矢板中央はPK方式で大分7人目のシュートをGK藤井がストップ。県大会決勝でも2本を止めている1年生がチームを救った

夏冬通じて全国初出場の大手前高松は後半12分にMF谷本が決勝点。1-0で勝ち、香川県勢の連続初戦敗退を6で止めた

大手前高松 1-0 帝京大可児

松本国際 1-0 和歌山工

30年ぶり出場の和歌山工はFW田中を中心にゴールを目指したが、惜敗。これまで4度の選手権は全て1点差で敗れているだけに次回こそ、初勝利を狙う

松本国際は後半18分に左サイドの崩しからFW小林が左足で決めて決勝点。本人も「嬉しいです」と喜ぶ一撃で2018年4月の校名変更後、全国初白星

四日市中央工 3
日大明誠 1

初出場の日大明誠は立ち上がりの2失点が響いて初戦敗退。それでも、名門との対戦で全国の精度やスピード感を学び、次へ繋がる試合に

後半7分、四日市中央工はJ3沼津加入のMF森が右足でこの日2点目となるゴール。伊室新監督の下で初めて臨む選手権で1勝をプレゼント

選手権 2回戦

名門・市立船橋がPK方式で初戦敗退
総体3位の尚志と京都橘も敗れる

▶2連覇を狙う青森山田は快勝発進。MF武田（J1浦和加入／右から2人目）とMF古宿（J1横浜FC加入／右から3人目）を中心に笑顔

青森山田 6-0 米子北

後半1分、青森山田MF武田がインターセプトから独走し、左足ループシュートを決める

富山第一 1-0 神村学園

▲堅守・富山第一のキーマン、MF高木（右）と神村学園のポゼッションの中心・MF軸丸がマッチアップ

▶富山第一はセットプレーの強みを発揮。前半16分、左CKからDF丸山が決勝ヘッド

PK方式3人目、國學院久我山GK村上がストップ。村上は7人目のキッカーとして左足シュートを決めて熱戦に決着をつけた

初戦で8ゴールをマークした國學院久我山を無得点に封じた専大北上だったが、涙の敗退

先	専大北上		PK		國學院久我山
	菅原	○	1	2	○ 戸坂
	岩渕	○	2		○ 山本（航）
	福浦	×	3		○ 山本（献）
	岡本	○	4		○ 福井
	阿部（柊）	○	5		× 河原
	瀬川	○	6		○ 清井
	那須	×	7		○ 村上
	高橋	GK			村上

國學院久我山 0
専大北上 0
[6 PK 5]

後半6分、昌平は2年生でゲーム主将を務めるMF須藤が左足で先制ゴール。「夢見ていた舞台」でのゴールを喜んだ

帝京長岡 3
熊本国府 0

後半28分、帝京長岡のU-18日本代表FW晴山（J2町田加入）がヘディングシュートを決めて3点目

▶注目の"技巧派軍団対決"。1万4741人の観衆の前で地元の昌平が初出場校・興國を撃破

昌平 2
興國 0

▶熊本県予選決勝でプレミアリーグ勢の大津を完封した熊本国府は粘り強く戦うも初戦敗退に

神戸弘陵 3
明秀日立 2

明秀日立の追撃をU-18日本代表DF田平（J1C大阪加入／左）を中心に凌いだ神戸弘陵が3回戦進出

ケガと出場停止によって4バックのうち2人を入れ替えた仙台育英だったが、DF杉田を中心に守り勝った

仙台育英	1
高川学園	0

広島県予選決勝で前回大会4強の瀬戸内にリベンジした広島皆実だが、悔しい初戦敗退に

日大藤沢	3
広島皆実	1

前半14分、日大藤沢はFW成定が左足ミドルを決めて先制点。神奈川県予選で総体優勝の桐光学園を破っている日大藤沢が初戦突破

尚志はFW染野（J1鹿島加入）がケガで登録を外れる中、変わらずに全国制覇を目指したが、PK方式で涙

総体では3試合連続で0-0からのPK方式を制している徳島市立が、選手権初戦でも0-0からのPK方式を制して3回戦へ

先	尚志	PK	徳島市立
山内	○	1	○ 阿部
吉田	○	2	× 川人
渡邉	○	3	○ 野口
小池	×	4	○ 平
佐藤	×	5	○ 田内
鈴木		GK	米田

徳島市立	0	4
尚志	0	PK 3

筑陽学園 2-1 草津東

前半39分、筑陽学園MF過能が同点PKを決める。後半に決勝点を奪い、過去2回の出場時同様、3回戦進出

静岡学園 3
丸岡　　　0

静岡学園は「立ち上がりから行くぞ」（川口監督）のメッセージ通りにMF小山が先制点。小山は前半終了間際にもゴール

丸岡はプレッシング守備で健闘。FW田海が体勢を崩しながらもシュートに持ち込む

今治東のDF長井（左）とDF毛利が山形中央FW土田を挟み込む。初陣勝利の今治東は3回戦進出

今治東　　　2
山形中央　　0

今治東対山形中央戦は山下良美主審ら女性3人を含む審判団で実施された

鵬学園　1
京都橘　1

[4 PK 3]

先 京都橘	PK	鵬学園
佐藤 ×	1	× 河村
中野 ×	2	○ 鈴木
西野 ○	3	○ 富川
髙木 ○	4	○ 牛谷内
梅村 ○	5	○ 須藤
中村	GK	前原

▲試合終了間際の後半40分、鵬学園はパスワークで相手の守りを崩し、交代出場FW坂本が起死回生の同点ゴール◀PK方式でGK前原が2本をストップ。鵬学園が総体4強の京都橘を下して選手権初勝利

25

四日市中央工 2-1 松本国際

先制された四日市中央工は後半2分、ロングパスを受けたFW田口（J3鳥取加入）がGKとの1対1を制して同点ゴール

後半15分、矢板中央はMF左合が反転から決勝点となる左足シュート。栃木県予選は無得点も全国で2試合連続ゴール

矢板中央	2
大手前高松	1

日章学園	0		
市立船橋	0		

[7 PK 6]

▶日章学園はPK方式直前で投入されたGK清原が市立船橋7人目のシュートを「気持ちで止めました」とビッグセーブ

市立船橋のDF畑（J1湘南加入）はU-17ワールドカップにも出場した快足右SB。クロスを上げ切るなど奮闘も実らず

先 市立船橋		PK	日章学園	
植松	○	1	○	鈴木
鈴木	○	2	○	阿部
鷹啄	○	3	○	中別府
森	○	4	○	後藤
佐久間	○	5	○	木脇
中村	○	6	○	葭岡
松谷	×	7	○	濱松
金子		GK		清原

PK方式7人目、日章学園DF濱松の右足シュートが右隅に決まって決着。日章学園が優勝5回の市立船橋を破って3回戦進出

選手権 3回戦

後半35分、青森山田の1年生MF松木がこの日、2得点目を決めて「2」をアピール

昌平と徳島市立が初の8強

東高西低。東海地区以東の7校が準々決勝へ

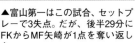

▲富山第一はこの試合、セットプレーで3失点。だが、後半29分にFKからMF矢崎が1点を奪い返した
▲青森山田の最終ラインで守備範囲の広さを見せたU-17日本代表DF藤原

青森山田	4
富山第一	1

昌平は後半アディショナルタイムに、交代出場のMF篠田が鮮烈な左足シュート。1年生の劇的な一撃によって関東対決を制した

昌平 1-0 國學院久我山

昌平の中盤で存在感を放ったMF柴。的確なポジショニングとボール奪取力、技術力も発揮

劇的な決勝弾に昌平スタンドも大興奮

27

▶帝京長岡のFW晴山は苦手だったという ヘディングシュートの特訓の成果を発 揮。後半15分の1点目を皮切りに全て頭 で3得点

▼後半6分、帝京長岡はMF本田のラスト パスをFW矢尾板（11番）が左足ダイレク トで決めて先制点

| 帝京長岡 | 5 |
| 神戸弘陵 | 0 |

▶前半、ペースを 握っていた神戸弘 陵。後半28分のMF 徳弘の右足シュー トなどチャンスは あったが……

| 仙台育英 | 0 | 9 PK 8 |
| 日大藤沢 | 0 | |

仙台育英GK佐藤（文）が初戦に続き、3回戦でもPK方式で2本ストップ。「文太は、1本 は止める」（城福監督）の期待以上の働き

先 仙台育英		PK	日大藤沢	
杉田	○	1	○	植村
渡邊	○	2	○	吉本
山口	○	3	○	斉藤
豊倉	○	4	○	猪狩
中山	○	5	○	青木
吉田	○	6	○	布方
角田	○	7	○	宮川
中川原	×	8	×	古谷
明石	○	9	×	平田
島野	○	10	×	植木
佐藤（文）	GK			濵中

日大藤沢はPK方式でGK濵 中が相手の8人目をストッ プ。勝利に近づいたが……

仙台育英が30年ぶりの準々決勝進出。「僕らは雑草軍 団」（城福監督）というチームが躍進

▲総体や全日本ユース（U-18）選手権優勝歴を持つ徳島市立だが、選手権は初の8強。チーム一丸となって歴史を塗り替えた

◀筑陽学園は徳島市立の分厚い守りに阻まれて無得点。16年ぶりの8強には届かず

徳島市立は前半22分にDF三倉が先制点。今季の全国大会での4勝はいずれもPK方式だったが、今回は80分間で勝利

徳島市立 1-0 筑陽学園

静岡学園 2-0 今治東

テクニシャン揃いの静岡学園の中で特にテクニックを表現していたMF小山が、後半7分に左足で追加点

今治東DFが静岡学園MF松村（J1鹿島加入）にタックル。強敵相手に怯まず、球際で厳しい守備を継続した

今治東は涙の敗退。だが、選手、谷監督も「楽しかった」。今後の成長に繋がる一戦に

矢板中央 2
鵬学園　　0

▶3年生たちにとっては
ラストゲーム。努力した
3年間を讃え合う

▼前半14分、矢板中央は栃木県予選の途中から先発
に抜擢されてきたFW西村が先制点。全国初ゴール
が勝利に繋がった

初の8強入りを狙った鵬学園は矢板
中央に食い下がるも、相手のタフな
攻守に屈した

四日市中央工 3 [4 PK 3] 3 日章学園

◀日章学園は1-1の後半
10分に1年生FW木脇（右
端）が勝ち越しヘッド。
攻撃力を示したが、ミス
からの失点が響いた

▼四日市中央工はPK方式でGK有留が5本全ての方向を当て、
1本ストップ。6年ぶりの8強入りに喜びを爆発させた

先	四日市中央工		PK	日章学園	
	森	○	1	○	鈴木
	鐘ヶ江	×	2	○	阿部
	和田	○	3	○	中別府
	本合	○	4	×	後藤
	永﨑	○	5	×	木脇
	有留	GK			清原

日章学園は系列
の日章学園中が
2018、2019年
と全国中学校大
会連覇。高校に
とって初の日本
一は来年以降に

選手権 準々決勝

前半3得点！ 青森山田が好勝負制す

最近5年間で4度目の準決勝進出
昌平は後半猛追も、快進撃ストップ

青森山田は前半19分に追加点。MF後藤が相手のミスを逃さずにゴール。さらに1点を加点し、前半で3点をリードした

青森山田 3-2 昌平

前半10分、青森山田はMF浦川が自らのシュートのこぼれ球を左足で叩き込む。チームは立ち上がりの強さを選手権でも発揮

▼昌平はMF鎌田（J3福島加入）らテクニカルな選手たちがボールを保持しながら反撃

青森山田MF武田が日本高校選抜候補合宿で交流のあった後輩、昌平MF須藤（10番）の健闘を讃え、エールも

▲後半35分、昌平はスルーパスで抜け出したFW山内がGKをかわしてゴール。0-3から1点差まで追い詰めたが……

31

帝京長岡 1 - 0 仙台育英

▶前半15分、仙台育英MF斉藤が抜け出すも帝京長岡GK猪越が足でシュートをストップ。新潟県予選からの無失点を継続

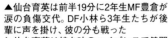

▲仙台育英は前半19分に2年生MF豊倉が涙の負傷交代。DF小林ら3年生たちが後輩に声を掛け、彼の分も戦った
▶仙台育英は持ち味のハイプレスで健闘も惜敗。55年ぶりの4強には届かなかった

▲前半1分、帝京長岡MF谷内田（J2京都加入）が先制ゴール。不調で3回戦途中交代の大黒柱が思いを結果で示した

帝京長岡が新潟県勢初の準決勝進出！

2年連続3度目の挑戦で壁破る
仙台育英は55年ぶりの4強届かず

帝京長岡は「難しいゲーム」（古沢監督）を乗り越えて新潟県勢初の準決勝進出。3度目の準々決勝挑戦で壁を破った

▶静岡学園は大量4ゴール。得点するたびにスタンドのボードが揺れた
▼前半16分、静岡学園は左CKからDF阿部が先制ヘッド。前日のセットプレー練習の成果を発揮し、FW岩本もセットプレーからゴール

技巧派軍団がセットプレーから2発!

静岡学園が23年ぶり、静岡県勢としても12年ぶりの4強
徳島市立は堅守崩れ、徳島県勢23年ぶりの4強ならず

▲徳島市立は集中した守備と思い切りの良いシュートで強豪に対抗。敗れたが、夏冬連続8強という結果を残した
▼2試合連続無失点の堅守・徳島市立は4失点。徳島県勢23年ぶりの4強入りは果たせず

静岡学園はケガ明けのFW加納に代わって先発を務めるFW岩本がハットトリックの大暴れ。歓声を一身に浴びながら笑顔

静岡学園 4-0 徳島市立

四日市中央工は3試合8得点の攻撃陣が沈黙。無得点に終わり、涙の敗退となった

堅守復活の矢板中央が2年ぶりの4強入り！

2試合連続無失点で関東勢最後の砦守る
攻撃陣沈黙の四日市中央工は8強で涙

矢板中央	2
四日市中央工	0

▶矢板中央は栃木県予選初戦から6試合連続で失点も、全国大会3回戦、準々決勝で連続無失点。"堅守復活"で準決勝へ

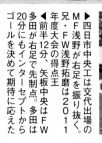

▶四日市中央工は交代出場のMF浅野が右足を振り抜く。兄・FW浅野拓磨は2011年度大会の得点王

◀前半12分、矢板中央はFW多田が右足で先制点。多田は20分にもインターセプトからゴールを決めて期待に応えた

高橋監督から「次の世代、高校サッカーで頑張る選手たちへの励みになる」と称賛された矢板中央の選手たち。代表選手もJリーグ加入選手もいないが、真面目に、泥臭く戦い抜いて全国4強

第98回全国高校サッカー選手権大会
THE 98TH JAPAN HIGH SCHOOL SOCCER TOURNAMENT

4037校から夢舞台へ進んだ
全48代表1440人

静岡県代表
静岡学園

優勝 静岡学園

①静岡県 ②12回目 ③川口修 ④川口修 ⑤阿部健人
⑥（後列左から）北川慶コーチ、川口修監督、土井俊コーチ、徳永誠也、小泉龍之介、田邊秀斗、関根大輝、市川聖也、野知滉平、生嶋健太郎、加納大、阿部健人、井田勝通総監督、浅野利紀コーチ、齋藤興龍コーチ（中列左から）西谷大世、関俊哉、藤井皓也、奥田友惟、小山尚紀、田中大晟、中谷颯辰、岩野寛太、矢田祥真、柿本音王、塩見春輔、清水和馬（前列左から）吉田浩二コーチ、加藤智崇トレーナー、権平美樹、草柳祐介、浅倉廉、岩本悠輝、松村優太、藤田悠介、井堀二昭、北口太陽、渡辺怜歩

前年度優勝・青森県代表
青森山田

準優勝 青森山田㊙

①青森県 ②25回目 ③黒田剛 ④黒田剛 ⑤武田英寿
⑥（登録選手）佐藤史騎、内田陽介、神田悠成、箱崎拓、藤原優大、古宿理久、松木玖生、浦川流輝亜、田中翔太、武田英寿、後藤健太、韮澤廉、得能草生、金賢祐、安斎颯馬、那俄牲海、古澤ナベル慈宇、タビナス ポール、鈴木琉聖、小原由敬、宇野禅斗、鈴木凜、粟津瑠来、松本将吾、藤田夏寿丸、田中将勢、内間隼介、藤森椋太、三輪椋平、山田翔之介

①地区 ②出場回数 ③監督 ④引率教員 ⑤主将 ⑥選手名
※校名横に「総」マークがある高校は夏の総体出場校

35

3位 矢板中央 ㊙

①栃木県 ②10回目 ③高橋健二 ④金子文三 ⑤長江皓亮
⑥〔登録選手〕溝口陽日、坂本龍汰、矢野息吹、長江皓亮、加藤蒼大、霧見拳士朗、新倉礼偉、柿崎貴翔、左合修士、久永武蔵、多田圭佑、藤井陽登、和久井翔、内海歩夢、宮野流斗、在間太一、三河和矢、大貫翔平、大畑瀧生、服部晃多、西村碧海、源間隆輔、島崎勝也、星紫虎、吉田一鷹、小林正宗、我妻晋士郎、石神翼、永山大翔、森山駿

3位 帝京長岡

①新潟県 ②7回目 ③古沢徹 ④谷口哲朗 ⑤谷内田哲平
⑥（後列左から）青山優斗、吉原宏顕、晴山岬、石原波輝、矢尾板岳斗、本田翔英、江上陽太、稲田光佑、中村蒼、羽根享佑、葛岡孝大、鈴木遼平、藤生悠斗、松村晟怜、三宅凌太郎、丸山喬大、伊藤聖馬（前列左から）上野一心、酒匂駿太、小林将司、吉田勇介、田中克幸、川上航立、谷内田哲平、猪越優惟、青山慶紀、吉田晴稀、中村太一、三橋賢人、三ツ木陽人

北海 ㊙

①北海道 ②10回目 ③島谷制勝 ④増田裕樹 ⑤松本広大
⑥（後列左から）澁谷昂生、金田凌、廣瀬拳太、佐藤大樹、寒河江健人、水上路矢、坂本楓馬、東昇汰、佐護優多（3列目左から）坂井海人、大澤拓也、藤井崇正、杉島楓、井波勇太、中野歩夢、武田翔、天野晴希（2列目左から）原田耀人、吉川哲太、杉山壮太、松本広大、小林将大、藪中海皇、芝西大希（前列左から）三盃孝弥、小田桂裕、西沢勇輝、湊琢登、堀本壮玄、二木健生

専大北上 ㊙

①岩手県 ②初出場 ③小原昭弘 ④八重樫良 ⑤阿部柊斗
⑥（後列左から）高橋靜朋、及川康生、根子剛瑠、吉武皇雅、阿部耀仁、岡本崇凱、千田舜、齋藤玲、佐藤瑞希（3列目左から）土谷賢伸、千葉翔、小原希琉、佐藤裕翔、早坂快星、小林改、桑添一颯、鎌田悠生（2列目左から）阿部柊斗、那須永翔、岩渕蓮也、吉田陽輝、菊地竜空、瀬川聖也、菅原新（前列左から）佐々木麟太郎、阿部翔輝、阿部晴琉、鈴木翔太、福浦瑠星、藤原晴磨

秋田商業 総

①秋田県②45回目③小林克④鎌田修明⑤松野眞士
⑥（後列左から）原田悠翔、原田遥翔、田近奈生、佐藤秀人、山口雄也、伊藤修輝、末永祐一郎、川邉久龍、武石恭諒（3列目左から）下山滝斗、杉山壱哉、久保凱竜、大里侑、工藤翔太、加藤幹基、中泉魁人、藤原歩（2列目左から）糟谷歩、亀田聖莉、近野宙安、鈴木瑠世、藤井空、土田拓実、鈴木悠太（前列左から）佐藤優眞、齋藤心護、尚橋拓未、松野眞士、笹原歩起、宇佐美佑悟

山形中央

①山形県②12回目③羽角哲弘④渡辺憲雄⑤太田龍哉
⑥（後列左から）枝松諒真、竹田憂士、成田尚永、井上目耀、舟山葵、松岡龍之介、加藤大輝、土田舜介、小林賢人（3列目左から）下山大輝、小川颯之介、佐々木康佑、庄司宙ノ介、石井創、結城快也、相澤宏祐、吉野耕新（2列目右から）岩城航也、神尾泰生、須藤香太、太田龍哉、斉藤旬太、竹林尚大、小林拓誉（前列左から）飯塚愛、大塚勇輝、太田豪樹、茂木春輔、庄司流生、鳴貫維音

仙台育英

①宮城県②34回目③城福敬④笹原義巳⑤小林虎太郎
⑥（後列左から）大村海裕、島野伶、中村宥太郎、及川開世、佐藤文太、村松広大、大塚俊輝、豊倉博斗、工藤瑛貴（3列目左から）菅井文太、佐藤龍之介、佐藤遼、谷内達、吉田健太、斉藤凉優、安藤豪、内山恵達（2列目左から）中田彪吾、松本銀士、渡邊弘和、山口蓮、中推寛太、細田翔、小林純太（前列左から）中川原樹、中山陸、杉田輝稲、小林虎太郎、角田一期、明石海月

尚志 総

①福島県②11回目③仲村浩二④梅津知巳⑤山内大空
⑥（後列左から）村上瑠哉、高津乃雄、阿部要門、相庭拓海、鈴木康洋、矢吹拓夢、渡邊光陽、五十嵐聖己、チェイス アンリ（3列目左から）鯰田青空、小池陸斗、原晃海、松本岳士、石森惺遠、黒田陸斗、菅田賢斗、石塚崚太（2列目左から）佐藤一輝、福田隼也、今井聖土、神林翼、瀬齊駿登、鷹取聖、吉田葵（前列左から）郡司克翔、松島武虎、坂従颯蒔、山内大空、菅野稜斗、松尾春希

明秀日立

①茨城県②4回目③萬場努④滑川孝則⑤関口順也
⑥（後列左から）石橋衡、高野厚樹、片根魁、友野沖翔、鈴木眞片、谷口璃成、長谷川皓哉、柴田翔、原田昴洋（3列目左から）鈴木侑真、藤原裕也、関口颯乃、大山晟那、石井涼雅、楠原秀翔、塙啓太、髙橋琉煒（2列目左から）関口祐生、根本岳音、箕輪竜馬、海老原拓弥、鎌上翔叶、根本琳生、菅原勇希（前列左から）中沢駿斗、小久保良亮、関口順也、長谷川凉平、中熊岳琉、阿部拓夢

前橋育英 総

①群馬県②23回目③山田耕介④戸塚浩美⑤久林隆祐
⑥（後列左から）髙橋怜士、内橋壮一郎、牧野虎太郎、相原大輝、野礼恩、松岡迅、村隼翔、大野駕生（3列目左から）栗原諒、倉俣健、櫻井辰徳、我妻岳、山岸楓樹、白石郁哉、中島隆斗、久林隆祐（2列目左から）山田涼太、渡邊綾平、繼倉弘貴、國分健助、岡本一真、水上翼、吉澤怜央（前列左から）宮下弥優、千葉剛大、並木歩己、中村草太、新井悠太、西山蓮平

昌平

①埼玉県②3回目③藤島崇之④藤島崇之⑤大和海里
⑥（後列左から）山内太陽、西澤寧晟、唐木晃、牧之瀬皓太、松葉遥風、西村遥己、青木陸、廣瀬陸、柳澤直成（3列目左から）柳田亘輝、篠田大輝、浪川太陽、麻生哲平、棟方豪郎、高橋孝太、浪川峻太（2列目左から）大平奨悟、大和海里、小見洋太、小野寺彪人、須藤直輝、大竹琉生、鎌田大夢（前列左から）井野文太、大瀧愛登、渡邊建太、小川優介、柴圭汰、蛯谷遼太郎

市立船橋

①千葉県②22回目③波多秀吾④木村直純⑤町田雄亮
⑥（後列左から）出川裕一朗、平良碧規、菅谷暁輝、天川幹、金子麗音、細江彦太、西谷寛世、松谷昂輝、鷹啄トラビス（3列目左から）畑大雅、長田京兵、白山玄貴、石田侑資、中村颯、八木智哉、鈴木唯人、植松建斗（2列目左から）町田雄亮、山本大輝、賀澤陽友、木内拓海、佐久間賢飛、冨谷康介、伊藤涼也（前列左から）武藤寛、井原充葵、小長谷勇樹、森英希、根本大雅、岩田夏澄

東久留米総合

①東京都A②3回目③加藤悠④西村隆太⑤下田将太郎
⑥（後列左から）武田涼佑、根岸優希、川村将大、野崎稜凱、池田海音、鈴木亜藍、五賀駿也、下田将太郎、岩田蓮太（3列目左から）酒井真、坂井廉太朗、足立真、山中真紘、松山翔哉、佐藤海翔、田中陸渡、肥沼知良（2列目左から）澁谷薫、岩本帆流風、横田朝陽、亀井啓汰、柳田晃陽、岡田圭太、中原拓海（前列左から）栗原滉、桑鶴匠允、加藤隼吾、野口大陽、近藤大晴、佐藤凜世

國學院久我山 ㊓

①東京都B②8回目③清水恭孝④時﨑一男⑤明田洋幸
⑥（後列左から）鈴木哉眞人、清井大輔、山本献、鈴木彪生、加納直樹、野田祐成、保野友裕、森次結哉、山下陽太郎（3列目左から）村田新直、河合優斗、中村明樹、田中琢人、栗原俊真、吉田圭佑、大窪陽平、藤原樹生（2列目左から）石渡克、村上健、茅野恵大、安田修都、小松譲治、永澤昂大、戸坂隼人（前列左から）山下貴之、河原大輔、福井寿俊、明田洋幸、山本航生、出川大悟

日大藤沢

①神奈川県②5回目③佐藤輝勝④三武誉生⑤青木駿人
⑥（後列左から）鈴木蓮、牧来夢、芹澤侑、上村倫士、濵中英太郎、石塚翔大、鈴木燦次、鈴木輪太朗イブラヒーム、青木駿人（3列目左から）布方叶夢、小林来生、中村駿、植村洋斗、小川晶映、古谷陸、宮川歩己、平田直輝（2列目左から）浅野葵、猪狩祐真、野々山智仁、成定真生也、有山佑汰、斉藤夏、栗原丈（前列左から）岡田怜、吉田愛哉、松本遼成、多田夢都、植木颯、吉本武

日大明誠

①山梨県②初出場③後藤聡志④後藤聡志⑤鶴見来紀
⑥（後列左から）加藤諒大、小名木駿、安達敬亮、津田祐秀、深澤蒼真、二上彰太、高川亜門、江添弘規、中島駿介（3列目左から）成澤槙之介、佐藤真翔、五十嵐圭暉、齋藤康友、森川波瑠人、石井裕、安川智也、酒井蓮人（2列目左から）足立和誠、子安魁、渡辺響、山本真太郎、加藤友稀、有泉宗馬、黒田茉宙（前列左から）町田公信、渡邊隆之介、西野隼人、鶴見來紀、大倉啓太、鵜沢峻平

富山県代表　富山第一

富山第一 （総）

①富山県 ②30回目 ③大塚一朗 ④加納靖典 ⑤吉藤廉
⑥（後列左から）牧野奏太、尾塩海斗、竹内理人、吉倉昇空、李井捺希、堀風斐、中村純四郎、谷中春太朗、伊部眞人（3列目左から）堀雅来、浦崎廉、清水聖己、吉藤廉、伊石侑生、高田晃、矢崎謙介、中嶋颯樹（2列目左から）丸山以祐、鍋田竜樹、真田滉大、中園享成、杉本和真、中川晟、田近隼人（前列左から）鈴木峻加、碓井聖生、高木俊希、広瀬翔一朗、小森登生、髙橋駿斗

長野県代表　松本国際

松本国際 （総）

①長野県 ②3回目 ③勝沢勝 ④勝沢勝 ⑤小川拓馬
⑥（後列左から）山田一輝、今井瀬那、矢口惇英、山崎陽生、押山光希、尾崎風斗、中山恵叶、堀内陸、清水文翔（3列目左から）倉持陸、篠原ユウタ、二木陽、宮嶋歩、舟木渉、伊東宙、青木文哉、江原尚（2列目左から）柳平琢強、馬淵金輝、西牧淳、務台廉、木間晧太郎、小林丈太郎、原田夢人（前列左から）川瀬蒼馬、中村純裁、宮嶋航大、小山成格、瀧澤大輔、小川拓馬

石川県代表　鵬学園

鵬学園

①石川県 ②2回目 ③赤地信彦 ④上坂俊就 ⑤河村怜皇
⑥（後列左から）東大貴、安田圭佑、長島琉也、藤原洸生、前原瑞穂、石倉由雅、中島翔汰、水陸也、根本和其（3列目左から）小塚翔健、今崎達也、鈴木嶺騎、西田悠人、橋本真都、判治海斗、宮本爽汰、圓明翔太（2列目左から）内山仁、坂本健太、須藤芹彩、富川聖也、橋本密、福村貫太、牛谷内柊希（前列左から）前田瑞季、島田湊、原田侑瑞樹、永田貫太、高戸祐成、河村怜皇

福井県代表　丸岡

丸岡 （総）

①福井県 ②30回目 ③小阪康弘 ④宇城康太 ⑤田海寧生
⑥（後列左から）東出来輝、西谷蒼太、中出伶央、出口優真、西陸、斉藤匠、松井蓮、山口和真、倉持一輝（3列目左から）河上英瑞、安部駿、中村晃大、谷原仰星、布施英也、飯田晃明、川中浩夢、柳谷亜再飛（2列目左から）平澤和磨、竹島智哉、藤本輝晶、遠藤悠生、田海寧生、田島優也、池田心（前列左から）斉藤佳汰、西澤慶太、小谷武哉、野尻惇人、月城唯吹、明間希

愛知県代表　愛工大名電

愛工大名電

①愛知県 ②初出場 ③宮口典久 ④宮口典久 ⑤鈴木郁人
⑥（後列左から）有賀悠斗、宮川夏輝、山田偲文、細萱大雅、安原哲平、手嶋海渡、前川将範、森川晴日、西村優沙（3列目左から）内野凌玖、林田圭志朗、水野壮太、加藤大耀、永瀬鮎太、吉川凛太郎、井上玲温、梅村晃世（2列目左から）大竹貫太、平井碧、冨田拓未、森重裕太郎、波多野空知、時晃生、浅井星羅（前列左から）川西絃太、横井空、鈴木郁人、堀朝陽、星元温輝、鈴置阿利登

岐阜県代表　帝京大可児

帝京大可児 （総）

①岐阜県 ②6回目 ③仲井正剛 ④川村真太朗 ⑤神戸政宗
⑥（後列左から）野尻天晴、後藤健太、森﨑大地、堀渕拓未、牧田修希、安江翼、古川明日、犬飼叶郁（3列目左から）佐藤正幸、黒田翼、松尾玲、大森凉、藤村海那汰、遠藤颯、小宅空太、水野宙生、神戸政宗（2列目左から）髙橋龍斗、山浦颯、三品直哉、冨田崚太、松下人樹、横井内社、大石峻暉（前列左から）伊藤蓮、渡邊寿樹也、杉江杏介、関根空、糸魚川虎太郎、前川文哉

①地区 ②出場回数 ③監督 ④引率教員 ⑤主将 ⑥選手名
※校名横に「総」マークがある高校は夏の総体出場校

四日市中央工業 ㊦

①三重県②34回目③伊室陽介④山﨑崇史⑤森夢真
⑥（後列左から）伊藤佑真、小山悠乃、桐生知樹、山﨑大雅、有留奎斗、亀井隆矢、服部勢羽、大道太晟、伊藤陸人（3列目左から）古田大登、伊藤大空、岡山滉生、青木晴暉、永﨑楓人、浅野快斗、角田瞬、山本力生（2列目左から）土江晃貴、工藤千吏、田口裕也、森夢真、鐘ヶ江秀太、和田彩起、井上駿（前列左から）倉田真大、匂坂俊介、髙木良麿、宮木優一、中世古誉斗、本合真也

草津東

①滋賀県②11回目③牛場哲郎④竹中陽祐⑤渡邉颯太
⑥（後列左から）石徳柊弥、古池和弥、長澤輝、上原壮、西川裕、半田優朔、金輝洙、野﨑陽登（3列目左から）藤田大地、川﨑笙次郎、川畑雄斗、鼓島拓巳、木村成寿、梅村青、宇野颯人、南堀悠人、村上和央（2列目左から）喜多亮太、松村斗吾、川東孝太郎、四元舜希、川﨑寛太、川口真央、奥村樹（前列左から）前川慶輔、小林悠衣斗、渡邉颯太、小酒井新太、夏川大和、遠座隆太

京都橘 ㊦

①京都府②8回目③米澤一成④米澤一成⑤佐藤陽太
⑥（後列左から）梅津倖風、鈴木惣一朗、藤橋怜士、金沢一矢、古川瑞輝、前田宙杜、中村青、郷田凪砂、松田龍之介（3列目左から）小山凌、木原励、中野晃弥、渋谷勇希、松浦蒼波、旭奈晃人、中川樹、木下渓（2列目左から）西野太陽、山内琳太郎、長谷川裟恭、梅村倖斗、髙木大輝、湊鱗太郎、松本永遠（前列左から）久保成世、古川巧、永井友也、志知遼大、田中慶吾、佐藤陽太

五條 ㊦

①奈良県②初出場③吉岡一也④山岡敬弘⑤池田達哉
⑥（後列左から）桐山唯翔、豊田魁人、若松大誠、辰巳遼河、和田谷蓮貴（3列目左から）松田司、吉田歩樹、益田吉輝、岸本大晟、井本郁弥、美馬宝、水津直斗（2列目左から）中尾優貫、藤﨑仁、和田拓海、米川優希、吉田真都、小西拓海、井澤悠（前列左から）齋藤蓮、中山幹太、瀬羅威吹、池田達哉、菅田剛平、泉駿斗

和歌山工業

①和歌山県②4回目③大宅光④大宅光⑤田中彰
⑥（後列左から）新谷浩士、神﨑貴緒、岩橋累斗、下平健人、川上豊太、泉拾大、小山悠太、小谷吏玖（3列目左から）山田尚輝、上山京介、中正司裕心、藤本渚颯、小倉雄史、大峰錬、庄司駿、佐藤蓮音（2列目左から）森愛翔、土井一輝、竹林勇人、御前開成、上野康空、神森渚生、芝﨑斗和、竹野航星（前列左から）武山遼太郎、薮恒星、田中彰、岩橋陽世、吉渕来玖、黒川透弥

興國

①大阪府②初出場③内野智章④内野智章⑤田路耀介
⑥（後列左から）丸山航輝、高安孝幸、浦﨑晶立、吉田凜太郎、芝谷颯汰、田川知樹、湯谷杏吏、関家涼太（3列目左から）南拓都、石田開世、山本翔、下村和暉、田上涼太、杉浦力斗、平井駿助、野勢日向大（2列目左から）武良射雅、佐々木紳乃介、松本悠玖、萬谷裕太、山﨑希一、浜﨑匠海、児山雄基、豊田柊弥（前列左から）中池秀太、芝山和輝、田路耀介、橘本丈、樺山諒乃介、中島超男

兵庫県代表
神戸弘陵学園

神戸弘陵学園

①兵庫県②10回目③谷純一④濱田祐也⑤沖吉大夢
⑥（後列左から）鳥羽悠生、岡本陸、辻夕雲希、松井治輝、橋本翔和、徳弘匠、藤井龍馬、岡本虎大郎、宮本規央（3列目左から）小西海生、村川丈郎、濱本直大、西村柊亜、宗石晧資、浅野晴人、谷晃希、吉田依生（2列目左から）松野隼輝、大石稜也、吉田翔貴、沖吉大夢、松隈弘樹、田中祀同、兼田拓実（前列左から）田中魁人、小倉慶士、西矢慎平、竹内悠力、田平起也、大月耀平

鳥取県代表
米子北 ⑬

米子北 ⑬

①鳥取県②15回目③中村真吾④城市徳之⑤田中秀磨
⑥（後列左から）中島蒼太、榎本遼、本池康生、荒川莉音、藤下武士、石本一樹、岡好誠、岩田大河、長崎勇也（3列目左から）為本淏太、植田葉月、野嶋健人、林菟大、鈴木慎之介、廣田皓平、中田来輝、後藤佑也（2列目左から）佐野航大、居川楓河、原田海、横山凌雅、赤井歩夢、崎山友太、生田凌大（前列左から）岡田后央、岡田大和、田中秀磨、高橋祐翔、竹中元汰、和田将張

島根県代表
立正大淞南

立正大淞南

①島根県②18回目③南健司④野尻豪⑤石橋克之
⑥（後列左から）松村巧、菊仲永遠、細井遥暉、戸谷恭平、里中響、楠海斗、伴木翔、澤田琉ノ介（3列目左から）岡田洋之佑、大庭健太郎、山田和樹、藤井嵐、中村尚英、楠空冴、古藤大貴、片淵竜鳳（2列目左から）豊田純平、野口鼓侍郎、古山兼梧、竹谷嵩登、下村岳斗、雨水春陽、藤原淳（前列左から）及川兼太朗、三木進生、石橋克之、大迫武早志、山田真夏斗、岩永隆利

広島県代表
広島皆実

広島皆実 ⑬

①広島県②15回目③仲元洋平④三宅豊⑤吉原翔大
⑥（後列左から）藤岡佑成、遠藤壮太、大越太朗、板舛寿樹、藏本京真、山名悠斗、閑田隼人、赤道洸太、岡崎諒汰（3列目左から）熊田粋太、長塲颯士、隅田遼吾、下谷岳、山中陸月、坂口秀大、山根成留、二井田樹（2列目左から）大地寛柔、坂田涼羽、大川晴琉、田部健斗、猪原友郎、後藤勇人、石村浩太（前列左から）岡平陸輔、久保太輔、吉原翔大、田中博貴、牛原克、岡本拓海

山口県代表
高川学園

高川学園

①山口県②25回目③江本孝④河村直樹⑤内田裕也
⑥（後列左から）福地優雅、中山桂吾、加藤寛人、野中優汰、田代湧二、古屋潤一、野村泰斉、林晴己、井上珠利（3列目左から）内藤祐茉、土田佑也、三浦大輝、河野眞斗、中川翔太、村上一颯、今田蒼葉、山下詩音（2列目左から）末永章太郎、内田裕也、関ウィルソン、野田康介、江尻彭留、土井大輔、好村翼（前列左から）新山大地、眞田颯太、田中誠太郎、大澤一真、重政海晴、松村太陽

岡山県代表
岡山学芸館

岡山学芸館

①岡山県②3回目③高原良明④吉谷剛⑤大山宣明
⑥（後列左から）塩田翔洋、堀旺次朗、小山鐘生、萩原瑠翔、寺島紳太朗、國本希来、髙島諒人、今田光星、宗川遼哉（3列目左から）岡田知也、谷本薫平、近藤稜真、末瀬由太郎、木下叶貴、須賀大貴、山岡亮太、高島槙平（2列目左から）髙倉寛太、中原佑樹、中島晟哉、佐竹壱琶、浦山大雅、法花將義、石井諒（前列左から）谷本壮太朗、山田龍之介、仲程長人、大山宣明、森井麻央、野町将矢

大手前高松

今治東

①香川県②初出場③川上暢之④大須賀幸樹⑤片上椋太
⑥（後列左から）長谷山隆之介、正木浩輔、篠原風地、橋本保、和田大河、冨家仁、野口真翔、宮崎叶多、陶聖太郎（3列目左から）三谷幸記、佐々原遼人、平田涼也、松田築、馬場﨑翔大、行成海人、岩部健太郎、濱田空（2列目左から）佐藤龍希、丸山慶、村上乃介、八十嶋一斗、福家正貴、木村淳宏、大野識人（前列左から）糸瀬英哲、富田修成、亀山幹太、片上椋太、滝平昴也、谷本将虎

①愛媛県②初出場③谷謙吾④森山祐之朗⑤大谷一真
⑥（後列左から）木原凌、菅太誠、越智風太、髙瀬太聖、本那倚、伊藤吏輝、十亀良幸、藤田隆人、白川虎太郎（3列目左から）竹内登士郎、柳垣厚嘉、渡部蓮也、毛利龍心、岩市虎太朗、金子拓未、宮川琉希、石川大地（2列目左から）柳原光汰、工藤玲央、山本亮成、笠原優佑、馬場優汰、長井郁人、兵頭人和（前列左から）川口留加、長井孝也、山中建斗、大谷一真、岡本航汰、尾上哲史

徳島市立 総

高知 総

①徳島県②17回目③河野博幸④河野博幸⑤阿部夏己
⑥（後列左から）大野龍功、中田舜貴、前田俊、前川泰聖、藤島涼介、黒田昂誠、小林直人、佐藤秀一、山本紘輝（3列目左から）工藤壮太、槇野秋也、野口蓮太、石井嵩也、中山湧愛、米田世波、中川真、岩本侑真（2列目左から）二宮蒼士、岡田優哉、平佑斗、久井光太朗、三倉頼真、渡邉浩章、大地勇悟（前列左から）佐野得紀、田内悠貴、川人太陽、阿部夏己、土田桜介、木村広也

①高知県②16回目③高橋秀治④細谷尚史⑤林優太
⑥（後列左から）朝日涼太、松本昂洋、畠中颯斗、松岡洸成、壬生椎成、高橋悠、山中充樹、松岡健成、西森亨弥（3列目左から）小松本実、伊藤圭吾、湯澤秋太、伊冨貴悠、笹岡翼、西田慎太郎、津田楓士、小黒大翔（2列目左から）森亮太、宮地蕗威、山岡丈能、大濱吏功、松井匠、黒川志於、杉本斗季哉（前列左から）川上康、吉尾慎太郎、林優太、野島唯暉、楠瀬海、都築楓太

筑陽学園

龍谷

①福岡県②3回目③青柳良久④隈部陽⑤野中友椰
⑥（後列左から）井本匡哉、安永凌、大久保駿、大塚剣士、船原零央、長濱昇太朗、綿貫功輝、大﨑遥人、中島翼（3列目左から）野中友椰、深松大雅、岩﨑巧、麻生優心、栗尾瑠、古賀健琉、牟田愁平、寺岡頼斗（2列目左から）江口武蔵、重広涜太、古賀敬仁、南部空我、過能工太郎、楢原奏洋、今田光（前列左から）藤隆成、橋本懐舞、岡宗万、吉村颯真、笹隈隼人、益永望光

①佐賀県②2回目③太田恵介④副島克成⑤柴田陸玖
⑥（後列左から）又吉耕太、森巧光、宮崎由雅、秋永皇麗、倉冨祐人、又吉春太、野添永凪、富﨑流生、矢富玲音（3列目左から）内田晴斗、本多真大、吉住羽喬、大石遼馬、松尾亮太、平山悠斗、古川歩、柴田陸玖（2列目左から）田中嵩道、嵩井透弥、森颯、島袋想、平井祐生、下村空、野田将輝（前列左から）宮原重太、平川和歩人、田中丈士、鵜木亮良、野﨑将、石橋啓士

大分県代表
大 分

大分 ㊲

①大分県②11回目③小野正和④河井寛次郎⑤佐藤芳紀
⑥(後列左から)阿部優磨、垂見柾斗、佐藤元気、中島空、山本匠馬、田邉利幸、永松恭聖、堤聖司(3列目左から)塩治晴士、簾冬聖、重石天颯、齋藤優、長澤真人、福井健斗、菊地孔明、大神颯汰(2列目左から)江川題磯、廣瀬涼也、中本力嘉、石丸音生、髙岡時士、濱田耕平、森山悠太(前列左から)後藤悠介、前園陽人、田中脩人、佐藤芳紀、瀬藤聖人、佐藤亜力

宮崎県代表
日章学園

日章学園 ㊲

①宮崎県②15回目③早稲田一男④早稲田一男⑤阿部稜汰
⑥(後列左から)川野一紀、廣戸大樹、前田聖七、日吉悠真、倉田晃士朗、川越央翔、宮永健太、古賀照也、日野海土(3列目左から)清原寛斗、木脇蓮苑、藤本優希、西谷武人、小野大斗、越山空海、鳥越駿翌、古屋鋪錠(2列目左から)福山智仁、菊谷伊織、野邊直峻、葭岡遥来、吉田剛之介、齊藤元太、河本徹太(前列左から)児玉智仁、後藤翔、鈴木陽介、阿部稜汰、中別府柊太、濱松凜

熊本県代表
熊本国府

熊本国府

①熊本県②3回目③佐藤光治④佐藤光治⑤髙原大騎
⑥(後列左から)吉永縁心、立田仁、奥山貴太、中嶋俊貴、渡邊蒼太、久野海静、森山真生、松元俊介、大村幸輝(3列目左から)平野叶登、森川貴斗、宮崎隆、若杉竜馬、杉本蓮、岩永晴琉、中川碧人、毎床玲音(2列目左から)浅田隼佑、岩崎成輝、戸田皓麻、高山桜介、山下宗大、免田青樹、蔵座嵩史(前列左から)山下優心、阪本泰智、髙原大騎、吉武凌、平道直也、生田龍馬

長崎県代表
長崎総科大附

長崎総科大附

①長崎県②7回目③小嶺忠敏④定方敏和⑤髙武大也
⑥(後列左から)吉岡樹生、児玉勇翔、横澤瑠唯、鐘江悠、パク ジェヒョン、甲斐健斗、内田大輝、パク ソンジン、梶原駿哉(3列目左から)小田晃暉、千葉翼、鶴田快聖、パクベグン、岩永空潤、坂井洸士郎、藤田和也、別府史雅(2列目左から)近江光、酒井駿、島田隼人、小林廉王、国吉シントク、林流夏、髙武大也(前列左から)山口敦樹、千葉駿也、安積琉樹、中島勇気、利根悠、三浦銀太

鹿児島県代表
神村学園

神村学園 ㊲

①鹿児島県②7回目③有村圭一郎④柏野裕一⑤軸丸広大
⑥(後列左から)前原慶麟、藏元健心、成富勝仁、若松勇斗、辻梢吾、沖田陸、アンデービッド、小門幹宙、武藤祐太(3列目左から)前納侑世、吉山太陽、抜水昂太、稲田翔真、芝禾希、本村瑛馬、佐藤璃樹、永吉飛翔(2列目左から)山谷海人、大迫魁斗、山田泰輔、寺田聡、濱屋悠哉、野邊滉斗、畠中健心(前列左から)下川床勇斗、小林力斗、樋渡鯉太郎、加治屋陸、軸丸広大、中島吏九

沖縄県代表
前原

前原

①沖縄県②3回目③和仁屋恒輝④比嘉徳史⑤平川龍
⑥(後列左から)中山音弥、嘉陽己竜、石川凜樹、中村駿、安富祖龍斗、喜友名隆太、新里美雅、新垣大輝、神庭海利(3列目左から)長嶺安郁、田場駿、名護紫音、當山竜雅、津覇勇気、知名竜聖、島袋吏生、渡名喜玲於(2列目左から)楚南琉兼、赤平常太郎、小谷侑也、大嶺自吾、安座間暉、羽地益波、花城翔(前列左から)山内佑馬、平川龍、池根翼、栄門龍信、宜寿次瑞貴、大城魁人

①地区 ②出場回数 ③監督 ④引率教員 ⑤主将 ⑥選手名
※校名横に「総」マークがある高校は夏の総体出場校

43

第98回全国高校サッカー選手権大会

選考 公益財団法人全国高等学校体育連盟サッカー専門部技術委員会

優秀選手 38名

MF 松村優太
マツムラユウタ　静岡学園／3年

MF 後藤健太
ゴトウケンタ　青森山田／3年

MF 小山尚紀
コヤマナオキ
静岡学園
3年

DF 阿部健人
アベケント　静岡学園／3年

DF 藤原優大
フジワラユウダイ
青森山田／2年

MF 藤田悠介
フジタユウスケ
静岡学園／3年

FW 田中翔太
タナカショウタ
青森山田／3年

DF 丸山喬大
マルヤマキョウタ
帝京長岡／3年

MF 森 夢真
モリユマ　四日市中央工／3年

MF 武田英寿
タケダヒデトシ　青森山田／3年

GK 佐藤史騎
サトウシブキ　青森山田／3年

MF 須藤直輝
ストウナオキ　昌平／2年

MF 浅倉 廉
アサクラレン　静岡学園／3年

MF 松木玖生
マツキクリュウ
青森山田／1年

45

DF 神田悠成
カンダユウセイ
青森山田／3年

DF 青木駿人
アオキハヤト
日大藤沢／3年

DF 長江皓亮
ナガエコウスケ
矢板中央／3年

FW 岩本悠輝
イワモトユウキ
静岡学園／3年

GK 猪越優惟
イノコシユウイ
帝京長岡／3年

FW 小見洋太
コミヨウタ
昌平／2年

MF 沖吉大夢
オキヨシタイム
神戸弘陵／3年

MF 井堀二昭
イホリカズアキ
静岡学園／3年

DF 吉田晴稀
ヨシダハルキ
帝京長岡／3年

DF 畑 大雅
ハタタイガ
市立船橋／3年

DF 田邉秀斗
タナベシュウト
静岡学園／2年

GK 藤井陽登
フジイハルト
矢板中央／1年

W 晴山 岬
ハルヤマミサキ
帝京長岡／3年

MF 古宿理久
フルヤドリク
青森山田／3年

MF 佐藤陽太
サトウヨウタ
京都橘／3年

MF 田中克幸
タナカカツユキ
帝京長岡／3年

FW
田海寧生
タガイネオ
丸岡／3年

MF
濵屋悠哉
ハマヤユウヤ
神村学園／3年

DF
阿部稜汰
アベリョウタ
日章学園／3年

DF
大竹琉生
オオタケリュウセイ
昌平／3年

DF
高橋祐翔
タカハシユウショウ
米子北／3年

MF
柴 圭汰
シバケイタ
昌平／2年

DF
丸山以祐
マルヤマイスケ
富山第一／3年

MF
山田真夏斗
ヤマダマナト
立正大淞南／3年

発刊のあいさつ

公益財団法人全国高等学校体育連盟
サッカー専門部　部長

滝本 寛

　青く澄み渡る空の下、第98回全国高等学校サッカー選手権大会の決勝戦が埼玉スタジアム２○○２に大観衆を集め、行われました。高円宮杯 JFA U−18サッカープレミアリーグ2019ファイナルで優勝し、選手権と合わせV2を狙う青森山田高校と、24年ぶりの優勝を目指す、今大会好調の静岡学園高校との対戦となりました。好天と好カードが重なり、決勝戦が「成人の日」開催になって以来最多の5万6025人の観客がスタジアムに押し寄せました。

　プレミアリーグの高いレベルで鍛え抜かれた青森山田とテクニックを駆使した攻撃サッカーの静岡学園の戦いは、高校生年代とは思えないほどの高い強度と、戦術面においてチームの狙いがはっきりと現れた、非常に高いレベルの試合となりました。頂点を目指し両者一歩も譲らない闘志あふれる戦いは、時間の経過とともに観客の目をくぎ付けにし、逆転の末、勝者となった静岡学園はもちろん、準優勝の青森山田にも惜しみない大きな拍手が贈られました。

　埼玉スタジアム２○○２で準決勝・決勝が行われるようになって6年目、100回大会まであとわずかとなったこの選手権も、すっかり冬の風物詩として定着した感があります。

　選手権がこのように大きく成長できたのは、日本サッカー協会、民放43社や協賛6社の多大なるサポートと、正月返上で運営に携わってくださった専門部の先生方や補助員として働いてくれた高校生部員たちの支えがあったからです。

　ご尽力くださった全ての方々に深く感謝を申し上げますとともに、現状に満足せず、更なる成長ができるよう努力する所存です。

　冬の全日本高等学校女子サッカー選手権大会は兵庫県に移って6年目となりました。決勝は静岡県の藤枝順心高校と鹿児島県の神村学園高等部の対戦となり、藤枝順心が接戦を制し2大会ぶり4度目の優勝を遂げ、静岡県が男女ともに令和初の栄冠に輝きました。

　令和元年度南部九州総体は7月末に沖縄県で開催されました。

　男子決勝は昨年の準優勝校、神奈川県の桐光学園高校と、同じく前大会ベスト8の富山第一高校との対戦となりました。暑さを感じさせない激戦は、終了間際の劇的な決勝ゴールにより桐光学園が念願の初優勝を勝ち取りました。

　女子の決勝では東京都の十文字高校が前回優勝の兵庫県の日ノ本学園高校を破り、総体初優勝を果たしました。

　酷暑の中での大会運営は、試合時間の前倒し、WBGTの計測、クーリングブレイクと飲水タイムとの併用、ベンチへのミストファンの設置、氷とバケツの配給など可能な限りの暑熱対策を施しました。

　近年の温暖化の影響により、真夏に実施される総体は熱中症のリスクが高く、文部科学省や日本サッカー協会から暑熱対策の指導・通達などが毎年届きます。今後は開催時期の変更や、実施場所の変更などの根本的な改変も必要になると思います。

　また近年「部活動のあり方」が社会的な話題となり、様々な機会において検討がなされています。年間を通じた過密日程による選手の過労や指導者の不足が問題となっています。一方、少子化による選手不足によりチームが組めない地域の生徒への機会提供など、多くの課題を抱えています。高校生年代の強化・育成にどのような環境が必要か、学校、クラブの垣根を越えて検討を重ね、よりよい環境づくりを推進する必要があると考えます。

　女子はここ数年、加盟者・校数の増加とともに、技術・戦術・体力のレベルアップが図られてきました。女子サッカー界のさらなる発展のためには、全国大会をより魅力あるものにすることと、日本サッカー協会と協力しながら選手育成や指導者養成、審判育成に力を注ぐ必要があると思います。

　高校サッカー年鑑は1978年度から発刊をはじめ、その年度における高校生年代のすべての大会をカバーしているものです。この年代の資料としてこれだけ緻密で長きにわたる書籍は類を見ません。内容においても選手権ベスト4チームの主将座談会や優勝監督の苦労話や各大会のテクニカルスタディグループ報告など、興味深い事柄が数多く掲載されています。サッカーの指導者だけでなく高校サッカーに興味をお持ちの多くの方々に読んでいただければ幸いです。

　最後になりましたが、玉稿をお寄せいただいた皆様と発刊に携わられた関係者の方々に心から感謝申し上げます。

本書の略号、記号

ポジション		
GK	ゴールキーパー	SW スイーパー
DF	ディフェンダー	SH サイドハーフ
MF	ミッドフィルダー	CF センターフォワード
FW	フォワード	CB センターバック
ST	ストッパー	FP フィールドプレーヤー
SB	サイドバック	

キック等の種類		
GK	ゴールキック	H ヘディング
CK	コーナーキック	〜 ドリブル
FK	フリーキック	→ ゴロパス
PK	ペナルティキック	→ 浮き球パス
TI	スローイン	× 混戦
S	シュート	★ キックオフ

武田英寿 **MF**
Hidetoshi Takeda
●青森山田

谷内田哲平
Teppei Yachida
MF ●帝京長岡

壁を乗り越えて たどり着いた選手権

新元号・令和最初の全国高校サッカー選手権大会。
4強に残った、青森山田（青森）、帝京長岡（新潟）、静岡学園（静岡）、矢板中央（栃木）の主将が、
高校サッカーに捧げた思いを語り尽くした──。

阿部健人
Kento Abe
●静岡学園 **DF**

長江皓亮
Kousuke Nagae
DF ●矢板中央

司 会

◉高校サッカー専門部 技術委員
為谷洋介（東京成徳大学深谷高校）
谷口新太郎（東京学館船橋高校）

◉高校サッカー年鑑 編集委員
池邉左千夫（東京都立足立工業高校）
長山拓郎（東京都立狛江高校）

撮影／各務あゆみ 構成／奥山典幸
この座談会は、2020年1月11日の選手権準決勝終了後に
埼玉スタジアム２○○２の会議室にて行いました。

静岡学園・阿部健人主将

■王者・青森山田は
■最激戦区を勝ち上がる

——準決勝お疲れさまでした。4037校の中でベスト4まで勝ち進んだチームのキャプテンに集まってもらったわけですが、ここまで勝ち進むことができた原動力はどこにあるのか聞いてみたいです。では、第1試合の青森山田の武田英寿くんからお願いします。

武田（青森山田、以下青） これまでともに戦ってきた仲間や（黒田剛）監督、スタッフの方たちとともに優勝して終わりたいという気持ちが一番の原動力でした。これまで支えてくださった方々に、優勝することで恩返しをしたいと思っています。

——青森山田は連覇も懸かっているからね。では、帝京長岡の谷内田哲平くんは？

谷内田（帝京長岡、以下帝） 今大会はメンバーに入ることができなかった3年生もチームに帯同していて、身の回りのサポートをしてくれています。「彼らに恩返しするためにも結果を残さないといけない」という思いが原動力になっていると思います。

——では、第2試合の静岡学園の阿部健人くんと矢板中央の長江皓亮くんも聞かせてください。

阿部（静岡学園、以下静） 最近は静岡県から出場している高校が全国の舞台であまり勝てていなくて、僕たちでその壁を破りたかったというのが原動力の一つです。あとは、いままで支えてきてくださった方々に対する恩返しをしたいという気持ちもあります。

長江（矢板中央、以下矢） 栃木県の代表としては選手権での最高成績がベスト4なので、日本一を目指してやってきました。中でもチーム力を大事にしています。チーム全員で円陣を組む回数を多くしたりして、3年生から1年生までみんなで同じ方向に向かうことが原動力になりました。

——選手権の抽選会（2019年11月18日）から2ヵ月近く経ちましたが、組み合わせが決まったときの率直な気持ちを聞かせてください。

長江（矢） 自分は予備抽選で48番（最後）を引いてしまったので、（高橋健二）監督から「マジかよ!?」と言われました（笑）。抽選会では最後に空いていたのが大分との1回戦でした。大分と

は4年前の選手権でも初戦で対戦していて、その時に勝っていた（○2−1）ので、いいイメージがあって。ブロックを見たらいわゆる強豪校が少なくて、いいブロックに入れたんじゃないかなと思ったのが正直なところです。

谷内田（帝） 自分は抽選会に行っていなくて……。

——新潟県は県予選決勝が抽選会の後に開催されたんだったね。

谷内田（帝） 相手が決まっている状況での県予選決勝だったんですけど、「Aブロックに入らなくてよかった」というのが第一印象でした（笑）。

阿部（静） 僕もAブロックが激戦区で厳しい戦いになるだろうなと思っていました。ドキドキしながら抽選会に参加していたんですけど、自分たちは反対のCブロックになって。でも、たとえどんなチームと対戦することになっても、勝つ気持ちは整えていました。

——そのAブロックに入った青森山田はどうですか？

武田（青） 前年度優勝校だったので自分たちのトーナメント表の場所（Aブロック一番左）は決まっていたんですけど、組み合わせを見て、どの試合も決勝戦のような強豪校が揃った印象でした。夏のインターハイもそういうチームとの対戦が続いて3回戦で負けてしまったので、目の前の一試合一試合を戦っていかないといけないという気持ちになりました。

■夏に敗退した経験が
■チームと主将を強くした

——どのチームも多くの部員が所属していて、キャプテンとしてまとめるのは大変だったと思うんだけど、この一年でどんなことに苦労したのか聞かせてください。

谷内田（帝） 今年のチームはシーズンが始まる前から前評判が高くて、自分たちとしてはプレッシャーしかありませんでした。そんな中でインターハイは

為谷洋介先生

谷口新太郎先生

県予選で負けてしまい、チームが苦しい状況に……。「何をしたらチームを勝たせることができるのか」ということを考えながら、キャプテンとして取り組んできました。

長江（矢） プリンスリーグで大敗してしまった時とか、チームの雰囲気が悪くなると、キャプテンとしての責任が大きいと感じていて、そういう時はきつかったです……。部員が約170人いて、一人一人の意思の方向性を揃えるのは難しかったですね。

阿部（静） 僕たちはプレミアリーグプレーオフを一つの目標にしていたんですけど、プレーオフを懸けたプリンスリーグのラスト3試合で1勝2敗と結果を残せず、プレーオフに行けなくて……。負けた時にキャプテンとしての責任は大きかったなと感じています。周りの方たちから見られる目も厳しかったので、ピッチ外でのこともよく考えたりしていました。

武田（青） 部員全員が覚悟を持って青森山田サッカー部にやってきているので、自分がまとめなくてもサッカーに全力で取り組んでくれています。でも、キャプテンとして苦しんだ時期もありました。夏のインターハイで敗退してからプレミアリーグで5試合勝ちがなくなってしまって、そのころは「なぜ勝てないのか？」と思い悩んで、自分自身のプレーが上手くいかなくなって……。

——インターハイで負けてから、選手権に向けてどのような変化がありましたか？

武田（青） インターハイからの悪い流れを変えられず、プレミアリーグでも勝てないままに選手権県予選に入ってしまいました。そこで、シーズン前半の勝てていた時期を思い出し、原点に帰って、やるべきことを徹底してやることに全員で取り組みました。県予選を勝ち抜けたことで、その後のプレミアリーグでもいい戦いができるようになったんです。

——矢板中央もインターハイに出場したよね。

長江（矢） インターハイは2回戦でPK方式で負けてしまったので、PKの練習もしていました。そうしたら、選手権県予選決勝でもPK方式になって、練習の成果を発揮して優勝することができました。

——青森山田も、矢板中央も、夏の教訓が活かされているんだね。静岡学園と帝京長岡はインターハイの県予選で敗れてしまったけど、敗退を機に変わったことはありますか？

阿部（静） 自分たちの代になってから、新人戦とインターハイは静岡県予選決勝で負けてしまい、一度も全国の舞台に立つチャンスを摑むことができませんでした。「自分たちが静岡学園にいる時に何かを残さなきゃいけない」

「このままじゃ終われない」という気持ちが強かったので、チーム一丸となって、まずは練習に対してがむしゃらになろうと決めました。そうやって何度もくやしい思いをしてきたのが、選手権出場につながったのではないかと思っています。

谷内田（帝） 自分たちは全国大会に出ることが当たり前だと思って試合をしていたんですけど、インターハイの県予選で負けてからどんな試合でもチャレンジ精神を持つようになりました。以前は練習の時に問題点などを指摘する選手が少なかったんですけど、夏に負けてからは誰に対しても指摘できる選手が増えてきたのが選手権での結果に繋がったと思います。

どこにも負けない チーム力自慢

——ほかのチームにはない、「自分たちのチームはここがすごい！」というところを教えてください。

青森山田・武田英寿主将

選手権2020 ベスト4 主将座談会

池滝左千夫先生

長山拓郎先生

長江（矢） 堅い守備とチーム力が矢板中央の武器です。守備では、ゴール前で身体を張ることを監督からも言われてきたので、守備の部分のよさは選手権でも出せたんじゃないかと思います。大会に入ってから試合を経るごとに成長していることを実感していますし、実際に失点も減ってきました。

――高橋監督はどんな人ですか？

長江（矢） 情熱があって、涙もろい監督ですね。

谷内田（帝） うちの（古沢徹）監督はゴールを決めたら喜ぶ姿がすごいで

矢板中央・長江皓亮主将

す。仲間と喜ぶ前に、まず監督を見ちゃいます（笑）。

――帝京長岡のすごいと思うところはどんなところですか？

谷内田（帝） 個の能力が高いところと、後ろからビルドアップして崩すところです。自分たちでサッカーを楽しんでいますし、見ている人も楽しめるサッカーだと思っています。

――では、青森山田は？

武田（青） 最後までやり抜く力はほかのチームより勝っていると思います。そして今年の強みは、これまでやってきたことをどんな舞台でも出せるところ。去年より個の能力が落ちてしまう分、チームワークを大事にしていて、シーズンの最初の頃からチーム全員で話し合いながらやってきました。黒田監督は言葉のチョイスや、選手たちへの伝え方がすごいと思います。

――静岡学園の特徴はこれまでと変わらないよね。

阿部（静） はい、静岡学園なので個人技が優れているのはもちろんなんですけど、チームワークはどの代よりも上回っていると思っています。川口（修）監督はブラジルに留学していた経験があるのでブラジルでのエピソードをよく話してくれます。

――「この練習はきつかった」っていう思い出があれば聞かせてください。

阿部（静） 静岡学園はあまり走るイ

メージが無かったんですけど、インターハイ予選で負けた後はゲーム形式の練習の後にグラウンドを10往復したり、アップダウンの激しい山を3往復したり、走りの練習をしていました。

長江（矢） うちも走りが一番きつかったです。グラウンドに、フォーメーションどおりにマーカーを置いていって、試合時間を想定した40分間、ずっとランニング。「FWのところまで！」と言われたら、そのポジションまで走りました（笑）。

谷内田（帝） うちも夏合宿のとき、練習試合で負けた後に、50mダッシュを30本走ったりしてましたね。

武田（青） 雪の中で3時間走りっぱなしのときもありました。冬場は1ヵ月くらいはボールを使えず、ずっと走りだけだったのがきつかったです。

選手権と聞いて連想する選手&漢字といえば？

――4人が生まれたのは、最後に選手権連覇が達成された2001年度（国見）。みんなの中では選手権というと、どの選手や、どのチームが思い浮かびますか？

阿部（静） 僕は大迫勇也選手（鹿児島城西、2008年度大会出場）。大会最多得点の記録を持っていて、「大迫半端ないって」というセリフは、サッカーをやっていない子でも知っているくらいです。

長江（矢） 僕も大迫選手ですかね。ロッカールームで相手の選手が「大迫半端ないって」と言っていた映像が一番印象深いです。

――2人とも当時は子どもだと思うけど、テレビとかネット動画で見て印象に残っているの？

阿部（静）・長江（矢） そうですね。

武田（青） 一緒にプレーした先輩ですけど、最近だったらバスケ バイロン選手（青森山田、2018年度大会出場）は怪物だったんじゃないかなと。

帝京長岡・谷内田哲平主将

ボールを預けておけばクロスまで持っていってくれるので。去年の青森山田は右サイドにバスケス選手、左サイドには檀崎竜孔選手がいたので、僕は全部サイドにボールを預けていました。

谷内田（帝） 僕は選手権といえば、やっぱり青森山田ですね。特に武田英寿選手（笑）。

全員 （笑）。

――最後に選手権を漢字一文字で表すとしたら？　という質問をしてみたいと思います。

長江（矢） 選手権は夢の舞台なので、「夢」ですね。埼スタは夢の舞台ですし、そこを目指してやってきました。日本一は獲れなかったんですけど、素晴らしい舞台でした。楽しかったです。

武田（青） 自分は「絆」です。チームの絆はこの選手権で一番固くなりますし、全員が優勝に向けて一番強くなる時だと思っています。

阿部（静） 見ている人をはじめ、いろいろな人たちの心を動かせるので「心」です。人から聞いた話ですけど、サッカーを続けるかどうか迷っていた人が、自分たちの開幕戦を見て、やっぱりサッカーを続けようという気持ちになったらしいんです。選手権は人の心を動かす舞台なんだなと思いました。

谷内田（帝） 武田選手とかぶってしまうんですけど（苦笑）、「絆」という文字が浮かびました。自分は3回戦の時に調子がよくなくて前半だけで途中交代してしまったんですけど、それでも仲間がいいプレーをして試合に勝ってくれました。やはり絆の大切さを感じました。

――試合後にお疲れのところありがとうございました！　みなさんのこれからの活躍を祈っています。

《後列左から》為谷先生、谷口先生、池邉先生、長山先生
《前列左から》武田主将（青森山田）、谷内田主将（帝京長岡）、阿部主将（静岡学園）、長江主将（矢板中央）

若きイレブンの声 VOICE

吉川哲太
北海／3年／MF

今年のチームの目標は全国ベスト8でした。11年ぶりに北海道で優勝した経験。いつもテレビで見ていた開会式に参加した経験。数多くの経験は一生忘れることのないものです。ですが、北海道代表として挑んだ1回戦、全国のレベルの高さを実感しました。負けた瞬間の悔しさ、チームを引退する寂しさは今もまだ残っています。後輩たちには、もう一度あの舞台に立ち、全国で勝ってほしいと思います。応援ありがとうございました。

武田英寿
青森山田／3年／MF

高校サッカー選手権大会は私の中で夢の舞台でした。開会式は前回大会優勝校として先頭を歩き、とても優勝を期待される中で選手権がスタートしました。青森山田は負けてはいけないというプレッシャーがあり、何としても優勝したかったですが、結果は準優勝でした。しかし、日本一長い高校サッカー生活を送らせてもらったことに対し、監督、スタッフ、仲間、そして何より家族にとても感謝しています。選手権での一試合一試合は忘れることのない素晴らしい思い出です。青森山田は最高のチームでした。

岩渕蓮也
専大北上／2年／DF

自分は選手権に出場して大きなものを得ました。開会式では青森山田を間近でみて、雰囲気や風格が上に感じられ、同い年とは思えませんでした。初戦では、初出場にして全国初勝利を挙げられました。2回戦では國學院久我山でした。PK方式までもつれましたが惜敗し、とても悔しい思いをしました。来年また選手権に戻ってくるために自分が新チームのキャプテンとしてチームをまとめて、小原先生を日本一の監督にしたいです。

松野真士
秋田商／3年／DF

私達は昨年のベスト8という結果に追いつき、更に上のベスト4以上を目指して日々練習を積み重ねてきました。結果は初戦敗退でしたが、目標に向かって仲間と過ごしてきた時間はかけがえのない宝物になりました。ここまで来ることができたのは、応援や支援をして下さった方々、スタッフ、そして家族のおかげです。最高の仲間と出会えたこと、高校サッカーができたことに感謝しています。ありがとうございました。

太田龍哉
山形中央／3年／MF

今大会に出場して色々な経験をさせてもらいました。3年間の集大成として、「全国1勝」を掲げて挑んだ2回戦で私たちは、「いつもどおり」が出せずに敗れました。常に100%の力で練習してきましたが全国レベルとの戦いで日々のちょっとした甘さが出てしまったと思います。私たちは引退しますが、後輩達が必ず全国の舞台に戻ってきて勝利を掴んでくれると信じています。山形中央関係者の皆様、本当にありがとうございました。

小林虎太郎
仙台育英／3年／DF

令和元年度第98回全国高等学校サッカー選手権大会に宮城県代表として出場し、憧れの舞台に立ち、素晴らしい仲間と共にサッカーができる喜びと感謝を心から感じています。私たち仙台育英高校が平成元年以来となる30年ぶりのベスト8進出を成し遂げることができたのは、日々の厳しい練習を共に乗り越えてきた仲間、支えてくれた家族、応援して下さった全ての方々のサポートのおかげです。本当にありがとうございました。

山内大空
尚志／3年／FW

尚志高校で「全国制覇」をするために入学しました。2年時の選手権では全国ベスト4で終わり悔しかったです。そして自分達の代で全国制覇すると再確認しました。そして挑んだ選手権、2回戦PK方式負け。現実はそんなに甘くありませんでした。しかし、大好きな仲間と切磋琢磨しながら目標に向かって突っ走った3年間に悔いはないです。支えてくれた人達に恩返しできるように次のステップでも頑張りたいです。

鎌上翔平
明秀日立／3年／DF

選手権の舞台に立つことができて本当に嬉しかった。3年間共に努力した仲間と全国大会のピッチに立つことは、昨年の大会から目標にしていた。1回戦では、緊張した中でも、楽しくプレーすることができ、2回戦に進出した。2回戦では、1回戦同様全力で戦ったが、わずかに届かず敗退した。とても悔しかったが、沢山の応援のおかげで選手権に出場でき、本当に感謝している。この場をお借りして改めて感謝したい。

久林隆祐
前橋育英／3年／FW

私は前橋育英高校サッカー部の一員として第98回全国高校サッカー選手権大会に参加できたことを幸せに思います。結果は初戦敗退だったけれど仲間たちと一緒に3年間日本一を目指してきた日々は一生の財産になると思います。この悔しさを糧に3年生は努力しようと思います。下級生はまたこのステージに戻ってきて今年よりももっと上の景色を見られるようにまた練習を積み重ねてください。ありがとう高校サッカー。

長江皓亮
矢板中央／3年／DF

全国という夢の舞台に立てて、さらに夢の埼スタに立てたことはとても嬉しく思います。また、チーム全員で日本一という目標を目指しチーム力も高まり、この大会に出場できて本当によかったです。県予選から自分たちは、毎試合失点があり、周りからは谷間の世代などと厳しい評価を受けたりしましたが、試合を重ねるごとにチーム力も高まっていき、2試合連続無失点ができ、観ている人へ体を張った守備などで感動を与えられたと思います。

大和海里
昌平／3年／MF

私は、昌平のサッカーに魅力を感じて昌平高校を選びました。小柄な選手や細身の選手が多いチームでしたが、最後は「技術」という言葉を胸にそんな選手たちでも自信を持ってサッカーができるということを色々な方々に見ていただけたと思います。そして、私たちがここまで勝ち上がることができたのは沢山の方々からの応援があったからこそだと思っています。本当に沢山の応援ありがとうございました。

町田雄亮
市立船橋／3年／MF

大会を通して僕たちは、一生忘れることのない大きな経験をさせて頂きました。とくに本大会で勝つことの難しさや厳しさをチーム全体が痛感したと思います。まだまだ本大会で勝つためのスキルや経験、心構えなど多くのことが各々足りていませんでした。しかし、来年の市船は違います。この経験をしている選手が多くいます。今年の本大会のスローガンでもある「もっと」を、来年こそ普段から追求して、全国制覇してほしいです。

下田将太郎
東久留米総合
3年／DF

夢の舞台であった選手権に出場することができ、大変嬉しく思います。チームとしては、ベスト8を目標に全国へ向け準備をしてきましたが、全国の舞台は甘くないという事を初戦敗退を経験し改めて実感しました。しかし、この悔しさや厳しさをスタンドで応援していた後輩たちが受け継ぎ、来年も全国へ戻り、自分たちが成し遂げられなかった1勝を勝ち取ってくれると思います。そして私もこの経験を次のステージへ繋げていきたいです。

明田洋幸
國學院久我山
3年／DF

私は小さい頃からこの選手権に出ることを目標にそして、自分の代で日本一を取ることを目標に日々練習に励んできましたが結果的にベスト16で終わってしまいました。応援してくれる家族や友人、指導者の方々に自分のプレーしている姿を見せることができなかったのは残念ですが、181人の久我山のキャプテンとして頼もしい姿をこの選手権を通して見せることができたと思います。応援してくださった方々、ありがとうございました。

青木駿人
日大藤沢
3年／DF

日大藤沢は5年ぶりに選手権に出場しました。5年前のベスト4の記録を超え、日本一を目指して戦いました。結果はベスト16で敗れましたが、勝ち負けよりも大きなものを得ることができたと思います。幼い頃から憧れていた選手権の舞台。ピンク一色に染まった大応援団の中でプレーすることができて、本当に嬉しかったし、楽しかった。点を入れた時、勝利した時の喜びや興奮は今でも忘れることのないものとなり、選手権はサッカー人生で一番大きな思い出になりました。

鶴見來紀
日大明誠
3年／FW

この選手権という舞台は、小さい頃からの夢の舞台であり、出たいと思っていた大会でした。そして、今回日大明誠として史上初となる選手権出場が叶いました。夢の舞台でプレーできた幸せは、一生の財産であり、忘れられない出来事になりました。ここまで来るにあたって、親、監督、明誠に関わった全ての人に感謝したいです。高校サッカー、感動をありがとう。最高でした。

谷内田哲平
帝京長岡
3年／MF

2年連続7回目の出場となり、今年こそは悲願の日本一を達成するために監督、スタッフ、応援してくれるチームメイトと一丸となり戦いました。結果は準決勝敗退で大会を終えましたが、新潟県史上初であり、経験したことのない準決勝へ進むことができ大変嬉しく思います。この仲間と埼玉スタジアムでプレーして見た景色は、一生忘れることのない財産になりました。来年はこの経験を経て、日本一を摑み取ってくれることを期待しています。

吉藤廉
富山第一
3年／DF

3年前富山第一高校へ入学すると決まった瞬間から、全国高校サッカー選手権で日本一になることを目標にしてきました。この舞台に立てたのは全員が仲間を信じてあきらめずにプレーできたからです。憧れの全国大会では3回戦で敗れてしまいましたが、最後に奪ったゴールはチームの未来につながったと思います。目標に向かって仲間やスタッフと過ごした3年間は私達にとって宝物です。

木間皓太郎
松本国際
3年／FW

高校選手権で全国大会に出場するために、松本国際高校に入学しました。自分たちが主力である3年時にそれが実現でき、本当に良かったです。試合は2回戦で悔しい負け方をしましたが、素晴らしい仲間、コーチ、監督と出会え3年間を送れたことは、自分の財産です。とても楽しい高校サッカーでした。

河村怜皇
鵬学園
3年／MF

自分たちはこの3年間全国という舞台に立つため、そしてその舞台で勝ち上がるために努力してきました。人数が多く、まとまりづらい時もありましたが、最終的に団結して豊かな個性を活かしたチームとして全国出場、そして全国大会1勝を摑むことができました。全国大会は県内で1校しか経験のできない大会なので、この大会に出られることに感謝し、この経験を活かして今後も成長していきたいと思います。

田海寧生
丸岡
3年／FW

2年連続で全国高校サッカー選手権大会に出場することができました。1回戦は逆転で勝つことができ、選手権で勝つことはやはり嬉しいことだなと感じた試合でした。諦めなければ結果は必ず出るということも学びました。最後まで声援を送ってくれた仲間に本当に感謝しています。2回戦は、0-3で負けましたが、丸岡スタイルを貫いたことで来年に繋がる試合ができたと思っています。最高の指導者の下で最高の仲間とサッカーができて、本当に最高の高校生活となりました。

阿部健人
静岡学園
3年／DF

この度、全国高校サッカー選手権で24年ぶりに優勝することができました。幼いころからの夢を叶え、チームとしての最大の目標を達成することができて、とても嬉しく思っています。大会を通して、このような素晴らしい結果をだせたのは、静岡県民の方々、保護者の皆様とOBとたくさんの人の支援があったからです。サッカー部としては、更なる高みを目指して、今後も活躍し、結果を出せるように精進していくので、応援よろしくお願いします。改めて、本当に応援ありがとうございました。

鈴木郁人
愛工大名電
3年／DF

幼い頃から憧れの舞台だった選手権。たくさんの応援、色々な人のサポート、名電というチーム、自分に対し多くの人が携わり支えてくれたことを凄く感じた期間だった。結果は1回戦負けという満足いくものではなかったが、高校サッカーを通じて継続することの大切さや自主性などサッカー面以外の部分でたくさん学ぶことができたと思います。1、2年生には、この舞台に戻り、ひとつでも多く勝って欲しいです。

神戸政宗
帝京大可児
3年／DF

2019年が終わるのと同時に私のサッカー人生も幕を閉じました。多くの方の支えがあったからこそ私はここまでサッカーを続けてくることができました。頼りないキャプテンを支えてくれた仲間、3年間支え続けてくれたマネージャー、保護者や後輩たちにも大変感謝しています。このチームでキャプテンを務めることができて幸せでした。来年は後輩たちに全国の舞台で躍動してほしいです。

若きイレブンの声 VOICE

森夢真
3年／MF
四日市中央工

僕たちにとって今回の選手権は、昨年に続き2回目の出場となりました。しかし、昨年の初戦敗退、沖縄総体での大敗など後悔しかありませんでした。そして、選手権ベスト8をチーム全員で掲げ臨んだ選手権でしたが、終わってみればベスト8という満足感よりも、昨年同様悔しさが強く残る大会となりました。しかし、この選手権という夢舞台でプレーできたことは、かけがえのない財産となりました。この経験を生かし、前進していきたいと思います。

渡邉颯太
3年／FW
草津東

サッカーをする人なら誰もが憧れる選手権。僕たちはその選手権を3度経験しましたが、結果は理想とは大きくかけ離れたものでした。でも、選手権に出るため、選手権で勝つためにもがいた日々には大きな意味があり、最高に辛くて、最高に楽しかったです。3度の選手権で1勝しかすることができず、最後まで思い通りの結果は残せませんでしたが、たくさんの人を熱くさせる選手権は最高でした。ありがとう選手権。

佐藤陽太
3年／MF
京都橘

高校サッカーで憧れとしてきた舞台に2年ぶりに帰ってくることができ、とても嬉しかったです。開会式では多くの人が会場に足を運んで下さったおかげで、選手権の雰囲気をより感じることができました。3年間の集大成としてふさわしい試合をできず、悔いの残る結果となってしまいました。しかし、緊張感のある中、試合することができ貴重な経験となりました。後輩達にはこの舞台に帰ってきて全国制覇してほしいです。

池田達哉
3年／MF
五條

選手権大会に出場し、多くの方々から感謝の声を頂くことができました。家族や友人、先生方や五條市の皆さんに喜んでいただき、全国大会に出場することで、たくさんの人に感動と勇気を与えられたことが本当に良かったと思います。また、試合には勝つことはできませんでしたが、これまで味わったことのない大観衆やスタジアムで試合ができたことが一生の思い出となりました。後輩たちにはまたこの舞台に帰ってきてほしいです。

田中彪
3年／FW
和歌山工

僕たちは、全国大会出場を目標に日々練習を重ねてきました。そして出場することができました。初戦敗退という結果に終わってしまいましたが、高校サッカーを通じて多くの方々に支えられることで、サッカーができていると改めて感じました。3年間辛いことや、苦しいことが多かったですが、個性豊かで自由奔放な仲間と支え合い、乗り越えられたことがとても良い経験となっています。高校サッカーにはとても感謝しております。

芝山和輝
3年／MF
興國

第98回全国高校サッカー選手権大会に出場することができたことを大変嬉しく思います。たくさんの方々のサポート・応援があったからこそ憧れのピッチに立つことができました。結果は埼玉県代表昌平高校に0−2で敗れましたが、私達の年代が中心となって初の全国大会の扉を開けたことに誇りを持ち、次のステージでこの経験を生かして、さらにレベルアップしていきたいと思います。夢を与えてくれた高校サッカーに感謝します！

沖吉大夢
3年／MF
神戸弘陵

沢山の方から応援されることの喜び、誰かのために頑張ることで発揮されるパワーの偉大さ、覚悟を持つことの大切さ、そんな事を感じた大会でした。負け続け、結果が出ない中でも応援し続けてくれた方々への感謝の気持ちを胸に、どんなことも共に分かち合い戦ってきた仲間のために、「もう逃げない」と覚悟を持ち、素晴らしい舞台で戦えたことを嬉しく思います。たくましくなった仲間達全員を誇りに思います。

田中秀磨
3年／DF
米子北

私は1年の選手権から全国大会を経験させてもらいました。今まで初戦で負けたことはありませんでしたが、最後の大会では1試合も勝つことができなくてとても悔しいです。ですが3年生最後のこの大会に出場し、改めてたくさんの良い仲間ができて良かったと思いました。負けてしまいましたが、この最後の大会に素晴らしい仲間と共に闘うことができてとても嬉しく思っています。

岩永隆利
3年／MF
立正大淞南

子どもの頃からの夢を追い、親元を離れ、立正大淞南サッカー部に入部し全力で駆け抜けた3年間は辛く険しいものでしたが、選手一人ひとりと真剣に向き合ってくださる監督、コーチと出会い、共に励まし合える一生の仲間たちと志を一つにし、両親をはじめ本気で応援してくださる人々に囲まれたかけがえのない時間でした。今後の人生で壁に突き当たった時は、あのピッチから見た仲間の姿と大声援を励みに乗り越えていきます。

吉原翔太
3年／MF
広島皆実

今回、大会に出場して感じたことは、まず出場できることに対して多くの人に感謝しなければならないということです。いつも支えてくれた両親、先生方、万全な状態で試合に臨ませてくださった大会運営者の方々など、多くの方の支えがあったからこそ最高の舞台に立つことができました。試合には敗れたものの、3年間の集大成として仲間とともに戦えたことは私たちにとって財産となりました。

内田裕也
3年／MF
高川学園

自分にとって全国高校サッカー選手権大会でプレーすることは、子供の頃からのひとつの夢でした。まずその夢を叶えることができてとても嬉しかったです。大会の結果としては2回戦敗退でしたが、最高の仲間と最高の舞台でプレーすることができてとても幸せでした。そして自分達のプレーで少しでも感動をしてくれた人がいたら嬉しいです。来年は後輩たちが自分たちより上の成績を残してくれることを信じています。

大山宣明
3年／MF
岡山学芸館

3年間この大会に出場し、活躍することを夢見てきました。個人的には先発で出場できず、チームも1回戦で静岡学園に0対6と大敗しました。全国トップレベルのチームとの差を見せつけられ、個人としてもチームとしても思い描いた通りの結果は得ることができませんでした。しかし、最高の仲間と憧れの舞台で共に過ごした時間は一生の宝物になりました。選手、スタッフ、観客、全ての人を熱くする選手権の素晴らしさを改めて感じました。

片上椋太 3年/FW 大手前高松

全国大会初出場を果たし、新しい歴史を作れたことを、本当に嬉しく思います。3年生にとって最後の大会は、2回戦敗退という結果に終わりました。もっと走れた、もっと食らいついた、という思いはあります。しかし、後悔はありません。多くの人に支えられ、応援されて最後までサッカーができたことに対して、感謝の気持ちで一杯です。後輩たちには、この喜びと悔しさを忘れずに、また全国の舞台で戦ってほしいと思います。

大谷一真 3年/DF 今治東

今大会に今治勢として初出場させていただきました。これまで、多くの方々の支援をいただき、ライバルと競い合い、仲間と共に戦ってきました。特に地元である今治の皆様からは本当に多くの支援や応援をいただきました。そのような多くの「繋がり（絆）」のおかげで、この舞台に立てたと思います。この経験を生かして、人との「繋がり（絆）」を大切にし、サッカーで今治を活性化する一員として頑張っていきたいと思います。

阿部夏己 3年/MF 徳島市立

第98回全国高校サッカー選手権大会に出場することができたこと、また令和最初の記念すべき今大会に徳島県代表として参加できたことを大変うれしく思います。初戦から厳しい試合が続きましたが、多くの方のサポートやご声援のおかげでチームの目標であったベスト8進出を達成することができました。本当にありがとうございました。来年以降の後輩たちのさらなる活躍を期待しています。

林優太 3年/DF 高知

サッカーをしている学生なら絶対に憧れる場所が選手権だと思います。僕もその中の一人でした。そんな選手権に出場できるようになった時は、すごく喜びを感じました。開会式では、各県の代表が集まり、大勢の人の前で行進するなど、なかなかない経験ができました。試合でも県予選とは大きく違い、会場、観客の多さ、雰囲気と最高の舞台でした。この80分は、人生で最も速い80分でした。それほど楽しいのが選手権でした。

野中友椰 3年/GK 筑陽学園

私達は11年ぶりの選手権でした。憧れの舞台、選手権。最高の仲間と日本一になるために1試合1試合戦いました。全国大会では上には上がいることを痛感しました。結果はベスト16でしたが仲間と夢の舞台に立てたことは人生の宝物です。3年間共に戦ってきた仲間やスタッフ、家族、関係者には感謝で一杯です。吉浦総監督の「勝って泣け」という言葉を一生忘れないように今後のステージに生かしたいと思います。ありがとう、高校サッカー。筑陽学園で本当に良かった。後輩達にはまた来年、夢の舞台で戦ってほしいです。

柴田陸玖 3年/DF 龍谷

まず、12月30日の開会式に参加して、改めて素晴らしい大会に参加できたんだという実感が湧き、この大会に参加できることに誇りを感じた。次の日の試合には勝つことができず、初戦敗退という結果になってしまい、とても悔しく惨めな気持ちになったけれど、小さい頃から憧れていた舞台に立つことができたし、なによりこのチームでここまで来れたことに喜びを感じることができた。

佐藤芳紀 3年/DF 大分

ベスト4以上を目標として出場したこの大会で戦う原動力となったのは、共にプレーすることができなくなった仲間や支えてくれた多くの方々の期待に応えたいという思いでした。しかし、結果は初戦敗退。選手権で勝つことの難しさを知りました。しかし、これまでの経験は自らを大きく成長させてくれました。これからは皆、それぞれの道を歩んでいきます。私達にとって、この選手権大会は高校サッカーを締めくくる最高の舞台でした。

阿部稜汰 3年/DF 日章学園

今大会は、私の選手宣誓で大会が始まりました。プレッシャーを感じながらも思いを伝えることができ、貴重な経験となりました。試合としては、素晴らしい応援に勇気をもらい、初戦突破することができましたが、3回戦で敗れ、その悔しさを胸に、3年生は次のステージへ活かし、後輩達には来年こそ、日本一が取れるように頑張ってくれることを願います。このような大舞台に立てたこと。ご支援、ご声援を頂いた方々に感謝したいです。

髙原大騎 3年/MF 熊本国府

今回、熊本国府高校は6年ぶり3回目の選手権大会出場でした。初戦、残念ながら勝利することはできませんでした。勝負の難しさ、負けることの悔しさを改めて知ることができ、とても貴重な経験をすることができました。それは、多くの方々からの物心両面におけるご支援、ご声援を頂いたおかげだと感じています。周りで支えて頂いた方々、仲間達への感謝の気持ちを忘れず、この貴重な経験を財産にし、今後の人生に活かしていきます。

高武大也 3年/MF 長崎総科大附

これまで結果を残せていない私たちを指導し続けてくださったスタッフの方々、応援し続けてくださった皆様、本当にありがとうございました。結果を残すことはできませんでしたが、3年生だけでなく、チーム全員がひとつになれた大会でした。そして、この高校で学んだこと、経験したことを今後の人生に活かしていきたいです。本当に、長崎総附のこのメンバーでサッカーができたことが本当に幸せでした。

軸丸広大 3年/MF 神村学園

私が小学生の頃の夢は選手権に出場してプレーすることでした。私は、3年連続選手権の舞台でプレーをさせていただきました。3回ピッチに立たせていただいた私は幸せ者でした。選手権という舞台は、素晴らしいピッチに観客、応援、良い雰囲気に包まれた環境、本当に最高の晴れ舞台でした。ここまでやってこられたのは、多くの方々が支えてくださったからです。感謝の気持ちを忘れず、この選手権の舞台での経験を次のステージで生かしていきたいと思います。

平川龍 3年/MF 前原

前原高校は5年ぶりに全国選手権大会に出場することができました。対戦相手は5年前と同じ國學院久我山高校さんでした。久我山高校さんは技術が高く、パス回しが上手いチームなので、前原高校の持ち味である「豊富な運動」と「サイド攻撃」を活かし勝つという作戦に挑みました。しかし全国の壁は高く、いつものプレーをさせてもらえず大敗という結果に終わってしまいました。結果は残念な形でしたが、ずっと一緒にやってきた最高の仲間と大舞台に立ち試合ができたことに感謝し、一生の宝物にしたいです。

59

優勝監督手記

静岡学園高校
サッカー部監督
川口 修

攻撃的スタイルを貫いて

先輩たちの努力が報われた

　優勝の瞬間は、「やったぞ」という気持ちしかありませんでした。OBみんなが苦労しながらやってきたからこそ、今の静学があります。これまで、すごく良い代の時も勝てませんでした。今年度のチームは技術的には低いと感じていました。それでも結果が出た。選手たちには、「先輩たちがんばって作ってきたから今がある」と伝えたいです。同時に、「先輩たちの努力が君たちの優勝で報われた」とも。それは間違いありません。先輩たちも喜んでくれていると思います。悔しい思いをしてきた先輩たちに恩返しできたことが、何よりも嬉しいです。

チームの特長は「攻め続ける」

　我々は試合の際、相手の特長を少し選手に伝えて、あとは自分たちの攻撃的なスタイルを貫いています。相手が守ってくるのであれば、それを打ち破るサッカーをしようということで臨んでいます。

　今大会、岡山学芸館高校との初戦は我々の決定力が出て、狙い通りの

ゲームでした。「立ち上がりから圧倒しよう」と試合に入りましたが、ボールが動かず、ベンチでは「硬いね」と話していました。それでも、FKで井堀が決めて、リズムが出てすぐに2点目が入った。我々が大事にしているのは、1点を奪った次の瞬間からとにかく早く2点目を取ろうということです。今年のチームの特長は「攻め続ける」。技術も活かしてゲームを握りながら、みんながゴールを目指していく。セットプレー、ミドルシュートと得点の取り方も良い試合でした。

　2回戦の丸岡高校は我々をよく分析されていて、特に中盤に入って来た時の横パスと奪った瞬間へのプレスが厳しかったです。ただし、この試合も「立ち上がりから行こう」と言って、開始2分で得点することができました。その後、なかなかゴールをこじ開けられませんでしたが、前半終了間際に小山がテクニックで剥がして得点。後半は我々が非常に良くなり、相手のプレッシングが弱まりました。後半の追加点は1点でしたが、リズム良くできた試合でした。

　一番気にしていたのは今治東中等教育学校との3回戦です。我々がいつも苦戦するのは3戦目。全国総体もそうですし、前回出た選手権も3戦目でガクッと落ちてパフォーマンスを発揮できていません。ですので、選手にも「身体が動かなくなるよ」と話していました。ここはすごく気を遣って、選手たちを温泉に連れていくなど、今までよりもコンディショニングを重視しました。その結果、まずまず身体が動いていた。相手は球際で厳しく来ていましたし、特に前半はミスも多くてバタバタしましたが、呑み込まれることなく、後半はちゃんと主導権を握ってリズム良くサッカーをすることができました。

　徳島市立高校との準々決勝の前日、「セットプレーから点を取る」と練習をしました。3回戦までは可

能性を感じず、バリエーションも蹴る位置も変えてみたら、試合では練習通りのものが一発目で入りました。我々は基本的にセットプレーで点を狙うチームではありません。ですが全国の舞台で得点できていなかったので「セットプレーも1点取りたいね」と話していました。それが実際に決まって、選手たちも気持ちが晴れたところがあったのではないかと思います。我々が練習通りの形で決めることはなかなかありませんが、キッカーである井堀やヘディングした阿部の集中力、技術、それらを大舞台で発揮できる強みが今年はあったのかなと感じています。

準々決勝までは良い感触で得点できていました。点を取るということは、自分たちがボールを握って攻める時間が非常に長く、ピンチになる回数も少ないということ。攻め続けて点を取って、守備の対応もよくできていました。

技術を武器に「怖れない」

準決勝で矢板中央高校が守ってくるのは想定内でした。それでも、ペナルティエリアの中に11人入って守ってきたのは意外でした。松村と小山で突破して守備の穴が空いたところで仕留めるか、もしくは突破した次のこぼれたボールをミドルで仕留める、というプランでした。ですが、埼玉スタジアム2〇〇2の雰囲気によって、選手の足が地についていなかった。ミドルシュートは、慌てて120％くらいの力で蹴って上に全部抜けていってしまいました。シュートは自分のベストタイミングで撃たないとボールの芯を蹴れません。前半に1点入っていればガラッと変わったと思いますが、矢板中央さんのゲームプラン通りに動いた試合でした。その中で何が良かったかというと、我々の今年の良さである「攻め続ける」。最後にPKを獲得するまで誰も諦めていなかった。点を取るまで「攻め続ける」。その気持ちの強さ、魂によって最後、松村がドリブルで切れ込んでいってPKを取った。サッカーは10秒あれば点を取ることができます。試合後、「誰も諦めていなかったから点を取れたんだよ。これって凄く大事なことだよ」と選手たちを褒めました。

決勝は前半、我々のサッカーが何もできていなかったことが問題でした。青森山田高校のCKかロングスローで絶対に失点すると思っていたので、失点は想定内です。前半は決勝戦の独特の雰囲気の中でミスを怖れてしまい、中盤の距離感が凄く遠くなりました。ただし、0－2になって我々のやることがはっきりしました。後半はボールを保持することしか考えませんでした。藤田を草柳に代えたのは、ディフェンシブな選手を置いてカウンターを警戒するのではなく、ボールを握って攻めるため。そのメッセージが選手に伝わって、ボールがサイドにも入るようになり、パス交換などが生まれました。

後半は浅倉と井堀にボールを握らせて、どんどんみんなが絡んで、相手が来たら2対1で剥がしていく。そしてチャンスが来たら、ドリブル、パス＆ゴーで入っていけばいいと。我々は技術があるので、そういう戦いをすれば相手が強くても防ぐことができない。それが青森山田さんでも、たとえプロフェッショナルなチームでも、崩せる自信があります。仕留められるかどうかまでは分かりませんでしたが、加納が決めてくれました。

最後の中谷のゴールは一発狙っていました。青森山田さんの跳ね返す力は日本一強い。でも、セットプレーで点が取れれば動揺するかも、と考えていました。サッカーのクオリティについては、OBから見ると物足りないと思います。でも、攻め続けて「2点取られたら3点取る」。それをずっとやってきましたし、0－2からの優勝で、らしさは出せたかなと感じています。

選手の個性を伸ばすことを最優先に

正直、2009年の監督1年目はプレッシャーがありました。恩師であり、前監督の井田勝通さんから引き継いだ時は、自分にとっても監督は初めての経験。1年目なので結果を出さないと「ダメだな」と言われてしまう。勝つサッカーを目指したわけではないですが、自分が勝ちたくなってしまったのは事実。結局、結果は出ませんでした。

そこで2年目からは勝ちにいくのではなく、選手を育成しながら、チャンスが来たら勝てれば良いと切り替えました。以来、選手がどうやったら上のステージでできるか、プロフェッショナルになれるかを突き詰めてやってきました。しっかりと選手の個性を伸ばすことを心掛けながら、選手権で一つ結果を出すことができました。

井田さんを超えるというのは一つの目標です。井田さんがまだできていないことを自分は目標にやっていて、今回そのうちの一つに到達しました。単独優勝も目標でしたし、これから静学の選手がヨーロッパに行って活躍することも目標です。大島僚太がワールドカップのメンバーに選ばれましたが、ワールドカップやヨーロッパチャンピオンズリーグで世界と戦い、活躍する選手を育成する。そこを見据えながら、これからもやっていきます。

第48回 日本高校選抜海外遠征

第48回日本高校選抜チームは、第98回全国高校サッカー選手権大会優秀選手を中心に第一次選考で選抜された選手を加え、1月下旬に選考合宿を行う。そして22名の日本高校選抜チームを結成する。チームは、FUJI XEROX SUPER CUP 2020の「NEXT GENERATION MATCH」（2月8日・埼玉スタジアム２○○２）、静岡県ヤングサッカーフェスティバル（3月8日・草薙総合運動場）、選考合宿を経て最終的に18名（残り4名はバックアップ選手）を選抜し、第48回日本高校選抜海外遠征チームを組織することになる。国内で強化合宿、直前合宿を行い欧州へ出発し、オランダで調整合宿と親善試合をした後、「第58回U－19デュッセルドルフ国際ユースサッカー大会」に参加する運びとなる。

選考・強化日程

【第一次選考】

2020年1月12日、東京都北区の赤羽スポーツの森公園競技場に選手権大会3回戦までに敗退したチームと、選手権に出場できなかったチームから26名を招集し選考会を実施。午前中はトレーニング、午後は駒澤大学との試合（25分×4本）を行う。

【第二次選考】

1月24日～27日に静岡県御殿場市の「時之栖」に選手権優秀選手、第一次選考選手から40名を招集。トレーニングと練習試合などを通じて、バックアップメンバーを含む22名の選抜メンバーを選考する。

選抜チーム日程

【2月5日～8日】 選考合宿（埼玉県さいたま市）

【2月8日】 FUJI XEROX SUPER CUP 2020 「NEXT GENERATION MATCH」

横浜F・マリノスユースと埼玉スタジアム２○○２において対戦（10時20分キックオフ予定）。

【3月6日～9日】 選考合宿（静岡県静岡市）

【3月8日】 第35回静岡県ヤングサッカーフェスティバル

草薙総合運動場において行われるフェスティバルに参加、静岡県ユース選抜と対戦する。また、前後の合宿で強化試合を行う予定。

【3月17日～20日】 強化合宿（佐賀県佐賀市）

【4月2日～3日】 直前合宿（千葉市市原市）

【4月4日～15日】 ヨーロッパ遠征

まずオランダ・フンデローにおいて4月7日までトレーニングと試合で調整する。8日にドイツ・デュッセルドルフに移動、「第58回U－19デュッセルドルフ国際ユースサッカー大会」に参加し4月15日に帰国する。

選抜遠征団役員・スタッフ

団 長	滝本 寛	（東京都／南葛飾高校）
監 督	蒲原晶昭	（佐賀県／佐賀東高校）
コーチ	中村真吾	（鳥取県／米子北高校）
GKコーチ	佐々木篤史	（岡山県／作陽高校）
トレーナー	服部浩史	（佐賀県／佐賀東高校）
ドクター	松本善企	（大分市アルメイダ病院）
総 務	小阪康弘	（福井県／丸岡高校）
主 務	川北康博	（埼玉県／松伏高校）
	杉田俊幸	（千葉県／京葉高校）
記 録	小林 洋	（高校サッカー年鑑）

第98回全国高校サッカー選手権大会優秀選手

ポジション	氏名	氏名(カナ)	所属高校	学年
GK	佐藤 史騎	サトウ シブキ	青森山田	3
	藤井 陽登	フジイ ハルト	矢板中央	1
	猪越 優惟	イノコシ ユウイ	帝京長岡	3
DF	阿部 健人	アベ ケント	静岡学園	3
	田邉 秀斗	タナベ シュウト	静岡学園	2
	神田 悠成	カンダ ユウセイ	青森山田	3
	藤原 優大	フジワラ ユウダイ	青森山田	3
	長江 皓亮	ナガエ コウスケ	矢板中央	3
	吉田 晴稀	ヨシダ ハルキ	帝京長岡	3
	丸山 喬大	マルヤマ キョウタ	帝京長岡	3
	大竹 琉生	オオタケ リュウセイ	昌平	3
	青木 駿人	アオキ ハヤト	日大藤沢	3
	丸山 以祐	マルヤマ イスケ	富山第一	3
	阿部 稜汰	アベ リョウタ	日章学園	3
	畑 大雅	ハタ タイガ	市立船橋	3
	高橋 祐翔	タカハシ ユウショウ	米子北	3
MF	松村 優太	マツムラ ユウタ	静岡学園	3
	浅倉 廉	アサクラ レン	静岡学園	3
	小山 尚紀	コヤマ ナオキ	静岡学園	3
	井堀 二昭	イホリ カズアキ	静岡学園	3
	藤田 悠介	フジタ ユウスケ	静岡学園	3
	武田 英寿	タケダ ヒデトシ	青森山田	3
	古宿 理久	フルヤド リク	青森山田	3
	松木 玖生	マツキ クリュウ	青森山田	1
	後藤 健太	ゴトウ ケンタ	青森山田	3
	田中 克幸	タナカ カツユキ	帝京長岡	3
	柴 圭汰	シバ ケイタ	昌平	2
	須藤 直輝	ストウ ナオキ	昌平	2
	森 夢真	モリ ユマ	四日市中央工	3
	沖吉 大夢	オキヨシ タイム	神戸弘陵	3
	濵屋 悠哉	ハマヤ ユウヤ	神村学園	3
	佐藤 陽太	サトウ ヨウタ	京都橘	2
	山田 真夏斗	ヤマダ マナト	立正大淞南	3
FW	岩本 悠輝	イワモト ユウキ	静岡学園	3
	田中 翔太	タナカ ショウタ	青森山田	3
	晴山 岬	ハルヤマ ミサキ	帝京長岡	3
	小見 洋太	コミ ヨウタ	昌平	2
	田海 寧生	タガイ ネオ	丸岡	3

第一次選考招集選手（選手権本大会不参加）

ポジション	氏名	氏名(カナ)	所属高校	学年
GK	松原 颯汰	マツバラ ソウタ	流経大柏	2
	ヒル 袈依廉	ヒル カイレン	鹿児島城西	2
DF	奈良坂 巧	ナラサカ タクミ	桐光学園	2
MF	小屋 諒征	コヤ リョウセイ	佐賀東	2
	藤井 海和	フジイ カイト	流経大柏	2

テクニカルレポート

2019年12月30日〜2020年1月13日
The 98th JAPAN HIGH SCHOOL SOCCER TOURNAMENT

第98回全国高校サッカー選手権大会

（公財）日本サッカー協会　技術委員
（公財）全国高等学校体育連盟サッカー専門部　技術委員会

全国高等学校体育連盟
サッカー専門部　技術委員
堤 誠太郎
●県立千葉高校

 大会概要

①大会の流れ

期　　間
2019年12月30日〜2020年1月13日

場　　所
埼玉スタジアム2○○2
1都3県（東京・埼玉・千葉・神奈川）
全9会場

優　　勝　静岡学園（静岡県）

準優勝　青森山田（青森県）

第3位　矢板中央（栃木県）
　　　　　帝京長岡（新潟県）

平成から令和にかわって初の選手権は、静岡学園（静岡県）が全国参加校4037チーム、各都道府県代表48チームの頂点に立つ形で終わった。青森山田（青森県）の2連覇を阻んだ静岡学園は5年ぶり12回目の出場にして、24年ぶり2回目、初の単独優勝であった。

開幕戦、前原（沖縄県）に対して國學院久我山（東京都B）は開始早々に先制した後、FW山下、FW山本（航）の2人がハットトリックを記録し、8-0の大差で勝利した。

大晦日に行われた1回戦は、一昨年度覇者の前橋育英（群馬県）が神村学園（鹿児島県）と対戦、両チームともに相手の良さを消す守備が光った戦いとなり、スコアレスでPK方式にまでも

つれ、神村学園がGK吉山の活躍により勝利した。また、四日市中央工（三重県）は初出場の日大明誠（山梨県）に3-1で勝利し、6年ぶりの初戦突破となった。

令和2年となり、2日に行われた2回戦では、第96回、第97回の本大会で2年連続準優勝の流経大柏（千葉県）に県予選で競り勝った市立船橋（千葉県）が日章学園（宮崎県）と対戦。U-17日本代表SB畑を擁する市立船橋の迫力あるサイド攻撃に対し、日章学園は粘り強い守備を見せ、0-0からPK方式を7-6で勝利した。また、1回戦で前橋育英に競り勝った神村学園は、インターハイ準優勝の富山第一（富山県）から得点を奪えないまま敗退となった。この時点で7チームいた初出

令和元年度　第98回全国高校サッカー選手権大会

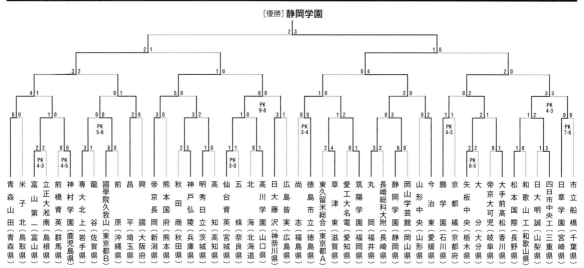

[優勝] 静岡学園

場校は山形中央（山形県）に勝った今治東（愛媛県）のみとなった。

3回戦では、県予選でインターハイ覇者の桐光学園（神奈川県①）に勝った日大藤沢（神奈川県）が出場回数34回（歴代3位タイ）の仙台育英（宮城県）と対戦。ボールを保持する日大藤沢に対し、仙台育英はGK佐藤（文）を中心に粘り強く守り、0-0のままPK方式により30年ぶりのベスト8進出となった。インターハイベスト4の尚志（福島県）に2回戦で競り勝った徳島市立（徳島県）、昌平（埼玉県）は初のベスト8入りとなった。準々決勝では、帝京長岡（新潟県）が立ち上がりの得点を守り切り仙台育英に勝ち、チーム初のベスト4に入った。

会場を埼玉スタジアム２○○２に移して行われた準決勝は、2試合ともに1点差の均衡したゲームとなった。惜しくも準決勝敗退となった帝京長岡の丁寧なビルドアップからの攻撃力、矢板中央（栃木県）の「赤い壁」と言われるほどの粘り強い守備力は観客たちを魅了した。

決勝は過去最多の5万6025人の観客の前での素晴らしい試合となった。立ち上がりから青森山田が高さ、強さを活かしてDF藤原、キャプテンMF武田の得点で2点をリードする。前半終了間際に1点を返した静岡学園は後半に入り、MF松村らの個人技を活かした攻撃で同点とし、最後はFKからDF中谷がヘディングで押し込み逆転に成功、念願の単独優勝を成し遂げた。

決勝のみではなく、各地で行われた全47試合の通算来場者数も過去最高となり、これから始まる令和時代の高校選手権が楽しみとなった。

②大会の傾向

大会の傾向としては、各チームが積み上げた独自の戦術をベースにしながら、一試合を通して相手のシステムに順応しながらゲームプランを遂行していた。どのチームも地区大会を勝ち抜いたチーム力があるうえ、個人戦術がより高まっていること、フィジカル能力の高さ、テクニックの独創性、プレー・判断スピードの質の高さがゲーム中に十分発揮されているチームが上位ステージへ勝ち上がっていった。また、PK方式で勝敗が決せられる試合も多く発生した。このPK方式においてもキックの質の高さとスピードが洗練されていたチームが多いこと、PKを得意とするGKの育成に成功していたチームが印象的だった。

得点の場面で特徴的だったのが、テクニックとスピードを活かした連係から

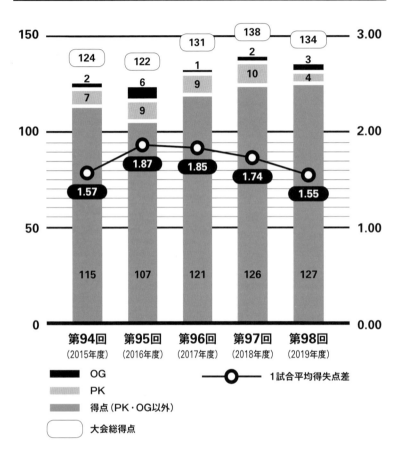

【第1表】過去5大会の得点推移

凡例:
- OG
- PK
- 得点（PK・OG以外）
- 大会総得点
- 1試合平均得失点差

	第94回 (2015年度)	第95回 (2016年度)	第96回 (2017年度)	第97回 (2018年度)	第98回 (2019年度)
大会総得点	124	122	131	138	134
得点 （PK・OG以外）	115	107	121	126	127
PK	7	9	9	10	4
OG	2	6	1	2	3
1試合 平均得点	2.64	2.60	2.79	2.94	2.85
1試合 平均得失点差	1.57	1.87	1.85	1.74	1.55

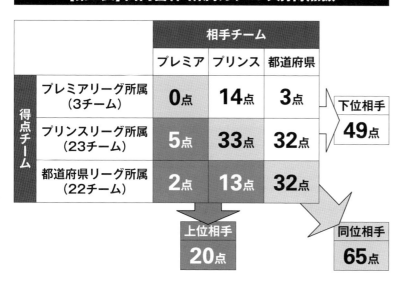

【第2表】高円宮杯 所属カテゴリ別得点数

得点チーム	相手チーム		
	プレミア	プリンス	都道府県
プレミアリーグ所属（3チーム）	0点	14点	3点
プリンスリーグ所属（23チーム）	5点	33点	32点
都道府県リーグ所属（22チーム）	2点	13点	32点

下位相手 **49点**

上位相手 **20点**

同位相手 **65点**

アタッキングサードで有効な崩しを発揮しての得点や、クロスを有効に活用した得点であった。また、CKやFKなど、セットプレーによる得点機会も重要なポイントとなっていた。

2 テクニカル分析

昨年度、一昨年度のTSGでは、世界基準を見据え、日本代表を担う高校生の育成を念頭に世界との差を埋めるべく「Intensity & Quality」をキーワードとして大会分析を行った。継続的に「Intensity & Quality」という観点で大会を分析してきたことで、「守備」「攻撃」「切り替え」のどの局面でも、インテンシティの高い中でのクオリティを高めることが課題として提示された。

また、今年度のクラブユースのTSGではインテンシティ＆クオリティの高まった試合が多く見られたとの報告もあり、インテンシティ＆クオリティは継続して取り組むべきテーマであり、スタンダードにしていくべきものでもある。そこで、今大会は、インテンシティ＆クオリティは前提とし、大会をフラットな視点で分析して傾向を整理することとした。

【守備】

前線からのプレスや中盤の守備では、チームとしての守備戦術が整理され、プレスをスタートする位置やボールの奪いどころが共有されており、対戦相手に応じて相手の意図する攻撃を阻害できているプレーも見られた。しかし、状況の変化する中で意思統一して連動できていないシーンもあり、チームとしての守備戦術は今後さらに高めていくべきであろう。

課題として挙げられるのが、ディフェンディングサードの守備である。その中の一つとして、クロスの守備が依然として課題である。また、ディフェンディングサードでのグループとしての連続した守備も課題の一つである。奪い返しによる連続攻撃やドリブル・ショートパスによってボールが連続して動く攻撃に対しては、チャレンジ＆カバーやポジション修正の連続が求められる。ボールを動かされることでマークがずれてしまったり、高い位置で前向きの選手を作られてしまったりするシーンが見られた。また、前向きの選手を作られてしまった際には、スルーパスを通されるシーンが目立った。これは、1stDFの状態、ボールホルダーの状態によって

オフ・ザ・ボールのDFポジションを修正できていないことが原因であると考えられる。スペースを守りながらマークを把握する、複数のマークを守備範囲に入れておきながらパスコースを限定するといった個人戦術をさらに高め、チャレンジ＆カバーの連続性を向上させていくことが重要である。

【攻撃】

上位に進出したチームでパスを繋ぎながらボールを前進させるチームは、個人戦術とテクニックが高く、ボール状況や相手のプレッシャーに応じてポジションをとり、サポートのタイミングを計って状況判断がしっかりとできていた。また、強いプレッシャーを受けてもボールを失わないテクニックを持っていた。

また、相手ゴール前での得点に至るプロセスが整理されているチームが勝ち上がった傾向があると考えられる。そのポイントの一つとなったのは、クロスからの得点である。クロスに対する守備が課題であることも踏まえ、これは有効な攻撃手段となる。クロスの質が高くフリーな選手を判断して配球しており、中への入り方の意図を共有しているチームはクロスからの得点に至ることができていた。サイドを個人で突破することのできる選手やサイドでのコンビネーションも見られ、特に、ゴールラインとペナルティエリアのラインの交点付近を使った攻撃が目立ち、そこからのクロスで得点に至るケースが特徴的であった。

今大会は、個での仕掛けや少人数でのコンビネーションによる攻撃が目立った。個人の仕掛けで相手を引きつけてのパス、中盤とDFラインの間でボールを受け、タイミングよく最終ラインを突破するアクションへの配球などの形が特徴的であった。また、ドリブルでの仕掛けやショートパスを有効に活用し、相手を集結させながらパスコースを作り出し、オープンスペース

へ展開したり、数的優位を作ったりする攻撃手段が見られた。

一方で、ロングボールからセカンドボールの奪取をきっかけとした攻撃やサイドチェンジからのシンプルな攻撃などダイナミックなプレーに比重を置くチームも見られた。

【切り替え】

切り替えの早さによって奪い返しのシーンが多く見られたことから、その意識が高まっていると感じられた。局面や1回のプレスで奪い返せなかった場合でも、連続したプレスで最終的に奪い返せているシーンも見られた。しか

し、奪い返しの局面を突破されてしまうとその後前進されてしまうケースもあり、ボール周辺の切り替えだけでなく、全体の切り替えが依然として課題である。また、ボールを失った状況を判断して相手の攻撃を遅らせることも必要になってくる。ただ、そういった奪い返

【第3表】得点に至るプロセス

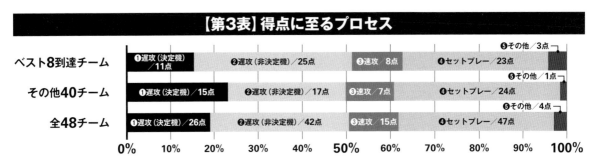

プロセス	詳細	ベスト8到達チーム		その他40チーム		全48チーム	
①遅攻 **（決定機）**	複数選手の足元へのパス交換（中央）	1		3		4	
	複数選手のパス交換（サイド）	2		3		5	
	ゴール方向へのスルーパス	3	11点	4	15点	7	26点
	ドリブル等個人技による打開	5		5		10	
	その他	0		0		0	
②遅攻 **（非決定機）**	ショートパス・ドリブルでゴール方向へ接近	2		2		4	
	クロス等サイドからのボールで接近	15		10		25	
	ロングボール等後方からのボールで接近	1	25点	4	17点	5	42点
	ミドル・ロングシュート	7		1		8	
	その他	0		0		0	
③速攻	前線からのプレス	4		4		8	
	ショートカウンター	4	8点	0	7点	4	15点
	ロングカウンター	0		3		3	
④セット **プレー**	フリーキック	9		6		15	
	コーナーキック	7		7		14	
	スローイン	2	23点	2	24点	4	47点
	ペナルティキック	5		3		8	
	キックオフ・ゴールキック	0		0		0	
⑤その他	相手のミス	3	3点	0	1点	3	4点
	その他	0		1		1	
総計		**70点**		**64点**		**134点**	

【遅攻・速攻・セットプレーの分類】
・得点時点を起点とし、遡って最も近いアウトオブプレーからの再開時点を対象に分類する
──アウトオブプレーからの再開から10秒未満に得点に至っている時→セットプレー
──アウトオブプレーからの再開から10秒以上かけて得点に至っている時
　→得点チームのボール保持開始から得点に至るまで10秒未満の時→速攻
　→得点チームのボール保持開始から得点に至るまで10秒以上の時→遅攻
※注意
●シュートやパスがブロックやクリアを受けても、相手チームのボールコントロールを許さず得点チームがボールを保持し続けている場合、ボールの保持開始はさらに前のシーンまで遡る
●10秒未満／以上の基準を満たさなくとも下記のシーンに該当する場合、調査担当者の判断で分類を変更してもよいが、その旨備考に記すこと
──10秒以上15秒未満保持しているが、相手チームの守備が整わない状況で攻め込んだことで得点に至った場合→速攻
──アウトオブプレー再開後10秒以上15秒未満保持しているが、セットプレーのためにゴール前に人数をかけたことで得点に至った場合→セットプレー
【遅攻の分類】
●「決定機」「非決定機」の分類……キーとなるシュートを撃つシーンが以下のすべてに当てはまる状況を「決定機」とする
①ペナルティエリア内かつゴールエリア幅とその周辺
②ボールを十分にコントロールできる
③ゴール方向に向かっている
④GKと1対1、またはDFがついていてもGKが対応のために大きくポジションを変えている

しができずにカウンターを受けた際でも、ゴール前で粘り強く守備ができているシーンが見られた。

　カウンターについては、相手DFラインでボールを奪うことができた場合には得点に至ることが多かったが、中盤でボールを奪った場合や、低い位置でボールを奪った場合には得点に至るシーンは少なかった。その原因として、奪われたチームの守備への切り替えが向上したことと、ボールを奪ったチームのカウンターの質に課題があったことが挙げられる。カウンターの際に、スピードに乗った中でのテクニックや幅の有効な活用に課題が見られた。

【セットプレー】

　今大会、セットプレーでの得点は134ゴールのうち47ゴールであり、前回大会（138ゴールのうち60ゴール）と比較すると減少した。前回大会はスローインからの得点が15ゴールであったのに対し、今大会は4ゴールとなっており、特にスローインからの得点の減少が大きい。CKやFKの攻撃については、キックの精度やヘディングの高さを活かしていくことはもとより、ショートCKやセカンドボールを含めた準備など様々な工夫が見られ、レベルが上がっている。セットプレーに対する守備については、チームとしての守り方や役割分担をより整理することに加え、想定外のプレーやセカンドボールに対し、様々な状況に反応できる開始姿勢

の準備や瞬時の判断がさらに要求されることになる。今後、よりレベルの高い攻防が見られることを期待する。

【まとめ】

　前回大会では、クオリティよりもインテンシティの高さが目立つ傾向があり、クオリティは課題であると報告された。しかし、今大会はテクニカルなチームの上位進出もあり、前回大会に比較してクオリティが高まった傾向にあったと考えられる。ゴール前でスペースがない状態でも、ドリブルやショートパスによって相手を崩してゴールに迫るシーンなど、クオリティの高いプレーが数多く見られた。今後、インテンシティは前提とし、守備のクオリティが高まり、さらにレベルの高い攻防が見られることを期待する。

　今大会は各チームのスタイルが特徴的であり、それを貫く戦い方をするチームが上位に進出した。その中でも、試合状況や相手によってプレッシングエリアを変更する、相手の状況に応じてボールを前進させる手段を変更する、システムや選手のポジションを変更するなど、バランスをとりながらストロングポイントを発揮しようとする傾向が見られた。高校サッカーは、チームのスタイルが様々であり、それぞれの戦い方や育成方法の中で個を育てている。その多様性を活かしながら、世界基準で活躍することのできる選手の育成を期待したい。

3　GK

【大会GK全般】

　大会優秀選手にはGKから以下の3選手が選出された。
◉佐藤 史騎（青森山田／3年）182cm
前所属：横浜FCジュニアユース
◉藤井 陽登（矢板中央／1年）180cm
前所属：十和田中学
◉猪越 優惟（帝京長岡／3年）183cm
前所属：FCみやぎバルセロナ

　登録GKの平均身長は176.9cm、出場GKは178.3cm(2018年度は178.2cm)と昨年と変化は見られなかった。また、185cm以上のGKは登録14名：全体の9.3%（そのうち出場4名）であった。各チームの先発GKを学年別に見てみると3年生29名、2年生16名、1年生3名であった。

【大会を通して】

　勝ち上がるチームのGKには、試合中に何度か訪れる相手の決定的な得点機会を防ぐことや、安定感（GKの明らかなミスによる失点が少ない）があった。やはり、GKのパフォーマンスはチームの勝利に必要な要素の一つと考える。その他、PK方式を見据えて後半アディショナルタイムから出場するGKも見られた。

【攻撃】

　GKの攻撃参加成功率は、（全試合の平均が）36.2%と過去5年間のデータと比較して一番高い成功率となった。パス&サポートとフィールドプレーの成功率はいずれも50%を超えており、データとしては上がっていた。しかし、その中身を見てみると、パス&サポートでは、相手DFラインが積極的に来ない中で、GKが積極的に攻撃に関わるチームの成功回数が極端に高いことや、GKがパスを受け味方に展開する回数が極端に少ないチームがあることという2つの傾向が見られた。ここ数年の大会分析からGKのビルドアップ

の関わりについては課題があることが挙げられており、少しずつ改善傾向ではあるがまだまだ効果的という点では課題が多いのではないかと感じた。また、ディストリビューションにおいては、精度の高いサイドボレーが効果的で、攻撃の起点になっているチームも見られた。

また、今大会からのルール改正の一つであるゴールキックからのリスタートに関しては、成功率が23.6％と前回大会よりも4.5％下がった。ロングキックを多用し失っていることが大きな原因であるが、中には、ターゲットプレーヤーをうまく活用したり、相手の状況を観ながらゴールキックに変化を持たせたりして、有効に活用しているチームもあった。

【守備】
　DFラインの背後へのロングボールに対してのプレーの判断が曖昧で、DFとの連係不足により慌てるような場面が散見された。ボールにプレーする前の段階で、相手や味方の状況を把握し、問題があれば未然に的確なコーチングで味方に伝え、出されたボール

に対しては、自分がプレーするか否かを判断することを繰り返すことを習慣化していきたい。

クロスに関しては、全体的に質の高いクロスボールが少なかった傾向があるため、チャレンジする場面が多くはないが、滞空時間のあるクロスボールに対しては比較的安定してプレーできていた。勝ち上がったチームでは低くて速いグラウンダーのクロスにGKがチャレンジした時、DFがしっかりゴールカバーに入るなど連係がとれているシーンも見られた。パンチングに関しては、弾く方向や高さ・距離など的確に技術を発揮できるGKも増えてきたが、CKで相手に囲まれたり、風向きなどによりボールの軌道の把握が難しかったりする状況下では、安定したパフォーマンスを発揮できていなかった。ロングスローに対してはチャレンジできていたGKは少なかった。

【まとめ】
　今大会は年代別代表に選出経験のあるGKやJリーグ内定のGKが不在の大会だった。ここ数年、1、2年生GK

が出場しているチームも多くなってきている中、指導者とともに、今大会でのプレーを分析し、特徴をさらに伸ばし、課題を改善すること、またそれを繰り返しながら少しずつステップアップしてもらいたい。これが来年のさらなる活躍、また高体連からもさらに大きな舞台で活躍する優秀な選手が輩出される未来へ繋がることを期待したい。

④ ベスト4チームの勝ち上がり・特徴

【静岡学園】
　1-4-3-3のフォーメーションを基本とし、どのポジションの選手も個々のテクニックが高い。ドリブル・ショートパスを中心に複数の選手が関わってボールを保持しながら前進して攻撃を組み立てている。FWの動き出しで背後のスペースを使う、突破力のある両サイドを使いクロスからゴールを目指す、ショートパスで中央突破をする等、相手の状況を観ながら豊富なバリエーションで攻撃を仕掛けている。守備においてはボールに対して積極的にプ

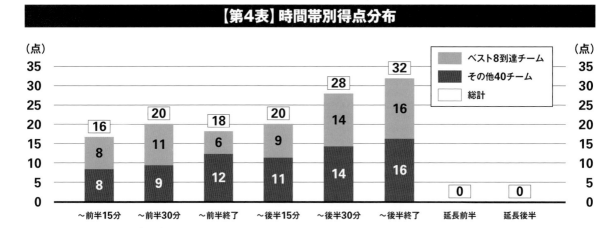

【第4表】時間帯別得点分布

	前半			後半			延長	
	～前半15分	～前半30分	～前半終了	～後半15分	～後半30分	～後半終了	延長前半	延長後半
ベスト8到達チーム	8	9	12	11	14	16	0	0
その他40チーム	8	11	6	9	14	16	0	0
総計	16	20	18	20	28	32	0	0

レッシャーをかけ、ボールを奪いにいく。特に攻撃から守備への切り替えが早く、相手ボールホルダーに素早く集結し失ったボールを敵陣で奪い返すことに成功している。

準決勝までの5試合を16ゴール、無失点という圧倒的な力で勝ち上がった。決勝では2点を先行されるも攻撃的なスタイルを貫き、見事な逆転劇で24大会ぶりの頂点に輝いた。

【青森山田】

1-4-2-3-1を基本フォーメーションとし、対戦相手に応じて戦い方を変えて戦うチームである。攻撃は、前線に素早くボールを供給し、高い個人の能力を活かして速攻を仕掛ける。状況に応じて、後方でショートパスを繋いでから前線に配球する場面も見られた。守備戦術は多彩で、前線から積極的にFWがプレッシングをかけ、球際の強さを活かしてボールを奪いにいく場面もあれば、自陣深くに1-6-3-1の守備ブロックを形成し、相手を引き込んでからボールを奪う場面もあった。また、ロングスローやセットプレーのバリエーションも豊富で、得点源の一つであった。リザーブの選手も含めて個の能力が高く、大会を通じてフィジカルの強さも際立っていた。

【矢板中央】

1-4-4-2のフォーメーションで、全試合において先発メンバーとスタートポジションの変化はなく、不動の11人で臨む。攻撃は最終ラインからのロングボールを2トップに供給し、セカンドボールをサイドに展開してクロスからチャンスを作り出す。守備は全員の守備意識が非常に高く、2トップが献身的に相手に対して制限をかけ、連動して奪い素早く攻撃に繋げていた。また、時にはディフェンディングサードに全員が戻り、強固なブロックを形成して相手にスペースを与えず、両CBを中心にゴール前で粘り強い守備をして相手の攻撃を跳ね返していた。

【帝京長岡】

1-3-1-4-2を基本フォーメーションとし、対戦相手や試合状況に応じて、フォーメーションや選手の配置を柔軟に変えるチームである。攻撃は、FWのポストプレーやキープ力・得点力、左SHのスピードに乗ったドリブル突破力、インサイドハーフのテクニックなど個の力が高く、さらに複数の選手が関わるコンビネーションから、多くのチャンスを演出した。守備においてはGKとDFラインを中心に全体をコンパクトに保ち、ボールを積極的に奪いにいっていた。攻撃から守備への切り替えが早く、ボールを失ってもすぐに奪い返し、連続して攻撃するシーンが多く見られた。

5 トピックス

サッカー王国 静岡復活

高円宮杯 JFA U-18サッカープレミアリーグ 2019王者の青森山田に劇的な逆転勝利をし、5年ぶり12回目出場の静岡学園が優勝を飾った。1995年度第74回大会以来24年ぶり2回目の優勝であり、前回は両校優勝だったため、初の単独優勝となった。また、女子サッカーでは藤枝順心が優勝、いきいき茨城ゆめ国体ではサッカー少年男子の部で静岡県が優勝と、2019年度は静岡県でサッカーが始まって100年という節目にして躍進の年となった。

第3種年代との連携

全国各地の強豪校は第3種年代との連携に大きく力を入れ、成果が表れている。そのメリットとして、チームコンセプトの共有、連係の向上、選手流出の阻止、スタッフの共有などが挙げられる。今大会出場校全体を見ても、多くのチームが6年一貫指導のシステムを持ち、戦い方を見ても明らかな成果

が表れていた。今後も多くのチームが力を入れていくことが予想される。

6 大会の今後

令和という新時代。記念すべきこの年は、2020年の東京オリンピックを前に、新しい時代の幕開けにふさわしい期待を持てる大会となった。

どのチームもそれぞれのカラーを持ちながら、相手を分析し対応することで試合の流れを引き寄せようとしていた。ここ数年の急速なITの変革や指導者のライセンスの普及によって、日本サッカー界にもたらされる影響は非常に大きい。あらゆる情報が溢れ、個人戦術だけでなく、チームとしての明確な戦い方など急激な成長を遂げている。

しかし、日本サッカー協会が掲げる「2030年までに世界のベスト4に入る」という目標に対して、高校サッカーの役割とは何なのであろうか。

決して高校3年間だけで物事を考えることはできないが、高校サッカーだけにできることも多くあることは間違いない。部活動という考え方や捉え方も、改めて考えなければならない。今後、日本の高校サッカーが新たな時代に進むであろうことを期待したい。

Technical Report

ベスト16 チーム分析

（公財）全国高等学校体育連盟サッカー専門部
技術委員会

静岡学園（静岡県）
基本システム
1-4-3-3

⑫ 岩本
⑭ 小山　⑩ 松村
⑧ 浅倉　⑯ 井堀
⑱ 藤田
⑮ 西谷　⑤ 中谷　③ 阿部　④ 田邊
⑰ 野知

青森山田（青森県）
基本システム
1-4-2-3-1

⑨ 田中
⑧ 浦川　⑩ 武田　⑪ 後藤
⑦ 松木　⑥ 古宿
⑧ 神田　⑤ 藤原　④ 箱﨑　② 内田
① 佐藤

【大会におけるゲームプラン】

中盤は、相手によって1ボランチと2ボランチを使い分ける。高いキープ力を活かして中盤で時間とタイミングを作りながら長短のパスやドリブルを織り交ぜ攻撃を仕掛けていく。アタッキングサード付近では、積極的にドリブルを仕掛けながらコンビネーションで崩していく。前線の選手のゴールへの意識は高くペナルティエリア外からでも積極的にシュートを狙い、ゴールを決めている。大会を通して攻め続ける姿勢を貫いた。

【チーム・選手等の特徴】

中盤のMF⑧浅倉、⑱藤田、⑯井堀が高いテクニックとキープ力を活かしてボールポゼッションを行い、時間とタイミングを作りながら前線の3選手に配球していく。CF⑫岩本は、鋭い動き出しを持ち味とする。右FW⑩松村は、スピードのあるドリブルや精度の高いクロス、相手の背後への抜け出しからチャンスを作る。左FW⑭小山はテクニックやスピードある多彩なドリブルでゴールに迫る。井堀、浅倉も流動的に動きながら数的優位を作り、ドリブルやコンビネーションで相手DFラインのギャップを突き、攻撃にアクセントを付ける。また、ペナルティエリア外からでも積極的にシュートを撃つなどゴールへの意識が高い。SBもライン際のオーバーラップだけでなく、内側からも攻撃参加を行う。守備では、ボールを失った後の切り替えの意識が非常に高く、奪い返しに全員がハードワークして、プレスをかける。球際も厳しく相手に自由を与えない。セットプレーでは、多彩なバリエーションを見せた。

【大会におけるゲームプラン】

相手のプレス状況を観て柔軟に対応を変化させる。相手のハイプレス時には高いポジションをとる両ワイドにボールを送ってタメを作りラインを押し上げ、プレスが緩むとしっかりと後方から組み立てる。ヘディングとキックの精度が高く、また飛距離も出るため、ピッチをフルに使って相手を崩しにかかる。チームとして危険を冒さないことが常に念頭にある戦い方を意識している。

【チーム・選手等の特徴】

DF4人の対人能力が非常に高い。SB②内田、③神田は1対1での相手の仕掛けに対して、CB④箱﨑、⑤藤原は空中戦で相手のロングボール、クロスに対してほぼ勝利する力強さがある。中盤の選手は運動量が豊富でセカンドボールに対しての反応やボールの奪い返しの意識が非常に高く、ミドルサードでは主導権を握る時間が長い。攻撃はMF⑥古宿、⑦松木、⑩武田に展開力があり、MF⑧浦川、⑪後藤を使ってのワイドな攻撃を多用する。一人ひとりが飛距離のある精度の高いキックができるので、1本のキックで逆サイドのDFの裏まで展開ができる。浦川、後藤はワイドポジションからのクロス・仕掛け・飛び込みなど何でもできるので、どこからでも相手ゴールを脅かせる存在である。セットプレーでは内田のロングスロー、FK・CKは右キッカーの古宿、左キッカーの武田が相手の脅威となっている。

矢板中央（栃木県）
基本システム
1-4-4-2

【大会におけるゲームプラン】

競り合い、球際の強さとロングスローを含めたバリエーション豊かなセットプレーを武器に流れを引き寄せる。相手にボールを持たせ、主導権を譲る。高い位置でボールを奪ってショートカウンターを狙う場面や、3ラインが自陣に入り守備ブロックをコンパクトに形成し、リトリートからカウンターを狙うなど相手や時間帯など状況によって使い分ける。ハードワークした前線の選手を積極的に交代させて流れを変えることもできる。

【チーム・選手等の特徴】

攻撃では、平均身長176cmの強いフィジカルを活かし、相手陣内に侵入する。GK⑫藤井の飛距離のあるゴールキック、MF⑥霞見のプレスキック、SB②坂本のロングスローを使ってチャンスを窺う。途中出場したSB㉓島崎のロングスローも、1年生ながら高いボールや鋭いボールを使い分けてチャンスを作っていた。セットプレーでは、CB③矢野、④長江の高さが活かされる。ジョーカーとして後半から途中出場するFW⑩久永も積極的な仕掛けで流れを引き寄せる。守備では、1-4-4-2のブロックを形成し長江のリーダーシップの下、バイタルエリアへの侵入を許さない。状況に応じて両SHがDFラインに入り、6人でDFラインを形成することもある。奪いどころを前線や中盤、ゴール前と、相手や時間帯によって使い分けている。奪った後は、シンプルに前線の選手へ配球しクロスから得点を狙う。

帝京長岡（新潟県）
基本システム
1-3-1-4-2

【大会におけるゲームプラン】

個々の技術レベルが高く、長短のパスやドリブルを使い、相手ゴールを目指す。速攻時は、DFラインの背後のスペースを狙い、縦に速い。遅攻時は、MF⑥川上を経由して、幅を使いながら、相手のギャップを突いていく。相手DFが後手に回った瞬間には、攻撃のスイッチが入り、ワンタッチパスやドリブル突破で仕掛ける。守備は、チーム全体でボールを奪いにいく。DF⑤丸山のコーチングにより複数で連動した守備を行う。

【チーム・選手等の特徴】

攻撃は、FW⑩晴山、MF⑭谷内田を中心にテンポの良いパスワークやドリブル突破を織り交ぜながらゴールに迫る。晴山は、ゴールへの意識が高く得点感覚に優れている。また、身体を張ったポストプレーから、周りの選手を活かすこともできる。ボールが収まると中盤の選手がタイミングよくサポートに入り適切な判断力でボールを動かしながら、ゴールを狙い続ける。ビルドアップ時には、MFの⑥川上、⑦田中、谷内田の3選手が後方から長短のパスを織り交ぜながら落ち着いてボールを動かし、前線の選手が動き出すタイミングを作る。左MF⑨本田は力強いドリブルで積極的に仕掛け、左サイドを突破しコンビネーションや個人技など的確な判断で相手に的を絞らせない。守備は、DF④吉田（晴）を中心にDFラインを統率しコンパクトフィールドを形成し素早い切り替えからボールを奪う。GK①猪越は、キック・キャッチも非常に安定している。チーム全体が攻撃から守備の切り替えが早く、ハードワークできるチームである。

徳島市立（徳島県）
基本システム
1-3-4-2-1

【大会におけるゲームプラン】

守備時には両アウトサイドをDFラインまで下げ、相手を自陣に引き込みながらDFラインからFWまでをコンパクトに保ち守備ブロックを形成する。バイタルエリアを堅守しながら速攻を狙う。攻撃は、1トップをターゲットにシンプルに配球し相手陣内でボールを収めると、アウトサイドが後方から攻撃参加を行いクロスからゴールに迫る。

【チーム・選手等の特徴】

1-3-4-2-1の布陣。FWからDFまでをコンパクトに保ち中盤のスペースを消し、自陣に相手を引き込みながらボールを奪う。アウトサイドのMF⑧平、⑯佐野は守備時にはDFラインまで下がって5バック気味に対応する。MF④川人、⑩阿部の守備意識は非常に高く、相手FWに対するプレスバックやDFラインのカバーを積極的に行いボール奪取を試みる。DF②渡邉、⑤田内、⑫三倉はロングボールに対しても的確に対応し、ヘディングや1対1の強さを見せる。クロスに対しても身体を張った粘り強い守備を見せる。攻撃は、FW⑬石井をターゲットにシンプルなボールを配球し、MF⑥中田、⑦大野がセカンドボールを回収しながら2列目からの2次攻撃を組み立てる。長身選手を活かしたセットプレーや三倉のロングスローでゴールを狙う。

昌平（埼玉県）
基本システム
1-4-2-3-1

【大会におけるゲームプラン】

個々の技術が高く、個人でもグループでもボールを保持する力がある。それを活かしたポゼッションで攻撃を組み立てアタッキングサードに侵入し好機を作る。また、選手の距離感も良く、攻守にわたってグループで対応する。守備はCBの堅守でチームをリードしながらも3ラインをコンパクトに保ち全体で守る。また、攻撃から守備への切り替えが早く、相手の攻撃態勢が整う前にボールを奪い攻撃に転じる。攻守に一体感があるサッカーを展開する。

【チーム・選手等の特徴】

ボランチを経由した組み立てから中央、サイドと幅広く仕掛ける。前線中央でFW⑪小見が相手DFの背後を狙いながらも足元で受け、シャドーのMF⑩須藤とSH⑦紫藤、⑧鎌田とのグループで打開しようとする。また、それによって生じたサイドのスペースにSBがスピードに乗って攻撃参加する。3人の攻撃的MFはドリブルでも打開できる力を持っており、アタッキングサードで迫力ある突破を見せる。守備は、CB②西澤、④柳澤を中心に3ラインを保ち、中盤に引き入れては複数でボールを奪う。ミドルサードでのボランチ⑥柴、⑭小川の読みと駆け引き、運動量がチームの守備を牽引している。ボールを奪っては早い切り替えでカウンターを仕掛けるなど、強固な守備から多彩な攻撃へと繋げる攻守に一体感のあるサッカーを見せる。

四日市中央工（三重県）
基本システム
1-4-4-2

【大会におけるゲームプラン】

守備ではボールホルダーに対して積極的にプレッシャーをかけ、ボールを奪いにいく。1stDFに連動したボールへの集結が早く、チームとして果たすべき守備のタスクが明確である。攻撃では突破力のある2トップや両SHをシンプルに使い、攻撃を組み立てている。2トップと両SHの組み合わせはバリエーションが豊富であり、試合に応じて変えている。

【チーム・選手等の特徴】

推進力のある2トップのFW⑨井上、⑰田口に対するロングボールを起点として攻撃を組み立てる。また、2トップを起点にすることで生まれたサイドのスペースを突破力のあるMF⑩森、⑪和田が使い、積極的なドリブル突破からのクロスでチャンスを数多く作り出している。ボランチのMF⑯宮木は2トップを追い越してボールを受けるなど、献身的な動きで攻撃を活性化させる。守備では相手のくさびのボールに対してボランチのMF⑭角田がプレスバックをし、相手にスペースを与えず、ボールホルダーに対して素早く集結することでプレッシャーをかけ、数的優位を作り出しボール奪取に成功している。その反面、DFラインでは強さのあるFWに対してチャレンジ＆カバーが徹底されておらず、ゴール前に侵入されてしまうシーンやクロスに対してボールウォッチャーになってしまうシーンが目立つ。止める・蹴るといった基本的なスキルや球際の強さなど個人の能力が高い。SB⑥永﨑のロングスローも有効な攻撃手段となっている。

仙台育英（宮城県）
基本システム
1-4-4-2

【大会におけるゲームプラン】

立ち上がりから、全体がシンプルにDFライン裏に蹴り込み、FWが競った後のセカンドボールを高い位置で拾い、サイドに展開する形と、縦に速く突破を図る形。アタッキングサードへ押し込むと、1-4-2-4の形でボールサイドのSBが少し高い位置にポジションを取り、コレクティブにボールを動かし、ドリブル突破やクロスによりペナルティエリアに侵入していく。サイド攻撃の際に、押し込まれた相手がサイドラインにクリアすると、高い位置からのロングスローでチャンスを作る。守備は、シンプルに高い位置にボールを送ることで全体のラインが高くなるため、クリアボールに対してDFラインが強いファーストアタックを行い、セカンドボールを拾う。相手のビルドアップの場面でも、1stDFが素早く寄せてミスを誘い、連動した周辺の選手がボールを奪う。全体的に攻守のインテンシティを高く保つ。時間帯にかかわらず、自陣ではノーリスクを徹底している。

【チーム・選手等の特徴】

キャプテンDF③小林やDF⑥杉田を中心に、ハイボールやグラウンダーのパスに対してタイトな守備を行い、GK①佐藤（文）のハイボールの処理やシュートブロック能力の高さを加えた堅い守備を構築。ボールホルダーへの素早いチェックに対して、周辺のグループ戦術、広域のリスクマネジメントを徹底した守備を行う。基本的に相手の最終ラインを下げるような展開をするため、センターサークルの自陣ラインからハーフウェイラインの間にDFラインが設定され、相手のクリアボールに対してハードなアタックを繰り返す。攻撃は、素早く前線へボールを入れてFW⑮佐藤（遼）、⑬吉田の献身的な動きと高いキープ力を活かし、MFの上がりを待ち、主にサイドエリアに展開。MF⑪豊倉を中心としたスピードとキレのあるSHが、多くの突破を見せる。MF⑦島野、⑧渡邊のサポートと、機を見た両SBのオーバーラップなどで、攻撃に厚みをもたせる。交代出場のFW⑩山口は縦への速さやキープ力などで献身的な動きを見せる。相手SBの背後にボールを送り、サイドラインにクリアをすると、杉田のロングスローでゴール前まで飛ばし、チャンスを作る。

今治東（愛媛県）	富山第一（富山県）	鵬学園（石川県）
基本システム	基本システム	基本システム
1-4-4-2	**1-5-3-2**	**1-4-1-4-1**

【大会におけるゲームプラン】

GKからビルドアップを開始し、ボールを保持しながら、一人ひとりがボールを受けるために連動してポジションを取り、長短を使い分けたパスで相手ペナルティエリアへの侵入を試みる。ボールロスト時には、前線から素早い切り替えでプレスをかけ回収を狙う。相手のビルドアップに対して前線からハイプレスをチーム全体でかけ、高い位置でボールを奪いショートカウンターを仕掛ける。また、ブロックを形成しミドルサードに引き込んで奪いにいく形を使い分ける。

【チーム・選手等の特徴】

ゴールキック時にDF④大谷、⑱毛利がペナルティエリア内で幅を取り、MF③本那が2CBの間に落ちてビルドアップを開始する。相手のプレスによってできたスペースでMF⑦岡本、FW⑩山中がタイミングよくボールを受け、ボールを保持しながら前進する。左サイドで起点を作ってから、岡本がサイドを変えるロングパスでMF⑰越智のスピードを活かし、ゴールに迫る。ボールロスト時には、素早い切り替えと前線からのプレスでボールを回収し、再びボール保持に繋げる。1stDFでボールを奪えなかった時は、本那が積極的なアプローチとカバーリングで中盤以降の前進を許さない。ゲームの主導権を握りながら、ポゼッションを繰り返しゴールを狙い続ける。相手のビルドアップに対して、FW⑨髙瀬、山中から強度の高いプレスをかけ、中盤が連動し前線に積極的にボールを奪いにいく。勢いよく前線でボールを奪うと、ショートカウンターで得点のチャンスを作った。セットプレーにおいてはDF②長井の精度の高いFKによって相手ゴールを脅かした。

【大会におけるゲームプラン】

チーム全体の守備意識が高く、堅守速攻がチームコンセプト。DFは攻撃時も次の守備を考えているので、攻撃と守備が分業傾向にある。守備時はDF・MFのラインをコンパクトに保ちつつチャレンジ＆カバーを繰り返し、相手攻撃の良さを消しボールを奪取しようとする。また、奪ったボールは前線に早く入れて攻撃に転じる。また、試合状況に応じてシステムを変更し柔軟に対応する。運動量が豊富な両SBが攻守にわたって厚みを加える。セットプレーにも特徴があり、相手ゴールを脅かす。

【チーム・選手等の特徴】

チーム全体の守備意識が高く、コンパクトな3ラインを素早く形成し、CB⑥牧野を中心にコレクティブな守備をする。ハーフウェイライン付近から守備を開始し、5バック、3ボランチで縦・横の距離を的確に保ちバイタルエリアへ容易に侵入させず、侵入された場合は複数で囲い込みボールを奪う。またロングボール、クロスに対してはDF④丸山、牧野が跳ね返す。奪ったボールはFWをターゲットにタイミングよく入れ、シンプルにゴールを目指す。また状況によっては前線でボールをキープして時間を作り、後方からの素早いサポートで人数をかけて厚みのある攻撃を仕掛ける。個々の選手にテクニックがあり、アタッキングサードに入る攻撃はドリブル・パスをタイミングよく使い相手守備陣を崩しゴールを目指す。セットプレーも得点のプランにあり、精度の高いMF⑩高木のキックでFK・CKからゴールを狙う。また、DF③吉藤、丸山はロングスローをバイタルエリア、ペナルティエリア内へ投げ入れゴールを脅かす。

【大会におけるゲームプラン】

相手に主導権を握られる場面が多く、守備的に試合を運んでいた。相手とのパワーバランスを考慮して、1-4-1-4-1、1-4-4-2のポジションをとり、バランスを整えていた。1-4-1-4-1の時は守備時に1-5-4-1になり、粘り強く対応し続けてボールを奪いにいく。また、中盤の両翼をトップの位置まで上げて3トップ気味に攻撃をしたい意図が窺えた。初戦では攻撃への切り替えが少し遅かったが、続く3回戦では修正され、効果的なショートカウンターが見られた。

【チーム・選手等の特徴】

アンカー⑥河村が気の利いたポジショニングで守備の中心となる。相手の1.5列目に落ちてきたFWを的確にマークしたり、DFのカバーリングでDFラインに入り相手のチャンスの芽を摘む。守備時は1-5-4-1になり、個で剥がされても、カバーリングによってチームでボールを奪いにいく。奪ったボールは1トップ⑪前田に預けて両サイドのMF⑦高戸、⑩永田がサポートに入り攻撃に厚みを加える。高戸、前田はボールを受けると、ドリブルによってチャンスメイクする。高戸が比較的高い位置を取ることで攻撃への入りをスムーズにする。相手によって2トップを置く1-4-4-2のシステムも併用し、バランスを取りながら守備をして、奪ってからのショートカウンターの意識を高くし、前への推進力を上げていた。

神戸弘陵（兵庫県）
基本システム
1-4-4-2

【大会におけるゲームプラン】

チーム全体の守備意識が高く、組織的な守備から攻撃に繋げる。攻撃は、MF⑩沖吉が長短のパスで攻撃の起点となり、両サイドの突破から得点チャンスを多く作り出す。FWの良い動き出しも光っていた。選手個々の落ち着いたプレーで丁寧にゲームを組み立て主導権を握ろうとする。

【チーム・選手等の特徴】

選手個々の技術が高く、落ち着いたゲーム展開ができる。MF⑦兼田、⑧田中(祉)の両SHの選手が起点となるサイド攻撃と、FW⑭松野、⑮谷の2人が流動的に動き中央から仕掛ける攻撃がある。前線でボールが収まった際には、両SBも加わったサイド攻撃もある。セットプレーではDF㉖橋本のロングスローもあり、決定的チャンスを作り出す。多彩な攻撃を演出していたのはMF⑥田中(魁)、沖吉のダブルボランチとDF②田平、③竹内の2人のCB。正確なビルドアップで終始攻撃のリズムを作り出していた。守備では、GKとDFがこまめにコミュニケーションをとり、常にリスクマネジメントを行っていた。2人のCBは高い能力でDFラインを簡単に突破させない。守備時はゾーンでのマークの受け渡しをはっきり行い、バランスを保ってチームで連動して守備をする。FWの2人がクリアボールなどのセカンドボールを収め、攻撃の起点となっていた。

筑陽学園（福岡県）
基本システム
1-4-4-2

【大会におけるゲームプラン】

豊富な運動量と切り替えの早さをベースに攻守においてアグレッシブに戦う。素早いプレスでボールを奪い、前線の選手の裏への抜け出しに対しタイミングのよいパスを送り、スピーディな攻撃を仕掛ける。両SBの積極的な攻撃参加からサイドを攻略しチャンスを作る。個の守備意識が高く、積極的かつ献身的にボールホルダーにプレスをかけ続け、粘り強く守備をする。CKはキックの精度が高く、入り方のバリエーションも豊富であり得点源となっていた。

【チーム・選手等の特徴】

FW⑩寺岡の相手DFラインの裏のスペースを突く動きとキープ力を起点に、スピーディな攻撃で相手ゴールに迫る。攻撃時にはボランチ⑦古賀(敬)が高いポジションを取り、2トップのサポートに入ることで攻撃に厚みを加え、ボランチ⑭栗尾が守備的な役割で全体のバランスを取る。SB⑥古賀(健)、②今田は豊富な運動量で上下運動を繰り返し、攻撃時にはタイミングのよいオーバーラップで決定機を演出する。守備はボールホルダーへの素早いプレスを連続してかけ続け、相手選手の自由を奪う。FWへのロングボールに対してはCB④吉村、⑱岡が確実に跳ね返し、相手に攻撃の形を作らせない。全体の帰陣が早く、数的優位の状況で守備ができているため、相手に決定的な場面を与えない。右SH⑲藤のキックの精度が高く、FW⑫岩崎と吉村のヘディングの強さを活かしたセットプレーは相手の脅威となっていた。

國學院久我山（東京都B）
基本システム
1-4-3-3

【大会におけるゲームプラン】

ボールを保持してゲーム全体の主導権を握ろうとする好チームである。攻撃時の各自のポジションが明確で、チームとして意図的にボールを動かしゴールを目指す。攻守の切り替えも早く、奪われてもすぐに奪い返し2次攻撃に繋げる。自陣ゴール前ではチャレンジ＆カバーを徹底し身体を寄せて粘り強く対応することができる。

【チーム・選手等の特徴】

CF⑨山本(航)が相手CBとの間で深みをとり、両ワイドのMF⑩戸坂、⑦山下がサイドで幅をとり相手SBを広げることで幅と深みをしっかりと作り出している。これにより攻撃時に後方の選手が前向きにプレーしやすいエリアを作り出すことができている。インサイドハーフのMF⑧大窪、⑭田中が相手DFとMFの間にポジションを取り続け、縦パスを受けたり、山本(航)のサポートに入りチャンスを作る。ビルドアップ時にはGK⑰村上が高い位置を取り、CB②保野、⑤加納、アンカー⑥福井の4人で前進しようと試みるが、相手DFラインの背後を狙う動きと意図が少なく、ミドルサードでボールを奪われてカウンターを受けてしまう場面もあった。守備は素早い攻守の切り替えからボールを奪い返す意識がチームとして統一されており、敵陣でボールを奪い返すシーンや相手のミスを誘発するシーンが多く見られた。また、自陣ゴール前では村上、保野を中心に身体を張った献身的な守備で対応することができる。

日章学園（宮崎県）

基本システム
1-4-4-2

【大会におけるゲームプラン】

DFラインからFWまでの3ラインをコンパクトに保ち、守備ブロックを形成して守備を行っている。選手間のバランスがよく、守備ブロック内に入ってきたボールに対して素早く集結することによりボールを奪いにいく。攻撃では2トップへの配球をベースに、両サイドの選手が効果的に関わりゴールを目指す。

【チーム・選手等の特徴】

チーム全体として高い守備意識をもち、しっかりとした守備をベースにゲームを展開している。選手同士の距離感が良く、3ラインを適正に保つことで強固な守備ブロックを形成している。ボランチのプレスバックの意識が高く、ブロック内に侵入してきたボールに対しての集結が早い。そのため、中盤のゾーンで相手にスペースを与えることなく、自由を奪うことができる。奪ったボールはシンプルに2トップの動き出しを使い、両サイドの選手が関わることで厚みのある攻撃を展開している。GK①福山の左足のロングフィードは非常に精度が高く、カウンターで決定的なチャンスを作り出すなど攻撃の起点であり、相手への脅威となった。FW⑪木脇はタイミングの良い動き出しでボールを引き出して多くのチャンスを作り出した。FW⑩鈴木は推進力があり、相手DFからプレッシャーを受けた中でもフィニッシュまで持ち込む強さを発揮した。

日大藤沢（神奈川県）

基本システム
1-4-3-2-1

【大会におけるゲームプラン】

プレーイメージの共有ができ、攻撃のスイッチを入れるタイミングを探しながら、効果的なくさびを入れて多彩な攻撃を仕掛け、ボールも人も動きながらどの角度からでもペナルティエリア内に侵入していく。また両CBからの1本のロングキックでシンプルに前進していく。守備では攻守の切り替えが早く、ミドルサードに人数をかけてボールを奪う形と、陣形を整えてブロックを形成しゴールを守る形の2パターンを使い分け組織的な守備をする。

【チーム・選手等の特徴】

CB③宮川、④青木を中心に、守備の距離感も良くラインコントロールも安定している。青木は空中戦、ビルドアップ能力に長け、左足から対角にロングボールも蹴る。宮川は空中戦に強くカバーリング能力にも長けている。1トップのFW⑨平田が高いキープ力で、攻撃の起点となる。またハイボールにも強く、クロスに対して相手の脅威になる。シャドーのMF⑩成定、㉖浅野がセカンドボールを拾いボールを散らす。MF⑧植村がボールを保持しながら時間を作りショートパス、ドリブルなどで丁寧にボールを運び、有効なくさびを打ち込み攻撃のスイッチを入れてバイタルエリアに侵入し、チャンスメイクする。攻撃では、幅と深さを意識しMF⑳植木が最終ラインにポジションを変え、CBがワイドに開き、両SBが高い位置を取る可変システム（1-2-1-4-3）を採用。攻守において選手同士の距離感、状況判断も良く、守備に回った相手チームに的を絞らせず、相手攻撃時には時間を与えない。両SBの攻撃参加を多用。特に、左SB⑤吉本は有効なビルドアップから攻撃のスイッチを入れ、豊富な運動量で上下動を繰り返しクロスの精度も高い。CB2枚と植木がDFラインでリスクマネジメントを行い、非常に組織的である。

第98回全国高校サッカー選手権大会
技術委員メンバー

●技術委員長
蔵森 紀昭（成城学園）

●技術副委員長
砂金 伸（幕張総合）

●TSGチーフ
堤 誠太郎（県立千葉）

●GK部門チーフ
高橋 剛（船橋北）

●千葉県・技術委員
吉田 有政（野田中央）、三神 弘輔（千葉東）、佐藤 研人（松戸馬橋）、谷口 新太郎（東京学館）、田中 章太郎（生浜）、上芝 俊介（船橋啓明）、唐澤 貴人（市原八幡）、野村 太祐（専修大松戸）、佐藤 智也（市立柏）、平塚 智（薬園台）、尾張 堯映（沼南高柳）、佐藤 誓哉（市立船橋）、山中 敏一（千葉日大一）

●神奈川県・技術委員
永山 晃（浅野）、永瀬 裕記（星槎国際湘南）、宮澤 仁（鎌倉）、海野 健介（座間）、鈴木 文人（横須賀）、浅田 忠亮（厚木北）、枝村 隼人（三浦学苑）、岡本 崇吾（横浜市立桜丘）、田之畑 宗孝（川和）、箕輪 義信（菅）、鈴木 晋也（川崎市立橘）、萩生田 真也（弥栄）、加藤 健太郎（平塚工科）、伊藤 慎平（横浜平沼）

●東京都・技術委員
髙松 慎（駒場東邦）、長山 拓郎（狛江）、村永 康夫（日本学園）、石川 創人（東京農大一）、池村 雅行（日大三）、手塚 弘利（東海大菅生）、竹原 康夫（高輪）、田中 康之（立川）、石部 元太（南葛飾）、安田 直人（福生）、小野 貴裕（関東第一）、岩永 雄太（武蔵）、栗山 孝幸（淵江）

●埼玉県・技術委員
大森 健司（越谷総合技術）、平尾 信之（浦和東）、上原 克彬（大宮南）、野木 悟志（庄和）、山下 暁之（朝霞西）、大野 恭平（さいたま市立浦和）、為谷 洋介（成徳深谷）、山﨑 稔（伊奈学園総合）、武田 直樹（栄北）、山田 純輝（川口青陵）、横山 晃一（南稜）、柏 剛史（浦和東）、中村 和彬（浦和東）、中島 康夫（浦和西）

●映像
福尾 祥（アリアンテ）

●得点場面集計
横尾 智治（筑波大駒場）、石部 元太（南葛飾）

●編集・データ分析
久永 啓（データスタジアム株式会社）、藤 宏明（データスタジアム株式会社）

第98回 全国高等学校選手権大会記録一覧

第1回戦　12月30日(月)　駒沢陸上競技場 (雨)

(主) 三上正一郎　(副) 竹田明弘, 淺田武士

國學院久我山 8 (3-0 / 5-0) 0 **前原**
（東京都B）★　　（沖縄県）

得	S	学	背	氏名	位置	背	氏名	学	S	得
0	0	②	17	村 上	GK	1	中 山	②	0	0
0	1	③	2	保 野	DF	3	新 垣	③	0	0
0	0	①	26	(永澤)		4	津 覇	③	0	0
0	0	③	5	加 納		5	渡名喜	③	0	0
0	0	①	11	山 本		14	當 山	③	0	0
0	0	①	12	森 次		20	(栄門)	②	0	0
1	1	③	4	(河原)						
0	0	③	6	福 井	MF	7	池 根	③	1	0
0	1	②	8	大 窪		6	(名護)	③	0	0
0	2	②	14	田 中		8	新 里	③	0	0
0	0	②	16	(吉田)		30	(花城)	③	0	0
						10	平 川	❸	0	0
3	5	③	7	山 下	FW	9	大 城	③	1	0
0	0	③	18	(清井)		15	(安富祖)	③	0	0
3	12	❸	9	山 本(航)		11	島 袋	③	0	0
1	3	③	10	戸 坂		24	(羽地)	①	0	0
0	1	③	13	(茅野)		19	山 内	③	0	0
8	26								2	0

0	GK	15
7	CK	0
6	FK	8
0	PK	0

【得点経過】
前半 6分〔國〕福井→山下S
〃 11分〔國〕山本(航)→山本(航)S×山下S
〃 23分〔國〕FK山本(献)→山本(航)HS
後半12分〔國〕田中→山下S
〃 20分〔國〕田中→山本(航)〜S
〃 24分〔國〕山本(航)→戸坂S
〃 26分〔國〕戸坂→河原S
〃 30分〔國〕CK山本(献)→保野HS×茅野→山本(航)S

■攻め込んだ國學院久我山が終始圧倒
　國學院久我山は, 立ち上がりからボールを保持しながらショートパスを中心にゲームを組み立てていく。開始早々に試合が動く。シュート性のパスをペナルティエリア内で受けた國學院久我山FW山下が素晴らしいコントロールで抜け出しゴールを奪う。その後も一方的に攻め込む國學院久我山は立て続けに得点を奪い, 一気にリードを3点に広げる。反撃したい前原は, GKから丁寧にビルドアップし攻撃を組み立て, 前半の終盤あたりからはFW島袋をターゲットにダイレクトプレーでゴールを目指したが, シュートチャンスを作れない。後半も國學院久我山がボールを保持し攻め込む展開が続く。5点を追加した國學院久我山が大差で勝利した。
　戦評　岩永雄太（武蔵高校）

第1回戦　12月31日(火)　浦和駒場スタジアム (晴)

(主) 植松健太朗　(副) 伊勢裕介, 大塚一輝

富山第一 2 (0-1 / 2-1) 2 **立正大淞南**
（富山県）　　4 PK 3　　（島根県）★

得	S	学	背	氏名	位置	背	氏名	学	S	得
0	0	③	1	中 村	GK	20	豊 田	③	0	0
0	0	③	2	中 園	DF	2	澤 田	③	0	0
0	0	③	16	(浦崎)		3	松 村	②	0	0
0	0	③	3	吉 藤		5	大 迫	③	0	0
0	2	③	4	丸 山		22	菊 仲	③	0	0
0	1	③	6	真 田						
0	1	③	6	牧 野						
0	1	③	8	小 森	MF	10	石 橋	❸	0	0
0	1	①	24	(中川)		14	片 淵	③	1	0
0	4	❸	10	高 木		15	山田(和)	②	0	0
0	1	③	14	広 瀬		17	山田(真)	③	3	0
0	2	③	19	(矢崎)						
1	2	③	11	碓 井	FW	13	伴 木	③	2	1
0	3	②	25	吉 倉		9	楠	③	0	0
0	0	③	9	(鈴木)		29	(藤井)	③	0	0
1	17								6	1

10	GK	10
5	CK	1
14	FK	14
0	PK	0

【得点経過】
前半32分〔立〕FK山田(真)→(相手FP)(オウンゴール)
後半18分〔富〕TI吉藤→(相手FP)(オウンゴール)
〃 27分〔立〕山田(真)→×(こぼれ球)伴木〜S
〃 38分〔富〕浦崎→矢崎→浦崎→碓井S

▼警告
〔富〕丸山, 真田, 矢崎, 鈴木
〔立〕大迫

■2度追いついた富山第一がPK方式で勝利
　立ち上がりから球際の激しい攻防が繰り広げられる中, 富山第一は2トップをターゲットにサイド攻撃とリスタートからチャンスを窺う。風上に立つ立正大淞南は選手間の距離を適正に保ち, 組織的な守備で奪ったボールを攻撃に繋げようと試みる。リスタートから一瞬の隙を突き先制した立正大淞南が, MF山田 (真) にボールを集め, 徐々に攻勢を強める中, 前半が終了した。後半, 追いつきたい富山第一はFW碓井を中心に積極的な仕掛けとシュートから流れを引き寄せ同点とする。対する立正大淞南も長短織り交ぜたパスと個の仕掛けを駆使して反撃する。互いに追加点を挙げるも, 強風の影響を受けた消耗戦は80分では決着がつかず, PK方式を制した富山第一が勝利した。
　戦評　迫宏一（球磨工業高校）

第1回戦　12月31日(火)　浦和駒場スタジアム (晴)

(主) 大田智寛　(副) 原崇, 芦野紘太

前橋育英 0 (0-0 / 0-0) 0 **神村学園**
（群馬県）　　4 PK 5　　（鹿児島県）★

得	S	学	背	氏名	位置	背	氏名	学	S	得
0	0	③	1	高 橋	GK	17	吉 山	②	0	0
0	0	③	2	山 田	DF	3	成 富	③	0	0
0	1	③	3	並 木		5	稲 田	②	0	0
0	0	③	4	相 原		7	中 島	③	0	0
0	0	③	5	松 岡		13	下川床	②	0	0
0	0	③	2	関						
0	0	❸	6	栗 原	MF	8	軸 丸	❸	0	0
0	0	③	9	山 岸		10	永 吉	③	0	0
0	2	③	9	倉 俣		11	野 邊	③	0	0
0	1	③	10	渡 邉		14	濱 屋	③	6	0
						16	加治屋	③	0	0
						6	(樋渡)	③	0	0
0	0	②	11	中 村	FW	12	寺 田	②	1	0
0	1	③	23	(我妻)						
0	5								7	0

9	GK	8
4	CK	1
11	FK	17
0	PK	0

▼警告
〔前〕関, 相原

■激しい守備合戦はPK方式で決着
　前橋育英は3トップFW中村, MF倉俣, 山岸が前線からチェイシングをし, 中盤のダブルボランチMF渡邉, 栗原, 両ワイドのDF山田, 並木の4人でボールを奪取。ロングボールは3バックDF松岡, 相原, 関が対応し弾き返す。神村学園はアンカーMF軸丸がDF陣からボールを受け, ボールを2シャドーのMF濱屋, 永吉に配球すると両サイドのMF加治屋, 野邊が動き出す。ビルドアップ時には両SBのDF下川床, 中島がボランチの位置に入りボールをさばく。守備はCB成富, 稲田がロングボールに対応する。後半に入ると, 互いに徐々にボールへのプレッシャーが弱まり, ボールを持てる時間帯が増える。前橋育英は, サイドで優位に立ちペナルティエリア内にクロスボールを入れる回数を増やす。一方の神村学園は, サイドチェンジのパスを有効に使いチャンスを作る。両チーム共に相手の良さを消す守備が光った戦いとなった。PK方式までもつれた試合は, 神村学園GK吉山が6人目のシュートをストップ。神村学園が2回戦へ進んだ。
　戦評　吉浦真一郎（種子島高校）

第1回戦 12月31日(火) NACK5スタジアム大宮(晴)

(主) 内山翔太 (副) 手塚優，永野貴大

専大北上 3 (3-0 / 0-1) 1 **龍谷**
★ (岩手県) (佐賀県)

得	S	学		背		背		学	S	得
0	0	③	高橋	1	GK	1	倉富	①	0	0
0	0	③	那須	2	DF	2	平井	①	1	0
0	0	③	(桑添)	12		3	野添	②	1	0
0	0	③	瀬戸	3		4	柴野	❸	0	0
0	0	③	吉田	4		5	野﨑	①	0	0
0	1	①	岩渕	5						
1	2	③	菊地	7	MF	6	本多	①	0	0
0	0	❸	阿部(柊)	8		7	大石	②	0	0
2	4	②	阿部(耀)	11		8	石橋	②	2	1
0	0	①	鎌田	16		10	鵜木	②	2	0
0	0	③	(藤原)	14						
0	2	③	菅原	10	FW	9	松尾	②	1	0
0	0	③	(早坂)	13		11	又吉	❸	1	0
0	0	③	岡本	20		14	(野田)	③	0	0
0	3	③	(千田)	9						

3	12			9	GK	13			7	1
				2	CK	4				
				9	FK	6				
				0	PK	0				

第1回戦 12月31日(火) ニッパツ三ツ沢球技場(晴)

(主) 大橋侑祐 (副) 高寺恒如，沢辺和也

秋田商 2 (2-1 / 0-2) 3 **神戸弘陵**
(秋田県) (兵庫県) ★

得	S	学		背		背		学	S	得
0	0	③	山口	1	GK	1	大月	②	0	0
0	0	③	武石	2	DF	2	田平	②	0	0
0	0	❸	松野	3		3	竹内	③	0	0
0	0	③	田近	4		5	小倉	②	0	0
0	0	③	鈴木	30		26	橋本	③	0	0
						4	(西矢)	③	0	0
0	0	②	佐藤	6	MF	6	田中(龍)	②	1	0
0	0	③	(土田)	18		7	兼田	③	2	0
1	1	②	笹原	8		8	田中(祐)	①	4	1
0	0	③	原田(慈)	14		10	沖吉	❸	1	1
0	0	③	久保	11		14	松野	②	0	0
			(加藤)			16	(浅野)	③	0	0
1	2	③	原田(遥)	7	FW	11	吉田	②	0	0
0	0	③	糟谷	9		24	(徳弘)	②	1	1
0	0	③	(髙橋)	21		15	(谷)	③	0	0

2	3			16	GK	9			9	3
				2	CK	1				
				8	FK	10				
				0	PK	0				

第1回戦 12月31日(火) ニッパツ三ツ沢球技場(晴)

(主) 矢野浩平 (副) 宇田川恭弘，福島崇

明秀日立 1 (1-0 / 0-0) 0 **高知**
★ (茨城県) (高知県)

得	S	学		背		背		学	S	得
0	0	③	友野	12	GK	1	森	③	0	0
0	0	③	墹	3	DF	2	畠中	③	0	0
0	0	③	鎌上	4		15	(川上)	③	0	0
0	0	③	髙橋	5		3	髙岡	③	0	0
						4	林	❸	0	0
						6	壬生	③	0	0
0	0	②	中熊	6	MF	5	小黒	③	0	0
0	1	❸	大山	10		7	西森	③	1	0
0	1	②	石橋	15		8	吉尾	③	0	0
0	1	②	中沢	23		10	野島	③	1	0
0	1	②	(箕輪)			11	都築	③	0	0
						14	(松井)	③	0	0
0	0	③	長谷川	7	FW	9	楠瀬	②	1	0
0	0	③	(石井)	2						
0	0	③	楠原	11						
0	1	③	(海老原)	16						
1	5	③	長谷川(皓)	17						
0	1	③	(藤原)	19						
0	0	③	(関口)	9						

1	10			9	GK	17			4	0
				7	CK	1				
				4	FK	15				
				0	PK	0				

【得点経過】
前半15分〔専〕岡本～→菊地～S
〃 21分〔専〕FK高橋→阿部(耀)S
〃 30分〔専〕阿部(耀)～S
後半27分〔龍〕大石→石橋S

■初出場の専大北上が前半3得点
　強い風が吹く中，徐々に風上に立つ専大北上がボールを持つ時間が長くなる。前半15分，MF菊地のミドルシュートで先制。その後もDFとMFの間のスペースに2トップがタイミング良くボールを引き出し，相手ゴールに迫る場面を増やしていく。21分，龍谷のDFとGKの連係の隙を突き専大北上が追加点を挙げる。さらに，MF阿部(耀)の思い切りの良いシュートが風にも乗って3点目を奪い，試合を優位に進める。後半，風上に立つ龍谷は1stDFの強度を上げ，互いの距離をコンパクトに保ち相手陣内でゲームを進める時間帯を増やす。27分，龍谷はショートパスからチャンスを作り出し，MF石橋がDFラインの背後に抜け出し冷静にゴールに流し込み2点差に詰め寄る。残り5分，3バックにシステムを変え前線に人数をかけた龍谷だったが，追加点を奪えなかった。
　　　戦評 加藤到 (瀬戸北総合高校)

【得点経過】
前半23分〔神〕田中(祐)～S(相手FP)(こぼれ球)徳弘S
〃 29分〔秋〕松野→久保S(相手FP)(こぼれ球)笹原S
〃 34分〔秋〕笹原→(相手FP)H→鈴木H→原田(遥)S
後半11分〔神〕FK沖吉S
〃 15分〔神〕田中(祐)～S
▼警告
〔神〕橋本，兼田
▼退場
〔秋〕田近

■前半逆転された神戸弘陵が後半逆転
　神戸弘陵は，前半開始早々に1トップのFW吉田が怪我により交代。しかし，MF兼田，田中(祐)が両サイドを個人技で打開し，交代で入ったMF徳弘がこぼれ球を押し込み先制する。一方，秋田商は素早い縦パスをFW原田(遥)，糟谷が力強くキープして前線で起点を作る。29分，こぼれ球から同点に追いつくと，34分にはクロスのこぼれ球から繋ぎ逆転。だが後半，風上に立った神戸弘陵はセカンドボールを拾う場面が増え，MF沖吉のスルーパスにMF松野が抜け出し決定機を作ると，秋田商DFがたまらずファウルして退場。直後のFKを沖吉が決めて同点に。秋田商が1人少ない中，神戸弘陵の田中(祐)がカットインから右足を振り抜き逆転勝ち。
　　　戦評 甲田大二 (広島工業高校)

【得点経過】
前半26分〔明〕中熊→長谷川(涼)→長谷川(皓)S

■前半挙げた1点を守り抜いた明秀日立
　明秀日立はFW長谷川(皓)が果敢にDFラインの背後を狙い，できたスペースでFW楠原，長谷川(涼)がシャドーとして攻撃参加する。高知は流動的にシステムを入れ替え，ビルドアップではMF小黒が中心となり，選手同士でポジションを入れ替えながら攻撃を組み立てようとする。徐々に明秀日立が主導権を握り，MF中沢，石橋がアウトサイドに張りサイド起点の攻撃でチャンスを作り出す。前半26分，高い位置のスローインからペナルティエリアに侵入し，長谷川(涼)のラストパスを長谷川(皓)が押し込み先制。後半，高知は立ち上がりからカウンターにかける前線選手の枚数を増やし，技術の高いMF吉尾を中心にテンポ良くパスを繋いでゴール前に迫る。運動量豊富だった前線3人に疲れが見え出した明秀日立は，選手交代でDF石井を中盤に配置しセカンドボール奪取とカバーリングで守備を固めた。高知は最後まで攻撃の手を緩めずチャンスを作ったが，粘り強い守備に阻まれた。
　　　戦評 加藤昂 (広島国泰寺高校)

(主) 松澤慶和　(副) 山村将弘, 横山鮎夢

仙台育英 1 (0-0 / 1-1) 1 五條
(宮城県) ★　3 PK 0　(奈良県)

得	S	学		背			背		学	S	得
0	0	③	佐藤(文)	1	GK	1	中尾	③		0	0
0	2	❸	小林	3	DF	2	井本	③		0	0
0	0	③	(山口)	10		3	和田	③		0	0
0	0	③	中川原	4		5	米川	③		0	0
0	0	③	杉田	6		16	藤﨑	②		0	0
0	0	③	内山	20							
0	0	③	(角田)	2							
0	1	①	島野	7	MF	6	岸本	③		0	0
0	1	②	渡邊	8		18	(小西)	③		0	0
0	1	②	豊倉	11		7	池田	❸		0	0
0	0	③	中楯	19		9	井澤	③		2	0
0	3	①	(明石)	16		10	中山	③		1	0
						14	(豊田)	②		0	0
0	0	③	中山	9	FW	8	菅田	③		1	1
0	1	②	(吉田)	13		11	(瀬羅)	③		0	0
1	5	①	佐藤(遼)	15		24	和田谷	②		0	0
1	14			7	GK	12				4	1
				3	CK	9					
				14	FK	12					
				0	PK	0					

【得点経過】
後半 5分〔五〕CK岸本→菅田HS
〃 18分〔仙〕×(こぼれ球)佐藤(遼)S
▼警告
〔仙〕中川原2
〔五〕和田
▼退場
〔仙〕中川原

■仙台育英, 退場者出すもPK方式で勝利

　仙台育英は, MF豊倉のドリブル突破やDF杉田のロングスローから攻撃を展開していくが, 五條のGK中尾を中心とした守備を崩せない。五條も奪ったボールを前へ送り, ドリブルを中心とした攻撃を行うが得点には至らない。後半立ち上がりに五條がCKを獲得し, MF岸本が蹴ったボールを中でフリーになったFW菅田がヘディングシュートを決め先制。対する仙台育英は, ボールを奪っても奪い返され自陣に押し込まれる時間帯が続くが18分, FKのこぼれ球をゴール前で拾ったFW佐藤(遼)がシュートし, 同点に追いつく。得点後, 仙台育英が立て続けにチャンスを作るが25分, DF中川原が2枚目のイエローカードで退場。だが五條は後方からロングボールを送る戦い方を変えず, 数的優位を活かしきれない。そのままPK方式に突入, 仙台育英GK佐藤(文)が1本目, 3本目をストップし, 3-0で勝利した。
　戦評　尾中祐太郎 (豊浦高校)

(主) 松本康之　(副) 若松亮, 大泉拓

北　海 0 (0-0 / 0-1) 1 高川学園
(北海道)　(山口県) ★

得	S	学		背			背		学	S	得
0	0	③	原田	1	GK	1	古屋	②		0	0
0	1	③	藪中	2	DF	4	大澤	③		0	0
0	0	②	(二木)	19		9	(土井)	③		0	0
0	0	❸	松本	3		5	田中	②		0	0
0	0	③	坂本	4		8	好村	③		0	0
0	0	③	水上	5		11	野田	③		1	0
						22	三浦	③		0	0
0	0	③	吉川	7	MF	6	眞田	③		0	0
0	1	③	杉山	10		14	(末永)	②		0	0
0	0	②	小田	12		7	新山	②		1	0
0	0	③	(大澤)	6		13	内田	❸		1	1
0	1	②	湊	4							
0	0	③	(三盃)	16							
0	1	③	中野	11	FW	19	中川	③		0	0
0	0	③	(芝西)	8		20	(河野)	③		2	0
0	2	③	寒河江	18		26	福地	③		0	0
0	0	③	(廣瀬)	9		16	(今田)	③		0	0
0	5			7	GK	11				5	1
				2	CK	4					
				13	FK	10					
				0	PK	0					

【得点経過】
後半 9分〔高〕CK眞田→**内田S**
▼警告
〔北〕小田

■高川学園, CKからの1点が決勝点に

　ゲームが落ちついてくると, 北海は長短のパスを多用しMF杉山を中心に攻撃を組み立て, 好機を窺う。対する高川学園は, 攻撃時は両サイドバックを高く押し上げ1-3-4-2-1の陣形をとり, 中盤の選手がポジションを入れ替えながら組み立てを試みる。後半も互いに相手の背後をシンプルに狙うゲームに入る。高川学園は9分, カウンターからCKを獲得すると, ゴール正面でフリーになったMF内田が右足で合わせて先制点を奪い, ゲームが動く。その直後, 北海もショートパスを2～3本繋いで右サイドを崩し, ペナルティエリア付近からシュートを放つも, ポストに嫌われてしまう。高川学園は得点を奪った後, 1-5-3-2とシステムを変更し, 守備を固める。対して北海も1-3-6-1とシステムを変更し両サイドが高い位置をとるが, サイドを効果的に使えず, 攻撃にリズムが生まれない。高川学園がその後も身体を張った粘り強い守備と高い集中力, 勝ちたいという強い気持ちを体現し勝利を手にした。
　戦評　新島瞬 (球陽高校)

(主) 須谷雄三　(副) 萩尾麻衣子, 木戸洋平

東久留米総合 2 (0-3 / 2-1) 4 草津東
(東京都A)　(滋賀県)

得	S	学		背			背		学	S	得
0	0	③	酒井	1	GK	1	長澤	③		0	0
0	0	③	岩田	4	DF	2	前川	③		0	0
0	0	❸	下田	5		3	南堀	③		0	0
0	0	③	(鈴木)	3		4	小林	③		0	0
0	0	③	五賀	16		13	野﨑	③		0	0
0	0	③	加藤	20							
0	1	③	足立	6	MF	6	四元	③		1	0
1	2	③	柳田	7		7	遠座	③		0	0
0	0	③	(山中)	8		8	(喜多)	②		0	0
0	1	②	野口	10		8	夏川	③		0	0
0	0	③	(亀井)	2		15	(宇野)	②		1	0
0	1	③	佐藤(海)	3		10	小酒井	③		1	1
0	0	③	田中	19		11	川﨑	③		0	0
						14	(鮫島)	②		0	0
1	3	③	松山	12	FW	9	渡邊	❸		3	2
2	7			6	GK	8				6	3
				6	CK	3					
				6	FK	6					
				0	PK	0					

【得点経過】
前半 4分〔草〕川﨑→**渡邊～S**
〃 19分〔草〕CK夏川×(オウンゴール)
〃 31分〔草〕四元→**渡邊～S**
後半13分〔東〕柳田→**松山S**
〃 24分〔東〕岩田→(こぼれ球)**柳田S**
〃 40分〔草〕鮫島→**小酒井S**
▼警告
〔東〕野口

■草津東, 東久留米総合の猛追かわす

　開始4分に草津東はMF川﨑のクロスからFW渡邊が先制点を奪うと, CK, ショートカウンターと多彩な形で得点を重ねる。東久留米総合も, 中盤のボール奪取からのカウンターでシュートまで持ち込むが得点は奪えない。後半, プレッシングの強度を高めた東久留米総合。中盤でセカンドボールを拾えるようになり, 得意のサイド攻撃からチャンスを作り出す。13分にFW松山が得点を奪うと, ロングボールのこぼれ球を拾ったMF柳田の得点で1点差に追い上げる。劣勢の草津東であったが, DFからのロングボールを奪ったMF小酒井が追加点を挙げる。ホームの大声援を受け, 東久留米総合が怒濤の反撃を見せるが, したたかにしのぎ勝ちきった草津東が2回戦へ進出した。
　戦評　安田直人 (福生高校)

第1回戦 12月31日(火) NACK5スタジアム大宮(晴)

(主)長峯滉希 (副)田邉裕樹, 小梢正道

愛工大名電 0 (0-1 / 0-0) 1 筑陽学園
(愛知県) ／ (福岡県)

得	S	学	背		背	学	S	得
0	0	②安原	1	GK	1	野中❸	0	0
0	0	③川西	2	DF	2	今田③	0	0
0	0	(浅井)	15		4	吉村③	0	0
0	1	③横井	3		6	古賀③	1	0
0	0	❸鈴木	4		18	岡③	1	0
0	0	③堀	5					
0	1	③鈴置	7	MF	7	古賀㊩③	1	0
0	0	③大竹	8		14	栗尾③	0	0
0	2	③冨田	10		19	藤③	1	0
0	0	③時	14		13	(大嶋)②	0	0
0	1	③(水野)	9					
0	2	③平井	9	FW	9	過能③	1	0
0	1	③森重	11		11	(深松)③	0	0
0	0	③(林田)	17		10	寺岡③	1	0
					12	岩崎②	1	1

0	8		10	GK	19		6	1
			5	CK	10			
			4	FK	10			
			0	PK	0			

【得点経過】
前半40+3分〔筑〕CK藤→岩崎HS
▼警告
〔愛〕時

■守備強度の高い一戦, 決勝点はCKから

序盤, 愛工大名電はFW平井のスピードを活かしたDFラインの背後へのロングパスで攻撃を組み立てる。対する筑陽学園はFW寺岡をターゲットとして, そのセカンドボールを拾ってスピーディな攻撃を仕掛ける。両チームともに攻守の切り替えが早く, ボールホルダーに対して強度の高い守備で相手に攻撃の形を作らせない。一進一退の攻防が続く中, 前半終了間際に筑陽学園は精度の高いMF藤のCKからFW岩崎が頭で合わせ先制し, 1点リードで前半を終える。後半, 愛工大名電は選手交代とシステム変更で流れを引き寄せようと試みる。前線の人数を2人から3人に増やし, 縦に速い攻撃とセカンドボールの回収率を高めることで得点を奪いにいく。筑陽学園は相手の変化を加えた攻撃に対しても両CB吉村, 岡を中心に冷静に対応し攻撃の形を作らせない。愛工大名電は終了間際に一瞬の隙を突き決定機を作るが, 同点に追いつくことはできなかった。
戦評 安慶田真士(豊見城高校)

第1回戦 12月31日(火) 駒沢陸上競技場(晴)

(主)宇治原拓也 (副)長田望, 岡村克秀

丸岡 3 (1-1 / 2-1) 2 長崎総科大附
(福井県) ／ (長崎県)

得	S	学	背		背	学	S	得
0	0	③倉持	1	GK	1	梶原②	0	0
0	0	③遠藤	2	DF	2	パク(ベ)③	1	0
0	0	③藤本	3		4	パク(ジェ)③	0	0
2	2	③田島	13			(児玉)①	0	0
2	2	③河上	16		13	鶴田③	0	0
					22	鐘江③	0	0
					19	(千葉㊩)③	0	0
0	1	②飯田	5	MF	14	別府①	3	1
0	1	②中村	7		15	藤田③	0	0
0	3	②川中	8		23	中島③	1	0
0	0	②小谷	4					
1	2	❸田海	10	FW	9	岩永②	1	0
0	0	③明間	11		10	千葉(翼)❸	4	1
					17	国吉②	1	0
					18	(近江)③	1	0

3	9		11	GK	13		11	2
			2	CK	8			
			7	FK	8			
			0	PK	0			

【得点経過】
前半8分〔長〕(相手FP)(ミス)千葉(翼)〜S
〃36分〔丸〕FK川中→河上HS
後半28分〔長〕CK鶴田→別府HS
〃36分〔丸〕河上→田海〜S
〃39分〔丸〕田島→(GKクリア)河上S

■試合終盤の連続得点で丸岡が劇的逆転

お互い前線からの守備, そしてDFの背後を突く速い攻撃が持ち味の試合となった。前半8分, 長崎総科大附が丸岡DFのミスを誘い, FW千葉(翼)がGKとの1対1を冷静に決め先制点を奪った。丸岡はFW田海をターゲットにし, MF川中, 中村が裏へ抜け出しゴールを目指した。前半終了間際, 丸岡は中村のドリブルからファウルを誘い, FKからDF河上のヘディングで同点に追いついた。後半, お互いに中盤の選手を使いながらサイドに展開し, 突破を試みる攻撃が目立つように。長崎総科大附は28分, CKから追加点。しかし後半終盤, 丸岡は川中, 中村を中心にパス交換を行い, 最後は田海が同点弾。そのまま試合終了かと思われたが, 右サイドからのクロスを丸岡が押し込み逆転勝利した。
戦評 大柳真也(科学技術高校)

第1回戦 12月31日(火) 駒沢陸上競技場(晴)

(主)田中玲匡 (副)鈴木渓, 増澤輝矢

静岡学園 6 (2-0 / 4-0) 0 岡山学芸館
(静岡県) ／ (岡山県)

得	S	学	背		背	学	S	得
0	0	②野知	17	GK	12	萩原②	0	0
0	1	❸阿部	3	DF	2	石井③	0	0
0	0	②菅	4		21	(中島)③	0	0
0	0	③中谷	5		3	仲程③	0	0
0	1	③西谷	15		16	(近藤)③	0	0
0	0	③(岩野)	22		4	森井③	1	0
					6	谷本(薫)③	0	0
					8	(大山)③	0	0
0	3	③浅倉	8	MF	5	野町③	1	0
0	0	③(権平)			10	山田③	0	0
0	2	③松村	6		11	須賀③	1	0
1	3	③小山	4		18	宗川③	0	0
0	0	②(渡辺)	11		14	(末瀬)③	0	0
3	4	③井堀	16		26	今田②	0	0
0	0	③藤田	18		7	(谷本㊷)③	0	0
1	1	③(草柳)	19					
1	5	③岩本	12	FW	9	岡田❸	2	0

6	20		4	GK	12		5	0
			7	CK	3			
			5	FK	5			
			0	PK	0			

【得点経過】
前半29分〔静〕FK井堀S
〃34分〔静〕小山→西谷→小山〜S
後半6分〔静〕藤田→井堀〜S
〃11分〔静〕松村→(相手FP)(クリア)井堀S
〃37分〔静〕草柳→岩本〜S
〃40+3分〔静〕田邉〜→草柳S

■個人技と切り替えの早さ際立つ静岡学園

岡山学芸館はFW岡田, MF山田が前線で時間を作りながら, 両ウイングバックDF石井, 谷本(薫)が関わる形で厚みのある攻撃を試みる。一方の静岡学園はMF井堀, 藤田, 浅倉が相手選手との間をとり, 個人技を活かしながら中央を打開しようと試みる。前半34分, 左サイドからFW小山がワンツーで切り込みサイドネットに流し込み2-0で前半を終了した。後半, 岡山学芸館は4バックに変更し, 奪いどころを前半より前に設定し反撃を試みる。静岡学園は幅を使ったビルドアップから前進し, 守備をかいくぐる展開となる。そして岡山学芸館の寄せが甘くなったことで, 井堀が6分, 11分とミドルシュートを決めて突き放す。静岡学園は個人技術, 状況判断力はもちろん, ボールを失った後の守備への切り替えが早く, 終始試合の主導権を握った。
戦評 須田二三明(就実高校)

第1回戦 — 12月31日(火) ゼットエーオリプリスタジアム (晴)

(主) 川俣秀　(副) 勝部健, 筒井勇気

矢板中央 2 (1-0)(1-2) 2 大分　6 PK 5
矢板中央★ (栃木県)　大分 (大分県)

得	S	学	選手	背		背	選手	学	S	得
0	0	①	藤井	12	GK	12	塩治	①	0	0
0	0	②	坂本	2	DF		竹谷	②	0	0
0	0	①	(島﨑)	23		3	重石	③	0	0
0	0	③	矢野	3		4	福井	③	0	0
0	1	❸	長江	4			(森山)	③	1	1
0	0	③	加藤	5		5	佐藤	❸	0	0
0	4	③	鶴見	6	MF	6	重見	③	2	0
0	2	③	柿崎	8		7	永松	③	0	0
0	0	③	(服部)	20		8	長澤	③	0	0
1	1	③	左合	9		24	(前園)	①	0	0
0	0	③	在間	16		14	瀬藤	③	0	0
0	0	②	(新倉)	2			(廣瀬)	②	0	0
1	4	②	多田	11	FW	10	菊地	③	6	0
0	0	①	(星)	24		11	堤	②	0	0
0	0	③	西村	21		15	(大神)	③	1	1
0	1	③	(久永)	10						
2	13			9	GK 8				10	2
				10	CK 1					
				5	FK 12					
				1	PK 0					

【得点経過】
前半 4分〔矢〕鶴見~S(相手GK)(こぼれ球)
　多田S
後半 7分〔矢〕PK左合S
　〃 19分〔大〕永松→森山HS
　〃 27分〔大〕重見~→大神S

■矢板中央, 追いつかれるもPK方式で勝利
矢板中央は前線からボールを奪いにいく。1stDFがパスコースを制限し、インターセプトを狙う。前半立ち上がりに大分CBのパスを矢板中央MF在間がインターセプトし、ショートカウンターで得点。大分はMF永松、重見、瀬藤が流動的に動きボールを動かしながらサイドで数的優位を作るが、矢板中央の粘り強い守備で得点できない。後半、矢板中央は前半同様ロングボールを多用。セカンドボールを拾い縦に速いサッカーを展開しPKから追加点。大分は重見、永松が起点となり、サイドチェンジをしながら相手DFのスライドを遅らせ、左サイドで数的優位を多く作る。19分、永松からのクロスにFW森山が頭で合わせ1点を返すと、27分にも重見からのボールにタイミングよくFW大神が合わせ、冷静にゴールへ流し込む。試合は同点のままPK方式の末、矢板中央が勝利した。
戦評　木下文太 (中津高校)

第1回戦 — 12月31日(火) ゼットエーオリプリスタジアム (晴時々曇)

(主) 酒井達矢　(副) 長谷川雅, 田口雄一

帝京大可児 0 (0-0)(0-1) 1 大手前高松
帝京大可児 (岐阜県)　大手前高松★ (香川県)

得	S	学	選手	背		背	選手	学	S	得
0	0	③	安江	1	GK	1	三谷	②	0	0
0	0	❸	神戸	2	DF	2	佐々原	②	0	0
0	1	②	水野	4		13	(亀山)	③	0	0
0	0	②	(犬飼)	3		3	八十嶋	③	0	0
0	0	②	前川	5		6	糸瀬	③	0	0
0	1	③	伊藤	6		6	木村	②	0	0
						15	冨家	①	0	0
						17	(正木)	②	1	0
0	1	③	関根	7	MF	5	福家	③	0	0
0	0	③	杉江	13		8	滝平	③	0	0
0	1	③	横井内	14		9	富田	③	0	0
0	0	①	(三品)	16		16	(平田)	②	0	0
0	0	②	遠藤	16		3	谷本	③	2	1
0	0	②	(小宅)	15						
0	0	②	大森	19						
0	0	③	(藤村)	20						
0	0	③	渡邊	10	FW	10	片上	❸	4	0
0	4			10	GK 7				8	1
				2	CK 6					
				13	FK 10					
				0	PK 0					

【得点経過】
後半12分〔大〕TI滝平→(相手GK)(こぼれ球)
谷本S
▼警告
〔大〕木村, 正木

■大手前高松, 選手権初出場で初勝利
帝京大可児は相手からボール回収後、FW渡邊がサイドのスペースに流れて数的優位を作りながら攻撃を仕掛け、ゴールを目指す。また、左SH大森のドリブルも攻撃のアクセントとなった。対する大手前高松はFW片上をターゲットにボールを配球するが、ボールホルダーの余裕のない配球により良い形で収まらないため、厚みのある攻撃に繋がらない。後半、大手前高松はMF滝平のロングスローと片上の相手背後への抜け出しにより、シンプルにゴールを目指す。帝京大可児は粘り強くゴール前で守備を続けるが、大手前高松は12分、左サイドから滝平のロングスローを右SH谷本が押し込み先制に成功する。帝京大可児はMF関根、遠藤、杉江の細かいパスワークからチャンスを作ろうとするが、その3枚に対して大手前高松がマンツーマンで守備をするため、良い形を作ることができない。時間は経過するが、大手前高松の守備意識とセカンドボール回収への執着心が落ちることなく、そのまま試合終了となった。
戦評　田中章太郎(生浜高校)

第1回戦 — 12月31日(火) フクダ電子アリーナ (晴)

(主) 御厨貴文　(副) 藤澤達也, 菊池俊吾

松本国際 1 (0-0)(1-0) 0 和歌山工
松本国際 (長野県)　和歌山工★ (和歌山県)

得	S	学	選手	背		背	選手	学	S	得
0	0	③	今井	12	GK	1	山田	②	0	0
0	0	③	中村	2	DF	3	岩渕	③	0	0
0	0	③	瀧澤	3		7	藪	③	1	0
0	0	③	小山	6		15	中正司	②	0	0
0	0	③	原田	6						
0	0	③	(青木)	7						
0	2	絆	宮嶋	5	MF	4	武山	③	0	0
0	0	③	江原	8		10	岩橋(岡)	③	0	0
			(宮嶋歩)	19		28	(森)	②	1	0
0	1	❸	小川	14		14	小倉	③	0	0
						2	(御前)	③	0	0
						24	神森	③	1	0
						19	岩橋(黒)	②	0	0
1	1	③	小林	9	FW	11	田中	❸	1	0
0	1	③	木間	10		20	泉	②	0	0
0	2	③	務台	11		6	(芝﨑)	③	1	0
0	0	②	(山崎)	24						
1	7			4	GK 13				5	0
				7	CK 1					
				9	FK 10					
				0	PK 0					

【得点経過】
後半18分〔松〕木間→瀧澤→小林S

■限られたチャンスを決め切った松本国際
松本国際はMF小川がDFラインに入ると、両CBが幅をとり、両SBが積極的に高い位置をとっては、サイドから攻撃を仕掛けるが、パスやシュートの精度を欠く。対する和歌山工は、自陣からボールを繋ぎながら松本国際ゴールへ向かう意図を持つが、ゴールへ向かうまでにミスが続き、攻めあぐむ時間が続く。前半は両チームともに硬さを感じる戦いであった。後半に入ると、疲れの見える和歌山工はメンバーを入れ替えながらチャンスを窺う。しかし、背後への動き出しが少なく、単調な攻撃で終わってしまう。松本国際は少しずつ落ち着きを取り戻し、ペースを掴み始める。前線から積極的にプレスを仕掛けてボールを奪うと、FW木間をターゲットにして攻撃のスイッチが入り、両サイドから積極的に和歌山工DFラインの背後へ仕掛けたことにより、得点が生まれた。一矢報いたい和歌山工ではあるが、攻撃の決め手に欠けたことでゴールを奪えず試合終了了した。
戦評　水津雅夫 (佐野工科高校)

第1回戦　12月31日(火)　フクダ電子アリーナ(晴)

(主)千葉直史　(副)原田雅士, 高田直人

日大明誠 1 (1-2 / 0-1) 3 四日市中央工
(山梨県)　　(三重県)

得	S	学	日大明誠	背		背	四日市中央工	学	S	得
0	0	③	二上	1	GK	1	有留	③	0	0
0	0	②	小名木	2	DF	2	土江	③	0	0
0	0	③	西野	3		5	鐘ヶ江	③	1	0
0	1	③	足立	4		4	永崎	③	1	0
1	1	③	齋藤	5		13	青木	③	0	0
0	0	③	加藤(友)	6	MF	10	森	❸	2	2
0	0	③	(酒井)	22		18	(髙木)	②	0	0
0	0	③	渡邊	7		11	和田	③	3	0
0	0	②	加藤(諒)	8		14	角田	②	0	0
0	1	③	五十嵐	10		8	(本合)	③	0	0
0	1	③	黒田	11		16	宮木	②	1	0
			(有泉)	19						
0	1	③	子安	9	FW	9	井上	③	1	0
0	0	③	(鶴見)	20		19	(匂坂)	②	0	0
						17	田口	③	2	1
						7	(浅野)	③	1	0
1	5			12	GK	9			12	3
				4	CK	8				
				12	FK	16				
				0	PK	0				

【得点経過】
前半 5分〔四〕×青木H→田口S
　〃 13分〔四〕和田〜→森S
　〃 35分〔日〕FK西野→齋藤HS
後半 7分〔四〕井上→森〜S
▼警告
〔四〕青木

■前半早々に2点を奪った四日市中央工
　試合序盤にゲームは動く。開始5分に四日市中央工は、相手陣地でのセットプレーからセカンドボールを拾うとゴール前にシンプルに送り込み、最後はFW田口が決めて先制に成功する。この得点で勢いに乗った四日市中央工は、13分にはMF和田のサイド突破から追加点を挙げる。対する日大明誠は、初出場の緊張からか出足の悪さと距離感の悪さが目立ち、後手を踏んでしまう。しかし、徐々に落ち着きを取り戻し、35分に自陣からのFKをDF齋藤がヘディングで合わせ1点を返した。後半、日大明誠は、中盤でMF加藤(諒)、加藤(友)、五十嵐が良い距離感で関わり、コンビネーションから攻撃を試みた。対して四日市中央工は中盤での圧力を高め、ボールを奪うと素早くMF森に送り、森の個人技から3点目を奪った。

戦評　清水健普(白根高校)

第2回戦　1月2日(木)　NACK5スタジアム大宮(晴)

(主)塚田智宏　(副)国吉真樹, 橋本裕章

青森山田 6 (1-0 / 5-0) 0 米子北
(青森県)　　(鳥取県)

得	S	学	青森山田	背		背	米子北	学	S	得
0	0	③	佐藤	1	GK	17	長崎	②	0	0
0	0	②	内田	2	DF	2	田中	❸	0	0
1	1	③	神田	3		3	荒川	③	0	0
0	0	(タビナス)		18		12	(野嶋)	③	0	0
0	0	③	箱﨑	4		4	高橋	③	0	0
0	0	②	藤原	5		5	岡田(大)	③	0	0
0	0	③	古宿	6	MF	6	居川	③	0	0
1	2	①	松木	7		10	(佐野)	①	1	0
0	0	(安斎)		15		8	後藤	③	0	0
0	0	③	浦川	8		19	廣田	③	0	0
0	0	(得能)		13		11	原田	③	0	0
2	3	❸	武田	10		15	林	③	0	0
1	3	③	後藤	19		13	(横山)	②	0	0
0	2	③	(那俄牲)	16						
1	1	③	田中	9	FW	7	崎山	②	1	0
0	1	③	(金)	14		14	(岡田(陽))	③	0	0
						9	植田	③	0	0
6	13			9	GK	8			4	0
				5	CK	4				
				10	FK	9				
				1	PK	0				

【得点経過】
前半36分〔青〕武田→後藤→松木HS
後半 1分〔青〕武田〜S
　〃 20分〔青〕FK武田→(相手FP)(クリアミス)(こぼれ球)神田S
　〃 22分〔青〕古宿→後藤→田中S
　〃 28分〔青〕金→浦川→後藤S
　〃40+4分〔青〕PK武田S
▼警告
〔青〕箱﨑
〔米〕岡田(大)

■徐々にゲームを支配した青森山田
　米子北はシンプルに前線にボールを送り込み、前線から厳しくプレスをかけると、素早い出足でボールに対して複数で囲い込み主導権を握った。前半の半ば過ぎから青森山田が徐々にボールを握ると、DFラインでボールを動かしながらチャンスを窺う展開となる。36分、青森山田は一瞬の隙を突きMF武田のチャンスメイクからMF後藤がクロスをあげると、最後はMF松木がヘディングで決め先制に成功。後半開始早々、武田がボールを奪うとドリブルで駆け上がり、最後はGKの頭上を抜くシュートを決め追加点。15分過ぎからやや間延びした展開になるとセカンドボールを拾う場面が多くなり、20分、22分と立て続けに追加点。その後も得点を重ねた青森山田が3回戦に進んだ。

戦評　清水健普(白根高校)

第2回戦　1月2日(木)　浦和駒場スタジアム(晴)

(主)上原直人　(副)手塚優, 原田一輝

富山第一 1 (1-0 / 0-0) 0 神村学園
(富山県)　　(鹿児島県)

得	S	学	富山第一	背		背	神村学園	学	S	得
0	0	③	中村	1	GK	17	吉山	②	0	0
0	0	③	中園	2	DF	3	成富	③	0	0
0	0	③	吉藤	3		5	稲田	②	0	0
1	1	③	丸山	4		7	中島	③	1	0
0	0	③	真田	5		13	下川床	②	1	0
0	0	③	牧野	6						
0	0	③	小森	8	MF	8	軸丸	❸	0	0
0	0	(矢崎)		19		10	永吉	②	2	0
0	2	❸	高木	10		4	(大迫)	③	0	0
0	0	③	広瀬	14		11	野邊	③	0	0
0	0	(中嶋)		15		14	濱屋	③	4	0
0	0	③	(鈴木)	9		16	加治屋	③	0	0
						6	(樋渡)	③	1	0
0	2	③	碓井	11	FW	12	寺田	②	0	0
0	2	②	吉倉	25						
1	7			7	GK	8			9	0
				6	CK	6				
				9	FK	10				
				0	PK	0				

【得点経過】
前半16分〔富〕CK高木→丸山HS

■アグレッシブな富山第一が完封勝利
　富山第一は2トップFW吉倉、碓井が前線から積極的にチェイシングし圧力をかける。中盤の選手が前向きでボールを奪うと、時間をかけずに前線にボールを供給しチャンスを作る。前半16分にチャンスを活かしCKから先制すると、その後も圧力をかけ続け神村学園の攻撃に制限をかける。神村学園はビルドアップ時に、両SB下川床、中島がボランチの位置へポジションをとりゲームを組み立てる。アンカーMF軸丸が前向きにボールを運び攻撃のスイッチを入れるが、富山第一のCB牧野を中心に統率された5バックの対応に決定機を作れない。神村学園は後半15分に左SH加治屋に代えてMF樋渡を投入し攻撃の活性化を図る。すると、バイタルエリア付近での細かいパス交換から決定機を作るが、MF濱屋のシュートは富山第一のGK中村の正面を突き得点ならず。富山第一の鋭いカウンターは後半も衰えず、一気に神村学園陣内に侵入しチャンスを作る。試合終盤は神村学園の猛攻を選手全員が身体を張って防ぎ3回戦へと駒を進めた。

戦評　吉浦真一郎(種子島高校)

第2回戦　1月2日（木）　NACK5スタジアム大宮（晴）

（主）國吉真吾　（副）道山悟至、坂田純平

専大北上（岩手県）★ 0（0-0／0-0）0 **國學院久我山**（東京都B）
5 PK 6

得	S	学	背		背	学	S	得
0	0	③高橋	1	GK	17	村上②	0	0
0	0	③那須	2	DF	2	保野③	0	0
0	0	③瀬川	3		13	(茅野)③	0	0
0	0	③吉田	4		4	(河原)③	0	0
0	0	②岩渕	5		5	加納③	1	0
					11	山本(献)③	1	0
					12	森次①	1	0
0	3	③菊地	7	MF	6	福井③	1	0
0	0	(福浦)6			8	大窪②	2	0
0	1	❸阿部(慈)	8		14	田中②	0	0
0	3	②阿部(陽)	11					
0	0	①鎌田	16					
0	0	②(藤原)14						
0	0	③千田	9	FW	7	山下③	4	0
0	0	③(岡本)20			18	(清井)③	0	0
0	2	③菅原	10		9	山本(航)③	1	0
					10	戸坂③	1	0
0	9		13	GK	11		11	0
			3	CK	4			
			7	FK	13			
			0	PK	0			

▼警告
〔専〕那須
〔國〕加納2
▼退場
〔國〕加納

■國學院久我山，耐えた末のPK方式勝利

　國學院久我山はDFラインからのビルドアップにGK村上，MF福井が関わりミドルサードまでボールを運ぶ。そこから両サイドの高い位置をとるFW山下，戸坂にボールを配り，FW山本（航）を経由し，MF田中，大窪がタイミングよく関わりテンポの良いパスを回して厚みのある攻撃を仕掛ける。一方，専大北上は組織的に連動して守備をし，1対1では粘り強く対応する。また前線でのパスカットからショートカウンターを狙ったり，左MF菊地が積極的にドリブルを仕掛けたりするなど好機を作り出し応戦する。後半に入り11分，國學院久我山は退場者を出し，数的優位に立った専大北上が攻勢に出る。國學院久我山は，互いの距離感を近くしてショートパスで崩し，ペナルティエリア内まで持ち込み，決定的なシュートを放つも，専大北上GK高橋の好セーブや身体を張ったディフェンスに阻止される。両チーム最後までゴールを奪えないままゲームが終了。7人目まで突入したPK方式を制した國學院久我山が3回戦進出を決めた。
戦評　新島瞬（球陽高校）

第2回戦　1月2日（木）　浦和駒場スタジアム（晴）

（主）鶴岡泰樹　（副）原崇、土田拓輝

昌平（埼玉県）★ 2（0-0／2-0）0 **興國**（大阪府）★

得	S	学	背		背	学	S	得
0	0	③牧之瀬	1	GK	1	田川②	0	0
0	0	③西澤	2	DF	3	中島②	0	0
0	0	③柳澤	4		5	平井②	1	0
0	0	③大竹	5					
0	0	③柳田	12					
0	0	③(高橋)3						
0	1	②柴	6	MF	2	橋本③	0	0
0	1	③紫藤	7		14	(山本)③	0	0
0	0	(渡邉)17			4	田路❸	0	0
1	1	③鎌田	8		8	高安③	0	0
1	2	❷須藤	10		15	(芝山)③	0	0
0	0	②小川	14		11	南②	0	0
					17	(萬谷)③	0	0
					16	湯谷②	0	0
					7	(山﨑)③	0	0
0	5	②小見	11	FW	9	杉浦②	0	0
					10	樺山②	1	0
					18	下村③	0	0
					6	(浜崎)②	0	0
2	10		10	GK	3		2	0
			4	CK	1			
			6	FK	12			
			0	PK	0			

【得点経過】
後半 6分〔昌〕小見→小川×須藤〜S
　〃11分〔昌〕相手GK→（相手FP）鎌田（カット）〜S
▼警告
〔昌〕柴

■積極的守備で興國を攻略した昌平

　興國は序盤から変則的なポジションをとりながら，FW杉浦，樺山にボールを集め，縦に速い攻撃で昌平ゴールを目指す。昌平はFW山本陣の前線からの献身的な守備，MF陣の中盤における運動量で興國の攻撃の芽を早めに摘みプレーを制限する。攻撃への切り替えが早く，有効なポジションをとり，丁寧にボールを繋ぎながらゴールを奪いに行く。また，両SBが積極的に攻撃参加することで厚みを作る。後半に入っても前線からの積極的，献身的な守備を続ける昌平。ボールを奪われても，お互いの距離感が非常に良く，全員が献身的な守備でボールを回収すると，動き出しの早さでも興國DFラインを攻略して2得点。興國は自分たちの攻撃のリズムを作れずに攻めあぐむ時間が続く。興國は，突破力のあるMF山﨑を投入し流れを変えたいが，攻撃に変化を起こすことができず，攻守における原理原則が徹底された昌平を破れなかった。
戦評　水津雅夫（佐野工科高校）

第2回戦　1月2日（木）　ニッパツ三ツ沢球技場（晴）

（主）宇田川恭弘　（副）松澤慶和、山田和則

帝京長岡（新潟県） 3（2-0／1-0）0 **熊本国府**（熊本県）★

得	S	学	背		背	学	S	得
0	0	③猪越	1	GK	1	浅田③	0	0
0	0	③吉田(勇)	3	DF	2	宮﨑③	0	0
0	0	③吉田(晴)	4		3	松元③	1	0
0	0	③丸山	5		5	奥山②	0	0
					6	平道②	0	0
0	0	②酒匂	2	MF	7	毎床③	0	0
0	1	③(鈴木)24			14	(渡邉)③	0	0
0	1	③川上	6		10	髙原❸	1	0
0	0	③(羽根)18			11	免田③	1	0
1	1	③田中	7		20	森山③	0	0
0	0	③(江上)12			16	(藏座)③	0	0
0	0	③本田	9		25	中川②	0	0
0	0	③(中村)25						
1	2	❸谷内田	14					
1	2	③晴山	10	FW	9	久野③	0	0
0	0	③矢尾板	11					
0	0	①(三宅)22						
3	8		9	GK	9		5	0
			5	CK	1			
			9	FK	20			
			0	PK	0			

【得点経過】
前半19分〔帝〕晴山→本田〜→田中S
　〃25分〔帝〕晴山（カット）〜→本田→晴山→谷内田〜S
後半28分〔帝〕川上→鈴木→田中→晴山HS

■安定した試合運びを見せた帝京長岡

　立ち上がりから帝京長岡は前線が流動的にポジションチェンジを繰り返し，長短織り交ぜたパスワークで攻撃の糸口を探ろうと試みる。対する熊本国府はコンパクトな陣形を保ち，積極的なラインコントロールと強度の高い守備で対応。ミドルシュートから先制した帝京長岡は，丁寧にボールを動かしながらFW晴山の機動力を活かし，徐々に攻勢を強めてチャンスを広げ，加点に成功した。後半に入ると，帝京長岡はMF谷内田を中心としたビルドアップで熊本国府の守備陣に的を絞らせず，試合を優位に進める。一方の熊本国府もMF毎床のキープ力を起点に反撃を試みるが，全体の押し上げが足りずにチャンスを作れない。先制以降，巧みな駆け引きと試合運びでゲームを支配した帝京長岡が勝利し，3回戦進出を決めた。敗れた熊本国府も奮闘を見せたが，守備ブロックの間に侵入する相手を捕まえきれなかった。
戦評　迫宏一（球磨工業高校）

第2回戦 1月2日（木）ニッパツ三ツ沢球技場（晴）

(主) 舟橋崇正　(副) 田邉裕樹、萩原秀人

神戸弘陵 3（1-0／2-2）2 明秀日立
（兵庫県）　　　　　　　　　（茨城県）

得	S	学		背			背		学	S	得
0	0	②	大月	1	GK	12	友野	③		0	0
0	0	③	田平	2	DF	3	塙	③		0	0
0	0	③	竹内	3		13	(箕輪)	②		0	0
0	0	②	小倉	5		4	鎌上	③		0	0
0	0	②	橋本	26		6	髙橋	③		0	0
0	0	③	田中		MF	14	中熊	③		0	0
0	1	③	兼田	7		10	大山	❸	3	0
0	0		(西矢)	4		15	石橋	③		0	0
0	2	②	田中(祉)	8		23	中沢	①		0	0
0	0	①	(松隈)	9		18	(根本)	①	3	2
2	2	❸	沖吉	10						
0	0	③	(村川)	20						
0	0	③	谷	24						
0	0	③	(徳弘)	24						
1	2	②	松野	14	FW	7	長谷川(怜)	③	2	0
0	0	②	(浅野)	16		2	(石井)	③	0	0
						11	楠原	②	1	0
						16	(海老原)	②	2	0
						17	長谷川(悠)	①	0	0
						19	(藤原)	③	1	0

3	7		11	GK	10		12	2
			1	CK	9			
			9	FK	11			
			1	PK	0			

【得点経過】
前半14分〔神〕兼田→谷（スルー）田中(祉)（スルー）沖吉S
後半 4分〔神〕田中(祉)〜S（相手GK）（こぼれ球）松野S
〃 12分〔明〕藤原→海老原→根本HS
〃 33分〔神〕PK沖吉S
〃 40+3分〔明〕中熊→根本H→海老原→根本S

▼警告
〔神〕田中(魁)

■要所となる時間帯で得点した神戸弘陵
　序盤、リスクを避けたい両チーム、守備時は神戸弘陵は1-4-4-1-1、明秀日立は5バックと、互いに少し後ろに重心を置きながら展開。前半14分、神戸弘陵は右MF兼田のクロスからMF沖吉のコースを狙ったミドルシュートが決まり先制。後半立ち上がり4分にも、神戸弘陵は味方シュートのこぼれ球をFW松野がゴールに流し込み追加点。しかし、明秀日立は3人を同時にメンバーチェンジし、2トップへの変更が功を奏し12分、右サイドに流れたFW海老原のクロスボールからFW根本のヘディングシュートで1点を返す。その後も2トップが前線で動き回りチャンスを作るも決めきれず。再三のピンチを身体を張った守備で防いだ神戸弘陵は、カウンターからPKを奪取し2点差とした。諦めない明秀日立もアディショナルタイムに1点差に詰め寄るも試合は終了した。

戦評 加藤到（瀬戸北総合高校）

第2回戦 1月2日（木）等々力陸上競技場（晴）

(主) 長田望　(副) 高寺恒如、佐藤廉太郎

仙台育英 1（0-0／1-0）0 高川学園
（宮城県）　　　　　　　　　（山口県）　★

得	S	学		背			背		学	S	得
0	0	③	佐藤(文)	1	GK	1	古屋	②		0	0
0	0	②	角田	2	DF	5	田中	②		0	0
0	0	②	(工藤)	25		8	好村	③		0	0
0	0	❸	小林	3		11	野田	③		0	0
0	1	①	大塚	6		14	(末永)	③		0	0
0	0	③	杉田	6		22	三浦	③		0	0
0	0	①	島野	7	MF	7	新山	③		0	0
0	0	③	渡邊	8		9	土井	③		0	0
0	0	②	豊倉	11		12	(関)	③	1	0
0	0	①	明石	16		13	内田	❸	0	0
0	0	①	(山口)	10						
0	0	③	中山	9	FW	6	眞田	③	1	0
1	2	②	(吉田)	13		10	江尻	③	1	0
0	1	③	佐藤(遼)	15		20	河野	③	0	0
						26	福地	②	0	0
						24	(中山)	①	0	0

1	3		8	GK	6		3	0
			2	CK	5			
			13	FK	16			
			0	PK	0			

【得点経過】
後半32分〔仙〕豊倉→吉田HS
▼警告
〔仙〕杉田、角田、小林
〔高〕福地、三浦

■一瞬の隙を突いた仙台育英の決勝点
　序盤は、お互いに自陣からロングボールを蹴り、リスクを避けて相手陣内でゲームを展開しようとする。仙台育英はセカンドボールをMF島野が高い位置で奪い返し、MF豊倉や明石へと繋ぎ、サイドの深い位置まで攻め込み、流れを摑もうとする。対する高川学園は、粘り強く対応することで相手の攻撃を跳ね返し、FW河野がターゲットとなりボールを引き出し、シンプルに中盤の選手に預けて攻撃のリズムを作ろうとする。両チームとも決定機を作れず、0-0で前半を折り返す。後半も前半に引き続き、互いに縦に速い攻撃が目立つ。仙台育英は、奪ったボールを前へ送り、後半から投入されたFW吉田のスピードを活かした攻撃を行う。32分、仙台育英が一瞬の隙を突いて、左サイドからのクロスに吉田が合わせてゴール。意図を持ったクロスが得点に結びついた。高川学園も積極的な交代で攻撃の活性化を試みるが、そのままスコアは動かず、1-0で仙台育英が勝利し、3回戦へと駒を進めた。

戦評 尾中祐太郎（豊浦高校）

第2回戦 1月2日（木）等々力陸上競技場（晴時々曇）

(主) 塚原健　(副) 長谷川雅、大柿拓馬

日大藤沢 3（2-0／1-1）1 広島皆実
★（神奈川県）　　　　　　　　（広島県）

得	S	学		背			背		学	S	得
0	0	②	濱中	1	GK	1	藤岡	③		0	0
0	0	③	岡田	2	DF	2	山根	③		0	0
0	0	③	宮川	3		16	(隅田)	②		0	0
0	0	❸	青木	4		4	板舛	③		0	0
1	2	③	吉本	5		5	山名	③	2	0
0	0	③	(多田)	15		13	石村	①		0	0
						3	(蔵本)	①	0	0
0	1	②	斉藤	7	MF	6	吉原	❸		0	0
0	0	③	植村	8		20	(閖田)	②	0	0
0	0	①	植木	20		7	牛原	③	1	0
						9	(久保)	③	0	0
						8	赤道	③	0	0
						10	田中	③	0	0
						14	岡平	③	0	0
1	1	③	平田	9	FW	11	岡本	③	2	1
0	0	②	(鈴木)	19						
1	2	③	成定	10						
0	0	③	(小林)	18						
0	0	③	浅野	26						
0	0	③	(布方)	11						

3	6		6	GK	6		5	1
			4	CK	2			
			10	FK	4			
			0	PK	1			

【得点経過】
前半14分〔日〕植村→成定S
〃 20分〔日〕×（こぼれ球）吉本〜S
後半 5分〔広〕PK岡本S
〃 30分〔日〕吉本→平田HS

■終始主導権を握り続けた日大藤沢
　立ち上がりから日大藤沢がボールを支配し、広島皆実が守りを固める展開になった。日大藤沢は特に左サイドが攻撃の起点となり、高い位置を保つSB吉本と、DFラインとMF間のスペースで前向きになれるFW成定がアクセントとなった。主導権を握る展開は終始変わらず、前半14分に成定が相手CBの前でくさびを受け、ターンして切り込み先制点が生まれた。20分にも相手TIを奪い、素早いパス回しから抜け出した吉本がGKまでかわし、技ありゴールで追加点。後半、追いかける広島皆実はボール奪取の力強さを増し、カウンターを仕掛けるため両サイドにMF牛原、岡平を攻撃的に配置した。ボールの奪い方が安定し、5分に岡平がドリブル突破からPKを獲得しゴールが決まった。しかし日大藤沢は、粘り強い守備から一瞬の隙を突き、吉本のクロスをFW平田がヘディングで合わせ3点目を奪った。

戦評 加藤昂（広島国泰寺高校）

第2回戦 1月2日(木) 駒沢陸上競技場(晴)

(主) 鈴木渓　(副) 御厨貴文, 石井啓一郎

尚 志 (福島県) 0 (0-0 / 0-0) 0 徳島市立 (徳島県)
★　3 PK 4

得	S	学		背	背		学	S	得
0	0	③	鈴木	1 GK 1	中川		③	0	0
					17	(米田)	③	0	0
0	1	③	坂従	3 DF 2	渡邉		②	0	0
0	0	③	(吉田)	6	4	川人	③	1	0
0	0	③	渡邉	4	5	田内	③	0	0
0	0	②	瀬齊	17	12	三倉	②	0	0
0	0	①	(チェイス)	2					
0	0	③	神林	20					
0	1	③	五十嵐	24					
0	0	③	松島	5 MF 6	中田		②	0	0
0	0	②	(阿部)	9	18	(槇野)	③	0	0
0	0	③	小池	7	7	大野	②	2	0
0	1	③	今井	14	11	(木村)	③	0	0
0	0	②	(黒田)	8	8	平	③	0	0
0	0	③	松本	15	10	阿部	❸	0	0
0	0	③	(佐藤)	21	16	佐野	③	0	0
0	0	❸	山内	10 FW 13	石井		②	0	0
					15	(野口)	③	0	0
0	3			8 GK 7				3	0
				5 CK 2					
				6 FK 10					
				0 PK 0					

■徳島市立、堅守の末PK方式で尚志下す

尚志のシステムは1-4-1-4-1、徳島市立は1-4-2-3-1で、両チームの中盤が組み合う形となった。尚志はCBの間にアンカーのDF渡邉が入り、ビルドアップをしながら、中盤のスペースでMF小池、松島を起点に攻撃を仕掛けるが、効果的な縦パスが入らずリズムが作れない。徳島市立は守備のスタートラインをセンターライン付近に設定し、コンパクトな陣形でスペースを消しながら守備をする。ボールを奪ってからはロングボールで素早く尚志DFの背後のスペースを突き、FW石井が抜け出しカウンターでゴールを狙う。後半開始直後、尚志はFW阿部、黒田を投入し、システムを1-4-4-2へ変更。前線2人のコンビネーションと背後への抜け出しで得点を狙う。徳島市立は後半も戦い方を変えず、MF阿部、DF川人を中心に守備のスライドと球際の戦いを続け、尚志にリズムを作らせない。両チームとも交代選手が果敢にゴールに迫る場面もあったが、徳島市立の粘り強い守備により得点を奪えず試合終了。PK方式で徳島市立が勝利し、3回戦に駒を進めた。

戦評　須田二三明(就実高校)

第2回戦 1月2日(木) 味の素フィールド西が丘(晴)

(主) 石丸秀平　(副) 橋本真光, 関口雄飛

草津東 (滋賀県) 1 (1-1 / 0-1) 2 筑陽学園 (福岡県)
★

得	S	学		背	背		学	S	得
0	0	③	長澤	1 GK 1	野中		❸	0	0
0	0	③	前川	2 DF 2	今田		③	2	1
0	1	③	南堀	3	4	吉村	③	0	0
0	0	③	小林	4	6	古賀(健)	③	1	0
0	0	②	野崎	13	18	岡	③	0	0
0	0	③	四元	7 MF 7	古賀(教)		③	1	0
0	0	③	遠座	7	14	栗尾	③	0	0
0	0	②	(鮫島)	14	19	藤	③	0	0
0	3	③	夏川	8	11	(深松)	③	0	0
0	0	②	(宇野)	15					
0	1	③	小酒井	10					
0	1	③	川﨑	11					
1	1	❸	渡邉	9 FW 9	過能		③	1	1
					10	寺岡	③	1	0
					13	(大嶋)	②	2	0
					12	岩崎	②	1	0
					3	(益永)	③	0	0
1	7			12 GK 7				9	2
				4 CK 2					
				10 FK 7					
				0 PK 1					

【得点経過】
前半25分〔草〕CK夏川→渡邉S
〃 39分〔筑〕PK過能S
後半37分〔筑〕古賀(健)〜→今田S

▼警告
〔草〕宇野

■SBが流れ変えた筑陽学園、逆転勝利

草津東は、FW渡邉をターゲットに前線で起点を作り攻撃を試みる。筑陽学園もシンプルに2トップにボールを入れ、ゴールを目指す。中盤で数的優位に立つ草津東がセカンドボールを拾い始めると、MF小酒井を中心に中央でボールを繋ぎサイドへ展開。両サイドでMF川﨑、遠座のスピードあるドリブルでチャンスを作る。その流れから得たCKで先制した。押し込まれる時間が続いた筑陽学園は、DFラインを押し上げ、両SBが積極的に攻撃に関わることで徐々に押し返す。前半終了間際、左サイドのクロスからPKを獲得し同点に追いつく。後半、出足が良くなった筑陽学園がゲームの主導権を握る。草津東は、運動量が多い相手に対して効果的な仕掛けができなくなる。37分、筑陽学園はFKの流れから、右サイドをドリブルで深くえぐったDF古賀(健)のクロスをDF今田が合わせて逆転に成功した。

戦評　石川創人(東京農業大学第一高校)

第2回戦 1月2日(木) 駒沢陸上競技場(晴)

(主) 花川雄一　(副) 原田雅士, 諸星龍太郎

丸 岡 (福井県) 0 (0-2 / 0-1) 3 静岡学園 (静岡県)
★

得	S	学		背	背		学	S	得
0	0	③	倉持	1 GK 17	野知		②	0	0
0	0	③	遠藤	2 DF 3	阿部		❸	1	0
0	0	③	藤本	3	4	田邉	②	0	0
0	0	②	田島	13	5	中谷	③	1	0
0	0	②	河上	16	15	西谷	③	0	0
					2	(田中)	③	0	0
0	0	②	飯田	5 MF 8	浅倉		③	3	0
0	0	②	川中	8	10	松村	③	0	0
0	0	③	小谷	14	14	小山	③	4	2
					16	井堀	③	1	0
					18	藤田	③	0	0
					19	(草柳)	③	0	0
0	0	②	中村	7 FW 12	岩本		③	2	1
0	0	❸	田海	10					
0	1	③	明間	11					
0	0	②	(野尻)	15					
0	1			8 GK 8				12	3
				5 CK 3					
				6 FK 9					
				0 PK 0					

【得点経過】
前半2分〔静〕西谷→小山〜S
〃 40+2分〔静〕浅倉→松村→小山S
後半22分〔静〕浅倉〜S(相手GK)(こぼれ球)
　　　　　岩本S

▼警告
〔丸〕藤本

■丸岡の堅守を攻略した静岡学園

試合開始早々、静岡学園はビルドアップからMF小山が前線のスペースに抜け出し先制点を奪った。前半中盤は丸岡の積極的な守備に自分たちのサッカーができなかったが、両サイドのスペースを利用し、前半終了間際に右サイドから追加点を奪った。後半、丸岡は前半同様に中盤からの守備を続け、得点の機会を窺った。一方の静岡学園はボランチを使い、ボールを両サイドに展開し、MF松村のドリブル突破から相手ゴールに迫る。丸岡もロングボールを使い、相手DFのクリアしたセカンドボールを拾って、攻撃に繋げた。終盤、静岡学園は少しずつ守備のズレたスペースを起点に1タッチ、2タッチプレーで攻撃を続け、3点目を奪った。その後は静岡学園が優位に試合を進め、丸岡はDF河上を前線にあげてパワープレーを行ったが、得点を奪えず試合終了となった。

戦評　大柳真也(科学技術高校)

第2回戦 1月2日(木)

味の素フィールド西が丘(晴)

(主)山下良美　(副)千代木直美, 坊蘭真琴

山形中央 0 (0-1 / 0-1) 2 今治東
（山形県）★　　　　　　　（愛媛県）

得	S	学	選手	背		背	選手	学	S	得
0	0	③	舟山	1	GK	12	栁原	②	0	0
0	0	③	枝松	2	DF	2	長井	③	2	0
0	0	③	竹田	3		4	大谷	❸	0	0
0	0	②	小林	5		5	川口	③	0	0
0	0		(庄司)	14		18	毛利	③	0	0
0	0	③	神尾	9						
0	0		(石井)	9						
0	1	③	小川	4	MF	3	本那	①	0	0
0	0	②	飯塚	6		7	岡本	③	1	0
0	0	③	(太田)	12						
0	0	❸	斎藤	10						
0	0	①	大塚	24						
0	0		(嶋貫)	11						
0	0	③	佐々木	7	FW	6	尾上	③	0	0
0	0	③	土田	16		9	髙瀬	②	2	2
0	0	②	(須藤)	20		14	(馬場)	③	0	0
						10	山中	③	1	0
						11	(伊藤)	②	1	0
						17	越智	②	0	0
0	1			12	GK	14			8	2
				5	CK	3				
				13	FK	8				
				0	PK	0				

【得点経過】
前半24分〔今〕尾上→髙瀬S
後半15分〔今〕髙瀬→尾上→髙瀬S
▼警告
〔山〕小川, 竹田
〔今〕山中

■今治東が選手権初出場で初勝利
　山形中央は立ち上がりペースを握り、変化のあるCKからチャンスを作り出す。序盤の相手セットプレーをしのいだ今治東はサイドへの展開からペースを引き寄せる。前半24分、今治東のサイド攻撃が実を結び、クロスからFW髙瀬がゴールネットを揺らし先制する。山形中央は粘り強い守備から反撃を試みるが、今治東の早い守備への切り替えにより攻撃に至らず、今治東のリードで前半を折り返す。後半も今治東が運動量豊富なFW山中、MF岡本を中心にボールを保持し、主導権を握る展開が続く。15分、前線の崩しから髙瀬が得点して点差を広げる。山形中央はスピードのあるFW須藤、MF嶋貫を投入し、相手DF背後へボールを入れゴールに迫るが得点には至らない。その後も今治東はDF長井の質の高いセットプレー等からチャンスを作り出すが、山形中央もGK舟山の好守を中心に追加点は許さなかった。

戦評　安田直人（福生高校）

第2回戦 1月2日(木)

ゼットエーオリプリスタジアム(曇)

(主)髙橋悠　(副)佐々木慎哉, 渕上祥太

鵬学園 1 (0-0 / 1-1) 1 京都橘
（石川県）　　4 PK 3　　（京都府）★

得	S	学	選手	背		背	選手	学	S	得
0	0	③	前原	1	GK	12	中村	②	0	0
0	0	③	橋本	2	DF	2	松本	③	1	1
0	0	③	富川	4		3	小山	②	0	0
0	0	②	牛谷内	5		4	金沢	②	1	0
0	0	②	長島	20		5	渋谷	③	0	0
						23	(中野)	②	0	0
0	0	❸	河村	6	MF	6	志知	②	2	0
0	2	③	高戸	7		7	佐藤	❸	1	0
0	0		(判治)	19		17	髙木	③	3	0
0	0	③	島田	8						
0	0		(須藤)	15						
0	1	③	永田	10						
0	0		(宮本)	13						
0	0	②	水	22						
0	0		(鈴木)	14						
0	0	③	前田	11	FW	9	梅村	③	3	0
1	2		(坂本)	9		10	西野	②	1	0
						11	梅津	③	0	0
1	5			8	GK	9			12	1
				1	CK	8				
				8	FK	10				
				0	PK	0				

【得点経過】
後半14分〔京〕CK髙木→(相手GK)(こぼれ球)
松本S
〃 40分〔鵬〕須藤→→宮本→坂本S
▼警告
〔鵬〕島田
〔京〕小山

■試合終了間際に追いついた鵬学園
　京都橘は積極的に前線からプレスをかけ、ボール回収後は2トップと両SHが高い位置をとり、シンプルに相手の背後を狙う。前線でボールが収まると、アグレッシブなドリブルからの仕掛けと後方からの攻撃参加によりゴールを目指す。鵬学園は、守備時はアンカーMF河村が最終ラインに落ち5バックを形成し、粘り強く守備をする。前半は京都橘の攻撃から守備の切り替えの早さが際立った。後半14分、京都橘がCKからのこぼれ球を右SB松本が押し込み先制に成功。その後、鵬学園はFW前田、左SH高戸を前線に残しカウンターを狙うが、京都橘のCB小山、金沢が潰し続ける。鵬学園は後半ラスト10分から1-4-4-2にシステム変更し、2トップをターゲットにロングボールを入れ続ける。そして40分、ゴール前の攻防からFW坂本が押し込み同点に。そのままPK方式に突入。鵬学園GK前原が2本止めて勝利し、3回戦に駒を進めた。

戦評　田中章太郎（生浜高校）

第2回戦 1月2日(木)

ゼットエーオリプリスタジアム(曇)

(主)宮原一也　(副)辛島宗烈, 永島淳平

矢板中央 2 (1-1 / 1-0) 1 大手前高松
（栃木県）★　　　　　　（香川県）

得	S	学	選手	背		背	選手	学	S	得
0	0	①	藤井	12	GK	1	三谷	②	0	0
0	0	③	坂本	2	DF	3	八十嶋	③	1	0
0	0	③	矢野	3		4	糸瀬	③	0	0
0	1	❸	長江	4		6	木村	③	0	0
0	0	③	加藤	5		2	(佐原)	③	0	0
						13	亀山	③	0	0
						14	丸山	③	0	0
						11	(谷本)	②	0	0
1	1	③	靍見	6	MF	5	福家	③	0	0
0	0	③	柿崎	8		9	富田	③	0	0
1	2	③	左合	9		16	(平田)	②	0	0
0	0	③	在間	16		17	正木	②	2	0
0	0	②	多田	11	FW	10	片上	❸	1	1
0	0	③	西村	21		20	大野	③	0	0
0	2	③	(久永)	10		8	(滝平)	③	1	0
2	6			3	GK	11			5	1
				7	CK	0				
				8	FK	9				
				0	PK	0				

【得点経過】
前半32分〔矢〕加藤→西村→靍見S
〃 38分〔大〕TI滝平→富田→×片上S
後半15分〔矢〕坂本→左合S
▼警告
〔大〕八十嶋

■リード後、守備を徹底した矢板中央
　立ち上がりから矢板中央が前線へのシンプルなロングボールで前進し、獲得したCKやFKで多彩なパターンを駆使してリズムを摑む。対する大手前高松はDFラインが相手の攻撃を跳ね返し、MF正木とFW片上を起点に攻撃に転じようとする。前半中盤から大手前高松が早速動く。FW大野を下げMF滝平を投入すると、GKからビルドアップし、フィニッシュまで持ち込む展開が出てくる。拮抗した状況の中、矢板中央のMF靍見がセカンドボールを拾い、そのまま放ったミドルシュートで先制する。しかしその直後、大手前高松もロングスローからの意表を突いたプレーで片上が同点ゴール。後半、矢板中央が一瞬の隙を突きMF左合が得点する。その後もセットプレーでDF長江が力強い折り返し、迫力を出し続けた。大手前高松はロングスローから打開を試みるも、矢板中央はリスクマネジメントを徹底し守り切った。

戦評　山中敏一（千葉日本大学第一高校）

第2回戦　1月2日(木)　フクダ電子アリーナ (晴)

(主) 友政利貴　(副) 勝部健、亀井環

松本国際 1 (1-0 / 0-2) 2 **四日市中央工**
★ (長野県)　　　　　　　　(三重県)

得	S	学	選手	背		背	選手	学	S	得
0	0	③	今井	12	GK	1	有留	③	0	0
0	0	③	中村	2	DF	2	土江	③	0	0
0	0	③	瀧澤	3		5	鐘ヶ江	③	0	0
0	0	③	小山	4		6	永崎	③	1	0
0	0	③	原田	5		13	青木	②	0	0
0	0	③	宮嶋(航)	6	MF	10	森	❸	1	1
0	0	③	青木	7		11	和田	③	0	0
0	0	②	(宮嶋(歩))	19		14	角田	③	1	0
0	0	❸	小川	14		8	(本合)	③	0	0
						16	宮木	②	1	0
1	1		小林	9	FW	9	井上	③	0	0
0	1	③	木間	10		19	(匂坂)	②	0	0
0	0	③	務台	11		17	田口	③	2	1
0	1		(馬淵)				(浅野)	③	1	0

1 3 ｜ 15 GK 10 ｜ 7 2
3 CK 7
8 FK 11
0 PK 0

【得点経過】
前半20分〔松〕木間→小林S
後半 2分〔四〕宮木→田口〜S
〃 26分〔四〕(こぼれ球)森S
▼警告
〔四〕鐘ヶ江, 匂坂

■先制された四日市中央工, 後半逆転に成功
　松本国際はMF小川が起点となり前線の3トップにボールを配球し、MF宮嶋(航)と青木がサポートをし、サイドチェンジを効果的に行いサイドで数的優位を作る。前半20分に右サイドで小川のロングパスから数的優位を作り、FW木間のクロスにFW小林が左足で流し込み先制点を奪う。四日市中央工はプレッシャーの早い松本国際に対して、左MF森と右MF和田のドリブルで打開を試みる。ドリブルで相手DFをかわし、左サイドで数的優位を作りタイミングよくMF角田と宮木がパスを受け、チャンスを作る。後半、先に流れを掴んだのは四日市中央工。自陣のクリアボールを宮木が繋ぎFW田口が冷静に流し込みゴールを奪う。その後も四日市中央工は森を起点にボールを動かしながらゲームを進める。26分に森がセカンドボールを拾い、相手GKの位置を見てロングシュートを決め逆転した。
　戦評 木下文太 (中津高校)

第2回戦　1月2日(木)　フクダ電子アリーナ (晴)

(主) 村田裕紀　(副) 松本大, 上原良寛

日章学園 0 (0-0 / 0-0) 0 **市立船橋**
(宮崎県)　　 7 PK 6 (千葉県)

得	S	学	選手	背		背	選手	学	S	得
0	0	③	福山	1	GK	1	金子	③	0	0
0	0	②	(清原)	17						
0	0	③	濱松	2	DF	2	畑	③	0	0
0	0	③	後藤	3		4	鷹塚	③	1	0
0	0	③	古賀	4		16	石田	②	1	0
0	0	❸	阿部	5		26	木内	②	1	0
							(植松)	③	1	0
0	1	③	中別府	6	MF	5	町田	❸	2	0
0	0	③	蔦岡	7		6	(中村)	③	0	0
0	0	③	齊藤	8		11	賀澤	③	0	0
0	0	②	(小野)	14		8	(森)	③	1	0
0	0	③	日吉	9		15	佐久間	②	0	0
0	0	②	(藤本)	16		19	八木	②	1	0
0	2	③	鈴木	10	FW	9	松谷	③	2	0
0	1	③	木脇	11		10	鈴木	③	1	0

0 4 ｜ 10 GK 6 ｜ 10 0
1 CK 4
12 FK 13
0 PK 0

▼警告
〔日〕古賀2, 中別府
〔市〕森
▼退場
〔日〕古賀

■市立船橋の猛攻耐えた日章学園
　序盤、市立船橋はFW鈴木、松谷のスピードを活かし、相手の高いDFラインの背後のスペースへロングボールを駆使した攻撃でゴールを狙う。対する日章学園は2ラインでコンパクトなブロックを形成し、奪ったボールをサイドのスペースやFW鈴木へシンプルに入れる攻撃でペースを掴もうとする。前半終了間際、市立船橋は相手GKのパスミスをカットしそのままゴール前へ運び決定機を作るも、MF賀澤のシュートは日章学園GK福山に阻まれた。後半、市立船橋は両SBがポジションを高くとり、個人技のあるMF森とDF植松を投入し攻撃に変化を加える。SB畑のオーバーラップからの崩しとそれにより空いた中央のスペースへのショートパスで再三決定機を作るも、日章学園の素早く粘り強い守備にゴールを奪えない。一方、日章学園は奪ったボールを、FW鈴木をターゲットとしたカウンターとDF阿部、FW木脇の追い越しからの2次攻撃で迫るも得点を奪えず試合終了。PK方式で全員が決めた日章学園が勝利した。
　戦評 安慶田真士 (豊見城高校)

第3回戦　1月3日(金)　浦和駒場スタジアム (晴)

(主) 酒井達矢　(副) 友政利貴, 木戸洋平

青森山田 4 (1-0 / 3-1) 1 **富山第一**
(青森県)　　　　　　　　(富山県)

得	S	学	選手	背		背	選手	学	S	得
0	0	③	佐藤	1	GK	1	中村	③	0	0
0	0	②	内田	2	DF	2	中園	③	1	0
1	1	③	神田	3		16	(浦崎)	③	0	0
0	0	③	箱崎	4		3	吉藤	③	0	0
0	0	③	藤原	5		4	丸山	③	0	0
						5	真田	③	1	0
						6	牧野	③	0	0
0	0	③	古宿	6	MF	8	小森	③	1	0
2	4	①	松木	7		14	(広瀬)	③	0	0
0	0	③	浦川	8		10	高木	❸	1	0
0	0	③	(得能)	13						
0	2	③	武田	10		15	(安斎)	③	0	0
0	0	②	(那俄性)	15						
0	1	③	後藤	11		17	(古澤)	③	0	0
0	0	③	(古澤)	17						
1	2	③	田中	9	FW	9	鈴木	③	3	0
0	0	③	(金)	14		24	(中川)	①	0	0
						11	碓井	③	0	0
						25	吉倉	②	0	0
						19	(矢崎)	③	1	1

4 10 ｜ 4 GK 5 ｜ 8 1
3 CK 2
14 FK 15
0 PK 0

【得点経過】
前半 7分〔青〕TI内田→藤原H→田中HS(相手GK)(こぼれ球)松木S
後半 4分〔青〕FK古宿→田中HS
〃 19分〔青〕CK武田→神田HS
〃 29分〔富〕FK真田→吉藤H→矢崎HS
〃 35分〔青〕CK古宿→松木HS

■青森山田, セットプレーで突き放す
　青森山田は前半7分にDF内田のロングスローから混戦となり、MF松木が押し込み先制に成功する。富山第一は長身FW碓井へのロングボールや、CB3人とMF高木でビルドアップをしている間に両SB中園、牧野が高い位置をとり攻撃の糸口を探る。後半、青森山田は守備のスタートラインを前半より前方に設定し、富山第一のビルドアップ時に前線の4人でプレッシャーをかけ始め、相手のクリアを空中戦と球際で競り勝ちゲームの主導権を握り続ける。4分、19分、35分に得意のセットプレーから3点を追加した。富山第一はボール奪取後のパスが繋がらずFWとDFの距離が次第に間延びし、攻撃が単調となるが、FKから1点を返し最後まで粘りを見せる。しかし、青森山田が慌てることなくゲームをコントロールし勝利した。
　戦評 須田二三明 (就実高校)

第3回戦 1月3日(金) 浦和駒場スタジアム（晴）

(主) 辛島宗烈 (副) 高橋悠, 岡村克秀

國學院久我山（東京都B） 0（0-0 / 0-1）1 昌平（埼玉県）

得	S	学	選手	背		背	選手	学	S	得
0	0	②	村上	17	GK	1	牧之瀬	③	0	0
0	0	③	保野	2	DF	2	西澤	③	0	0
0	0	③	福井	6		4	柳澤	③	0	0
0	0	③	山本	11		5	大竹	③	0	0
0	0	①	森 次	18		12	柳田	③	2	0
0	1	③	(清井)	18						
0	0	②	大窪	8	MF	6	柴	②	0	0
0	1	②	田中	14		7	紫藤	③	4	0
0	0	①	(小松)	19		8	(鎌田)	③	0	0
0	0	①	吉田	16		10	須藤	❷	0	0
0	0	③	(河原)	4		14	小川	②	0	0
						17	渡邉	③	3	0
						13	(篠田)	①	2	1
0	0	③	山下	7	FW	11	小見	②	6	0
0	0	③	(茅野)	13						
0	0	❸	山本(楓)	9						
0	1	③	戸坂	10						
0	3			10	GK	5			17	1
				5	CK	4				
				9	FK	6				
				0	PK	0				

【得点経過】
後半40+2分〔昌〕大竹～→篠田S

■昌平が後半終了直前に劇的ゴール

　序盤、國學院久我山は、複数の選手が関わり長短織り交ぜたパスで攻撃を組み立てる。対する昌平は、守備時にはブロックを作り、ミドルサードでボールを奪うとキープ力に長けるFW小見を起点に前線の個人技を活かして素早い攻撃を狙った。20分過ぎからは、國學院久我山の後方からのビルドアップに対して、前線からのチャレンジ＆カバーを繰り返し、中盤でボールを奪うとMF須藤の推進力のあるドリブルから何度もチャンスを作った。後半、昌平はギアを上げる。ドリブルとワンツーを上手く使いペナルティエリア内に何度も侵入し、決定機を立て続けに作り主導権を握った。國學院久我山はCB福井とGK村上を中心に懸命な守備でなんとかしのぐと落ち着きを取り戻した。CKやクロスからチャンスを作るが、連戦の疲れも目立ち決め切れない。終盤、疲れの目立つ國學院久我山に対して昌平は再び猛攻を仕掛けると、アディショナルタイムに途中出場のMF篠田がゴールを奪い、試合を決めた。

戦評　清水健晋（白根高校）

第3回戦 1月3日(金) 等々力陸上競技場（晴）

(主) 松本大 (副) 國吉真吾, 増澤輝矢

帝京長岡（新潟県） 5（0-0 / 5-0）0 神戸弘陵（兵庫県）

得	S	学	選手	背		背	選手	学	S	得
0	0	③	猪越	1	GK	1	大月	②	0	0
0	0	③	吉田(勇)	3	DF	2	田平	③	0	0
0	0	③	吉田(晴)	4		3	竹内	③	0	0
0	1	③	丸山	5		5	小倉	②	0	0
						26	橋本	②	0	0
0	0	②	酒匂	2	MF	6	田中(魁)	②	1	0
0	0	②	(中村)	13		7	兼田	③	1	0
1	1	②	川上	6		8	田中(絆)	①	1	0
0	0	③	田中	7		10	沖吉	❸	0	0
0	0	③	(青山)	8		14	松野	②	0	0
0	1	③	本田			27	(松井)			
0	0	③	(中村(太))	25		15	谷	③	0	0
0	1	❸	谷内田	14		24	(徳弘)	②	1	0
0	1	③	(江上)	12						
3	5	③	晴山	10	FW					
1	2	③	矢尾板	11						
0	2	③	(鈴木)	24						
5	14			4	GK	4			3	0
				5	CK	4				
				8	FK	16				
				0	PK	0				

【得点経過】
後半 6分〔帝〕本田～→矢尾板S
〃 15分〔帝〕田中→晴山HS
〃 34分〔帝〕鈴木S(相手GK)×川上S
〃 35分〔帝〕鈴木～→晴山HS
〃 39分〔帝〕CK青山→晴山HS
▼警告
〔帝〕吉田(勇)
〔神〕竹内

■後半大量5ゴールを挙げた帝京長岡

　両チームともアタッキングサードへ積極的に精度の高いパスを供給するも、決定的なチャンスを作れずに前半が終了。後半開始早々、帝京長岡はDFライン背後への積極的な突破を仕掛ける。6分、MF本田の左サイド突破からのクロスにFW矢尾板が左足で合わせて先制。流れを変えたい神戸弘陵は選手交代を行い、MF沖吉を前線に配置し前からプレスをかけ始める。しかし帝京長岡はそのプレスから生まれたサイドのスペースを効果的に狙い、15分、右サイドに抜け出したMF田中からのクロスをFW晴山が頭で合わせてリードを2点に。終盤、神戸弘陵は積極的な前線へのパスで決定的なチャンスを作るも、シュートの精度を欠く。終了間際に立て続けに帝京長岡が得点を重ねた。

戦評　安慶田真士（豊見城高校）

第3回戦 1月3日(金) 等々力陸上競技場（晴）

(主) 御厨貴文 (副) 宮原一也, 上原良寛

仙台育英（宮城県） 0（0-0 / 0-0）0 日大藤沢（神奈川県）　9 PK 8

得	S	学	選手	背		背	選手	学	S	得
0	0	③	佐藤(文)	1	GK	1	濱中	②	0	0
0	0	②	角田	2	DF	2	岡田	③	1	0
0	0	❸	小林	3		13	(古谷)	③	0	0
0	0	①	(中山)			3	宮川	②	0	0
0	0	③	中川原			4	青木	❸	1	0
0	0	③	杉田			5	吉本	③	0	0
0	0	①	島野		MF	7	斉藤	②	0	0
0	0	②	渡邊			8	植村	③	1	0
0	0	②	豊倉	11		20	植木	①	0	0
0	0	①	松本	28						
0	0	①	(明石)	16						
0	0	③	吉田	13	FW	9	平田	③	0	0
0	1	①	佐藤(碧)	15		10	成定	③	0	0
0	0	①	(山口)	10		24	(猪狩)	③	0	0
						26	浅野	③	1	0
						11	(布方)	③	1	0
0	1			10	GK	7			6	0
				5	CK	1				
				9	FK	9				
				0	PK	0				

▼警告
〔仙〕松本

■仙台育英，シュート1本も粘りの守備

　序盤は日大藤沢がボールを動かし、試合の主導権を握ろうとする。対する仙台育英は相手の攻撃を受ける場面が多いが、奪ったボールを前へ送り、高い位置でセカンドボールを拾うことでゴールへ迫ろうとする。時間が経過するにつれ、日大藤沢がボールを保持する時間が長くなっていく。DFラインとMF植木がパス回しで前を探り、中盤にスペースが空いてきたところで縦パスを送る。相手が食いついたところで、サイドやDFラインの背後のスペースに走り込んだ選手へボールを送り、何度も決定機を作る。仙台育英は、DF杉田のロングスローやCKで相手ゴールを脅かす。後半も引き続き、日大藤沢がボールを保持しようとする。仙台育英は守備に追われるが、集中を切らさずに奪ったボールを前線へ送ることで攻撃に結びつけようとし、徐々にカウンターを仕掛ける場面が増えていく。仙台育英はGK佐藤（文）を中心に粘り強く守り、スコアは動かずPK方式に突入し、仙台育英が準々決勝へと駒を進めた。

戦評　尾中祐太郎（豊浦高校）

試合1

第3回戦 1月3日(金) 駒沢陸上競技場(晴)

(主)道山悟至 (副)上原直人, 沢辺和也

徳島市立 1 (1-0 / 0-0) 0 筑陽学園
★(徳島県) (福岡県)

得	S	学	背		背		学	S	得
0	0	③中川	1	GK	1	野中	③	0	0
0	0	②渡邉	2	DF	2	今田	③	0	0
0	0	③川人	4		4	吉村	③	0	0
0	0	②(前川)	26		6	古賀(健)	③	0	0
0	1	③田内	5		18	岡	③	0	0
1	1	③三倉	12						
0	0	③平	8	MF	7	古賀(敦)	③	3	0
0	0	③阿部	10		14	栗尾	③	0	0
0	0	③野口	15		3	(益永)	③	0	0
0	0	②(中田)	6		19	藤	③	1	0
0	0	③佐野	16		11	(深松)	③	0	0
0	1	③木村	11	FW	9	過能	③	0	0
0	1	②(大野)	7		12	岩崎	②	1	0
0	0	②石井	13		13	大嶋	③	1	0
0	0	③(槙野)	18		10	(寺岡)	②	0	0
1	4		11	GK	6			6	0
			6	CK	4				
			8	FK	11				
			0	PK	0				

【得点経過】
前半22分〔徳〕CK野口→田内HS(ポスト返り)
三倉S

■守りの徳島市立, 総体に続き8強進出

徳島市立は, MF阿部とDF川人がビルドアップの起点になり, ウイングバックを高い位置に配置して, 落ち着いたゲーム展開を行うスタイル。筑陽学園は, 守備ブロックを固め対人に強い守備ラインが弾き返したボールから速攻を仕掛ける。縦に速く, シンプルにFW大嶋がDF背後を狙いペナルティエリアに侵入しようとする。落ち着いた展開から徐々に特徴が現れ出し, 前半22分に徳島市立のCKのこぼれ球をDF三倉が押し込み先制した。追いかける筑陽学園は, 少ないタッチ数でボールに関わる人数を増やしゴールに迫ろうとするも, 守備の人数が多い徳島市立の堅い守りに得点を奪えず1-0で前半を終了した。後半, 筑陽学園は1, 2回戦先発だったFW寺岡を投入し, 攻撃を活性化させようと試みる。さらに終盤, 長身DF益永を前線に投入し, パワープレーで打開策を見出そうとする。守備の時間が長くなる徳島市立は, 長身DFラインとGK中川の安定した対応でリードを守り切り, 準々決勝に勝ち進んだ。

戦評 加藤昂(広島国泰寺高校)

試合2

第3回戦 1月3日(金) 駒沢陸上競技場(晴)

(主)佐々木慎哉 (副)長谷川雅, 諸星龍太郎

静岡学園 2 (1-0 / 1-0) 0 今治東
★(静岡県) (愛媛県)

得	S	学	背		背		学	S	得
0	0	②野知	17	GK	12	栁原	②	0	0
0	0	③阿部	3	DF	2	長井	③	0	0
0	0	②田邉	4		4	大谷	③	0	0
0	1	③中谷	5		5	川	③	0	0
0	0	③西谷	15		18	毛利	③	0	0
					15	(工藤)	③	0	0
1	2	③浅倉	8	MF	3	本那	②	0	0
0	1	③松村	10		7	岡本	③	1	0
1	6	③小山	14		14	馬場	③	0	0
0	3	③井堀	16		11	(伊藤)	②	0	0
0	0	②(渡辺)	11						
0	0	③藤田	18						
0	0	③岩本	12	FW	6	尾上	③	0	0
0	0	②(加納)	9		16	(菅)	③	0	0
					9	髙瀬	②	1	0
					22	(十亀)	①	0	0
					10	山中	③	1	0
2	13		9	GK	9			4	0
			6	CK	2				
			11	FK	12				
			0	PK	0				

【得点経過】
前半4分〔静〕井堀→(クリア)浅倉S
後半7分〔静〕小山〜S
▼警告
〔静〕阿部, 浅野(コーチ), 藤田

■前後半立ち上がりに得点した静岡学園

立ち上がりに先制した静岡学園は, ドリブルとショートパスを主体にゲームを組み立て攻撃のチャンスを窺う。対する今治東は前線からの積極的なプレッシングを敢行し, 攻守が頻繁に入れ替わるテンポの速いゲーム展開となった。試合が落ち着いてくると徐々に静岡学園がボールを支配し, MF浅倉と松村の仕掛けを起点として攻勢を強める。今治東はシステムを1-4-2-3-1にシフトチェンジして中盤の数的不利を解消しようと試み, MF岡本を軸に時折鋭いカウンターを見せ応戦する。互いの狙いが明確に発揮される展開の中, 前半終了。後半の立ち上がりに加点した静岡学園は, 個人技を活かした攻撃でチャンスを広げる。今治東は失点後にアンカーを置く1-4-3-3へと更なるシフトチェンジを行うが, 徐々に守備の出足が遅れ始めボールを奪い切れない。攻守ともに最後まで精度と強度を維持した静岡学園がゲームを支配し, 準々決勝進出を決めた。

戦評 迫宏一(球磨工業高校)

試合3

第3回戦 1月3日(金) フクダ電子アリーナ(晴)

(主)原田雅士 (副)舟橋崇正, 菊池俊吾

鵬学園 0 (0-1 / 0-1) 2 矢板中央
(石川県) (栃木県)

得	S	学	背		背		学	S	得
0	0	③前原	1	GK	12	藤井	①	0	0
0	0	③橋本	2	DF	2	坂本	②	0	0
0	1	③富川	4		3	矢野	③	1	0
0	0	③牛谷内	5		4	長江	③	0	0
0	0	②長島	26		16	加藤	③	0	0
0	1	③河村	6	MF	6	鸛見	③	1	0
0	0	③高戸	7		8	柿崎	③	3	0
0	0	(宮本)	13		9	左合	③	1	1
0	0	③島田	8		16	在間	③	1	0
0	0	(須藤)	15		7	(新倉)	②	0	0
0	1	③永田	10						
0	0	(原田)	24						
0	0	③坂本	14	FW	11	多田	②	1	0
0	0	(鈴木)	9		24	(星)	①	0	0
0	1	③判治	19		21	西村	③	2	1
0	0	(前田)	11		10	(久永)	③	2	0
0	4		12	GK	11			12	2
			5	CK	7				
			8	FK	6				
			0	PK	0				

【得点経過】
前半14分〔矢〕柿崎→(相手GK)(こぼれ球)西村S
後半37分〔矢〕左合(カット)〜S

■矢板中央の優れていたゲームバランス

鵬学園はMF高戸, FW判治がスピードに乗ったドリブルで左サイドから好機を見出し, 矢板中央は得意のセットプレーにさらにバリエーションを加えて, DF矢野を中心にゴールに迫る。前半14分に思わぬ形で矢板中央が先制。その後はFW西村をターゲットにしたロングボールだけではなくショートパスを用いてバイタルエリアに侵入し, サイドと中央をバランスよく活用し, 効果的に試合を進めた。一方の鵬学園は, MF河村を中心とした守備の構築とビルドアップを試みて試合の流れを徐々に戻そうとするが, 点を奪えない。後半開始から相手陣内でボールを保持し, サイドの突破から中央を攻略しようと試みる鵬学園。だが矢板中央のバランスのとれた守備陣形を破ることができず, 前がかりになったところでカウンターを受けてしまう。終盤, 矢板中央は積極的なプレスにより, 高い位置でボールを奪い追加点を挙げる。試合を通して守備意識の高さを見せた矢板中央がベスト8進出を決めた。

戦評 山中敏一(千葉日本大学第一高校)

第3回戦 1月3日(金) フクダ電子アリーナ(晴)

(主)国吉真樹 (副)石丸勇平, 筒井勇気

四日市中央工 3(1-0 / 2-3)3 日章学園 ★
(三重県) 4 PK 3 (宮崎県)

得	S	学	選手	背	位置	背	選手	学	S	得
0	0	③	有留	1	GK	1	福山	③	0	0
						17	(清原)	②	0	0
0	0	③	土江	2	DF	2	濱松	③	0	0
0	0	③	鐘ヶ江	5		3	後藤	③	0	0
0	0	③	永﨑	13		3	阿部	❸		
0	0	②	青木	13		12	宮永	③	0	0
						13	(川越)	②	0	0
2	3	❸	森	10	MF	6	中別府	③	0	0
0	1	③	和田	11		7	葭岡	①	0	0
0	1	③	角田	14		18	(前田)	①	0	0
1	3	②	宮木	16		8	齊藤	③	1	0
0	0		(本合)	8		16	(藤本)	①	0	0
0	0	②	匂坂	9		9	日吉	③	0	0
0	2	③	(浅野)	7		15	(吉田)	②	0	0
0	3	③	田口	17	FW	10	鈴木	③	4	2
						11	木脇	①	2	1

3	13		5	GK	7		9	3
			3	CK	8			
			13	FK	15			
			1	PK	1			

【得点経過】
前半11分〔四〕(相手FP)(クリア)森S
後半 6分〔四〕阿部→鈴木〜S
 〃 10分〔日〕濱松→木脇HS
 〃 13分〔四〕CK森→宮木HS
 〃 16分〔四〕PK森S
 〃 18分〔日〕PK鈴木S
▼警告
〔四〕青木

■後半、12分間で5ゴールが生まれた接戦

日章学園はMF中別府、齊藤が起点となり、縦パスを入れFW鈴木がタメを作りMF日吉、中別府が侵入し数的優位を作ってゴールを狙う。四日市中央工はMF宮木が起点になり、高い相手DFラインの背後にロングボールを多用する。また、全体の押し上げも早く、MF森がセカンドボールを多く拾いMF和田、匂坂に展開し、幅を使いながらと和田の個人技で数的優位を作り打開する。前半に高い位置でボールを奪って先制した。後半の立ち上がり、日章学園はDF阿部が左サイドからドリブルで相手陣内に侵入し縦パス、受けた鈴木が反転してシュートで同点。さらにCKからFW木脇がヘディングで合わせ逆転した。両チームともストロングポイントを活かし、その後加点するとスコア3-3でPK方式により四日市中央工が勝利した。

戦評 木下文太(中津高校)

準々決勝 1月5日(日) 等々力陸上競技場(晴)

(主)石丸秀平 (副)宇田川恭弘, 宮原一也

青森山田 3(3-0 / 0-2)2 昌平
(青森県) (埼玉県)

得	S	学	選手	背	位置	背	選手	学	S	得
0	0	③	佐藤	1	GK	1	牧之瀬	③	0	0
0	0	②	内田	2	DF	2	西澤	③	0	0
0	0	③	神田	3		4	柳澤	③	0	0
0	0	③	箱﨑	4		5	大竹	③	0	0
0	0	③	藤原	5		12	柳田	③	0	0
0	0	③	古宿	6	MF	6	柴	②	0	0
0	1	①	松木	7		7	紫藤	③	0	0
1	2	③	浦川	8		9	(大和)	③	0	0
0	0	③	(得能)	13		18	(山内)	③	1	1
1	4	❸	武田	10		8	鎌田	③	0	0
1	1	③	後藤	11		13	(篠田)	③	0	0
0	0		(那俄牲)	16		10	須藤	❷	1	1
						14	小川	②	0	0
0	1	③	田中	9	FW	11	小見	②	2	0
0	0	③	(金)	14						

3	9		8	GK	11		4	2
			5	CK	1			
			9	FK	12			
			0	PK	0			

【得点経過】
前半10分〔青〕浦川S×浦川S
 〃 19分〔青〕(相手FP)(クリア)後藤S
 〃40+2分〔青〕浦川→武田HS
後半 9分〔昌〕小見〜→須藤〜S
 〃 35分〔昌〕鎌田→山内〜S
▼警告
〔青〕田中

■前半3得点の青森山田、逃げ切る

青森山田は自陣に引き込みながらショートカウンターを狙い、DF内田からのロングスロー、セットプレーではMF古宿の右足、MF武田の左足からの精度の高いボールで決定機を演出。前半10分にクロスのこぼれ球をMF浦川がダイレクトで押し込み先制。19分、相手の処理ミスをMF後藤が押し込み追加点。前半終了間際には古宿のクロスを武田がヘディングで決め、3-0で折り返す。後半、昌平は両SBを高めにし、MF須藤をトップ下に配置し攻撃の起点に。すると9分、バックパスを奪ったFW小見が須藤に繋ぎ1点を返す。35分には中盤でボールを奪い、交代で入ったFW山内がDFラインの背後をとり2点目を奪う。その後も昌平が積極的な前線へのパスでチャンスを演出するが、青森山田は追加点を許さなかった。

戦評 加藤健太郎(平塚工科高校)

準々決勝 1月5日(日) 等々力陸上競技場(晴)

(主)長峯滉希 (副)塚田智宏, 道山悟至

帝京長岡 1(1-0 / 0-0)0 仙台育英
(新潟県) (宮城県)

得	S	学	選手	背	位置	背	選手	学	S	得
0	0	③	猪越	1	GK	1	佐藤(文)	③	0	0
0	0	③	吉田(勇)	3	DF	2	角田	③	0	0
0	0	③	吉田(晴)	4		20	(内山)	②	0	0
0	0	③	丸山	5		3	小林	❸	0	0
						5	川原	③	0	0
						6	杉本	③	0	0
0	1	②	酒匂	2	MF	7	島野	①	0	0
0	0	②	川上	6		8	渡邊	②	0	0
0	2	③	田中	7		11	豊倉	②	0	0
0	2	③	本田	9		16	(明石)	①	2	0
1	2	❸	谷内田	14		18	(佐藤(嵐))	③	0	0
						29	斉藤	②	2	0
						4	(中山)	③	0	0
0	3	③	晴山	10	FW	13	吉田	③	0	0
0	2	③	矢尾板	11		15	佐藤	③	0	0
						10	(山口)	③	0	0

1	13		6	GK	12		4	0
			6	CK	3			
			8	FK	13			
			0	PK	0			

【得点経過】
前半 1分〔帝〕晴山〜→谷内田S
▼警告
〔帝〕酒匂, 丸山
〔仙〕中山

■前半1分のゴールが決勝点に

開始早々、試合は動く。キックオフ直後に得た左サイド高い位置でのスローインを、ペナルティエリア内で受けたFW晴山が素早いターンから低い弾道のクロスを送るとフリーで走り込んだMF谷内田が落ち着いて右足でゴールに流し込み先制。反撃に出たい仙台育英は、全体的にプレスの位置を高めに設定し、奪ったボールを早めに相手の背後のスペースに送り込む。前半14分にはハーフウェイライン付近で獲得したFKでMF斉藤が背後に抜け出しシュートを放つが、帝京長岡GK猪越が左足でブロック。後半、仙台育英は狙い通り高い位置からのプレスが機能し、ショートカウンターでゴールに迫るが、決定的なシュートの場面まで持ち込めない。帝京長岡もMF本田、谷内田、晴山の高いテクニックやショートパスを中心に追加点を狙いにいくが、こちらも決定機を作れない。その後も仙台育英は選手交代で得点を奪いにいくが帝京長岡のDFも集中を切らさず、ゴールを守り勝利を収めた。

戦評 田之畑宗孝(川和高校)

準々決勝戦　1月5日(日)　駒沢陸上競技場（晴）

(主) 宇治原拓也　(副) 舟橋崇正、友政利貴

徳島市立 0 (0-3 / 0-1) 4 静岡学園
（徳島県）★　（静岡県）

得	S	学	背	名前	位置	背	名前	学	S	得
0	0	③	1	中川	GK	17	野知	②	0	0
						1	(北口)	③	0	0
0	0	③	3	土田	DF	3	阿部	❸	1	1
0	0	③	14	(二宮)		4	田邉	②	1	0
0	0	③	4	川人		5	中谷	③	0	0
0	0	③	5	田内		15	西谷	③	0	0
0	0	②	12	三倉						
0	0	③	8	平	MF	8	浅倉	③	1	0
0	0	❸	10	阿部		10	松村	③	0	0
0	1	③	15	野口		14	小山	③	3	0
0	0	②	6	(中田)		13	(清水)	①	0	0
0	0	③	16	佐野		16	井堀	③	0	0
0	0	②		(前田)		28	(関根)	②	0	0
						18	藤田	③	1	0
						11	(渡辺)	②	0	0
0	1	③	11	木村	FW	12	岩本	③	6	3
0	0	③	18	(横野)						
0	0	②	13	石井						
0	0	②	26	(前川)						

0	2	14	GK	6		13	4
		2	CK	7			
		7	FK	8			
		0	PK	0			

【得点経過】
前半16分〔静〕CK井堀→阿部HS
〃22分〔静〕FK井堀→岩本HS
〃40分〔静〕松村〜→岩本HS
後半30分〔静〕西谷〜→(こぼれ球)岩本S

■静岡学園、セットプレーで徳島市立を攻略

守備を固める徳島市立に対し、静岡学園はFW岩本の素早い動き出しやMF松村、小山のドリブルを中心にチャンスを作ろうと試みる。粘り強い徳島市立の守備に、決定的なチャンスを作れなかった静岡学園だったが、セットプレーから2得点。2点を追いかける徳島市立は積極的にボールを奪おうと試みるが、一人ひとりの技術が高い静岡学園は簡単にボールを失わない。前半終了間際にも1点を追加した静岡学園が3点をリードして前半を終える。後半に入っても前半と大きくやり方を変えない徳島市立。FW石井をターゲットにシンプルにゴールを目指し、MF平が積極的なドリブルでチャンスを作る。さらにDF三倉のロングスローでゴールに迫るが得点には至らない。対する静岡学園は前半よりもスペースを得た松村が圧倒的な個人技で再三チャンスを作る。後半にも1点を追加した静岡学園が、爆発的な攻撃力で準決勝に進出した。

戦評　岩永雄太（武蔵高校）

準々決勝戦　1月5日(日)　駒沢陸上競技場（晴）

(主) 田中玲匡　(副) 松本瑛右、鶴岡泰樹

矢板中央 2 (2-0 / 0-0) 0 四日市中央工
（栃木県）　（三重県）

得	S	学	背	名前	位置	背	名前	学	S	得
0	0	①	12	藤井	GK	1	有留	③	0	0
0	0	②	2	坂本	DF	2	土江	③	1	0
0	0	③	3	矢野		5	鐘ヶ江	③	0	0
0	0	❸	4	長江		6	永崎	③	0	0
0	0	③	5	加藤						
0	0	②	6	鵤見	MF	8	本合	③	1	0
0	3	③	8	柿崎		3	(大道)	③	0	0
0	1	③	9	左合		10	森	❸	4	0
0	0	③	16	在間		11	和田	③	0	0
						14	角田	②	0	0
						16	宮木	②	1	0
						19	(匂坂)	②	0	0
						23	(服部)	③	0	0
2	2	②	11	多田	FW	9	井上	③	0	0
0	0	①	24	(星)		7	(浅野)	③	0	0
0	2	③	21	西村		17	田口	③	1	0
0	0	③	10	(久永)						

2	8	20	GK	7		8	0
		2	CK	2			
		4	FK	10			
		0	PK	0			

【得点経過】
前半12分〔矢〕柿崎→多田S
〃20分〔矢〕(カット)多田〜S
▼警告
〔矢〕矢野

■矢板中央、組織的守備で完封勝利

前半12分、矢板中央はサイドチェンジからMF柿崎のクロスにFW多田が合わせ先制する。20分には、相手DFからボールを奪った多田がそのまま持ち込み追加点。中盤以降、矢板中央はブロックを形成し、四日市中央工がボールを保持するものの中に入り込めない展開が続き前半を終える。後半、風上に立った四日市中央工は相手陣内へ押し込む時間が増える。両SBのDF土江、永崎が積極的にオーバーラップを仕掛けクロスを上げるが、矢板中央の堅い守備を崩せない。四日市中央工は、選手交代で攻撃の活性化を図る。ボランチへポジションを変えたMF角田を起点に、前線へ上げたMF森や途中出場のFW服部がペナルティエリアへの侵入を試みるが、矢板中央は時には11人がペナルティエリアに入る全員守備で決定機を作らせない。最後まで組織的な守備で粘り強く守り抜いた矢板中央が、埼玉スタジアム2○○2での準決勝へ進んだ。

戦評　安田直人（福生高校）

準決勝戦　1月11日(土)　埼玉スタジアム2○○2（曇のち晴）

(主) 花川雄一　(副) 高寺恒如、藤澤達也

青森山田 2 (1-0 / 1-1) 1 帝京長岡
（青森県）　（新潟県）

得	S	学	背	名前	位置	背	名前	学	S	得
0	0	③	1	佐藤	GK	1	猪越	③	0	0
0	0	②	2	内田	DF	2	酒匂	②	2	0
0	0	③	3	神田		3	吉田(勇)	③	1	0
0	0	③	4	箱崎			(青山)	③	0	0
0	0	②	5	藤原		4	吉田(晴)	③	0	0
						5	丸山	③	0	0
0	0	③	6	古宿	MF	6	川上	②	1	0
1	3	①	7	松木		25	(中村)	①	0	0
0	0		16	(那俄性)		7	田中	③	1	0
0	1	③	8	浦川		9	本田	③	2	0
0	1	❸	10	武田		14	谷内田	❸	3	0
0	0	③	14	(金)		12	(江上)	③	0	0
0	0	③	12	後藤						
0	0		13	(得能)						
1	1	③	9	田中	FW	10	晴山	③	4	0
0	0	③	15	(安斎)		11	矢尾板	③	1	0
						24	(鈴木)	③	0	0

2	6	16	GK	7		17	1
		2	CK	10			
		11	FK	12			
		0	PK	0			

【得点経過】
前半16分〔青〕古宿→内田→田中HS
後半2分〔青〕古宿→(相手FP)(こぼれ球)松木S
〃32分〔帝〕田中〜S

■高い決定力でリードを奪った青森山田

帝京長岡は高いスキルを持つMF川上、谷内田、田中を中心に中央でボールを保持しながら左MF本田にボールを散らしてワイドな攻撃に繋げ、決定的なシーンを作り出す。しかし前半16分、左サイドの背後をとったDF内田からのクロスをFW田中が難しい体勢からヘディングで決めて青森山田が先制。先制されながらも帝京長岡は後方から丁寧にボールを繋げ、鋭い縦パスを入れてシュートシーンを作り出す。後半開始早々、ペナルティエリアに侵入された青森山田だったが、DF藤原がボールを奪取するとカウンター。右サイドでタメを作ったMF武田を追い越したMF古宿からのクロスにMF松木が詰めてリードを広げる。しかし32分、帝京長岡の田中が中央で見事なドリブルでペナルティエリアに侵入し、シュートを決めて1点を返す。終盤、青森山田はDFラインを6枚にして、攻撃はカウンターに絞り、最後まで帝京長岡の攻撃を防ぎ切った。

戦評　横山晃一（南稜高校）

準決勝戦　1月11日（土）埼玉スタジアム2○○2（晴）

（主）上原直人　（副）塚田智宏, 坂本晋悟

静岡学園 1（0-0 / 1-0）0 矢板中央
（静岡県）　　　（栃木県）★

得	S	学	名	背		背	名	学	S	得
0	0	②	野知	17	GK	12	藤井	①	0	0
0	2	❸	阿部	3	DF	2	坂本	②	0	0
0	1	②	田邉	4		3	矢野	③	0	0
0	1	③	中谷	5		4	長江	❸	0	0
0	1	③	西谷	15		5	加藤	③	0	0
0	1	③	(岩野)	22						
0	1	③	浅倉	8	MF	6	靍見	③	0	0
1	6	③	松村	10		8	柿崎	③	0	0
0	5	③	小山	14		9	左合	③	0	0
0	2	③	井堀	16		15	(宮野)	③	1	0
0	1	③	藤田	18		16	在間	③	0	0
			(草柳)	19		7	(新倉)	②	0	
0	0	③	岩本	12	FW	11	多田	②	0	0
0	3		(加納)	9		21	西村	③	0	0
						10	(久永)	③	1	0
1	24			3	GK 20				2	0
				12	CK 3					
				6	FK 5					
				1	PK 0					

【得点経過】
後半45+4分〔静〕PK松村S

■攻め続けた静岡学園，終了直前に決勝点

立ち上がりから静岡学園がゲームの主導権を握る。丁寧なパス回しでボールを保持しながら相手陣地内に侵入し，サイドを起点にゴールを目指す。対する矢板中央は3ラインをコンパクトにし，バランスを保ちながら組織的な守備を構築。チームとして守備の意識が高く，両CB矢野，長江を中心に粘り強くゴールを守る。攻撃から守備の切り替えが早く，人数を掛けた厚みのある守備で相手の攻撃に対応する。終始ボールを保持し攻め続けた静岡学園であったが，矢板中央の堅守にゴールを奪えず前半が終了。後半も前半と同様の展開。静岡学園はFW岩本に代えFW加納を投入。さらにシステムを1-4-3-3に変更し攻撃に変化を加えようと試みる。一方，矢板中央も交代選手を投入し，運動量を維持したまま攻守においてアグレッシブに戦い続ける。幾度となくゴールに迫るものの得点できない静岡学園であったが，後半終了間際にMF松村の仕掛けからPKを獲得。そのPKを自ら冷静に決め試合が終了した。

戦評　山下暁之（朝霞西高校）

決勝戦　1月13日（月）埼玉スタジアム2○○2（晴）

（主）笠原寛貴　（副）武部陽介, 渡辺康太

青森山田 2（2-1 / 0-2）3 静岡学園
（青森県）　　　（静岡県）★

得	S	学	名	背		背	名	学	S	得
0	0	③	佐藤	1	GK	17	野知	②	0	0
0	0	②	内田	2	DF	3	阿部	❸	0	0
0	0	③	(鈴木)	19		4	田邉	②	0	0
0	0	③	神田	3		5	中谷	③	2	2
0	2	③	箱﨑	4		15	西谷	③	0	0
1	1	②	藤原							
0	0	③	古宿		MF	8	浅倉	③	0	0
0	1	①	松木			10	松村	③	0	0
0	0		(金)	14		14	小山	③	2	0
0	1	③	浦川			16	井堀	③	0	0
0	0		(得能)	13		18	藤田	③	0	0
1	2	❸	武田	10		19	(草柳)	③	1	0
0	0	③	後藤	11						
0	1	②	(安斎)	15						
0	0	③	田中		FW	9	加納	②	2	1
2	8			7	GK 5				10	3
				10	CK 4					
				10	FK 14					
				1	PK 0					

【得点経過】
前半11分〔青〕FK古宿→藤原HS
〃 33分〔青〕PK武田S
〃 45+2分〔静〕FK井堀→（相手FP）（クリア）西谷→（相手FP）（こぼれ球）中谷S
後半16分〔静〕草柳～→加納S
〃 40分〔静〕FK井堀→中谷HS

■2点差から逆転した静岡学園が栄冠

青森山田は前半11分，FKからDF藤原がヘディングで先制点を決める。失点後，静岡学園はドリブルとコンビネーションでゴール前への侵入を試みる。しかし33分，青森山田は前線でボールを奪い裏に抜け出して倒されたMF武田がPKを獲得。自ら決めて追加点を挙げる。得点を奪いたい静岡学園は，ポゼッションから相手陣内に押し込み，アディショナルタイムにFKのこぼれ球をDF中谷が蹴り込み1点差とした。後半，選手交代により配置を変えた静岡学園はトップ下に入ったMF小山，ボランチに下がったMF浅倉，井堀を中心としたドリブルとパスワークで主導権を握る。再三サイドからの突破でチャンスを作り出し，16分，MF草柳がドリブルでサイドから切れ込み，FW加納がターンからのシュートを決め同点に。流れに乗った静岡学園はFKから中谷がヘディングを決め遂に逆転に成功する。追い込まれた青森山田は，FKやロングスローで何度もゴール前に迫るが，静岡学園は最後まで個々の高いテクニックでボールを保持し続け1点差のゲームを制した。

戦評　安田直人（福生高校）

全国高校選手権大会
【地区大会記録】

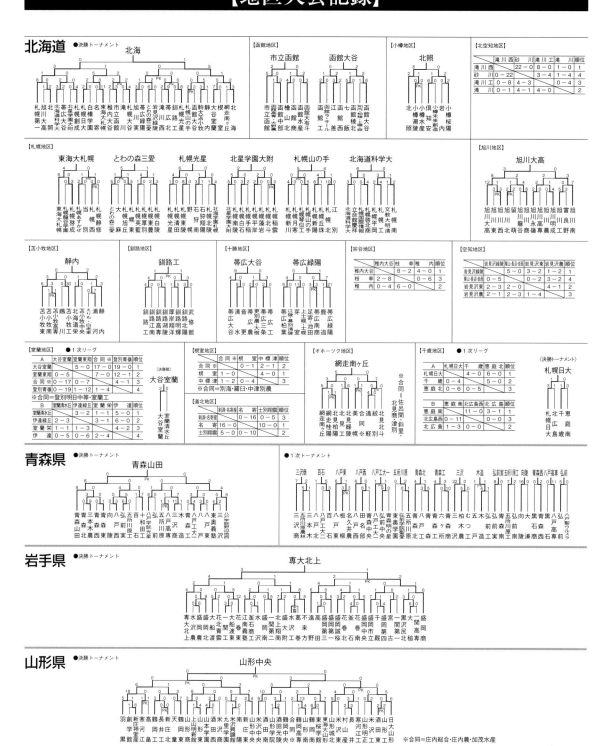

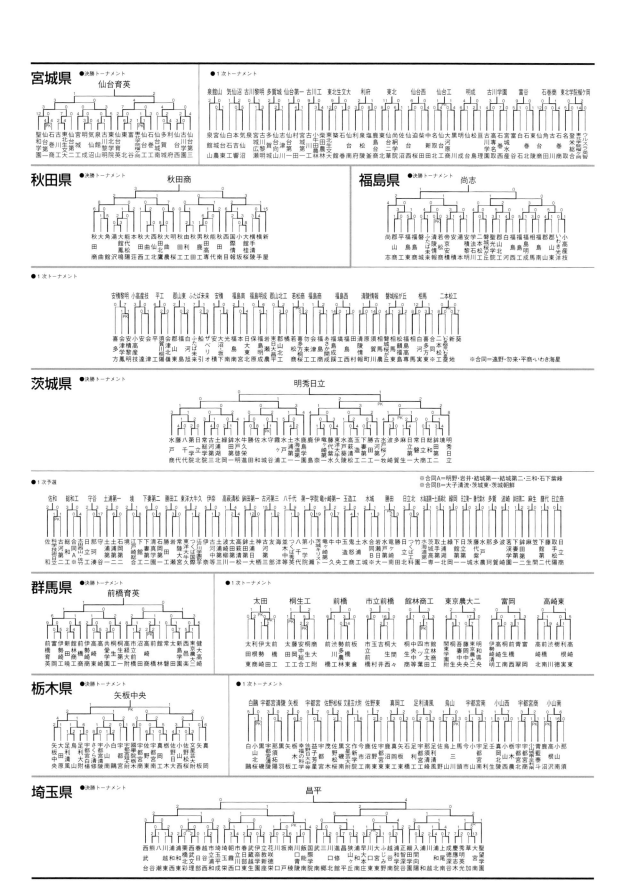

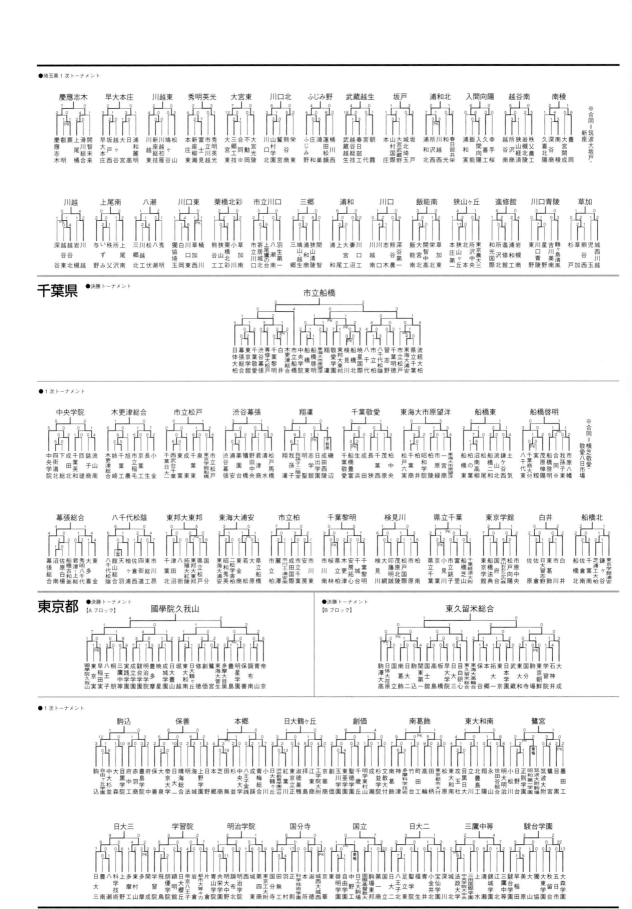

●埼玉県1次トーナメント

慶應志木　早大本庄　川越東　秀明英光　大宮東　川口北　ふじみ野　武蔵越生　坂戸　浦和北　入間向陽　越谷南　南稜

川越　上尾南　八潮　川口東　栗橋北彩　市立川口　三郷　浦和　川口　飯能南　狭山ヶ丘　進修館　川口青陵　草加

※合同＝新座・筑波大坂戸・

千葉県

●決勝トーナメント

市立船橋

●1次トーナメント

中央学院　木更津総合　市立松戸　渋谷幕張　翔凜　千葉敬愛　東海大市原望洋　船橋東　船橋啓明

※合同＝横芝敬愛・敬愛八日市場

幕張総合　八千代松陰　東邦大東邦　東海大浦安　市立柏　千葉黎明　検見川　県立千葉　東京学館　白井　船橋北

東京都

●決勝トーナメント　【Aブロック】

國學院久我山

●決勝トーナメント　【Bブロック】

東久留米総合

●1次トーナメント

駒込　保善　本郷　日大鶴ヶ丘　創価　南葛飾　東大和南　鷺宮

日大三　学習院　明治学院　国分寺　国立　日大二　三鷹中等　駿台学園

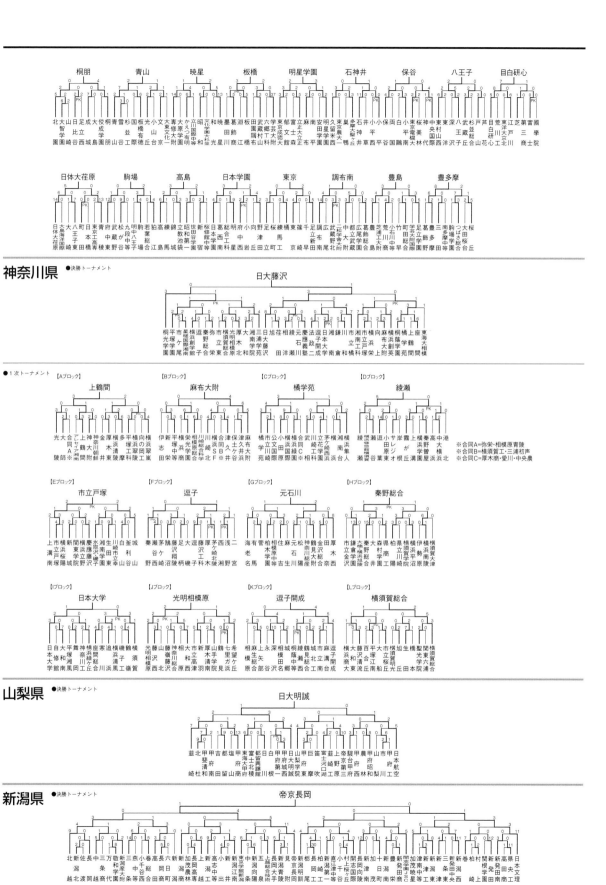

桐朋　青山　暁星　板橋　明星学園　石神井　保谷　八王子　目白研心

日本大荏原　駒場　高島　日本学園　東京　調布南　豊島　豊多摩

神奈川県　●決勝トーナメント

日大藤沢

●1次トーナメント

[Aブロック] 上鶴間

[Bブロック] 麻布大附

[Cブロック] 橘学苑

[Dブロック] 綾瀬

※合同A＝弥栄・相模原青陵
※合同B＝横須賀工・三浦初声
※合同C＝厚木商・愛川・中央農

[Eブロック] 市立戸塚

[Fブロック] 逗子

[Gブロック] 元石川

[Hブロック] 秦野総合

[Iブロック] 日本大学

[Jブロック] 光明相模原

[Kブロック] 逗子開成

[Lブロック] 横須賀総合

山梨県　●決勝トーナメント

日大明誠

新潟県　●決勝トーナメント

帝京長岡

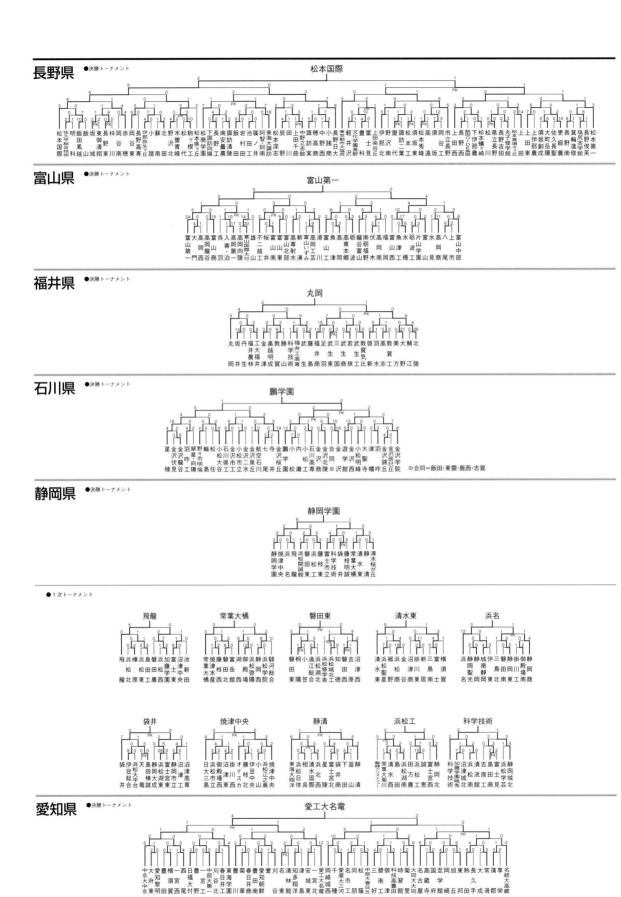

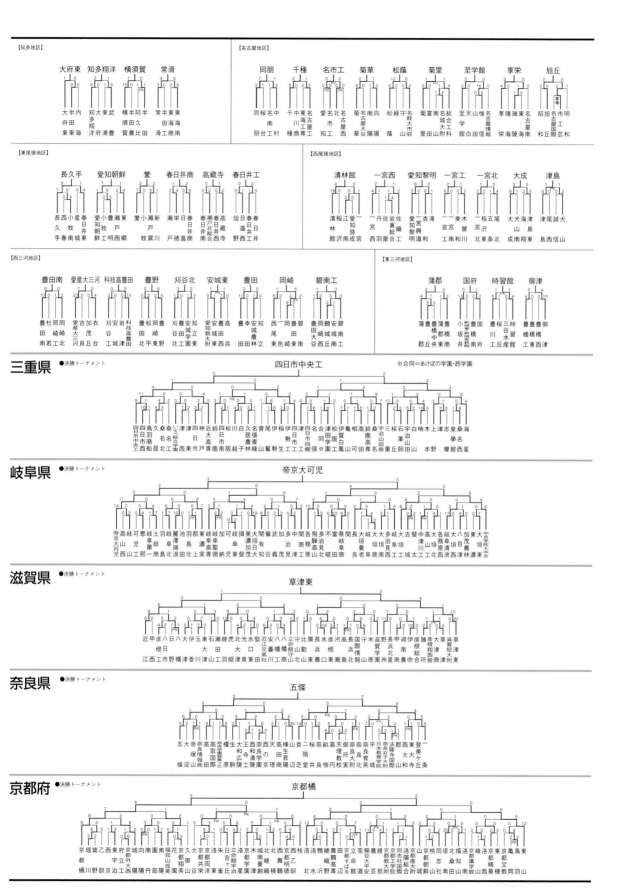

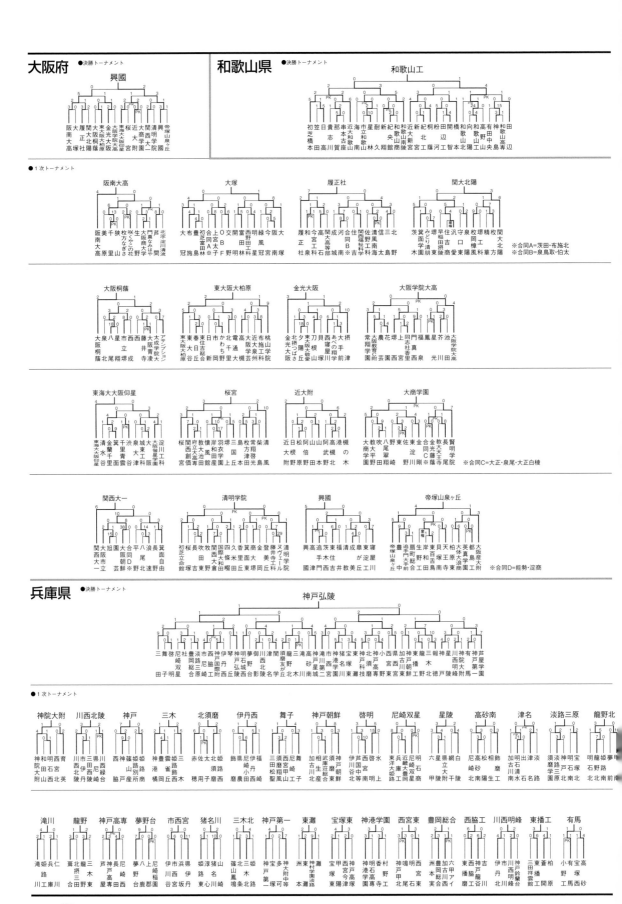

大阪府　●決勝トーナメント

和歌山県　●決勝トーナメント

●1次トーナメント

兵庫県　●決勝トーナメント

●1次トーナメント

鳥取県 ●決勝トーナメント

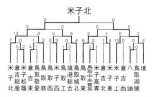

米子北

米子吉北産 / 倉吉総合 / 米子松蔭 / 倉吉東 / 鳥取敬愛 / 鳥取商 / 米子西 / 境港総合 / 鳥取工 / 鳥取城北 / 米子高専 / 米子中央 / 倉吉農 / 米子北斗 / 八頭 / 鳥取工 / 境港西 / 湖陵

島根県 ●決勝トーナメント

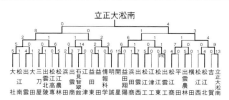

立正大淞南

大社 / 松江工 / 出雲 / 三刀屋 / 出雲北陵 / 松江農 / 浜田翠 / 石見智翠館 / 江の川 / 益田翔陽 / 益田東 / 情報科学 / 明誠 / 開星 / 浜田商 / 松江西 / 江津工 / 出雲工 / 松江東 / 出雲商 / 松江北 / 平田 / 横田 / 松江農 / 松江西 / 吉賀 / 立正大淞南

岡山県 ●決勝トーナメント

岡山学芸館

作陽 / 倉敷翠松 / 水島工 / 岡山芳泉 / 倉敷古城池 / おかやま山陽 / 玉野光南 / 岡山学芸館 / 東岡山工 / 笠岡 / 明誠学院 / 創志学園 / 倉敷 / 岡山朝日 / 就実

●1次トーナメント

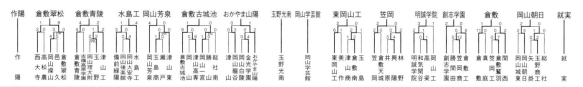

作陽 | 倉敷翠松 | 倉敷青陵 | 水島工 | 岡山芳泉 | 倉敷古城池 | おかやま山陽 | 玉野光南 | 岡山学芸館 | 東岡山工 | 笠岡 | 明誠学院 | 創志学園 | 倉敷 | 岡山朝日 | 就実

広島県 ●決勝トーナメント

広島皆実

広島皆実 / 三原東 / 広島翔洋 / 崇徳 / 沼田 / 広島国泰寺 / 広工大高 / 銀河学院 / 瀬戸内 / 福山誠之館 / 如水館

●1次トーナメント

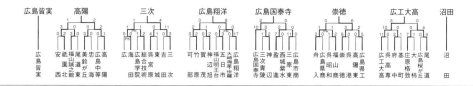

広島皆実 | 高陽 | 三次 | 広島翔洋 | 広島国泰寺 | 崇徳 | 広工大高 | 沼田

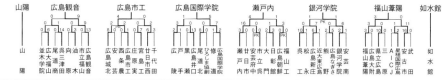

山陽 | 広島観音 | 広島市工 | 広島国際学院 | 瀬戸内 | 銀河学院 | 福山葦陽 | 如水館

山口県 ●決勝トーナメント

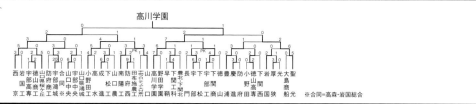

高川学園

西京 / 岩国工 / 宇部商 / 徳山商工 / 山口県央 / 宇部鴻城 / 山口中央 / 小野田工 / 成進 / 下松 / 山口農 / 防府西 / 田布施農工 / 高川学園 / 宇部フロンティア / 山口 / 高水 / 早鞆 / 下関北 / 下関中央 / 下関工科 / 豊浦 / 慶進 / 防府 / 小野田 / 徳山 / 岩国 / 厚狭 / 光 / 大島商船

※合同＝高森・岩国総合

99

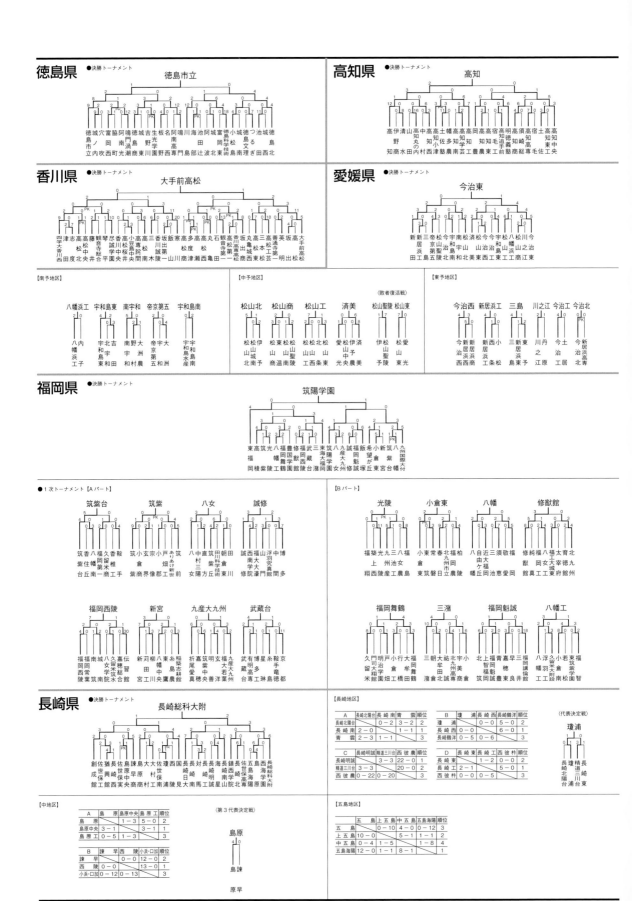

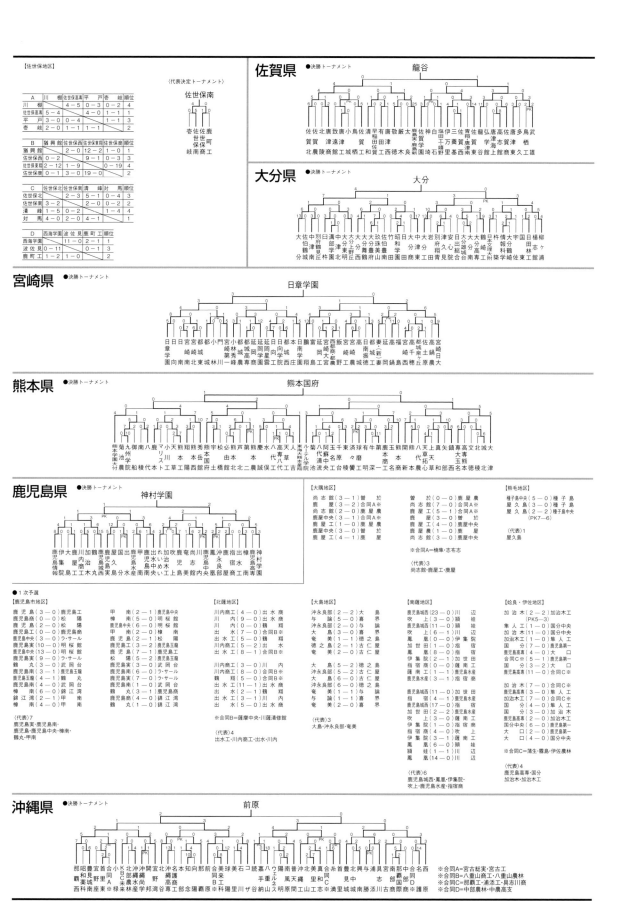

回数	1	2	3	4	5	6	7	8	9	10	11	12	13	14
年	大正7年	8年	9年	10年	11年	12年	13年	14年	15年	昭和3年	4年	5年	6年	7年
優勝校	御影師1	御影師2	御影師3	御影師4	御影師5	御影師6	御影師7	神戸一中1	御影師8	平壤崇実1	御影師9	神戸一中2	御影師10	御影師11
準優勝	明星商1	明星商2	姫路師1	姫路師2	神戸一中1	姫路師3	京都師1	御影師1	広島一中1	広島一中2	平壤高1	広島師1	広島一中3	愛知一師1
三位	神戸一中1 姫路師1	姫路師2 奈良師1	神戸一中2 関学高1	明星商1 関学高2	京都師1 関学高3	神戸一中3 関学高4	神戸商1 桃山中1	京都師2 神戸一中4	京都師3 暁星中1	高師附中1 都島工1	青山師1 明星商1	市岡中1 高師附中2	青山師2 堺中1	京都師4 広島一中1
参加校	8校	10	12	14	18	18	18	22	8	8	8	9	9	12
北海道										函館商	函館師1	函館工1		
青森														
岩手														
秋田														
山形														
宮城													宮城師1	
福島														
東京									暁星中1	高師附中1	青山師1	高師附中2	青山師2	青山師3
千葉														
茨城														
群馬														
栃木														
埼玉														埼玉師1
神奈川														関東学院
山梨								生野中1						
静岡								泉尾工1						
愛知					関大1	関大2	高津中1	高津中2	愛知一師1		愛知一師2	愛知一師3	愛知一師4	愛知一師5
岐阜					桃山中1	桃山中2	桃山中3	桃山中4		岐阜中1				
三重					大阪工1	大阪工2	大阪工3	大阪工4						
新潟					天王寺師1	天王寺師2	天王寺師3	天王寺師4						
長野				市岡中1	市岡中2	市岡中3	市岡中4							
富山				池田師1	池田師2	池田師3	池田師(棄)	池田師4	神通中1	富山師1	富山師2	富山師3	富山師4	富山師5
福井				岸和田中1	岸和田中2	岸和田中3	岸和田中4	岸和田中5						
石川	堺中1		堺中(棄)	堺中3	堺中4	堺中5	堺中6	今宮中(棄)						
大阪	明星商1	明星商2	明星商3	明星商4	明星商5	明星商6	明星商7	明星商8	桃山中5	都島工1	明星商9	市岡中6	堺中7	堺中8
和歌山			和歌山中1	和歌山中(棄)	海草中1			海草中1						
奈良	奈良師1	奈良師2	奈良師3	奈良師4	奈良師5	奈良師6	奈良師7	奈良師8						
滋賀				八幡商1			滋賀師1	滋賀師(棄)			滋賀師2			
京都	京都師1	京都師2	京都師(棄)	京都師3	京都師4	京都二商1	京都師6	京都師7	京都師8	京都師9		京都師10	京都師11	京都師12
兵庫	御影師1	御影師2	御影師3	御影師4	御影師5	御影師6	御影師7	御影師8	御影師9	御影師10	御影師11	神戸一中9	御影師12	御影師13
岡山	神戸一中1	神戸一中2	神戸一中3	神戸一中4	神戸一中5	神戸一中6	神戸一中7	神戸一中8						
鳥取	姫路師1	姫路師2	姫路師3	姫路師4	姫路師5	姫路師6	姫路師7	姫路師8						
島根	関学高1	関学高2	関学高3	関学高4	関学高5	関学高6	姫路師7	神戸商						
山口		神戸高商(棄)	神戸二中1		甲陽中1	甲陽中2	神戸商	甲陽中						
広島			神戸二中1		神戸二中2	神戸二中3	甲陽中1	神戸二中4	広島一中1	広島一中2	広島一中3	広島師1	広島一中4	広島一中5
愛媛				関学中1	関学中2	関学中3	神戸二中	関学中4						
香川														
高知														
徳島														
福岡														
大分														
長崎													長崎師1	
佐賀														
熊本												熊本二師1	熊本二師2	
宮崎														
鹿児島														
沖縄														
朝鮮									培材高1	平壤崇実1	平壤高1			
台湾														

校名変更および備考：

- 第1回から第8回までは主催で「大阪毎日新聞社」の「日本フットボール大会」があり、会場も別に、豊中、西宮を中心に、東京、名古屋大会があった。関西中心、1月開催。
- 2月に開催
- 会場は宝塚
- 中等学校と高専を分離。会場は甲子園球場、1月開催
- 昭和2年の大会は諒闇（大正天皇崩御）のため中止。「全国中等学校蹴球大会」として予選制度の全国大会になる
- 会場は南甲子園

15	16	17	18	19	20	21	22	26	27	28	29	30	31	32
8年	9年	10年	11年	12年	13年	14年	15年	22年	24年	25年	26年	27年	28年	29年
神戸一中3	岐阜師1	神戸一中4	広島一中1	埼玉師1	神戸一中2	広島一中2	普成中1	広島高師附中1	鯉城3	池田1	宇都宮1	浦和1	修道1	東千田2
青山師1	明星商1	天王寺師1	韮崎中1	神戸一中1	滋賀師1	聖峰中1	神戸三中1	尼崎中1	上野北1	小田原1	宇都宮1	三国丘1	韮崎1	岸和田1
愛知一師6	御影師1	刈谷中1	海星中1	明星商1	崇仁商1	札幌師1	明星商1	甲府中1	池田1	刈谷1	岸和田1	長田1	上野1	宇都宮工1
京都師1	京都師6	富山師1	埼玉師1	広島一中1	広島一中1	湘南中1	滋賀師1	水戸工1	山田1	山口東1	高知農1	真岡1	刈谷3	
12	12	12	14	13	16	16	16	16	16	16	16	16	16	16
函館師2	函館師3	函館師4	函館師5	函館師6	函館師7	札幌師1	函館師8	函館市中1	函館商(棄)	函館2	函館	札幌西1	北海1	美唄工1
			盛岡中1								盛岡2			
													秋田商	秋田商1
										鶴岡工1				
宮城師2	宮城師3	宮城師4	仙台二中1		東北学院1	東北学院1	仙台二中2	仙台一中1	仙台育英1	仙台一2				
青山師4	青山師5	高師附中3	府八中1 現小山台	豊島師1	豊島師1	青山師6	青山師7	都五中1 現小石川中等教育	大泉1	都九高1 現北園		大泉2	豊多摩1	青山学院1
								水戸工1						
								宇都宮1	宇都宮2	宇都宮	真岡1	真岡2		宇都宮工1
埼玉師2	埼玉師3		埼玉師4	埼玉師5	埼玉師6	埼玉師7	浦和中1		浦和2		浦和3	浦和西1		
		湘南中1				湘南中2	湘南中3	小田原中1		小田原2				小田原3
		韮崎中1	韮崎中2		韮崎中3			甲府中1	韮崎4	日川1		韮崎5	韮崎6	韮崎7
愛知一師6		刈谷中1	愛知一師7	愛知商1	愛知商2	刈谷中2	刈谷中3		刈谷	刈谷5	刈谷6	刈谷7		刈谷8
	岐阜師1		岐阜師2						岐阜	長良				
								上野北1	上野2	上野3	上野4	上野5	上野6	上野商工1
富山師6	富山師7	富山師8	富山師9	富山師10	富山師11	富山師12	富山師13	富山中1	富山南部1	富山中部1				富山商1
										金沢泉丘1	金沢高師附1	金沢大附2		
天王寺師5	明星商10	天王寺師6	堺中9	明星商11	明星商12	明星商13	明星商14	明星中15	池田	池田2	岸和田6	三国丘10	明星16	岸和田7
												桐蔭2		桐蔭1
		滋賀師3		滋賀師4	滋賀師5									
京都師13	京都師14	京都師15	京都師16			聖峰中1		京都二中1	堀川1	堀川2	西京1		西京2	
神戸一中10	御影師14	神戸一中11	関学中5	神戸一中12	神戸一中13	神戸一中14	神戸三中1	尼崎中1	兵庫6	長田1	神戸15	長田3	兵庫7	神戸16
								岡山一中1	勝山1		関西1	岡山朝日1	岡山朝日2	関西2
									山口東1			山口2		
修道中1	広島一中6	広島一中7	広島一中8	広島一中9	広島一中10	広島一中11	修道中2	広島高師附中1	鯉城12	修道	国泰寺13		修道4	東千田1
松山中1							愛媛師1	松山中2						宇和島東1
		香川師1	高松中1	高松商1		高松中2								
					高知商1					高知農1		高知農2		
	徳島商1													
			嘉穂中1						富岡一1	富岡西1		富岡西3		
								山田1	山田					
	長崎師2	長崎師3	海星中1		海星中2	瓊浦中1	長崎師4							島原1
熊本師1		熊本師		熊本師	熊本商1			済々黌1	済々黌2			熊本工1	熊本工2	
					鹿児島商1					鶴丸1	鶴丸2			
					崇仁商1	培材中(棄)	普成中1							
					台北一中1	台北一中1	長栄中1							

備考（各欄の注記）

- （8年欄）大日本蹴球協会主催となる〈関東大会〉を廃止して一本化
- （9年欄）8月に全国中学招待大会を開催（神戸一中が優勝）
- （10年欄）8月に開催（第22回大会を開催）
- （11年欄）8月に開催（第22回まで）
- （22年欄）第23・24回大会が戦争のため中止、別に神宮大会などが行われた
- （24年欄）21年8月に関西のみの招待大会が第25回として行われた
- （25年欄）会場は西宮、12月開催、明星中が優勝。学制改革により第27回より『全国高等学校選手権大会』となる（神戸一中が）1月開催
- （26年欄）鯉城↑神戸一中、上野↑上野北、神通中↑神戸三中、富山中↑富山二、富山中部、広島一中↑広島高師附中、函館市中、国泰寺
- （27年欄）桐蔭↑和歌山中、堺中、岡山朝日↑岡山一中、山口↑山口東
- （28年欄）金沢大附↑金沢高師附
- （29年欄）決勝戦引き分け、東千田↑広島高師附中

回数	33	34	35	36	37	38	39	40	41	42	43	44	(45)	(46)
年	30年	31年	32年	33年	34年	35年	36年	37年	38年	39年	40年	41年	41年度	42年度
優勝校	浦和$_2$	浦和$_3$	浦和西$_1$	秋田商$_1$	山城$_1$	浦和市立$_1$	浦和市立$_2$	修道$_1$	藤枝東$_1$	藤枝東$_2$	浦和市立$_3$	明星/習志野	秋田商$_2$/藤枝東$_3$	洛北$_1$/山陽$_1$
準優勝	刈谷$_1$	秋田商$_1$	日立一$_1$	刈谷$_2$	広大附$_1$	明星$_4$	遠野$_1$	山城$_2$	浦和市立$_4$	明星$_5$	宇都宮学園$_1$	新島学園$_1$	浦和市立$_5$	習志野$_1$
三位(四位)	朝鮮中$_1$/熊本工$_1$	韮崎$_1$/宇都宮工$_2$	仙台育英$_1$/藤枝東$_1$	浦和西$_2$/明星$_5$	教大附$_1$/明星$_6$	神戸$_5$/藤枝東$_2$	藤枝東$_3$/秋田商$_3$	宮城工$_1$/関学$_1$	明星$_7$/広大附$_2$	豊田西$_1$/浦和市立$_5$	仙台育英$_2$/鎌倉学園$_1$	新島学園/京都商	浦和市立/神戸$_6$	習志野/韮崎
参加校	20	20	25	25	26	26	26	32	32	32	32	32	16	16
北海道	北海$_2$	函館東$_1$	美唄工$_1$	北海$_3$	美唄工$_2$/室蘭工$_1$	岩見沢東$_1$/北海$_4$	美唄工$_3$/北海$_5$	室蘭商$_1$/美唄工$_4$	函館有斗$_1$/岩見沢東$_2$	釧路江南$_1$/函館商$_1$	函館東$_2$/釧路商$_1$	函館工$_1$		斜里$_1$
青森								五戸$_1$				十和田工$_1$		五戸$_2$
岩手			遠野$_1$	遠野$_2$	遠野$_3$	遠野$_4$	遠野$_5$	遠野$_6$	盛岡商$_1$	釜石南$_1$				
秋田	秋田商$_3$	秋田商$_4$	秋田商$_5$	秋田商$_6$	秋田商$_7$	船川水産$_1$	秋田商$_8$	秋田商$_9$	秋田商$_{10}$	西目農$_1$	秋田商$_{11}$	西目農$_2$	秋田商$_{12}$	秋田商$_{13}$
山形														
宮城	仙台育英$_2$	仙台一$_3$	仙台育英$_3$	仙台育英$_4$	宮城県工$_1$	仙台育英$_5$	仙台育英$_6$	宮城県工$_2$	宮城県工$_3$	宮城県工$_4$	仙台育英$_7$	仙台育英$_8$		仙台育英$_9$
福島														
東京	朝鮮人$_1$	青山学院$_2$	私城北$_1$	暁星$_2$	教大附$_4$	私城北$_3$	帝京$_1$	早大学院$_1$	私城北$_3$	帝京$_2$	帝京$_3$	帝京$_4$		帝京$_5$
千葉									習志野$_1$	習志野$_2$		習志野$_3$		習志野$_4$
茨城			日立一$_1$	日立工$_1$	日立工$_2$	日立工$_3$	日立一$_4$	日立一$_5$			日立一$_6$			
群馬					館林$_1$		館林$_2$		館林$_3$			新島学園$_1$		
栃木	宇都宮工$_2$	宇都宮工$_3$	喜連川$_1$	喜連川$_2$	宇都宮工$_4$		宇都宮工$_5$		宇都宮学園$_1$	宇都宮学園$_2$				
埼玉	浦和$_4$	浦和$_5$	浦和西$_3$	浦和西$_4$	浦和$_6$	浦和市立$_1$	浦和市立$_2$	浦和市立$_3$	浦和市立$_4$	浦和市立$_6$	川口工$_1$	浦和南$_1$	浦和南$_2$/浦和市立$_7$	浦和市立$_8$
神奈川			栄光学院$_1$		鎌倉学園$_1$	横浜商$_1$	湘南$_1$	小田原$_1$	栄光学園$_2$	鎌倉学園$_2$	湘南$_5$			
山梨	日川$_2$	韮崎$_8$		韮崎$_9$		日川$_3$		甲府工$_1$	韮崎$_{10}$	甲府工$_2$	甲府工$_3$	甲府商$_1$	甲府工$_4$	韮崎$_{11}$
静岡		藤枝東$_1$	藤枝東$_2$	藤枝東$_3$	藤枝東$_4$	藤枝東$_5$	藤枝東$_6$	藤枝東$_7$	藤枝東$_8$	藤枝東$_9$	藤枝東$_{10}$	藤枝北$_1$	藤枝東$_{11}$	
愛知	刈谷$_9$		刈谷$_{10}$	刈谷$_{11}$	熱田$_1$	熱田$_2$	豊田西$_1$	刈谷$_{12}$	刈谷$_{13}$	豊田西$_2$	豊田西$_3$	刈谷$_{14}$	刈谷$_{15}$	刈谷$_{16}$
岐阜								岐阜商$_1$	大垣工$_1$	大垣工$_2$	岐阜商$_2$	大垣工$_3$	大垣工$_4$	
三重	上野$_6$	上野$_7$	上野商工$_2$	上野商工$_3$	上野商工$_4$	上野商工$_5$	上野商工$_6$	上野商工$_7$	上野$_8$	上野$_9$	上野工$_8$	上野工$_9$		上野工$_{10}$
新潟											新潟明訓$_1$			
長野			松本深志$_1$	穂高$_1$	穂高$_2$	松本深志$_2$	穂高$_3$	松本県ヶ丘$_1$	松本県ヶ丘$_2$	松本県ヶ丘$_3$	松本深志$_3$	松本県ヶ丘$_4$		上田$_1$
富山	富山中部$_3$	富山中部$_4$	富山中部$_5$	富山中部$_6$	富山中部$_7$	富山北部$_1$	富山北部$_2$	富山商$_1$	高岡工芸$_1$	富山第一$_1$	富山第一$_2$			
福井					小浜水産$_1$									
石川														
大阪	三国丘$_{11}$	明星$_{17}$	三国丘$_{12}$	明星$_{18}$	明星$_{19}$	明星$_{20}$	明星$_{21}$	明星$_{22}$	明星$_{23}$	明星$_{24}$	明星$_{25}$	明星$_{26}$	明星$_{27}$	
和歌山	桐蔭$_4$	桐蔭$_5$	古座$_1$	星林$_1$	桐蔭$_6$	新宮$_1$	古座$_2$	串本$_1$	新宮$_2$	新宮$_3$	新宮$_4$	新宮商$_1$		
奈良														
滋賀		甲賀$_1$						甲賀$_2$	甲賀$_3$	甲賀$_4$	甲賀$_5$	甲賀$_6$		甲賀$_7$
京都	桂$_1$		山城$_1$	城南$_1$	山城$_2$	京都商$_1$	山城$_3$	山城$_4$	山城$_5$	山城$_6$	山城$_7$	京都商$_2$		洛北$_1$
兵庫	夢野台$_1$	芦屋$_1$	神戸$_{17}$	神戸$_{18}$	関西学院$_1$	神戸$_{19}$	兵庫工$_1$	関西学院$_2$	兵庫工$_2$	神戸$_{20}$	関西学院$_3$	鳴尾$_1$	神戸$_{21}$	
岡山	関西$_3$	関西$_4$	勝山$_1$	関西$_5$		岡山工$_1$	勝山$_2$	勝山$_3$	勝山$_4$	関西$_6$	津山工$_1$			
鳥取														
島根					大社$_1$	浜田$_1$								
山口						山口$_3$		多々良学園$_1$	山口$_4$	小野田工$_1$	多々良学園$_2$	小野田工$_2$		
広島	舟入$_1$	山陽$_1$	修道$_1$	舟入$_2$	広大附$_3$		広大附$_4$	修道$_2$	山陽$_2$	山陽$_3$	広島市商$_1$	広大附$_6$		山陽$_4$
愛媛	松山商$_1$	松山商$_2$	北宇和$_1$	宇和島東$_1$	宇和島東$_2$	松山商$_3$	南宇和$_1$	松山北$_1$	松山商$_5$	新居浜東$_1$	松山商$_6$			
香川										高松商$_2$				
高知				高知農$_1$				高知農$_4$	高知農$_5$	佐川$_1$		高知農$_6$		
徳島	富岡西$_4$	富岡西$_5$	徳島商$_1$		徳島商$_3$	徳島商$_4$	徳島商$_5$	徳島商$_6$	徳島商$_7$	徳島商$_8$	徳島商$_9$	徳島商$_{10}$	徳島商$_{11}$	徳島商$_{12}$
福岡												山田$_3$		
大分					中津東$_1$		中津東$_2$	中津南$_1$	中津南$_2$	中津南$_3$	中津南$_4$	大分工$_1$		中津工$_1$
長崎	島原$_1$	島原$_3$	島原商$_1$	島原商$_2$	島原商$_3$	島原商$_4$	島原商$_5$	島原商$_6$	島原商$_7$	島原商$_8$	島原商$_9$			
佐賀														
熊本	熊本工$_3$	熊本工$_4$			熊本商$_1$	八代$_1$	熊本工$_5$	熊本商$_2$	熊本商$_3$	熊本商$_4$	熊本工$_6$	熊本工$_7$		
宮崎		延岡向洋$_1$	延岡恒富$_1$	延岡向洋$_2$		延岡向洋$_3$	延岡向洋$_4$	延岡向洋$_5$	延岡向洋$_6$	延岡向洋$_7$				
鹿児島			鶴丸$_3$	鹿児島商$_1$								出水工$_1$		
沖縄														

校名変更および備考：

- 37（34年）：教大附←東千田中／広大附←高師附中／関西学院←関学中
- 42（40年）：大阪靭(うつぼ)公園が主会場になる
- 43（41年）：上野工←上野商工／大阪長居競技場が主会場になる
- 44（41年度）：中津商←中津東／決勝戦引き分け
- (45)：会場が西宮に戻る。毎日新聞社が主催から外れる。高校総体、国体以外の三位校は推薦で出場。三位決定戦が実施される。決勝戦引き分け
- (46)：決勝戦引き分け

(47) 43年度	(48) 44年度	(49) 45年度	(50) 46年度	(51) 47年度	(52) 48年度	(53) 49年度	(54) 50年度	(55) 51年度	(56) 52年度	(57) 53年度	(58) 54年度	59 55年度	60 56年度	61 57年度
初芝	浦和南	藤枝東4	習志野2	浦和市立4	北陽	帝京1	浦和南2	浦和南3	帝京	古河一1	帝京3	古河一2	武南	清水東1
山陽	初芝	浜名	壬生川工	藤枝東	藤枝東	清水東	静岡工	静岡学園	四日市中央工	室蘭大谷1	韮崎	清水東	韮崎4	韮崎5
広島工1	広島市商	浦和南1	帝京	関西大倉	相模大工附	児玉	愛知	八幡浜工	帝京3	八千代	水戸商	韮崎3	古河一1	帝京4
遠野	韮崎	初芝	清水市商	四日市中央工	四日市中央工	広島県工	浦和南	浦和南	本郷	愛知2	岡崎城西	清水市商		守山
16	16	16	24	24	28	28	29	31	31	32	32	32	48	32
函館有斗2	美唄工7	室蘭大谷1	室蘭大谷2	室蘭大谷3	室蘭大谷4	室蘭大谷6	室蘭大谷7	函館有斗3	室蘭大谷8	札幌光星1	室蘭大谷9	札幌光星2		室蘭大谷10
五戸3			五戸4	五戸5	五戸6	五戸7					五戸8			
遠野7	遠野8					遠野9	遠野10	遠野11	遠野12		遠野13	盛岡商	盛岡商	
秋田商14		秋田商15	秋田商16	秋田商17	秋田商18				西目農3	秋田商19	西目農5	秋田商20	秋田商21	
						日大山形	日大山形						日大山形	
		仙台育英10	仙台育英11	仙台育英12		仙台育英13	仙台育英14		仙台育英15	仙台育英16	仙台育英17		仙台向山	東北学院
	郡山商1			郡山商2			郡山商3					磐城		安積商
	帝京6	帝京7	帝京8	本郷1	帝京9	本郷2	帝京10	帝京11	本郷3	帝京12	帝京13	帝京14 / 帝京創1		帝京15
習志野5	習志野6	習志野7	習志野8			八千代1	習志野9	習志野10	八千代	八千代	八千代松陰	八千代		習志野11
				古河一1	水戸商		古河一2	日立一	古河一3	水戸商		古河一4	古河一5	水戸商3
		新島学園			前橋工	前橋工2					前橋工3		高崎	
	宇都宮工6		宇都宮学園3	宇都宮工7	宇都宮学園4			宇都宮農1	宇都宮農2	今市			今市	矢板東1
県立川口1	浦和南	浦和南4	浦和市立9	浦和市立10	浦和西	児玉	浦和南5	浦和南6	浦和南7	武南	浦和南9	武南	浦和南10	
	相模工大附1		希望ヶ丘	相模大工附	相模大工附	日大	相模工大附	日大	相模工大附5	旭1		旭2		旭3
韮崎12	韮崎13	韮崎14		韮崎15		韮崎16	韮崎17	韮崎18	韮崎19	韮崎20	韮崎21	韮崎22	韮崎23	
藤枝工12	浜名14 / 藤枝東13	清水市商	藤枝東	藤枝東	清水東	静岡工	静岡学園	浜名	静岡学園	藤枝東17	清水市商	清水市商	清水市商	清水東
	熱田1		岡崎城西	熱田	愛知1	愛知	刈谷17	愛知	愛知	愛知4		岡崎城西2	岡崎城西3	中京
	大垣工5					大垣工6							岐阜工1	
		上野10		四日市中央工	四日市中央工	上野11			四日市中央工5		上野工6			四日市中央工
		新潟明訓	新潟明訓	新潟明訓3	蘇南	丸子実				新潟工	新潟工2	新潟工	新潟工	新潟工
松本県ヶ丘5	松本深志4		松本県ヶ丘6		蘇南1	丸子実1	松本県ヶ丘7		松本県ヶ丘	豊科		豊科	豊科	上田東
	富山工1	魚津工1	富山工				富山東	富山東2		富山第一		富山第一		
			三国											
				金沢経大星稜	金沢桜丘	河北台商	金沢経大星稜	北陽	金沢経大星稜	金沢西	金沢西	金沢西	金沢西	金沢西
初芝1	初芝2	初芝3	初芝4	関西大倉	北陽	初芝5	摂津	初芝	北陽	清風	北陽	北陽	清風	摂津2
		新宮商	和歌山北1	和歌山北2	新宮5	新宮6	新宮商						和歌山北	和歌山北
								大淀	大淀	大淀			天理	
		嵯峨野1	朱雀	嵯峨野2			紫野1	京都商				洛北	京都商	
関西学院9	西宮東1		報徳学園1	神戸22	神戸23	報徳学園2	神戸24	神戸25	御影工1	御影工2	東灘	御影工3	御影工4	御影
				水島工		玉野		水島工2	水島工3			作陽	作陽	
				米子工1		米子工2					米子東	米子東3	米子工	
		益田農林1	浜田2			松江南1							浜田	益田農林
		山口5		岩国工1	山口6	山口7		山口8	山口9	山口10	多々良学園1		小野田工1	
山陽 / 広島県工5	広島市商2	広大附7 / 国泰寺7	広島県工1	広島県工2	広島県工3	広島県工4	広島県工5	崇徳	広島県工5	国泰寺6	広島県工7	広島県工8		広島県工10
	壬生川工1		壬生川工2	壬生川工3	東予工	新田	東予工2	八幡浜工	東予工6		南宇和		新田	八幡浜工
										高松商3		高松商	高松南	
			高知工											
徳島商13		徳島商14	徳島商15		徳島商16	徳島商18	川島	徳島商19	徳島商20	徳島商21	徳島商22	徳島商23	徳島商24	
			福岡商1	福岡商2	福岡商	福岡商4	門司工	門司工	福岡商	東福岡	東福岡	東海大五	東海大五	
中津工2	島原工	大分工	大分工	中津工	大分工5		大分工6			大分工	東福岡	大分工	鶴崎工	中津工4
島原工1	島原工2	島原商11		島原商12	島原商13	島原商15	島原商16	島原商17	島原商18	島原商19	島原商20	島原商21	島原商22	
		佐賀北1							佐賀商	佐賀学園			佐賀商2	
			済々黌3					八代工1		宮崎工	宮崎工2	済々黌4	熊本農1	九州学院
								都城工	中部農林	コザ	前原	都城	西原	浦添
	鹿児島工1	鹿児島工2		鹿児島商3	鹿児島商4			鹿児島商	鹿児島実1	鹿児島実2	鹿児島実3	鹿児島商	西原	鹿児島実4

日本テレビ系が後援、全国大会の一、二位のみ推薦出場。高校総体、全国の…（47）

再び大阪長居競技場が主会場になる。全国民放テレビが後援、放映。推薦出場制度は廃止（49）

三位決定戦引き分け（50）

東予工↑壬生川工（51）

三位決定戦引き分け（52）

三位決定戦廃止（53）

国立競技場が主会場になる首都圏（東京・埼玉）開催になる（55）

水口（甲賀）全国民放テレビ41社が共催になる（56）

三ツ沢（神奈川）が会場に加わる（57）

回数制が復活する都合により三ツ沢から外れる（59）

60回の記念大会として東京から2校、各道府県から各1校参加（60）

等々力（神奈川）、千葉県総合運動場が会場に加わる（61）

回　数	62	63	64	65	66	67	68	69	70	71	72	73	74	75
年	58年度	59年度	60年度	61年度	62年度	63年度	平成元年度	2年度	3年度	4年度	5年度	6年度	7年度	8年度
優勝校	帝京4	帝京5／島原商1	清水市商1	東海大一1	国見1	清水市商2	南宇和1	国見2	四日市中央工1／帝京6	国見3	清水市商3	市立船橋1	鹿児島実1／静岡学園1	市立船橋2
準優勝	清水東3		四日市中央工2	国見1	東海大一1	市立船橋1	武南1	鹿児島実1		山城2	国見2	帝京1		桐光学園1
三　位	韮崎4／四日市中央工1	藤枝東1／武南1	宇都宮学院1／秋田商1	秋田商1／室蘭大谷1	四日市中央工1／市立船橋1	前橋商1／暁星2	前橋商2／国見1	東海大五1／武南2	国見2／市立船橋3	武南3／習志野1	鹿児島実2／東福岡1	奈良育英1／守山北1	東福岡1／初芝橋本1	徳島商1／静岡学園1
参加校	48	48	48	48	48	48	48	52	48	48	48	48	48	48
北海道	室蘭大谷11	室蘭大谷12	室蘭大谷13	室蘭大谷14	室蘭大谷15	室蘭大谷16	室蘭大谷17	北海6	室蘭大谷18	登別大谷1	室蘭大谷19	室蘭大谷20	室蘭大谷21	室蘭学院1
青　森	五戸2	五戸3	五戸4	光星学院1	五戸6	五戸7	五戸14	五戸15	光星学院2	三本木農1	青森山田1	青森山田2	青森山田3	光星学院3
岩　手	遠野14	盛岡商15	盛岡商16	盛岡商17	盛岡商18	盛岡商9	盛岡商19	遠野15	盛岡市立1	盛岡市立2	盛岡商20	遠野16	遠野17	大船渡1
秋　田	西目農1	秋田経法附1	秋田商21	秋田商22	秋田経法附2	秋田商24	西目1	秋田商25	秋田商26	秋田商27	秋田経法附3	秋田商28	秋田商29	西目2
山　形	鶴岡南3	山形東1	日大山形4	日大山形5	日大山形6	日大山形7	鶴岡学園1	日大山形8	山形中央1	日大山形9	日大山形10	日大山形11	山形中央2	山形市商1
宮　城	仙台向山1	東北1	仙台育英18	仙台育英19	東北学院1	仙台育英20	仙台育英21	仙台育英22	宮城県工5	仙台育英23	仙台育英24	宮城県工6	東北2	仙台育英25
福　島	安積商1	磐城1	磐城2	郡山北工1	平工1	郡山商1	平工2	福島工1	福島工2	郡山1	磐城3	郡山2	福島東1	郡山商2
東　京	暁星3／帝京16	帝京17	修徳1	城北4	帝京19	帝京20	帝京21	暁星8／帝京22	帝京23	久留米1	暁星9	帝京25	帝京26	修徳1／國學院久我山1
千　葉	八千代1	八千代松陰1	市立船橋2	市立船橋3	市立船橋4	習志野11	市立船橋7／習志野13	市立船橋8	習志野12	市立船橋9	市立船橋10	市立船橋11	市立船橋12	市立船橋13
茨　城	日立工1	日立工2	古河一6	古河一7	古河一8	水戸商1	日立工3	水戸商2	水戸商3	古河一9	水戸短大附1	水戸短大附2	鹿島1	水戸商4
群　馬	前橋商1	前橋商2	前橋商3	前橋育英1	前橋商5	前橋商6	前橋商7	前橋育英2	前橋育英3	前橋育英4	前橋育英5	前橋商8	前橋商9	前橋育英6
栃　木	今市1	國學院栃木1	宇都宮学院1	宇都宮学院2	佐野日大1	真岡1	真岡2	宇都宮学院7	真岡3	真岡6	矢板東1	作新学院1	真岡7	佐野日大2
埼　玉	浦和市立1	武南3	大宮東1	大宮東2	大宮東3	武南4	武南5	大宮東4／武南6	武南7	武南8	武南9	大宮東5	浦和東1	浦和市立2
神奈川	鎌倉1	藤沢西1	鎌倉2	日大藤沢1	旭1	湘南1	桐蔭学園1	旭5	桐蔭学園2	桐蔭学園3	桐光学園1	向上1	桐光学園2	桐光学園3
山　梨	韮崎24	東海大甲府1	東海大甲府2	機山工1	機山工2	機山工3	韮崎25	帝京第三1	韮崎26	韮崎27	韮崎28	帝京第三2	帝京第三3	韮崎29
静　岡	清水東4	藤枝東18	清水市商1	東海大一1	東海大一2	清水市商2	清水東5	清水市商3／清水東6	清水市商4	静岡学園1	清水市商5	清水市商6	静岡学園2	静岡学園3
愛　知	愛知5	刈谷18	中京1	愛知6	岡崎城西1	愛知7	中京3	中京4	中京5	愛知8	愛知9	中京6	岡崎城西5	松蔭1
岐　阜	岐阜工2	岐阜工3	岐阜工4	岐阜工5	岐阜工6	岐阜工7	岐阜工8	岐阜工9	大垣工1	岐阜工10	岐阜工11	岐阜工12	岐阜工13	各務原1
三　重	四日市中央工8	四日市中央工9	四日市中央工10	四日市中央工11	四日市中央工12	四日市中央工13	四日市中央工14	四日市中央工15	四日市中央工16	四日市中央工17	上野1	四日市中央工18	上野2	四日市中央工19
新　潟	新潟工1	新潟工2	新潟工3	新潟工4	新潟工5	新潟工6	東京学館新潟1	新潟工7	新潟工8	東京学館新潟2	東京学館新潟3	新潟明訓1	新潟工9	新潟工10
長　野	上田東1	上田東2	上田東3	松本筑摩1	松本深志1	松本深志2	松本県ヶ丘1	上田東4	松本県ヶ丘2	松商学園1	松商学園2	松商学園3	松商学園4	松商学園5
富　山	富山第一5	富山第一6	富山第一7	富山中部1	水橋1	富山第一9	富山第一10	富山工1	富山第一11	富山第一12	伏木1	富山第一13	富山工2	富山工3
福　井	北陸1	大野1	丸岡1	大野2	丸岡2	丸岡3	丸岡4	丸岡5	北陸2	丸岡6	丸岡7	丸岡8	丸岡9	丸岡10
石　川	金沢錦丘1	金沢西1	金沢西6	金沢桜丘2	星稜1	金沢1	星稜2	金沢2	星稜3	金沢桜丘3	星稜4	金沢桜丘4	星稜5	星稜6
大　阪	高槻南1	北陽1	北陽2	高槻南2	北陽3	大阪産大1	北陽4	東海大仰星1	北陽5	高槻南3	高槻南4	北陽10	近畿大附1	近畿大附2
和歌山	和歌山北1	和歌山北2	那賀1	那賀2	和歌山工1	和歌山工2	和歌山工3	田辺1	新宮商1	近大和歌山1	新宮1	初芝橋本1	初芝橋本2	初芝橋本3
奈　良	大淀1	大淀2	大淀3	天理1	奈良育英1	上牧1	上牧2	奈良育英2	大淀4	奈良育英3	広陵1	奈良育英4	耳成1	奈良育英5
滋　賀	膳所1	守山4	水口1	守山5	水口12	守山16	守山7	水口13	水口14	草津東1	守山北1	守山北2	守山北3	水口15
京　都	京都商1	山城8	京都商2	山城9	京都商3	山城10	京都学園1	洛南1	山城12	洛南2	城陽1	城陽2	東山1	東山2
兵　庫	北須磨1	伊丹西1	御影1	滝川第二1	滝川第二2	神戸弘陵1	滝川第二3	滝川第二4	滝川第二5	神戸弘陵2	神戸弘陵3	滝川第二6	神戸弘陵4	神戸弘陵5
岡　山	作陽1	作陽2	作陽3	玉野光南1	作陽4	玉野1	玉野光南2	玉野光南3	倉敷工1	玉野光南4	作陽7	作陽8	作陽9	作陽10
鳥　取	米子東1	米子工5	米子東3	米子東4	米子工6	米子東7	米子工8	米子北1	米子工9	米子東8	米子東9	米子工10	米子北2	米子東10
島　根	浜田4	大社1	益田農1	松江東1	松江東2	大社3	益田1	大社4	大社5	出雲工1	出雲1	大社6	益田2	淞南学園1
山　口	多々良学園5	山口11	山口12	多々良学園6	山口13	山口14	山口15	山口16	山口17	山口18	多々良学園7	多々良学園8	多々良学園9	多々良学園10
広　島	国泰寺16	広島県工11	広島県工12	広島県工13	広島県工14	国泰寺17	国泰寺18	広島県工15	山陽1	福山葦陽1	沼田1	沼田2	沼田3	美鈴が丘1
愛　媛	南宇和3	南宇和4	八幡浜工1	南宇和6	南宇和7	南宇和8	南宇和9	八幡浜工2	南宇和10	南宇和11	南宇和12	南宇和13	南宇和14	南宇和15
香　川	高松商1	高松商2	高松商3	高松商4	高松商5	高松商6	高松商7	高松商8	高松商9	高松商10	高松商11	香川西1	高松北1	高松北2
高　知	高知小津1	高知農1	高知商1	高知1	高知2	高知商2	高知小津2	高知農2	高知3	高知小津3	高知4	高知道後1	高知追手前1	高知5
徳　島	徳島商25	徳島商26	徳島市立1	徳島商27	徳島市立2	徳島商28	徳島市立3	徳島市立4	徳島市立5	徳島市立6	徳島市立7	徳島市立8	徳島市立9	徳島商29
福　岡	東海大五1	東海大五2	東海大五3	東海大五4	東海大五5	伝習館1	東海大五6	福大大濠1	東海大五7	東福岡1	東福岡2	東福岡3	東福岡4	東海大五8
大　分	大分工1	中津工1	別府商1	中津工2	大分上野丘1	大分工2	大分鶴崎1	大分工9	大分工10	大分工11	情報科学1	情報科学2	大分豊府1	大分1
長　崎	島原商22	島原商23	平戸1	国見1	国見2	国見3	国見4	鎮西学院1／国見5	国見6	国見7	国見8	国見9	国見10	国見11
佐　賀	佐賀学園1	佐賀商1	佐賀学園2	佐賀商2	佐賀学園3	佐賀学園4	佐賀商3	佐賀学園5	佐賀商4	佐賀商5	佐賀学園6	佐賀商6	佐賀学園7	佐賀学園8
熊　本	熊本農1	九州学院1	九州学院2	九州学院3	大津1	大津2	熊本農2	熊本農3	荒尾1	熊本農4	熊本商大付1	熊本農5	熊本商1	大津3
宮　崎	宮崎工1	小林工1	都城工1	宮崎工2	宮崎中央1	宮崎中央2	宮崎工3	宮崎工4	鵬翔1	宮崎工5	鵬翔2	宮崎工6	鵬翔3	日章学園1
鹿児島	鹿児島実1	鹿児島商1	鹿児島実2	鹿児島実3	鹿児島実4	加治木工1	鹿児島実5	鹿児島実6	鹿児島実7	れいめい1	鹿児島実8	鹿児島実13	鹿児島実14	鹿児島実15
沖　縄	中部工1	与勝1	知念1	与勝2	小禄1	西原1	那覇西1	西原2	西原3	与勝3	南部農林1	那覇西2	那覇西3	宜野湾1

校名変更および備考

- 63：大会規模を拡大し東京から2校、各道府県から各1校が参加。浦和市駒場競技場が会場に加わる
- 64：決勝は江戸川区営競技場に加わる。秋津サッカー場が会場に加わる
- 66：星稜→金沢経大星稜
- 67：昭和天皇崩御のため、準決勝、決勝戦が二日間順延となる
- 68：元号が「平成」に／西目農→西目
- 69：京都学園→京都商、出場により4校が予選免除で鵬翔→宮崎中央、日本サッカー協会の推薦で鵬翔・宮崎中央が出場
- 70：決勝戦引き分け
- 71：川越運動公園陸上競技場と平塚競技場が会場に加わる
- 72：決勝戦引き分け
- 73：12月30日に開会式を実施する。年末年始開催となり、休養日が3日間になる
- 74：決勝戦引き分け
- 75：高体連加盟校以外の専門学校等にも門戸を開放。選手登録が25人となる

76	77	78	79	80	81	82	83	84	85	86	87	88	89	90
9年度	10年度	11年度	12年度	13年度	14年度	15年度	16年度	17年度	18年度	19年度	20年度	21年度	22年度	23年度
東福岡1	東福岡2	市立船橋3	国見4	国見5	市立船橋4	国見6	鹿児島実2	野洲1	盛岡商1	流経大柏1	広島皆実1	山梨学院1	滝川第二1	市立船橋5
帝京1	帝京2	帝京3	草津東1	岐阜工1	国見3	筑陽学園1	市立船橋5	鹿児島実3	作陽1	藤枝東3	鹿児島城西1	青森山田1	久御山1	四日市中央工3
丸岡1	滝川第二1	前橋育英1	富山第一1	前橋育英2	滝川第二2	滝川第二3	国見5	多々良学園1	八千代1	津工1	鹿島学園1	矢板中央1	立正大淞南1	大分1
藤枝東5	前橋育英1	富山第一1	青森山田1	鹿児島実3	桐蔭学園1	鹿児島実3	星稜1	遠野1	神村学園1	高川学園1	前橋育英2	関西大一1	流経大柏2	尚志1
48	48	48	49	48	48	48	48	48	48	48	48	48	48	48
室蘭大谷23	室蘭大谷24	室蘭大谷25	旭川実1	帯広北1	室蘭大谷26	札幌第一1	北海7	北海8	室蘭大谷27	室蘭大谷28	北海9	旭川実2	室蘭大谷29	旭川実3
青森山田14	青森山田16	青森山田17	青森山田18	青森山田17	青森山田3	青森山田4	青森山田7	青森山田6	青森山田7	青森山田8	青森山田1	青森山田9	青森山田10	青森山田11
大船渡23	遠野17	大船渡18	遠野18	遠野1	盛岡商1	盛岡商2	盛岡商3	遠野1	盛岡商4	遠野1	不来方1	盛岡市立1	遠野1	盛岡商5
秋田商30	秋田商31	秋田商32	西目1	秋田西1	秋田商33	西目2	秋田商34	西目3	秋田商35	秋田商36	秋田商37	秋田商38	秋田商39	西目4
日大山形1	山形中央1	山形中央2	鶴岡東1	山形中央4	鶴岡東2	羽黒1	山形中央6	羽黒2	山形中央7	羽黒3	羽黒4	山形中央8	羽黒5	羽黒6
仙台育英26	東北1	仙台育英27	東北2	東北3	仙台育英28	仙台育英29	仙台育英30	利府1	利府2	宮城県工7	東北6	東北7	宮城県工8	聖和学園1
福島工1	平工1	磐城1	郡山3	平工2	福島東1	福島東2	福島東3	湯本1	尚志1	尚志2	富岡1	尚志3	尚志4	尚志5
帝京駒27	帝京28	帝京國學院29	東海大菅生1	帝京30	帝京31	成立1	実践学園1	成立学園2	國學院久我山13	帝京32	帝京33	東久留米総合1	駒場1	東久留米総合2
八千代1	習志野15	市立船橋	市立船橋	市立船橋	市立船橋	市立船橋	流経大柏16	八千代	流経大柏	市立船橋	八千代8	流経大柏	流経大柏	市立船橋18
水戸短大附	鹿島	鹿島	水戸短大附	鹿島	鹿島	水戸商	鹿島学園16	鹿島学園	水戸短大附	鹿島学園	鹿島6	鹿島学園	鹿島学園	鹿島学園
前橋商	前橋育英	前橋育英	前橋育英9	前橋商	前橋育英	前橋育英11	伊勢崎商	前橋育英	前橋育英	前橋育英	前橋育英15	前橋育英	前橋育英	桐生第一1
國學院栃木	佐野日大	真岡8	真岡	宇都宮白楊	佐野日大	佐野日大	矢板中央	真岡10	真岡	矢板中央	宇都宮白楊	矢板中央3	佐野日大	矢板中央
浦和東	浦和東	武南10	武南11	浦和南	武南12	武南13	西武台1	浦和東	武南14	埼玉栄	市立浦和	西武台2	西武台3	浦和東
逗葉1	桐蔭学園	日大藤沢	桐蔭学園	桐蔭学園	桐蔭学園	麻布大渕野辺	麻布大渕野辺	桐光学園	日大藤沢	桐光学園	桐光学園	武相1	座間1	桐光学園
帝京第三29	韮崎29	帝京第三30	帝京第三	韮崎31	韮崎32	帝京第三7	帝京第三8	韮崎	韮崎34	韮崎	山梨学院	山梨学院	山梨学院	山梨学院
藤枝東	清水市商	静岡学園	清水市商	静岡学園	藤枝東20	藤枝東21	常葉橘1	静岡学園	藤枝東23	藤枝東	藤枝明誠1	静岡学園	静岡学園	清水商
愛産大三河1	刈谷19	東邦1	中京大中京	東邦2	岡崎城西1	東邦3	東海学園1	中京大中京8	中京大中京9	中京大中京10	東海大翔洋2	中京大中京11	中京大中京12	中京大中京13
岐阜工14	岐阜工15	岐阜工16	各務原1	岐阜工17	岐阜工18	岐阜工19	各務原3	岐阜工20	帝京大可児1	岐阜工21	岐阜工22	帝京大可児2	帝京大可児3	帝京大可児4
四日市工1	四日市中央工	四日市中央工21	暁1	四日市中央工	日生学園第二1	四日市中央工	津工1	四日市中央工	四日市中央工25	四日市中央工26	四日市中央工27	四日市中央工	四日市中央工	四日市中央工
新潟工14	新潟工	新潟工訓1	北越	長岡向陵	北越	地球環境	東海大三	上田西	高志	北越	北越	新潟西	新潟西	新潟西
明科1	松商学園	松商学園	松商学園	松商学園	地球環境1	松商学園	東海大三1	上田西1	東海大三3	松商学園	武蔵工二1	松商学園	松商学園	都市大塩尻1
富山第一14	富山第一15	富山第一16	水橋1	水橋2	富山第一17	富山第一18	富山第一19	富山第一20	富山第一21	富山第一22	富山第一23	水橋3	水橋4	富山南1
丸岡11	丸岡13	丸岡14	丸岡15	丸岡16	丸岡17	丸岡18	丸岡19	福井商1	丸岡21	丸岡22	丸岡23	丸岡24	丸岡	北陸1
星稜9	金沢桜丘1	星稜10	星稜11	星稜12	星稜13	星稜14	星稜15	星稜16	星稜17	星稜18	星稜19	星稜20	星稜21	星稜22
関西大一1	金光第一1	関西大一2	東海大仰星1	金光大阪1	近畿大附1	東海大仰星2	大阪朝鮮1	大阪朝鮮2	近畿大附2	大阪桐蔭1	関西大一3	関西大一4	関西大一5	近畿大附3
近大和歌山1	初芝橋本1	初芝橋本2	初芝橋本3	近大和歌山2	初芝橋本4	初芝橋本5	近大和歌山3	和歌山北1	初芝橋本9	近大和歌山4	近大和歌山5	近大和歌山6	初芝橋本10	初芝橋本11
奈良育英6	奈良育英7	奈良育英8	耳成1	奈良育英9	一条1	奈良育英11	一条2	一条3	奈良育英4	一条4	一条5	香芝1	一条6	奈良育英13
草津東3	草津東4	草津東5	草津東6	草津東7	野洲1	草津東8	野洲2	野洲3	野洲4	野洲5	野洲6	野洲7	野洲8	守山北1
山城3	洛北1	久御山1	久御山2	伏見工1	京都朝鮮1	城陽1	城陽2	福知山成美1	久御山3	京都橘1	立命館宇治1	久御山4	立命館宇治2	立命館宇治3
滝川第二2	滝川第二3	神戸弘陵1	神戸弘陵2	滝川第二4	滝川第二5	滝川第二6	滝川第二7	滝川第二8	神戸科学技術1	滝川第二9	神戸科学技術2	滝川第二10	滝川第二11	市立西宮1
東岡山工1	玉野光南1	作陽8	岡山理大附1	作陽9	水島工1	作陽11	玉野光南2	作陽13	作陽14	作陽15	作陽16	作陽17	作陽18	作陽19
米子工11	米子東1	境1	境2	境3	米子北1	米子北2	米子北3	境4	境5	境6	境7	境8	米子北4	米子北5
大社4	益田3	淞南学園1	淞南学園2	立正大淞南3	立正大淞南4	益田5	立正大淞南6	江の川1	立正大淞南7	立正大淞南8	立正大淞南9	立正大淞南10	立正大淞南11	大社5
多々良学園10	多々良学園11	多々良学園12	多々良学園13	多々良学園14	多々良学園15	多々良学園16	多々良学園17	高川学園18	西京1	山口19	宇部1	山口19	宇部2	高川学園18
沼田3	広島皆実1	山陽1	広島皆実2	広島皆実3	広島皆実4	広島観音1	広島観音2	広島皆実5	広島皆実5	広島皆実5	広島観音3	広島皆実5	山陽2	山陽8
新居浜工1	南宇和15	新居浜工2	南宇和	松山工1	南宇和	済美1	松山工2	済美2	済美3	松山北1	松山北2	宇和東1	宇和東2	済美4
高松商	高松商	高松商	高松北	高松商	高松北	高松商	尽誠学園1	香川西	香川西	香川西	香川西	香川西	香川西	高松商
高知1	日豊1	土佐1	明徳義塾1	高知2	高知3	高知4	高知5	明徳義塾2	高知6	高知中央1	香川4	明徳義塾3	高知7	土佐2
徳島市立9	徳島市立10	徳島商31	徳島商32	徳島市立11	鳴門1	徳島商33	徳島商34	徳島商35	鳴門2	徳島商36	徳島商37	徳島市立12	徳島商39	徳島市立13
東福岡	東福岡	東福岡	東海大五12	東福岡	東福岡	筑陽学園1	東福岡	東福岡	九州国際大付1	東福岡	筑陽学園	東福岡	九州国際大付	東海大五
情報科学3	大分	大分鶴崎1	大分2	大分5	情報科学	大分	柳ヶ浦1	大分鶴崎4	大分鶴崎4	情報科学	中津東1	大分	大分	大分7
国見12	国見13	国見14	国見15	国見16	国見17	国見	国見	九州国際大付	島原商1	長崎日大1	国見22	国見	国見	長崎日大2
佐賀商	佐賀商11	佐賀北3	佐賀学園1	佐賀北	佐賀商12	佐賀東	佐賀東	佐賀東	佐賀北1	佐賀東	佐賀東5	佐賀北	佐賀北	佐賀東
大津4	熊本国府1	大津5	大津6	大津7	大津8	大津9	大津10	大津11	大津12	大津13	ルーテル学院1	大津14	ルーテル学院2	ルーテル学院3
鵬翔	宮崎工1	日章学園	日章学園	鵬翔	日章学園	鵬翔9	鵬翔	鵬翔	鵬翔11	日章学園	日章学園7	日章学園	日章学園	日章学園
鹿児島実	鹿児島工1	鹿児島実17	鹿児島城西1	鹿児島実19	鹿児島実	鹿児島実21	鹿児島実	神村学園1	鹿児島実23	鹿児島城西	神村学園2	神村学園3	神村学園	鹿児島城西
那覇西1	宜野湾2	具志川1	宮古1	与勝1	那覇西6	那覇西7	那覇西8	那覇西	那覇1	那覇西10	南風原1	那覇西11	那覇西	那覇西12

開会式直後に開幕試合を実施する

前回優勝校として推薦出場していた市立船橋が予選からの出場となる。推薦出場制度は廃止。戦い引き分けで勝利校がなくなる。中京大中京→中京

金光大阪→金光第一、暁→四日市中央工、國學院久我山→國學院、鶴商学園→鶴商、宇都宮白楊→宇都宮農、立正大淞南→淞南学園。決勝戦が成人の日開催となり、勝利校の校歌演奏が廃止される

決勝戦のみ45分ハーフで実施

決勝戦のみ45分ハーフで実施

決勝戦、延長で優勝校を決定

成立学園→成立

市立浦和→浦和市立

高川学園←多々良学園

駒沢競技場改修中のため江戸川陸上競技場と大宮サッカー場を使用

準決勝も45分ハーフで実施。フクダ電子アリーナが会場に加わる

三ツ沢球技場改修中のため平塚競技場が会場に加わる

駒沢競技場、うらわ駒場競技場改修中のため清水商、清水工、大塩尻を使用

決勝戦は延長で優勝校決定

回数	91	92	93	94	95	96	97	98	99	100	101	102	103	104
年	24年度	25年度	26年度	27年度	28年度	29年度	30年度	令和元年度						
優勝校	鵬翔1	富山第一1	星稜1	東福岡1	青森山田1	前橋育英1	青森山田2	静岡学園2						
準優勝	京都橘1	星稜1	前橋育英1	國學院久我山1	前橋育英2	流経大柏1	流経大柏2	青森山田3						
三位	星稜2 / 桐光学園1	四日市中央工1 / 京都橘2	日大藤沢1 / 流経大柏1	星稜3 / 青森山田1	東海大仰星1 / 佐野日大1	上田西1 / 矢板中央1	尚志1 / 瀬戸内1	矢板中央2 / 帝京長岡1						
参加校	48	48	48	48	48	48	48	48						
北海道	旭川実4	札幌大谷1	大谷室蘭30	札幌大谷2	旭川実5	旭川実6	旭川実7	北海10						
青森	青森山田18	青森山田19	青森山田20	青森山田21	青森山田22	青森山田23	青森山田24	青森山田25						
岩手	盛岡中央1	遠野23	遠野24	遠野25	遠野26	遠野27	遠野28	専大北上1						
秋田	西目13	秋田商40	新屋1	秋田商41	秋田商42	秋田商43	秋田商44	秋田商45						
山形	山形中央10	米沢中央1	東海大山形2	日大山形13	山形中央11	羽黒6	羽黒7	山形中央12						
宮城	仙台育英31	東北8	聖和学園1	聖和学園2	聖和学園3	仙台育英32	仙台育英33	仙台育英34						
福島	聖光学院1	富岡2	尚志6	尚志7	尚志8	尚志9	尚志10	尚志11						
東京	修徳8 / 実践学園2	修徳9 / 國學院久我山15	國學院久我山16 / 三鷹1	國學院久我山17 / 駒澤大高2	駒澤大高3 / 関東第一1	実践学園3 / 関東第一2	国士舘2 / 駒澤大高4	東久留米総合23 / 國學院久我山18						
千葉	八千代7	市立船橋19	流経大柏9	市立船橋20	市立船橋21	流経大柏10	流経大柏11	市立船橋22						
茨城	鹿島学園3	水戸啓明1	第一学院1	明秀日立1	鹿島学園4	明秀日立2	明秀日立3	明秀日立4						
群馬	前橋育英17	桐生第一2	前橋育英18	前橋育英19	前橋育英20	前橋育英21	前橋育英22	前橋育英23						
栃木	佐野日大7	矢板中央5	矢板中央6	矢板中央7	佐野日大8	矢板中央8	矢板中央9	矢板中央10						
埼玉	正智深谷1	市立浦和14	昌平1	正智深谷2	正智深谷3	昌平2	浦和南12	昌平3						
神奈川	桐光学園7	桐光学園8	日大藤沢4	桐光学園9	桐光学園10	桐蔭学園1	桐光学園11	日大藤沢5						
山梨	日本航空1	帝京第三9	山梨学院1	帝京第三10	山梨学院2	山梨学院3	日本航空2	日大明誠1						
静岡	常葉橘4	藤枝東24	静岡学園11	藤枝東25	藤枝明誠1	清水桜が丘1	浜松開誠館1	静岡学園12						
愛知	東邦4	東海学園3	中京大中京14	中京大中京15	東邦5	中京大中京16	東邦6	愛工大名電1						
岐阜	帝京大可児1	岐阜工24	岐阜工25	各務原1	中京1	帝京大可児2	岐阜工26	帝京大可児3						
三重	四日市中央工30	四日市中央工31	宇治山田商1	四日市中央工32	海星1	三重1	四日市中央工33	四日市中央工34						
新潟	帝京長岡2	帝京長岡3	開志学園JSC1	新潟明訓1	日本文理1	帝京長岡4	帝京長岡5	帝京長岡6						
長野	創造学園1	松商学園13	都市大塩尻1	都市大塩尻2	創造学園2	上田西2	都市大塩尻3	松本国際1						
富山	富山第一24	富山第一25	水橋1	富山第一26	富山第一27	富山第一28	富山第一29	富山第一30						
福井	丸岡25	丸岡26	丸岡27	丸岡28	北陸1	北陸2	丸岡29	丸岡30						
石川	星稜23	星稜24	星稜25	星稜26	鵬学園1	星稜27	星稜28	鵬学園2						
大阪	東海大仰星1	履正社1	履正社2	阪南大高1	東海大仰星2	大阪桐蔭1	大阪学院大高1	興國1						
和歌山	和歌山北2	初芝橋本12	初芝橋本13	初芝橋本14	和歌山北3	初芝橋本15	和歌山北4	和歌山工4						
奈良	香芝1	一条6	郡山1	香芝3	一条7	一条8	一条9	五條1						
滋賀	野洲8	綾羽1	草津東8	野洲9	野洲10	草津東9	草津東10	草津東11						
京都	京都橘1	京都橘2	京都橘3	京都橘4	京都橘5	京都橘6	東山3	京都橘8						
兵庫	滝川第二17	神戸弘陵1	滝川第二18	神戸弘陵2	滝川第二19	滝川第二20	関西学院1	神戸弘陵10						
岡山	作陽21	玉野光南1	作陽22	玉野光南2	岡山学芸館1	作陽23	岡山学芸館2	岡山学芸館3						
鳥取	米子北8	米子北9	米子北10	米子北11	米子北12	米子北13	米子北14	米子北15						
島根	立正大淞南12	立正大淞南13	立正大淞南14	大社1	立正大淞南15	立正大淞南16	立正大淞南17	立正大淞南18						
山口	聖光1	西京2	高川学園1	山口鴻城1	高川学園2	高川学園3	西京3	高川学園25						
広島	広島観音1	広島皆実9	広島皆実10	広島皆実11	広島皆実12	広島皆実14	瀬戸内1	広島皆実15						
愛媛	松山工4	松山商6	松山北4	松山工5	松山北5	松山工6	宇和島東5	今治東中等1						
香川	香川西5	香川西6	香川西7	香川西8	香川南9	高松商1	四学大香川西11	大手前高松1						
高知	高知1	高知商3	明徳義塾4	明徳義塾5	明徳義塾6	高知西1	高知西2	高知2						
徳島	鳴門1	徳島市立13	徳島市立14	鳴門2	徳島市立15	徳島北1	徳島市立16	徳島市立17						
福岡	東海大五4	東福岡15	東福岡16	東福岡17	東福岡18	東福岡19	東福岡20	筑陽学園1						
大分	中津東1	中津東2	中津東4	大分3	大分4	大分西1	大分10	大分11						
長崎	長崎総科大附1	長崎総科大附2	長崎総科大附3	長崎南山1	長崎総科大附4	長崎総科大附5	長崎総科大附6	長崎総科大附7						
佐賀	佐賀商7	佐賀東7	佐賀東8	佐賀北1	佐賀東9	佐賀東10	龍谷1	龍谷2						
熊本	大津15	熊本国府1	秀岳館1	大津16	ルーテル学院1	東海大熊本星翔1	大津17	熊本国府2						
宮崎	鵬翔12	日章学園10	日章学園11	日章学園12	鵬翔13	日章学園13	日章学園14	日章学園15						
鹿児島	鹿児島城西3	神村学園4	鹿児島城西5	鹿児島城西6	鹿児島城西7	神村学園5	神村学園6	神村学園7						
沖縄	宮古1	那覇西13	前原2	那覇西14	那覇西15	宜野湾1	那覇西16	前原3						

校名変更および備考

- 92（25年度）：相模原麻溝公園競技場を使用。決勝戦は降雪のため1日順延、延長PK方式で4日間に優勝校を決定
- 93（26年度）：水戸啓明←水戸短大附／国立競技場最後の大会
- 94（27年度）：開会式、準決勝は駒沢で、決勝は埼玉スタジアムで決勝戦実施。登録人数30→ /大敷交は技
- 96（29年度）：交代枠が4→5に
- 97（30年度）：四学大香川西←香川西
- 98（令和元年度）：元号が「令和」に／松本国際←創造学園

注：第88回大会大分県代表・中津東は学校統合による校名変更のため第38・40回出場校とは別扱い

平成30年度　第47回日本高校選抜海外遠征
2019 Japan High School Selection Team's Report　活動報告

2年連続優勝を目指し

2019年1月13日、この日から、「2年連続優勝」を目指した2018年度日本高校選抜海外遠征の活動がスタートしました。1次選考会の後、選手権の優秀選手から選考された選手も加えた35名を1月24日〜27日に御殿場・時之栖に招集しました。私からは、「本気でデュッセルドルフ国際大会優勝を目指す日本高校選抜選手になる、という強い意志と覚悟をもって選考合宿に挑んでほしい。選考会に終わらず学び・成長の場であってほしい。そのために意欲的・積極的に取り組んでほしい。個性を最大限に発揮してほしい」と伝えさせていただき、チーム・団の方向性を示しました。

2月13日〜16日の埼玉強化合宿。選手たちは、非常に積極的に取り組んでいるように見受けられました。「NEXT GENERATION MATCH」でのJユース選抜との試合は1-1の引き分けでした。選手権が終わって1ヵ月、怪我を含めたコンディショニング、モチベーション、トレーニング環境……いろいろな意味で選手の力を維持することが難しい時期でもあると痛感しました。

3月8日〜10日、静岡・草薙合宿にて静岡産業大学との練習試合、「静岡県ヤングサッカーフェスティバル」で静岡県ユース選抜との試合を行いました。静岡選抜との試合ではまさかの敗戦。選手たちの落ち込みは相当でした。合宿最後に今一度意思統一を図って解散しました。この合宿で最終メンバー18人、バックアップメンバー5人を決定しました。

（団長）**三井 耕**
●都立葛飾野高校

3月28日〜31日の時之栖強化合宿。2日目に、選手同士気心が知れてきたところで気が緩んでしまったのか、藤島崇之コーチがミーティングで、「ワンプレーワンプレーを本気でやれているか？　高体連最高の選手たちだろうか？　サッカーも私生活ももっと密度の濃い時間にしよう！」と選手を一喝。胸に響く言葉でした。改めて1回1回の大切さ、日本高校選抜としての自覚と責任を持つ大切さを感じることができました。

4月11日〜12日は市原直前合宿で、急遽U-20代表入りした西川潤君に代わりバックアップメンバーの後藤裕二君が加わりました。出発直前まで様々なことを想定して準備しておく必要性を改めて感じました。

4月13日、いよいよ出発。フンデロー（オランダ）のフレッチャー・ホテル・ヴィクトリアは設備・自然環境ともに素晴らしいホテルで毎回の食事もとてもおいしく、宿泊棟から天然芝グラウンドまで徒歩1分という恵まれた環境下で、集中してトレーニングすることができました。翌14日午後には、FC Utrecht vs. Vitesseの試合を観戦。ヨーロッパの力強さとスピードを目の当たりにし、選手のモチベーションも上がったようです。オランダ滞在中、親善試合を2試合行い勝利

を収め、チームは順調な仕上がりでいよいよデュッセルドルフ入りとなりました。

デュッセルドルフ入り直前、大会スポンサーであるトーヨータイヤの会社訪問を行いました。社員の皆様だけでなく、町長も出迎えてくださいました。目の前で握った寿司を御馳走になり、選手たちは久しぶりの日本食を堪能し英気を養うことができました。食事が終わると、地元フォルトゥナ・デュッセルドルフで活躍中の宇佐美貴史選手が激励に来てくれました。

4月18日予選リーグ初戦は、昨年度決勝で対戦しているボルシアMGです。試合会場へ出発前のミーティングでは、日本代表の遠藤航選手が激励に来て、直接日の丸の入ったユニフォームを配ってくれました。気持ちを一つにして迎えた初戦、ここにきて一気に練習の成果を爆発させた印象の試合でした。先制後、隙を突かれ1点失点したものの取り返し2-1で勝利しました。

しかし予選リーグ2戦目、ブレーメン戦はスローインから一瞬の隙を突かれ失点、その後もペースを掴めず1-3で敗戦。その日のうちに予選リーグ3戦目が行われ、フランクフルトとの対戦は、もう一度チーム全員で奮い立ちゲームに向かいました。しかし終了間際に追いつかれスコアは1-1の引き分け。勝ち点は1でしたが、何とか決勝トーナメント進出の可能性を残しました。

予選リーグ最終戦、日本は対戦相手のブラガに引き分けても、ブレーメンがフランクフルトに勝てば決勝トーナメント進出、という状況でした。ブラガ戦は1点先行されましたが、慌てず後半に取り返しそのまま試合終了。しかし、ブレーメンとフランクフルトの対戦は、まさかのフランクフルトの勝利。日本の決勝トーナメント進出の夢が断たれました。

切り替えて臨んだ5・6位決定戦。出場機

会が少なかった選手たちがここで大活躍してくれました。この試合で今まで積み上げてきたことを惜しみなく表現してくれました。素晴らしい試合内容でしたが、決着がつかずPK方式により5位を相手に渡しました。結果、6位という順位で私たちの海外遠征のチャレンジが終了しました。日本から宮崎純真君がベストFW賞を受賞しました。いつも食い入るように真剣に話を聞いていた宮崎君の受賞は、みんなの大きな喜びでした。

思えば夢のような日々が駆け抜けるように過ぎていきました。何をもって成果とするか。優勝を目指して取り組みましたが順位は6位でした。しかし今回の遠征で得たものは何か、それを次にどう活かし成長できるか、活躍できるか、自分の夢を現実にする糧にできるか、が一番大切なのではないでしょうか。選手、スタッフとも今後の益々の活躍、お互いのたゆまぬ努力と成長を誓って、団解散の誓いの言葉としました。

最後になりましたが、遠征に関わってくださった皆様、本当にありがとうございました。皆様のおかげで、選手が苦しみながらもそれを乗り越え成長していく姿を見ることができました。選手の皆さん、これからの活躍、さらなる成長をお祈りいたします。ずっとずっと、応援し続けます。

監督 **朝岡隆蔵**
◉市立船橋高校

"成長"のための刺激を

【選手選考について】
❶高校選抜に絶対に入りたいという意欲・向上心
❷攻守に貢献できる選手
❸闘争心・献身性
❹戦術理解（戦術的柔軟性）
❺コミュニケーション能力
❻個の強み・武器を持っている

【チームのコンセプトについて】
❶攻撃権をとる（守備的にならない）
❷攻から守への切り替えで奪う（奪い返し）
❸攻めているときのバランス（リスクマネジメント）
❹関わり続ける（サポートの連続）
❺運ぶ、縦に入れる、幅を使う
※攻撃時に1-3-4-2-1、守備時に1-4-1-2-3をベースとした

【日本の特徴】
❶連続性　❷献身性　❸持続性　❹組織力　❺素早さ　❻勤勉さ

【世界の強豪クラブの選手】
❶早い　❷大きい　❸強い　❹ゴール前の精度・集中度・意識（攻守ともに）
❺球際のうまさ・強さ　❻勝者のメンタリティ（自信・覚悟）　❼対人能力

選手団名簿

役員・スタッフ

■団長	三井　耕	東京都立葛飾野高校
■総務	渡邉　健	長崎県立諫早館高校
■監督	朝岡　隆蔵	市立船橋高校
■コーチ	藤島　崇之	昌平高校
■GKコーチ	伊藤　竜一	市立船橋高校
■ドクター	増田　研一	関西医療大学
■トレーナー	永井　将史	M's AT project
■主務	小川　伸太郎	大森学園高校
■主務	川北　康博	埼玉県立鳩伏高校
■コーディネーター	榎本　良三	IUP Inc.
■添乗	赤塚　一樹	西鉄旅行株式会社
■記録	小林　洋	高体連記録部・高校サッカー年鑑

選手

1	GK	飯田　雅浩	青森山田高校 ▶ 国士舘大学
21		松田　亮	東福岡高校 ▶ 東京国際大学
3	DF	豊島　基矢	青森山田高校 ▶ 順天堂大学
4		大石　悠介	山梨学院高校 ▶ 国士舘大学
5		白井　陽貴	矢板中央高校 ▶ 法政大学
6		岡井　駿典	市立船橋高校 ▶ 中央大学
19		吉村　仁志	熊本県立大津高校 ▶ 流通経済大学
23		西田　翔央	東福岡高校 ▶ 早稲田大学
24		後藤　裕二	矢板中央高校 ▶ 順天堂大学
2	MF	松尾　勇佑	市立船橋高校 ▶ 関西大学
7		天笠　泰輝	青森山田高校 ▶ 関西大学
11		バスケス バイロン	青森山田高校 ▶ いわきFC
13		秋山　裕紀	前橋育英高校 ▶ アルビレックス新潟
15		水野　雄太	熊本県立大津高校 ▶ 早稲田大学
17		武田　英寿	青森山田高校 2年
9	FW	宮崎　純真	山梨学院高校 ▶ ヴァンフォーレ甲府
14		鈴木　唯人	市立船橋高校 2年
20		染野　唯月	尚志高校 2年

随行

渋谷　航平	日本テレビ放送網株式会社	
山下　淳史	株式会社宮崎放送	
立田　恭三	讀賣テレビ放送株式会社	

【練習内容】

1月の選考合宿ではただ単に選考だけにならないよう、チームとしてのボールの奪い方とボールの運び方についてトレーニングする中での適応力を見て、選考の判断材料とした。

2月に行った「NEXT GENERATION MATCH」では、アタッキングサードにボールを入れて（運んで）いくことを中心にトレーニングし、同時に選考も行った。

3月の静岡県YFでは、DFラインのボールの運び方とポジショニングについてトレーニングを行った。

3月末の合宿では、攻めている時にMFのバランスとDFラインの準備についてトレーニングを行い、カウンターを受けない、攻めながら守るリスクマネジメントを意識させた。

4月の国内合宿及びオランダ合宿では、前線の守備と意図的にボールを奪う守備、DFラインの守備、ゴール前の守備についてトレーニングを行った。

全体を通じて、ゲームごとにミーティングで振り返りをして、課題の抽出・解決を図った。

新たな戦術に対し、考えるものを増やし、所属チームではやっていなかったことに対する要求もしたため、選手にはストレスもあったと考えるが、戦術的柔軟性を身に付けたのではないだろうか。

【試合内容】

vs.ボルシアMG

相手2シャドーに対するマークの受け渡し（DFラインと3MFの連係）が不明瞭となったが、2ボランチに変更しバランスをとり、守備は安定した。しかし、1オフェンシブハーフと2ボランチとの距離が遠くなり、リズムが作れず、縦パスが入る回数が減り、裏への配球が増えた（結果それでゴールを奪うことはできたが……）。

vs.ブレーメン

意図する攻撃ができ相手ボックス内に入る回数が増えたが、そこでの最後のパス・クロス・シュートの判断・質・精度が低く、ゴールを奪えなかった。逆に前半残り5分間でスローインがらみで連続失点。後半はそれを跳ね返すだけのメンタリティを持てず、相手も2点差のアドバンテージのおかげで落ち着き、ボールを奪いに行くパワーが持てなかった。残り10分でWB

（ウイングバック）を高い位置に出し、1点を返すにとどまった。

vs.フランクフルト

守備のバランスは良かったものの、攻撃時に簡単にボールを失い、トップも動き出しがなく、奪っては取られてを繰り返したため、試合全体にリズムが出ず、非常に大味な試合展開となった（相手も）。試合が進むにつれ後半の中盤には（試合中断の後から）奪いに行くパワーを失い、連係もできず失点してしまい引き分けとなった。

vs.ブラガ

試合終了後の観客の反応がすべてを表していた。引き分けながら日本チームに大きな拍手が沸き上がった。やはり決定機は作るものの、ボックス内の質は低かったが、切り替え、ボールを集団で奪うことやグループ／チームでのパスワークなど相手を上回るパフォーマンスを示した。勝てば2位以上がほぼ確定、負けたら決勝トーナメントに行けないという状況下で、素晴らしい試合を見せてくれた。

vs.エバートン

出場時間の少ない選手を中心にメンバーを組んだが、ブラガ戦同様素晴らしいゲームを展開した。攻守において終始主導権を握り、シュート数では圧倒したものの、少ないチャンスで同点にされてしまった。

【成果】

❶短期間ではあるが、チームとしての戦い方の共有ができた
❷それぞれのポジションで個性を発揮した
❸戦術的な適応を示した
❹一人一人の成長と未来に対する期待が持てた
❺全員が5試合中1試合以上の経験をすることができた（2人が1試合、それ以外は複数試合を経験）
❻意図する攻撃と守備の回数が増え、相手を上回る時間が増えた
❼仕掛けのスピード（1対1で勝つ）
❽グループで運ぶ・はがす

【課題】

❶シュート技術・決定力
❷基礎・基本技術（パス＆コントロール／ターン）の質と精度
❸失点後など、上手くいかないときのメン

タリティ
❹一瞬の隙での失点（紙一重の勝負を勝ち取る力・個の力）
❺CBのビルドアップ能力
❻ディフェンシブハーフ（MF）の攻守両面での貢献

【最後に】

世界から学び、世界を経験する時代から、世界に打って出る、勝ちに行く時代にしていかなければならない。日本の武器を発揮するというよりは強みは勝手に表出されるものであり、高い技術力をベースにグループでテンポ（距離感）の良いパスワークと集団で組織的に奪い切る距離・強さ、切り替えと連続性、持続性を持って試合を優位に進めていく（数的優位を作り続ける）。受けてはだめだ。奪いに行く姿勢を常に示していかなければならない（強いメンタリティ）。劣ってはいない。紙一重の差。日常の指導のみならず、より良い育成システムを作っていくことも大切となる（移籍制度）。当たり前のことを当たり前に行い、根気強く成長する（させる）ことこそ、近道であると信じたい。

 コーチ **藤島崇之**
●昌平高校

差を感じ、受け入れ、次に繋げる

今大会を通じて、様々なカラーを持つチームと対戦し感じた日本と欧州チームとの大きな違いは、「個」の力にフォーカスした中でチーム戦術を遂行する欧州チームと、「組織」を重視した中で「個」の力を引き出す日本との差である。今回の遠征を通して体格・スピードを含めたフィジカル的な要素、そして、生まれ育った環境や育成年代におけるトレーニング場の施設・設備や競争原理がベースとして生まれるサッカー環境など、ハード面・ソフト面を含めた大きな違いを間近に見ることができた。

第57回デュッセルドルフ国際ユースサッカー大会

予選リーグ

グループ1	日本	Borussia Mönchen-gladbach	Sporting Clube de Braga	Werder Bremen	Eintracht Frankfurt	勝点	得失点差	順位
日本高校選抜		2○1	1△1	1●3	1△1	5	−1	3
Borussia Mönchengladbach	1●2		2○0	0●2	0●1	3	−2	5
Sporting Clube de Braga	1△1	0●2		0△0	1○0	5	−1	4
Werder Bremen	3○1	2○0	0△0		0●1	7	3	1
Eintracht Frankfurt	1△1	1○0	0●1	1○0		7	1	2

グループ2	FC Everton	Dinamo Zagreb	RSC Anderlecht	FC St. Pauli	Fortuna Düsseldorf	勝点	得失点差	順位
FC Everton		1○0	0△0	1●2	0△0	5	0	3
Dinamo Zagreb	0●1		1○0	1○0	0△0	7	1	2
RSC Anderlecht	0△0	0●1		3○1	2○1	7	2	1
FC St. Pauli	2○1	0●1	1●3		0●1	3	−3	5
Fortuna Düsseldorf	0△0	0△0	1●2	1○0		5	0	4

決勝トーナメント

```
Werder Bremen ──┐1PK2
Dinamo Zagreb ──┘1PK3 ──┐0PK3   優勝
RSC Anderlecht ─┐1      └────── Dinamo
Eintracht Frankfurt ┘2   0PK1    Zagreb
```

3位決定戦

```
Werder Bremen ──┐1
RSC Anderlecht ─┘0 ── Werder Bremen
```

5位決定戦

```
日本高校選抜 ──┐1PK3
FC Everton ───┘1PK5 ── FC Everton
```

大会順位

優勝	Dinamo Zagreb
準優勝	Eintracht Frankfurt
3位	Werder Bremen
4位	RSC Anderlecht
5位	FC Everton
6位	日本高校選抜
7・8位	Sporting Clube de Braga
	Fortuna Düsseldorf
9・10位	Borussia Mönchengladbach
	FC St. Pauli

親善試合や大会で海外チームとのゲームを経験する中で、日本の選手がボールを扱う技術は確実に高いものであり、グループを作った上で局面を打開する上手さは海外のクラブ相手にも十分通用すると確信した。一方で、その技術やグループにおける打開は、試合の終盤などプレッシャーが甘い状況という限定的なものであることも確かである。そして、日本の育成年代と世界との決定的な違いは、ゲームを展開する中で「勝利に直結」するプレーを常に選択することにあると感じた。絶対に相手に負けないという闘争心を前面に出すメンタリティの強さはあくまでもベースであり、あらゆる局面に対して徹底した厳しさがある。そして、ボールを奪ったらゴールを目指す強い意識を全員が共有する。ボールを後ろに下げ、時間を使って攻撃するシチュエーションはほとんど見られなかった。ピンチになり得る状況ではファウルをしてでも止め、試合の流れを切る。どのチームにも共通して言える点として、自チームが置かれている状況（スコア・時間帯・流れ）を選手が判断し、勝利のためのプレービジョンを持っていた。今回、対戦した中には全ての選手がプロ契約をしているチームもあり、取り巻く環境の違いはあるにせよ、ベースの差・違いを埋めていくためには指導者として選手へのアプローチの仕方を工夫していく必要があると改めて感じた。

今回の結果は選手・スタッフともに満足のいくものではなかった。しかし、悲観的になる必要は全くないと考える。日本にはない環境だからこそ生まれる競争心や勝負・勝利への執着心を選手が体感し、新たなる課題を抽出できたことは、今後のサッカー人生においても確実に大きな糧となる。そして、現代サッカーのトレンドが、時を追うごとに変わる現状においても、相手の状況を観て判断する・判断を変える、瞬間的な判断、イマジネーションを駆使しプレーの選択・決断をする、というサッカーの本質は変わらない。だからこそ、日本人のストロングポイントとなり得る組織力、グループワークも世界において十分通じる可能性があると考える。今回の経験から思考力のベースをアップし、真の技術・強いメンタリティを追求することも大切にしていきたい。選手には今回の経験を今後のサッカー人生に活かし、日本代表、また、世界で活躍する選手に成長することを期待する。

日本高校選抜海外遠征記録

回	参加大会	大会成績	団長	監督	訪問先
1		1勝3敗	山之内繁夫	中田貞三	フィリピン、タイ
2		2勝1敗1分	川口玲雄	森 貞男	シンガポール、マレーシア
3		3勝1敗	川崎富康	松本暁司	シンガポール、タイ
4		1勝3敗	宮田賢三	松本暁司	シンガポール、マレーシア
5		2勝1敗1分	小林与三次	鈴木勇作	中国
6		1勝2敗1分	魚永正	魚永正	西ドイツ、イギリス
7	第39回ベリンツォーナ大会6位	1敗3分	松浦利夫	倉岡誠親	オランダ、スイス
8	第40回ベリンツォーナ大会5位	2勝2敗	松浦利夫	勝沢要	オランダ、スイス
9	親善試合のみ		川口玲雄	三沢好章	オランダ、西ドイツ
10	第42回ベリンツォーナ大会7位	1勝3敗	川口玲雄	横森巧	オランダ、スイス
11	第21回デュッセルドルフ大会6位	4分	加藤三郎	勝沢要	オランダ、西ドイツ
12	第44回ベリンツォーナ大会7位	1勝3敗	加藤三郎	古沼貞雄	オランダ、スイス
13	第23回デュッセルドルフ大会8位	1勝3敗1分	加藤三郎	古沼貞雄	オランダ、スイス
14	ブルガリアユース代表と引き分け		鈴木勇作	高橋正弘	オランダ、ブルガリア
15	第25回デュッセルドルフ大会6位	2勝2敗1分	鈴木勇作	望月保次	オランダ、スイス
16	第48回ベリンツォーナ大会3位	3勝1敗1分	鈴木勇作	山成宣彦	西ドイツ、スイス
17	第27回デュッセルドルフ大会4位	1勝2敗1分	三澤好章	沢村哲郎	スイス、西ドイツ
18	第50回ベリンツォーナ大会4位	2勝2敗	加藤三郎	小泉敏治	西ドイツ、スイス
19	第29回デュッセルドルフ大会5位	3勝1敗	馬越敏行	栗屋昌俊	スイス、ドイツ
20	第52回ベリンツォーナ大会3位	3勝1敗	清水眞事	古沼貞雄	ドイツ、スイス
21	第31回デュッセルドルフ大会5位	1勝1敗2分	高田久行	長谷川三二	スイス、ドイツ
22	第54回ベリンツォーナ大会7位	1勝3敗	高田久行	天久弘	ドイツ、スイス
23	第33回デュッセルドルフ大会7位	1勝1敗3分	三澤好章	志波芳則	スイス、ドイツ
24	第56回ベリンツォーナ大会優勝	3勝1敗	山成宣彦	林義親	ドイツ、スイス
25	第35回デュッセルドルフ大会2位	4勝1敗1分	高田久行	久下恭功	スイス、ドイツ
26	第58回ベリンツォーナ大会3位	3勝1敗	上野二三一	逢坂利夫	ドイツ、スイス
27	第37回デュッセルドルフ大会9位	1敗3分	伊藤克臣	上間政彦	スイス、ドイツ
28	第60回ベリンツォーナ大会3位	2勝2敗	天久弘	加藤栄治	ドイツ、スイス
29	第39回デュッセルドルフ大会3位	4勝 1分	平山隆造	今泉守正	スイス、ドイツ
30	第62回ベリンツォーナ大会3位	3勝1敗	天久弘	齋藤重信	ドイツ、スイス
31	第41回デュッセルドルフ大会3位	3勝 2分	徳永哲彦	樋口士郎	スイス、ドイツ
32	第64回ベリンツォーナ大会2位	1勝2敗2分	上野二三一	平 清孝	ドイツ、スイス
33	第43回デュッセルドルフ大会5位	2勝1敗1分	植村久	大森良夫	スイス、ドイツ
34	第66回ベリンツォーナ大会優勝	3勝1敗	秋森学	松﨑博美	ドイツ、スイス
35	第45回デュッセルドルフ大会10位	4敗	大倉健史	河崎護	スイス、ドイツ
36	第68回ベリンツォーナ大会4位	2勝1敗2分	栗原鏡成	悦勝公豪	ドイツ、スイス
37	第47回デュッセルドルフ大会9位	3敗1分	大倉健史	砂金伸	スイス、ドイツ
38	第70回ベリンツォーナ大会7位	1勝3敗	樋川利雄	大浦恭敬	ドイツ、スイス
39	第49回デュッセルドルフ大会5位	2勝2敗1分	中川潔	平岡和徳	スイス、ドイツ
40	第72回ベリンツォーナ大会7位	1勝2敗1分	横田智雄	山下正人	ドイツ、スイス
41	第51回デュッセルドルフ大会優勝	4勝 2分	栗田和彦	野村雅之	スイス、ドイツ
42	第52回デュッセルドルフ大会8位	1勝3敗	滝本寛	山田耕介	ドイツ
43	第53回デュッセルドルフ大会6位	2勝3敗	松田司	大野聖吾	オランダ、ドイツ
44	第54回デュッセルドルフ大会3位	4勝1敗1分	横田智雄	早稲田一男	オランダ、ドイツ
45	第55回デュッセルドルフ大会5位	3勝1敗1分	栗田和彦	黒田剛	オランダ、ドイツ
46	第56回デュッセルドルフ大会優勝	3勝 3分	田内成人	平野直樹	オランダ、ドイツ
47	第57回デュッセルドルフ大会6位	1勝1敗3分	三井耕	朝岡隆蔵	オランダ、ドイツ

日本高校選抜海外遠征日程

日付	区分	内容	場所
1月13日(日)	選考	1次選考会、練習試合 (vs.駒澤大学)	東京都文京区
1月24日(木)～27日(日)	選考	選考合宿、練習試合 (vs.東海大学) (vs.山梨学院大学)	静岡県御殿場市
2月13日(水)～16日(土)	強化合宿 親善試合	練習試合 (vs.専修大学) (vs.流通経済大学) FUJI XEROX SUPER CUP 2019「NEXT GENERATION MATCH」	埼玉県さいたま市
3月8日(金)～10日(日)	選考 強化合宿	練習試合 (vs.静岡産業大学) 静岡県ヤングサッカーフェスティバル(vs.静岡県ユース選抜)	静岡県静岡市
3月28日(木)～31日(日)	強化合宿	練習試合 (vs.桐蔭横浜大学) (vs.流通経済大学)	静岡県御殿場市
4月11日(木)～12日(金)	直前合宿	練習試合 (vs.VONDS市原)	千葉県市原市
4月13日(土)	出国	成田～デュッセルドルフ国際空港～バス移動でフンデローへ	日本→ドイツ→オランダ
4月14日(日)	トレーニング	エールディヴィジ試合観戦 (FC Utrecht vs. Vitesse)	オランダ・ユトレヒト
4月15日(月)	親善試合	vs.ユトレヒト	
4月16日(火)	親善試合	vs.ブレダ	オランダ・ブレダ
4月17日(水)		トーヨータイヤ訪問、デュッセルドルフへ移動	
4月18日(木)	大会	予選リーグ第1戦　vs.ボルシア・メンヘングラードバッハ	ドイツ・デュッセルドルフ
4月20日(土)		予選リーグ第2戦　vs.ヴェルダー・ブレーメン 予選リーグ第3戦　vs.アイントラハト・フランクフルト	
4月21日(日)		予選リーグ第4戦　vs.スポルティング・クルーベ・デ・ブラガ（ポルトガル）	
4月22日(月)		5・6位決定戦　vs.エバートン（イングランド）	
4月23日(火)	観光	デュッセルドルフ市内観光	ドイツ・デュッセルドルフ
4月24日(水)	帰国	デュッセルドルフ～成田	ドイツ→日本

写真／レポート　小林洋

57. Internationales U19-JUNIOREN FUSSBALL-TURNIER

2019年4月13日〜4月24日　平成30年度 第47回日本高校選抜海外遠征

▲三井耕団長はプレゼンターとして表彰式に登場
◀6位表彰を受ける飯田雅浩キャプテン。自身海外遠征の経験をしているが、今回の高校選抜海外遠征で改めて世界の壁を痛感する結果に
▶ベストFW賞を受賞した宮崎純真。全国4058校、16万人の高校サッカー部員の代表として意地を見せた

オランダ調整合宿

デュッセルドルフ国際空港から専用バスで2時間。設備・自然環境ともに整ったフレッチャー・ホテル・ヴィクトリアの宿泊棟から練習場の天然芝グラウンドまで徒歩1分。恵まれたサッカー環境下で集中したトレーニングを行い、チームは順調な仕上がりを見せた。

▶デュッセルドルフ入り後、地元のフォルトナ・デュッセルドルフで活躍する宇佐美貴史選手の激励を受けた

◀オランダではユトレヒト対フィテッセの試合を観戦。ヨーロッパの力強さとスピードを目の当たりにし、大会へのモチベーションを高めた

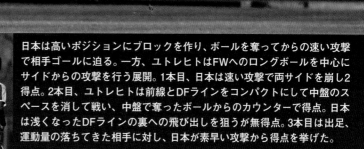

4月15日　16:30kick off
FC Utrecht
ユースメインスタジアム
親善試合第1戦
30分×3本

日本
高校選抜　　**7**

ユトレヒト　**2**

日本は高いポジションにブロックを作り、ボールを奪ってからの速い攻撃で相手ゴールに迫る。一方、ユトレヒトはFWへのロングボールを中心にサイドからの攻撃を行う展開。1本目、日本は速い攻撃で両サイドを崩し2得点。2本目、ユトレヒトは前線とDFラインをコンパクトにして中盤のスペースを消して戦い、中盤で奪ったボールからのカウンターで得点。日本は浅くなったDFラインの裏への飛び出しを狙うが無得点。3本目は出足、運動量の落ちてきた相手に対し、日本が素早い攻撃から得点を挙げた。

日本はスリーラインのブロックを作り高い位置からプレスを仕掛ける。ブレダはGKからのビルドアップを行い、中盤からのロングボールで両サイドを攻める。1本目、日本は攻守の切り替えの早さで相手を上回り優位にゲームを進める。2本目に入ると、相手のプレスが弱くなったところで前を向くシーンを増やし得点を奪った。3本目に入り日本は全体的なプレスのスピードは落ちたものの、ボールを高い位置で奪ってからのシュートを見せ3得点した。

4月16日　16:00kick off
NAC Breda
ユースAフィールド
親善試合第2戦
30分×3本

日本
高校選抜　　**4**

NACブレダ　**0**

予選リーグ第1戦

4月18日　19:00Kick Off ／ Stadion an der RossstraBe BV04
得点者：染野（24分）、宮崎（48分）

日本
高校選抜　**2**

**ボルシア・
メンヘングラードバッハ**　**1**

試合前に遠藤航（シント=トロイデン／ベルギー）が激励に訪れ、選手たちにユニフォームを配った

GK	飯田雅浩		松尾勇佑	FW	宮崎純真
DF	豊島基矢	MF	天笠泰輝		染野唯月
	白井陽貴		バスケスバイロン		
	岡井駿典		▶鈴木唯人		
	西田翔央		秋山裕紀		

前回大会決勝のカード。25分ハーフの前半、日本は縦パスからのドリブルの仕掛けでチャンスを作る。ドリブルの仕掛けから生まれたFKを染野が直接決めて先制。後半、ボルシアはワンタッチプレーで局面を崩し日本ゴールに迫る。さらに高さを活かしたセットプレーは脅威だったが身体を張ったプレーでゴールを死守。日本はミスを突かれ同点にされるが、前掛かりになった相手守備の裏側を狙った宮崎がチャンスを作り決勝点を挙げた。

日本の大会初ゴールは染野の直接FKから。
喜びが弾ける

予選リーグ第2戦

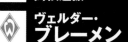

日本 高校選抜		**1**
ヴェルダー・ブレーメン		**3**

GK	飯田雅浩		MF	松尾勇佑
DF	豊島基矢			天笠泰輝 ▶ 染野唯月
	岡井駿典			バスケスバイロン
	西田翔央			秋山裕紀 ▶ 大石悠介
				水野雄太 ▶ 白井陽貴
				武田英寿
			FW	宮崎純真 ▶ 鈴木唯人

両チームともにGKを含めたビルドアップを行う。その中で日本は、細かいパス回しから縦パスを狙って攻める。一方、ブレーメンは中盤が前を向くと縦へ速い攻撃を仕掛ける。前半、相手スローインからサイドを崩され失点。さらにロングスローから2失点目を喫す。後半もブレーメンが出足の早さと球際の強さ、さらにサイドでの細かい崩しを見せてゴールに迫る。日本は終了間際の細かいパス回しからの1得点にとどまった。

守備のバランスを崩したところをつけこまれ3失点。
DF豊島は試合後がっくりと肩を落とす

予選リーグ第3戦

日本 高校選抜	**1-1**	アイントラハト・フランクフルト

日本はFWへの縦パスを積極的に狙い、フランクフルトは中盤からのロングボールでサイドを突く展開。後半、日本はワンタッチのパス回しからチャンスを狙う。宮崎のカウンターからのドリブルシュートで先制したが、フランクフルトは出足よくボールを奪ってからのカウンターと両サイドからのクロスでゴールに迫る。GKの好セーブにも助けられフランクフルトの攻撃を1点に凌ぎ、引き分けに。

GK	飯田雅浩		MF	松尾勇佑
DF	豊島基矢			天笠泰輝 ▶ 武田英寿
	白井陽貴			バスケスバイロン
	岡井駿典			秋山裕紀 ▶ 鈴木唯人
	西田翔央		FW	宮崎純真
				染野唯月

後半、先制ゴールを挙げた宮崎。ペースを握られた中でのカウンターから貴重な得点

WWW.U19-CUP.DE

予選リーグ第4戦

4月21日　15:00Kick Off
Stadion an der RossstraBe BV04
得点者：天笠（30分）

 日本
高校選抜 **1-1** **SC ブラガ**

GK	飯田雅浩		MF	松尾勇佑
DF	豊島基矢 ▶ 大石悠介			天笠泰輝
	岡井駿典			バスケスバイロン
	西田翔央			秋山裕紀
	後藤裕二		FW	宮崎純真
				鈴木唯人

日本はDFラインの裏への飛び出しや、サイドスペースのドリブル突破を行うが相手の守備を崩せない。一方、ブラガは守備のブロックを作りボールを奪うとシンプルに前にボールを運び、サイドチェンジを効果的に使って攻める。立ち上がり、クロスを押し込んだブラガが先制。後半、日本は前に出る気持ちや球際の粘り強さから、奪ったボールを早く攻撃に繋げる。天笠がミドルシュートを決めるが引き分けに終わった。

▲天笠のミドルシュートが決まり、決勝トーナメント進出への望みを繋ぐも、他チームの結果によりグループ3位に
▶予選リーグ最終日、元日本代表の藤田俊哉氏が激励に

5・6位決定戦

4月22日　13:30Kick Off
Stadion an der RossstraBe BV04
得点者：水野（14分）

 日本
高校選抜　**1** [3 PK 5] **1** エバートン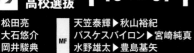

GK	松田亮
	大石悠介
DF	岡井駿典
	吉村仁志
	後藤裕二

	天笠泰輝 ▶ 秋山裕紀
MF	バスケスバイロン ▶ 宮崎純真
	水野雄太 ▶ 豊島基矢
	武田英寿
FW	鈴木唯人
	染野唯月

日本は、ワンタッチパスを絡めたリズムのいいパス回しでゲームを優位に進める。前半にサイドを崩した水野のドリブルシュートで先制。後半もボールへのアプローチと攻守の切り替えの早さからシュートチャンスを作る。一方、エバートンは選手交代によりシステムを変えFWを3人に。日本はパスミスを奪われて同点に追いつかれ、そのままPK方式へ。全員が決めたエバートンが勝利、日本の6位が決まった。

限られた出場時間の中、常に準備をしていた水野が先制点を決めた

総体 男子

感動は無限大 南部九州総体 2019 響かせろ 我らの魂 南の空へ

▲男女の決勝戦は当初予定されていた会場のピッチコンディション不良のために変更され、金武町フットボールセンター（ローン）で開催された

後半ラストプレーで決勝点！
桐光学園が悲願の初優勝！

神奈川県勢7年ぶりの日本一
富山第一は北信越勢初Vならず

桐光学園・鈴木監督が宙に舞う。「コーチングスタッフに関しては他のチームのどこにも負けない自信を持っている」と感謝

決勝戦 桐光学園 1-0 富山第一

後半ラストプレー、FW神田が腰を強く捻りながらの右足シュートを決め、直後に試合終了の笛。神田は「本当に2度ないというくらい奇跡のゴール」と喜んだ

決勝点はMF中村のインターセプトと突破が起点に。「最後振り絞って、本当に気持ちの部分で持っていった」

▶富山第一はMF牧野を中心とした5バックが決勝でも機能。的確な守備で相手に決定的なシーンを作らせなかった

120

両チームの１年生で唯一出場したMF岩根は堂々のプレー。大会優秀選手にも選出され、「これを過信にせず自信に」

前回大会は決勝で後半終了間際に追いつかれて延長戦で逆転負け。FW西川主将（10番、J1 C大阪加入）を中心に喜ぶ桐光学園の選手たち

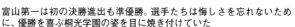

富山第一は初の決勝進出も準優勝。選手たちは悔しさを忘れないために、優勝を喜ぶ桐光学園の姿を目に焼き付けていた

優勝　桐光学園

《後列左から》奈良坂巧、桃井玲、安久レオナルド高貴、荒井ジュリアン海都、池上遼太、粟野光、庄司朗、前川壮太、北村公平、《前列左から》所新太郎、ラナイメアー祈安、中村洸太、神田洸樹、西川潤、佐々木ムライヨセフ、岩根裕哉、三原快斗

準優勝　富山第一

《後列左から》中森咲雪マネージャー、谷中春太朗、福岡輝、堀風斐、伊部眞人、清水聖己、浦崎廉、中川晟、碓井聖生、吉倉昇空、丸山以祐、牧野奏太、孝井捺希、牧優心、竹内理人、矢﨑謙介《前列左から》高橋駿斗、中村純四郎、真田滉大、広瀬翔一朗、中嶋颯樹、小森登生、高木俊希、吉藤廉、鈴木崚加、中園享成、伊石侑生、鍋田竜樹

決勝初進出懸けた熱戦
富山第一が制す
尚志は夏冬通じて「初」ならず

準決勝　富山第一 1-0 尚志

▲後半28分、富山第一はMF小森が決勝点。兄で先輩FWの飛絢は前回大会の得点王。弟・登生も全国大会で躍動した

▲富山第一のMF高木は今大会、本職とは異なるポジションのアンカーで獅子奮迅の働き。中盤の要として初の決勝進出に貢献した

▲富山第一は4試合でわずか1失点の堅守。GK中村の守るゴールをFW山内ら尚志FW陣は破ることができず

夏冬通じて初の決勝進出を目指した尚志は、2018年度選手権得点王FW染野（J1鹿島加入）が初先発。だが、シュートがポストを叩くなど無得点

第3位
尚志

《後列左から》鈴木康洋、中川路功多、松本岳士、渡邉光陽、阿部要門、神林翼、瀬齊駿登、小池陸斗、染野唯月《前列左から》吉野松輝、石塚崚太、福田隼也、郡司克翔、山内大空、坂従颯蒔、黒田陸斗、吉田奨

後半アディショナルタイム、桐光学園は
FW西川が左足で決勝点。「失点しそうな場
面でも身体を張って全員で守ってくれた」
仲間にゴールで応えた

西川潤が劇的な決勝点
桐光学園が2年連続決勝進出

京都橘は
初の決勝に
届かず

抜群のスピードを持つ左WB佐々木は、試合
終了間際の苦しい時間帯で推進力を発揮し
て左サイドを突破。決勝点をアシストした

京都橘はFW梅村（写真）や
MF佐藤らが再三ゴールに
迫ったが、桐光学園の執念
の守りの前に無得点。初の
決勝進出は果たせなかった

準決勝 桐光学園 1-0 京都橘

第3位
京都橘

《後列左から》前田宙杜、渋谷勇希、藤橋
怜士、山内琳太郎、西野太陽、旭奈滉人、
松本永遠、梅津倖風、中村青、《前列左か
ら》髙木大輝、久保成世、湊麟太郎、田中
慶吾、佐藤陽太、志知遼大、梅村脩斗、金
沢一矢

総体 女子

感動は無限大 南部九州総体 2019 響かせろ 我らの魂 南の空へ

初優勝！
沖縄の空の下で十文字輝く
日ノ本学園は2年連続決勝で涙

決勝戦 十文字 1-0 日ノ本学園

▲日ノ本学園は攻守で存在感を放ったMF上田を中心にボールを保持する時間を増やしたが、得点できず。2年連続準優勝に終わった

◀十文字は前回大会の1回戦で試合終了間際の2失点で逆転負け。だが、今年は接戦を勝ち抜いた。チームを牽引したMF三谷は「経験を活かせたなと思っています」

▲十文字は体幹トレーニングや走りのメニューに新たに取り組むなど、意識面から変えてきた成果を結果に結びつけた

▲後半30分、十文字は右FKをファーサイドの左SB月東が頭で合わせる。これが決勝点となり、「みんなの思いで決めたゴールでした」

沖縄で十文字のスカイブルーのユニフォームが舞った。年度大会で両校優勝している村田女子以来、単独では初となる夏の全国制覇。東京勢では2013

124

十文字は後半4分にＦＷ原田が右足シュートを決めて追加点。直後に失点したものの、逃げ切って初の決勝進出を果たした

先 日ノ本学園		PK	鳴門渦潮	
上田	○	1	×	岡
渡邊	○	2	○	小畑
小笠原	○	3	○	橋本
平井	○	4	×	大崎
小笠原	GK			森松

準決勝

日ノ本学園　0
鳴門渦潮　　0　[4 PK 2]

鳴門渦潮は2試合連続でPK方式を勝ち抜いて、四国勢で初となる準決勝進出。だが、3試合目のPK方式で敗退することに

日ノ本学園が3年連続決勝へ
鳴門渦潮は敗退も初の3位

十文字は1年生FW藤野が先制点。聖和学園は初の4強入りも、前回大会の常盤木学園に続く宮城県勢連覇はならず

準決勝

十文字　　2
聖和学園　1

十文字が
4度目の挑戦で初の決勝へ！
宮城県勢連覇目指した聖和学園は3位

日ノ本学園はPK方式でGK小笠原が2本をストップ。守護神の活躍で3年連続となる決勝へ駒を進めた

優勝　十文字

《後列左から》安部美楽乃、野中遥陽、落合依和、松久栞南、田頭花菜、村田莉菜、杉澤海星、長若奈、藤野あおば、《前列左から》野田明日香、濱浦李花、渡邉優、原田えな、三谷和華奈、藤田美優、月東優季乃、白尾朱寧

準優勝　日ノ本学園

《後列左3人目から》竹重杏歌理、栗田そら、小鍛治旭、嶋田華、古賀花野、山田瑞穂、箕輪千慧、川幡凪、《前列左から》上田佳奈、山下寧、野村千里、木村日咲、渡邊那奈、平井杏幸、増永朱里、中山裕香、小笠原梨紗

第3位　聖和学園

《前2列目左3人目から》葛西由依、島村美風、柳原希帆、樋川結菜、櫻井まどか、櫻井寧々、長谷川来夢、池添聖佳、《前列左から》櫻庭琴乃、佐々木美夢、齋藤智恵、平岩依々菜、宮田あすか、野中花、夏目歩実、田邉寧、大矢内陽菜

第3位　鳴門渦潮

《後列左から》森松紗羅、金澤伊純、杉岡美空、原田和佳、長谷原彩音、清悠香、古谷優理亜、大平桃、志津七海、《前列左から》勝瀬碧凪、作田梨乃、小畑羅南、大崎梨香、岡百々花、白木美涼、橋本菜月、藤川麻里萌

いきいき茨城ゆめ国体 2019
翔べ 羽ばたけ そして未来へ

上手さと逞しさ！ 静岡県が復活V！
U-16大会移行後、初の単独優勝

スタイル貫いた広島県は準優勝

決勝戦

静岡県	1
広島県	0

▼静岡県のMF東主将や広島県のMF藤野（5番）、DF西村（10番）ら実力者たちが全国決勝の舞台で技術や判断力を競い合った

▲後半20分、静岡県は左CKからCB菊地（3番）が右足ダイレクトでシュート。「自分のゴールというよりもみんなで守り抜いてたまたま自分だったというだけ」という一撃が優勝ゴールとなった

▶広島県は「最後まで全力でやり続ける」（岩成監督）という「広島スタイル」を決勝でも貫いた。敗れたものの、最近4年間で3度の決勝進出は見事

▼U-18大会時には19回優勝している静岡県だが、U-16大会に移行した2006年以降は同点優勝が1度だけ。静岡らしい上手さに加え、逞しさも表現して悲願の単独優勝を果たした

◀静岡県のMF藤原は、得意のプレスキックから決勝点を演出。今大会はスルーパスやゴール前へ潜り込んでのシュートなどで存在感を示した

▶試合前、選手たちに「ただ"勝ちたい"とかじゃなくて、感謝の気持ちを持って」と伝えたという村下監督。仲間や家族のために戦い抜いた選手たちの手で宙に舞った

3位決定戦

山口県 1-0 香川県

山口県は前半28分にFW河野が今大会4得点目となるゴール。この1点を守って勝利した。山口県は過去最高成績だった1970年大会の4位を更新

▶山口県はFW林（陸）が決勝点をアシスト。MF柳井やMF末永ら2年生たちと林（陸）ら1年生が結束して戦い、3位に

◀香川県は3位決定戦で敗れたものの、四国勢では1988年大会の徳島県以来となる4強入り。同県の最高記録を更新した

山口県が過去最高記録更新の3位！
四国勢31年ぶり4強の香川県も堂々の4位

優勝
静岡県

《後列左から》村下和之監督、福井レオナルド明、松下幸平コーチ、東廉、田端琉聖、勝又大翔、赤堀勇太GKコーチ、松柴圭トレーナー、新山真悟主務、《中列左から》大畑神唯、鈴木登偉、本保奏希、鈴木奎吾、松田隼風、鈴木啓史コーチ、《前列左から》清水和馬、杉本大雅、熊取谷一星、千葉寛汰、藤原健介、菊地脩太、金子星太

準優勝 — 広島県

《後列左から》浅藤尚GKコーチ、吉年利聖主務、波多野崇史、藤野和樹、入江大雅、香取潤、豊田将大、高柳英二郎、北奥蓮、為岡進悟、岩成智和監督、藤本祐二コーチ、甲田大二コーチ、田畑政光トレーナー、《前列左から》西村岳、森本凜、菅野翔斗、光廣健利、棚田遼、池田柚生、田部健斗、山根留偉

第3位 — 山口県

《後列左から》松井大輔監督、佐竹博・山口県サッカー協会顧問、小方天馬、紫垣慈瑛、奥野奨太、金坂励耶、河野孝汰、田中誠太郎、堀伊吹、田中一志、林晴己、徳若碧都、笠原綾也、宮部秀文・山口県サッカー協会会長、渡邉光一郎コーチ、大井健二朗トレーナー、原田光三郎GKコーチ、《前列左から》田中眞智コーチ、石上大輔コーチ、林陸也、徳本奏太、光永大晟、木村裕貴、柳井敦志、吉田光、末永章太郎、三好穂嵩、二木大志コーチ

高円宮杯

高円宮杯 JFA U-18 サッカープレミアリーグ 2019 ファイナル

同点に追いつかれてから間もない後半17分、青森山田は1年生MF松木が左足を振り抜き決勝ゴール

Jリーグユース選手権大会、日本クラブユースサッカー選手権（U-18）大会に続く「史上最強最高の」3冠を目指した名古屋グランパスU-18の猛追を振り切った青森山田。歓喜が弾ける

前半27分、左サイドからのボールを受けたMF後藤が思い切りのいいシュートで追加点。先制点を決めたFW田中。少ないチャンスをものにし、チームを勢いづけた

相手が得意とする中央からの崩しにも我慢強く対応し続けたCB箱崎はMVPに

"誠実"青森山田、3年ぶり2度目の頂点に

12月15日（日）埼玉スタジアム2○○2（晴）
（主）中井敏博　（副）金井清一、岩﨑創一

	得	S			背	背			S	得
	0	0	佐藤	GK	1	16	GK	東	0	0
	0	0	内田	DF	2	3	DF	牛澤	0	0
	0	0	神田	DF	3	15	DF	鷲見	0	0
	0	1	箱崎	DF	4	6	MF	新田邉	3	0
	0	1	藤原	DF	5	10	MF	一丸（岡崎）	1	0
	1	3	古宿	MF	6	19	MF		0	0
	1	3	松木	MF	7	2	DF	斉藤	0	0
	0	0	浦川（安斎）	MF	8	25	MF	榊原	4	0
	0	3	武田（那俄性）	MF	10	11	FW	村上	3	2
	0	0		MF	24	17	FW	武内	0	0
	1	0	後藤（得能）	MF	11	7	MF	倍井	1	0
	0	1	田中（金）	FW	13	18	FW	光田	1	0
	0	3		MF	14					
	3	13			12	GK	12		15	2
					3	CK	3			
					14	FK	14			
					0	PK	0			

青森山田高校	3	(2-1 / 1-1)	2	名古屋グランパスU-18
（プレミアEAST1位）				（プレミアWEST1位）

【得点経過】
前半　12分　〔青〕TI内田→（相手FP）（こぼれ球）田中HS
　　　27分　〔青〕松木→浦川→後藤S
　　　41分　〔青〕斉藤→榊原→村上～S
後半　14分　〔名〕倍井→田邉→村上S
　　　17分　〔青〕古宿→（相手FP）（こぼれ球）松木S

▼警告　〔名〕鷲見

青森の雪国の環境を武器に「24時間365日誠実に積み上げていく」。「エリートに成長率で勝とう」（黒田監督）と誓った姿勢が結実。高体連代表としての底力を見せた

総体 男子

令和元年度 全国高等学校総合体育大会
2019 JAPAN INTER HIGH SCHOOL ATHLETIC MEET

感動は無限大 南部九州総体 2019
響かせろ 我らの魂 南の空へ

決勝の関東決戦は3年連続でストップ
富山第一は北信越勢12年ぶりの決勝進出

▲開会式で沖縄第1代表・那覇西のDF仲程主将が選手宣誓。「大好きなサッカーができているということに感謝の思いを新たにしたい」と語り、正々堂々とプレーすることを誓った

▲各校が暑さ対策をして臨んでいた南国・沖縄での総体。飲水タイムではピッチの選手たちに素早く水分が手渡されていた

沖縄の「護り神」シーサー。沖縄県内各地の建物の門や屋根に見られたが、試合会場では選手の健康も守られていた

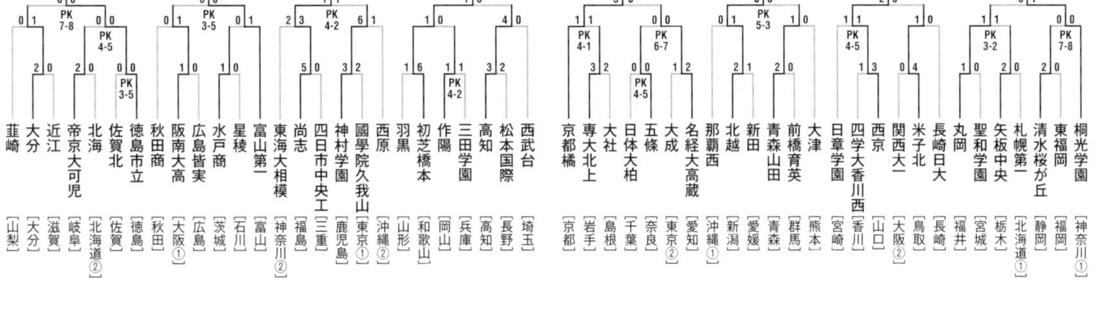

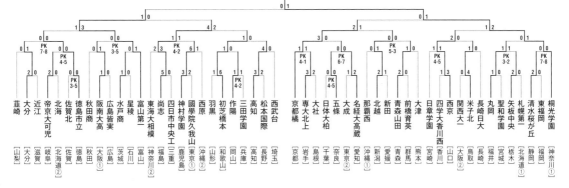

総体 男子 初出場校明暗分かれる
専大北上は競り勝つも
大成は初陣飾れず

1回戦

大分 2-0 近江

大分は後半19分、FW堤が左足で先制点を奪う。堤は31分にも決めて2得点の活躍。近江は全国大会初勝利ならず

帝京大可児 2-0 北海

FW横井内（14番）のゴールを喜ぶ帝京大可児の選手たち。帝京大可児は3年ぶりとなる1勝を挙げた

▲徳島市立はPK方式でMF平からMF阿部まで5人全員が成功。4年ぶりの初戦突破を喜んだ

▲徳島市立はPK方式突入直前にGK中川からGK米田（右）へスイッチ。いずれもハイレベルなGKによるリレーで佐賀北に重圧をかけ、2回戦進出

先 徳島市立		PK	佐賀北	
平	○	1	×	立花
土田	○	2	○	北川
川人	○	3	○	江頭
佐野	○	4	○	田中
阿部	○	5		
米田		GK		井崎

徳島市立 0 [5] / 佐賀北 0 [3] PK

阪南大高 1-0 広島皆実

今年は過去2年と異なり、大阪1位で総体に出場した阪南大高。FW篠畑の挙げたゴールを手堅く守り、2回戦進出

水戸商 1-0 星稜

水戸商は推進力のあるFW佐川（留偉）ら各選手がハードワークを徹底、星稜をシュート1本に封じた

8年ぶりに総体に出場した〝古豪〟水戸商が名門・星稜を撃破。ベンチの選手たちも待ちに待った瞬間を喜んだ

初芝橋本 6
羽黒 1

初芝橋本は前半7分、FW大谷（10番）のアシストからMF西淵（14番）が先制ゴール。ショートカウンターを中心に大量6得点を挙げた

尚志 5-0 四日市中央工

エースFW染野がベンチスタートだった尚志だが、代役として先発した2年生FW阿部のゴールなどで快勝

神村学園 3-2 國學院久我山

▶後半16分、トリッキーなFKから抜け出したMF樋渡が決勝点。テクニカルなチーム同士の一戦は神村学園が制した
▼関東王者の國學院久我山相手に神村学園が3得点。前半終了間際には相手のパスをインターセプトし、最後はFW寺田（12番）が勝ち越しゴール

高知 3-2 松本国際

後半14分にMF吉尾がヘディングシュートを決めるなど、常に先手を取った高知が松本国際を振り切った

専大北上 3-2 大社

夏冬通じて全国大会初出場の専大北上が初戦突破。MF菊地は前半だけで2得点を叩き出し、チームを勢いづけた

作陽 1 〔4 PK 2〕 三田学園 1

先 作陽	PK	三田学園
川上 ○	1	○ 森田
吉澤 ×	2	× 森山
柳川 ○	3	○ 髙川
中野 ○	4	× 天野
竹村 ○	5	
沖本	GK	指川

作陽MF川上（右）と三田学園MF森田の両主将が激しく競り合う。PK方式までもつれ込んだ隣県対決は作陽が2回戦へ

名経大高蔵 2-1 大成

FW辻の先制PKなどでリードを奪った名経大高蔵が全国大会初勝利。初出場の大成は13本のシュートを放つも1得点に終わり、初戦敗退

五條 0 〔5 PK 4〕 日体大柏 0

先 日体大柏	PK	五條
長崎 ×	1	× 池田
冨沢 ○	2	○ 井澤
粕加屋 ○	3	○ 岸本
佐藤 ○	4	○ 瀬羅
寺田 ○	5	○ 辰巳
伊藤 ×	6	○ 中尾
渋井	GK	中尾

PK方式で五條GK中尾が日体大柏6人目をストップ。全国大会初勝利を飾った。千葉県予選で市立船橋、流経大柏を破った日体大柏は初戦敗退に

北越 2-1 新田

12年ぶり出場の北越は交代出場のMF三島（左）が決勝点。新潟県勢8年ぶりとなる初戦突破を果たした

▶青森山田の1年生MF松木は試合終盤でも強度の高いプレーを継続。名門を牽引した

青森山田 2-0 前橋育英

▲2016、2018年度選手権優勝の青森山田と2017年度選手権優勝の前橋育英が初戦で激突。相手よりも1m、2m多く走ろうとした青森山田が注目対決を制した

西京　　　　　3
四学大香川西　1

試合前から降っていた雨が強さを増し、水たまりもできる中での戦いに。悪コンディションを有効活用し、相手の背後を狙い続けた西京が3発勝利

丸岡 1-0 聖和学園

前半25分、丸岡は相手DFラインの背後に抜け出したFW田海が先制ゴール。エースはチームの好守に感謝した

米子北 4-0 関西大一

米子北の2年生FW崎山が地元・沖縄で躍動。友人や恩師も見守る中でハットトリックの大暴れ

矢板中央 2 / 札幌第一 0

矢板中央は持ち前の堅守を発揮し、被シュート3本で完封発進。前半アディショナルタイムにはMF柿崎が先制点を決めた

清水桜が丘 2-0 東福岡

◀清水桜が丘FW黒田が身体を張ってボールをキープする。後半5分には彼のアシストから先制点が生まれた

▼清水商の伝統を受け継ぐ清水桜が丘がMF古長谷（8番）の2得点によって初戦突破。プレミアリーグ勢の東福岡はMF荒木主将（J1鹿島加入）を怪我で欠いたのが響いて初戦敗退

6試合がPK方式で決着
1点差試合も8試合
暑さの中でロースコアゲーム続出

大分 1-0 韮崎

ハードワークを軸に全国復帰を果たした韮崎に封じられていた大分だったが、後半35分にFW菊地が決勝点。公式記録上は1本のシュートで白星を挙げた

徳島市立 0 | 5 PK 4
帝京大可児 0

徳島市立はMF川人、DF田内、DF渡邉を中心に被シュート1本で無失点。初戦に続き、GK中川からGK米田へリレーする"方程式"もハマり3回戦へ

先 帝京大可児		PK	徳島市立	
遠藤	×	1	×	土田
関根	×	2	○	川人
冨田	○	3	×	平
前川	○	4	○	中田
神戸	○	5	○	阿部
渡邊	○	6	○	大野
長谷川	×	7	○	佐野
牧田		GK		米田

阪南大高 1-0 秋田商

DF高木やGK中本を中心とした堅守に支えられた阪南大高は後半27分にMF中村が決勝点。伝統校を振り切って3回戦進出

富山第一 1 | 水戸商 0

前回大会8強の富山第一は5バックの手堅い守りで水戸商の攻撃を封鎖。後半16分にMF小森が値千金の1点を奪った

尚志 3-2 東海大相模

尚志が2度先行し、東海大相模が追いつく展開となった撃ち合いは、尚志のレフティー・MF小池の左足シュートで決着

関係者以外ご遠慮下さい。

神村学園 6
西原 1

神村学園は「チャンスがあれば点を獲ったり、チームが助かるプレーをしたい」と語るエースMF濵屋が3得点。チームを3回戦へ導いた

初芝橋本 1
作陽 0

初芝橋本は試合終了5分前の後半30分にPKを獲得。キッカーを任されたFW名願は決意を固めてから、右足を振り抜いて決勝点

高知 4-0 西武台

高知がMF小黒やMF吉尾を中心としたパスワークで埼玉王者を翻弄。後半アディショナルタイムにはCB林が頭で4点目のゴール

京都橘 1
専大北上 1

$\begin{bmatrix} 4 \\ PK \\ 1 \end{bmatrix}$

先 京都橘	PK	専大北上
佐藤 ○	1	× 岩渕
梅村 ○	2	× 千田
髙木 ○	3	○ 菅原
志知 ○	4	
中村	GK	高橋

大会を通じて「攻守にわたってチームを引っ張っていけたかなと思う」と語る京都橘MF佐藤は、各試合で際立つ存在感。初戦ではPK方式1人目で登場して成功

▶2度目の出場でベスト16入りと躍進。勝利に大興奮のGK古橋ら名経大高蔵イレブン
▼8人目までもつれ込んだPK方式は名経大高蔵のGK古橋が好セーブ。激闘に決着をつけた

先	五條	PK		名経大高蔵
	中山 ○	1	○	辻
	菅田 ○	2	○	沢田
	池田 ○	3	○	花木
	辰巳 ○	4	○	藤本
	井澤 ○	5	○	岩松
	中尾 ○	6	○	杉田
	井本 ×	7	×	亀山
	米川 ×	8	○	大屋
GK	中尾			古橋

名経大高蔵 0 五條 0 〔7 PK 6〕

北越 1 那覇西 0

北越の2年生MF安藤が右足シュートを撃ち込む。後半、開催県代表の那覇西にシュート7本を浴びせた北越が1-0で勝利

青森山田 1 大津 0

プレミアリーグEASTで首位の青森山田とプレミアリーグWESTで高体連トップの3位につけていた大津との注目対決。FW田中の決勝点によって青森山田が制した

西京 1 [5 PK 4] 1 日章学園

後半アディショナルタイムにCB原田（廉）のゴールで追いついた西京がPK方式の末に勝利。諦めない姿勢が白星に結びついた

先 日章学園		PK	西京	
鈴木	○	1	○	原田（廉）
後藤	○	2	○	原田（聖）
濱松	×	3	○	山下
中別府	○	4	○	三崎
阿部	○	5	○	石澤
清原	GK		恒富	

日章学園にシュート14本を撃たれた西京だが、各選手が身体を張るなど粘り抜いて3回戦へ

丸岡は1年時からゴールを守るGK倉持が活躍。全国デビューだった2年前の総体でもPK方式で活躍した守護神が3回戦進出に貢献

丸岡 1 [3 PK 2] 矢板中央 1

先 丸岡		PK	矢板中央	
遠藤	○	1	×	霞見
川中	○	2	×	多田
藤本	×	3	○	左合
飯田	○	4	○	加藤
田海	×	5	×	長江
倉持	GK		溝口	

米子北 1 長崎日大 0

米子北は前半23分にFW中田が先制ゴール。憧れの選手について「（尚志の）染野選手です」と挙げる2年生がチームを3回戦へ導いた

桐光学園 0 [8 PK 7] 清水桜が丘 0

先 清水桜が丘		PK	桐光学園	
松永	○	1	○	西川
村上	○	2	○	佐々木
古長谷	○	3	○	神田
望月	○	4	○	安久
野牧	○	5	○	奈良坂
安部	○	6	○	岩根
前田	○	7	○	中村
宇山	×	8	○	所
藤原	GK		北村	

桐光学園GK北村がPK方式8人目をストップ。「PKは練習もしていたので、この方向に来たら絶対に止められると思っていた」というセービングで白星を引き寄せた

総体 男子

北越が青森山田をPK方式で下して初の8強

中国地域勢対決制した西京、3試合連続0-0PK方式制した徳島市立なども準々決勝へ

3回戦

先 大分		PK	徳島市立	
菊地	○	1	○	野口
永松	○	2	○	中田
福井	○	3	○	阿部
瀬藤	○	4	○	土田
重見	○	5	×	川人
森山	○	6	○	田内
重石	×	7	×	平
佐藤(芳)	○	8	○	佐野
大神	○	9	○	米田
前園	×	10	○	渡邉
塩治	GK		米田	

▲GK米田の活躍が光る一方、徳島市立は先発GK中川も身体能力の高さを活かしてゴールを死守。3試合連続無失点でゴールを米田にバトンを渡している

徳島市立 0 [8 PK 7] 0 大分

▲PK方式10人目までもつれ込んだ激闘は、GK米田の活躍などで徳島市立が勝利。米田は初戦から3試合連続でPK方式勝利に貢献している"PK職人"

尚志 1 [4 PK 2] 神村学園 1

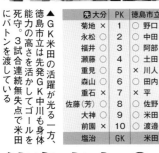

先 尚志		PK	神村学園	
染野	○	1	×	中島
中川路	○	2	×	大迫
小池	×	3	○	濵屋
郡司	○	4	○	樋渡
山内	○	5		
鈴木	GK		吉山	

尚志はFW染野のスルーパスで抜け出したFW山内が左足シュートを決めて同点。エースが万全ではない中、チームを牽引した山内は大会得点王に輝いた

富山第一 0 [5 PK 3] 0 阪南大高

先 富山第一		PK	阪南大高	
高木	○	1	○	高木
真田	○	2	×	北村
碓井	○	3	○	富岡
牧野	○	4	○	橋本
吉藤	○	5		
中村	GK		フーガル	

ともに今大会無失点のチーム同士の戦いは互いに譲らず、0-0のままPK方式へ。5人全員が成功した富山第一が2年連続でベスト8入りを果たした

初芝橋本 1-0 高知

初芝橋本は阪中監督が厚い信頼を口にする南條、高谷の両SBに加え、MF河井ら各選手が奮闘。1-0でベスト8進出を果たした

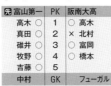

京都橘	3
名経大高蔵	0

「インターハイで自分のドリブル、前への推進力が通用すると分かった」という京都橘FW梅村は3得点の大暴れ。京都橘は2年ぶりの8強入り

北越 1 [5 PK 3] 1 青森山田

先 北越	PK	青森山田
庄内 ○	1	× 藤原
加藤 ○	2	○ 武田
浅野 ○	3	○ 古宿
藤吉 ○	4	○ 神田
安藤 ○	5	
平山	GK	佐藤

▲北越は後半13分、右の快足SB藤吉のラストパスからFW庄内が先制ゴール。今大会無失点の青森山田ゴールをこじ開けた

▶北越はPK方式で2年生GK平山が青森山田1人目のシュートをストップ。5人全員が決めて、新潟県勢8年ぶり、北越にとっては初の準々決勝進出を果たした

西京 2-0 米子北

西京は1-0の試合終了間際に交代出場DF横山が2点目のゴール。中国地域勢対決を制した田邊監督は、「学校として初めて一つ前に進めた」と初の8強入りを喜んだ

桐光学園 1-0 丸岡

桐光学園は前半終了間際に右SB前川が右足で決勝点。FW西川に注目が集まる中、前川やCB奈良坂、GK北村といった2年生の活躍も桐光学園の進撃を支えた

総体 男子

準々決勝

富山第一、尚志、京都橘が 初の4強入り!

桐光学園は2年連続で準決勝進出
初の4強入り狙った北越、西京は惜敗

富山第一 3-1 徳島市立

▲富山第一はセットプレーで2点を先取した一方で鈴木、碓井の2トップが迫力ある動き。後半14分には鈴木が自ら獲得したPKを決める

▲初の4強入りを懸けた富山第一は前半4分、左WB真田の右CKからDF丸山が先制ヘッド。今大会3試合無失点の徳島市立ゴールを破った。徳島市立はMF大野が今大会チーム初得点を挙げるも準々決勝敗退に

尚志	4
初芝橋本	2

▶2006年大会以来となる準決勝進出を目指した初芝橋本は1-4の後半6分にFW大谷が追撃ゴール。敗れたものの、シュート数では尚志を上回った

◀尚志は前半31分にDF吉田のCKからDF渡邊が同点ゴールを決める。尚志はセットプレーによる4得点で福島県勢初の4強入りを果たした

京都橘　2
北越　　1

◀2度目の準々決勝に臨んだ京都橘はFW梅津の先制点でリードを奪うと、前半終了間際にもMF湊が加点して勝利。同校にとって初、京都府勢として2年連続となる4強入りを決めた

▼新潟県勢初となる4強入りに挑戦した北越は惜敗。だが、後半終了間際にFW庄内が右足で1点を奪い、意地を見せた

桐光学園　2
西京　　　1

▶粘り強い戦いを見せた西京が健闘も、桐光学園が後半アディショナルタイム6分の決勝点によって2年連続の準決勝進出

◀桐光学園は、前回大会準々決勝で5人抜きのゴールやハットトリックを達成しているFW西川が、今年も準々決勝で2得点の活躍

第1回戦 7月26日（金）恩納村赤間運動場（晴）

（主）佐藤廉太郎　（副）小田昂佑、屋比久賢明

大分 2 (0-0 / 2-0) 0 近江
（大分県）　　　　　　　　（滋賀県）★

得	S	学		背			背		学	S	得
0	0	①	塩治	12	GK		1	田中	③	0	0
0	0	②	竹谷	2	DF		3	青山	③	0	0
0	0	③	福井	4			6	末井	③	0	0
0	0	❸	佐藤	5							
0	0	③	重石	6							
0	0		（長澤）	13							
0	0	③	永松	7	MF		4	樽井	②	1	0
0	0	③	重見	8			14	（岡島）	②	0	0
0	1	③	瀬藤	14			5	那須	②	0	0
							8	富板	②	1	0
							9	金田	③	2	0
							10	森	②	1	0
							17	前田	③	1	0
							2	（今若）	③	1	0
0	1	③	森山	9	FW		11	山中	❷	1	0
0	0	③	（大神）	15			16	幸林	①	1	0
0	3	③	菊地	10			7	（宮田）	②	0	0
2	4	②	堤	11							

2	9			7	GK	4			8	0
				3	CK	4				
				14	FK	6				
				0	PK	0				

【得点経過】
後半19分〔大〕永松→堤〜S
〃31分〔大〕堤S

▼警告
〔大〕福井
〔近〕那須

■凌ぎ続けチャンスをものにした大分

立ち上がりから大分はDFラインとMF永松を経由しながらボールを動かし、相手DFラインの背後に効果的なロングボールを入れ押し込む。ロングボールで近江DFが下がったスペースを、FW菊地を中心としたドリブル、ショートパスでチャンスを窺う。対する近江は巧みなボールさばきで両サイドから高い位置に侵入していくが、ゴール前でのミスが多く決定機に繋がらない。後半立ち上がりから近江がアタッキングサードで人数をかけ、MF森のミドルシュートやアイディアにあふれたセットプレーで主導権を握るが、大分が一人一人の粘り強い守備で耐えしのぐ。苦しい時間帯を耐えながら、近江の不用意なパスミスからのカウンターに抜け出したFW堤が近江DFを振り切り先制。その後近江も幾度となく大分ゴールに迫るが身体を張った守備を崩せない。ハードワークした大分が追加点を奪い、初戦を突破した。
戦評　有田和平（呉武田学園呉港高校）

第1回戦 7月26日（金）金武町陸上競技場（晴）

（主）中川愛斗　（副）大嶺俊、石川広武

帝京大可児 2 (1-0 / 1-0) 0 北海
（岐阜県）　　　　　　　　（北海道第2）★

得	S	学		背			背		学	S	得
0	0	③	安江	1	GK		1	澁谷	②	0	0
0	0	❸	神戸	2	DF		3	松本	❸	0	0
0	0	③	犬飼	3			5	水上	②	0	0
0	0	③	前川	5			12	坂本	③	0	0
0	0	③	糸魚川	4							
0	1	③	力武	6	MF		2	薮中	③	0	0
0	1	③	冨田	8			6	（大澤）	③	0	0
1	1	③	大石	11			7	吉川	③	0	0
0	0	③	（渡邊）	10			8	芝西	③	2	0
							10	杉山	③	0	0
							15	（井波）	③	0	0
							13	小林	③	0	0
0	1	③	関根	7	FW		9	廣瀬	③	1	0
0	0	③	（遠藤）	16			11	（中野）	②	0	0
0	2	③	松下	9			14	湊	②	0	0
0	0	③	（長谷川）	15			16	（金田）	③	0	0
1	3	③	横井内	14							
0	0	③	（三品）	13							

2	9			4	GK	11			3	0
				6	CK	3				
				12	FK	10				
				0	PK	0				

【得点経過】
前半27分〔帝〕CK横井内→（相手FPクリア）（こぼれ球）大石S
後半15分〔帝〕松下→横井内〜S

■帝京大可児、流れを得点に結び付ける

一人一人が人に強く、粘り強く守る守備からボール奪取後素早く前線に繋ぎ勝負を仕掛ける帝京大可児。マークの確認とボール状況をしっかり見る良い準備から素早くプレスをかけて簡単に裏を蹴らせず、奪ったボールを前向きで角度あるサポートとタイミングの良い動きから仕掛けていく北海。前半クーリングブレイク後、前線の距離感や流動性、パス回しのテンポが良くなった帝京大可児がサイドを起点に仕掛け始める。そして27分、右CKからのクリアボールのこぼれ球をMF大石が巧みにゴール右隅に流し込み先制に成功。後半に入りさらに帝京大可児が攻勢を強める。両SBが豊富な運動量で相手陣地への侵入を繰り返すと15分、帝京大可児FW松下と大石が距離を縮めたところ、北海DF松本と水上が引き寄せられ、空いた背後のスペースに帝京大可児FW横井内が抜け出し、鋭いカットインからGKをよく見てゴール右隅に流し込み追加点を奪った。
戦評　東当一哉（中部商業高校）

第1回戦 7月26日（金）南城市陸上競技場（晴）

（主）伴勇　（副）高橋海星、玉城剛

佐賀北 0 (0-0 / 0-0) 0 徳島市立
（佐賀県）　3 PK 5　（徳島県）★

得	S	学		背			背		学	S	得
0	0	③	井崎	1	GK		1	中川	③	0	0
							17	（米田）	③	0	0
0	0	③	北川	2	DF		2	二宮	③	0	0
0	0	③	江頭	3			3	土田	③	1	0
0	0	②	一ノ瀬	4			14	田内	③	0	0
0	0	②	伊東	5							
0	1	③	（小副川）	14							
0	0	③	（小野）	15							
0	0	③	立花	8	MF		5	川人	③	0	0
0	3	❸	松岡	10			6	平	③	0	0
0	0	③	（光岡）	6			8	佐野	③	0	0
0	1	②	松本	11			10	阿部	❸	1	0
							11	野口	③	0	0
							13	（中田）	③	0	0
0	0	③	板橋	7	FW		7	槙野	③	1	0
0	0	③	田中	9			15	（大野）	③	0	0
0	0	②	秀島	12			9	木村	③	0	0
							16	（前川）	②	0	0

0	5			8	GK	6			4	0
				1	CK	2				
				20	FK	6				
				0	PK	0				

▼警告
〔徳〕前川

■互いにペース摑むも決め切れずPK方式へ

佐賀北は1-4-4-2、徳島市立は1-3-4-3のシステムでキックオフ。徐々に徳島市立が落ち着いてDFラインでボールを動かし始めると、前線の3枚の連動した動き出しでギャップを作り出し、背後やDFラインとボランチの間へのパスを受ける回数が増える。それに対して佐賀北は身体を張った集結した守備でシュートを撃たせない。後半、佐賀北はCBに替えてMFを投入しシステムを1-3-4-3に変更し、徳島市立のシステムに合わせてポジションのズレをなくそうという狙いが見られる。互いのシステムが同じになったことにより、徳島市立は前半のようなギャップを作り出せなくなる。佐賀北は前線が3枚になったことでお互いの距離が縮み前線でボールが収まるようになり、ペースを握り始める。徳島市立は右サイドよりロングスローと見せかけたリスタートからクロスを送り、ファーサイドで合わせるが佐賀北GK井崎のファインセーブに阻まれ、決め切ることができない。その後も互いに決め手を欠きPK方式となる。1人目が失敗した佐賀北に対し、全員成功させた徳島市立が2回戦に駒を進めた。
戦評　吉嶺文啓（KBC学園未来高校沖縄）

第1回戦　7月26日(金)　西原町民陸上競技場(晴)

(主)原崇　(副)比嘉功太, 喜友名朝和

阪南大高 1(1-0 / 0-0)0 広島皆実
（大阪府第1）　　　　　　　　（広島県）★

得	S	学		背		背		学	S	得
0	0	③	中本	1	GK	1	藤岡	③	0	0
0	0	③	橋本	2	DF	2	山根	③	0	0
0	0	③	北村	4		3	蔵本	③	0	0
0	0	❸	高木	6		4	板舛	❸	0	0
0	1	②	小西	3		5	石村	③	0	0
0	0	③	富岡	8	MF	8	赤道	③	0	0
0	1	③	中村	13		10	田中	③	1	0
0	1	②	田井	15		14	岡平	③	0	0
0	0	③	(松野)	11		15	坂田	③	0	0
0	0	②	柳	16		12	(山名)	③	1	0
						16	田部	③	0	0
						7	(牛原)	③	0	0
1	1	③	篠畑	9	FW	11	岡本	③	1	0
0	1	③	清水	14						
0	0	③	(窪田)	10						
1	5				GK				3	0
				5	CK	2				
				6	FK	0				
				9	PK	6				
				0		0				

【得点経過】
前半35+1分〔阪〕TI北村→田井→篠畑S
▼警告
〔広〕山名

■チャンスを決め切った阪南大高

阪南大高はシンプルにロングボールをFW清水に集め、FW篠畑のドリブル突破から相手ゴールを目指す。対する広島皆実はMF坂田と赤道が巧みにボールをさばき、FW岡本とMF岡平がDF裏に抜け出しゴールに迫る。阪南大高はボール奪取後の速攻が味方に繋がらなかったが、クーリングブレイク後はロングボールがFWに繋がりだす。篠畑のドリブル突破からのシュート、右サイドのMF田井のサイド攻撃から連続してCKやスローインを得ると、素早いスローインから篠畑が押し込み先制する。後半、阪南大高は両サイドに展開し、交代したMF窪田、篠畑、田井のドリブル突破からチャンスを作る。広島皆実はマイボールにできない状態が続いたが、クーリングブレイク後に長身DF山名を攻撃に投入して流れを変える。山名をターゲットにした中央突破や岡本のドリブル突破、細かいパスワークからDFライン裏に抜け出しチャンスを作るが、阪南大高DF橋本、高木を中心とした守備と、GK中本の好セーブに阻まれ最後までゴールを奪えなかった。

戦評　今岡修司（境港総合技術高校）

第1回戦　7月26日(金)　東風平運動公園サッカー場(晴)

(主)渡辺一翔　(副)新開悠太郎, 知花良

水戸商 1(1-0 / 0-0)0 星稜
（茨城県）　　　　　　　　　（石川県）

得	S	学		背		背		学	S	得
0	0	②	所	1	GK	1	影近	③	0	0
0	1	③	加藤	2	DF	2	奥秋	③	0	0
0	0	③	根本	3		3	桶作	❸	0	0
0	0	❸	大槻	4		4	川口	③	1	0
0	0	③	横山	5		5	別宗	③	0	0
0	0	②	佐川(留偉)	6	MF	7	南出	③	0	0
0	1	②	金子	7		13	(天川)	②	0	0
0	1	③	森田	8		8	廣島	③	0	0
0	1	③	巻田	9		9	川本	③	0	0
						14	宮原	③	0	0
						6	(中村(田))	③	0	0
1	1	③	廣瀬	10	FW	10	白鳥	③	0	0
0	0	③	菊池	12		12	(丸山)	③	0	0
0	0	②	佐川(留偉)	11		15	千葉	③	0	0
0	0	②	(神保)	14						
1	5				GK	8			1	0
				6	CK	2				
				5	FK	13				
				5	PK	0				
				0						

【得点経過】
前半11分〔水〕巻田→廣瀬〜S
▼警告
〔水〕所
〔星〕川口

■水戸商, 序盤の1点を守り切る

前半11分、水戸商は左サイドのスローインから繋ぎ、FW廣瀬が相手DFの一瞬の隙を突いた振り向きざまのシュートで先制した。クーリングブレイク後、星稜は幅を使いながらサイドを起点にFWに縦パスを入れ突破を図るが、低いDFラインを形成した水戸商を崩せない。一方、水戸商はボール奪取後からのカウンターを狙うことをベースに、時折、素早い攻守の切り替えから前線でボールを奪いゴール前まで迫る。しかし、星稜も粘り強い守備でゴールを許さない。後半、星稜は幅と厚みをもちながら、FWへの縦パスを中央やサイドの突破を図ろうとするが、フィニッシュまでいくことができない。水戸商は、FW佐川（留偉）がカウンターで飛び出しチャンスを作るがゴールを奪えない。次第に、星稜がゴール前へ押し込むシーンが増えるが、水戸商のDF大槻を中心とした身体を張った守備で星稜の攻撃を防ぐ。星稜は終盤の選手交代を機に攻撃の活性化を図るが最後までゴールを奪えず、前半の1点を守り切った水戸商が1-0で勝利した。

戦評　髙良義樹（那覇高校）

第1回戦　7月26日(金)　黄金森公園陸上競技場(晴時々雨)

(主)小川稜　(副)小林清訓, 伊福正義

尚志 5(2-0 / 3-0)0 四日市中央工
（福島県）　　　　　　　　　（三重県）

得	S	学		背		背		学	S	得
0	0	③	鈴木	1	GK	1	有留	③	0	0
0	0	③	(吉野)	16						
0	0	③	吉田	2	DF	2	土江	③	0	0
0	0	③	坂従	3		5	鐘ヶ江	③	1	0
0	0	③	中川路	4		6	永崎	③	0	0
1	1	③	(小池)	7		13	青木	③	0	0
0	1	②	瀬齊	15						
0	0	③	(神林)	12						
0	0	③	渡邉	5	MF	10	森	❸	1	0
0	0	③	福田	6		11	和田	③	2	0
0	0	③	松本	8		14	角田	③	1	0
0	0	③	(郡司)	11						
2	4	❸	山内	9						
0	0	③	黒田	14	FW	7	浅野	③	0	0
0	1	③	(石塚)	13		15	(匂坂)	②	1	0
2	3	②	阿部	17		9	井上	③	1	0
						8	(本合)	③	0	0
						17	田口	③	2	0
5	10				GK	5			9	0
				6	CK	7				
				3	FK	10				
				8	PK	0				
				0						

【得点経過】
前半6分〔尚〕(こぼれ球)阿部〜S
〃35+5分〔尚〕阿部→山内S
後半10分〔尚〕坂従→山内S
〃17分〔尚〕坂従→阿部S
〃25分〔尚〕郡司→石塚→小池S

■尚志, 早い時間帯の先制で主導権を握る

尚志、四日市中央工ともに1-4-4-2のフォーメーション。尚志は前半6分、左サイドからのロングフィードでFW阿部がGKと競り合い、こぼれ球を自ら拾いゴールへ押し込み先制。一方、四日市中央工はMF角田の展開から、MF和田のサイド攻撃やセットプレーでチャンスを作るがゴールを奪えず。尚志は前半終了直前に粘り強い守備で奪ったボールを、素早いカウンター攻撃でバランスの崩れた四日市中央工の守備を突き追加点を決める。後半、尚志は前線からプレスをかけ始めたことで、セカンドボールの回収率が高まりペースを握る。攻撃ではMF山内を中心とした連係からチャンスを作り、10分、DF坂従からのクロスボールを山内が落ち着いて決め、リードを3点に広げた。対する四日市中央工はサイド、前線と選手交代で攻撃の変化を図るが流れを変えられず、逆に尚志は2点の追加点を決め、勝利した。

戦評　安慶田真士（豊見城高校）

第1回戦　7月26日(金)　金武町フットボールセンター (晴)

(主) 安川公規　(副) 山本利季, 比嘉渉

神村学園 (鹿児島県) ★ 3 (2-1 / 1-1) 2 國學院久我山 (東京都第1)

得	S	学	選手	背	位置	背	選手	学	S	得
0	0	②	吉山	17	GK	17	村上	②	0	0
0	0	②	アン	2	DF	2	保野	③	2	0
0	0	②	稲田	5		5	加納	③	0	0
0	0	③	中島	7		11	山本(祐)	③	0	0
0	0	③	下川床	13		12	森 次	①	0	0
							(河原)	③	1	0
0	0	③	加治屋	8	MF	6	福井	③	0	0
0	1		(大迫)	4		8	大窪	②	0	0
0	0	③	野邊	9		14	田中	②	2	1
0	0	③	永吉	10		16	(吉田)	②	1	1
0	1	❸	濱屋	14						
1	1	③	樋渡	15						
2	2	②	寺田	12	FW	7	山下	③	2	0
						15	(安田)	①	0	0
						9	山本(航)	❸	1	0
						10	戸坂	③	1	0
3	5			5	GK	2			10	2
				5	CK	4				
				6	FK	8				
				0	PK	0				

第1回戦　7月26日(金)　金武町フットボールセンター (晴)

(主) 河野航大　(副) 荒上修人, 饒辺正志

羽黒 (山形県) 1 (0-3 / 1-3) 6 初芝橋本 (和歌山県) ★

得	S	学	選手	背	位置	背	選手	学	S	得
0	0	②	新田	12	GK	1	横井	③	0	0
0	0	②	光安	3	DF	2	南條	③	1	0
1	1	③	池田	4		3	若松	③	1	0
0	0	❸	渡會	5		4	中井	③	1	1
0	0		(岩村)	2		5	高谷	③	0	0
0	0		門脇	8						
0	0	②	吉田	6	MF	6	山口	③	0	0
0	0		(齋藤)	7		12	(尾崎)	②	0	0
0	1	③	大野	9		8	河井	③	3	1
0	1	③	新井	10		13	(新井)	②	0	0
0	1	③	荒井	14		15	青山	③	1	0
0	0	③	山口	15		15	(大影)	①	0	0
0	0		(石橋)	16		14	西淵	②	5	1
						7	(藪内)	③	0	0
0	2	③	丸山	11	FW	10	大谷	❸	2	0
						16	(樫村)	②	0	0
						11	名願	③	2	2
1	5			7	GK	11			14	5
				3	CK	4				
				12	FK	6				
				0	PK	0				

第1回戦　7月26日(金)　吉の浦公園ごさまる陸上競技場 (晴)

(主) 高坂凌　(副) 伊勢裕介, 真謝孝之

作陽 (岡山県) 1 (1-0 / 0-1) 1 三田学園 (兵庫県) ★　4 PK 2

得	S	学	選手	背	位置	背	選手	学	S	得
0	0	③	沖本	1	GK	1	指川	③	0	0
0	0	③	岸本	3	DF	2	天野	③	0	0
0	1	③	中野	4		3	黒瀬	②	0	0
0	0	③	柳川	5		4	永井	③	0	0
0	0	③	中瀬古	6		6	髙川	③	0	0
0	0	③	金津	7	MF	8	福岡	③	1	0
0	1	❸	川上	8		17	(廣畑)	③	0	0
0	2	③	伊藤	12		14	石野	③	1	0
0	1	③	清水	13						
0	0		(吉澤)	9						
0	0	③	林田	11	FW	7	岩上	③	0	0
0	0		(竹村)	14		15	(増田)	③	0	0
1	2	③	横尾	13		11	森山	③	0	0
0	1	③	(卯野)	17		16	山田	③	0	0
						9	(東)	③	0	0
1	8			3	GK	9			2	0
				7	CK	0				
				12	FK	7				
				0	PK	0				

【得点経過】
前半25分〔國〕保野→田中S
〃32分〔神〕野邊→寺田S
〃35+3分〔神〕樋渡(カット)〜→寺田S
後半16分〔神〕FK濱屋→永吉→樋渡S
〃35分〔國〕山本(航)→吉田S
▼警告
〔國〕福井

■前半に逆転した神村学園が逃げ切る

國學院久我山は, 巧みなパスワークから両サイドにボールを配球しゴールを目指す。FW戸坂のドリブルから徐々にチャンスを作り出し, 主導権を握り始め先制点を挙げる。神村学園はクーリングブレイク後に前線からのプレスを強めると, 徐々に流れが傾き始め, CKの崩れから同点とする。國學院久我山もポゼッションから攻撃の糸口を探るが, 神村学園が2点目を挙げ前半を終える。後半, 國學院久我山は積極的にゴールを奪いにいくが, 神村学園はカウンターや前線からのハイプレスで相手のミスを誘って優位に試合を進める。そして巧みなセットプレーから追加点を挙げる。國學院久我山は前線の選手を交代して活性化を図る。徐々に攻勢を強めFW安田を起点とした攻撃から2点目を挙げる。その後も主導権を握って試合を展開するが, 神村学園は最後まで集中して守り試合を終わらせた。

戦評　松田一利 (北谷高校)

【得点経過】
前半7分〔初〕西淵→大谷→西淵S
〃23分〔初〕CK南條→中井HS
〃35+5分〔初〕南條→名願→河井HS
後半6分〔羽〕丸山S(こぼれ球)池田S
〃25分〔初〕名願→(オウンゴール)
〃35分〔初〕大谷→名願S
〃35+5分〔初〕青山→名願S
▼警告
〔羽〕門脇

■序盤から仕掛けた初芝橋本, 大量6得点

初芝橋本は, FW大谷を起点に, FW名願, MF西淵のコンビネーションで左サイドを中心に何度かチャンスを作り, 早い時間帯に先制する。クーリングブレイク後は, 羽黒がボールを保持するも良い形でアタッキングエリアに侵入することができず, 逆にカウンターからのセットプレーで追加点を奪われ前半が終了した。後半, 羽黒はMF新井と荒井のポジションを入れ替え, 攻撃の活性化を図る。前半より一つ高い位置で起点を作ることができるようになったことで, 前線からの守備もアグレッシブになり1点を返し, 流れを摑み始めた。だがクーリングブレイク後, 初芝橋本の名願に一瞬の隙を突かれリードを広げられてしまう。その後は, 初芝橋本が前掛かりになった羽黒守備陣の背後を突き, 追加点を挙げ2回戦に進出した。

戦評　中島慶介 (太田高校)

【得点経過】
前半27分〔作〕清水〜→横尾S
後半10分〔三〕FK石野→(相手FP)(オウンゴール)
▼警告
〔三〕石野, 岩上

■積極的な選手交代で動いた両チーム

序盤は作陽がFW横尾をターゲットにしつつ, 相手の背後を強く意識してボールを送り込み, 相手陣内に押し込みながら優勢に試合を進める。前半10分を過ぎたあたりから, 作陽はピッチを広く使いながらMF清水がドリブルでアクセントを加えて攻撃の形を増やしていく。先制点はその崩しから生まれる。パス交換から生まれたスペースに清水が切れ込み左ポケットからクロスを供給, 最後は横尾が押し込む形であった。三田学園は後半, 巻き返しを図るためにベンチワークが活発になる。FW廣畑を投入し前線の活性化を図るとともに, ベンチからの働きかけが明らかに増える。またさらにFW東を投入した直後, セットプレーからのオウンゴールで同点に追いつく。作陽も失点後から立て続けに3枚を交代して勝ち越しを狙いにいく。終盤はお互いに消耗が激しく, 決定機を作り出せず, 勝負はPK方式に。PK方式では作陽GK沖本が2本を止め, 勝利した。

戦評　横山晃一 (南稜高校)

<table>
<tr><td>第 1 回戦</td><td>7月26日(金)</td></tr>
</table>

北谷公園陸上競技場（晴時々雨）

(主) 西村隆宏　(副) 石川智史，徳門将史

高知 3 (1-1 / 2-1) 2 松本国際
（高知県）　　　　　　　　　　（長野県）★

得	S	学		背		背		学	S	得
0	0	③	森	1	GK	1	山田	③	0	0
0	0	③	畠中	2	DF	2	中村	③	0	0
0	0	③	松岡	3		3	瀧澤	③	0	0
0	0	❸	林	4		4	小山	③	2	1
0	0	③	壬生	6		17	(伊東)	③	0	0
						5	宮嶋	②		
						13	西牧	③	0	0
						11	(務台)	③	0	0
						15	(馬淵)	③	1	0
0	0	③	小黒	5	MF	6	原田	③	1	0
0	2	③	西森	7		7	青木	③	0	0
1	2	③	吉尾	8		14	(舟木)	②	0	0
0	1	③	野島	10		8	小川	❸	1	0
1	2	③	都築	11						
1	2	③	楠瀬	9	FW	9	小林	③	1	0
						10	木間	③	1	1
3	9			2	GK	7			7	2
				4	CK	4				
				8	FK	6				
				0	PK	0				

【得点経過】
前半35+2分〔高〕楠瀬→野島→**楠瀬S**
　〃 35+5分〔松〕小川→**木間S**
後半14分〔高〕壬生→楠瀬→**吉尾HS**
　〃 16分〔松〕FK小川→(こぼれ球)**小山S**
　〃 35+1分〔高〕野島→楠瀬→**都築S**

■シーソーゲームは後半ATに決着
　松本国際はGKを含めたDFラインから攻撃を組み立て，MF原田を高い位置に置き，相手陣地への侵入を試みる。高知は，ロング，ショートのくさびを織り交ぜながら個人技を駆使し，MF都築，FW楠瀬が流動的な動きでチャンスを窺う。飲水タイム直後から徐々に松本国際のミスが目立ち始め，足が止まってきた隙を高知は見逃さず，楠瀬がダイアゴナルランからMF野島と連動して先制点を挙げる。しかし松本国際も，前半ATに高知のクリアボールをMF小川がワンタッチでFW木間にパス，同点ゴールを決める。後半，高知は楠瀬が左サイドに起点を作り，14分，タメを作ってできた中央スペースにMF吉尾が飛び込み，頭で合わせて勝ち越す。しかし16分，松本国際はDF小山がFKのこぼれ球を押し込み再び振り出しに。それでも高知は後半ATに都築が足の止まったDFの一瞬の隙を突き，2列目から抜け出し決勝ゴールを決めた。
　　戦評　上林俊介（榛生昇陽高校）
AT：アディショナルタイム

<table>
<tr><td>第 1 回戦</td><td>7月26日(金)</td></tr>
</table>

金武町フットボールセンター（晴）

(主) 長谷川豊　(副) 石嶺秀賢，石嶺龍

専大北上 3 (2-1 / 1-1) 2 大社
（岩手県）　　　　　　　　　　（島根県）★

得	S	学		背		背		学	S	得
0	0	③	高橋	1	GK	12	飯塚	②	0	0
0	0	③	那須	2	DF	3	山中	❸	1	0
0	0	③	(桑添)	12		4	中田	③	0	0
0	2	③	瀬川	3		14	(持田)	①	0	0
0	0	③	吉田	5		9	大菅	③	0	0
0	0	③	岩渕	5		9	高木	③	1	0
						17	(小川)	②	0	0
2	3	③	菊地	6	MF	6	藤田	②	0	0
0	1	❸	阿部(柊)	8		7	吉田	③	2	0
1	2	②	阿部(耀)	11		8	藤原	③	0	0
0	1	①	鎌田	16		10	伊藤	③	0	0
0	0	③	千田	11	FW	11	三浦	③	2	0
0	2	③	菅原	14		16	(皆尾)	②	1	0
0	0	③	(岡本)	15		15	長藤	②	2	2
3	11			7	GK	9			10	2
				4	CK	3				
				12	FK	12				
				0	PK	0				

【得点経過】
前半 4分〔専〕千田→**菊地S**
　〃 9分〔大〕長藤×**S**
　〃 27分〔専〕菊地〜 **S**
後半11分〔専〕菊地→阿部(耀)〜 **S**
　〃 35+3分〔大〕×**長藤S**
▼警告
〔大〕皆尾

■守備からの攻撃が奏功した専大北上
　専大北上は自陣でのボール奪取からFW千田を起点としたカウンターで先制点を挙げる。大社は立ち上がりこそ専大北上にペースを握られるが，DF陣からのビルドアップでボールを保持し，攻撃の糸口を探りながらゴールに迫る。専大北上のブロックのギャップを突いた巧みなパスワークでサイドを突破し同点とする。クーリングブレイク後，専大北上は中盤での守備ブロックを修正，堅い守備からボールを奪い素早く攻め込むことで追加点を挙げる。後半，1点を追う大社は交代枠を使い，またポジションチェンジで攻撃の活性化を図る。対する専大北上は，押し込まれる中でも，チーム全体でチャレンジ＆カバーを徹底し，中盤でボールを奪いカウンターに繋げる。ボール奪取からMF菊地のパスで背後を取り，専大北上が追加点を挙げた。終盤，大社はCKから1点を返すものの，専大北上リードのまま試合が終了した。
　　戦評　石部元太（南葛飾高校）

<table>
<tr><td>第 1 回戦</td><td>7月26日(金)</td></tr>
</table>

北谷公園陸上競技場（晴）

(主) 増田裕之　(副) 大峡諭，晨原陽介

日体大柏 0 (0-0 / 0-0) 0 五條
★（千葉県）　　4 PK 5　　　（奈良県）

得	S	学		背		背		学	S	得
0	0	③	渋井	1	GK	1	中尾	③	0	0
0	0	③	粕加屋	2	DF	2	井本	③	0	0
0	1	③	寺田	3		4	(吉田)	③	0	0
0	0	❸	伊藤	5		3	和田	③	0	0
0	1	②	吉沢	7		5	米川	③	0	0
						17	水津	②	0	0
0	0	③	池上	6	MF	7	池田	❸	1	0
0	0	③	冨沢	8		8	菅	③	0	0
0	0	③	堤	8		13	(豊田)	②	0	0
0	0	②	(関戸)	17		11	瀬羅	③	0	0
0	1	③	佐藤	9	FW	9	井澤	③	3	0
0	0	③	南	11		10	中山	③	0	0
			(豊嶋)	16		14	(辰巳)	③	0	0
0	0	③	落合	16		15	小西	③	0	0
			(長崎)	10		16	(岸本)	③	1	0
0	5			4	GK	7			5	0
				3	CK	2				
				12	FK	9				
				0	PK	0				

▼警告
〔日〕寺田
〔五〕水津

■五條，サドンデス突入のPK方式制す
　立ち上がり，両チームとも相手の背後を突くシンプルな攻撃で始まり，セカンドボールを拾って決定機を作り出そうとする。また，互いにロングスローを多用し，チャンスを作り出そうという動きも見られる。ルーズボールの部分では非常に攻守の切り替えが早く，球際の激しいプレーが展開され，初戦にかける思いが伝わる。クーリングブレイク後，日体大柏はピッチを大きく使いボールを横に動かして，相手のギャップを広げ，トップの動き出しに合わせて縦に入れることでチャンスを作り出す。後半，日体大柏は前半と同じようにロングスローを両サイドから繰り出すことや五條のSBの裏をとり，センタリングからチャンスを作り出す。五條はFW井澤のスピードを活かそうとボールを供給し仕掛けるとともに，交代で入ったMF岸本の左足からチャンスを窺う。しかし攻撃の糸口が見えないまま70分では決着がつかず，PK方式に突入する。PK方式では，5人では決着がつかず，6人目へ。五條のGK中尾が足でストップし，自身がキッカーとしてゴールネットを揺らして勝負を決めた。
　　戦評　新島瞬（球陽高校）

第1回戦 7月26日(金) 南城市陸上競技場(曇)

(主)福島惇輝 (副)池田元、東嵩西優一

大 成 (東京都第2) 1 (0-1 / 1-1) 2 名経大高蔵 (愛知県)

得	S	学	名前	背		背	名前	学	S	得
0	0	①	バーンズ	1	GK	1	古橋	③	0	0
0	0	③	加藤	2	DF	2	沢田	❸	0	0
0	1	③	(今西)	6		3	花木	③	0	0
0	3	③	佐藤	4		13	(玉越)	②	0	0
0	0	③	金井(洸)	5		6	杉山	③	0	0
0	0	②	金井	17		16	大屋	③	0	0
0	0	③	大石	7	MF	7	深津	①	0	0
0	1	③	宮脇	8		4	(後藤)	②	0	0
0	1	③	内田	9		14	岩松	②	0	0
0	2	③	阪口	14		15	小﨑	②	1	1
0	0	①	(原)	3		17	木下	③	0	0
						10	亀山	②	0	0
0	2	❸	杉田	10	FW	3	辻	①	2	1
0	1	③	平川	11		11	藤本	③	0	0
1	2	②	(尾崎)	15		8	(片又)	③	0	0
1	13			5	GK	9			3	2
				5	CK	4				
				4	FK	9				
				0	PK	1				

【得点経過】
前半15分〔名〕PK辻S
後半6分〔名〕CK岩松→小﨑HS
〃35+6分〔大〕杉田〜→尾崎S
▼警告
〔大〕平川
〔名〕後藤

■名経大高蔵, シュート3本で2得点

大成は1-4-4-2, 名経大高蔵は1-4-2-3-1の布陣でゲームが始まる。大成は粘り強い守備から前線の選手にシンプルにボールを送り攻撃に繋げる。対する名経大高蔵は複数人が近い距離を保ち、ドリブルとショートパスを主体にペナルティエリアへの侵入を試みる。すると、名経大高蔵は左サイドを複数人で連係して突破して得たCKからPKを獲得し、これを決めて先制する。その後は大成が前線からのチェイシングと中盤のハードワークにより相手を自由にさせず、ペースを掴むが決定機を活かせず前半が終了する。後半に入り、名経大高蔵はCKからのヘディングで追加点を挙げる。得点が欲しい大成はFW尾崎を投入し、尾崎のポストプレーやサイドからのクロスでゴールを狙うが、ゴール前での精度を欠きゴールを奪えない。終了間際に自陣でボールを奪ってからの速攻で得点を奪い一矢を報いた名経大高蔵が2回戦に駒を進めた。

戦評 浅野誠仁 (池田高校三好校)

第1回戦 7月26日(金) 恩納村赤間運動場(曇時々雨)

(主)本多文哉 (副)天願匠、伊芸宣裕

北 越 (新潟県) 2 (1-0 / 1-1) 1 新 田 (愛媛県)

得	S	学	名前	背		背	名前	学	S	得
0	0	②	平山	1	GK	1	田中	①	0	0
0	0	③	土田	2	DF	3	舛田	③	0	0
0	1	③	(山田)	13		13	(水野)	②	0	0
0	0	②	下間	3		4	野本	②	0	0
0	0	③	中山	4		5	山田(悠)	③	0	0
0	0	❸	藤吉	5		6	落合	②	0	0
						16	大野	②	0	0
0	2	②	加藤	7	MF	2	三好	❸	0	0
0	1	③	浅野	8		8	山田(陽)	②	0	0
0	1	③	五十嵐	12		14	(日浦)	①	0	0
1	2	②	(三島)	6		10	岡田	③	0	0
0	1	②	安藤	14		12	松川	①	0	1
						7	(玉井)	②	0	0
0	7	③	庄内	9	FW	11	福井	③	1	0
1	3	③	田中	11		11	中田	③	1	0
0	0	③	(大井)	10		15	(久保)	②	0	0
2	18			2	GK	9			2	1
				8	CK	0				
				8	FK	14				
				0	PK	0				

【得点経過】
前半35+1分〔北〕下間→浅野→田中〜S
後半34分〔北〕安藤→庄内→三島〜S
〃35分〔新〕岡田→三好→福井S
▼警告
〔北〕土田

■効果的な選手交代光った北越

新田はFW福井をターゲットにするが、ボールが収まらず攻めあぐねる。徐々に北越はサイドにボールを展開し、DF藤吉のドリブル突破からのクロスボールやMF五十嵐のチャンスメイクでゴールを目指す。試合を優位に進める北越は相手の隙を突き、バイタルエリアへ侵入し先制。後半、北越はFW庄内が背後や足下でボールを引き出し、MF安藤とのコンビネーションからチャンスを作る。新田は効果的な対応策がなく攻撃の糸口を見つけ切れない。北越は交代選手が長い距離を走る多くの関わりから攻撃が活性化する。庄内のドリブル突破から再三チャンスを作り出し、追加点を挙げる。新田も終盤に1点を返し前への意識を高めたが、北越が巧みなゲームコントロールで試合を終えた。新田は奪いどころをはっきりさせ、守備と攻撃の一体化を図りたかった。北越は効果的な選手起用で質の高いプレーを維持できたことは、暑さが厳しい今大会において強みになるだろう。

戦評 赤嶺佑樹 (島尻特別支援学校)

第1回戦 7月26日(金) 金武町フットボールセンター(晴)

(主)宮原一也 (副)平田敦志、濱川恒二

青森山田 (青森県) 2 (1-0 / 1-0) 0 前橋育英 (群馬県)

得	S	学	名前	背		背	名前	学	S	得
0	0	③	佐藤	1	GK	1	高橋	③	0	0
0	0	②	内田	2	DF	2	山田	③	1	0
0	1	③	神田	3		4	相原	③	0	0
0	0	③	箱崎	4		7	並木	③	0	0
0	0	②	藤原	5						
0	1	③	古宿	6	MF	8	山岸	③	0	0
0	0	③	(得能)	13		9	倉俣	③	0	0
0	1	①	松木	7		13	(久林)	③	0	0
0	0	③	(那俄牲)	15		10	渡邉	❸	1	0
0	0	③	浦川	8		14	櫻井	②	0	0
0	1	②	(タビナス)	17		15	熊倉	②	1	0
0	❸		武田			6	(新井)	③	0	0
0	1	②	安斎							
1	1	③	後藤	11						
0	0	③	金	14	FW	5	松岡	③	0	0
1	1		(田中)	9		11	中村	②	0	0
						17	(西山)	③	0	0
2	6			4	GK	4			5	0
				6	CK	2				
				17	FK	9				
				0	PK	0				

【得点経過】
前半2分〔青〕金H→武田H→後藤S
後半35+5分〔青〕箱崎→タビナスH→田中HS
▼警告
〔青〕神田
〔前〕倉俣

■屈指の好カードは青森山田の守り勝ち

開始2分、セットプレーのセカンドボールを拾った青森山田がMF後藤のシュートで先制に成功。一方の前橋育英は、奪ったボールからショートパスを多用したビルドアップで攻撃を試みるが、MF古宿を中心にミドルサードで中央を固める青森山田が決定機を作らせない。クーリングブレイクを経て、前橋育英はFW2人が縦関係を作り、MF山岸がタイミングよくパスを受けることでMF櫻井、渡邉が前を向く時間が増える。これにより前線の選手の関わりに厚みが出始める。後半も人数をかけた攻撃で前橋育英が主導権を握るが、青森山田はペナルティエリアに侵入させない守備で粘り強く対抗。FW田中、MF安斎、タビナスとスピード、展開力のある攻撃的な選手を投入し、ロングカウンターで追加点を狙う。押し気味に展開する前橋育英だったが終了間際、カウンターからCKを得た青森山田はタビナスのヘディングシュートのこぼれ球を押し込み、追加点を挙げた。

戦評 宮本徹郎 (三本木農業高校)

第1回戦 7月26日(金) 黄金森公園陸上競技場 (雨のち晴)

(主)山口隆平 (副)岡田太一、国吉篤男

四学大香川西 1（1-3 / 0-0）3 西京
（香川県） ★ （山口県）

得	S	学	選手	背		背	選手	学	S	得
0	0	③	寒川	1	GK	1	恒富	③	0	0
0	0	③	石田	2	DF	2	山下	②	0	0
0	0	②	佐藤(敬)	3		4	原田(廉)	③	1	1
0	0	③	嶺	4			西崎	③	0	0
0	0	②	小川	5		14	宮崎	③	0	0
0	0	③	西園	6	MF	7	石澤	❸	0	0
0	0	②	熊野	7			三崎	③	0	0
0	0	②	箱崎	8		9	西谷	③	1	1
0	1	②	宮本	9		15	前田	②	0	0
1	1	③	山内	10	FW	3	井上	②	0	0
0	1	❸	町田	16		10	水津	③	1	1
0	0	③	(佐藤(新))	15		6	(小縣)	③	0	0

| 1 | 3 | | 3 GK 7 | | | | | | 3 | 3 |

1 CK 6 ／ 7 FK 12 ／ 0 PK 0

【得点経過】
前半 5分〔西〕水津〜S
 〃 26分〔四〕熊野→山内HS
 〃 30分〔西〕原田(廉)S
 〃 35+3分〔西〕(相手FPクリア)西谷S

■大雨の中、前への意識で西京が勝利

大雨の中での試合開始となりピッチコンディションも悪く、水たまりも所々にある。ともにシンプルにFWへのロングフィードでリスクを冒さない入りとなった。前半5分、四学大香川西DFが不用意な横パスをし、水たまりでストップしたボールを西京FW水津が奪い先制点を挙げた。四学大香川西は、水たまりを避け、浮き球でパスを繋ぎFW山内を起点としてリズムを掴む。クーリングブレイク直後の26分、CKのクリアボールをMF熊野が拾いクロス、山内が頭で合わせ同点に追いついた。西京は、前線からの早いプレスにより相手陣内でのプレーが続き攻撃のリズムを作ると、30分にDF原田(廉)が蹴ったFKがスリップしてそのままゴール。ATには、前線で奪ったボールを素早くゴール前へ運び、最後はMF西谷が押し込み3点目を奪い前半を終えた。後半、四学大香川西はMF佐藤(新)を入れロングスローからチャンスを作ろうとするが、シュートまでいけなかった。

戦評 久保喜央(田布施農工高校)

第1回戦 7月26日(金) 西原町民陸上競技場 (晴)

(主)運天由太 (副)鹿島裕史、結城貴志

関西大一 0（0-2 / 0-2）4 米子北
（大阪府第2） （鳥取県） ★

得	S	学	選手	背		背	選手	学	S	得
0	0	②	磯井	1	GK	17	岡	③	0	0
0	0	②	下雅意	3	DF	2	田中	❸	1	0
0	0	③	(大谷)	2		5	為本	②	0	0
0	0	③	村上	6		10	岡田(大)	③	1	0
0	0	②	中島	8		12	野嶋	③	0	0
0	0	②	鎌谷	13		1	(佐野)	①	0	0
0	0	③	(越智)	12						
0	0	❸	黒田	5	MF	6	居川	③	0	0
0	1	③	武田	8		14	(岡田(后))	③	0	0
0	0	③	(松丸)	16		8	後藤	③	1	0
0	0	③	堤	15		3	(横山)	③	0	0
0	0	③	吉川	14		11	原田	③	1	0
0	0	③	(伊藤)	11		4	(竹中)	②	1	1
						13	林	②	0	0
0	0	②	丹羽	7	FW	7	崎山	②	4	3
0	0	①	(水谷)	15		16	中田	②	1	0
0	1	③	百田	9		15	(荒川)	③	0	0

| 0 | 2 | | 3 GK 10 | | | | | | 10 | 4 |

6 CK 0 ／ 13 FK 11 ／ 0 PK 0

【得点経過】
前半 4分〔米〕中田H→(クリア)崎山S
 〃 31分〔米〕居川〜(相手FPカット)(こぼれ球)崎山S
後半22分〔米〕後藤→原田〜→崎山S
 〃 35+3分〔米〕×(こぼれ球)佐野〜→竹中S
▼警告
〔関〕百田

■米子北、強度の高いプレスを発揮

試合開始から両チーム、2トップを起点に縦へ攻撃を仕掛ける。米子北は自陣からのFKをヘディングですらし、FW崎山が抜け出し先制に成功。関西大一はFW百田にボールを集め、MF堤のサイドに展開しキレのあるドリブルでチャンスを作る。クーリングブレイク後は、米子北がハイプレスでボールを奪い取り関西大一にペースを渡さない。関西大一は百田に対してのサポートがなく、また堤のドリブル以外にチャンスを作れない。後半、関西大一は相手がブロックを作っている時は幅を使い、前からプレスに来た時はギャップで受ける等、相手の守備に対して攻撃を仕掛けたいが、米子北の強度の高いプレッシングとDF岡田(大)、野嶋を中心にした強固な守備を崩せない。FWにボールを入れると跳ね返され、ボールを動かそうとすると複数で奪いに来られる。米子北は後半にも鋭いカウンターで追加点を奪い勝利を収めた。

戦評 都浩司(茨木高校)

第1回戦 7月26日(金) 金武町陸上競技場 (晴)

(主)相良和樹 (副)高田也愛、関大喜

丸岡 1（1-0 / 0-0）0 聖和学園
（福井県） （宮城県） ★

得	S	学	選手	背		背	選手	学	S	得
0	0	③	倉持	1	GK	1	高山	③	0	0
0	0	③	遠藤	2	DF	2	中新井	③	0	0
0	1	③	藤本	3		4	宮城	③	0	0
0	0	②	河上	4		6	金子	❸	0	0
0	0	③	飯島	13		5				
0	0	②	飯田	5	MF	7	山下	③	2	0
0	1	③	中村	7		8	鳥羽瀬	③	0	0
0	3	③	川中	8		15	(田村)	②	0	0
0	0		(明間)	11		10	梅田	③	0	0
0	0	③	西	9		11	局田	③	1	0
0	0	②	小谷	14		17	(伊勢本)	③	0	0
						14	古賀	③	1	0
1	1	❸	田海	10	FW	9	柴田	③	0	0
							(瀬尾)	③	0	0

| 1 | 6 | | 7 GK 7 | | | | | | 5 | 0 |

1 CK 9 ／ 4 FK 6 ／ 0 PK 0

【得点経過】
前半25分〔丸〕川中→田海〜S
▼警告
〔丸〕小谷

■丸岡、粘り強い守備で聖和学園を封じる

聖和学園は、試合開始直後からドリブルとショートパスを有効に使いながらボールを保持し攻撃を組み立て、シュートチャンスを作り出す。丸岡は、MF西が聖和学園MF山下をマンマーク。FWが制限をかけ連続した守備で、ボールを奪ったら相手DFの背後やFW田海にシンプルにボールを入れ、味方のサポートを待ち相手を押し込もうとする。時間経過とともに聖和学園が主導権を握り、ボールを保持する時間が長くなるが、丸岡は連動した守備で得点を許さない。クーリングブレイク直後、連動した守備でボールを奪ったカウンターから田海が抜け出し丸岡が先制。丸岡はその後も、粘り強い守備で奪ったカウンターからチャンスを作り出す。後半もボールを保持しながら攻撃する聖和学園、粘り強い連動した守備からカウンターを狙う丸岡という構図は変わらず、膠着した状況が続く。聖和学園は前線の選手を交代し状況を打破しにかかるが、丸岡DF藤本、河上がペナルティエリア内で身体を投げ出し、得点を許さなかった。

戦評 徳峰敬祐(宮崎大宮高校)

第1回戦 7月26日(金) 吉の浦公園ごさまる陸上競技場(晴一時雨)

(主)金丸拓哉　(副)小野裕太、宮城一茂

矢板中央 2 (1-0 / 1-0) 0 札幌第一
(栃木県)　　　　　　　(北海道第1)★

得	S	学	選手	背		背	選手	学	S	得
0	0	③	溝口	1	GK	17	渡邉	③	0	0
0	0	③	矢野	3	DF	2	前田	③	0	0
1	3	❸	長江	4		12	(鶴本)	②	0	0
0	0	③	加藤	5		3	梅田	②	0	0
0	0	③	坂本			4	近藤	②	0	0
0	0	①	(島崎)	16		5	千葉	③	0	0
1	3	③	柿崎	2	MF	8	岩井(雄)	②	0	0
0	0	③	(人見)	17		9	近江	❸	2	0
0	1	③	靏見	7		10	清水	③	1	0
0	1	③	左合	8		14	佐藤	③	0	0
0	0	③	内海	14						
0	0	②	新倉	15						
0	0	③	(在間)							
0	3	③	久永	10	FW	11	岩井(一)	②	0	0
0	0	③	大貫	11		15	山田	②	0	0
0	2	②	(多田)	9		13	(秋山)	②	0	0
2	13			7	GK	13			3	0
				5	CK	0				
				4	FK	10				
				0	PK	0				

【得点経過】
前半35+6分〔矢〕多田→靏見→柿崎HS
後半 2分〔矢〕久永→長江HS
▼警告
〔矢〕矢野

■フィジカルの強みを活かした矢板中央

　先発平均身長約4cm、平均体重約5kgの差で矢板中央が上回るデータの通り、序盤から矢板中央がフィジカルの強さを発揮して押し込む。札幌第一が粘り強くしのぎ丁寧にボールを繋いで攻め上がろうとする展開。クーリングブレイク後、矢板中央はより一層シンプルで体格を活かしたプレーを展開。前半終了間際、自陣で攻撃に移ろうとする札幌第一は攻め上がりで一瞬迷いが生じ、それを逃がさずゴール前に素早く展開した矢板中央が待望の先制点。後半立ち上がりにも、矢板中央はロングスローのこぼれ球をFW久永がクロス、DF長江がヘディングシュートで追加点を奪う。札幌第一は人とボールを動かして丁寧にボールを繋ぎサイドから矢板中央ボックスに侵入してシュートチャンスを作り出す。終盤は札幌第一の動きやパス交換にキレが増してパススピード、動きの巧みさで矢板中央の守備陣形を崩す形が作れたが、フィジカルコンタクトの差は否めなかった。
　　　　戦評　石川研(KBC学園未来高校沖縄)

第1回戦 7月26日(金) 東風平運動公園サッカー場(曇)

(主)森数真治　(副)栗原祐一郎、玉城寿史

清水桜が丘 2 (0-0 / 2-0) 0 東福岡
★(静岡県)　　　　　　　(福岡県)

得	S	学	選手	背		背	選手	学	S	得
0	0	③	藤原	1	GK	1	藤	③	0	0
0	0	③	村上	2	DF	2	モヨ	③	0	0
0	0	③	望月	3		3	田頭	③	0	0
0	0	③	東海林	4		4	丸山	❸	0	0
0	0	③	加藤	13		5	大串	③	0	0
0	0	②	宇山		MF	7	水野	③	0	0
0	0	③	安部	7		13	(岩井)	②	0	0
2	6	③	古長谷	8		8	上田	②	1	0
0	3	③	野牧	14		12	(日高)	②	0	0
						10	野添	③	0	0
						16	佐藤	②	1	0
						6	(園府田)	③	1	0
						17	青木	③	0	0
0	0	③	黒田	5	FW	11	長野	②	1	0
0	0	③	(前田)			9	(田中)	②	0	0
0	0	❸	松永	10						
2	9			11	GK	6			5	0
				3	CK	6				
				7	FK	12				
				0	PK	0				

【得点経過】
後半 5分〔清〕黒田→古長谷S
　〃 15分〔清〕安部→古長谷〜S

■清水桜が丘が強豪対決を制す

　清水桜が丘はDF東海林、加藤を中心とした堅い守備からボールを奪うと、ボールを大事にしながらもシンプルに攻撃を展開する。東福岡はFW長野のポストプレーからワイドに開いた左右のMF水野と青木がスピーディかつシンプルに相手ゴールに攻めかかる。前半終了間際に、清水桜が丘がサイド攻撃から再三にわたりチャンスを作り出すも、東福岡の堅い守備がゴールを許さず、0-0で前半が終了した。後半開始後すぐに清水桜が丘がシンプルな攻撃からゴール前へと繋ぎ、FW黒田からのパスをMF古長谷がゴールに流し込み先制した。さらにクーリングブレイク前に、清水桜が丘はショートカウンターから古長谷がパスを受けると、ドリブルで相手をかわし、ゴールを重ねた。東福岡は前線に人数を多くかけ、点を奪いにいくも、清水桜が丘の堅い守備に阻まれる。最後までバランスを崩さずプレーを続けた清水桜が丘が勝利し、2回戦へ駒を進めた。
　　　　戦評　岡村武志(金沢北陵高校)

第2回戦 7月27日(土) 金武町陸上競技場(晴)

(主)杉浦一輝　(副)舟橋崇正、德門将史

韮崎 0 (0-0 / 0-1) 1 大分
★(山梨県)　　　　　　　(大分県)

得	S	学	選手	背		背	選手	学	S	得
0	0	②	保坂	1	GK	12	塩治	①	0	0
0	0	③	長澤	2	DF	2	竹谷	②	0	0
0	0	③	清水	3		4	福井	③	0	0
0	0	③	内田	13		5	佐藤(万)	❸	0	0
0	0	❸	萩原			14	瀬藤	③	0	0
0	2	②	真壁		MF	7	永松	③	0	0
0	0	③	佐野	7		8	重見	③	0	0
0	2	②	村松	8						
0	0		(金丸)	16						
0	1	③	望月	9						
0	0	③	(飯島)	15						
0	0	③	石原(稜)	10	FW	6	重石	③	0	0
0	0		(名執)	17		13	(長澤)	③	0	0
0	0	③	坂本			9	森山	③	0	0
0	0	②	(石原(和))	14		16	(前園)	①	0	0
						10	菊地	③	1	1
						11	堤	②	0	0
						15	(大神)	③	0	0
0	5			5	GK	7			1	1
				4	CK	1				
				11	FK	9				
				0	PK	0				

【得点経過】
後半35分〔大〕永松→長澤→菊地〜S

■大分、シュート1本で勝利を摑む

　雲一つない快晴の空の下キックオフ。守備ブロックをしっかり敷いて、奪ったボールをシンプルに前線FW石原(稜)、坂本に預けゴールを窺う韮崎。対してアンカーに入ったMF永松も守備ラインに加わり人数をかけて奪ったボールをMF重見、FW菊地がテンポ良くかつスピーディに動かし、そこにFW堤が関わりアタッキングサードに侵入していく大分という構図。両チームとも前線にボールが入るが、ゴールを奪えず前半を終える。後半、大分はメンバーチェンジとポジションチェンジをする中で、替わって入ったMF前園と永松の流動性から生まれたスペースを、テクニックとスピードを兼ね備えた菊地が使い、好機を作り始める。その中で35分、大分はスローインの落としを交代出場したFW長澤が逆サイドでフリーになっていた菊地にサイドチェンジ。これを落ち着いてコントロールし、GKの位置をしっかり見極めてゴール右隅にシュートを決める。これが決勝点となり、大分が3回戦へ駒を進めた。
　　　　戦評　東当一哉(中部商業高校)

第2回戦　7月27日(土)　北谷公園陸上競技場(晴)

(主)小野裕太　(副)小田昂佑, 饒辺正志

帝京大可児(岐阜県)　0（0-0／0-0）0　**徳島市立**(徳島県)★
4 PK 5

得	S	学	氏名	背		背	氏名	学	S	得
0	0	③	安江	1	GK	1	中川	③	0	0
0	0		(牧田)	17		17	(米田)	③	0	0
0	0	❸	神戸	2	DF	3	土田	③	1	0
0	0	②	犬飼	3		12	渡邉	②	0	0
0	0	③	前川	5		14	田内	③	0	0
0	0	③	糸魚川	12						
0	0	③	力武	6	MF	5	川人	③	1	0
0	0	②	(遠藤)	16		6	平	③	0	0
0	0	③	冨田	8		10	阿部	❸	0	0
0	0	③	大石	11		11	野口	③	0	0
0	0		(渡邊)	10		8	(佐野)	③	0	0
0	0	③	横井内	14						
0	0	①	(長谷川)	15						
0	1	③	関根	7	FW	7	槇野	③	0	0
0	0	②	松下	9		13	(中田)	③	0	0
0	0	①	(三品)	13		9	木村	③	0	0
						16	前川	②	0	0
						15	(大野)	②	0	0

0	1		7	GK	9		2	0
			3	CK	1			
			14	FK	11			
			0	PK	0			

▼警告
〔帝〕力武

■徳島市立，白熱のPK方式を制す

　前半、風上に立ち、相手DFの背後を狙い、FWに預けてテンポのいい攻撃に繋げ、前線から積極的にプレッシャーをかけてチャンスを窺う徳島市立。対して粘り強い守備から攻撃へ転じようとする帝京大可児。どちらかというと優勢に試合を運んでいる徳島市立が前半の大きな決定機を作る。帝京大可児のCBがクリアボールの処理を誤り、徳島市立のFW槇野が単独で抜け出し、GK安江との1対1の局面を作るも、ドリブルで抜きにかかったところを安江にセーブされる。後半、風上に立った帝京大可児は、前半には見られなかった展開を作り出す。GKからパスを組み立て、両SBとボランチを効果的に使いながら大きな決定機を引き出し、空いた3バックのスペースを突きゴールに迫る。しかし両チームとも決定機が作れず、選手交代で変化を試みるも局面は変わらない。両チームともPK方式を見据え、GKを代えてゲームを終了し、PK方式へ。両チームのGKが2本ずつセーブした後、後攻の徳島市立のGK米田が帝京大可児の7人目をストップ。徳島市立の7人目が確実に決めて決着となった。

戦評　新島瞬（球陽高校）

第2回戦　7月27日(土)　東風平運動公園サッカー場(晴)

(主)鹿島裕史　(副)栗原祐一郎, 晨原陽介

秋田商(秋田県)　0（0-0／0-1）1　**阪南大高**(大阪府第1)

得	S	学	氏名	背		背	氏名	学	S	得
0	0	③	山口	1	GK	1	中本	③	0	0
0	0	③	武石	2	DF	2	橋本	③	0	0
0	0	❸	松野	3		4	北村	③	0	0
0	0	②	笹原	8		6	高木	❸	0	0
0	1	③	田近							
0	0	③	大里	5	MF	7	小西	②	0	0
0	0	①	(中野)	16		8	富岡	③	1	0
0	0	③	糟谷	9		13	中村	③	2	1
0	1	③	加藤	11		15	田井	③	0	0
0	0	②	(久保)	7		5	(田中)	②	0	0
0	0	①	鈴木	15		16	柳	②	0	0
0	1	②	佐藤	6	FW	9	篠畑	③	2	0
0	0	③	原田	13		11	(松野)	③	0	0
0	0	③	(齋藤)	17		14	清水	③	0	0
						10	(窪田)	③	1	0

0	3		12	GK	5		6	1
			1	CK	6			
			9	FK	10			
			0	PK	0			

【得点経過】
後半27分〔阪〕中村〜S

■ポジションチェンジが生んだ決勝点

　キックオフ直後から強風の風上に立った秋田商が怒濤の攻めを見せる。徹底して阪南大高DF陣の裏、また空中戦に強いFW原田をターゲットにし、こぼれ球に対してFW佐藤を中心にキック＆ラッシュを繰り返し、圧力をかけ続ける。マイボールの時間を増やしたい阪南大高は空中戦を避け、早々にMF窪田を投入し、足元につける作戦に出る。するとクーリングブレイクを境に、サイドに起点を作る窪田にボールが集まり、阪南大高の時間も増え始め、ロングボールで押し込む秋田商、地上戦で勝負の阪南大高の一進一退で前半が終了する。後半、風上に立った阪南大高は縦突破の鋭い右サイドのMF田井、変化をつけて勝負する左サイドの窪田を使い分け、サイド攻撃を繰り返す。10分を経過したところで運動量の落ち始めた秋田商に対し、阪南大高は、左サイドの窪田を右サイドへポジションチェンジし、ためを作り、中盤に厚みを持たせる作戦に出る。その策が見事にはまり、MF中村が2列目から中央の空いたスペースをドリブルで破り、決勝ゴールを挙げた。

戦評　上林俊介（榛生昇陽高校）

第2回戦　7月27日(土)　吉の浦公園ごさまる陸上競技場(晴)

(主)池田元　(副)天願匠, 髙橋海星

水戸商(茨城県)　0（0-0／0-1）1　**富山第一**(富山県)

得	S	学	氏名	背		背	氏名	学	S	得
0	0	②	所	1	GK	1	中村	③	0	0
0	0	③	加藤	2	DF	2	中園	③	0	0
0	0	③	根本	3		3	吉藤	③	0	0
0	0	❸	大槻	4		4	丸山	③	1	0
0	2	②	佐川	6	MF	5	真山	③	1	0
0	0	③	金子	7		8	小森	③	1	1
0	0	③	森田	8		13	(吉倉)	②	0	0
0	0	③	巻田	9		10	高木	❸	1	0
0	0	③	(須藤)	13		14	広瀬	③	5	0
						15	(中嶋)	③	0	0
0	1	③	廣瀬	10	FW	9	鈴木	③	2	0
0	0	②	(佐川)	11		7	(清水)	③	0	0
						11	碓井	③	1	0

0	3		8	GK	4		13	1
			1	CK	8			
			10	FK	9			
			0	PK	0			

【得点経過】
後半16分〔富〕広瀬→小森S

▼警告
〔水〕根本

■果敢なミドルシュートで攻めた富山第一

　オーソドックスな1-4-4-2の水戸商とリスクを最小限にしたい意図が見える1-5-3-2の富山第一との対戦。ロングキックやロングスローで相手を押し下げ、積極的なミドルシュートなど優先順位を強く意識した攻撃を見せる富山第一。一方、自陣で2ラインを形成し、粘り強い守備からカウンターを狙う水戸商。富山第一はミドルシュートでポストを叩くなどチャンスは作ったが、両SBの関わりが少ないなど攻撃の幅と厚みに欠け、中央を固める守備の前に突破口を見出せない。守備の時間が続く水戸商は、カウンターとロングスローでゴール前に迫るが、5バックのプレスの前に決定機を作れない。後半も一進一退の中、サイド攻撃とミドルシュートで攻撃のリズムを作る富山第一がクーリングブレイク直前にMF小森のミドルシュートで先制に成功した。互いに積極的にボールにプレスをかけ、奪ったボールをテンポ良く攻撃に繋げたいという意図が見られた後半だったが、攻守の切り替えの早さや球際の強さ、パスコントロールの精度で上回る富山第一が勝利した。

戦評　宮本徹郎（三本木農業高校）

第2回戦　7月27日（土）　南城市陸上競技場（晴）

（主）荒上修人　（副）原田大輔、運天由太

東海大相模 2（1-1／1-2）3 尚志
★（神奈川県第2）　（福島県）

得	S	学	選手	背		背	選手	学	S	得
0	0	③	川邊	1	GK	1	鈴木	③	0	0
0	0	③	峰田	3	DF	2	吉田	③	2	0
0	0	③	本間	5		3	坂従	③	0	0
0	0	②	今泉	13		4	中川路	③	2	1
0	0	②	角	17		5	渡邉	②	0	0
						15	瀬齊	②	0	0
						7	(小池)	③	1	1
1	2	③	長嶋	7	MF	6	福田	③	0	0
0	0	①	橋本	14		8	松本	③	2	0
0	0	③	(島田)	4						
1	1	③	戸澤	8	FW	10	山内	❸	2	0
0	0	③	(井上)	2		14	黒田	③	0	0
0	0	②	増田	9		9	(染野)	③	2	0
0	2	②	渡邉	10		17	阿部	②	4	1
0	1	②	祐島	15						
0	0	③	(櫛田)	11						
2	6								16	3

7	GK 1
0	CK 6
11	FK 7
1	PK 0

【得点経過】
前半 5分〔尚〕CK吉田→中川路HS
　〃15分〔東〕祐島S（相手FP）（こぼれ球）長嶋→戸澤S
後半17分〔尚〕坂従→阿部HS
　〃27分〔東〕PK長嶋S
　〃35+2分〔尚〕山内→小池S
▼警告
〔尚〕鈴木

■尚志，粘る東海大相模を突き放す

開始早々、尚志はCKから高い打点でDF中川路が頭で決め先制する。その後、東海大相模は落ち着いてボールを展開できるようになり、FW渡邉のドリブル突破からチャンスを作ろうとする。すると自陣から得たFKのこぼれ球をFW戸澤が冷静に決め同点とする。後半、尚志は開始から投入されたFW染野と阿部にボールを集め、中央からのドリブルとサイド攻撃で押し込む。東海大相模はDF峰田を中心とした粘り強いディフェンスで奮闘するが、クーリングブレイク前の素早いFKから尚志の阿部がダイビングヘッドで押し込み勝ち越しに成功する。我慢する展開が続く東海大相模だったが、ゴール前で倒されたPKを決め同点とし息を吹き返す。その後はロングボールやカウンターから一進一退の攻防が続いたが、途中交代で入った尚志MF小池が試合終盤にゴール前斜め左から鮮やかに決め再び勝ち越した。

戦評　今岡修司（境港総合技術高校）

第2回戦　7月27日（土）　西原町民陸上競技場（晴）

（主）西村隆宏　（副）小林清訓、石川智史

神村学園 6（4-0／2-1）1 西原
★（鹿児島県）　（沖縄県第2）

得	S	学	選手	背		背	選手	学	S	得
0	0	②	吉山	17	GK	1	島	③	0	0
0	0	③	(山谷)	1						
0	0	②	アン	2	DF	2	伊佐(知)	③	1	0
0	0	③	辻	3		17	(伊波)	③	0	0
0	0	②	稲田	5		3	當銘	③	0	0
0	0	③	中島	7		4	儀間	③	0	0
0	0	②	下川床	13		8	池原(栄)	②	1	0
0	0	③	加治屋	6	MF	6	西平	②	0	0
1	3	③	(大迫)	4		7	伊佐(響)	③	1	1
0	0	③	野邊	9		14	糸数	②	0	0
0	1	③	(井上)	6		14	比屋根	②	0	0
0	0	②	永吉	8						
3	7	❸	濱屋	14						
2	3		樋渡	15						
0	0	②	寺田	12	FW	10	玉城	❸	2	0
0	1	②	(沖田)	11		11	新城	③	0	0
						15	(池原(青))	①	1	0
6	16								8	1

4	GK 1
10	CK 1
2	FK 6
0	PK 0

【得点経過】
前半17分〔神〕（こぼれ球）樋渡S
　〃18分〔神〕（相手FPクリア）加治屋→樋渡S
　〃25分〔神〕永吉→寺田～濱屋S
　〃31分〔神〕寺田（カット）→濱屋S
後半 4分〔神〕CK永吉→濱屋HS
　〃17分〔神〕永吉～野邊→大迫S
　〃29分〔西〕（カット）伊佐(響)S

■神村学園は地元の西原を終始圧倒

神村学園は、1-4-1-4-1のシステムであるが、攻撃時には、両SBが中盤の位置にポジションを取り、1-2-3-4-1となり、MF永吉、DF中島を経由しビルドアップする。相手の状況を見ながら、チーム全体でワイドやトップなど状況に応じたプレーを選択し、西原ゴールへと迫り、前半で4点を奪う。神村学園は守備に対する意識も高く、奪われた瞬間に1stDFが限定をし、2ndDFで奪うことが徹底されていた。DFアン、稲田のリスク管理もしっかりしており、ロングボールにも対応していた。後半、クーリングブレイク後に西原は前線からプレスをかけるようになり、相手陣内でボールを奪うことで攻撃の回数が増え、MF伊佐（響）がボールを奪いそのままシュート。1点を返したが、終始ボールを支配し攻め続けた神村学園が安定した試合運びで勝利を収めた。

戦評　久保喜央（田布施農工高校）

第2回戦　7月27日（土）　黄金森公園陸上競技場（晴）

（主）筒井勇気　（副）比嘉功太、東嵩西優一

初芝橋本 1（0-0／1-0）0 作陽
★（和歌山県）　（岡山県）

得	S	学	選手	背		背	選手	学	S	得
0	0	③	横井	1	GK	1	沖本	③	0	0
0	1	③	南條	2	DF	3	岸本	③	0	0
0	0	③	若松	3		4	中野	③	0	0
0	0	③	中井	4		5	柳川	③	0	0
0	0	③	高谷	5		16	(松本)	③	0	0
						6	中瀬古	③	0	0
0	1	③	山口	6	MF	7	金津	③	0	0
0	0	③	河井	8		8	川上	❸	0	0
0	0	③	西淵	14		9	吉澤	③	0	0
			(藪内)				(清水)	③	0	0
0	0	③	大影	15		11	林田	③	1	0
0	1	②	(樫村)	16		13	(横尾)	③	1	0
						12	伊藤	③	0	0
						10	(矢木)	③	0	0
0	1	❸	大谷	10	FW	17	卯野	③	0	0
1	1	③	名願	11		14	(竹村)	③	0	0
0	0	②	(新井)	13						
1	5								2	0

5	GK 10
3	CK 6
9	FK 13
1	PK 0

【得点経過】
後半30分〔初〕PK名願S
▼警告
〔作〕川上

■70分間ハードワークを貫いた初芝橋本

両チームとも1回戦からメンバーを代えての2回戦がスタート。序盤、初芝橋本は、素早く長短のボールをFWに入れ、攻撃の流れを作ろうとする。一方、作陽は奪ったボールを前線の選手に入れ、主導権を握ろうとするが、ボディコンタクトの強い初芝橋本のDF若松、中井の両CBに阻まれ、起点を作ることができない。作陽はMF川上がDFラインに入ってのボール回しやMF吉澤のドリブルで初芝橋本のDFを中央に集結させ、空いた右サイドの裏のスペースを狙って突破を図りチャンスを作るも決定機には至らず、互いに無得点で前半が終了。後半は、両チームともプレスの強度を上げ、球際での激しい戦いの中、ボールの支配権を握ろうとする。30分、初芝橋本はFW大谷のドリブル突破で得たPKをFW名願が決めて先制。作陽は選手交代でゲームの流れを変えようとするが、初芝橋本のチーム全体で連動したプレスにゴール前までボールを運ぶことができなかった。両チームともタフさが求められる試合であったが、初芝橋本がPKの1点を守り切った。

戦評　安慶田真士（豊見城高校）

第2回戦 7月27日(土)

金武町フットボールセンター (晴)

(主)金渕佑亮　(副)新開悠太郎，宮城修人

高 知 4 (2-0 / 2-0) 0 西武台
(高知県)★　　　　　　　　(埼玉県)

得	S	学		背		背		学	S	得
0	0	③	森	1	GK	12	伊佐山	②	0	0
						1	(高橋)	③	0	0
0	0	③	畠中	2	DF	2	佐野 ❸		0	0
1	1	③	松岡	3		3	栗田	③	0	0
1	1	❸	林	4		4	関口	③	0	0
0	0	③	壬生	6		6	森下	③	0	0
0	0	③	小黒	5	MF	5	今田	③	0	0
0	0	③	西森	7		7	岩田	③	0	0
0	0	③	(松本)	12		8	(村田智)	③	0	0
0	1	③	吉尾	8		10	池田	③	0	0
1	2	③	野島	10		17	(高嶋)	②	2	0
0	1	③	都築	11						
0	0	①	(松井)	14						
1	1	②	楠瀬	9	FW	9	谷	③	1	0
0	0	③	(宮地)	15		11	大野田	②	0	0
						13	(村田眞)	③	0	0
						16	寺川	②	1	0
						14	(西岡)	③	1	0

4	7			9	GK	3			5	0
				2	CK	3				
				4	FK	11				
				0	PK	0				

【得点経過】
前半25分〔高〕CK吉尾→松岡S
〃 35+1分〔高〕野島→楠瀬～→野島S
後半34分〔高〕吉尾→楠瀬～S
〃 35+5分〔高〕CK吉尾→林HS

■危なげなくゲームを進めた高知

　高知は，前線の流動的なポジションチェンジに対してMF小黒の長短使い分けたパスの配球により，徐々に主導権を握り始める。また，クーリングブレイク後のCKからの得点後，前線からのプレスの強度を上げボールを奪い，効果的にゴール前に迫ることで追加点を挙げる。後半立ち上がり，西武台は高知守備陣が下がったところを，サイドを起点とした攻撃で積極的にゴール前に迫る。対する高知は，自陣で守備ブロックを形成し，決定機を作らせない守備で対応。西武台が攻撃に人数をかけたことで生まれたスペースを上手く突きカウンターから3点目を決める。反撃を試みたい西武台は，FW谷をターゲットとし果敢にゴール前に迫ろうとするが，高知DF林を中心とした守備網を崩すことができない。終了間際にCKから追加点を加えた高知が，連戦を制し3回戦へと駒を進めた。

　　　戦評　石部元太 (南葛飾高校)

第2回戦 7月27日(土)

金武町陸上競技場 (晴)

(主)高田直人　(副)宮原一也，岡田太一

京都橘 1 (1-1 / 0-0) 1 専大北上
(京都府)★　　4 PK 1　　(岩手県)

得	S	学		背		背		学	S	得
0	0	②	中村	12	GK	1	高橋	③	0	0
1	1	③	松本	2	DF	2	那須	③	0	0
0	1	③	藤橋	3		3	瀬川	③	0	0
0	0	②	金沢	4		4	吉田	③	0	0
0	0	③	(田中)	14		13	岩渕	③	0	0
0	0	③	渋谷	5						
0	0	③	志知	6	MF	6	菊地	③	1	0
0	0	❸	佐藤	7		8	阿部(柊) ❸		0	0
0	1	③	湊			11	阿部(颯)	②	1	0
0	0	③	(旭奈)	16		13	(阿部煌)	③	0	0
0	2	③	髙木	17		16	鎌田	③	0	0
0	0	③	梅村	9	FW	9	千田	③	1	0
0	1	③	梅津	11		10	菅原	③	2	1

1	6			9	GK	12			5	1
				8	CK	1				
				13	FK	15				
				0	PK	0				

【得点経過】
前半30分〔京〕CK髙木→松本HS
〃 35+3分〔専〕岩渕→千田～S(相手GK)(こぼれ球)菅原S

▼警告
〔京〕藤橋，梅津

■京都橘，粘る専大北上をPK方式で退ける

　京都橘はFW梅津をターゲットにアタッキングサードへ素早くボールを運びながら攻めかかる。専大北上はボールを中心とした守備で縦と横がコンパクトに繋がりながら，相手のパスコースを限定してボールを奪い，相手DFラインの背後へとボールを送る。前半30分に京都橘のMF髙木のCKをDF松本が頭で触りコースを変えて先制。専大北上も，前半終了間際にシンプルに相手DFラインの背後にボールを送り，走り込んだFW千田がボールをキープしドリブルで仕掛けシュート。GKはセーブするもこぼれ球をFW菅原が押し込み，同点とした。後半，京都橘の両サイドMF湊と髙木が高めに位置をとり攻撃に幅ができると，サイドからゴールチャンスを生み出す。その後も京都橘がゲームを優位に進めるも，専大北上はバイタルエリア付近にブロックを形成した粘り強い守備で得点を許さず，PK方式に。京都橘GK中村が鋭い読みでセーブし，3回戦へ進出を果たした。

　　　戦評　岡村武志 (金沢北陵高校)

第2回戦 7月27日(土)

東風平運動公園サッカー場 (晴)

(主)森周平　(副)伊福正義，石嶺秀賢

五 條 0 (0-0 / 0-0) 0 名経大高蔵
(奈良県)★　　6 PK 7　　(愛知県)

得	S	学		背		背		学	S	得
0	0	③	中尾	1	GK	1	古橋	③	0	0
0	0	③	井本	2	DF	2	沢田 ❸		0	0
0	0	③	和田	3		6	杉川	③	0	0
0	0	③	米川	5		15	小崎	③	0	0
0	0	②	水津	17		20	大屋	②	0	0
0	1	❸	池田	7	MF	7	深津	①	0	0
0	4	③	井澤	9		4	(後藤)	②	1	0
0	0	②	豊田	13		8	片又	③	1	0
0	2	③	岸本	16		11	(藤本)	③	0	0
0	0	③	(辰巳)	6		13	玉越	③	0	0
						3	(花木)	③	0	0
						14	岩松	②	1	0
						17	木下	②	0	0
						10	(亀山)	②	0	0
0	3	③	中山	10	FW	9	辻	③	2	0
0	1	③	小西	15						
0	1	③	(菅田)	8						

0	12			4	GK	9			5	0
				4	CK	3				
				11	FK	8				
				0	PK	0				

▼警告
〔五〕水津

■終盤の猛攻を凌いだ名経大高蔵

　個人で打開を図る名経大高蔵，攻守をグループで戦う五條。前半，クーリングブレイク後チャンスを作ったのは名経大高蔵。アタッカー陣のドリブルで相手DFを切り裂きゴール前に迫る。だが，個人の打開のみで，複数人が関わらないためにシュートまで持ち込めない。その影響かペースは五條に傾いていく。名経大高蔵の幅とGKを使ったビルドアップをインターセプトしチャンスを作る。だが，こちらも攻撃の迫力がなく得点することができない。後半，FW辻を中心にドリブルで押し込んでいく名経大高蔵。そのボールを複数で奪い，攻め込んで生まれたサイドのスペースを利用しカウンターを仕掛ける五條。名経大高蔵は，テクニックはあるのだがワンタッチプレーなどシンプルな攻撃がなく時間がかかり，囲まれてスペースが消えてしまう。一方の五條はチームで守備を行いカウンターに繋げるが，ゴール前に人数が少なく，キックの精度が低いためにチャンスにならない。残り5分は運動量に勝る五條が再三のビッグチャンスを作るも，ものにできずPK方式に。名経大高蔵が勝利し3回戦に駒を進めた。

　　　戦評　都浩司 (茨木高校)

第2回戦 7月27日(土) 黄金森公園陸上競技場 (晴)

(主) 足立正輝 (副) 村田裕紀, 長谷川雅

那覇西 0 (0-0 / 0-1) 1 北越
(沖縄県第1) / (新潟県)

得	S	学		背		背		学	S	得
0	0	③新垣	1	GK	1	平山	②	0	0
0	0	③古波津	3	DF	2	土田	③	0	0
0	0	③中山	4		13	(山田)	③	1	0
0	0	❸仲程	5		3	下間	②	0	0
0	0	②山城	4		4	中山	③	0	0
0	0	③(大城)	13		15	(棚橋)	③	0	0
					5	藤吉	❸	1	0
0	2	③髙良	7	MF	7	加藤	②	1	0
0	0	②照屋	8		8	浅野	③	1	0
0	0	③(辺土名)	15		12	五十嵐	③	1	0
0	2	③伊佐	10		6	(三島)	②	0	0
0	1	③上原	16		14	安藤	②	2	0
0	1	③山川	9	FW	9	庄内	③	2	1
0	0	②(仲西)	11		11	田中	③	0	0
0	0	②岸本	17						
0	6		6	GK	5			9	1
			3	CK	4				
			9	FK	7				
			0	PK	0				

【得点経過】
後半13分〔北〕五十嵐〜→庄内〜S

■危機を好機に変えた北越のカウンター

　地元開催で多くの応援団が駆けつけた那覇西。対する北越はゲーム巧者ぶりを発揮した初戦同様のスターティングメンバー。北越は足元の技術を活かしボールを落ち着かせ、左サイドからFWへのくさびのボールがスイッチとなりアタッキングサードで3〜4人が関わるコンビネーションでゴールを脅かす。那覇西は両サイドを広く使った攻撃からMF照屋の高い推進力で押し込もうとする。前半25分過ぎから北越のパスのズレやトラップミスなどからボールを保持し、MF伊佐を軸に長短のパスで揺さぶりをかけるが、最後の崩しのアイディアが乏しい。後半立ち上がり、前半の勢いそのままに那覇西が攻勢に出て決定機を作るが北越GK平山のファインセーブ、DF陣の身体を投げ出してのシュートブロックでしのぐと、カウンターに抜け出したFW庄内がためを作りながら前線に運ぶ。逆サイドに長い距離のスプリントで4人がゴール前に入ってくるがそのまま自分でシュートしゴール。失点後、那覇西も選手交代から好機を窺うが、有効ではなかった。

　戦評　有田和平 (呉武田学園呉港高校)

第2回戦 7月27日(土) 吉の浦公園ごさまる陸上競技場 (晴)

(主) 山口隆平 (副) 安川公規, 宮城一茂

青森山田 1 (0-0 / 1-0) 0 大津
(青森県) / (熊本県)

得	S	学		背		背		学	S	得
0	0	③佐藤	1	GK	1	福山	③	0	0
0	0	③内田	2	DF	4	金子	②	0	0
0	0	③神田	3		5	立野	②	0	0
0	1	③箱﨑	4		17	猪谷	②	0	0
0	0	③藤原	5		2	(大島)	②	0	0
0	0	③古宿	6	MF	2	本多	②	0	0
0	2	①松木	7		13	(麻生)	③	0	0
0	0	(那俄性)	16		3	時松	③	0	0
0	0	③浦川	8		6	佐藤	③	0	0
0	0	(タビナス)	17		12	(野田)	②	0	0
0	1	❸武田	10		7	樋口	③	1	0
0	0	③後藤	11		11	(宮原)	③	0	0
0	0	②(安斎)	15		8	藤井	②	0	0
					10	濃野	❸	1	0
0	3	③金	14	FW	9	半代	②	0	0
1	1	③(田中)	9						
1	8		5	GK	13			3	0
			1	CK	2				
			15	FK	9				
			0	PK	0				

【得点経過】
後半23分〔青〕神田→田中HS

▼警告
〔青〕内田
〔大〕濃野2, 佐藤

▼退場
〔大〕濃野

■青森山田、強豪相手に2試合連続完封

　青森山田はFW金、大津はFW半代をターゲットにロングボールを供給し、中盤でのセカンドボールの奪い合いからチャンスを作ろうとするも、両チームとも個々の能力が高く、局面で激しい攻防を見せ、主導権を渡さない。前半のクーリングブレイク後、大津は守備ブロックを少し下げ、相手を引き込んでのカウンターからMF濃野を中心にチャンスを作り出す。逆に青森山田は大津のカウンターを奪ってからのカウンターやMF古宿、武田を中心としたピッチの幅を広く使った攻撃でチャンスを作り出す。スコアレスで迎えた後半、青森山田の幅を使った攻撃を前に徐々に押し込まれる時間帯が増えた大津は、前線で起点を作ることができずラインを押し上げることができなくなってくる。青森山田は、その前にできたスペースを古宿がドリブルで持ち上がり、左サイドからのクロスを途中出場のFW田中がヘディングで決め、先制する。リードを許した大津は、選手交代とシステム変更で攻勢に出るが、青森山田の強固な守備を崩すことができなかった。

　戦評　中島慶介 (太田高校)

第2回戦 7月27日(土) 西原町民陸上競技場 (晴)

(主) 大峡諭 (副) 堀善仁, 真謝孝之

日章学園 1 (0-0 / 1-1) 1 西京
(宮崎県) / 4 PK 5 / (山口県)

得	S	学		背		背		学	S	得
0	0	②清原	17	GK	1	恒富	③	0	0
0	0	③濱松	2	DF	2	山下	②	0	0
0	0	③後藤	3		4	原田(廉)	③	1	1
0	0	③古賀	6		5	西﨑	②	0	0
0	1	❸阿部	4		3	(棚谷)	③	0	0
0	1	③中別府	5	MF	7	石澤	❸	0	0
0	0	①葭岡	7		8	三﨑	②	2	0
0	0	①(前田)	14		9	西谷	③	0	0
0	1	②日吉	8		6	(小縣)	③	0	0
0	0	③(藤本)	15		15	前田	②	0	0
0	1	③齊藤	9						
0	2	③(小野)	16						
1	6	③鈴木	10	FW	14	井上	②	0	0
0	1	①木脇	11		16	(東原)	③	0	0
0	0	③(吉田)	13		10	水津	③	1	0
					11	(原田(聖))	③	0	0
1	14		1	GK	4			4	1
			6	CK	1				
			5	FK	11				
			0	PK	0				

【得点経過】
後半19分〔日〕CK日吉→(相手FPクリア)(こぼれ球)鈴木S
〃 35+4分〔西〕石澤→前田→原田(廉)S

▼警告
〔日〕古賀, 清原

■劇的同点ゴールの西京がPK方式も制す

　日章学園は、FW鈴木を起点に長短のパスを両サイドに散らしながらボールを保持しチャンスを窺う。西京は、守備時に3ラインを形成し、DFラインでボールを奪うとFW2人にロングボールをシンプルに入れ、セカンドボールを拾いリズムを作ろうとする。前半、試合が進むにつれて日章学園は攻撃時に両SBが高い位置を取りサイドを攻略し始めるが、西京DF山下、原田(廉)がクロスボールを跳ね返す。後半も膠着状態が続くが、19分、日章学園の鈴木がCKからのこぼれ球をゴール左隅に突き刺し先制。西京はスピードのあるFW原田(聖)を投入し巻き返しを図る。ボールを保持する日章学園が決定機を作り続けるが後半AT、前に人数をかけだした西京は、高い位置でボールを奪ったMF前田のクロスを原田(廉)がファーサイドから飛び込み同点ゴール。勝負はPK方式にもつれ込み、1人外した日章学園に対し、5人全員が決めた西京が3回戦に進出した。

　戦評　徳峰敬祐 (宮崎大宮高校)

<table>
<tr><td colspan="3">

第2回戦 7月27日(土)　南城市陸上競技場 (晴)

(主) 筒井雅俊　(副) 田邉裕樹, 高田也愛

</td></tr>
</table>

米子北 1 (1-0 / 0-0) 0 長崎日大
(鳥取県) — (長崎県)

得	S	学		背		背		学	S	得
0	0	③	岩田	1	GK	1	前田	③	0	0
0	0	❸	田中	2	DF	4	小川	③	0	0
0	0	②	為本	5		2	(山口)	②	0	0
0	0	③	居川	6		5	川上	③	0	0
0	0	②	(横山)	3		13	田川	③	0	0
0	0	③	野嶋	12		(中村㷆)	③	0	0
0	0	③	(荒川)	15		17	橋本	③	0	0
0	0	②	崎山	7	MF	(中村㇐)	③	0	0
0	0	①	(佐野)	9		6	(森)	②	0	0
0	1	③	後藤	8		14	山本	③	0	0
0	1	②	林	13		15	山脇	③	0	0
						11	(松財)	③	0	0
						16	重冨	③	1	0
0	1	③	岡田(大)	10	FW	9	石本	③	0	0
0	1	③	原田	11		7	(吉本)	③	0	0
0	0	②	(竹中)	4		10	山崎	❸	1	0
1	3	②	中田	16						
0	0	③	(岡田㐂)	14						
1	7			9	GK	6			2	0
				1	CK	1				
				11	FK	17				
				0	PK	0				

【得点経過】
前半23分〔米〕岡田(大)→(相手FP)(こぼれ球)中田S

▼警告
〔米〕為本

■バランスの良い攻守が際立った米子北

　米子北は前日の1回戦を4-0で突破した勢いをそのままに序盤から前線にボールを送り, 相手陣地でプレーをしようとする意図が見られる。対して初戦となる長崎日大はCB田川, 川上を中心に弾き返し, 自陣への侵入を許さない。両チームともに前線からのプレッシングやチェイシングを繰り返し, 空中での競り合いや球際の奪い合いが激しさを増す。その中, 米子北が自陣から相手DFラインの背後を狙った高いロングボールを送り, 長崎日大CBとGKの連係ミスを誘い, 先制に成功する。長崎日大はDFラインから幅を使って相手を広げたところから攻撃を試みるが, 米子北は連動したプレスと早いスライドで相手に優位を与えない。後半も前半同様の展開が続く中, 長崎日大は積極的な選手交代を行い, 膠着状態を打破しようとする。終盤, 長崎日大が間延びしてできた中盤のスペースを活用し始め, 押し込む展開となるが, 米子北の粘り強い守備を崩すことができず, 得点を奪えないまま試合終了。米子北が得意の展開に持ち込んで勝利した。

　戦評　吉嶺文啓 (KBC学園未来高校沖縄)

<table>
<tr><td colspan="3">

第2回戦 7月27日(土)　北谷公園陸上競技場 (晴)

(主) 大楠友和　(副) 山本利季, 伊芸宣裕

</td></tr>
</table>

丸岡 1 (0-0 / 1-1) 1 矢板中央
(福井県) — 3 PK 2 — (栃木県)

得	S	学		背		背		学	S	得
0	0	③	倉持	1	GK	1	溝口	③	0	0
0	0	③	遠藤	2	DF	2	柿崎	③	1	0
0	0	③	藤本	3		3	矢野	③	0	0
0	0	②	河上	4		4	長江	❸	0	0
0	0	③	平澤	12		14	加藤	③	0	0
0	1	②	(川中)	8		13	坂本	③	0	0
0	2	③	田島	13						
0	0	②	飯田	5	MF	7	靍見	③	1	1
1	2	③	中村	7		8	左合	③	2	0
0	0	③	小谷	14		15	新倉	②	0	0
❸	0	③	田海	10	FW	10	久永	③	1	0
0	0	③	明間	11		11	大貫	③	0	0
						9	(多田)	②	1	0
1	5			9	GK	9			6	1
				7	CK	9				
				8	FK	7				
				0	PK	0				

【得点経過】
後半26分〔丸〕明間→中村HS
〃 28分〔矢〕FK靍見S

■丸岡がGKの活躍で接戦を制す

　序盤は両チームともにDFラインの背後へのロングボールが多い展開となる。しかし, ともにロングボールへの対応が良く, セカンドボールへの反応も早いため決定的な場面は生まれない。クーリングブレイク後, 丸岡はスピードのあるFW明間と, 途中から右サイドにポジションチェンジしたMF中村の両翼が高い位置でのドリブル突破やSBのオーバーラップを引き出すプレーで攻撃の糸口を探る。一方の矢板中央もDF坂本のロングスローやそのセカンドボールから得点機会を窺う。後半開始早々, 矢板中央は右サイドを抜け出したFW多田がGKと1対1になるが, 丸岡GK倉持のファインセーブに遭い先制点を奪えない。26分, 丸岡は左サイドを抜け出した明間が左足で高精度のクロスを上げると, 中村が飛び込み先制する。しかし, 矢板中央もすぐさまMF靍見が直接FKを叩き込み同点とした。勝負はPK方式にもつれ込むが, 丸岡GKの倉持が2本を止める活躍で勝利した。

　戦評　浅野誠仁 (池田高校三好校)

<table>
<tr><td colspan="3">

第2回戦 7月27日(土)　金武町フットボールセンター (晴)

(主) 伊勢裕介　(副) 谷弘樹, 宮城竜人

</td></tr>
</table>

清水桜が丘 0 (0-0 / 0-0) 0 桐光学園
(静岡県) — 7 PK 8 — (神奈川県第1) ★

得	S	学		背		背		学	S	得
0	0	③	藤原	1	GK	1	北村	②	0	0
0	0	③	村上	2	DF	4	安久	③	0	0
0	0	③	望月	3		5	奈良坂	②	1	0
0	0	③	東海林	4		6	前川	②	1	0
0	0	③	加藤	13						
0	1	②	宇山	6	MF	7	中村	③	1	0
0	1	③	安部	7		14	岩根	①	0	0
0	4	③	古長谷	8						
0	2	③	野牧	14						
0	2	③	黒田	5	FW	8	所	③	0	0
0	3	③	(前田)	9		9	佐々木	③	1	0
0	0	❸	松永	10		10	西川	❸	3	0
						11	神田	③	2	0
						13	ﾗﾅｲﾒｱｰ	③	1	0
						16	(庄司)	②	0	0
0	13			3	GK	8			9	0
				2	CK	1				
				9	FK	12				
				0	PK	0				

▼警告
〔清〕東海林

■均衡したゲームはPK方式8人目で決着

　桐光学園は左SBの位置にFW佐々木を置き, ビルドアップ時に非常に高い位置を取って押し込む。逆に清水桜が丘はその佐々木が上がっているスペースを利用して奪ってから素早いカウンターで右サイドからの崩しを狙う。前半9分には, その右サイドで背後を取った清水桜が丘のMF安部からのクロスを, ボックス内でFW黒田が決定的なシュートを撃つ。シュートブロックされたものの, 清水桜が丘が狙いどおりの試合運びを見せる。後半, 桐光学園はラインを高く設定し, 積極的にボールを奪いにかかる。9分にはFW西川のポストプレーから決定機を迎えるも, 清水桜が丘GK藤原が立て続けに素晴らしいシュートブロックを見せてゴールを死守する。清水桜が丘も前半同様に奪ってからのシンプルなボール運びで, 手数をかけずにシュートまで持ち込む場面を作る。後半のクーリングブレイク後も運動量が落ちることはなく, 両チームとも縦への推進力を持ったままゴール前に迫る場面を作り出す。両者譲らずスコアレスのまま勝負はPK方式にもつれ込み, 桐光学園が3回戦へと駒を進めた。

　戦評　横山晃一 (南稜高校)

第3回戦　7月28日(日)　金武町フットボールセンター (晴)

(主)池田元　(副)中川愛斗, 増田裕之

大　分(大分県) 0 (0-0 / 0-0) 0 **徳島市立**(徳島県)　7 PK 8

得	S	学	選手	背		背	選手	学	S	得
0	0	①	塩治	12	GK	1	中川	③	0	0
						17	(米田)	③	0	0
0	0	③	竹谷	2	DF	3	土田	③	0	0
0	0	③	(重石)	6		12	渡邉	②	0	0
0	0	③	福井	3		14	田内	③	0	0
0	0	❸	佐藤	5						
0	0	③	瀬藤	14						
0	0	③	永松	7	MF	5	川人	③	0	0
0	0	③	重見	8		6	平	③	0	0
0	1	③	菊地	10		8	佐野	③	1	0
						10	阿部	❸	0	0
						15	大野	②	1	0
						11	(野口)	③	0	0
0	2	②	堤	11	FW	7	横野	③	1	0
0	0	①	(前園)	16		16	(前川)			
0	0	③	長澤	13		9	木村	③	0	0
0	0	③	(森山)	9		13	(中田)	②	0	0
0	0	③	大神	15						
0	3			5	GK	5			3	0
				4	CK	3				
				10	FK	4				
				0	PK	0				

▼警告
〔大〕竹谷

■徳島市立が3戦連続PK方式で勝利

　大分は攻撃時に1-4-1-4-1、守備時には1-4-4-2の可変システム。徳島市立は2回戦までの1-3-4-3から1-3-5-2へとシステムを変更して対応を試みる。クーリングブレイク後は徳島市立がDFラインを上げ、FWとの距離を縮めてコンパクトフィールドを形成し、ボールへのチャレンジ強度を上げ始める。前半27分には徳島市立が中盤で奪って素早く中央を経由し、左サイドに展開。大分のSBが上がったスペースにMF佐野がスプリントを活かして背後を取りクロスを供給、FW横野のヘディングシュートはゴールネットを揺らすも、惜しくもオフサイドの判定。後半、守から攻の切り替えの早さで上回る大分が、ドリブルで突っかかる回数を増やして徳島市立DFを混乱させる。ドリブルで引き付けたところでSB脇のスペースに配球し、幾度となくペナルティエリア内に侵入するが、徳島市立GK中川の素晴らしいセービングもありスコアは動かない。徳島市立もロングスローとCKで活路を見出そうとするも、ゴールを割れずに勝負はPK方式へ。徳島市立が3回連続となるPK方式をものにして、準々決勝に駒を進めた。

戦評　横山晃一 (南稜高校)

第3回戦　7月28日(日)　南城市陸上競技場(晴)

(主)伊勢裕介　(副)本多文哉, 佐藤廉太郎

阪南大高(大阪府第1) 0 (0-0 / 0-0) 0 **富山第一**(富山県)　3 PK 5

得	S	学	選手	背		背	選手	学	S	得
0	0	③	中本	1	GK	1	中村	③	0	0
0	0	③	(フーガル)	12						
0	0	③	橋本	2	DF	2	中園	③	0	0
0	0	③	北村	4		16	(浦崎)	③	0	0
0	0	❸	高木	6		3	吉藤	③	0	0
						4	丸山	③	0	0
						5	真田	③	0	0
0	0	②	小西	7	MF	6	牧野	③	0	0
0	1	③	富岡	8		8	小森	③	1	0
0	1	③	窪田	10		15	(中嶋)	③	0	0
0	1	③	中村	13		10	高木	❸	0	0
0	1	③	田井	15		14	広瀬	③	0	0
0	0	②	(田中)			13	(吉倉)	③	0	0
0	0	③	柳	16						
0	5	③	篠畑	9	FW	9	鈴木	③	2	0
						11	碓井	③	2	0
0	9			9	GK	6			5	0
				2	CK	4				
				13	FK	8				
				0	PK	0				

▼警告
〔富〕碓井

■両チーム, 狙いは明確も得点は生まれず

　昨年度2回戦の再戦となった一戦。阪南大高は前日の試合から、攻撃に変化をつけることができるMF窪田を左サイドで先発起用し、縦への推進力が武器のMF田井を右に配置、富山第一の5バックの裏を狙い、サイドの攻防を優位に進めようとする。一方の富山第一は守備を5枚でしっかり固め、テクニックとアイディアのあるFW碓井と鈴木にボールを集め、局面打開を試みる。前半10分過ぎ、阪南大高は田井が中盤での展開から高い位置で受け、DFを振り切りフリーのFW篠畑にボールを送るが、決定的なチャンスを決め切れない。富山第一は碓井にボールを預けようと試みるが、全体的に距離感が悪く、運動量が上がらないため孤立する状態が続く。その後も阪南大高は両サイドに起点を作り、明確な狙いで富山第一ゴールを狙い続ける。後半に入っても阪南大高はサイドを起点に、富山第一はFWを起点にボールを送るが、互いに中盤を省略したサッカーに近い状態で、人数をかけた攻撃ができずに停滞感が漂う。そのままPK方式に突入し、富山第一が勝利した。

戦評　上林俊介 (榛生昇陽高校)

第3回戦　7月28日(日)　吉の浦公園ごさまる陸上競技場(晴)

(主)森数真治　(副)村田裕紀, 福島惇輝

尚　志(福島県) 1 (0-1 / 1-0) 1 **神村学園**(鹿児島県)　4 PK 2

得	S	学	選手	背		背	選手	学	S	得
0	0	③	鈴木	1	GK	17	吉山	②	0	0
0	0	③	吉田	2	DF	2	アン	②	0	0
0	0		(神林)	12		5	稲田	②	1	0
0	1	③	坂従	3		7	中島	③	1	0
0	0	③	中川路	4		13	下川床	②	1	0
0	1	②	渡邉	5						
0	0	③	瀬齊	15						
0	0		(小池)	7						
0	0	③	福田	6	MF	8	加治屋	③	2	0
0	0	③	松本	8			(大迫)	③	0	0
1	3	❸	山内	10		9	野邊	③	2	0
						10	永吉	②	1	0
						14	濱屋	❸	6	1
						7	樋渡	③	2	0
0	0	②	黒田	14	FW	12	寺田	③	0	0
0	1	③	(染野)	9						
0	0	②	阿部	17						
0	0	③	(郡司)	11						
1	6			3	GK	7			14	1
				4	CK	8				
				5	FK	5				
				0	PK	0				

【得点経過】
前半 7分〔神〕野邊H→濱屋S
後半24分〔尚〕染野→山内S

■神村学園の攻勢に耐え, 追いついた尚志

　尚志はボールをテンポよく動かしサイド攻撃を展開する。対する神村学園も幅広くポジションを取り、MF永吉、濱屋を起点としたビルドアップからの攻撃を展開。細かいパスワークからゴール前に繋いだこぼれ球を豪快に決めて先制する。クーリングブレイク後、尚志は両サイドの裏を狙った攻撃を展開するが決定機には至らず、神村学園のゆっくりとしたパスワークと時折見せる縦に速い突破に戸惑い、奪うポイントを絞れず何度もゴールを狙われる。後半、神村学園は絞られたら外、開いたら中にボールを入れ、何度も尚志ゴールに迫る。尚志は後半開始から投入したFW染野にボールを集めようとするが、激しい寄せに攻撃のリズムを作れない。しかしクーリングブレイク後、尚志は一瞬の隙を逃さず、染野がDF裏に出したボールをMF山内が決め同点とする。その後は両チームとも気持ちと身体を張った守備を崩し切れず、PK方式を制した尚志が準々決勝に進出した。

戦評　今岡修司 (境港総合技術高校)

第3回戦

初芝橋本 1–0 高知

(主)宮原一也 (副)大峡諭, 足立正輝

初芝橋本 (和歌山県) 1 (0-0 / 1-0) 0 **高知** (高知県) ★

得	S	学	名前	背		背	名前	学	S	得
0	0	③	横井	1	GK	1	森	③	0	0
0	0	③	南條	2	DF	2	畠中	③	0	0
0	0	③	若松	3		3	松岡	③	0	0
0	1	③	中井	4		4	林	❸	0	0
0	0	③	高谷	5		6	壬生	③	0	0
0	1	③	山口	6	MF	5	小黒	③	1	0
0	2	③	河井	8		7	西森	③	0	0
0	2	③	西淵	14		8	吉尾	③	1	0
0	0	②	(新井)	13		10	野島	③	2	0
0	0	③	大影	15		11	都築	③	1	0
0	0	③	(藪内)	7						
0	2	❸	大谷	10	FW	9	楠瀬	②	0	0
0	0	②	(尾崎)							
0	2	②	樫村	16						
1	2	③	(名願)	11						
1	12			4	GK	10			5	0
				2	CK	2				
				8	FK	10				
				1	PK	0				

【得点経過】
後半31分〔初〕PK名願S
▼警告
〔初〕中井
〔高〕松岡, 林

■初芝橋本, 積極さで勝利をたぐり寄せる

優先順位を意識したロングパスとFW大谷の仕掛けを中心に時間をかけずにゴールに迫る初芝橋本と, ショートパスと幅を使った攻撃でゴールを目指す高知。互いにやや間延びが見られ, ミドルサードを容易に突破しゴール近くまで迫ることが多いが, ゴール前の精度に欠け得点には至らない。全体的に運動量, プレッシャーの強度でやや劣る高知だったが, 前半はスコアレスで終了。後半もシンプルにロングパスを前線に送り込み, 高い位置からのプレッシャーで相手を押し下げる初芝橋本。守備の時間が増える高知は奪ったボールをノージャッジでクリアする場面が見られ, ボールを保持できない。運動量とボールの奪い合いで優位に立つ初芝橋本は, 交代で投入されたFW名願と大谷のドリブルでリズムを作る。31分, 名願のドリブル突破から相手のファウルを誘いPKを獲得。名願が冷静にゴールし先制した。最後までドリブル突破でリズムを摑み, 速い攻撃を徹底した初芝橋本がリードを守り3回戦突破を果たした。

戦評 宮本徹郎 (三本木農業高校)

京都橘 3–0 名経大高蔵

(主)小野裕太 (副)長谷川豊, 筒井勇気

京都橘 (京都府) 3 (2-0 / 1-0) 0 **名経大高蔵** (愛知県)

得	S	学	名前	背		背	名前	学	S	得
0	0	②	中村	12	GK	1	古橋	③	0	0
0	0	②	(前田)	1						
0	0	③	松本	2	DF	2	沢田	❸	0	0
0	0	②	(田中)	14		3	花木	③	0	0
0	0	③	藤橋	3		6	杉田	③	0	0
0	0	③	(久保)	13		16	大屋	②	0	0
0	0	②	金沢	4						
0	0	③	渋谷	5						
0	0	②	(山内)	15						
0	0	③	志知	6	MF	7	深津	①	0	0
0	3	❸	佐藤	7		5	(中村)	②	0	0
0	0	③	湊	8		8	片又	③	1	0
0	3	③	髙木	17		2	(後藤)	②	0	0
						14	岩松	②	0	0
						15	小﨑	②	0	0
						17	(木下)	②	0	0
3	7	③	梅村	9	FW	9	辻	③	0	0
0	0	③	梅津	11		10	亀山	②	0	0
0	0	②	(西野)	10		11	(藤本)	③	0	0
3	13			3	GK	5			1	0
				6	CK	1				
				7	FK	9				
				1	PK	0				

【得点経過】
前半13分〔京〕佐藤→梅村S
〃 19分〔京〕湊→梅村S
後半27分〔京〕PK梅村S

■京都橘, 梅村がハットトリック

京都橘は相手を見て判断し, 効果的な攻撃を繰り返す。相手が前に来れば背後を, 中を固めればサイドに幅を広げ, くさびのパスを入れる。攻め続ける京都橘はFW梅村の強烈なシュート, MF湊が70mをドリブルで駆け上がり, それを味方が決め早々に2点を奪う。一方の名経大高蔵はFW辻に長いボールを入れ, それを拾ってドリブルで攻撃を試みる。囲まれていてもドリブルをするので, 奪われてカウンターを受けるシーンが多くなる。後半, 名経大高蔵は個人技で何度かチャンスを作るが, 全てドリブルなので囲まれシュートを撃てない。京都橘はボールを動かし, FW梅津にボールを集めシュートシーンを増やしていく。試合は終始相手を見て意図的に攻撃を続けた京都橘が勝利した。名経大高蔵はテクニカルな選手が多いので, 相手を広げてストロングのドリブルを仕掛けるとシュートまでいくことができるだろう。

戦評 都浩司 (茨木高校)

北越 1–1 青森山田 (5 PK 3)

(主)原崇 (副)堀善仁, 金渕佑亮

北越 (新潟県) 1 (0-0 / 1-1) 1 **青森山田** (青森県) ★ 5 PK 3

得	S	学	名前	背		背	名前	学	S	得
0	0	②	平山	1	GK	1	佐藤	③	0	0
0	0	③	土田	2	DF	2	内田	②	0	0
0	0	③	(山田)	13		16	(那俄性)	③	0	0
0	0	②	下間	3		3	神田	③	0	0
0	0	②	(棚橋)	15		4	箱﨑	③	0	0
0	0	③	中山	5		5	藤原	②	0	0
0	1	❸	藤吉	6						
0	0	②	加藤	7	MF	6	古宿	③	0	0
0	0	③	浅野	8		7	松木	①	0	0
0	0	③	五十嵐	12		15	(安斎)	②	0	0
0	0	③	(大井)	10		8	浦川	②	0	0
0	0	②	安藤	14		17	(タビナス)	②	0	0
						13	(得能)	③	0	0
						10	武田	❸	2	0
						11	後藤	③	2	0
1	4	③	庄内	9	FW	14	金	③	0	0
0	0	③	田中	11		9	(田中)	③	1	1
1	5			8	GK	5			5	1
				2	CK	2				
				10	FK	7				
				1	PK	0				

【得点経過】
後半13分〔北〕田中→藤吉～→庄内S
〃 19分〔青〕FK武田→田中HS

■北越, 選手権覇者を破りベスト8へ

ハードワークを武器に守備から細かいパスワークで鋭い突破を狙う北越。ハイプレッシャーでボールを奪い, シンプルにアタッキングサードへボールを送り込み, 個人技と素早いパスワークでゴールに迫る青森山田。前半, クーリングブレイク前に, 一瞬の隙を突いて北越FW田中が, バイタルエリアでパスを受け, ペナルティエリアにドリブルで侵入しPKを得る。しかし, 青森山田GK佐藤が鋭い反応でボールを弾き阻止。ゲームが動いたのは後半13分。北越の田中がミドルサード中央付近からオーバーラップをしたDF藤吉へと繋ぎ, クロスをFW庄内が押し込み, 北越が先制した。しかし, クーリングブレイクを挟んですぐに, 青森山田がFKを得て, MF武田の鋭いクロスをFW田中がヘディングで合わせて同点とした。その後, 青森山田ペースでゲームが進むも, 北越は粘り強く守備をして同点のまま後半を終了した。PK方式により北越が準々決勝に進出した。

戦評 岡村武志 (金沢北陵高校)

第3回戦 7月28日(日) 吉の浦公園ごさまる陸上競技場（晴）

(主) 荒上修人　(副) 谷弘樹、金丸拓哉

西京 (山口県) 2 (1-0 / 1-0) 0 米子北 (鳥取県)

得	S	学	選手	背	POS	背	選手	学	S	得
0	0	③	恒富	1	GK	1	岩田	③	0	0
						17	(岡)	③	0	0
0	0	②	山下	2	DF	2	田中	❸	0	0
0	0	③	原田	4		5	為本	②	0	0
0	0	③	西崎	5			(横山)	②	1	0
0	0	③	宮崎			10	岡田(大)	②	0	0
						12	野嶋	③	0	0
						15	(荒川)	③	0	0
0	0	❸	石澤	7	MF	6	居川	③	0	0
0	0	③	三崎	8		4	(竹中)	②	1	0
0	0	③	西谷	9		7	崎山	②	2	0
1	1		(横山)	13		8	後藤	③	3	0
1	1	②	前田	15		14	(岡田(恒))	②	1	0
						11	原田	②	1	0
						13	林	②	1	0
0	0	②	井上	3	FW	16	中田	②	1	0
0	1		(原田)	11						
0	0	③	水津	10						
0	0	③	(小縣)	6						
2	3			15	GK	10			11	0
				2	CK	4				
				11	FK	4				
				1	PK	0				

【得点経過】
前半17分〔西〕PK前田S
後半35+4分〔西〕横山〜S

■少ないチャンスを得点に結びつけた西京
　西京は、試合が進むにつれて長短使い分けたパス攻撃の形に変化を加え、相手陣内への前進を試みる。対する米子北は、前線からのハイプレスで相手のパスミスを誘い、素早く前線へフィードすることでゴール前に迫る。徐々にパスコースを見つけ前進することができた西京がペナルティエリアに侵入し、PKを誘い先制する。後半、両チームともDF陣の背後を狙ったフィードでゴールを目指す展開となる。米子北は変化を加えたロングフィードで相手陣内に攻め込み、決定機を作り出す。徐々に競り合い後のセカンドボールを米子北が拾い始め、ゴールに迫る回数が増える。対する西京は、チーム全体で集中力を持続させ米子北の力強い攻撃を跳ね返す。1点を追う米子北は、交代枠を使いながら反撃を試み、ゲーム終盤には怒涛の攻撃を見せたが、西京のカウンターが決まり2-0となり試合終了。酷暑の中、高い集中力と運動量を持続させた西京がベスト8に進出となった。
戦評　石部元太 （南葛飾高校）

第3回戦 7月28日(日) 金武町フットボールセンター（晴）

(主) 安川公規　(副) 西村隆宏、高坂凌

丸岡 (福井県) 0 (0-1 / 0-0) 1 桐光学園 (神奈川県第1)★

得	S	学	選手	背	POS	背	選手	学	S	得
0	0	③	倉持	1	GK	1	北村	②	0	0
0	0	③	遠藤	2	DF	3	荒井	②	0	0
0	0	③	藤本	3		4	安久	③	1	0
0	1	③	河上	6		5	奈良坂	②	3	0
0	0	③	田島	13		7	前川	②	2	1
0	0	③	飯田		MF	7	中村	①	0	0
0	2	③	中村	7		14	岩根	①	0	0
0	2	③	川中	8						
0	1	③	小谷	14						
0	1	❸	田海	10	FW	8	所	③	0	0
0	0	②	柳谷	16		12	(三原)	①	0	0
0	2		(明間)	11		9	佐々木	③	1	0
						10	西川	❸	1	0
						13	ラナイアメア	③	0	0
						11	(神田)	③	1	0
0	10			7	GK	4			9	1
				6	CK	8				
				10	FK	9				
				0	PK	0				

【得点経過】
前半35+2分〔桐〕前川→西川S（相手GK）（こぼれ球）前川S
▼警告
〔丸〕小谷

■丸岡の猛攻を耐え切った桐光学園
　前半10分を過ぎたあたりから桐光学園が斜めのロングボールとFW西川のキープ力を有効に使いながら徐々に押し込み始める。すると右サイドを細かいパスで崩し、中央から西川の放ったミドルシュートのこぼれ球をDF前川が押し込み、先制する。丸岡もサイド攻撃から得たCKやFKからゴールに迫ったが得点を奪うには至らず前半を終えた。後半に入り、同点に追いつきたい丸岡が運動量とプレスの強度を高め押し込みにかかる。敵陣でいい形で奪ったボールからFW田海が抜け出しシュートを放つが、桐光学園GK北村のセーブで得点を奪えない。桐光学園も奪ったボールをシンプルに前線に預け、カウンターで得点の機会を窺うが、決定的な場面を決め切れずスコアは動かない。丸岡はATにGK倉持のロングキックをヘディングで合わせたが、クロスバーに嫌われ同点に追いつくことができない。その後も怒涛の攻めでゴールに迫ったがゴールを割ることができず、試合終了となった。
戦評　浅野誠仁 （池田高校三好校）

準々決勝 7月30日(火) 金武町フットボールセンター（晴）

(主) 堀善仁　(副) 原田大輔、森数真治

徳島市立 (徳島県) 1 (0-2 / 1-1) 3 富山第一 (富山県)★

得	S	学	選手	背	POS	背	選手	学	S	得
0	0	③	中川	1	GK	1	中村	③	0	0
0	0		(米田)	17						
0	1	③	土田	3	DF	2	中園	③	0	0
0	0	③	渡邉	12		16	(浦崎)	③	2	0
0	0	③	田内	14		3	吉藤	③	1	1
						4	丸山	③	1	1
						5	真田	③	1	0
0	0	③	川人	5	MF	6	牧野	③	0	0
0	0		(二宮)	2		8	小森	③	0	0
0	0	③	平	6		15	(中嶋)	③	0	0
0	0	③	佐野	8		10	高木	❸	1	0
0	0		(前川)	16		14	(清水)	③	0	0
0	0	③	阿部	10		14	広瀬	③	0	0
0	0	③	野口	13			(吉倉)	③	0	0
0	0	③	(中田)							
0	0	③	横野	7	FW	9	鈴木	③	4	1
0	0	③	木村	9		11	碓井	③	0	0
1	1	②	(大野)	15		17	(中川)	①	0	0
1	2			8	GK	5			10	3
				2	CK	7				
				4	FK	16				
				0	PK	1				

【得点経過】
前半4分〔富〕CK真田S（相手GK）（こぼれ球）丸山HS
〃35+5分〔富〕CK真田→吉藤HS
後半14分〔富〕PK鈴木S
〃32分〔徳〕前川→中田→大野S
▼警告
〔徳〕中川
〔富〕高木

■CKからゴールを重ねた富山第一
　前半4分、富山第一は右CKから放たれたボールが直接ゴールファーサイドに向かうも、徳島市立GK中川が片手で弾き出す。しかしそのこぼれ球をDF丸山が押し込み先制に成功。富山第一は両SB中園と真田が高い位置をとることで相手を自陣に押し込み、余裕を持ったDF陣から背後を効果的に突くボールが供給され、サイドで数的優位を作ることで攻撃に幅と厚みができ始める。前半終了間際、再び富山第一は右CKからニアサイドでDF吉藤が頭で合わせ追加点を奪う。後半、徳島市立はメンバーを替えながら打開策を探っていく。しかしGKが判断を誤り、PKを与え追加点を許す。徳島市立は攻勢を強め富山第一を押し返していく中、32分に交代出場のMF中田による右サイドからの高速クロスをこちらも交代出場のMF大野が右足で合わせ1点を奪い返す。しかし最後まで集中を切らさなかった富山第一が準決勝へ駒を進めた。
戦評　東当一哉 （中部商業高校）

(主)田邉裕樹 (副)池田元, 原崇

尚 志 4(3-1 / 1-1)2 初芝橋本
（福島県）　　　　　　　　　　　　（和歌山県）

得	S	学		背		背		学	S	得
0	0	③鈴木		1	GK	1	横井	③	0	0
0	0	③吉田		2	DF	2	南條	③	0	0
0	0	③坂 従		3		3	若松	③	0	0
0	0	(郡司)		11		4	中井	③	0	0
0	0	③中川路		4		12	(尾崎)	②	0	0
1	1	③渡邉		5		5	高谷	③	2	0
0	0	②瀬 齊		15						
1	1	③福田		6	MF	6	山口	③	0	0
0	1	③松本		8		8	河井	③	1	1
						13	(新井)	②	0	0
						9	青山	③	3	0
						15	(大影)	②	0	0
						16	西淵	③	0	0
						14	(樫村)	②	2	0
2	4	❸山内		10	FW	10	大谷	❸	1	1
0	0	(小池)		7		11	名願	③	0	0
0	0	②黒田		14						
0	0	③石塚		13						
0	1	②阿部		17						
0	0	③(染野)		9						
4	8			5	GK	6			10	2
				8	CK	2				
				10	FK	8				
				1	PK	0				

【得点経過】
前半 9分〔初〕CK南條→河井HS
　〃 31分〔尚〕CK吉田→渡邉HS
　〃 35+6分〔尚〕PK山内S
　〃 35+8分〔尚〕FK山内→山内HS
後半 2分〔尚〕CK吉田→×福田S
　〃 6分〔初〕名願～→大谷S
▼警告
〔初〕中井, 大谷

■セットプレーから得点を重ねた尚志
　初芝橋本はチーム全体で前線からプレスをかけボールを奪い, 縦に素早くFW大谷に入れて, そのセカンドボールを拾い厚みのある攻撃で主導権を握る。尚志は初芝橋本のプレスの前にリスクを避け, 縦へのパスの選択が増え攻撃のリズムを掴めない。両チームとも精度の高いCKから得点を奪う。その後は, 徐々にセカンドボールを拾い始めた尚志がMF松本にボールを集め, 幅のある攻撃で初芝橋本ゴールに迫る。前半終了間際に得たPKとFKで逆転。後半, 尚志は立ち上がりに得たCKから追加点を決めリードを広げる。一方, 初芝橋本は尚志DFの不用意なドリブルからボールを奪い, ショートカウンターで1点を返す。引き続き初芝橋本はFWの投入で前線でのターゲットを増やし, 攻撃を活性化したが, 追いつくことはできなかった。
戦評　赤嶺佑樹(島尻特別支援学校)

(主)長谷川雅 (副)舟橋崇正, 鹿島裕史

京都橘 2(2-0 / 0-1)1 北 越
（京都府）　　　　　　　　　　　　（新潟県）

得	S	学		背		背		学	S	得
0	0	②中村		12	GK	1	平山	②	0	0
0	2	③松本		2	DF	2	土田	③	0	0
0	0	(田中)		14		13	(山田)	③	0	0
0	0	③藤橋		3		3	下間	③	0	0
0	0	②(山内)		15		4	中山	③	0	0
0	2	②金沢		4		5	藤吉	❸	0	0
0	0	③髙木		17						
0	0	③志知		6	MF	7	加藤	②	0	0
0	1	❸佐藤		7		8	浅野	③	2	0
1	1	③湊		8		12	五十嵐	③	0	0
						6	(三島)	②	1	0
						14	安藤	②	0	0
0	5	③梅村		9	FW	9	庄内	③	3	1
0	1	②西野		10		11	田中	③	0	0
0	0	③(久保)		13		10	(大井)	③	1	0
1	1	③梅津		11						
0	0	③(旭奈)		16						
2	11			5	GK	9			7	1
				4	CK	3				
				6	FK	4				
				0	PK	0				

【得点経過】
前半 6分〔京〕梅村～→梅津HS
　〃 35+2分〔京〕梅津→湊S
後半35分〔北〕加藤→庄内S

▼警告
〔京〕梅村
〔北〕中山

■京都橘が北越の快進撃をストップ
　京都橘は前半6分, 一瞬の隙からサイドにボールを展開し, クロスから先制する。北越はビルドアップ時にSBを高い位置に置いて起点を作り, 前線の流動的な関わりから崩そうとする。京都橘は守備時にはコンパクトなブロックを形成し素早い出足から相手に決定機を作らせず, カウンターからゴールを目指す。すると, そのカウンターから追加点。北越は相手の変化を見て効果的にボールを動かして好機を窺うが, 京都橘の連動した堅い守備を崩せない。後半, 北越はビルドアップでゴールを目指すが, 京都橘も2トップの守備を変化させて対応し修正を図って主導権を握り続ける。クーリングブレイク後, 北越はシンプルに相手の背後へボールを配球し, 前線から圧力をかけることで変化を図り徐々に流れを掴み始め, 中盤でボールを受けたMF加藤のスルーパスから得点する。その後も北越が攻撃の主導権を握り, 幾度となくゴールに迫るものの精度が低く得点できなかった。
戦評　松田一利(北谷高校)

(主)谷弘樹 (副)小野裕太, 村田裕紀

西 京 1(0-0 / 1-2)2 桐光学園
（山口県）　　　　　　　　　　　　（神奈川県第1）

得	S	学		背		背		学	S	得
0	0	③恒富		1	GK	1	北村	②	0	0
0	0	山下		2	DF	3	荒井	②	0	0
0	0	原田(璃)		4		8	(所)	③	0	0
0	0	③西崎		5		4	安久	③	0	0
0	0	宮崎		14		5	奈良	②	2	0
							前川	②	0	0
0	0	❸石澤		7	MF	7	中村	③	0	0
0	0	三崎		8		14	岩根	①	0	0
0	0	(東原)		16						
1	1	③西谷		9						
0	1	②前田		15						
0	0	井上		3	FW	9	佐々木	③	0	0
0	0	③(横川)		13		10	西川	❸	5	2
0	0	③水津				7	神田	③	0	0
0	0	(小縣)		6		13	ラナイメアー	②	1	0
0	0	③(原田聖)		11		16	(庄司)	②	0	0
1	2			7	GK	4			9	2
				1	CK	5				
				9	FK	9				
				0	PK	1				

【得点経過】
後半 6分〔桐〕岩根→佐々木→西川S
　〃 11分〔西〕前田→西谷S
　〃 35+6分〔桐〕PK西川S
▼警告
〔西〕西﨑, 横山

■桐光学園エース西川が2ゴール
　桐光学園はDFラインでパスを繋ぎながら幅を使って相手を動かす。対して西京はDFラインを低い位置に設定し, 中盤と連動した素早いスライドとカバーリングで対応し, サイドで1対1の場面を作られても強さを発揮し決定機を作らせない。両者ともに決め手を欠いたまま迎えた後半, 桐光学園はシステムを4バックに変更し, 攻撃時にはCB2枚だけを残した状態でサイドに人数をかけて突破を図る。すると, 右サイドの突破から左サイドに流れたボールを拾い, 3人目の動きで突破。グラウンダーのクロスにFW西川が左足で合わせて先制に成功する。しかし, 西京も高い位置を取る桐光学園のSBの戻りが遅れたスペースにボールを送り, 中央へのグラウンダーのボールにダイレクトで合わせて同点ゴールを奪う。そして終了間際, 右サイドを突破し, 深い位置から送ったクロスのこぼれ球の競り合いから, 桐光学園がPKを獲得。西川が冷静に決めて勝ち越しに成功した。
戦評　吉嶺文啓(KBC学園未来高校沖縄)

準決勝戦　7月31日（水）　吉の浦公園ごさまる陸上競技場（晴）

（主）舟橋崇正　（副）田邉裕樹，長谷川雅

富山第一 1（0-0 / 1-0）0 尚志
★（富山県）　　　　　　　（福島県）

得	S	学	富山第一	背		背	尚志	学	S	得
0	0	③	中村	1	GK	1	鈴木	③	0	0
0	0	③	中園	2	DF	2	吉田	③	0	0
0	0	③	(浦崎)	16		4	(中川路)	③	0	0
0	0	③	吉藤	3		3	坂從	③	0	0
0	0	③	丸山	5		12	神林	③	0	0
0	0	③	真田	4		15	瀬齊	②	0	0
0	0	③	牧野	6	MF	6	福田	❸	0	0
1	2	③	小森	8		7	小池	③	1	0
0	0	❸	高木	10		17	(阿部)	②	0	0
0	1	③	広瀬	14		11	郡司	③	0	0
0	0	②	(吉倉)	13		14	(黒田)	②	0	0
						8	石塚	③	0	0
							(松本)	③	0	0
0	5	③	鈴木	9	FW	9	染野	③	2	0
0	1	③	礒井	11		10	(山内)	③	0	0
1	9			8	GK	8			3	0
				2	CK	0				
				11	FK	10				
				0	PK	0				

【得点経過】
後半28分〔富〕鈴木→小森S
▼警告
〔尚〕石塚

■富山第一，総体で初めての決勝進出

　尚志は中盤でボールを保持しながら，FW染野をターゲットにMF小池の関わりから中央とサイドを効果的に攻め分け，ゴールを目指す。富山第一は，5バックで守備を固めつつ，2人のFWをターゲットにロングボールやロングスローを多用して尚志を押し込む。互いにプレスキックの精度が高く，緊張感あるセットプレーが続いたがゴールを奪えない。前半は互いに決め手がなく終了した。後半，富山第一は，尚志の前線へのロングボールを跳ね返し，そのセカンドボールを繋ぎ押し込む。得たFKやロングスローでゴール前にボールを入れるも，尚志DF陣の粘り強い守備でボールを奪えない。尚志はロングボールを用いながら染野をターゲットにするが，富山第一の堅い守備に跳ね返される。クーリングブレイク後，富山第一はFW鈴木の効果的な動き出しからチャンスを作り，尚志陣内へ攻め入る。そして28分，左サイドからのクロスをMF小森が決め先制。尚志は，前線にボールを送るが，富山第一のMF牧野を中心とした守備に跳ね返された。

戦評　髙良義樹（那覇高校）

準決勝戦　7月31日（水）　黄金森公園陸上競技場（晴）

（主）原田大輔　（副）池田元，小野裕太

京都橘 0（0-0 / 0-1）1 桐光学園
（京都府）　　　　　　　（神奈川第1）

得	S	学	京都橘	背		背	桐光学園	学	S	得
0	0	②	中村	12	GK	1	北村	②	0	0
0	1	③	松本	2	DF	3	荒井	②	0	0
0	1	③	藤橋	3		4	安久	③	0	0
0	1	③	金沢	4		5	奈良坂	③	0	0
0	1	③	髙木	17		6	前川	③	0	0
0	1	③	志知		MF	7	中村	③	0	0
0	1	❸	佐藤	7		9	佐々木	③	1	0
0	0	③	湊	8		11	神田	③	1	0
						14	岩根	①	0	0
0	4	③	梅村	9	FW	10	西川	❸	4	1
0	1	②	西野	10		13	ラナイマー	③	0	0
0	2	③	梅津	11		8	(所)	③	0	0
0	11			4	GK	11			6	1
				10	CK	2				
				9	FK	11				
				0	PK	0				

【得点経過】
後半35+6分〔桐〕佐々木～→西川S
▼警告
〔桐〕奈良坂

■桐光学園が2年連続でファイナリストに

　序盤押し込まれるシーンが多かった桐光学園は，粘り強い守備からピンチを脱し，FW西川を起点にカウンター攻撃を中心にチャンスを演出し始める。徐々に桐光学園の厚い攻撃で，京都橘の守備網を突破するシーンが増えていく。しかし，フィニッシュの場面は京都橘GK中村の好守で，両チームともに無失点で前半を終了する。後半開始から中盤の攻防が増え，一進一退の攻防が続く中，京都橘はセットプレーからゴールに迫るも，得点に至らない。クーリングブレイク後，京都橘の活動量が上がり，中盤の巧みなパスワークと，2列目からの攻撃参加が活性化し，ピッチ全体を使った攻撃で桐光学園の守備網を崩しにかかる。終盤，桐光学園も数少ないチャンスの中，京都橘のカウンター攻撃のボールを奪うと，MF佐々木がサイドから京都橘のペナルティエリアに侵入し，最後は西川が冷静にゴールに流し込み先制する。残り時間，最後の力を振り絞り，更に両チームの球際での激しさが増す中，試合が終了した。

戦評　髙松慎（駒場東邦高校）

決勝戦　8月1日（木）　金武町フットボールセンター（晴）

（主）村田裕紀　（副）鹿島裕史，原田大輔

富山第一 0（0-0 / 0-1）1 桐光学園
（富山県）　　　　　　　（神奈川第1）

得	S	学	富山第一	背		背	桐光学園	学	S	得
0	0	③	中村	1	GK	1	北村	②	0	0
0	0	③	中園	2	DF	3	荒井	②	0	0
0	0	③	吉藤	3		8	(所)	③	0	0
0	0	③	丸山	4		4	安久	③	0	0
0	2	③	真田	5		5	奈良坂	③	0	0
						6	前川	③	0	0
0	0	③	牧野	6	MF	7	中村	③	0	0
0	1	③	小森	8		14	岩根	①	0	0
0	0	❸	高木	10						
0	1	③	広瀬	14						
0	0	③	鈴木	9	FW	9	佐々木	③	0	0
0	2	③	礒井	11		10	西川	❸	5	0
						11	神田	③	2	1
						13	ラナイマー	③	0	0
						16	(庄司)	③	0	0
0	6			9	GK	8			7	1
				4	CK	4				
				10	FK	9				
				0	PK	0				

【得点経過】
後半35+8分〔桐〕庄司→神田～S
▼警告
〔富〕小森
〔桐〕佐々木

■後半ATの劇的ゴールで桐光学園初優勝

　桐光学園は，守備時はワイドの2人がDFラインに加わり5バック，攻撃時はポジションを高く取る布陣。富山第一はDFが弾いたボールを中盤3枚で拾い主導権を握ろうとする。セカンドボール勝負が続く中，桐光学園は拾ったボールをサイドに広げたり，速いテンポでショートパスを繋ぎゴールへ迫ろうとする。富山第一はチャレンジ＆カバーを粘り強く繰り返し，ペナルティエリア内へ侵入させない。後半，桐光学園はシステムを1-4-2-3-1に変更。前半とは戦術を変え，ボールを動かしコンビネーションからゴールを目指す。富山第一は前半同様，粘り強く守り前線に配球しゴールを目指す。戦術変更が功を奏し，桐光学園は切り替えが早く2次攻撃に繋げる。両チームとも得点には至らないまま迎えた試合終了間際，桐光学園は密集の中，4人が関わりボールを繋ぎ，FW神田がゴールを決め，試合終了。両チームとも酷暑の中，最後までハードワークし戦った。特に後半はゴール前の攻防が増え，見応えのある好ゲームであった。

戦評　赤嶺佑樹（島尻特別支援学校）

優勝監督 手記

鈴木 勝大
桐光学園高校サッカー部監督

猛暑への準備

令和元年度全国高等学校総合体育大会男子サッカー競技は、元号が平成から令和に変わって最初の全国大会でした。その歴史的な大会に神奈川県第1代表として、かつ私の母校でもある桐光学園として初優勝を飾ることができました。

今大会に臨むにあたって、まず大会前の神奈川県の気候が非常に涼しかったため、いきなり猛暑の大会に臨むダメージを考えました。暑さに加え、70分の中でのクーリングブレイクや飲水タイムなど、ゲームのルーティンが他の大会と違う中で、いかに集中力維持とコンディション管理がきちんとできるかが、この大会で上に行くポイントだと思っていました。

その中でもゲームが終わった後の対応が重要で、アイシングだったり、全員が水の入った大きなポリバケツに浸かったりして、体全体の体温を下げること。そして連戦中、一日の中では食事が一番一息つける瞬間であり、体力

を回復させる重要な要素でしたので、許容範囲内で試合の後は好きなものを食べさせるなど、心身ともにいい状態で次の試合に臨めるように準備しました。

コンセプトは「失点しない」

サッカー面で言いますと、今年のチームはどうしてもFW西川潤（J1セレッソ大阪内定）という絶対的なエースがいる分、攻撃に目が向きがちですが、かなり守備を意識しています。「失点をしない」ということを、立ち上げ当初からチームコンセプトに置いておりまして、やはり先に失点をするとゲームが難しくなってしまいます。しっかりとした守備があることで、相手を自分たちの陣地に引き込むことができますし、それによって時間とスペースが生まれて、持っている攻撃のタレントが活きます。今年は攻撃陣に1人で打開できる選手が、西川だけでなくFW神田洸樹、FW佐々木ムライヨセフ、また前川壮太など複数いますので、

このやり方が今年のチームにハマると思っていました。

今年のシステムは1-3-6-1がメインで、3バックは全員180cmオーバーと、空中戦で跳ね返すことができるので、スペースを消すこととセカンドボールへの反応を徹底してやってきました。さらにオプションとして1-4-2-3-1と1-4-4-2の2つも用意しました。

これは我々の選手の特性を相手に応じて活かすためには、1つのフォーメーションでは引き出しきれないと思ったからです。3つのフォーメーションで重要なのは、西川をどこに置くかです。彼の特徴を活かすだけでなく、彼が相手を引きつけることでフリーになる選手が増える。相手の戦術、試合展開によって変えることで、チームの活性化と相手の混乱を狙いました。今大会はこれらの狙いがかなり効果をもたらしたと思っています。

大会を振り返って

初戦の清水桜が丘高校戦は、前日に東福岡高校との1回戦を見た上で、試合分析して臨むことができるアドバンテージがありました。直近の試合を見れば、そこまで大きな変化はしてきませんし、清水桜が丘のように個々の選手に特徴があるチームを一度見ることができたことは、プラスになったと思います。最後はPK方式になりましたが、拮抗した試合を制することができました。最後まで全員が集中力を維持し、守備への意識を出してくれたからこそ、無失点で勝利できたと思います。

3回戦の丸岡高校は、プリンスリー

グ北信越でも快進撃を見せている好チーム。フィジカルもあって、長い縦パスの精度が高く、全体的に手堅いチームでした。チームのまとまりも感じて、好調も理解できる相手でしたが、まず無失点でいくことを全員で共有しました。いい時間帯に決勝ゴールが生まれたので、後はゼロで抑えて追加点を狙いました。結果として追加点は取れませんでしたが、2試合連続無失点はチームの勢いをさらに強めたと思います。

準々決勝は西京高校を相手に、今大会唯一の失点をしました。この試合が一つの分岐点で、選手たちは「失点をすると試合が難しくなる」と改めて認識することができました。それと同時に唯一2点取れた試合だったので、攻撃にとってプラスでした。しかもこれまでノーゴールだった西川が2点を取ったというのは、チームにとっても好材料でした。本人もここで精神的に楽になってくれました。

西川に関しては、今年は相手を引きつけることで周りがフリーになるというプレーが、得点と同等に重要な仕事だとずっと伝えてきたので、2、3回戦はゴールこそありませんでしたが、「焦らずに自分のスタイルを継続してやってほしい」と伝えていました。

準決勝の京都橘高校はクオリティがかなり高いチームでした。やろうとしている方向性にプラス個があるチームでした。巧さと速さを兼ね備えていた攻撃陣は、本当に対応が難しかったですし、セットプレーの質も高かったです。でも、我々は守備のやり方を変えずに臨みました。相手を引き込みながらも、時間帯によっては西川を頂点に、容赦なく前線からのプレスを仕掛ける。我々がボールを握っている時間もあるので、ボールの位置に連動してプレスをかけて、相手が遅攻になったら、ブロックを敷きながら背後のスペースを警戒する。しっかりと相手の攻撃に対応し、無失点でいけたことと、スタッフをはじ

めとしたコンディション維持の努力の甲斐もありまして、最後まで運動量が落ちることなく、アディショナルタイムに佐々木が馬力を持って突破して、最後はエース西川が決めてくれました。

決勝戦は富山第一高校が相手で、実は昨年度の大会の準々決勝で対戦していました。苦手意識はありませんでしたが、大きなパワーを感じましたし、大塚一朗監督がどういったことを企んでいるかは警戒しました。大塚監督が試合中にもたらす変化は脅威だと思っていましたので。どちらかというと劣勢な時間がありましたが、それを選手たちは劣勢と感じず、チームの方向性をぶらすことなく、我慢強くゲームを進められたことが大きかったと思います。

ベンチから見ていて、うちの陣内に侵入されて、GK北村公平、3バックを中心にある程度守り方が熟知されてきた印象がありました。後半は1-4-2-3-1にして、相手のマークの混乱を狙いました。それでも富山第一高校の対応力に苦しめられ、延長戦を覚悟していましたが、後半ラストプレーでMF中村洸太のハードワークから西川が囮（おとり）になって、途中投入したFW庄司朗と神田が絡んで決勝ゴール。役者の西川が黒子になって、周りが連動して奪う。それが初優勝を決めるゴールというのが、チームにとっても、私にとっても、非常に大きかったです。

選手に配慮を

前回の三重大会は酷暑だけでなく、天候にも大きな影響を受けてしまいました。準決勝の昌平戦、我々と昌平高校は雷の影響で後半途中から4時間半の中断を余儀なくされ、その後試合が再開し、勝利できましたが、翌日の決勝戦の試合開始は11時のまま変わらず、選手は短い回復時間の中で決勝に臨まないといけませんでした。

今回も沖縄独特の強烈な日差しが、選手たちの体力をかなり奪っていました。キックオフ時間の見直し、日程の配慮は選手がよりよいパフォーマンスを発揮できるように考えていただきたい議題ではあると思います。地元の小・中学生が見に来るわけですから、彼らが現地で普段見ることができないチームや、より白熱し、拮抗した試合を見て、将来の夢を膨らませてもらいたいと思っています。それこそが毎年開催地が変わるインターハイの良さでもあると思います。

昨年度は最後にアクシデントがあった中、三重県の高体連の先生方には大変な気配りとご尽力をいただきました。今回も沖縄県の高体連の先生、生徒、地域の方々が大会を作り上げてくれたおかげで、選手たちは最後まで戦い抜くことができました。全ての方々に感謝をし、手記とさせていただきます。

響かせろ 我らの魂 南の空へ

男子 総評

翁長 忍
嘉手納高校

はじめに

年号が変わり令和最初の全国高等学校総合体育大会男子サッカー競技は、令和元年7月25日〜8月1日の8日間で、金武町をメイン会場とする8市町村（金武町・恩納村・北谷町・中城村・西原町・南風原町・八重瀬町・南城市）9会場で開催されました。

台風がよく襲来する沖縄にあってまず心配されたのが、飛行機の欠航や遅延による大会の開催中止・延期、期間中の襲来による順延や、それに伴う延泊や停電等による選手のコンディション悪化でしたが、期間中は晴天が続き台風襲来がなかったことを嬉しく思います。また、熱帯地域特有のスコールによる大雨や雷での中断が心配されましたが、1試合のみの30分間だけで、大会運営に大きな支障はなかったと思います。

決勝戦は予定されていた金武町陸上競技場のピッチコンディションが悪化し、急遽金武町フットボールセンター天然芝に変更となりましたが大きな混乱はなく、入場者数は3000人にのぼり、桐光学園と富山第一の熱戦は、終了間際に桐光学園の劇的なゴールで決着という形で幕を閉じました。

熱帯地・沖縄での暑熱対策

年々気温が上昇傾向にある中、熱帯地・沖縄での開催に少なからず不安を感じていましたが、大きな事故が一件もなかった事に胸をなでおろしています。

❶ハーフタイムの変更

開会式の前日に行われた全国高体連サッカー専門部常任委員会において、暑熱対策としてハーフタイムが10分から15分に変更と決定しました。5分間延長されたことによりしっかりとした水分補給やサプリメントの補給、氷や冷水を使った体の冷却など各チームのベンチにゆとりを感じました。また、巨大なうちわで控え選手が扇いでいる場面や、ユニフォームを氷水に浸し手動式の脱水機にかけて後半に挑むなど、各チームのアイディアも多数見られました。

❷クーリングブレイク＆飲水タイム

WBGT計で29.0℃以上をクーリングブレイクの設定としていましたが、各会場の数値が上回っていたためマッチインスペクター・会場責任者・主審の3者でクーリングブレイクから10分後を目安に飲水タイムを追加して選手の安全を最優先に考え熱中症対策を行いました。

大会の報告

【ベスト8チーム】

ベスト8は桐光学園（神奈川①）、富山第一（富山）、京都橘（京都）、尚志（福島）、西京（山口）、徳島市立（徳島）、北越（新潟）、初芝橋本（和歌山）となり、地域別では北海道0、東北1、関東1、北信越2、東海0、近畿2、中国1、四国1、九州0でした。シード校12チームのうちベスト8に進んだのは3チームでしたが、各チームはスタイルを持ちつつ、連戦の中でコンディションを落とさずに、激しさの中で拮抗した戦いをしていました。特に決勝戦は猛暑の中での最終日にもかかわらず、球際での激しさを失わず70分戦い続けた好ゲームでした。

【攻撃】

各チーム様々なスタイルがあり、チームコンセプトが明確でしたが、その中でロングボール主体とビルドアップ主体の二極化になっていると感じました。優先順位を意識してロングボール主体で最終ラインの背後を狙いゴールに向かう姿勢は迫力があり、また、セカンドボールを拾って高い位置に起点を置けることで優位に試合を進めようとする意図が感じられました。しかし相手の守備が整っているにもかかわらずロングボールを入れてしまうなど、個人の判断がなされずにチーム戦術の中でのプレーが優先になってしまったのは課題と感じました。ビルドアップ主体のチームは、ボールを意図的に動かしボール保持者の状況に応じてお互いに関わりながらチャンスを作り出すケースが増えてきたように感じましたが、ボールを失わないための判断が悪いのと技術の質が低いために簡単にボールを失い、カウンターを受けてしまうのは課題だと感じました。上位進出のチームは相手の状況に応じてロングボールとビルドアップを使い分け、的確な状況把握の中で攻撃を仕掛けることができていました。

【守備】

コンパクトフィールドを形成し、ボールを前向きに奪いに行く姿勢が向上し、増えてきているのは良いことだと感じました。球際の1対1で身体がぶつかり合う音が響き渡るほどの激しさは見応えがあり、どのチームも最後まで諦めない粘り強い守備が目立ちました。また、ボールを奪われた地点から素早く奪い返す攻→守への切り替えも各チーム徹底されていました。しかし、1対1での守備の対応で守備の優先順位を意識できずに奪うチャンスを逃がしてしまうことや、前への意識が強すぎてロングボールでDFラインの背後を簡単に取られてしまうなど、背後の対応に課題がある試合が多いように感じました。また、セットプレーの守備でボールウォッチャーになってしまい、先に触る意識が低く、相手に自由に撃たせて失点す

る場面が多く、課題と感じました。

【セットプレー】

今大会の特徴は、セットプレーからの得点が例年より多かったことです。FK、CKで各チームキッカーの質が高く、多様なキックを持っており、効果的になっていると感じました。また、トリックプレーなどの工夫も多く、チーム練習の成果を感じました。スローインの技術も向上しており、相手守備が整っていればロングスローでゴール前にボールを投げ込んでくることもあれば、相手が整っていない場合にはクイックリスタートで近い選手に渡し素早く攻撃を仕掛けていくなど、緩急があったように感じました。

逆に、セットプレーの守備が課題になっているとも言えます。自分のスペースを守りながらマークに対して同一視のポジションから先に触るという基本が徹底されていないように感じました。

【GK】

今大会は多くのGKが優秀選手候補に挙がりました。スペースを守りながら予測を持ったスタートポジションで、積極的にボールへチャレンジして危険を未然に防ぐなど、初期対応が良かったと思います。また、決定機を作られてもブロッキングの技術が高く、近距離でのシュートにも反応してチームを救っていました。ロングキックでの攻撃参加の質も上がっており、ターゲットへの飛距離と精度は良かったように感じます。セットプレーからの得点が多い大会でしたが、良いGKがいるチームはセットプレーでの失点は少なかったです。優秀選手にも4名が選出され、例年よりGKの好選手が多い大会でした。

トピック

❶ルール変更

今大会はFIFAのルール変更に伴い、以下を実施することが審判委員会で決まりました。

・ゴールキックでPA内でのプレーが可能になる → 各チームこのルールを意識しての大幅な戦術変更等はなかったように感じます。

・PKの際にボールが蹴られるまでの間、GKの両足がゴールラインから離れて止

めた場合はイエローカードとし、やり直しとする → 今大会のPK（試合中・PK方式）の中でこのルールが適用されたのは1件でした。多くのGKが意識していたように感じます。

・チームスタッフに注意をした後に警告・退場のカードを提示できる → 今大会はこのルールでのカード提示はありませんでした。ベンチのマナー向上に繋がったと感じています。

・FKの際に守備側の壁から1m以上離れる → 選手が意識して離れるようになりスムーズな試合が展開されていました。

❷研修試合

離島県・沖縄は観光地でもあり夏休みの飛行機は満席の状況が続きます。よって大会で負けてしまっても翌日に帰る便がないという状況でした。事前に配宿センターのJTBの方から告知されていたこともあり、各チーム敗退が決まっても現地に残る状況でした。そこで、沖縄県高体連サッカー専門部は残ったチームの研修試合を企画し、代表チーム同士が空き会場となった人工芝会場等で39試合を行い、また、応援で来沖していたBチーム同士の試合を県内各高校グラウンドで約20試合行いました。

大会を通じて

各県からの派遣・研修技術委員の方々にはデータ処理を円滑にするためパソコンを持参していただき、マッチレポートの作成、優秀選手の選考、試合終了後の技術委員会議への出席と、連日遅くの情報交換会までご協力いただき、ありがとうございました。また、日本サッカー協会TSG（テクニカルスタディグループ）

の方々には大会期間中に開催された指導者研修会を通して本県並びに大会関係指導者の資質向上にお力添えをいただき、本当にありがとうございました。多くの方々に支えられ「感動は無限大 南部九州総体 2019」を無事に終えられ、改めて心より感謝申し上げます。来年度の開催地である群馬県の成功を祈念し、総評とさせていただきます。

男子大会優秀選手

GK	2年	北村 公平	桐光学園
	3年	鈴木 康洋	尚志
	2年	平山 颯太	北越
	2年	中村 青	京都橘
DF	2年	奈良坂 巧	桐光学園
	3年	丸山 以祐	富山第一
	3年	田内 悠貴	徳島市立
	2年	藤原 優大	青森山田
	3年	橋本 直旺	阪南大高
MF	3年	中村 洸太	桐光学園
	1年	岩根 裕哉	桐光学園
	3年	牧野 奏太	富山第一
	3年	高木 俊希	富山第一
	3年	佐藤 陽太	京都橘
	3年	小池 陸斗	尚志
	2年	前田 唯翔	西京
	2年	加藤 雅久	北越
	2年	名願 央希	初芝橋本
	2年	崎山 友太	米子北
	3年	古宿 理久	青森山田
	3年	濱屋 悠哉	神村学園
	2年	永吉 飛翔	神村学園
	3年	古長谷 千博	清水桜が丘
	3年	渡邉 綾平	前橋育英
FW	3年	佐々木ムライヨセフ	桐光学園
	3年	西川 潤	桐光学園
	3年	鈴木 崚加	富山第一
	3年	碓井 聖生	富山第一
	3年	梅村 脩斗	京都橘
	3年	梅津 倖風	京都橘
	3年	染野 唯月	尚志
	3年	山内 大空	尚志
	3年	庄内 碧	北越
	3年	大谷 澪紅	初芝橋本
	3年	篠畑 純也	阪南大高
	3年	菊地 孔明	大分

（公財）全国高等学校体育連盟サッカー専門部
技術委員会選出

ENTRY 登録選手一覧

令和元年度
全国高等学校
総合体育大会
サッカー競技

札幌第一 北海道第1

[監督]佐藤祐介 [引率教員]笠原 努

背番号	位置	氏	名	学年
1	GK	小森	玖隆	3
2	DF	前田	祐介	3
3	DF	梅田	貴志	2
4	DF	近藤	孝紀	2
5	DF	千葉	陽登	3
6	MF	番場	英杜	3
⑦	MF	鳥羽	幸希	3
8	MF	岩井	雄史	2
9	FW	近江	勇哉	3
10	FW	清水	響生	3
11	FW	岩井	一真	2
12	DF	鶴本	海人	2
13	FW	秋山	能都	2
14	MF	佐藤	太河	3
15	MF	山田	倖蔵	2
16	MF	上野	颯介	3
17	GK	渡邉	太文	3

北海 北海道第2

[監督]島谷制勝 [引率教員]増田裕樹

背番号	位置	氏	名	学年
1	GK	澁谷	昂生	2
2	MF	藪中	海皇	3
③	DF	松本	広大	3
4	DF	小林	将大	3
5	DF	水上	路矢	2
6	MF	大澤	拓也	3
7	MF	吉川	哲太	3
8	MF	芝西	大希	3
9	FW	廣瀬	拳太	3
10	MF	杉山	壮太	3
11	FW	中野	歩夢	3
12	DF	坂本	楓馬	2
13	MF	小田	桂裕	2
14	FW	湊	琢登	2
15	MF	井波	勇太	2
16	MF	金田	凌	3
17	GK	坂井	海人	3

青森山田 青森県

[監督]黒田 剛 [引率教員]黒田 剛

背番号	位置	氏	名	学年
1	GK	佐藤	史騎	3
2	DF	内田	陽介	2
3	DF	神田	悠成	3
4	DF	箱﨑	拓	3
5	DF	藤原	優大	2
6	MF	古宿	理久	3
7	MF	松木	玖生	1
8	MF	浦川流輝亜		3
9	FW	田中	翔太	3
⑩	MF	武田	英寿	3
11	MF	後藤	健太	3
12	GK	韮澤	廉	2
13	MF	得能	草生	3
14	FW	金	賢祐	3
15	MF	安斎	颯馬	2
16	MF	那俄牲	海	3
17	MF	タビナス	ポール	2

専修大学北上 岩手県

[監督]小原昭弘 [引率教員]八重樫 良

背番号	位置	氏	名	学年
1	GK	高橋	諒朋	3
2	DF	那須	永翔	3
3	DF	瀬川	聖也	3
4	DF	吉田	陽輝	3
5	DF	岩渕	蓮也	2
6	MF	菊地	竜空	3
7	MF	藤原	晴磨	2
⑧	MF	阿部	柊斗	3
9	FW	千田	舜	3
10	FW	菅原	新	3
11	MF	阿部	耀仁	2
12	DF	桑添	一颯	3
13	MF	阿部	翔輝	1
14	MF	福浦	瑠星	3
15	FW	岡本	崇凱	3
16	MF	鎌田	悠生	1
17	GK	及川	康生	1

聖和学園 宮城県

[監督]加見成司 [引率教員]有光 澪

背番号	位置	氏	名	学年
1	GK	高山	梓	3
2	DF	中新井	蓮	3
3	DF	杉江希巳近		3
4	DF	宮城	治壮	3
5	DF	高橋	治大	3
⑥	DF	金子	力丸	3
7	MF	山下	慶次	3
8	MF	鳥羽瀬彰吾		3
9	MF	柴田	弦哉	3
10	FW	梅田隆之介		3
11	MF	局田	真伸	3
12	GK	萩原	海理	3
13	MF	瀬尾優之介		3
14	MF	古賀	楓真	3
15	MF	田村	聖斗	2
16	MF	中山	史弥	3
17	FW	伊勢本貴翔		3

県立秋田商業 秋田県

[監督]小林 克 [引率教員]鎌田修明

背番号	位置	氏	名	学年
1	GK	山口	雄也	3
2	DF	武石	恭諒	3
③	DF	松野	真士	3
4	DF	藤原	歩	2
5	DF	大里	侑	3
6	MF	佐藤	優眞	2
7	FW	久保	潤竜	2
8	MF	笹原	歩起	2
9	FW	糟谷	歩	3
10	DF	田近	奈生	3
11	MF	加藤	幹基	3
12	GK	藤島	智永	2
13	FW	原田	遥翔	2
14	MF	工藤	翔太	3
15	MF	鈴木	悠太	1
16	MF	中野	宏宣	1
17	FW	齋藤	心護	1

羽黒 山形県

[監督]本街直樹 [引率教員]山口 誠

背番号	位置	氏	名	学年
1	GK	田村賢志朗		3
2	DF	岩村	光晟	1
3	DF	光安	皇貴	2
4	DF	池田	夏稀	3
⑤	DF	渡會	幹太	3
6	DF	門脇	大	3
7	MF	齋藤	蓮	3
8	MF	吉田	真	1
9	FW	大野	凌雅	3
10	MF	新井	翼	3
11	MF	丸山	凌巧	3
12	GK	新田	雅也	2
13	FW	奥山	怜生	3
14	MF	荒井	潤太	3
15	MF	山口	葉輝	2
16	MF	石橋琳太郎		2
17	MF	佐藤	遼也	1

尚志学園尚志 福島県

[監督]仲村浩二 [引率教員]大金祐輔

背番号	位置	氏	名	学年
1	GK	鈴木	康洋	3
2	DF	吉田	奨	3
3	DF	坂従	颯時	3
4	DF	中川路功多		3
5	DF	渡邉	光陽	2
6	MF	福田	隼也	3
7	MF	小池	陸斗	3
8	MF	松本	岳士	3
9	FW	染野	唯月	3
⑩	FW	山内	大空	3
11	MF	郡司	克翔	3
12	DF	神林	翼	2
13	MF	石塚	峻太	3
14	FW	黒田	陸斗	2
15	DF	瀬齊	駿登	2
16	GK	吉野	松輝	3
17	FW	阿部	要門	2

県立水戸商業 茨城県

[監督]佐藤誠一郎 [引率教員]坂場 節

背番号	位置	氏	名	学年
1	GK	所	秀真	2
2	DF	加藤	大星	3
3	DF	根本	太陽	3
④	DF	大槻	海偉	3
5	DF	横山	開	2
6	MF	佐川	留菓	2
7	MF	金子真貴人		2
8	MF	森田	智也	3
9	MF	巻田	有生	2
10	FW	廣瀬	正明	3
11	FW	佐川	留偉	2
12	FW	菊池	航	3
13	MF	須藤	空	3
14	FW	神保	慶人	2
15	GK	小泉	俊介	3
16	DF	速水	紀之	1
17	MF	越	拓翔	3

矢板中央 栃木県

[監督]高橋健二 [引率教員]金子文三

背番号	位置	氏	名	学年
1	GK	溝口	陽日	3
2	DF	柿崎	貴翔	3
3	DF	矢野	息吹	3
④	DF	長江	皓亮	3
5	DF	加藤	蒼大	3
6	MF	在間	太一	3
7	MF	靍見拳士朗		3
8	MF	左合	修土	3
9	FW	多田	圭佑	2
10	FW	久永	武蔵	3
11	FW	大貫	翔平	3
12	GK	藤井	陽登	1
13	DF	坂本	龍汰	2
14	MF	内海	歩夢	3
15	MF	新倉	礼偉	2
16	DF	島﨑	勝也	1
17	FW	人見	太陽	3

前橋育英 群馬県

[監督]山田耕介 [引率教員]戸塚浩美

背番号	位置	氏	名	学年
1	GK	高橋	怜士	3
2	DF	山田	涼太	3
3	DF	大野	篤生	2
4	DF	相原	大輝	3
5	FW	松岡	迅	3
6	MF	新井	悠太	2
7	DF	並木	歩己	3
8	MF	山岸	楓樹	3
9	MF	倉俣	健	3
⑩	MF	渡邉	綾平	3
11	FW	中村	草太	2
12	GK	内橋壮一郎		3
13	FW	久林	隆祐	3
14	MF	櫻井	辰徳	2
15	MF	熊倉	弘達	2
16	FW	本間	士悠	1
17	MF	西山	蓮平	3

西武台 埼玉県

[監督]守屋 保 [引率教員]小田光彦

背番号	位置	氏	名	学年
1	GK	高橋クリス		3
②	DF	佐野	慧至	3
3	DF	栗田	海飛	2
4	DF	関口	凱心	3
5	MF	今田	剛	3
6	DF	森下	怜	3
7	MF	岩田	璃玖	3
8	MF	村田	智哉	2
9	FW	谷	直哉	3
10	MF	池田上総介		3
11	FW	大野田	駿	2
12	GK	伊佐山縁心		2
13	FW	村田	康平	3
14	FW	西岡	健二	3
15	DF	大川	和貴	2
16	FW	寺川	洋人	2
17	MF	高嶋	亮祐	2

日本体育大学柏 千葉県

[監督]酒井直樹 [引率教員]片野慶輝

背番号	位置	氏	名	学年
1	GK	渋井	叶夢	3
2	DF	粕加屋	光	3
3	DF	寺田	一貴	3
4	MF	池上	裕隆	2
⑤	DF	伊藤	夕真	3
6	MF	冨沢	翔	3
7	DF	吉沢	友万	2
8	MF	堤	祐貴	3
9	FW	佐藤	大斗	3
10	FW	長崎	陸	3
11	FW	南	雄大	2
12	GK	倉田	一唯	3
13	DF	斉藤	拓	2
14	FW	豊嶋	凜	2
15	DF	山本	悠真	2
16	FW	落合	周	3
17	MF	関戸	秀斗	2

國學院大學久我山 東京都第1

[監督]清水恭孝 [引率教員]時﨑一男

背番号	位置	氏	名	学年
1	GK	石渡	克	3
2	DF	保野	友裕	3
3	DF	野田	祐成	3
4	DF	河原	大輔	3
5	DF	加納	直樹	3
6	MF	福井	寿俊	3
7	FW	山下	貴之	3
8	MF	大窟	陽平	2
⑨	FW	山本	航生	3
10	FW	戸坂	隼人	3
11	DF	山本	献	3
12	DF	森次	結哉	1
13	FW	栗原	俊真	2
14	MF	田中	琢人	2
15	FW	安田	修都	1
16	FW	吉田	圭佑	2
17	GK	村上	健	2

大成 東京都第2

[監督]豊島裕介 [引率教員]藤倉 寛

背番号	位置	氏	名	学年
1	GK	バーンズ	アントン	1
2	DF	加藤	竜吾	3
3	FW	原	輝斗	1
4	DF	佐藤イライジャ		3
5	DF	金井	渉	3
6	MF	今西	奏真	3
7	MF	大石	勇冴	3
8	MF	宮脇	茂夫	3
9	MF	内田	康平	3
⑩	FW	杉田	健	3
11	FW	平川	優大	3
12	GK	高田龍太朗		3
13	MF	片原	崇也	2
14	MF	阪口	駿	3
15	FW	尾﨑	元	2
16	MF	箕輪	尚徳	2
17	DF	金井	陸人	2

桐光学園 神奈川県第1

[監督]鈴木勝大 [引率教員]久保田 涼

背番号	位置	氏	名	学年
1	GK	北村	公平	2
2	DF	池上	遼太	3
3	DF	荒井ジュリアン海都		2
4	DF	安久レオナルド高貴		3
5	DF	奈良坂	巧	2
6	DF	前川	壮太	2
7	MF	中村	洸太	3
8	FW	所	新太郎	3
9	FW	佐々木ムライヨセフ		3
⑩	FW	西川	潤	3
11	FW	神田	洸樹	3
12	DF	三原	快斗	1
13	FW	ラナイメアー祈安		3
14	MF	岩根	裕哉	1
15	DF	粟野	光	3
16	FW	庄司	朗	2
17	GK	桃井	玲	2

東海大学付属相模 神奈川県第2

[監督]有島信二 [引率教員]増子 渉

背番号	位置	氏	名	学年
1	GK	川邉	大聖	3
2	DF	井上	心温	3
3	DF	峰田	祐哉	2
④	DF	島田	惇広	3
5	DF	本間	陽己	3
6	MF	中島	宏基	2
7	MF	長嶋	風太	3
8	FW	戸澤	龍人	2
9	FW	増田鈴太郎		2
10	FW	渡邉	雄馬	2
11	FW	櫛田	和渡	3
12	GK	井出口慧智		2
13	DF	今泉	陸	2
14	MF	橋本	一汰	1
15	FW	祐島	大雅	2
16	FW	大野	駿	3
17	DF	角	悠太朗	2

県立韮崎 山梨県

[監督]今村優貴 [引率教員]田中基之

背番号	位置	氏	名	学年
1	GK	保坂	拓哉	2
2	DF	長澤	新志	3
3	DF	清水	悠生	3
4	DF	内田	歩	3
5	DF	萩原	大翔	2
6	MF	真壁	龍輝	2
7	MF	佐野	太亮	3
8	MF	村松	壮	2
9	MF	望月	馨太	2
10	FW	石原	稜	3
11	FW	坂本	和也	3
12	GK	小野	和真	2
⑬	DF	雨宮	修真	3
14	MF	石原	和磨	2
15	MF	飯島	隆資	3
16	FW	金丸	立樹	3
17	FW	名執	龍一	3

松本国際 長野県

[監督]勝沢 勝 [引率教員]神田 翔

背番号	位置	氏	名	学年
1	GK	山田	一輝	3
2	DF	中村	純哉	3
3	DF	瀧澤	大輔	3
4	DF	小山	成格	3
5	DF	宮嶋	航大	2
6	MF	原田	夢人	3
7	MF	青木	文哉	3
⑧	MF	小川	拓馬	3
9	FW	小林丈太郎		3
10	FW	木間皓太郎		3
11	FW	務台	廉	3
12	GK	今井	瀬那	3
13	DF	西牧	淳	3
14	MF	舟木	渉	2
15	FW	馬淵	金輝	3
16	MF	江原	尚	3
17	DF	伊東	宙	3

北越 新潟県

[監督]荒瀬陽介 [引率教員]風間元樹

背番号	位置	氏	名	学年
1	GK	平山	颯太	2
2	DF	土田	永遠	3
3	DF	下間蔵之介		2
4	DF	中山	大	3
⑤	DF	藤吉	玲依	3
6	MF	三島	旭陽	2
7	MF	加藤	雅久	2
8	MF	浅野	俊輔	3
9	FW	庄内	碧	3
10	MF	大井	佑馬	3
11	FW	田中	翔	3
12	MF	五十嵐	翔	3
13	DF	山田	真音	3
14	MF	安藤	颯士	2
15	DF	棚橋	怜央	3
16	DF	河原	駿	3
17	GK	花輪	一樹	3

富山第一 富山県

[監督]大塚一朗 [引率教員]加納靖典

背番号	位置	氏	名	学年
1	GK	中村純四郎		3
2	DF	中園	享成	3
③	DF	吉藤	廉	3
4	DF	丸山	以祐	3
5	DF	真田	滉大	3
6	MF	牧野	奏太	3
7	DF	清水	聖己	3
8	MF	小森	登生	3
9	FW	鈴木	崚加	3
10	FW	高木	俊希	3
11	FW	碓井	聖生	3
12	GK	伊部	眞人	3
13	FW	吉倉	昇空	2
14	MF	広瀬翔一朗		3
15	MF	中嶋	颯樹	3
16	DF	浦崎	廉	3
17	MF	中川	晟	1

星稜 石川県

[監督]河合伸幸 [引率教員]長谷川 昂

背番号	位置	氏	名	学年
1	GK	影近	大輔	3
2	DF	奥秋	賢将	3
③	DF	桶作	拓海	3
4	DF	川口	優大	3
5	DF	別宗	裕太	3
6	MF	中村	日向	3
7	MF	南出	涼太	3
8	MF	廣島	大雅	2
9	MF	川本虎太郎		2
10	FW	白鳥	橘平	3
11	FW	有田	光来	3
12	DF	丸山	英将	3
13	MF	天川	貴心	2
14	MF	宮原	秀仁	2
15	FW	千葉	大護	2
16	MF	中村	領優	2
17	GK	杉森	弘基	3

県立丸岡 福井県

[監督]小阪康弘 [引率教員]宇城康太

背番号	位置	氏	名	学年
1	GK	倉持	一輝	3
2	DF	遠藤	悠生	3
3	DF	藤本	輝晶	3
4	DF	斉藤	匠	3
5	MF	飯田	晃明	2
6	DF	河上	英瑞	2
7	MF	中村	晃大	2
8	MF	川中	浩夢	2
9	FW	西	陸	3
⑩	FW	田海	寧生	3
11	FW	明間	希	3
12	DF	平澤	和磨	3
13	DF	田島	優也	3
14	MF	小谷	武哉	2
15	MF	中出	伶央	3
16	FW	柳谷亜再飛		2
17	GK	山口	和真	3

市立清水桜が丘 静岡県

[監督]片瀬晴城 [引率教員]桑原悦郎

背番号	位置	氏	名	学年
1	GK	藤原	元輝	3
2	DF	村上	太一	3
3	DF	望月	海千	3
4	DF	東海林泰地		3
5	FW	黒田	瞬矢	3
6	MF	宇山	翔太	2
7	MF	安部	侑真	3
8	MF	古長谷千博		3
9	FW	前田	翔茉	3
⑩	FW	松永	颯太	3
11	MF	植田遼太郎		3
12	DF	鈴木	寛太	2
13	DF	加藤	俊介	2
14	MF	野牧	稜平	3
15	DF	佐野	光紀	3
16	MF	木山	貴斗	3
17	GK	松﨑	風馬	3

名古屋経済大学高蔵 愛知県

[監督]島井雅也 [引率教員]鈴木 康

背番号	位置	氏	名	学年
1	GK	古橋	宙大	3
2	DF	沢田	一颯	3
3	DF	花木	駿也	3
4	MF	後藤	佳祐	2
⑤	DF	中村	由成	2
6	DF	杉田	亮	3
7	MF	深津	佑太	1
8	MF	片又	遼	3
9	FW	辻	聖羽	3
10	FW	亀山	柊人	2
11	FW	藤本	拓巳	3
12	GK	猪田	暁斗	3
13	MF	玉越	耀	2
14	MF	岩松	虎徹	2
15	MF	小﨑	俊貴	2
16	DF	大屋	哲平	2
17	MF	木下	大輔	2

県立四日市中央工業 三重県

[監督]伊室陽介 [引率教員]山﨑崇史

背番号	位置	氏	名	学年
1	GK	有留	奎斗	3
2	DF	土江	晃貴	3
3	DF	伊藤	大空	2
4	DF	浦川	巴瑠	3
5	DF	鐘ヶ江秀太		3
6	DF	永﨑	楓人	3
7	FW	浅野	快斗	3
8	MF	本合	真也	3
9	FW	井上	駿	3
⑩	MF	森	夢真	3
11	MF	和田	彩起	3
12	GK	亀井	隆矢	2
13	DF	青木	晴暉	2
14	MF	角田	瞬	3
15	MF	匂坂	俊介	2
16	MF	宮木	優一	2
17	FW	田口	裕也	3

帝京大学可児 岐阜県

[監督]仲井正剛 [引率教員]川村真太朗

背番号	位置	氏	名	学年
1	GK	安江	翼	3
②	DF	神戸	政宗	3
3	DF	犬飼	叶都	2
4	DF	水野	宙生	2
5	DF	前川	文哉	3
6	MF	力武	大悠	3
7	FW	関根	空	3
8	MF	冨田	崚太	3
9	FW	松下	人樹	2
10	FW	渡邊寿樹也		3
11	MF	大石	峻暉	3
12	DF	糸魚川虎太郎		3
13	DF	三品	直哉	1
14	MF	横井内	壮	3
15	MF	長谷川心大		2
16	MF	遠藤	颯	2
17	GK	牧田	修希	3

近江 滋賀県

[監督]前田高孝 [引率教員]槙島隆介

背番号	位置	氏	名	学年
1	GK	田中	裕士	3
2	DF	今若	太陽	3
3	DF	青山	真渡	3
4	MF	樽井	啓吾	2
5	MF	那須日夏留		2
6	DF	末井	友真	3
7	FW	宮田	遥斗	2
8	MF	富板	優馬	2
9	MF	金田	弦也	3
⑩	MF	森	雄大	2
11	FW	山中	亮弥	2
12	GK	田中	壱京	3
13	DF	前山	拓海	2
14	FW	岡島	翔生	2
15	DF	松下	東矢	2
16	FW	幸林	聖悟	1
17	MF	前田	陸	2

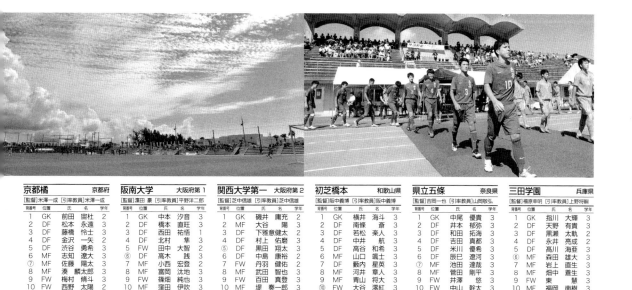

京都橘　京都府
[監督]米澤一成　[引率教員]米澤一成

背番号	位置	氏名	学年
1	GK	前田 宙杜	2
2	DF	松本 永遠	3
3	DF	藤橋 怜士	3
4	DF	金沢 一矢	2
5	DF	渋谷 勇希	3
6	MF	志知 遼大	3
⑦	MF	佐藤 陽太	3
8	MF	湊 麟太郎	3
9	FW	梅村 悠斗	3
10	FW	西野 太陽	2
11	FW	中野 倖風	3
12	GK	中村 青	3
13	MF	久保 成世	3
14	DF	田中 慶吾	3
15	DF	山内琳太郎	2
16	MF	旭奈 滉人	3
17	MF	髙木 大輝	3

阪南大学　大阪府第1
[監督]濱田 豪　[引率教員]平野洋二郎

背番号	位置	氏名	学年
1	GK	中本 汐音	1
2	DF	橋本 直旺	3
3	DF	西田 佑也	1
4	DF	北村 隼	3
5	FW	田中 大智	2
⑥	DF	中島 康登	2
7	MF	小西 宏登	3
8	MF	富岡 汰地	3
9	MF	篠畑 純也	3
10	MF	窪田 伊吹	3
11	MF	伊藤 恒輝	3
12	GK	フェーガル アボカリ	2
13	MF	木村 秀磨	3
14	FW	清水 健生	3
15	MF	田井 光	2
16	MF	柳 武雄	3
17	MF	櫻井 文陽	1

関西大学第一　大阪府第2
[監督]芝中信雄　[引率教員]芝中信雄

背番号	位置	氏名	学年
1	GK	磯井 庸充	3
2	MF	大谷 陽	3
3	DF	下雅意健太	3
4	DF	村上 佑磨	2
⑤	DF	黒田 翔太	3
6	FW	中島 康裕	2
7	FW	丹羽 健弘	2
8	MF	武田 智也	2
9	FW	百田 真登	3
10	MF	堤 奏一郎	2
11	MF	伊藤 悠輝	2
12	MF	越智 大貴	3
13	MF	鎌谷 一吹	2
14	FW	吉川 祥五	2
15	MF	水谷 優佑	3
16	MF	松丸 宏熙	3
17	GK	田村 騎成	2

初芝橋本　和歌山県
[監督]阪中義博　[引率教員]阪中義博

背番号	位置	氏名	学年
1	GK	横井 海斗	3
2	DF	南條 斎	3
3	DF	若松 楽人	3
4	DF	中井 航	3
5	DF	髙谷 和希	3
6	MF	山口 颯士	3
7	FW	藪内 星矢	3
8	MF	河井 隼人	3
9	MF	青山 登	3
⑩	FW	大谷 澪紅	3
11	FW	名願 央希	3
12	MF	尾崎 功耀	2
14	MF	西淵 朋輝	3
15	DF	大影 颯輝	2
16	MF	村上 宝	2
17	GK	西村 璃希	3

県立五條　奈良県
[監督]吉岡一也　[引率教員]山岡敬弘

背番号	位置	氏名	学年
1	GK	中尾 優貴	3
2	DF	井本 郁弥	3
3	DF	和田 拓海	3
4	DF	吉田 真登	3
5	DF	米川 優希	3
6	MF	辰巳 遼河	3
⑦	MF	池田 連哉	3
8	MF	菅田 剛平	3
9	FW	井澤 悠大	3
10	MF	中山 幹太	3
11	MF	瀬羅 威歩	3
12	MF	松田 司	3
13	FW	豊馬 慧人	2
14	MF	斉藤 蓮	3
15	MF	小西 拓海	3
16	MF	岸本 瑞斗	3
17	DF	水津 直斗	3

三田学園　兵庫県
[監督]柏原幸明　[引率教員]上野将嗣

背番号	位置	氏名	学年
1	GK	指川 大輝	2
2	DF	天野 有真	3
3	DF	黒瀬 太軌	2
4	DF	永井 亮成	2
5	DF	高川 海亜	2
⑥	MF	森田 雄大	3
7	MF	岩上 直生	3
8	MF	畑中 蒼生	2
9	FW	東 慧	3
10	MF	福岡 南樹	3
11	MF	森山 嵐大	3
13	DF	横垣内健介	2
14	FW	石野 蒼	2
15	MF	増田 悠人	2
16	FW	山田 幽真	2
17	FW	廣畑 晴揮	3

翔英学園米子北　鳥取県
[監督]中村真斉　[引率教員]城市徳之

背番号	位置	氏名	学年
1	GK	岩田 大河	3
②	DF	友藤 龍磨	3
3	DF	横山 凌雅	2
4	DF	竹中 元汰	2
5	DF	為本 颯太	2
6	DF	居川 楓河	3
7	MF	梅村 唯吹	3
8	MF	後藤 佑也	3
9	MF	村穴 航太	1
10	FW	岡田 大和	3
11	FW	三浦 海	3
12	MF	野嶋 健人	3
14	MF	林 菟大	3
15	DF	岡田 后央	3
16	DF	荒川 莉音	2
17	GK	岡 好誠	3

県立大社　島根県
[監督]後長瀞樹　[引率教員]今岡雅卓

背番号	位置	氏名	学年
1	GK	古川 海斗	3
2	DF	角 眞太	3
③	DF	山中 祥希	3
4	DF	中田 大喜	3
5	DF	中村 玄	3
6	MF	藤田 隆寛	3
7	MF	吉田 新大	3
8	MF	藤原 建	3
9	MF	髙木 拓哉	3
10	MF	伊藤 悠里	3
11	FW	三浦 凪	3
12	GK	飯塚 統麻	3
13	MF	大畑 裕真	3
14	FW	村尾 優輝	3
15	FW	長藤 光希	3
16	MF	皆尾 宏斗	3
17	MF	小川 翔大	3

岡山県作陽　岡山県
[監督]野村雅之　[引率教員]酒井直政

背番号	位置	氏名	学年
1	GK	沖本 翔	3
2	GK	德太 乃亜	3
3	DF	岸本 凪	3
4	DF	中野 杏太	3
5	DF	柳川 元輝	3
6	MF	中瀬古陽央	3
7	MF	金津 怜	3
⑧	MF	川上 陽星	3
9	MF	吉瀬 鎮当	3
10	MF	矢木 海成	3
11	FW	林 拓也	3
12	MF	伊藤 翼	3
13	MF	横尾 蒼人	3
14	MF	竹村 陸輝	3
15	FW	清水 来輝	3
16	DF	松本 大晟	3
17	MF	卯野 翔輝	3

県立広島皆実　広島県
[監督]仲元洋平　[引率教員]小熊和人

背番号	位置	氏名	学年
1	GK	藤岡 佑成	3
2	DF	山根 成節	3
3	DF	藏本 京真	3
4	DF	板坂 寿樹	3
5	DF	石村 浩太	3
⑥	DF	吉原 翔大	3
7	MF	牛原 克	3
8	DF	赤道 洸太	3
9	FW	久保 大輔	3
10	MF	田中 博貴	3
11	MF	岡本 拓海	3
12	MF	山名 遼吾	3
14	MF	隅田 陸輝	3
15	MF	岡平 陸輝	3
16	MF	坂田 涼羽	3
17	GK	来須 浩希	3

県立西京　山口県
[監督]田邊宏司　[引率教員]松井大輔

背番号	位置	氏名	学年
1	GK	恒富優貴	3
2	DF	山下 葵	2
3	FW	井上 湊	3
4	DF	原田 廉	3
5	DF	西﨑 颯	3
6	MF	小嶋 信斗	3
⑦	DF	石澤 海士	3
8	MF	三﨑竜之介	3
9	DF	西谷 嵩河	3
10	DF	水津 彰太	3
11	MF	原田 聖音	3
12	MF	松村 日向	3
13	MF	横山 凌大	3
14	MF	宮﨑琳太助	3
15	MF	前田 唯翔	3
16	DF	東原 諒	3
17	MF	杉山隆之介	3

四国学院大学香川西　香川県
[監督]大浦恭敬　[引率教員]草薙 浩

背番号	位置	氏名	学年
1	DF	寒川 響生	3
2	DF	石田 昂琉	3
3	DF	佐藤 敬太	3
4	DF	嶺 楽音	3
5	MF	小川 海弥	3
6	MF	西園 凜	3
7	MF	熊野敬二郎	3
8	DF	箱崎 達也	3
9	MF	宮本 大晟	3
10	FW	山内 拓海	3
11	MF	森岡 大翔	3
12	DF	弥藤 祥太	3
13	DF	臺 隼人	1
14	MF	弓場真之介	3
15	DF	佐藤 新	3
⑯	FW	町田 大吾	3
17	FW	西山 大吾	3

徳島市立　徳島県
[監督]河野博幸　[引率教員]河野博幸

背番号	位置	氏名	学年
1	GK	中川 真	3
2	DF	二宮 壽士	3
3	DF	田上 桜介	3
4	DF	岡田 陽哉	3
5	MF	川人 太陽	3
6	MF	平 佑斗	3
7	MF	横野 秋也	3
8	MF	佐野 博紀	3
9	FW	木村 広也	3
⑩	MF	野口 瑛大	3
11	MF	渡邊 浩章	3
12	MF	井藤 舜貴	3
13	MF	中浦 陽紀	2
14	MF	大野 龍功	2
15	FW	前川 泰聖	3
16	FW	山下 世波	3
17	GK	仙波 恒輝	3

新田　愛媛県
[監督]小野裕太　[引率教員]栗林倫也

背番号	位置	氏名	学年
1	GK	田中 藍人	3
②	MF	三好 凱斗	3
3	MF	舛田 敦哉	3
4	DF	野本 空	3
5	MF	山田 俊介	3
6	FW	落合 空	3
7	MF	玉井 斗和	3
8	MF	山田 優人	3
9	FW	福井 健太	3
10	MF	岡田 怜	3
11	MF	中田 尚哉	3
12	MF	松本 章吾	3
13	MF	水野 颯太	3
14	MF	中浦 陽斗	2
15	FW	山本 哲平	3
16	FW	久保 純平	2
17	GK	仙波 恒輝	3

高知　高知県
[監督]高橋秀治　[引率教員]細谷尚史

背番号	位置	氏名	学年
1	DF	森 亮太	3
2	DF	畠中 颯斗	3
3	DF	松岡 優成	3
④	DF	林 大翔	3
5	DF	小黒 大翔	3
6	MF	西森 夢斗	3
7	MF	吉尾慎太郎	3
8	MF	楠瀬 海	3
9	FW	野島 颯斗	3
10	FW	都築 暢太	3
11	FW	松本 颯斗	3
12	MF	山岡 丈能	2
13	MF	松井 庄二	3
14	MF	宮地 蓮威	3
15	MF	朝日 涼太	3
16	FW	伊富貴 翔	2
17	MF	青木 俊輔	2

東福岡　福岡県
[監督]森重潤也　[引率教員]渡邊 剛

背番号	位置	氏名	学年
1	GK	藤 優太	3
2	DF	モラ マルコム龍成	3
3	DF	田頭 亮太	3
4	DF	丸山 海斗	3
5	MF	大串啓志郎	3
6	MF	國府田 駿	3
7	MF	水野 颯蓮	3
8	MF	上田 瑞季	3
9	MF	田中 舜介	3
⑩	MF	野添 永琉	3
11	MF	長野 星輝	3
12	FW	日高 駿佑	3
13	FW	岩井 琢朗	3
14	MF	金森いぶき	3
15	MF	徳永 涼	3
16	FW	佐藤 聡史	3
17	MF	青木 俊輔	3

県立佐賀北　佐賀県
[監督]小川敬二　[引率教員]藤崎進司

背番号	位置	氏名	学年
1	GK	井崎 幹太	3
2	DF	北川 和樹	3
3	DF	江頭 優斗	3
4	DF	一ノ瀬 翔	3
5	DF	伊東 雅也	3
6	FW	光岡 陸大	3
7	FW	立花 創志	3
8	DF	田中 雅也	3
9	MF	永添 永成	3
⑩	FW	松岡 郁弥	3
11	MF	松本 陸玖	3
12	MF	秀島 慶介	3
13	MF	宮崎 伸	3
14	MF	小副川大和	3
15	MF	小野 郁弥	3
16	MF	竹下 優希	3
17	FW	緒方 壮一	3

長崎日本大学　長崎県
[監督]亀田陽司　[引率教員]坂本信行

背番号	位置	氏名	学年
1	GK	前田 祥	3
2	MF	山口 魁斗	3
3	DF	中村 晃	3
4	DF	小川浩史朗	3
5	MF	川上 志希	3
6	DF	森 蒼一郎	3
7	MF	木村 一政	3
8	MF	石本 武蔵	3
9	FW	山﨑 光	3
⑩	FW	松村 優仁	3
11	MF	吉田 啓斗	3
12	FW	田川 啓斗	3
13	MF	山本 壮馬	3
14	FW	山脇 思大	3
15	MF	重富 凌	3
16	FW	橋本 亮介	3

県立大津　熊本県
[監督]古閑健士　[引率教員]古閑健士

背番号	位置	氏名	学年
1	GK	山谷 海人	3
2	DF	本多 陸也	3
3	DF	中尾 航世	3
4	DF	金子遼太郎	3
5	DF	立野 航海	3
6	MF	佐藤 悠平	3
7	MF	樋口 堅大	3
8	MF	半代 将都	3
⑩	FW	半代 将都	3
11	MF	宮原 愛輝	3
12	MF	野田 晶秀	3
13	MF	麻生 恭平	3
14	MF	森田 大智	3
15	FW	大島 吾	3
16	GK	礒貝琉ノ介	3
17	DF	猪谷 匠	2

大分　大分県
[監督]小野正和　[引率教員]河村嵩次郎

背番号	位置	氏名	学年
1	GK	優重 優介	3
2	DF	竹谷 悠	3
3	DF	佐藤 元気	3
4	DF	福井 健斗	3
⑤	DF	佐藤 芳紀	3
6	DF	重石 真己	3
7	MF	永松 恭聖	3
8	MF	重見 柾斗	3
9	FW	森山 悠太	3
10	FW	菊地 孔明	3
11	FW	堤 俊哉	3
12	MF	長澤 真人	3
13	MF	瀬藤 聖人	3
14	MF	後藤 恭成	3
15	FW	前園 陽人	3
16	FW	田邊 利幸	3

日章学園　宮崎県
[監督]早稲田一男　[引率教員]福島将太

背番号	位置	氏名	学年
1	GK	福山 智仁	3
2	DF	濵松 凜	3
3	DF	後藤 翔	3
④	DF	古賀 郁也	3
⑤	DF	阿部 稜汰	3
6	MF	中判的稜来	3
7	MF	餒岡 達来	3
8	MF	日吉 悠真	3
9	MF	齊藤 元太	3
10	FW	鈴木 隆平	3
11	FW	木脇 達煌	3
12	MF	宮永 健太	3
13	MF	吉田剛之介	3
14	FW	岡村 聖七	3
15	FW	藤本 義心	3
16	FW	小野 大斗	3
17	GK	清原 寛斗	3

神村学園　鹿児島県
[監督]有村圭一郎　[引率教員]柏野裕一

背番号	位置	氏名	学年
1	GK	山谷 海人	3
2	MF	アン デービッド	3
3	MF	辻 楊吾	3
4	DF	大迫 魁士	3
⑤	MF	仲程 飛雄	3
6	MF	稲田 翔真	3
7	MF	井上 琢人	3
8	MF	中島 吏丸	3
9	MF	加治屋 陸	3
10	FW	野邉 泰生	3
11	FW	永吉 飛翔	3
12	FW	守山 悠介	3
13	FW	下川床勇斗	3
⑭	MF	濵屋 悠哉	3
15	MF	大城 渚彩太	3
16	MF	山口 翼	3
17	FW	吉山 太陽	3

県立那覇西　沖縄県第1
[監督]平安山大介　[引率教員]富田貴之

背番号	位置	氏名	学年
1	DF	新垣 凱斗	3
2	DF	壽 進之介	3
3	DF	津波栄琉来	3
4	DF	中山 聖	3
⑤	MF	仲西 飛雄	3
6	MF	高良 英希	3
7	FW	仲西 泰盛	3
8	MF	伊佐 航平	3
9	MF	山川 樹	3
10	FW	宮城 祐人	3
11	FW	西山 祐人	3
12	MF	大城 修斗	3
13	MF	友利 大河	3
14	MF	辺土名 亮	3
15	MF	玉城 璃輝	3
16	MF	上原 颯真	3
17	FW	岸本 大和	3

県立西原　沖縄県第2
[監督]玉城寛哉　[引率教員]宮城嘉也

背番号	位置	氏名	学年
1	GK	島 昌弘	3
2	MF	伊佐 知隆	3
3	MF	當銘洸之介	3
4	MF	儀間 舜矢	3
5	DF	金城 誠也	3
6	MF	西平 将智	3
7	MF	伊佐 響	3
8	MF	池原 弥陽	3
9	MF	名嘉原安将	3
⑩	FW	玉城 壷	3
11	FW	新城 朗	3
12	MF	仲村 玲音	3
13	MF	糸数 稜也	3
14	MF	比屋根由也	3
15	FW	池原 弥陽	3
16	FW	山城 大樹	3
17	DF	伊波 晃	2

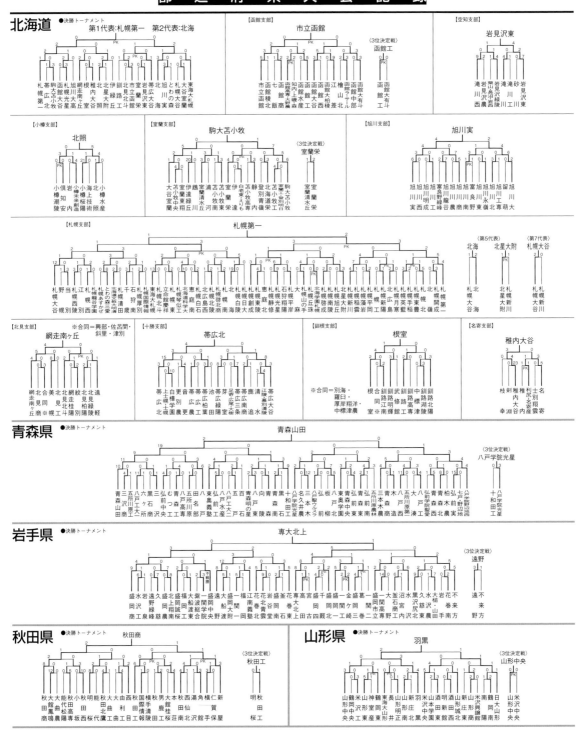

【置賜地区】

A
A	米沢工	南陽	九里	長井工	高畠	順位
米沢工		5-0	0-0	3-0	7-0	1
南陽	0-5		0-2	3-0	5-1	3
九里	0-0	2-0		1-0	1-0	2
長井工	0-3	0-3	0-1		4-0	4
高畠	0-7	1-5	0-1	0-4		5

B
B	米沢興譲館	米沢東	長井	米沢商	順位
米沢興譲館		2-0	1-2	0-1	3
米沢東	0-2		1-1	4-0	2
長井	2-1	1-1		2-1	1
米沢商	1-0	0-4	1-2		4

【最北地区】

	新庄東	新庄北	東桜学館	新庄神室産	村山産	順位
新庄東		2-1	3-1	4-1	2-0	1
新庄北	1-2		2-0	1-0	2-0	2
東桜学館	1-3	0-2		1-2	1-2	5
新庄神室産	1-4	0-1	2-1		2-0	3
村山産	0-2	0-2	2-1	0-2		4

【田川・鶴海地区】

●予選リーグ

A
A	鶴岡東	酒田東	鶴岡工	順位
鶴岡東		2-1	1-0	1
酒田東	1-2		0-0	2
鶴岡工	0-1	0-0		3

B
B	酒田西	酒田光陵	酒田南	順位
酒田西		1-0	2-0	1
酒田光陵	0-1		2-0	2
酒田南	0-2	0-2		3

C
C	鶴岡南	鶴岡中央	庄内総合	鶴岡高専	順位
鶴岡南		4-0	4-1	2-1	1
鶴岡中央	0-4		3-0	4-2	2
庄内総合	1-4	0-3		1-0	3
鶴岡高専	1-2	2-4	0-1		4

●順位決定トーナメント
日大山形

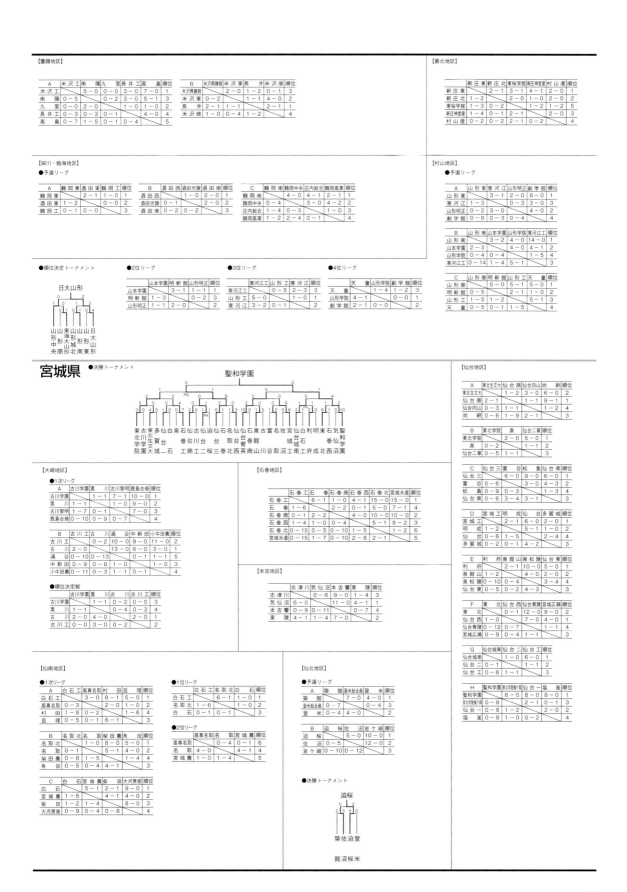

（山形中央商・東海大山形北・山形大南・山形北・日大山形）

【村山地区】

●予選リーグ

A
A	山形東	寒河江	山形明正	創学館	順位
山形東		3-1	2-0	8-0	1
寒河江	1-3		0-3	3-0	3
山形明正	0-2	3-0		4-0	2
創学館	0-8	0-3	0-4		4

B
B	山形南	山本学園	山形学院	寒河江工	順位
山形南		3-2	4-0	14-0	1
山本学園	2-3		4-0	1-5	2
山形学院	0-4	0-4		1-5	4
寒河江工	0-14	1-4	5-1		3

C
C	山形	明新館	山形工	天童	順位
山形		5-0	5-1	5-0	1
明新館	0-5		2-1	5-0	2
山形工	1-5	1-2		5-1	3
天童	0-5	0-1	1-5		4

●2位リーグ
	山本学園	明新館	山形明正	順位
山本学園		3-1	1-1	1
明新館	1-3		0-2	3
山形明正	1-1	2-0		2

●3位リーグ
	寒河江工	山形工	寒河江	順位
寒河江工		0-5	2-3	3
山形工	5-0		1-0	1
寒河江	3-2	0-1		2

●4位リーグ
	天童	山形学院	創学館	順位
天童		1-4	1-2	3
山形学院	4-1		0-0	1
創学館	2-1	0-0		2

宮城県 ▶決勝トーナメント

聖和学園

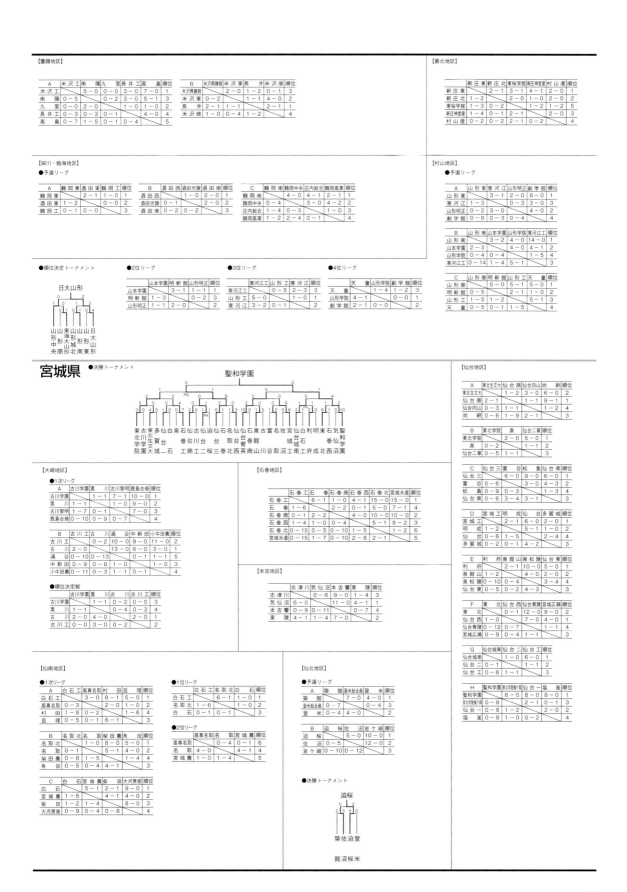

（東北学院・古川学園・東北・仙台大城・白石・泉・石巻工・古川・仙台育英・仙台三桜・迫桜・石巻西・名取北・仙台商・石巻・古川工・泉館山・富谷・佐沼・宮城成田・仙台南・白石工・利府・明成・東北西・石巻北・気仙沼・聖和学園）

【仙台地区】

A
A	東北生文大	仙台商	仙台向山	尚絅	順位
東北生文大		1-2	3-0	6-0	2
仙台商	2-1		1-1	9-1	1
仙台向山	0-3	1-1		1-2	4
尚絅	0-6	1-9	2-1		3

B
B	東北学院	泉	仙台二華	順位
東北学院		2-0	5-0	1
泉	0-2		1-1	2
仙台二華	0-5	1-1		3

C
C	仙台三	富谷	松島	仙台南	順位
仙台三		6-0	9-0	6-0	1
富谷	0-6		3-0	4-3	2
松島	0-9	0-3		1-3	4
仙台南	0-6	3-4	3-1		3

D
D	宮城工	明成	仙台	多賀城	順位
宮城工		2-1	6-2	2-0	1
明成	1-2		5-1	6-2	2
仙台	2-6	1-5		2-4	4
多賀城	0-2	0-1	4-2		3

E
E	利府	泉館山	泉松陵	仙台東	順位
利府		2-1	10-0	5-0	1
泉館山	1-2		4-0	2-0	2
泉松陵	0-10	0-4		3-4	4
仙台東	0-5	0-2	4-3		3

F
F	東北	仙台西	仙台青陵	宮城広瀬	順位
東北		0-1	12-0	9-0	2
仙台西	1-0		7-0	4-0	1
仙台青陵	0-12	0-7		1-1	4
宮城広瀬	0-9	0-4	1-1		3

G
G	仙台城南	仙台二	仙台工	順位
仙台城南		1-0	6-0	1
仙台二	0-1		1-1	2
仙台工	0-6	1-1		3

H
H	聖和学園	東北文化学園高	仙台一	塩釜	順位
聖和学園		8-0	8-0	8-0	1
東北文化学園高	0-8		2-1	0-1	3
仙台一	0-8	1-2		2-0	2
塩釜	0-8	1-0	0-2		4

【大崎地区】

●1次リーグ

A
A	古川学園	黒川	古川黎明	鹿島台商	順位
古川学園		1-1	7-1	10-0	1
黒川	1-1		0-9	0-2	2
古川黎明	1-7	9-0		7-0	3
鹿島台商	0-10	2-0	0-7		4

B
B	古川工	古川	涌谷	中新田	小牛田農	順位
古川工		0-2	10-0	9-0	11-0	1
古川	2-0		13-0	8-0	3-0	2
涌谷	0-10	0-13		1-1	1-1	5
中新田	0-9	0-8	1-1		1-0	3
小牛田農	0-11	0-3	1-1	0-1		4

●順位決定戦
	古川学園	黒川	古川	古川工	順位
古川学園		1-1	0-2	0-3	2
黒川	1-1		0-4	0-3	4
古川	2-0	4-0		2-0	1
古川工	0-3	3-0	0-2		3

【石巻地区】

	石巻工	石巻	石巻商	石巻西	石巻北	宮城水産	順位
石巻工		6-1	1-0	4-1	15-0	15-0	1
石巻	1-6		2-2	4-0	5-0	7-1	2
石巻商	0-1	2-2		4-0	10-0	10-0	3
石巻西	1-4	0-4	0-4		5-1	8-2	4
石巻北	0-15	0-5	0-10	1-5		1-2	6
宮城水産	0-15	1-7	0-10	2-8	2-1		5

【本吉地区】

	志津川	気仙沼	本吉響	東陵	順位
志津川		0-6	9-0	1-4	3
気仙沼	6-0		11-0	0-7	1
本吉響	0-9	0-11		0-7	4
東陵	4-1	1-4	7-0		2

【仙南地区】

●1次リーグ

A
A	白石工	高専名取	村田	亘理	順位
白石工		3-0	8-1	5-0	1
高専名取	0-3		2-0	1-0	2
村田	1-8	0-2		1-6	4
亘理	0-5	0-1	6-1		3

B
B	名取北	名取	柴田農	角田	順位
名取北		1-0	8-0	5-0	1
名取	0-1		5-1	4-0	2
柴田農	0-8	1-5		1-4	4
角田	0-5	0-4	4-1		3

C
C	白石	宮城農	柴田	大河原商	順位
白石		5-1	2-1	9-0	1
宮城農	1-5		4-1	4-0	2
柴田	1-2	1-4		8-0	3
大河原商	0-9	0-4	0-8		4

●1位リーグ

A
A	白石工	名取北	白石	順位
白石工		6-1	1-0	1
名取北	1-6		1-0	2
白石	0-1	0-1		3

●2位リーグ

A
A	高専名取	名取	宮城農	順位
高専名取		0-4	0-1	3
名取	4-0		4-1	1
宮城農	1-0	1-4		2

【仙北地区】

●予選リーグ

A
A	築館	登米総合産	登米	順位
築館		7-0	4-0	1
登米総合産	0-7		0-4	3
登米	0-4	4-0		2

B
B	迫桜	佐沼	岩ケ崎	順位
迫桜		5-0	10-0	1
佐沼	0-5		12-0	2
岩ケ崎	0-10	0-12		3

●決勝トーナメント
迫桜

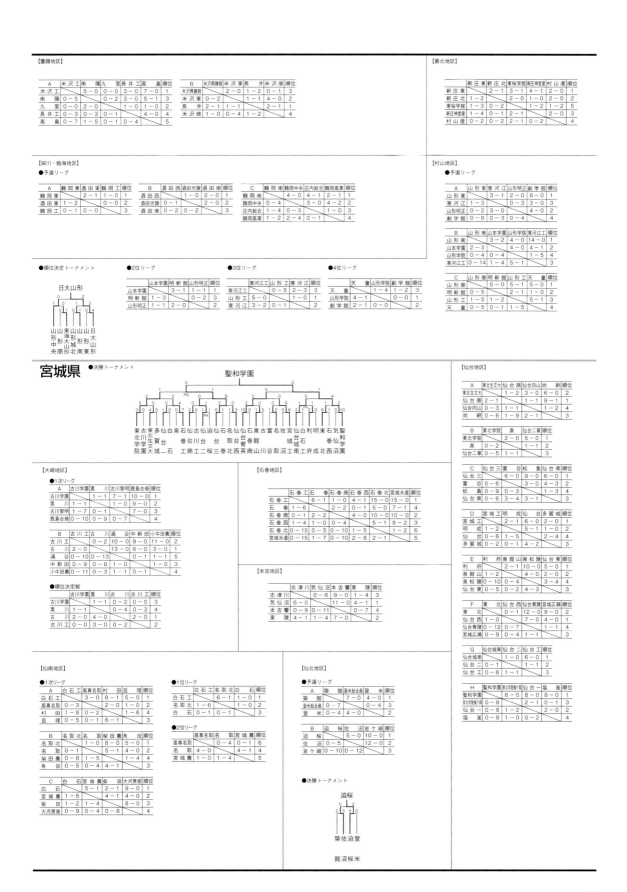

（築館・佐沼・迫桜・登米）

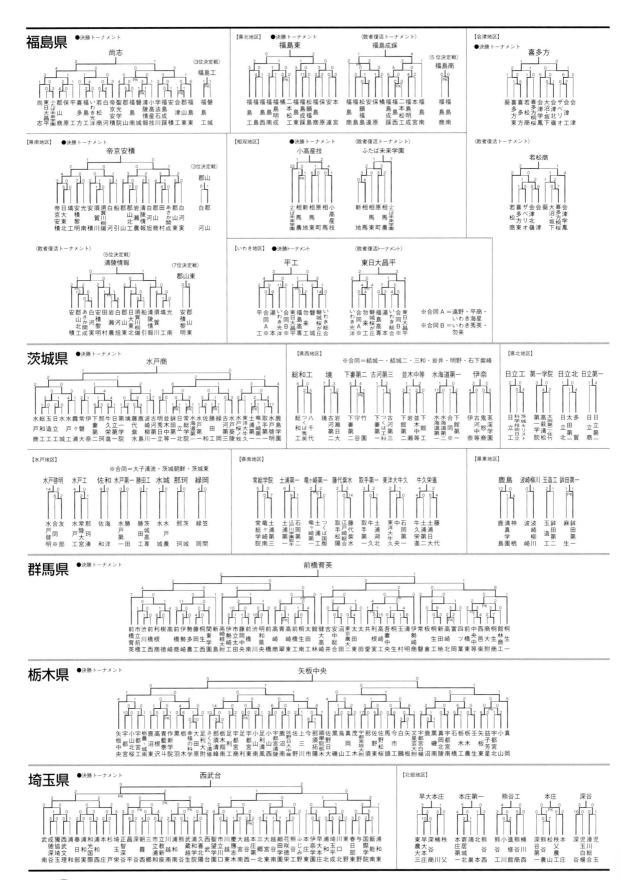

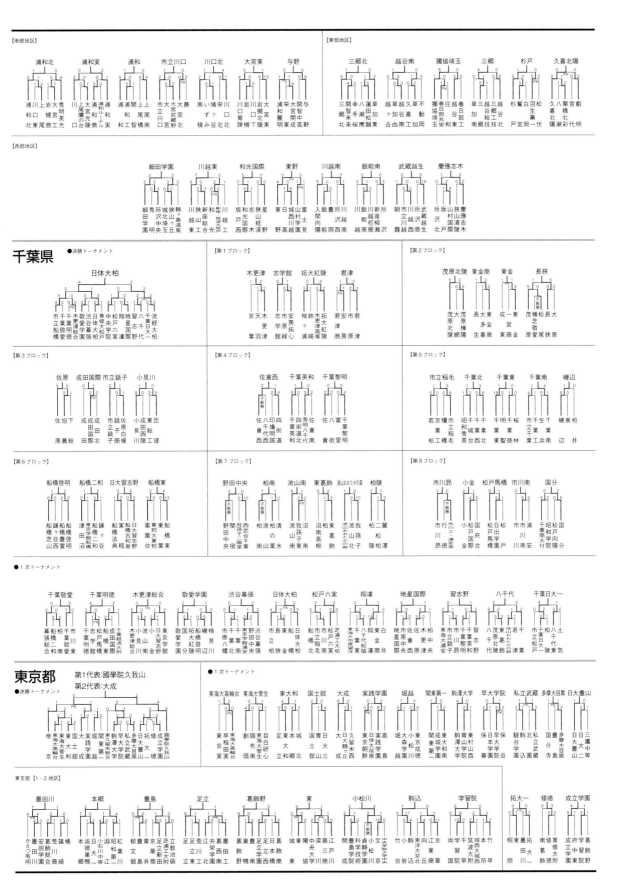

【南部地区】 【東部地区】

【西部地区】

千葉県　●決勝トーナメント　【第1ブロック】　【第2ブロック】

【第3ブロック】　【第4ブロック】　【第5ブロック】

【第6ブロック】　【第7ブロック】　【第8ブロック】

●1次トーナメント

東京都　第1代表：國學院久我山　第2代表：大成
●決勝トーナメント　●1次トーナメント

東支部【1・2地区】

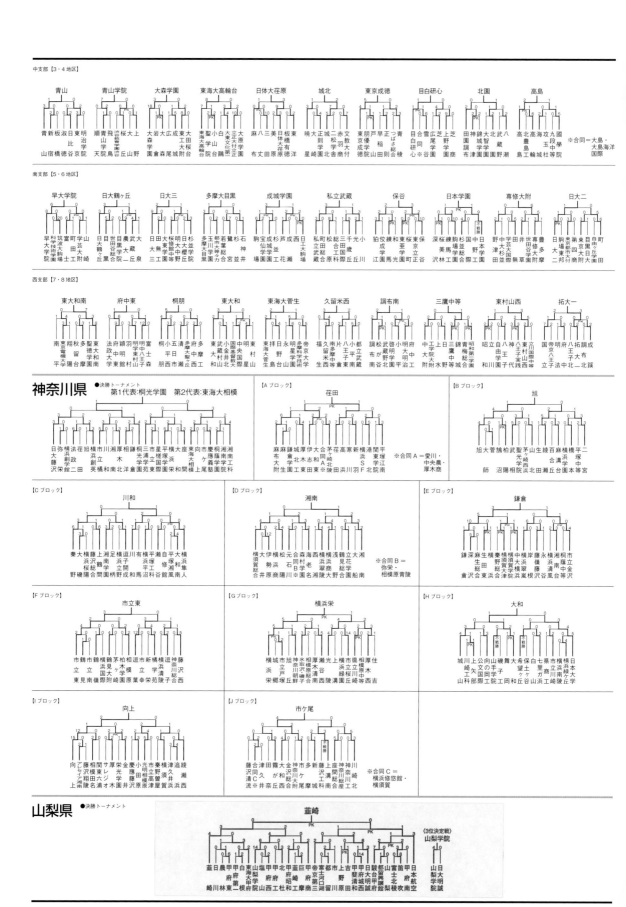

中支部【3・4地区】

南支部【5・6地区】

西支部【7・8地区】

神奈川県 ●決勝トーナメント
第1代表:桐光学園　第2代表:東海大相模

【Aブロック】 荏田

【Bブロック】 旭

【Cブロック】 川和

【Dブロック】 湘南

【Eブロック】 鎌倉

【Fブロック】 市立東

【Gブロック】 横浜栄

【Hブロック】 大和

【Iブロック】 向上

【Jブロック】 市ケ尾

山梨県 ●決勝トーナメント
韮崎

〈3位決定戦〉
山梨学院

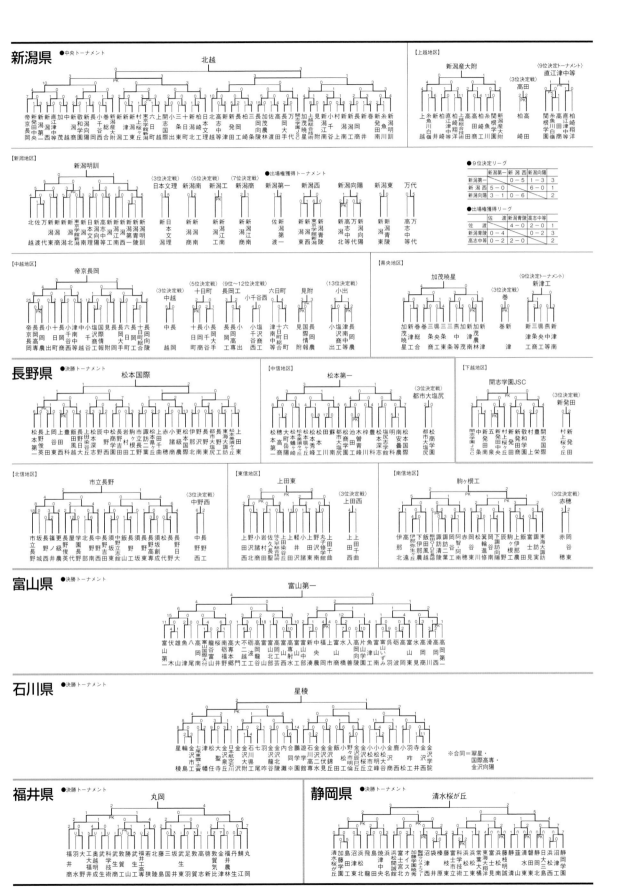

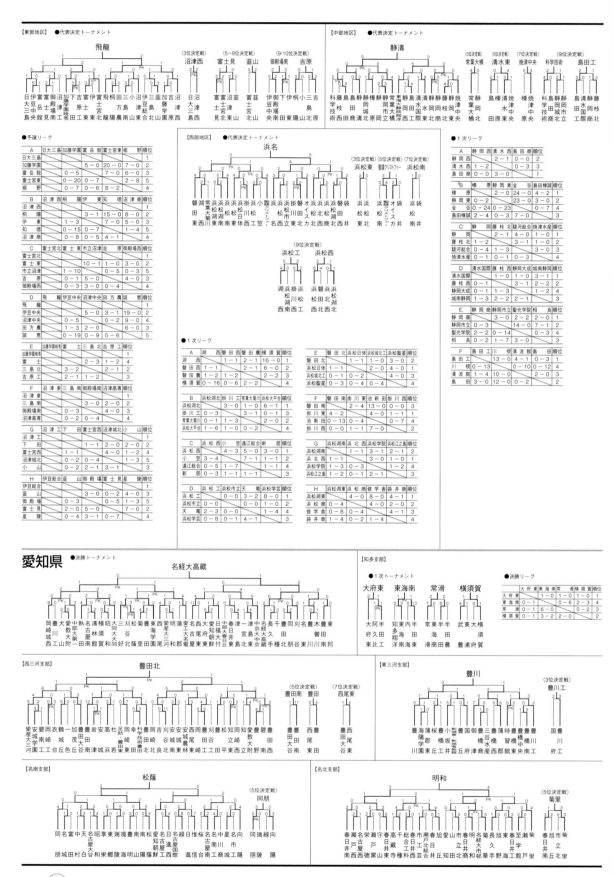

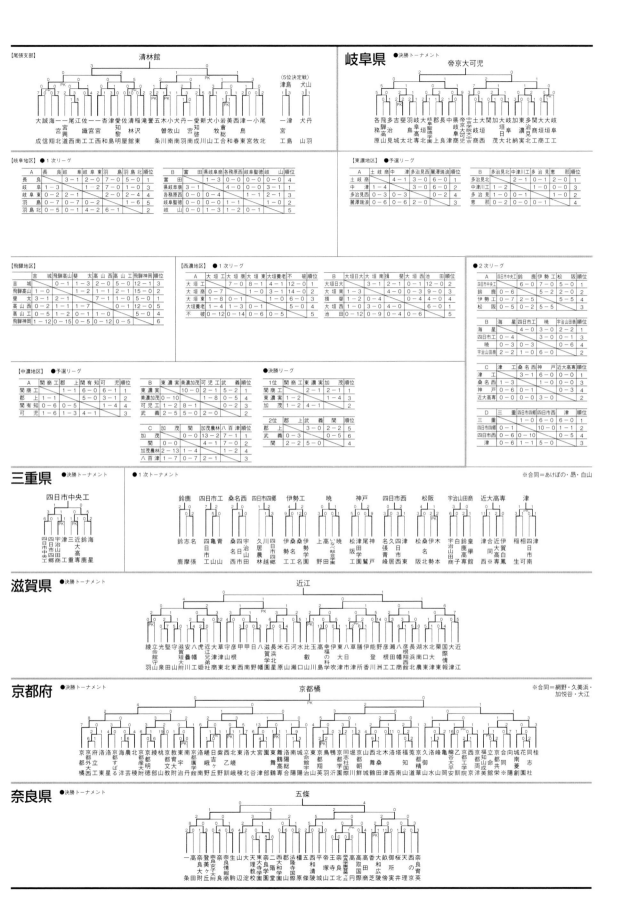

【尾張支部】
清林館

〈5位決定戦〉
津島　犬山

大誠海——尾江佐——杏津愛佐清稲滝營五木小犬丹—愛新犬小岩美西津—小尾　　一津　犬丹
宮興　　織宮宮　　知　林沢　曽牧山宮　　知啓　牧総島　　宮
成信翔北道西南工工西和島明屋館東　　　条川南南羽南成川山山工合和春東宮牧北　　工島　山羽

岐阜県　●決勝トーナメント
帝京大可児

各飛多吉斐羽岐岐郡長中県帝士大関加大東関大大岐
務驒治　　阜阜　　岐京　大関岐　　　垣阜
原山見城太北専北園上良津商宇垣西　茂大北納実北工商工工

【岐阜地区】●1次リーグ
A	長良	岐阜	岐阜東	羽島	羽島北	順位
長良		3-1	2-0	7-0	5-0	1
岐阜	1-3		1-2	7-0	1-0	3
岐阜東	0-2	2-1		2-0	2-4	4
羽島	0-7	0-7	0-2		1-6	5
羽島北	0-5	0-1	4-2	6-1		2

B	富田	県岐阜商	各務原西	岐阜聖徳	岐山	順位
富田		1-3	0-0	0-0	0-4	4
県岐阜商	3-1		4-0	0-0	3-1	1
各務原西	0-0	0-4		0-1	1-3	3
岐阜聖徳	0-0	0-0	1-1		1-0	2
岐山	0-0	1-3	1-2	0-1		5

【飛驒地区】
	吉城	飛驒高山	斐太	高山西	高山工	飛驒神岡	順位
吉城		0-1	1-3	2-0	5-0	12-1	3
飛驒高山	1-0		0-2	1-1	2-1	15-0	2
斐太	3-1	2-1		7-1	5-0	5-0	1
高山西	0-2	1-1	1-7		0-0	5-0	4
高山工	0-5	1-2	0-1	1-0		5-0	5
飛驒神岡	1-12	0-15	0-5	0-12	0-5		6

【西濃地区】●1次リーグ
A	大垣工	大垣商	大垣東	大垣養老	不破	順位
大垣工		7-0	8-1	4-1	12-0	1
大垣商	0-7		3-1	14-0	2	
大垣東	1-8	0-1		1-0	6-0	3
大垣養老	1-4	1-3	0-1		5-0	4
不破	0-12	0-14	0-6	0-5		5

B	大垣日大	大垣南	揖斐	大垣西	池田	順位
大垣日大		3-1	0-1	12-0	2	
大垣南	1-3		4-0	3-0	9-0	3
揖斐	1-2	0-4		0-4	6-1	4
大垣西	1-0	3-0	4-0		6-0	1
池田	0-12	0-9	0-4	0-6		5

●2次リーグ
A	阪南市中央	鈴鹿	伊勢工	松阪	順位
阪南市中央		6-0	7-0	5-0	1
鈴鹿	0-6		5-2	2-0	2
伊勢工	0-7	2-5		5-5	4
松阪	0-5	0-2			3

B	海星	四日市工	暁	宇治山田商	順位
海星		4-0	3-0	2-2	1
四日市工	0-4		3-0	0-1	3
暁	0-3	0-3		0-6	4
宇治山田商	2-2	1-0	6-0		2

C	津	桑名西	神戸	近大高専	順位
津		3-1	6-0	0-0	1
桑名西	1-3		0-1	0-3	4
神戸	0-6	0-1		0-3	4
近大高専	0-0	0-3	0-3		2

D	三重	四日市四郷	四日市西	津	順位
三重		1-0	6-1	5-0	1
四日市四郷	0-1		10-0	1-1	2
四日市西	0-6	0-10		0-5	4
津	6-1	1-5	0-7		3

【中濃地区】●予選リーグ
A	関商工	郡上	関有知	可児	順位
関商工		1-1	6-0	6-1	1
郡上	1-1		5-0	3-1	2
関有知	0-6	0-5		1-4	4
可児	1-6	1-3	4-1		3

B	東濃実	美濃加茂	可児工	武義	順位
東濃実		10-0	2-1	5-2	1
美濃加茂	0-10		1-8	0-3	4
可児工	1-2	8-1		0-2	2
武義	2-5	5-0	2-0		3

C	加茂	関	加茂農林	八百津	順位
加茂		0-0	13-2	7-1	1
関	0-0		4-1	7-0	2
加茂農林	2-13	1-4		1-2	4
八百津	0-7	0-7	2-1		3

●決勝リーグ
1位	関商工	東濃実	加茂	順位
関商工		2-1	2-1	1
東濃実	1-2		1-4	3
加茂	1-2	4-1		2

2位	郡上	武義	関	順位
郡上		3-0	2-2	1
武義	0-3		0-5	3
関	2-2	5-0		2

三重県　●決勝トーナメント
四日市中央工

四四宇三近鈴海
日日治　大
市市山田郷工専鹿星

●1次トーナメント　　　　　　　　　　　　　　　　　　　　　　　　　　　　　　　　　　　※合同＝あけぼの・昴・白山

鈴鹿　四日市工　桑名西　四日市四郷　伊勢工　暁　神戸　四日市西　松阪　宇治山田商　近大高専　津

鈴志名　四亀青　桑名宇　久川四伊　伊桑伊　上高いなべ総合学園　暁　松津尾神　名久四　松桑伊木　宇白鈴皇　津合近伊　稲相四四
鹿摩張　日市工山　名日西市田　居農林越郷　勢工工名園　　　　　　　阪学青　張市　阪北勢東　山田学商　大賀富白　勢　　星生可南
　　　　　　　　　　　　　　　　　　　　　　　　　　野田　　　　工園鷲戸　　　　峰居西東　　　　　阪本　　　　商子専館　西専鳳　　　　　

滋賀県　●決勝トーナメント
近江

綾立光堅守滋八虎近大草守彦甲甲日八滋長米石河水比五高伊東八膳伊能野彦瀬八度長湖水北栗国大近
命　　　　　江　　　　　　　　　　賀山　　福　　　　　　　　根　　浜　　　　花江
館守暘幡社商東北東西南野幡園星原山瀬口山川島学吹津市津所香川洲工工商館北農東津報津江

京都府　●決勝トーナメント
京都橘

京都府洛洛京南京綾桃洛教東南洛大宮西北東洛園京洛南成立東京鳥同堀山西北木洛塔福英京久峰亀鯤西京西福立合向城桂同
都　　　　　北京都　　　　陵桃　都　　　　　　陽洛　　　　館命　　　都志　　　　　　都　　　　　　成　　　　　　志
橘西工東星立洋芸棱附徳山教附治丹館南野丘野訓嵯峨城谷津部鶴専合陽陽山英羽沂園際川群城鶴田津西南山道華山水山岡安訓院京洋美館栄●陽創園社

奈良県　●決勝トーナメント
五條

一高奈登奈奈奈生山大東奈二西郡法橿五平帝王奈香高高大畝御桜天西奈
良良良　良良美ヶ　　理大隆　大　和　寺良　取　　和　　　所　　良
条田附丘附良商駒淀校園園山国際陵條傍井理京英

五高高山峯御桜天西奈育英

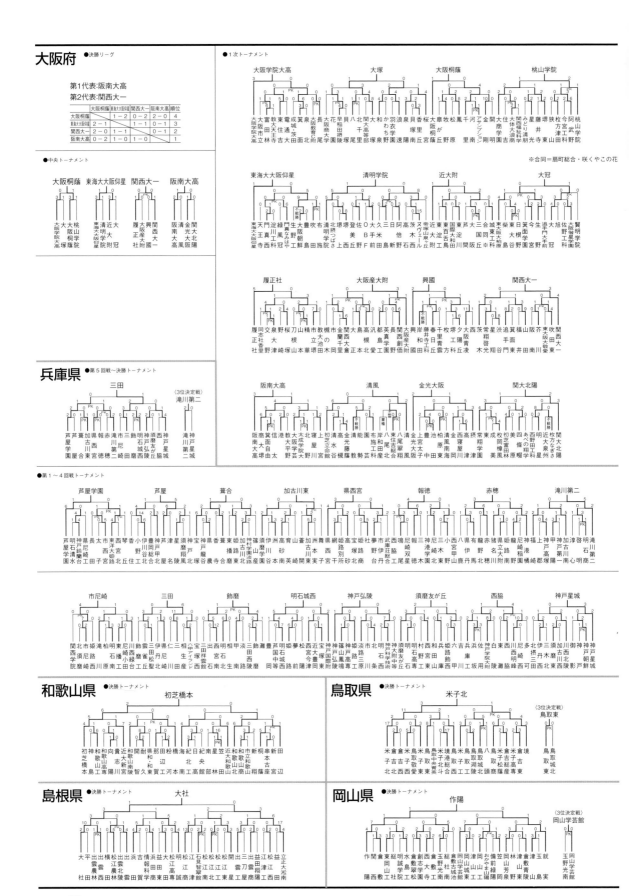

大阪府

●決勝リーグ

第1代表:阪南大高
第2代表:関西大一

	大阪桐蔭	東海大大阪仰星	関西大一	阪南大高	順位
大阪桐蔭		1-2	0-2	2-0	4
東海大大阪仰星	2-1		1-0	1-3	3
関西大一	2-0	1-1		0-1	2
阪南大高	0-2	1-0	1-0		1

●中央トーナメント

●1次トーナメント

※合同=扇町総合・咲くやこの花

兵庫県

●第5回戦〜決勝トーナメント

●第1〜4回戦トーナメント

和歌山県
●決勝トーナメント

鳥取県
●決勝トーナメント

島根県
●決勝トーナメント

岡山県
●決勝トーナメント

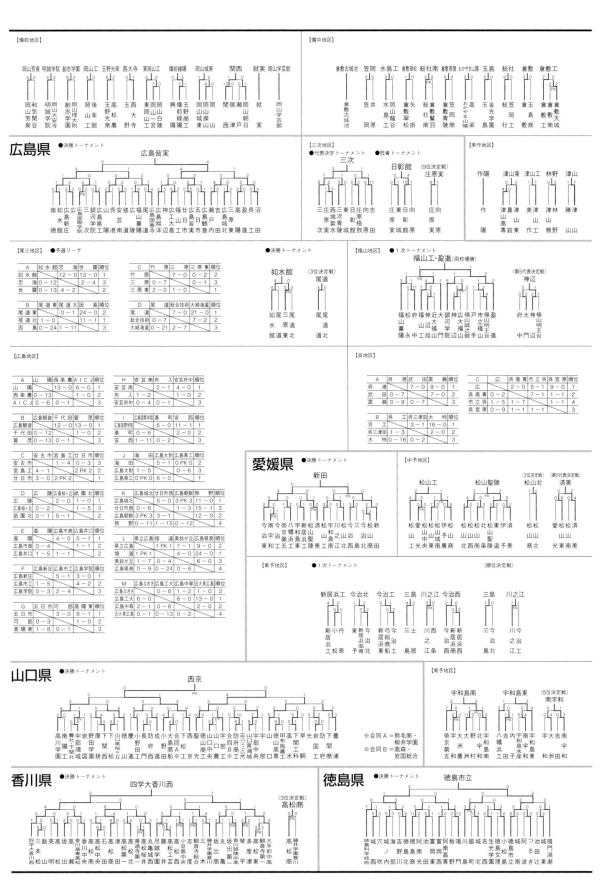

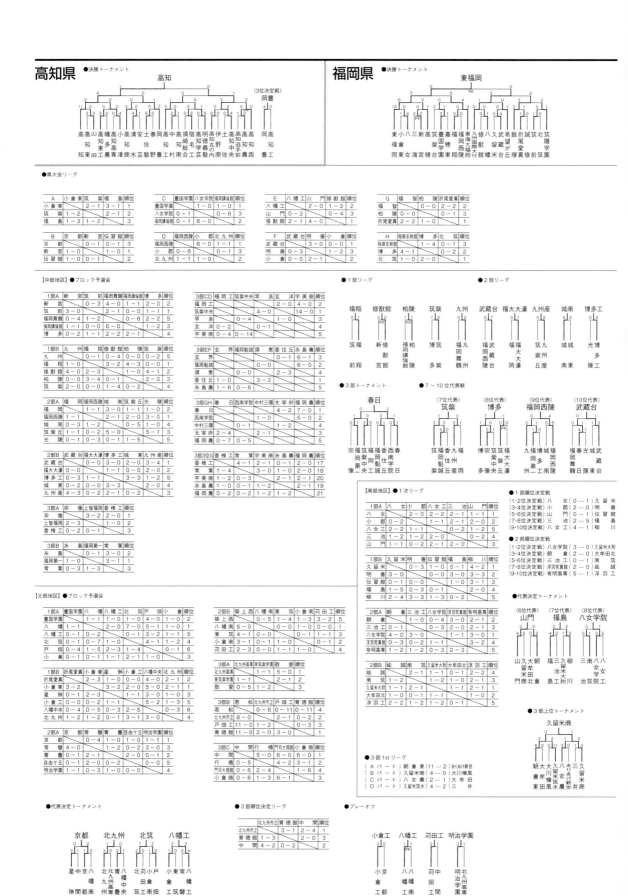

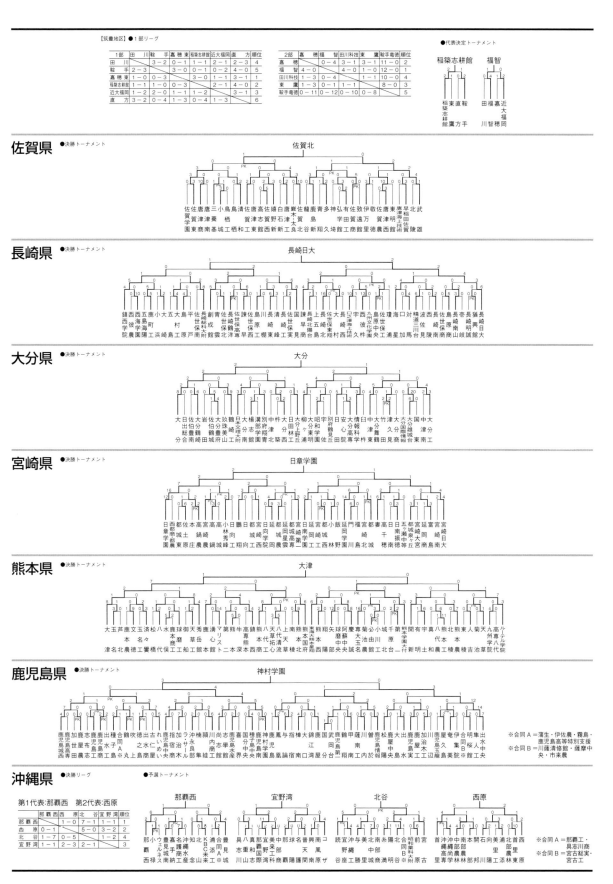

年	S.41	42	43	44	45	46	47	48	49	50	51	52
開催地	十和田(青森県)	芦原、三国(福井県)	広島(広島県)	宇都宮(栃木県)	新宮(和歌山県)	徳島(徳島県)	山形(山形県)	伊賀上野(三重県)	佐賀(佐賀県)	韮崎(山梨県)	新潟(新潟県)	岡山(岡山県)
優勝校	藤枝東1	浦和市立1	秋田商1	浦和南1	浜名1	藤枝東2	清水東1	児玉1	浜名2	韮崎1	帝京1	島原商1
準優勝	浦和市立1	刈谷1	習志野1	清水市商1	浦和南1	広島県工1	秋田商1	北陽1	児玉1	児玉1	古河第一1	佐賀商1
三位	習志野1 松本県ヶ丘1	水戸商1 山城1	初芝1 明星1	宇都宮工1 宇都宮学1	広島市商1 新宮1	浦和市立1	児玉1 初芝1	清水東1 遠野1	北陽1 習志野1	帝京1 水戸商1	浦和南1 韮崎1	山口1 広島県工1
北海道	函館工1 美唄工1	函館工2 斜里1	函館東1 岩見沢東1	美唄工1 札幌光星1	室蘭大谷1 三笠高美1	白糠1 室蘭大谷2	室蘭大谷3 函館有斗1	室蘭大谷4 三笠高美2	室蘭大谷5 室蘭清水丘1	旭川東1 北海1	苫小牧東1 三笠高美3	室蘭大谷6 札幌光星2
青森	十和田1 五戸1	五戸1	八戸電波1	青森商1	七戸1	光星学院1	八戸北1	五戸3	五戸4	三沢商1	五所川原農林1	三本木1
岩手	盛岡商1	盛岡商2	遠野1	遠野2	大槌1	盛岡商3	遠野3	遠野4	遠野5	大槌2	釜石北1	遠野6
秋田	秋田商1	由利1	㊙秋田商(西目農)1	秋田商2	由利工1	秋田商3	秋田商4	西目農1	西目農2	秋田商5	秋田商6	秋田商7
山形	鶴岡南1	新庄北1	鶴岡工1	新庄工1	鶴岡工2	山形商1	日大山形(鶴岡南)1	米沢商1	山形市商1	山形工1	庄内農1	山形東1
宮城	仙台育英1	仙台育英2	仙台育英3	仙台第三1	仙台育英4	仙台育英5	宮城県工1	東北1	仙台第二1	東北2	仙台育英6	仙台育英7
福島	郡山西工1	安積1	福島工1	福島工2	郡山商1	郡山西工2	相馬1	郡山商2	勿来工1	勿来工2	郡山商3	磐城1
新潟	吉田商1	新潟東工1	吉田商2	巻1	中越1	長岡工1	新潟明訓1	新潟明訓2	新潟1		巻2 新潟(長岡工)1	新潟工1
長野	松本県ヶ丘1	上田1	穂高1	松本深志1	松本県ヶ丘2	松本県ヶ丘3	松本県ヶ丘4	蘇南1	蘇南2	上田東1	須坂1	松本深志2
富山	高岡工芸1	富山第一1	富山1	魚津工1	富山2	富山工1	富山工2	高岡第一1	富山東1	砺波工1	富山東2	富山東3
石川	金沢市工1	金沢市工2	金沢泉丘1	金沢錦丘1	金沢錦丘2	羽咋工1	金沢桜丘1	金沢桜丘2	金沢泉丘2	金沢経大星稜1	金沢西1	金沢経大星稜2
福井	福井1	大野(丸岡)1	大野1	大野2	高志1	坂井農1	敦賀工1	三国1	大野3	大野4	大野5	春江工1
茨城	水戸商1	水戸商2	水戸商3	日立工1	古河第一1	東洋大牛久1	古河第一2	古河第一3	古河第一4	古河第一5	古河第一6	日立第一1
栃木	宇都宮工1	宇都宮工2	宇都宮学園1	宇都宮工 宇都宮学園1	矢板1	那須1	宇都宮工3	宇都宮工4	矢板東1	宇都宮学園2	宇都宮商1	宇都宮工5
群馬	館林1	館林2	新島学1	太田1	新島学2	新島学3	新島学4	沼田1	高崎1	高崎商1	高崎商2	前橋工1
埼玉	浦和市立1	浦和市立2	㊙浦和市立 浦和南1	浦和南2	㊙浦和南 浦和市立4	浦和市立3	児玉1	児玉2	㊙児玉 浦和南1	児玉3	浦和南3	浦和南4
東京	私立城北1 学習院1	帝京1 早大学1	石神井1 早大学2	中大付1 町田1	中大付2 本郷1	帝京2 明法1	帝京3 桐朋1	中大付3 本郷2	中大付4 帝京4	中大付5 帝京5	帝京6 本郷3	帝京7(國學院久我山1) 修徳1
千葉	習志野1	習志野2	習志野3	習志野4	薬園台1	習志野5	茂原工1	千葉経済1	習志野6	八千代1	千葉経済2	八千代2
神奈川	小田原1	鎌倉学1	鎌倉学2	相工大附1	相模台1	相工大附2	向の岡工1	相工大附3	相工大附4	相工大附5	厚木1	旭1
山梨	韮崎1	韮崎2	韮崎3	韮崎4	甲府工1	韮崎5	韮崎6	韮崎7	韮崎8	韮崎機械1 北富士工1	韮崎機械2	韮崎9
静岡	藤枝東1	㊙藤枝東2 清水東1	藤枝東3	清水市商1	浜名1	㊙浜名1 藤枝東4	㊙藤枝東5 清水東2	㊙清水東3 自動車工1	浜名3		㊙浜名4 静岡工1	自動車工2
愛知	豊田西1	刈谷1	熱田1	名商大付1	津島1	名古屋市北1	岡崎城西1	中京1	熱田2	熱田3	熱田4	愛知1
岐阜	大垣工1	大垣工2	大垣工3	大垣工4	加納1	大垣北1	大垣工5	長良1	長良2	大垣工6	大垣工7	多治見工1
三重	上野工1	名張1	上野1	上野工2	上野工3	上野2	上野工4	四日市中央工 名張1	上野3	上野工5	四日市中央工1	四日市中央工2
滋賀	甲賀1	甲賀2	甲賀3	甲賀4	日野1	甲賀5	甲賀6	膳所1	能登川1	水口1	膳所2	膳所3
京都	山城1	山城2	京都教大附1	京都商1	洛北1	朱雀1	洛北2	山城3	山城4	山城5	京都教大附2	洛北3
奈良	大淀1	智辯学1	東大寺学1	畝傍1	奈良大付1	畝傍2	五條1	天理1	智辯学2	畝傍3	奈良女大付1	天理2
和歌山	和歌山北1	新宮商1	新宮商2	和歌山北2	新宮商(新宮)3	星林1	和歌山北3	和歌山北4	新宮1	桐蔭1	古座1	和歌山北5
大阪	明星1 初芝1	和泉工1 北陽1	初芝2 明星2	初芝3 明星3	和泉2 明星4	初芝4 浪速工1	北陽2 初芝5	北陽3 清風1	北陽4 大教大付1	北陽5 関西大倉1	清風2 初芝6	北陽6 摂津1
兵庫	神戸1	関西学院1	芦屋1	報徳1	報徳2	六甲1	神戸2	神戸3	葺合1	尼崎1	長田1	神戸4
岡山	関西1	玉島商1	津山1	水島工1	岡山大安寺1	水島工2	水島工3	水島工4	水島工5	水島工6	倉敷工1	水島工7 玉野1
鳥取		米子北1		倉吉1	境港農1	米子工1	米子東1	境港工1	境港工2	米子東2	米子東3	鳥取西1
島根	松江南1	浜田1	益田農林1	益田農林2	益田農林3	益田1	益田2	益田農林4	益田3	益田4	松江工1	松江工2
広島	国泰寺1	広島県工1	山陽 広島県工1	広島市商1	広島市商2	広島県工2	広島市商3	国泰寺2	広島工1	広大付1	広島県工3	広島県工4
山口	小野田工1	南陽工1	防府1	小野田工2	小野田工3	山口1	山口2	山口3	山口4	多々良学園1	山口5	山口6
香川	高松商1	高松商2	高松商3	高松商4	高松商5	高松商6	高松工芸1	高松工芸2	高松工芸3	高松工芸4	高松商7	高松商8
徳島	鴨島商1	鴨島商2	徳島商1	徳島商2	川島1	徳島商 城北1	城北1	徳島商3	徳島商4	徳島工1	川島2	徳島商5
高知	高知商1	高知農1	高知農2	高知商2	高知農3	高知工1	高知商3	高知工2	高知農4	高知農5	追手前1	高知農6
愛媛	新田1	松山工1	松山東1	新田2	壬生川工1	松山工2	新田3	八幡浜工1	新田4	八幡浜工2	東予工1	東予工2
福岡	福岡商1	福岡電波1	福岡電波2	山田1	福岡商2	嘉穂東1	福岡商3	福岡商4	福岡商5	福岡商6	福岡学園1	八幡中央1
佐賀	佐賀商1	小城1	佐賀実1	佐賀実2	小城2	武雄1	佐賀実3	佐賀商 佐賀学園1	佐賀北1	佐賀商2	佐賀商3	佐賀商4
長崎	島原商1	島原商2	島原商3	長崎南1	島原工1	島原商4	長崎北1	島原商5	島原商6	島原商7	島原商8	島原商9
大分	中津工1	中津南1	大分工1	大分工2	大分工3	大分上野丘1	大分工4	中津1	中津2	大分上野丘2	大分上野丘3	大分1
宮崎	延岡工1	延岡工2	宮崎商1	宮崎商2	宮崎商3	延岡商1	延岡工3	延岡1	延岡2	宮崎実1	小林1	宮崎工1
熊本	熊本商1	熊本二1	熊本一工1	熊本一工2	宇土1	八代第一1	八代第一2	宇土2	松橋1	八代工1	宇土3	熊本済々黌1
鹿児島	出水工1	鹿児島実1	鹿児島工1	鹿児島商1	鹿児島商2	鹿児島工2	鹿児島商3	鹿児島商4	鹿児島商5	鹿児島商6	鹿児島工3	鹿児島実2
沖縄	小禄1	那覇1		那覇2	沖縄工1	小禄2	小禄3	小禄4	小禄5	コザ1	前原1	小禄6
参加校	50	52	51	52	52	52	52	52	52	52	52	52
備考	鳥取県不参加	42年大会より前年度優勝校は推薦出場	沖縄県不参加					延長戦後同点の場合はPK方式で次回進出チームを決定することになる	佐賀学園←佐賀実		水口↑甲賀 東予工↑壬生川工	

	53	54	55	56	57	58	59	60	61	62	63	H.元	2
開催地	郡山(福島県)	水口, 甲西(滋賀県)	松山, 砥部(愛媛県)	藤沢, 横浜(神奈川県)	国分, 隼人(鹿児島県)	名古屋(愛知県)	雄和, 河辺(秋田県)	根上, 寺井, 金沢(石川県)	山口, 防府, 小郡(山口県)	室蘭(北海道)	神戸(兵庫県)	高知, 南国, 春野, 野市, 伊野(高知県)	利府, 松島(宮城県)
優勝	**北陽₁**	**水戸商₁**	**清水東₂**	**清水東₃**	**帝京₂**	**四日市中央工₁**	**四日市中央工₂**	**九州学院₁**	**国見₁**	**市立船橋₁**	**市立船橋₂**	**清水市商₁**	**清水市商₂**
	八千代	大分工	今市	室蘭大谷	京都商₁	水戸商	広島県工₁	室蘭大谷	中京	国見₁	古河第一₁	大宮東	南宇和
	水戸商₂	鹿児島実	水戸商₂	韮崎	清水市商	暁星	武南	広島県工	鹿児島実	滝川第二₁	南陽	南宇和₁	北陽
	佐賀商	帝京	松江南	相工大付	大分工	星稜	八千代	八千代	札幌第一	帝京	清水市商	東北学院	東北学院
北海道	室蘭大谷₇	室蘭大谷₇	室蘭大谷₉	室蘭大谷₁₀	室蘭大谷₁₁	室蘭大谷₁₂	室蘭大谷₁₃	室蘭大谷₁₄	室蘭栄₁ 札幌光星₁	室蘭栄₁ 札幌光星	室蘭大谷	室蘭大谷	登別大谷₃
	北海	恵庭南₂	札幌光星₂	札幌光星	札幌光星	札幌光星	札幌第一	札幌第一	札幌第一			登別大谷	北海
青森	五戸₅	光星学院₂	五戸₆	五戸₇	三本木農₂	光星学院₃	五戸₉	五戸₉	光星学院	光星学院	五戸₁₀	五戸₁₁	光星学院₆
岩手	遠野₇	遠野₈	遠野	盛岡商₄	盛岡商₅	盛岡商	遠野₁₀	遠野₁₁	遠野₁₂	盛岡商₇	盛岡商₈	盛岡商	盛岡商
秋田	秋田商	秋田商	秋田	秋田	秋田商₁₀	由利₄	秋田経法付₂	秋田経法付₂	鶴岡工	秋田経法付	秋田商₁₃	秋田経法付	秋田商₁₄
山形	日大山形	鶴岡商	秋田	日大山形₄	日大山形₅	山形東	山形東	日大山形	日大山形	日大山形	日大山形	日大山形	日大山形
宮城	仙台第三	宮城県工	宮城県工	東北学院	東北学院₂	仙台育英	東北	東	仙台育英₈	仙台育英	東北	東北学院	宮城県工₁ 宮城県工
福島	郡山(勿来工)	郡山商	磐城	福島商	磐城	磐城	磐城	磐城	郡山北工	郡山北工	郡山商	郡山商	磐城₇
新潟	新潟工	新潟工	津川	新潟工	新潟工	新潟工	新潟西	新潟工	新潟工	新潟西	新潟西	新潟工	新潟西
長野	上田₂	豊科	豊科	上田東₂	上田₃	上田東₃	豊科	田川	長野	松本深志	松本県ヶ丘	松商学園	松商学園
富山	富山中部	富山中部	富山中部	富山第一₂	富山中部	富山工	富山工	富山中部	富山第一	高岡工芸	富山第一	富山第一₅	富山第一₆
石川	金沢西	金沢二水	金沢西	金沢経大星稜	金沢₄	金沢西	金沢桜丘	金沢桜丘	金沢桜丘	星稜₄	星稜	金沢桜丘	金沢桜丘
福井	丸岡	丸岡	北陸	三国₃	丸岡	丸岡	大野	大野	大野₇	丸岡	丸岡	丸岡₈	丸岡₉
茨城	水戸商	水戸商	水戸商	水戸商	古河第一₅	水戸商₁₀	日立工	水戸商₁₁	水戸商₁₂	水戸商₁₃	古河第一	古河第一₁₇	水戸商₁₄
栃木	矢板東	今市	今市	国学院栃木	矢板東	真岡	宇都宮学園	国学院栃木	宇都宮学園	佐野日大	国学院栃木	佐野日大	佐野日大
群馬	前橋工₂	前橋工	前橋工	前橋商	前橋商	前橋商	前橋商	前橋商	前橋商	前橋商	前橋商	前橋育英	前橋育英
埼玉	浦和₇	浦和南	浦和南	武南	浦和市立	武南	武南	武南	大宮東, 武南	武南, 浦和西	武南, 川口工	大宮東, 武南	武南, 浦和南
東京	國學院久我山	帝京₉	帝京₁₀	本郷	暁星	暁星	帝京₁₃	修徳	修徳	帝京₁₅	修徳	暁星	暁星
	帝京₈	修徳	修徳	暁星	帝京₁₁	帝京₁₂	桐朋	暁星	帝京	暁星	暁星	修徳	東海大菅生
千葉	八千代₃	習志野	八千代	八千代	八千代₆	市原緑	八千代	柏日体	市立船橋, 八千代松陰 市立船橋	市立船橋, 習志野	桐蔭学園, 市立船橋		習志野, 市立船橋
神奈川	旭₂	鎌倉	小田原	相模大野, 日大	藤沢西	鎌倉	日大藤沢, 旭	藤沢西, 向上	日大藤沢, 相模大野	向上	桐蔭学園, 横浜立南	向上	
山梨	韮崎₁₂	日川	韮崎₁₃	韮崎	機山工	日大明誠	日大明誠	東海大甲府	東海大甲府	韮崎	韮崎₁₆	韮崎₁₇	韮崎₁₈
静岡	藤枝東₆	清水市商	清水東	清水東₅	藤枝東₇	清水東	静岡北	清水東	清水市商	東海大一	清水市商	清水市商	清水市商
愛知	岡崎城西	岡崎城西	岡崎城西₄	愛知₂	愛知₂	岡崎城西, 中京₂	中京	愛知₂	中京	中京₅	中京, 刈谷	中京, 松商	中京, 岡崎城西
岐阜	大垣工₈	大垣工	大垣工₁₀	岐阜工	吉城	中京商₂	岐阜工	岐阜工	岐阜工	岐阜工₅	岐阜工₆	大垣工₁₁	大垣工₁₂
三重	四日市中央工	上野₄	四日市中央工₅	上野工	四日市中央工	四日市中央工₇	四日市中央工	四日市中央工₁₀	四日市中央工₁₁	四日市中央工₁₂	四日市中央工₁₃	四日市中央工₁₄	
滋賀	石山₁	李品	守山	守山	守山₄	守山₆	水口	守山₇	水口₁₀	守山₈	草津₁	水口₁₁	
京都	京都商₃	京都商	洛陽工	洛北	京都商₅	京都商₆	京都商	山城	京都商	山城	山城₇	山城₈	山城₉
奈良	大淀₂	天理	奈良育英	大淀	大淀	大淀	大淀	大淀	大淀	奈良育英	奈良育英	大淀	
和歌山	新宮₁	那賀	海南	和歌山北	海南	田辺	和歌山北	那賀	北陽	和歌山北	和歌山工	近大和歌山	田辺
大阪	北陽	北陽	大阪工大	摂津	清風	三島	生野	摂津	北陽	大阪商	北陽	北陽	東海大仰星
兵庫	摂津	摂津	高槻南	北陽	大阪商	高槻南	高槻南	阿倍野	北陽	阿武野	高槻南		東海大仰星
	尼崎北	西宮東	御影工	御影	御影	伊丹北	小野	御影工	滝川第二	滝川第二	御影工, 八代学院	滝川第二	滝川第二
岡山	津山工	倉敷工	作陽	作陽	岡山朝日	作陽	作陽	作陽	倉敷工	作陽	作陽	玉野光南	作陽
鳥取	鳥取東	米子東	米子工	米子工	米子東	米子東	米子東	米子工	米子工	米子工	米子工	米子工	米子北
島根	益泰寺	松江工	松江南	益田	益田農林	益田農林	大社	松江南	松江南	松江南	松江東	松江南	益田
広島	国泰寺	広島県工	広島県工	広島県工	広島県工	広島県工	広島県工	広島県工	国泰寺	広島県工	広島県工	広島県工	広島皆実
山口	山口	小野田工	山口	宇部	多々良学園	大社	山口	山口	山口農, 宇部工	山口	山口	宇部南	宇部
香川	高松商₁₀	高松商	高松商	高松商	高松南	高松南	高松商	高松商	高松商	高松商	高松商	高松商₁₅	高松商
徳島	徳島商	徳島商	徳島商	徳島工	徳島商	徳島商	徳島商	川島	徳島市立	徳島商	徳島商		徳島市立
高知	高知	高知農	高知農	高知	高知小津	高知	高知	高知	高知	高知小津	高知小津	高知小津	高知小津
愛媛	東予工	大洲	南宇和工	新田	南宇和	南宇和	南宇和	南宇和	南宇和	南宇和	南宇和	南宇和	南宇和
福岡	福岡商₇	福岡商	八幡中央	福岡商	東福岡	東海大五	東海大五	東海大五	東海大五	東海大五	豊国学園		東海大五
佐賀	佐賀商₄	佐賀商	佐賀商	佐賀学園	佐賀学園	佐賀学園	佐賀商	佐賀商	佐賀学園	佐賀商	佐賀商	佐賀北	
長崎	島原商	島原商	長崎北	島原商	島原商	島原商	国見	国見	国見	島原商	長崎日大		国見
大分	大分上野丘	大分工	大分工	大分工	大分工	大分工	中津工	中津工	大分工	大分上野丘	大分工	中津工	大分上野丘
宮崎	宮崎工	宮崎工	都城工	都城工	宮崎工	都城農	都城農	都城農	宮崎工	宮崎工	都城農	宮崎工	鵬翔
熊本	東海大二	鎮西	九州学院	鎮西	九州学院	八代工	九州学院	九州学院	熊本農	九州学院	大津	大津	大津
鹿児島	鹿児島実	鹿児島実	鹿児島実	鹿児島実	鹿児島商	鹿児島商	鹿児島商	鹿児島商	鹿児島実	鹿児島実	鹿児島実	鹿児島実	鹿児島実
沖縄	前原₂	小禄	西原₁	西原	与勝	与勝	与勝	与勝	中部農林	浦添	中部農林	浦添	西原₃
参加校数	51	51	51	51	51	51	52	52	53	54	55	55	55

備考（各回）

- 53: 前年度優勝校推薦は、規模適正のため取り止め
- 56: 準決勝、決勝戦がナイトゲームで行われる
- 58: 参加校数増加のため、神奈川県が二代表に
- 59: 静岡北→自動車工
- 60: 参加校数増加のため、千葉県が二代表に
- 61: 参加校数増加のため、埼玉県が二代表に
- 62: 星稜→金沢経大星稜　参加校数増加のため、愛知県が二代表に
- 63: 参加校数増加のため、愛知県が二代表に
- H.元: 元号が「平成」に

年	H. 3	4	5	6	7	8	9	10	11	12	13	14
開催地	清水、藤枝、焼津 (静岡県)	宮崎 (宮崎県)	宇都宮、矢板 (栃木県)	富山、高岡 (富山県)	鳥取 (鳥取県)	韮崎 (山梨県)	宇治、城陽、久御山 (京都府)	高松、三木、綾南 (香川県)	盛岡、雫石、滝沢 (岩手県)	古川、宮川、神岡 (岐阜県)	大津、七城 (熊本県)	鹿嶋、神栖、波崎 (茨城県)
優勝校	清水東4	徳島市立1	国見2	清水市商3	習志野1	清水市商4	東福岡1	市立船橋1	八千代1 / 広島皆実1	国見3	市立船橋2	帝京3
準優勝	東海大一1	市立船橋1	鹿児島実1	帝京1	西武台1	帝京1	帝京2	岐阜工1	多々良学園1	國學院久我山1	藤枝東1	多々良学園2
三位	市立船橋1	清水東2	桐蔭学園1	広島皆実1	松商1	帝京	市立船橋2	高松商1	市立船橋	八千代1	鹿児島実1	清水市商1
	四日市中央工1	国見1	清水市商1	鹿児島実2	北陽1	桐光学園1	国見2	市立船橋1		青森山田1	鹿児島実	清水市商
北海道	札幌光星9	室蘭大谷18	室蘭大谷19	室蘭大谷20	室蘭大谷21	北海4	室蘭大谷22	札幌第一3	登別大谷6	帯広北1	駒大苫小牧1	室蘭大谷23
	登別大谷5	函館有斗2	登別大谷4	札幌光星10	登別大谷5	旭川東栄1	登別大谷7	北海5	函館有斗3	札幌白石1	札幌第一4	北海6
青森	青森山田1	三沢2	光星学院1	三本木農1	光星学院2	光星学院3	青森山田2	青森山田3	青森山田4	青森山田5	青森山田6	青森山田7
岩手	遠野7	盛岡市立1	盛岡商15	盛岡商16	盛岡商17	大船渡1	遠野14	遠野15	盛岡商18	大船渡2	盛岡商19	盛岡市立2
秋田	秋田11	秋田商15	秋田商16	秋田商17	西目1	秋田商18	秋田商19	秋田商20	秋田商21	秋田商22	秋田商23	秋田商24
山形	山形中央7	山形東1	日大山形11	山形中央8	東海大山形2	鶴商学園1	鶴商学園2	東海大山形3	日大山形12	山形中央9	山形中央10	山形中央11
宮城	仙台育英10	仙台育英11	利府1	東北学院1	東北5	東北6	仙台育英12	東北学院2	東北7	東北学院3	東北8	仙台育英13
福島	磐城8	福島東1	福島2	福島東2	福島東3	郡山商7	郡山1	小高工1	磐城9	小高工2	聖光学院1	郡山2
新潟	新潟西5	新潟西6	新潟工10	新潟西7	新潟工11	東京学館新潟1	東京学館新潟2	新潟工12	新潟江南1	新潟明訓1	東京学館新潟3	東京学館新潟4
長野	松商学園3	松商学園4	松商学園5	松商学園6	信州1	松商学園7	松商学園8	松商学園9	松本県ヶ丘1	明科1	武蔵工大二1	富山第一
富山	富山北部1	富山第一6	富山第一7	伏木1 / 富山第一8	富山第一9	富山第一10	伏木2	富山第一11	富山第一12	富山第一13	富山第一14	富山第一15
石川	星稜9	金沢桜丘1	星稜10	星稜11	金沢桜丘2	金沢桜丘3	星稜12	星稜13	星稜14	遊学館1	星稜15	星稜16
福井	丸岡10	丸岡11	大野1	北陸1	丸岡12	丸岡13	丸岡14	丸岡15	丸岡16	丸岡17	大野9	丸岡18
茨城	境1	水戸商15	水戸短大附1	日立工1	水戸商16	水戸桜ノ牧1	水戸商17	境2	水戸商18	水戸短大附2	水戸商19	鹿島1
栃木	足利学園1	宇都宮学園1	真岡 / 矢板東1	白鴎大足利1	真岡1	佐野日大3	真岡1	佐野日大4	宇都宮1	佐野日大5	佐野日大6	宇都宮2
群馬	前橋商8	前橋商9	前橋商10	前橋商11	前橋商12	前橋育英4	高崎1	前橋育英5	前橋育英6	常磐1	前橋育英7	前橋商13
埼玉	武南7	武南8	武南9	武南10	西武台2	浦和南10	武南11	浦和学院1	伊奈学園1	武南12	西武台3	伊奈学園2
	東農大三1	伊奈学園1	西武台1	大宮東1	大宮東2	武蔵越生1	浦和学院1	浦和学院2	浦和東1	浦和東2	武南	市立浦和1
東京	帝京16	暁星1	帝京17	帝京18	帝京19	帝京20	帝京21	帝京22	帝京23	帝京24	帝京25	帝京26
	堀越1	堀越2	修徳1	桐朋1	堀越3	日体荏原1	東海大菅生1	暁星2	暁星3	國學院久我山1	駒場1	国士舘1
千葉	市立船橋6	市立船橋7	習志野8	八千代7	市立船橋8	市立船橋9	市立船橋10	市立船橋11	市立船橋12	市立船橋13	習志野9	幕張総合1
	八千代松陰1	渋谷幕張1	八千代9	市立船橋	習志野	習志野12	習志野13	習志野14	八千代11	八千代12	市立船橋14	渋谷幕張2
神奈川	相模原1	七里ヶ浜1	桐蔭学園1	日大藤沢1	大1	綾瀬西1	葉山1	逗葉1	日大藤沢2	桐蔭学園3	桐蔭学園4	武相1
	旭1	桐光学園1	桐光学園2	藤沢西1	茅ヶ崎北陵1	逗子開成1	桐蔭学園	桐光学園2	桐蔭学園	桐光学園	逗葉	桐光学園
山梨	日大明誠3	機山工1	韮崎	帝京第三1	帝京第三2	帝京第三3	帝京第三	韮崎	帝京第三	韮崎23	韮崎24	韮崎25
静岡	清水東 / 東海大一	清水東9	清水市商7	清水市商8	清水市商9	清水市商10	清水市商11	藤枝東1	浜名1	清水市商12	藤枝東2	清水市商13
愛知	中京9	刈谷1	中京11	豊田北1	愛知1	刈谷4	松蔭1	三好1	松蔭2	東邦1	松蔭3	名東1
	刈谷2	中京10	松蔭1	知多1	松蔭2	豊田大谷1	愛産大三河1	熱田1	中京大中京1	熱田2	東邦2	愛工大名電1
岐阜	岐阜工7	大垣工13	岐阜工8	岐阜工9	岐阜工10	各務原1	岐阜工11	岐阜工12	岐阜工 / 各務原2	各務原2	岐阜工14	岐阜工15
三重	四日市中央工15	四日市工1	四日市中央工16	四日市中央工17	四日市中央工18	四日市中央工19	四日市中央工20	四日市中央工21	暁1	四日市中央工22	津1	四日市中央工23
滋賀	水口東1	守山1	守山2	草津東1	守山3	守山4	草津東2	守山北1	草津東3	草津東4	膳所1	野洲1
京都	洛南1	山城1	洛南2	洛北1	洛北2	洛北3	桃山 / 山城	洛北4	久御山1	久御山2	洛北5	平安1
奈良	大淀9	奈良育英5	奈良育英6	奈良育英7	上牧1	広陵1	広陵2	広陵3	奈良育英8	奈良育英9	奈良育英10	奈良育英11
和歌山	田辺1	初芝橋本1	初芝橋本2	初芝橋本3	初芝橋本4	近大和歌山1	初芝橋本5	初芝橋本6	初芝橋本7	初芝橋本8	近大和歌山2	近大和歌山3
大阪	茨木2	北陽15	近畿大附1	大商学園1	近畿大附2	北陽17	北陽18	清風1	大阪朝鮮1	関西大一1	近畿大附3	金光大阪1
	初芝7	清風1	高槻南1	近畿大附	金光第一1	金光第一1	清風	大冠1	北陽20	金光大阪	北陽	近畿大附
兵庫	滝川第二5	滝川第二6	滝川第二7	神戸弘陵1	滝川第二8	滝川第二9	御影工1	滝川第二10	滝川第二11	滝川第二12	滝川第二13	滝川第二14
岡山	玉野1	玉野光南1	玉野光南2	作陽1	作陽2	玉野光南3	玉野光南4	玉野光南5	作陽3	玉野光南6	東岡山工1	玉野光南7
鳥取	米子工7	米子工8	米子工9	米子工10	米子東1	米子東2	米子工14	米子東3	境1	境2	境3	境4
島根	大社3	出雲工1	松江北2	出雲工2	大社4	大社5	益田東1	益田1	淞南学園1	大社6	大社7	益田7
広島	広島県工16	市立沼田1	広島県工17	広島皆実1	広島皆実2	山陽1	広島皆実3	広島皆実4	市立沼田2	広島朝鮮1	広島皆実5	広島皆実6
山口	多々良学園7	多々良学園8	多々良学園9	多々良学園	多々良学園7	小野田工1	多々良学園	多々良学園	多々良学園10	小野田工2	多々良学園11	多々良学園12
香川	高松商20	高松商21	高松商22	高松商23	高松商24	高松商25	高松商 / 香川西	高松商28	香川西1	高松商	高松北1	高松北2
徳島	徳島市立2	徳島市立3	徳島市立4	徳島市立5	徳島市立6	徳島市立7	徳島市立8	徳島市立9	徳島商1	徳島商	徳島商	鳴門1
高知	高知1	高知3	高知商	高知3	高知農1	高知小津1	高知2	高知工1	高知商	明徳義塾1	高知商	高知4
愛媛	南宇和11	南宇和12	南宇和13	新居浜工1	南宇和14	新居浜工2	新居浜工3	今治東1	新居浜西1	今治東2	今治東3	松山工1
福岡	東海大五8	東海大五9	東海大五10	東海大五11	東福岡1	豊国学園1	東福岡2	東福岡3	東海大五12	東海大五13	東福岡4	東海大五14
佐賀	佐賀商11	佐賀商12	佐賀商13	佐賀商14	鹿島1	佐賀北1	佐賀北2	佐賀北3	佐賀北4	佐賀北5	佐賀北6	佐賀学園1
長崎	国見6	国見7	国見8	海星1	国見9	鎮西学院1	国見10	国見11	国見12	国見13	情報科学1	国見15
大分	中津工1	中津工2	情報科学1	情報科学2	大分1	大分2	情報科学3	大分3	大分4	大分5	情報科学4	大分鶴崎1
宮崎	日章学園1	鵬翔 / 日章1	延岡工1	延岡工2	宮崎工1	延岡工3	宮崎工2	鵬翔2	鵬翔3	日章学園2	鵬翔4	鵬翔5
熊本	熊本商1	九州学院1	熊本農1	熊本商2	熊本商3	熊本農2	熊本商4	熊本国府1	大津1	大津2	熊本国府2 / ルーテル学院	大津3
鹿児島	鹿児島実13	鹿児島実14	鹿児島実15	鹿児島実16	鹿児島実17	れいめい1	鹿児島実18	鹿児島実19	鹿児島城西1	鹿児島実20	鹿児島実21	松陽1
沖縄	与勝5	那覇西1	那覇西2	豊見城南1	与勝6	那覇西3	那覇西4	宜野湾1	那覇西5	豊見城南2	那覇3	那覇西6
参加校	55	55	55	55	55	55	55	55	55	55	55	55
備考		日章学園 → 宮崎実		高体連加盟校以外の学校にも門戸を開放する 大商学園 → 大阪商 白鴎大足利 → 足利学園	決勝戦以外の延長戦が廃止される 西目 → 西目農	前後半に各1回、給水タイムが設けられる			中京大中京 → 中京 決勝戦は延長戦の末引き分け	金光大阪 → 金光第一	武蔵工大二 → 信州工	開会式を体育館で、準決勝、決勝をナイトゲームで実施 市立浦和 → 浦和市立

15	16	17	18	19	20	21	22	23	24	25	26	27
島原、国見 (長崎県)	益田、三隅、美都 (島根県)	市原 (千葉県)	高鷲,吹田,大阪,堺 (大阪府)	鳥栖,久留米,小城,春日,うきは (佐賀・福岡)	さいたま、越谷 (埼玉県)	橿原葛城御所,五條,大淀 (奈良県)	うるま、金武、恩納 (沖縄県)	秋田,男鹿,にかほ,由利本荘 (秋田県)	松本,塩尻,大町,千曲 (長野県)	福岡、春日 (福岡県)	韮崎 (山梨県)	神戸、三木 (兵庫県)
国見4	**国見**5	**青森山田**1	**広島観音**1	**流経大柏**1 **市立船橋**6	**市立船橋**5	**前橋育英**1	**市立船橋**8	**桐蔭学園**1	**三浦学苑**1	**流経大柏**8	**東福岡**2	**東福岡**3
帝 京4	市立船橋2	那覇西1	初芝橋本1	星 稜4	神村学園1	米子北1	滝川第二1	静岡学園1	立正大淞南1	正智深谷1	大 津1	市立船橋3
市立船橋1	前橋育英1	桐蔭学園2	真 岡1	流経大柏1	大 津1	佐賀東1	桐光学園1	立正大淞南1	大阪桐蔭1	真 岡1	前橋育英1	関東第一1
東 邦1	成立学園1	鹿 島1	帝 京4	北 海1	旭川実1	旭川実1	西武台1	札幌第一6	旭川実1	大谷室蘭1	駒大苫小牧1	旭川実1
札幌白石1	室蘭大谷24	帯広北2	室蘭大谷25	帯広北1	帯広北1	旭川東1	室蘭大谷27	東海大四1	旭川実1	札幌大谷1	帯広北3	札幌大谷3
釧路湖陵1	札幌山の手1	札幌東1	帯広北3					札幌大谷				
青森山田7	青森山田8	青森山田9	青森山田10	青森山田11	青森山田12	青森山田13	青森山田14	青森山田15	青森山田	青森山田	青森山田	青森山田
盛岡商15	盛岡商16	盛岡商	盛岡商	盛岡商	不来方1	遠 野17	盛岡商	遠 野18	遠 野	盛岡商	盛岡商	盛岡商31
秋田商	新 屋	秋田商	秋田商	秋田商	西目1	秋田商	秋田商	西目/秋田商	新 屋	秋田商	秋田商	秋田商
山形中央6	羽 黒	山形中央7	日大山形1	山形中央	羽 黒	羽 黒	羽 黒	羽 黒	羽 黒	山形中央15	日大山形14	羽 黒
利 府	仙台育英14	東 北	宮城県工	宮城県工	東 北10	宮城県工1	聖和学園1	聖和学園	東 北11	仙台育英	仙台育英	東 北12
福島東	平 工	福島工	湯 本	湯 本	尚 志1	富 岡	尚 志	尚 志	尚 志	尚 志15	尚 志7	尚 志
新潟西	帝京長岡1	北 越	帝京長岡2	北 越	帝京長岡	新潟西	開志学園JSC1	新潟明訓1	帝京長岡	新潟明訓	開志学園JSC2	新潟明訓6
地球環境10	松商学園4	武蔵工大二1	上 田1	長野日大1	松商学園	松商学園1	松商学園1	都市大塩尻	上田西/創造学園1	松商学園14	東海大三1	創造学園1
水 橋	富山第一	富山第一19	富山第一19	富山第一20	富山第一	富山第一	水 橋	富山第一	富山第一24	高岡第一2	高岡第一	水 橋
星 稜	星 稜15	星 稜16	星 稜17	星 稜18	小松市立1	星 稜19	星 稜20	金沢桜丘11	星 稜28	星 稜22	星 稜	星 稜24
丸 岡19	丸 岡15	丸 岡16	丸 岡17	丸 岡18	丸 岡24	丸 岡	丸 岡	丸 岡	丸 岡28	丸 岡	工大福井1	福井商4
鹿島学園	水戸商	鹿 島	水戸葵陵1	鹿島学園1	鹿島学園1	水戸商	鹿島学園4	明秀学園日立1	水戸啓明	鹿島学園5	水戸商	明秀学園日立1
真 岡5	矢板中央1	真 岡	真 岡7	矢板中央1	矢板中央	真 岡	矢板中央5	佐野日大1	真 岡	矢板中央	矢板中央	佐野日大9
前橋育英14	前橋育英	桐生第一1	桐生第一	前橋育英1	前橋育英1	伊勢崎商1	前橋育英11	前橋育英16	前橋育英	前橋育英	前橋育英	桐生第一
浦和東	大宮東	浦和南1	西武台4	埼玉栄1	浦和南1	浦和南1	西武台1	武 南7	武 南	西武台4	浦和東	西武文理1
	西武台	西武台1	大宮東	市立浦和1	武 南	浦和南	武 南10	武 南	正智深谷	浦和東	西武台	
帝 京27	成立学園1	実践学園1	國學院久我山1	帝 京29	國學院久我山4	帝 京30	帝 京	東久留米総合1	修 徳	成立学園1	駒澤大高2	関東第一11
東海大菅生1	堀 越	國學院久我山14	帝 京28	関東第一1	国士舘1	東海大高輪台1	駒 場1	かえつ有明1	実践学園1	國學院久我山1	成立学園1	國學院久我山11
市立船橋	市立船橋	流経大柏1/市立船橋2/千葉敬愛1	流経大柏4	流経大柏5	習志野1	流経大柏6	市立船橋22	流経大柏10	市立船橋	流経大柏	習志野1	流経大柏25
流経大柏	流経大柏	市立船橋18	市立船橋18	市立船橋18	市立船橋	市立船橋	流経大柏	八千代13	流経大柏	市立船橋	市立船橋	市立船橋25
桐光学園1	桐光学園15	弥栄西1	桐蔭学園6	桐光学園1	桐蔭学園1	桐蔭学園1	桐光学園10	座 間1	桐光学園	麻布大渕野辺1	麻布大附1	桐光学園1
厚木北1	座 間1	桐蔭学園27	武 相1	日大藤沢1	武 相1	日大藤沢1	向 上1	桐光学園1	桐蔭学苑1	横浜創英1	向 上1	座 間/桐蔭第三
帝京第三5	韮 崎	韮 崎	韮 崎7	帝京第三6	山梨学院大附1	山梨学院大附	山梨学院大附	帝京第三	帝京第三	帝京大可児	山梨学院大附/帝京大可児	帝京第三5
藤枝東	藤枝東	磐田東1	浜 名	藤枝東12	東海大翔洋1	清水商	静岡学園1	静岡学園	静岡学園1	静岡学園	東海大翔洋	清水桜が丘1
東 邦3	東海学園1	中京大中京14	東 邦1	愛産大三河1	東 邦1	東海学園2	東 邦	東海学園3	名古屋1	中京大中京	中京大中京17	東海学園4
	愛 知1	刈 谷5	愛 知	中京大中京1	刈 谷	名 東	東海学園	名 東	中京大中京			
岐阜工16	各務原	中 京	岐阜工17	各務原	各務原	岐阜工	岐阜工	帝京大可児1	大垣工14	帝京大可児	帝京大可児	岐阜工20
三 重1	暁	四日市中央工24	四日市中央工25	津 工	津 工3	海 星	海 星	四日市中央工26	四日市中央工27	三 重	海 星	四日市中央工
草津東	草津東	草津東1	水 口1	草津東	草津東	草津東	草津東	野 洲	草津東	野 洲	野 洲	草津東
向 陽	洛 北	伏見工1	久御山3	京都橘1	久御山	久御山	莵 道1	福知山成美1	東 山	洛 北	京都橘	久御山
奈良育英12	一 条	一 条2	五 條3	一 条	奈良育英1	奈良育英15	奈良育英	一 条	奈良育英1	和歌山北1	奈良育英	奈良育英19
近大和歌山	初芝橋本3	初芝橋本1	初芝橋本10	近大和歌山	初芝橋本1	初芝橋本	初芝橋本12	近大和歌山	和歌山北2	初芝橋本	初芝橋本	和歌山北1
清明学院	関西大一1	東海大仰星1	関西大一1	近畿大附	金光大阪	近畿大附	桃山学院1	大阪桐蔭	阪南大高	大阪桐蔭	金光大阪	大阪桐蔭1
長 尾	履正社	芥 川1	金 里1	大阪朝鮮	大阪桐蔭	大阪桐蔭	近畿大附	大阪朝鮮	近畿大附	近畿大附		履正社
滝川第二15	滝川第二	滝川第二1	作 陽1	神戸科学技術	神戸科学技術	滝川第二18	滝川第二	神戸科学技術	作 陽	滝川第二21	神戸弘陵1	滝川第二/三田学芸館
作 陽	玉野光南1			玉野光南1	玉野光南1	作 陽	作 陽7	玉野光南				岡山学芸館1
米子東10	米子北3	境5	境6	境	米子北5	米子北5	米子北5	米子北7	米子北	米子北	米子北	米子北5
大 社8	立正大淞南/益田9	大 社9	松江南7	大 社10	立正大淞南	立正大淞南	立正大淞南	立正大淞南	立正大淞南	立正大淞南	立正大淞南	立正大淞南
山 陽	広島皆実	広島皆実1	広島観音1	広島観音1	広島皆実	瀬戸内1	瀬戸内	瀬戸内3	瀬戸内4	広島皆実	広島皆実	広島皆実
多々良学園1	多々良学園	多々良学園15	多々良学園16	西 京1	高川学園17	西 京	高川学園	聖 光	西 京3	高川学園	山口鴻城1	山口鴻城
尽誠学園1	高松北3	香川西	高松商30	香川西	香川西	香川西	徳島市立	高松商31	高松商32	高松市立	坂出商1	高松南
徳島商	徳島市立	徳島市立	徳島商	徳島商	徳島商	徳島商1	徳島市立	徳島商	鳴 門1	徳島市立	徳島商	徳島商
明徳義塾	明徳義塾	明徳義塾	明徳義塾	明徳義塾1	高知中央	高 知1	明徳義塾7	土 佐	高 知1	高知商	高知商	明徳義塾
済 美	済 美	松山工	松山北1	済 美	松山工	松山工1	宇和島東1	松山工1	松山工1	今治西1	松山北2	新 田
東海大五	東海大五16	東福岡17	東海大五17	東福岡7	東福岡	東福岡	筑陽学園	筑陽学園	東福岡	東福岡	東福岡	東福岡
佐賀東	佐賀東	佐賀東	佐賀東	佐賀・海星学園1	佐賀東	佐賀北1	佐賀東	佐賀東10	佐賀商16	佐賀東	佐賀東	佐賀学園1
国見/島原商	国見17	長崎日大1	長崎日大4	国見18	海 星	国 見19	国 見20	海 星	長崎総科大附1	海 星	海 星5	長崎南山1
大 分9	大 分	大 分	情報科学1	大分鶴崎1	大分鶴崎	中津東1	大分鶴崎	大 分	大 分	大 分	柳ヶ浦	大 分10
鵬 翔	鵬 翔	鵬 翔	日章学園1	鵬 翔	鵬 翔	日章学園	日章学園	日章学園1	日章学園	日章学園11	鵬 翔	鵬 翔
大 津	大 津	大 津	大 津10	大 津11	大 津	大 津12	ルーテル学院1	大 津	大 津	大 津	大 津17	大 津18
鹿児島実	鹿児島実	鹿児島実24	松 陽1	神村学園1	鹿児島城西1	神村学園1	鹿児島城西3	鹿児島城西	鹿児島城西	鹿児島実	鹿児島実	鹿児島実26
那覇西	那覇西	那覇西7	那覇西10	西 原4	知 念1	那覇西	那覇西/西原	南風原1	宜野湾1	那覇西13	前 原3	那 覇
55	55	55	55	55	55	55	55	55	55	55	55	55

年	H.28 （広島、東広島、呉、尾道、福山、三次）（広島県）	29 （仙台、利府、松島、七ヶ浜）（宮城県）	30 （鈴鹿、四日市、伊勢、伊賀）（三重県）	R.元 （金武、南城、恩納、中城、西原、南風原、八重瀬）（沖縄県）	女子H.24 松本、大町（長野県）	女子25 鳥栖、佐賀（佐賀県）	女子26 世田谷、調布（東京都）	女子27 神戸、三木（兵庫県）	女子28 広島、東広島、呉、尾道、福山、三次（広島県）	女子29 仙台、利府、七ヶ浜（宮城県）	女子30 藤枝（静岡県）	女子R.元 金武、南城、恩納、北谷、西原、八重瀬（沖縄県）
開催地												
優勝校	**市立船橋9**	**流経大柏2**	**山梨学院1**	**桐光学園1**	**日ノ本学園1**	**村田女子1** **日ノ本学園2**	**日ノ本学園3**	**日ノ本学園4**	**藤枝順心3**	**藤枝順心4**	**常盤木学園5**	**十文字1**
準優勝	流経大柏	日大藤沢	桐光学園	富山第一	常盤木学園	大商学園	湘南学院	鎮西学院	日ノ本学園	作陽	藤枝順心	日ノ本学園
三位	昌平1 青森山田3	前橋育英1 市立船橋	東山1 昌平2	京都橘1 尚志1	藤枝順心1 神村学園1	大商学園1 作陽1	湘南学院1 作陽2	修徳1	十文字2	星槎国際湘南1	前橋育英1	鳴門渦潮1
北海道	札幌大谷4 北照1	大谷室蘭29 旭川実5	札幌大谷5 北海8	札幌第一1 北海9	大谷室蘭1	大谷室蘭2	北海道文教大明清1	北海道文教大明清2	北海道文教大明清3	大谷室蘭3	大谷室蘭	北海道文教大明清4
青森	青森山田20	青森山田21	青森山田22	青森山田23								
岩手	盛岡商24	遠野20	盛岡商25		水沢1		専大北上1					専大北上2
秋田	秋田商32	秋田商33	西目1	秋田商34								
山形	山形中央10	山形中央11	羽黒8	羽黒9	山形西1							
宮城	仙台育英17	仙台育英18 東北学院1	仙台育英19	聖和学園1	常盤木学園1	常盤木学園2	常盤木学園3	聖和学園1	常盤木学園4	明成1 常盤木学園5	常盤木学園6	聖和学園2
福島	尚志9	尚志10	尚志11	尚志12				富岡/ふたば未来学園1	桜の聖母学院1	桜の聖母学院2	桜の聖母学院	
新潟	帝京長岡5	日本文理1	新潟明訓1	北越3			開志学園JSC1	開志学園JSC2	開志学園JSC3			開志学園JSC4
長野	市立長野1	市立長野2	松本国際	松本国際	大町北1							
富山	高岡第一1	富山第一26	富山第一27	富山第一28								
石川	星稜25	星稜26	星稜27	星稜28								
福井	工大福井17	丸岡30	福井商12	丸岡31	工大福井1	工大福井2				工大福井3	工大福井4	
茨城	鹿島学園6	鹿島学園7	明秀学園日立1	水戸商23								
栃木	矢板中央7	真岡10	矢板中央8	矢板中央9								
群馬	前橋商17	前橋育英14	前橋育英15	前橋育英16			前橋育英1	前橋育英2	前橋育英3	前橋育英4	前橋育英5	
埼玉	昌平1 聖望学園1	昌平2 浦和西1	昌平3 浦和南12	西武台1	本庄第一1			花咲徳栄1				
東京	関東第一3 東海大高輪台2	関東第一4 実践学園2	関東第一5 國學院久我山1	國學院久我山10 大成1	飛鳥1	村田女子1	十文字1 飛鳥2	修徳1	十文字2		十文字3	十文字4
千葉	流経大柏13 市立船橋26	流経大柏14 市立船橋27	習志野18 市立船橋28	日体大柏1	幕張総合1							暁星国際1
神奈川	横浜創英1 慶應義塾1	東海大相模1 日大藤沢3	三浦学苑1 桐光学園2	桐光学園3 東海大相模1	湘南学院1	湘南学院2	湘南学院3		星槎国際湘南1	星槎国際湘南2	星槎国際湘南3	
山梨	日本航空2	帝京第三3	山梨学院1	韮崎30		日本航空1	日本航空2			日本航空3		
静岡	静岡学園1	静岡学園2	藤枝東1	清水桜が丘1	藤枝順心1	藤枝順心2	藤枝順心3	藤枝順心4	藤枝順心5	藤枝順心6	藤枝順心7 常葉大橘1	藤枝順心8
愛知	刈谷8 中京大中京19	中京大中京2 名経大高蔵1	東海大学園1 刈谷9	名経大高蔵2			聖カピタニオ1	聖カピタニオ2	聖カピタニオ3		聖カピタニオ4	
岐阜	帝京大可児4	帝京大可児5	中京学院大中京1	帝京大可児6								帝京大可児1
三重	三重3	三重4	三重5 伊賀白鳳1	四日市中央工29	三重1	三重2	三重3					
滋賀	綾羽1	近江12	草津東13	近江2								
京都	京都橘6	京都橘7	東山1	京都橘5		京都精華女子1						
奈良	一条6	一条7	一条8	五條3								
和歌山	近大和歌山1	初芝橋本14	初芝橋本15	初芝橋本16								
大阪	大阪学院大高1 履正社3	東海大仰星1 阪南大高2	関西大北陽2 阪南大高3	阪南大高4 関西大一1	大商学園1	大商学園2		大商学園3	大阪学芸1	大商学園4	大阪学芸2	大商学園5
兵庫	滝川第二23	神戸弘陵1	三田学園2		日ノ本学園1	日ノ本学園2	日ノ本学園3 神戸第一1	日ノ本学園4	日ノ本学園5	日ノ本学園6	日ノ本学園7	日ノ本学園8
岡山	岡山学館1	岡山学芸館1	作陽			作陽1	作陽2	作陽3	作陽4	作陽5	作陽6	作陽7
鳥取	米子北12	米子北13	米子北14	米子北								
島根	立正大淞南3	立正大淞南4	立正大淞南5	大社11								
広島	広島皆実 瀬戸内9	広島観音1	瀬戸内15	広島皆実	広島文教女子大附1				広島文教女子大附2			
山口	西京4	高川学園21	高川学園22	西京5								
香川	四学大香川西7	四学大香川西10	高松商33	四学大香川西11					四学大香川西1	四学大香川西2		四学大香川西3
徳島	徳島市立17	徳島市立18	徳島市立	徳島市立18	鳴門渦潮1	鳴門渦潮2	鳴門渦潮3					鳴門渦潮4
高知	高知商	明徳義塾	高知中央	高知								
愛媛	松山工10	済美4	宇和島東	新田	松山東雲1							
福岡	東福岡14	東福岡15	東福岡16	東福岡17			東海大五1				東海大福岡1	
佐賀	佐賀東12	佐賀東13	佐賀北14	佐賀北	神埼1							
長崎	長崎総科大附3	長崎総科大附	長崎日大5	長崎日大		鎮西学院1		鎮西学院2	鎮西学院3	鎮西学院4		
大分	中津東1	大分1	大分	大分						柳ヶ浦1		柳ヶ浦2
宮崎	日章学園13	日章学園14	日章学園	日章学園15		宮崎日大1						
熊本	熊本国府1	東海大熊本星翔1	大津	大津20								
鹿児島	鹿児島城西1	神村学園11	神村学園12	神村学園13	神村学園1	神村学園2	神村学園3		神村学園4		神村学園5	神村学園6
沖縄	那覇西14	那覇西15	前原4	那覇西 西原								コザ1
参加校	55	55	55	52	16	16	16	16	16	16	16	16
備考	四学大香川西→香川西／クーリングブレイク導入	東海大第二／東海大熊本星翔→東海大	松本第一→松本国際／関東一→関東第一／中京学院大中京／北陽→関西大北陽／大阪学院大高／山梨学院大附→山梨学院／創造学園大附／日大柏→日体大柏	元号が「令和」に	女子の部始まる	1回戦雷雨のため全試合順延。準決勝で打ち切り両校優勝	日ノ本学園が三連覇	男子の部と同会場で実施。日ノ本学園が四連覇	クーリングブレイク導入		五／東海大福岡→東海大	元号が「令和」に

決勝は"初"の関東対近畿に
地元の九州・沖縄勢は4強入りならず

▼開会式で開催地・沖縄県代表のコザMF波照間主将が選手宣誓。大舞台で多くの経験を積み、全国の強さを学んだ

優勝した十文字の選手、スタッフが掲げた目標。決勝で決勝点のDF月東は「耐雪梅花麗（ゆきにたえてはいかうるわし）」と記していた

▶開催地代表のコザは沖縄県勢として初となるインターハイ出場。初戦で聖和学園に敗れたものの最後まで戦い抜いた

[優勝] 十文字

				1 0				
	1 2					0 0 PK 2-4		
2 0			0 0		2 2 PK 3-4		0 2	
7 0		1 0	PK 4-5	0 3	1 2	PK 3-4	0 1	0 4
			PK 4-2					
聖和学園（宮城）	コザ（沖縄）	帝京大可児（岐阜）	専大北上（岩手）	神村学園（鹿児島）	前橋育英（群馬）	作陽（岡山）	十文字（東京）	藤枝順心（静岡）	柳ヶ浦（大分）	大商学園（大阪）	鳴門渦潮（徳島）	文教大明清（北海道）	暁星国際（千葉）	開志学園JSC（新潟）	日ノ本学園（兵庫）

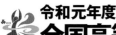
第1回戦　7月28日(日)　金武町陸上競技場（晴）

(主) 緒方実央　(副) 藤田ひなの，宮城竜人

聖和学園（宮城県）7（5-0 / 2-0）**0 コ ザ（沖縄県）**

得	S	学		背		背		学	S	得
0	0	③	大矢内	1	GK	1	上原	③	0	0
						17	（東江）	②	0	0
0	0	③	夏目	2	DF	2	平良	③	0	0
0	2	②	島村	3		5	（砂川）	③	0	0
0	0	②	葛西	4		3	宮城	③	0	0
0	0	③	長谷川	5		12	喜屋武	③	0	0
0	0	①	（池添）	16		8	山野	③	0	0
						16	呉屋	①	0	0
						4	（榮野比）	③	0	0
0	3	❸	宮田	7	MF	6	宜野座	②	0	0
0	0	③	（佐々木）	6		7	城間	②	0	0
0	0	①	櫻井（ま）	14		10	波照間	❸	0	0
0	0	③	（平岩）	9		11	山城	③	0	0
1	1	①	櫨川	15		15	比嘉（柚）	②	0	0
						13	（比嘉（桃））	③	0	0
1	1	③	田邉	8	FW	9	吉田	②	0	0
1	3	①	（柳原）	17						
2	2	③	野中	10						
2	4	③	櫻庭	11						
0	1	③	（齋藤）	12						
7	**17**					**1**	GK		**0**	**0**
				5	CK	0				
				3	FK	10				
				0	PK	0				

第1回戦　7月28日(日)　北谷公園陸上競技場（晴時々曇）

(主) 岩本毬花　(副) 山下真依，茅野みずき

帝京大可児（岐阜県）1（0-0 / 1-0）**0 専大北上（岩手県）**

得	S	学		背		背		学	S	得
0	0	②	井上	12	GK	1	稲村	③	0	0
0	0	②	伊藤	4	DF	4	泉	②	0	0
0	0	②	美馬	5		5	小野寺	①	0	0
0	1	②	水谷	11		7	阿部	①	0	0
0	0	②	大林	13		9	舘澤	①	0	0
						17	及川	①	0	0
						15	（二瓶）	①	0	0
						2	（村上）	②	0	0
						3	（中島）	③	0	0
0	0	②	仁科	4	MF	6	加藤	①	0	0
0	2	❸	寺田	6		8	小向	②	0	0
0	2	③	工藤	7		10	佐々木	❸	1	0
0	4	③	蒲	8						
0	0	③	菊地	9	FW	11	伊藤（心）	②	0	0
0	0	②	（河野）	14		16	（川村）	①	0	0
1	2	③	藤井	10		14	三井	②	1	0
1	**11**					**4**	GK	12	**3**	**0**
				6	CK	1				
				9	FK	4				
				0	PK	0				

第1回戦　7月28日(日)　恩納村赤間運動場（晴）

(主) 山下良美　(副) 辻純奈，田中真輝

神村学園（鹿児島県）0（0-0 / 0-0）**0 前橋育英（群馬県）**
4 PK 2

得	S	学		背		背		学	S	得
0	0	②	若松	1	GK	12	伊藤（有）	③	0	0
0	0	②	國生	2	DF	3	鈴木	②	0	0
0	0	③	西尾	3		4	米沢	②	0	0
0	0	①	古川	4		6	藤田	②	1	0
0	0	③	（近藤）	15		15	相澤	①	0	0
0	0	③	溝上	8						
0	1	③	桂	10	MF	5	関口	②	0	0
0	3	❸	菊池	14		8	野口	❸	1	0
0	2	③	吉留	17		10	川口	③	0	0
0	0	③	（塚田）	8		2	（中山）	③	0	0
						13	関根	①	0	0
0	1	①	神水流	5	FW	11	林	②	0	0
0	0	③	（河野）	12		16	（木村（楓））	①	0	0
0	1	③	豊村	11		14	木村（華）	①	0	0
0	0	①	田上	16						
0	3	①	（愛川）	7						
0	**10**					**4**	GK	6	**3**	**0**
				1	CK	1				
				9	FK	4				
				0	PK	0				

【得点経過】
前半14分〔聖〕櫨川→櫻庭〜S
〃 16分〔聖〕櫻庭→田邉〜S
〃 28分〔聖〕夏目→野中〜S
〃 35+3分〔聖〕櫻庭→櫨川〜S
〃 35+6分〔聖〕櫻井（ま）→櫻庭〜S
後半15分〔聖〕（相手FP）→野中（カット）〜S
〃 35+1分〔聖〕柳原〜S

■高い技術でコザを攻略した聖和学園
　聖和学園はしっかりとビルドアップをして相手を見ながらボールを動かし，意図的に相手を動かしてゴールを目指す。対するコザはボールを奪ってショートカウンターを狙う。試合は徐々にテクニックに勝る聖和学園が攻勢に。コザのハイラインを攻略するためのタイミングの良い動き出し，ワンタッチでの崩し，流動的な前線3枚のタイミングの良いアクションからチャンスを多く作り出し，5-0として前半を折り返す。後半，コザもハードワークからボールを奪って繋ごうとするが，暑さもあり精度を欠き守備に追われる展開となる。聖和学園は選手交代も交えながら効果的にボールを動かして2ゴールを加え7-0で2回戦へ駒を進めた。
　　　戦評　井尻真文（星翔高校）

【得点経過】
後半27分〔帝〕FK寺田→藤井HS

■帝京大可児がセットプレーで均衡を破る
　立ち上がり，ともにリスクを避けて相手の背後を突くシンプルな攻撃を仕掛けるがセカンドボールを拾えず，決定機を作り出せない。クーリングブレイク後，帝京大可児はシステムを変更し，MF寺田と蒲を中心にビルドアップからゲームを組み立てようとするが，ラストパスの精度が低く決定機を作れない。対する専大北上はSHが高いポジションを取り，中盤を経由せずにDFからロングボールを入れるが，帝京大可児のDFに阻止される。後半，専大北上はサイド攻撃が増え徐々にアタッキングサードに侵入。シュートまでいくシーンが増えるも得点を奪えない。帝京大可児は前線からの積極的な守備で相手のミスを誘い，ボールを奪った後ゴール前まで迫るもGK稲村の好セーブもあり得点を奪えない。しかし27分，FKのチャンスを得た帝京大可児は寺田のクロスをFW藤井が頭で合わせゴールを奪う。専大北上は，選手交代で流れを変えようとするが，運動量が落ちない帝京大可児の守備を崩すことができなかった。
　　　戦評　比嘉淳（那覇西高校）

▼警告
〔前〕米沢

■攻勢だった神村学園がPK方式を制す
　試合序盤から，DFラインからボールを繋ぎサイドのスペースを使って攻撃する神村学園が攻勢に出る。前橋育英は，DF鈴木を中心とした守備ブロックを形成し，ハイボールやクロスボールをはじき返す。神村学園はMF菊池のキープ力を活かしたゲームコントロールから，両サイドの選手の個人技を活かした縦への突破によりチャンスを作るなど，試合を優位に進める時間帯が続いた。後半開始から，神村学園はFW愛川を投入し前線の選手のポジション変更により攻撃の活性化を図る。対する前橋育英は，システムを変更しFWの枚数を増やすことで得点を狙う。神村学園は，右サイドから左サイドにポジションを移したFW豊村のスピードに乗ったドリブル突破からチャンスを作るものの，前橋育英の中央を固めた守備により，良い状態でシュートを打てない。一方前橋育英は，FW木村（華）の裏への飛び出しや，セカンドボールを素早く前線へと繋げるが，神村学園の安定した守備を崩せない。両チーム無得点のまま後半が終了し，PK方式の結果，神村学園が2回戦進出を決めた。
　　　戦評　玉城弘明（八重山商工高校）

第1回戦　7月28日(日)　金武町フットボールセンター (晴)

(主) 仲地あすか　(副) 大堂清香, 関大喜

作陽 0 (0-0 / 0-3) 3 十文字
（岡山県）　　（東京都）

得	S	学	名前	背		背	名前	学	S	得
0	0	③	中村	1	GK	1	白尾	③	0	0
0	0	③	松村	2	DF	2	長	②	0	0
0	0	③	大西	3		17	(落合)	②	0	0
0	1	②	伊勢	5		3	杉澤	②	0	0
0	0	❸	神田	9		4	月東	③	0	0
0	0	①	(森)	1		6	田頭	③	0	0
0	1	③	本多	4	MF	5	藤田	③	0	0
0	0	②	岡本	6		7	村田	②	0	0
0	2	③	江崎	7		15	(濱浦)	③	0	0
0	0	③	森田	10		8	三谷	❸	0	0
						14	(野中)	②	0	0
						11	松久	②	0	0
						12	(渡邉)	③	0	0
0	1	③	今藏	11	FW	9	藤野	①	4	2
0	0	①	(松浦)	13		10	原田	③	1	1
0	0	②	兼島	17						
0	1	①	(井手段)	8						
0	6			2	GK 3				5	3
				1	CK 2					
				7	FK 6					
				0	PK 0					

【得点経過】
後半11分〔十〕藤田→藤野~S
〃14分〔十〕月東→原田HS
〃35+2分〔十〕原田H→藤野~S

■落ち着いた試合運びを見せた十文字
　作陽はコンパクトな守備で3ラインを形成し、ボールを奪ってから素早い切り替えで一気にゴールを奪いたい。チーム全体でゲームを作る時には左SB神田のスピード感ある突破を活かしてチャンスを窺う。しかし後半に入り、作陽は守備が深く広がった時に失点。そして、リスクを冒しDFラインをより高くした時にも失点してしまった。一方、十文字は相手の早いプレッシャーがあってもポゼッションしながら相手のDFラインの背後を狙い、DFラインからチーム全体でボールを動かしていく。アタッキングサードでは2トップのFW藤野、原田のコンビネーション、個人でのドリブル突破でゴールを奪いにいく。守備も3ラインでコンパクトな守備を形成しつつ、作陽左サイドの果敢なドリブル突破やペナルティエリア前での混戦でも、個々が落ち着いて対応した。
　戦評　長浜寛（名護高校）

第1回戦　7月28日(日)　金武町フットボールセンター (晴)

(主) 坊蘭真琴　(副) 山内恵美, 伊敷綾乃

藤枝順心 1 (1-0 / 0-2) 2 柳ヶ浦
（静岡県）　　（大分県）

得	S	学	名前	背		背	名前	学	S	得
0	0	③	伊藤	1	GK	1	山村	③	0	0
0	0	③	山盛	2	DF	2	坪根	③	0	0
0	1	②	宮本	8		3	西山	③	0	0
0	1	❸	長江	10		5	油布	③	0	0
0	0	①	井手	13		16	(林)	①	0	0
0	0	①	(木許)	14		8	小牧	③	0	0
0	1	③	浅野	4	MF	4	岩下	③	0	0
0	0	②	柳瀬	5		7	川添	①	1	1
0	1	③	金子	7		11	内田	③	0	0
						14	中島	③	1	0
						17	(安倍)	①	0	0
0	1	③	野嶋	9	FW	9	中尾	③	0	0
0	1	③	小原	11		10	加藤	②	1	1
0	0	①	窓岩	16						
0	0	③	(渡辺)	15						
0	0	②	(谷)	17						
0	6			6	GK 5				3	2
				2	CK 0					
				7	FK 7					
				0	PK 0					

【得点経過】
前半18分〔藤〕柳瀬→(相手FP)(オウンゴール)
後半7分〔柳〕中尾~→加藤S
〃24分〔柳〕加藤→×川添S
▼警告
〔藤〕野嶋

■出場2回目の柳ヶ浦が藤枝順心から金星
　藤枝順心は速いテンポでボールを動かし、相手の隙を見て背後を狙う。対する柳ヶ浦はボールサイドに寄り過ぎず良い距離間を保ちながら、個の高いボール奪取力を活かしバイタルエリアへの侵入を防ぐ。しかし18分、柳ヶ浦はDFとGKの連係ミスから失点してしまう。後半に入り、藤枝順心はパスワークにミスが目立ちなかなかペースを掴めない。7分、柳ヶ浦は絶妙なタイミングで裏へ抜け出したFW中尾がドリブルでバイタルエリアに侵入し、パスを受けたFW加藤が冷静に流し込み同点に追いつく。勢いに乗った柳ヶ浦は豊富な運動量とコンビネーションでボールを追い越す動きを絶やさず、MF川添がこぼれ球に反応し逆転ゴール。1点を追う藤枝順心も3人目、4人目の連動した推進力のある関わりで猛攻を仕掛けるが、ラストパスの精度に欠け、最後までその差を縮めることができなかった。
　戦評　鈴木佳奈子（関東学園大学附属高校）

第1回戦　7月28日(日)　恩納村赤間運動場 (晴)

(主) 勝又美沙希　(副) 長野涼華, 比嘉功太

大商学園 1 (1-0 / 0-1) 1 鳴門渦潮　3 PK 4
（大阪府）　　（徳島県）

得	S	学	名前	背		背	名前	学	S	得
0	0	②	竹下	1	GK	12	森松	②	0	0
0	0	③	田中	2	DF	2	作田	③	0	0
0	0	③	渡邊	3		3	大﨑	❸	0	0
0	1	③	伊東	4		4	橋本	③	0	0
0	0	②	大住	7		16	志津	①	0	0
0	0	①	(北田)	5						
0	1	②	稲垣	6	MF	6	白木	③	0	0
0	0	①	(河原林)	13						
0	1	②	宮本	8		15	(太田)	③	0	0
0	1	❸	高原	10						
0	0	①	北岡	14						
0	2	③	青木	9	FW	7	長谷原	②	2	1
1	5	②	森	11		9	原田	②	5	0
						9	岡	③	0	0
						10	小畑	③	0	0
						13	杉岡	②	1	0
1	12			8	GK 9				8	1
				2	CK 2					
				7	FK 6					
				0	PK 0					

【得点経過】
前半29分〔大〕FK北岡→森HS
後半6分〔鳴〕岡→原田→長谷原S

■後半追いついた鳴門渦潮、PK方式で勝利
　鳴門渦潮は1-4-2-3-1でFW原田と岡を中心に攻撃を組み立て、サイドを起点に相手陣内への侵入を試み、相手SBの背後のスペースを使いサイド攻撃を仕掛けた。大商学園は、1-4-4-2でMF高原を中心に最短のパスを織り交ぜながら後方からビルドアップ。ライン間のギャップを効果的に使いながら相手陣内でポゼッションし、ゴール前を崩そうと試みた。大商学園は前半29分、相手ペナルティエリア右付近で得た直接FKをMF北岡がゴール前へ放り込み、FW森が頭で合わせて先制。後半は、前半の勢いそのままに大商学園が鳴門渦潮を苦しめたが、鳴門渦潮もゴールを死守し、逆に6分に同点に追いつく。早めに追加点がほしい大商学園は後方からFWへのロングパスが多くなり始める。鳴門渦潮は中盤での数的優位を活かし、セカンドボールを回収し、原田のドリブル突破をスイッチに効果的にカウンターを仕掛けるが決定機を活かせず、試合終了。PK方式で鳴門渦潮が勝利した。
　戦評　相島哲治（神埼高校）

第1回戦　7月28日(日)　北谷公園陸上競技場 (晴)

(主) 小泉朝香　(副) 吉永真紀, 三國緒

文教大明清 (北海道) 0 (0-0 / 0-1) 1 暁星国際 (千葉県) ★

得	S	学	名前	背		背	名前	学	S	得
0	0	②	齊藤(茉)	1	GK	1	佐藤(茉)	②	0	0
0	0	③	佐々木(美)	2	DF	2	オモジェバ	②	0	0
0	0	❸	高野瀬	4		3	山口	❸	1	0
0	0	③	石井	6		4	庄田	②	0	0
0	0	②	井瀬	8		8	押田	③	0	0
0	0	③	三上		MF	6	前島			
0	1	①	江藤	9		15	(田倉)	①	0	0
0	0	①	及川(小)	14		7	森	③	1	0
0	0	②	山田	17		13	(安永)	③	0	0
						10	安倍	②	0	0
						16	保坂	②	0	0
						17	(桑原)	③		
0	0	③	井田	7	FW	8	檜山	③	0	0
0	0		(及川(桃))	16		12	(玉井)	②	0	0
0	0	③	薬師	10		9	佐藤(美)	②	4	1
0	1	③	齊藤(理)	11						

0	2			9	GK	3			6	1
				1	CK	3				
				5	FK	8				
				0	PK	0				

【得点経過】
後半 9分〔暁〕保坂→檜山→佐藤(美)S

■暁星国際, 初出場で初勝利を記録

両チーム慎重な立ち上がりで、GKを含めてビルドアップを試みるが、パスの質が悪くシュートまで持ち込むことができない。ボールに対してのアプローチは早いが、ボールを奪ってからの攻撃への切り替えが遅く連動性がない。クーリングブレイク後、暁星国際はサイドの選手が個で突破しクロスボールを上げるが、文教大明清は粘り強い守備で耐え凌ぐ。両チーム決定機を作れないまま前半が終了した。後半、暁星国際はMF森を起点にサイドからのクロスや突破を仕掛ける。9分、スローインから相手DFの一瞬の隙を突いてゴールを奪う。これを機にリズムを摑んだ暁星国際が追加点を狙い相手陣地へ押し込む時間帯が続く。それに対して文教大明清は身体を張った粘り強い守備で耐え凌ぎ、ロングボールで相手ゴールに迫り攻撃のギアを入れる。しかし暁星国際はチャレンジ＆カバーの意識が高く、冷静な対応で失点を許さず試合終了まで高い集中力を維持した。

戦評　具志堅一樹 (美里高校)

第1回戦　7月28日(日)　金武町陸上競技場 (晴)

(主) 國師えりな　(副) 谷内田菜央, 宮城修人

開志学園JSC (新潟県) 0 (0-3 / 0-1) 4 日ノ本学園 (兵庫県)

得	S	学	名前	背		背	名前	学	S	得
0	0	①	土屋	1	GK	1	小笠原	③	0	0
0	0	③	唐沢	2	DF	2	木村	③	0	0
0	0	②	工藤	3		7	(中山)	③	0	0
0	0	③	川島	4		4	(嶋田)	③	0	0
0	0		(佐々)	⑫			竹重	③	0	0
0	0	②	平尾	5		5	渡邊	❸	0	0
						15	小鍜治	③	0	0
0	0	❸	小河原	6	MF	6	上田	③	0	0
0	0	②	稲村	7		9	平井	③	2	2
0	0	②	片山	8		11	増永	③	1	0
						14	箕輪	①	1	0
						8	(山田)	②	0	0
0	0	①	北沢	9	FW	10	古賀	③	5	2
0	1	②	木暮	10			(栗田)	③	0	0
0	0	①	砂川	11		17	山下	②	1	0
						16	(野村)	③	0	0

0	1			9	GK	4			10	4
				1	CK	0				
				6	FK	2				
				0	PK	0				

【得点経過】
前半 4分〔日〕古賀〜→平井HS
　〃13分〔日〕(こぼれ球)箕輪〜→古賀S
　〃35+6分〔日〕古賀〜(相手FP)(クリア)(バー返り)×古賀S
後半35+5分〔日〕小鍜治→平井S

■終始ゲームを支配した日ノ本学園

日ノ本学園はFW古賀が左右にボールを収めて両サイドMF平井、箕輪が連動して開志学園JSCのDFライン背後に仕掛ける攻撃から得点を奪う。開志学園JSCはボールサイドに人数をかけて奪う意図はあるが、1stDFからの2度追いのインテンシティが弱く、逆サイドの選手のポジションが悪く、守備がアンバランスになることが多い。日ノ本学園の守備は1stDFがかわされても2〜3度追いが徹底されていて開志学園JSCとの差を感じるシーンであった。2点目が決まって以降、日ノ本学園GK小笠原が時間をコントロールしてビルドアップを行い、チーム全体としての落ち着きを作る。日ノ本学園はメンバーを入れ替えても守備の個人戦術はチーム全体として変わらず、終始ゲームをコントロールしていた。

戦評　長浜永 (名護高校)

第2回戦　7月29日(月)　西原町民陸上競技場 (晴)

(主) 國師えりな　(副) 大堂清香, 谷内田菜央

聖和学園 (宮城県) ★ 2 (0-0 / 2-0) 0 帝京大可児 (岐阜県)

得	S	学	名前	背		背	名前	学	S	得
0	0	③	大矢内	1	GK	1	田北	③	0	0
						12	(井上)	②	0	0
0	0	②	夏目	2	DF	4	伊藤	②	0	0
0	2	②	島村	3		5	美馬	②	0	0
0	0	②	葛西	4		11	水谷	②	0	0
0	0	③	長谷川	5		13	大林	②	1	0
						3	(三好)	②	1	0
0	1	❸	宮田	7	MF	2	仁科	③	0	0
1	2	③	田邉	8		15	(藤川)	①	0	0
0	0		(櫻井(峯))	13		6	寺田	❸	0	0
0	0	①	櫻井(ま)	14		7	工藤	③	0	0
1	2	①	櫨川	15		8	蒲	③	0	0
0	0	③	(齋藤)							
0	0	③	野中	10	FW	9	菊地	③	0	0
0	1	①	柳原	17		10	藤井	③	1	0
0	4	③	櫻庭	11						

2	12			1	GK	5			2	0
				5	CK	3				
				11	FK	4				
				0	PK	0				

【得点経過】
後半 6分〔聖〕CK島村→宮田(スルー)櫨川S
　〃 8分〔聖〕宮田〜→田邉S
▼警告
〔帝〕工藤

■トリックプレーで打開した聖和学園

聖和学園の守備は前線から2列目、3列目で制限をかけてボールを奪う意図が見られる。また、奪われた後の攻守の切り替えも早く、積極的にボールを奪う姿勢が見られる。攻撃では主導権を握る時間帯が続く中、FW野中、MF田邉の積極的な仕掛けからのサイド攻撃、中央からはフリック、スルーなどのアイディアを持った攻撃を展開する。対する帝京大可児は入ってくるボールに対して粘り強く守備をする。しっかり守って奪ったボールを前線に入れるが、人数をかけることができずにシュートまでは至らない。前半は両チーム無得点で終了する。後半に入り聖和学園が6分に得たCKからのトリックプレーにより先制点を奪う。ビハインドを背負った帝京大可児は、攻守に前掛かりに戦術を変更する。しかし、前掛かりとなったところを聖和学園が上手く突き、田邉が抜け出して、2点目を奪った。

戦評　井尻真文 (星翔高校)

第2回戦　7月29日(月)

東風平運動公園サッカー場（晴）
(主)小泉朝香　(副)坊薗真琴，山下真依

神村学園（鹿児島県）0（0-0 / 0-0）0 十文字（東京都）
4 PK 5

得	S	学	選手	背		背	選手	学	S	得
0	0	②	若松	1	GK	1	白尾	③	0	0
0	0	③	西尾	3	DF	2	長	②	0	0
0	0	①	神水流	5		17	(落合)	②	0	0
0	0	③	溝上	6		3	杉澤	②	0	0
						4	月東	③	0	0
						6	田頭	②	0	0
0	0	②	國生	2	MF	5	藤田	②	0	0
0	4	③	桂	10		7	村田	②	0	0
0	0	③	豊村	11		8	三谷	③	1	0
0	0	❸	菊池	14		12	渡邉	③	0	0
0	1	①	田上	16		11	(松久)	②	0	0
0	0		(塚田)	8						
0	0	②	吉留	9						
0	0	③	(近藤)	9						
0	0	③	河野	12	FW	9	藤野	①	6	0
0	2	①	(愛川)	7		10	原田	③	1	0
0	7			14	GK	4			8	0
				0	CK	1				
				3	FK	7				
				0	PK	0				

第2回戦　7月29日(月)

東風平運動公園サッカー場（晴）
(主)仲地あすか　(副)勝又美沙希，吉永真紀

柳ヶ浦（大分県）2（2-0 / 0-2）2 鳴門渦潮（徳島県）★
3 PK 4

得	S	学	選手	背		背	選手	学	S	得
0	0	❸	山村	1	GK	12	森松	②	0	0
0	0	②	坪根	2	DF	2	作田	③	0	0
0	0	③	西山	3		3	大﨑	❸	0	0
0	1	③	油布	5		4	橋本	③	0	0
0	0	②	小牧	8		16	志津	①	0	0
						17	(清)	①	0	0
0	0	③	岩下	4	MF	6	白木	③	0	0
1	2	③	宮武	6		7	長谷原	②	0	0
0	1	①	(林)	16						
0	0	③	川添	7						
0	0	③	内田	11						
1	3	③	中尾	9	FW	8	原田	②	3	1
0	3	②	加藤	10		9	岡	③	1	0
						10	小畑	③	4	0
						13	杉岡	②	0	0
						5	(勝瀬)	③	1	1
2	10			13	GK	8			11	2
				3	CK	3				
				1	FK	7				
				0	PK	0				

第2回戦　7月29日(月)

西原町民陸上競技場（晴）
(主)緒方実央　(副)岩本毬花，田中真輝

暁星国際（千葉県）0（0-2 / 0-0）2 日ノ本学園（兵庫県）★

得	S	学	選手	背		背	選手	学	S	得
0	0	②	佐藤(菜)	1	GK	1	小笠原	③	0	0
0	0		オモロジェバ	2	DF	2	木村	③	0	0
0	0	❸	山口	3		8	(山田)	②	0	0
0	0	②	庄田	4		3	竹重	③	0	0
0	0	②	押田	5		5	渡邊	❸	0	0
						15	小鍜治	②	2	1
0	0	②	前島	6	MF	6	上田	③	0	0
0	1	①	(桑原)	17		9	平井	③	2	1
0	0	③	森	7		4	(嶋田)	②	0	0
0	0	②	安倍	10		11	増永	③	0	0
0	0		(坂本)	11		14	箕輪	②	0	0
0	0	②	保坂	16		17	(山下)	②	0	0
0	0	③	保坂	15						
0	1	③	檜山	10	FW	10	古賀	③	1	0
0	0		(中村)	14		16	野村	②	0	0
0	0	②	佐藤(美)	9		13	(栗田)	②	0	0
0	2			0	GK	2			7	2
				3	CK	2				
				7	FK	9				
				0	PK	0				

■凌ぎ合いの両チーム，決着はPK方式で

神村学園は，1-3-4-2-1のシステムでFW河野，MF田上，吉留が高い位置からプレッシングを仕掛ける。これに対し，十文字はDF杉澤，MF村田，藤田を中心としてピッチを広く使い相手FWとMFの間のスペースを突き，神村学園のプレッシングを回避してビルドアップを試みる。徐々に十文字の速く質の高いボール回しに対応が遅れ始めた神村学園は，自陣に侵入された場合にはMF國生，豊村をDFに下げて，5バックで最終ラインを強固にし，十文字をペナルティエリア内へ侵入させずカウンターを仕掛ける戦い方へ変える。後半，神村学園は投入されたFW愛川が十文字DFとMF間で攻撃のタメを作ることでMF菊池，桂が中央付近で前向きでボールを受けられるようになると，サイドを変えることが可能となり攻勢を仕掛ける。十文字は，神村学園の連続したプレッシングにビルドアップが難しくなり攻撃を急ぎ始めた。神村学園は，豊富な運動量で圧力を掛け続け，遂にはクリアミスから決定的なチャンスを摑む。しかしシュートを決められず試合は終了。PK方式の結果，十文字が次の試合に駒を進めた。

戦評　相島哲治（神埼高校）

【得点経過】

前半 4分〔柳〕岩下→中尾HS
　〃 8分〔柳〕加藤→宮武HS
後半 3分〔鳴〕清→原田～S
　〃 33分〔鳴〕原田→(相手GK)(クリア)(こぼれ球)勝瀬S

■後半，2点差を追いついた鳴門渦潮

柳ヶ浦は立ち上がり，MF岩下，FW加藤が積極的な1対1の仕掛けからチャンスを作る。前半4分に右サイドからの岩下のクロスをFW中尾が頭で押し込み先制。8分にはGKのキックミスから前線でボールを奪いMF宮武が追加点を奪う。対する鳴門渦潮は早い時間での失点を引きずらず，時間の経過とともに積極的な攻撃を増やす。後半3分にゴール前で相手をかわしたFW原田が1点を返す。鳴門渦潮は原田を起点に中央突破を試み，スペースを活かしたサイド攻撃などの連係で更に勢いづく。33分，鳴門渦潮は原田のクロスを途中交代のFW勝瀬が冷静に流し込み同点に。後半に入り足が止まり始めた柳ヶ浦は，猛攻を耐え凌ぎPK方式にもつれ込むも，鳴門渦潮のGK森松の好セーブに阻まれた。

戦評　鈴木佳奈子（関東学園大学附属高校）

【得点経過】

前半 7分〔日〕CK上田→(相手FP)(クリア)小鍜治S
　〃 35+5分〔日〕増永→箕輪→平井S

■日ノ本学園が見せた盤石の試合運び

暁星国際は3ラインでコンパクトな守備を形成し，コレクティブにハードワークを行い，前線から早いプレッシャーをかけ，縦パスが入った瞬間にボールを奪う。奪い取ったらFW檜山と佐藤(美)を起点に素早い攻撃と，MF森のテクニックを活かしたドリブル突破でゴールを狙う意図が見られた。一方，日ノ本学園も3ラインでコンパクトな守備を形成し，早いプレッシャーがあっても個人戦術とポゼッションで主導権を失わない技術力を見せた。またボールを奪われても素早い切り替えで奪い返し，暁星国際に付け入る隙を与えず，前半を2得点無失点で折り返す。後半も暁星国際は前半同様の守備形成で人数をかけボールを奪いに行きゴール前まで迫るが，日ノ本学園CB竹重と渡邊がカバーリングと相手への対応でチャンスの芽を摘む。日ノ本学園は後半に入り選手を入れ替えても攻守の展開，チームレベルが変わることなく，チーム戦術を実行し続けた。

戦評　長浜寛（名護高校）

準決勝戦　7月31日(水)　南城市陸上競技場 (晴)

(主)緒方実央　(副)仲地あすか, 石川広武

聖和学園 1 (0-1 / 1-1) 2 十文字
(宮城県)★　　(東京都)

得	S	学	名	背		背	名	学	S	得
0	0	③	大矢内	1	GK	1	白尾	③	0	0
0	0	③	夏目	2	DF	2	長	②	0	0
0	0	②	島村	3		3	杉澤	②	0	0
0	0	②	(櫻井㊛)	13		4	月東	③	0	0
0	0	②	葛西	4		6	田頭	②	1	0
0	0	②	長谷川	5						
0	1	❸	宮田	7	MF	5	藤田	③	0	0
0	0	③	田邉	8		7	村田	②	0	0
0	0		(柳原)	17		8	三谷	❸	3	0
0	0	①	櫻井㊒	14		12	渡邉	③	1	0
0	0	①	櫨川	15		11	(松久)	②	0	0
1	1	③	野中	10	FW	9	藤野	①	4	1
0	0	③	櫻庭	11		10	原田	③	4	1
						13	(安部)	②	0	0
1	2			9	GK	2			13	2
				0	CK	4				
				7	FK	8				
				0	PK	0				

【得点経過】
前半16分〔十〕原田～→藤野S
後半 4分〔十〕CK藤田→原田S
　〃　5分〔聖〕田邉→櫻庭(スルー)宮田→野中S

■冷静な対応でリードを守り切った十文字

　十文字がGKを含めたビルドアップにより徐々にゲームをコントロールするようになり、アタッキングサードでのショートパスやDFの背後への飛び出しによりチャンスを作る。前半16分、FW藤野がバイタルエリアでくさびのパスを受け、ワンタッチで前を向きシュートを決める。十文字は、後半開始早々にも素早いリスタートでシュートチャンスを作る。4分、意表を突いたグラウンダーのCKからFW原田のワンタッチシュートにより追加点を奪う。聖和学園は、選手交代で入った中FW柳原の個人技を活かした突破により攻撃を仕掛ける。5分、バイタルエリアへのくさびのパスからワンタッチで2人、3人と関わり、ペナルティエリアに侵入、FW野中のシュートにより1点差に迫る。十文字は試合終盤、暑さの影響もあり運動量が落ち、攻撃や守備の連動性が低い状況が続いたが、リスクを冒さず、粘り強い守備で対応し決勝戦へ進出した。

戦評　玉城弘明(八重山商工高校)

準決勝戦　7月31日(水)　北谷公園陸上競技場 (晴)

(主)山下良美　(副)坊蘭真琴, 國師えりな

鳴門渦潮 0 (0-0 / 0-0) 0 日ノ本学園
(徳島県)　2 PK 4　(兵庫県)★

得	S	学	名	背		背	名	学	S	得
0	0	②	森松	12	GK	1	小笠原	③	0	0
0	0	③	作田	2	DF	2	木村	③	1	0
0	0	❸	大﨑	3		4	(嶋田)	②	0	0
0	1	③	橋本	4		3	竹重	②	0	0
0	0	①	清	17		5	渡邊	❸	0	0
						15	小鍛治	②	1	0
0	0	③	白木	6	MF	6	上田	③	1	0
0	2	③	長谷原	7		9	平井	③	0	0
						11	増永	③	0	0
0	2	③	原田	8	FW	10	古賀	③	0	0
0	0	②	岡	9		16	(野村)	③	0	0
0	1	③	小畑	10		13	栗田	②	2	0
0	0	②	杉岡	13		17	山下	③	0	0
0	0	③	(勝瀬)	14		14	(箕輪)	①	0	0
0	6			13	GK	7			5	0
				1	CK	1				
				7	FK	3				
				0	PK	0				

■初4強の鳴門渦潮, 快進撃止まる

　鳴門渦潮の守備はしっかりとブロックを作って前線から2列目、3列目が前向きでボールを奪いたい意図が見られる。また、個々の部分でも粘り強い、集中した守備が見られた。攻撃はミドルサードで前向きで奪ったボールをショートカウンターで手数をかけずにゴールを目指す。また、人数をかけて迫力のあるショートカウンターも見られる。対する日ノ本学園の攻撃はFW古賀、山下の動き出しから前向きの選手が関わりながら、第3の動きでサイド攻撃・中央のコンビネーションでゴールを目指す。守備は奪われた後の切り替えが早く、1stDFの決定から積極的にボールを奪いに行く意図が見られた。お互いにチャンスを作りながらも無得点で前半を終了する。後半も相手の良さを消しながら一進一退の攻防が続く。両チームともに少ないチャンスを決め切れずにPK方式を制した日ノ本学園が決勝戦へ駒を進めた。両チームともに70分間、相手の良さを消しながら自分たちの良さを出そうとする姿勢は素晴らしいものがあった。最後までハードワークを貫いた両チームの健闘を称えたい。

戦評　井尻真文(星翔高校)

決勝戦　8月1日(木)　金武町フットボールセンター (晴)

(主)小泉朝香　(副)緒方実央, 仲地あすか

十文字 1 (0-0 / 1-0) 0 日ノ本学園
(東京都)★　　(兵庫県)

得	S	学	名	背		背	名	学	S	得
0	0	③	白尾	1	GK	1	小笠原	③	0	0
0	0	②	長	2	DF	2	木村	③	0	0
0	0	②	杉澤	3		3	竹重	②	0	0
1	1	③	月東	4		5	渡邊	❸	0	0
0	0	②	田頭	5		15	小鍛治	②	1	0
0	3	③	藤田	6	MF	6	上田	③	2	0
0	0	②	村田	7		9	平井	③	2	0
0	0	❸	三谷	8		11	増永	③	0	0
0	0	③	渡邉	12		14	箕輪	①	0	0
0	0		(松久)	11						
0	2	①	藤野	9	FW	13	栗田	②	1	0
0	3	③	原田	10		16	(野村)	③	0	0
						17	山下	②	2	0
						8	(山田)	②	0	0
1	6			8	GK	3			8	0
				2	CK	2				
				7	FK	4				
				0	PK	0				

【得点経過】
後半30分〔十〕FK藤田→月東HS

■十文字が4度目の出場で初優勝

　序盤は両チームともに主導権を握ろうとする中で、ミドルサードでの攻守の切り替えが多くなる。十文字の守備はFW2枚の規制からサイドで2列目、3列目が前向きにボールを奪おうとする意図が見られる。攻撃は相手を見ながらテンポ良くボールを動かしてのサイド攻撃、バイタルエリアではワンタッチプレーと多彩な崩しでゴールを目指す。一方の日ノ本学園の守備の特徴としてはミドルサードでの攻守の切り替えが早くボール奪取が素早い。1stDFの決定が早く、狙いを持った守備をする。攻撃は優先順位を常に意識してFW栗田、山下の動き出しを見て3人目のMF平井、箕輪が関わりながらサイド攻撃を仕掛ける。後半も拮抗したゲーム展開が続く中、30分に十文字が得たFKからDF月東が打点の高いヘディングで先制点を奪う。アディショナルタイムを含めた残りの時間で日ノ本学園が効果的なサイド攻撃で猛攻を見せるも、1-0で十文字高校が夏のインターハイ初優勝を飾った。

戦評　井尻真文(星翔高校)

ENTRY

令和元年度
全国高等学校総合体育大会
サッカー競技

登録選手一覧｜女子

北海道文教大学明清　北海道
[監督]清野訓晴　[引率教員]中村亮太

背番号	位置	氏名	学年
1	GK	齊藤菜々美	2
2	DF	佐々木美悠	3
3	DF	猪又月菜	1
④	MF	高野瀬紫苑	3
5	MF	三上舞佳	2
6	MF	石井愛実	3
7	FW	井田久美子	1
8	FW	井瀬琳	1
9	FW	江藤里桜奈	1
10	FW	薬師寺空	2
11	MF	齊藤理子	1
12	GK	中兼明梨	2
13	MF	吉川夢叶	1
14	MF	及川小枝	2
15	MF	佐々木愛	1
16	MF	及川桃	2
17	MF	山田菜々花	1

聖和学園　宮城県
[監督]曽山加奈子　[引率教員]佐々木好人

背番号	位置	氏名	学年
1	GK	大矢内陽菜	3
2	DF	夏目歩実	3
3	DF	島村真風	2
4	DF	葛西由依	3
5	DF	長谷川来夢	2
6	MF	佐々木美夢	3
⑦	MF	宮田あすか	3
8	MF	田邊幸	2
9	FW	平岩依々菜	3
10	FW	野中花	3
11	FW	櫻庭琴乃	3
12	DF	齋藤智恵	3
13	MF	櫻井まどか	2
14	DF	樋川結菜	2
15	MF	池添聖佳	1
16	FW	柳原希帆	1

専修大学北上　岩手県
[監督]佐藤徳信　[引率教員]佐々木幸一

背番号	位置	氏名	学年
1	GK	稲村沙希	3
2	DF	村上優衣	2
3	DF	中島優希	3
4	DF	泉穂奈美	2
5	MF	小野寺紅那	1
6	MF	加藤空	1
7	MF	阿部沙梨菜	2
8	MF	小向真実子	3
9	FW	舘澤紗花	3
⑩	FW	佐々木玲華	3
11	FW	伊藤心愛	1
12	DF	伊野成美	1
13	MF	小野寺稜	1
14	MF	三井瑠奈	1
15	MF	二瓶華菜	1
16	MF	川村瑠葵	1
17	MF	及川純奈	1

十文字　東京都
[監督]野田明弘　[引率教員]武井由貴子

背番号	位置	氏名	学年
1	GK	白尾朱寧	2
2	DF	長若奈	3
3	DF	杉澤海里	3
4	DF	月東優季乃	3
5	MF	藤田美優	2
6	MF	村田莉菜	3
7	MF	三谷和華奈	3
⑧	FW	藤野あおば	3
9	FW	原田仁心	2
10	FW	松久栞南	2
11	MF	渡邉優乃	2
12	MF	安部美来乃	2
13	MF	野中遥陽	2
14	DF	野中遥陽	2
15	MF	野村遥南	2
16	GK	野田明日香	2
17	DF	落合依和	2

前橋育英　群馬県
[監督]大手真智子　[引率教員]大手真智子

背番号	位置	氏名	学年
1	GK	中村未有	3
2	DF	中山友菜	3
3	DF	鈴木紋伽	2
4	MF	米沢萌	2
5	MF	関口さくら	2
6	MF	藤田笑歌夏	2
7	MF	小林真希	3
⑧	MF	野口珠里	3
9	MF	川口舞依	1
10	FW	林ひかる	3
11	FW	伊藤有里彩	2
12	MF	関根実咲	2
13	FW	木村華恋	2
14	DF	相澤希	3
15	MF	木村藍	1
16	MF	山際知莉	2

暁星国際　千葉県
[監督]小林飛雄馬　[引率教員]細谷拓郎

背番号	位置	氏名	学年
1	GK	佐藤菜々香	2
2	DF	オモジェバ梨絵登	3
③	DF	山口楓	3
4	DF	庄田彩乃	3
5	MF	押田美海	3
6	MF	前島愛	3
7	MF	森紫陽花	3
8	MF	檜山美羽	3
9	MF	佐藤真緒	2
10	DF	安倍愛里	3
11	FW	坂本みなみ	3
12	MF	玉井智結	3
13	MF	安永汐里	1
14	MF	中村凜	3
15	MF	田倉葵	2
16	FW	保坂優那	3
17	FW	桑原舞音	2

開志学園JSC　新潟県
[監督]繁田真美女　[引率教員]諏訪雄大

背番号	位置	氏名	学年
1	GK	土屋咲綺	3
2	DF	唐沢佑奈	3
3	DF	工藤古都子	3
4	DF	川島遥	3
5	MF	平尾愛憂	3
⑥	MF	小河原彩花	3
7	MF	稲村雪乃	3
8	MF	片山糸	3
9	FW	北沢明未	3
10	FW	木暮若葉	3
11	FW	砂川莉央	3
12	MF	佐々木凜	1
13	MF	磯部奈津	1
14	MF	古本菜乃葉	3
15	FW	今泉羽花	1
16	FW	兎絢香	1
17	GK	清水美来	1

藤枝順心　静岡県
[監督]多々良和之　[引率教員]多々良和之

背番号	位置	氏名	学年
1	GK	伊藤三紗	3
2	DF	山盛愛葉	3
3	DF	三好彩奈	3
4	DF	伊藤朱音	3
5	MF	浅野綾花	3
6	FW	渡辺凜	3
7	MF	柳瀬楓菜	3
8	MF	金子麻優	3
9	FW	宮本仁奈	3
⑩	FW	宇嶋彩未	3
11	MF	長江伊吹	3
12	MF	小原璃音	3
13	MF	松井里央	3
14	MF	井手和心	3
15	MF	大杉和心	3
16	MF	堀内愛	3
17	FW	窓岩日菜	3

帝京大学可児　岐阜県
[監督]髙橋悦郎　[引率教員]池田真一

背番号	位置	氏名	学年
1	GK	田北真彩	3
2	DF	仁科伶奈	3
3	DF	伊藤佑音	3
4	DF	渡邉美鳥	3
5	MF	寺田遥	3
⑥	MF	工藤花梨	3
7	FW	蒲琴美	3
8	FW	菊地貴賀	3
9	MF	藤井花音	3
10	MF	水谷麻里	3
11	MF	井上愛子	3
12	MF	大林万莉	3
13	DF	河野菜都	3
14	MF	藤川	3
15	MF	奥出晴日	3
16	FW	下林美宥	3

日ノ本学園　兵庫県
[監督]田邊友恵　[引率教員]草苅文子

背番号	位置	氏名	学年
1	GK	小笠原梨紗	3
2	DF	木村萌々	3
3	DF	竹重奈歌理	2
4	MF	嶋田華	3
⑤	MF	渡邊那奈	3
6	MF	上田佳奈	3
7	MF	中山裕香	2
8	MF	山田瑞穂	3
9	FW	平井杏奈	3
10	FW	古賀花野	3
11	MF	増永朱里	3
12	MF	川幡凪	2
13	MF	福田そら	2
14	FW	箕輪千慧	2
15	FW	小鍛治旭	2
16	MF	野村千里	3
17	FW	山下寧	2

大商学園　大阪府
[監督]岡久興　[引率教員]竹内周

背番号	位置	氏名	学年
1	GK	竹下奏彩	3
2	DF	田中万梨乃	3
3	DF	渡邊澪	3
4	DF	伊東珠聖	2
5	MF	北田琴理	3
6	MF	稲垣真衣	2
7	DF	大住六花	2
8	MF	宮本妃菜里	2
9	FW	青木柚香	2
⑩	FW	高原天音	3
11	MF	森文佳	3
12	GK	長矢明日香	3
13	MF	河原林紬	1
14	MF	北岡梨愛里	1
15	DF	太田綾音	1
16	MF	田尻梨桜	3
17	MF	恒石亜弓	2

岡山県作陽　岡山県
[監督]池田浩子　[引率教員]山川莉々加

背番号	位置	氏名	学年
1	GK	中村香苗	3
2	DF	松村菜美	3
3	DF	大西歩花	3
4	MF	本多実夏子	3
5	DF	伊勢さつき	3
6	MF	岡本亜子	3
7	DF	江﨑世来	3
8	MF	井手段祐有	2
⑨	MF	神田絢音	3
10	MF	森田美幼希	2
11	FW	今藏遥	2
12	MF	森宙舞	2
13	MF	松浦あさひ	2
14	MF	前田佳澄	2
15	DF	原田咲絢	2
16	MF	岩本有礼	3
17	FW	兼﨑琴未	1

鳴門渦潮　徳島県
[監督]佐藤城介　[引率教員]片岡真子

背番号	位置	氏名	学年
1	GK	金澤伊純	2
2	DF	作田梨乃	3
③	DF	大﨑梨歩	3
4	DF	橋本菜月	3
5	FW	勝瀬碧瓜	3
6	FW	白木美涼	3
7	MF	長谷原彩音	2
8	FW	原田和佳	3
9	FW	岡百々花	2
10	MF	小畑羅南	2
11	FW	古谷優理亜	2
12	MF	森松綾羅	2
13	MF	杉岡美空	2
14	FW	大平桃	2
15	MF	藤川麻里萌	2
16	DF	志津七海	2
17	MF	山西悠香	2

神村学園　鹿児島県
[監督]寺師勇太　[引率教員]寺師雄大

背番号	位置	氏名	学年
1	GK	若松杏海	3
2	DF	國生乃愛	3
3	DF	西尾彩花	3
4	DF	古川陽菜	3
5	FW	神水流琴望	3
6	MF	溝上可夏	3
7	MF	愛川瑞希	3
8	FW	塚田亜希子	3
9	MF	近藤千夏	3
10	MF	桂亜依	3
11	MF	豊村文香	2
12	MF	河野すず	2
13	DF	坂口波	2
⑭	MF	菊池まえみ	1
15	MF	椎葉恵茉瑠	1
16	DF	田上歩実	2
17	GK	田留ひなの	1

柳ヶ浦　大分県
[監督]林和志　[引率教員]菊池智香

背番号	位置	氏名	学年
①	GK	山村あずき	3
2	DF	坪根妃瑠	3
3	DF	西山陽菜	3
4	MF	岩下綺度々	3
5	DF	油布亜優美	3
6	MF	宮武里奈	3
7	FW	川添ゆず	2
8	MF	小牧明日香	2
9	FW	中尾奈摘	3
10	FW	加藤明星	3
11	MF	内山葵	3
12	GK	川内花純	3
13	FW	末永彩乃	3
14	MF	中島遥南	2
15	MF	末永めぐみ	2
16	FW	林愛衍	2
17	FW	安倍乃花	2

コザ　沖縄県
[監督]屋宜栄輝　[引率教員]大岡邦児

背番号	位置	氏名	学年
1	GK	上原ちずる	3
2	DF	平良伶萌	3
3	DF	宮城すばる	3
4	DF	榮野比由花	3
5	MF	砂川璃音	2
6	DF	宜野座瑠香	2
7	FW	城間美羽佳	2
8	MF	山野凜花	3
9	FW	吉田巳栞	2
⑩	FW	波照間瑞希	2
11	MF	山城芽衣	3
12	GK	宮城大緒	2
13	MF	比嘉桃茄	2
14	MF	宮平結愛	2
15	FW	比嘉柚月	2
16	DF	呉屋あいりん	2
17	GK	東江麻彩香	2

ブロック大会対戦結果

【北海道】
文教大明清

大谷室蘭・旭川実・稚内大谷・札幌北斗・帯広北・帯広大谷・北照・札幌東商・函館稜北・文教大明清

【東北】
聖和学園

聖和学園(宮城県)・千葉学園(青森県)・明桜(秋田県)・桜(山形県)・酒田南(山形県)・専大北上(岩手県)

【関東】
十文字　〈3位決定戦〉暁星国際

前橋育英(群馬県)・宇都宮文星女(栃木県)・霞ヶ浦(茨城県)・暁星国際(千葉県)・十文字(東京都)・花咲徳栄(埼玉県)・日本航空(山梨県)・湘南学院(神奈川県)・暁星国際・湘南学院

【北信越】
開志学園JSC

工大福井(福井県)・松商学園(長野県)・星稜(石川県)・開志学園JSC(新潟県)・富山国際大付(富山県)

【東海】

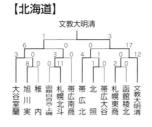

	藤枝順心(静岡県)	帝京大可児(岐阜県)	神村学園伊賀分校(三重県)	豊川(愛知県)	順位
藤枝順心(静岡県)		2-0	3-0	5-0	1
帝京大可児(岐阜県)	0-2		1-0	1-0	2
神村学園伊賀分校(三重県)	0-3	0-1		0-0	3
豊川(愛知県)	0-5	0-1	0-0		4

【近畿】

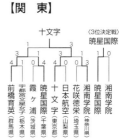

日ノ本学園

日ノ本学園(兵庫県)・京都精華学園(京都府)・和歌山北(和歌山県)・登美ヶ丘(奈良県)・八幡商(滋賀県)・大商学園(大阪府)

【中国】
作陽　〈3位決定戦〉鳥取城北・松江商

作陽(岡山県)・鳥取城北(鳥取県)・高川学園(山口県)・広陵交響大付(広島県)・鳥取城北・松江商(島根県)

【四国】
鳴門渦潮　〈3位決定戦〉高知

鳴門渦潮(徳島県)・高知(高知県)・松山東雲(愛媛県)・四学大香川西(香川県)・高知・松山東雲

【九州】
神村学園　〈3位決定戦〉秀岳館

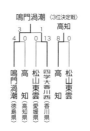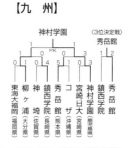

東海大福岡(福岡県)・柳ヶ浦(大分県)・神埼(佐賀県)・鎮西学院(長崎県)・秀岳館(熊本県)・宮崎日大(宮崎県)・神村学園(鹿児島県)・鎮西学院・秀岳館

優勝監督 手記

野田 明弘
十文字高校サッカー部監督

部員80名の力

まず初めに、大会開催にあたり準備と運営にご尽力くださった全国高等学校体育連盟、沖縄県の皆様、関係者の皆様に心より感謝を申し上げます。優勝という結果は十文字高校サッカー部に関わっていただいた、関係者の皆様のおかげです。80名の部員が役割を理解し、目標への思いと感謝の気持ちをそれぞれの立場で表現し、全員で勝ち取った結果だと思っております。私自身、7日間80名が一つとなり目標に対して一日一日に放つエネルギーの大きさには感動しました。

今年は昨年の全国大会での2度の敗戦の経験を糧にチームで日本一を目標に掲げました。新人戦優勝からインターハイ東京都予選を突破し、サッカーの結果は出ていましたが、生活面では気になる部分が多々ありました。チームの仕事や決まりを徹底できず、人として当たり前のことが疎かになっており、サッカーをしている場合ではないと強く危機感を感じ、関東大会直前に練習を行わない日がありました。その時に私は十文字高校サッカー部、サッカー部員とはどうあるべきか、日本一を目指すチームの基準とは何かを問いかけ、選手だけでミーティングするように伝えました。ミーティング後、3年生が日本一に向けてやるべきことを明確にし、覚悟を行動で示し始めました。3年生の姿をみて1、2年生の意識も変わりました。関東大会を経て、一人一人がチームのために思いをもって行動し、目指すべきチームとなり、全国大会へ挑むことができました。

準備と振り返りの徹底

全国大会出場にあたり、最激戦区である東京都予選、関東大会の厳しい試合を経験し、本大会でも1回戦から決勝戦までの4試合を常に全国大会上位を占める伝統校と対戦することができ、選手とチームの大きな成長に繋がったと思います。今大会は十文字の伝統である「走れ・競れ・粘れ」を基本に、より相手を観ること、ボール状況を判断し攻守においてアグレッシブにプレーすることをテーマに挑みました。

1回戦の作陽戦は積極的なドリブルに苦戦しましたが、後半に先制し3-0で勝利しました。2回戦の神村学園戦では主導権を握りボールを保持していたにもかかわらず、崩しのアイディアとフィニッシュの精度が低いために得点を奪うことができず、PK方式で勝利しました。準決勝の聖和学園戦では、前半に先制し、後半セットプレーで追加点を奪いましたが、直後に失点し、運動量が落ち押し込まれる時間帯もなんとか耐えて2-1で勝利しました。

大会期間中には対戦相手のスカウティング、自チームの振り返りミーティングを毎試合後に80人全員で行いました。次の試合の「準備」と試合を終えての「振り返り」を徹底し、試合へのイメージを全員で共有し闘う準備を整えました。主に攻撃ではビルドアップと崩しの共有、守備では積極的な前線からの守備に連動し、1対1で粘り強く対応することを徹底しました。

決勝戦の日ノ本学園戦では、一進一退の攻防の中、後半にセットプレーで先制した1点を守り切り勝利しました。

70分間アグレッシブにゴールを目指し、ハードワークを徹底しながら相手の攻撃に粘り強く対応したこと、3年生の得点で勝利できたことを嬉しく思います。また、準決勝と決勝ではセットプレーからの得点が決勝点になりました。

セットプレーの練習時に基本的な指導は行いましたが、選手が時間を作り、主体的にアイディアを出し取り組んだ結果、試合中に選手同士で考え、相手の状況から判断し決断したからこそ生まれた決勝点だと思います。

モチベーションの維持

十文字高校サッカー部は全国大会には常に全部員で参加します。登録メンバー以外の選手は試合のサポートと応援を行い、試合後の時間に会場の周りを走るなど、全くボールに触ることなく一日が終わる日もありました。しかし今年は沖縄県開催のため、長期滞在になることから全国大会参加チームや沖縄県の地元チームと毎日練習試合を行いました。試合のサポートや応援後の活動でしたが、普段とは異なったチームと試合ができ、文化や県民性を体感し、充実した沖縄での生活を送ることができ、モチベーションの維持と活力になったと思います。今回試合会場を提供してくださった沖縄県の関係者の皆様、試合を行っていただいた対戦チームの皆様に心より感謝申し上げます。

最後になりますが、日頃から温かく見守りご指導くださった関係者の皆様、決勝の舞台を経験させてくれた選手、十文字高校サッカー部に関わる皆様に厚く御礼申し上げます。

「感動は無限大 南部九州総体 2019」
令和元年度 全国高等学校総合体育大会 女子サッカー競技

響かせろ 我らの魂 南の空へ

女子 総評

井尻 真文
星翔高校

今大会を振り返り

第8回を迎えた令和元年度全国高等学校総合体育大会女子サッカー競技は、計16チームが、7月27日、酷暑の中、開会式が行われる沖縄県金武町立中央公民館に集い、幕を開けました。

昨年度に引き続き、JFAのTSG（テクニカルスタディグループ）の方々と映像も合わせたゲーム分析を行い、技術・戦術面において助言をいただきました。おかげさまで大会の観点・基準の確認ができて、世界基準のサッカー目線で試合を観ることができました。重ねて御礼を申し上げます。

観点・基準の部分として、❶攻撃❷守備❸切り替え❹GK、において分析を行いました。大会を通して、1ゲームで4点以上の得点差がついたゲームが全体の約13％（2試合）であり、1試合平均得点は2.2点（平成27年度：4.07点、平成28年度：2.93点、平成29年度：3.73点、平成30年度：3.53点）というデータを見る限り、守備力の向上が表れているように思いました。また、1回戦から拮抗したゲームが多く、PK方式が2試合、1点差ゲームが3試合と、8ゲーム中5ゲームが拮抗したゲームとなりました。

以下は4つの観点・基準において、分析したことをまとめたものです。

❶攻撃

昨年度と同様に良い点として挙げられるのが、大会全般を見て、GKの関わりとして、自陣からGKも含めてボールを動かしながら攻撃を組み立てようとする意図が感じられるチームが、年々増えてきていることです。また、相手の状況を見ながら長短のパスを使い分け、ゴールを目指す場面が見られました。しかし、相手のプレッシャーがかかった状況でのテクニックが伴わず、中盤を飛ばしてロングボールを多用したり、ミスでボールを失ったりすることが昨年度と同様の課題として残ったように思います。

❷守備

大会全体を通して、チームとして守備を組織し積極的な守備を志向するチームは年々増えてきており、ボール保持者への制限をかけ、ボールを奪おうとする意識は見られました。1stDFの決定からグループ戦術としてはボールの状況から狙いを持った守備ができている場面もあり、グループ戦術、チーム戦術におけるサッカーの理解ができていることを強く感じました。一方、球際の強さ、ボールを確実に奪い切る守備のテクニックについて課題が見られました。世界大会で大きくレベルが変わるのが、豊富なタレントに対しての「守備」の能力・テクニックです。そのことも含めて、フィジカル面の向上とともに、ボールを確実に奪い切る技術の重要性も高校生年代に伝えていくべきものだと思いました。

❸切り替え

攻撃 → 守備に関しては、奪われた瞬間の1stDFと、特にボール状況をしっかり見て狙いを持った判断ができるチームが増えてきているように思えました。また、隙を突かれない守備は非常にアラートに行っている場面が多くあったように思いました。守備 → 攻撃に関しては攻撃の優先順位は見えるものの、受け手と出し手のタイミングが合わずにボールをロストする場面があり、パスの質、タイミングの部分でも判断する力が課題となったように思いました。

❹GK

【守備】

全体的にGKのボールを奪う意識が高くなっている傾向が見られました。守備範囲も広く、DFラインの背後にできたスペースに対してペナルティエリアを出てプレーする、ペナルティエリア内に入ってきたパスや1対1の対応など、フロントダイビングやブロッキングでプレーする積極的なプレーが見られました。クロスの守備においても、積極的にトライし、パンチングを用いるなど状況に応じて対応するプレーが見られました。

【攻撃】

攻撃への関わりでは、11人の中のプレーヤーとして積極性を出し、サポートポジションも意識して取り続けるシーンも見られ、全体的に向上している部分でした。また、暑い中での連戦でしたが、チーム戦術を理解し、味方選手の状況やゲームの流れを考えながら、GKは効果的なパスを配球していました。

最後になりましたが、JFAナショナルトレセンコーチ女子担当の皆様、全国から派遣された技術委員の方々には連日遅くまで多大なる御協力を賜り、本当にありがとうございました。そして今回の仕事ができましたのも、比嘉先生を中心とした沖縄県高体連サッカー専門部の先生方のお力添えをいただいたおかげです。厚く御礼を申し上げます。

女子大会優秀選手

GK	3年	白尾朱寧	十文字
	3年	小笠原梨紗	日ノ本学園
DF	2年	杉澤海星	十文字
	3年	渡邊那奈	日ノ本学園
MF	3年	三谷和華奈	十文字
	2年	村田莉菜	十文字
	3年	上田佳奈	日ノ本学園
	3年	平井杏幸	日ノ本学園
	3年	菊池まりあ	神村学園
FW	1年	藤野あおば	十文字
	3年	古賀花野	日ノ本学園
	3年	野中花	聖和学園
	2年	原田和佳	鳴門渦潮
	2年	加藤明星	柳ヶ浦

（公財）全国高等学校体育連盟サッカー専門部
女子技術委員会選出

191

全国高校
総合体育大会 女子
都道府県大会記録

北海道
●決勝トーナメント

文教大明清

大谷室蘭 旭川実 椎斗内 札幌北商 帯広南 帯広北 札幌照 函谷商 文教大明清

青森県
●決勝トーナメント

青森南
百石・三本木農
千葉学園
八戸工大二
三沢
三本木

千葉学園

〈3位決定戦〉
青森南
三本木 ── 青森南

岩手県
●決勝トーナメント

専大北上
花北青雲
※ 合同
水沢
不来方

専大北上

※合同=宮古・宮古商・釜石

秋田県
明桜

山形県
●決勝トーナメント

鶴岡東
酒田光陵
黒
鶴岡北
山形城北
酒田南
山形西
山形明正
鶴岡中央
米沢中央

酒田南

〈3位決定戦〉
山形城北
米沢中央 ── 山形城北

宮城県
●決勝トーナメント

聖和学園
宮城広瀬
東北生育大
仙台青英
明 成
宮城第一
※ 合同
常盤木学園

聖和学園

※合同=聖ウルスラ・古川黎明・東北

〈3位決定戦〉
仙台青英
明 成 ── 明成

●予選リーグ

	東北生大大	宮城第一	宮城広瀬	合 同	順位
東北生大大		6-0	10-0	13-0	1
宮城第一	0-6		6-1	1-1	2
宮城広瀬	0-10	1-6		0-2	4
※ 合 同	0-13	1-1	2-0		3

福島県
●決勝トーナメント

ふたば未来学園
尚 志
桜の聖母学院
あさか開成
磐城桜が丘

ふたば未来学園

茨城県
●代表決定トーナメント

鹿島学園
大成女子
水戸第二
土浦第二
霞ヶ浦
日立第二
石岡第二
常磐大高

霞ヶ浦

〈3位決定戦〉
水戸第二
常磐大高 ── 常磐大高

群馬県
●決勝トーナメント

前橋育英
伊勢崎清明
太田女子
市立太田
関東学園大附
高崎商大
大間々
健大高崎

前橋育英

●予選リーグ

A	関東学園大附	伊勢崎清明	高崎女子	桐生女子	順位
関東学園大附		1-0	3-0	1-0	1
伊勢崎清明	0-1		2-1	2-1	2
高崎女子	0-3	1-2		3-0	3
桐生女子	0-1	1-2	0-3		4

B	市立太田	大間々	館林女子	前橋女子	沼田女子	順位
市立太田		2-0	3-0	8-0	6-0	1
大間々	0-2		1-2	3-0	7-0	3
館林女子	0-3	1-2		3-0	7-0	2
前橋女子	0-8	1-2	0-3		7-0	4
沼田女子	0-6	0-5	0-7	0-7		5

C	太田女子	高崎商大	渋川女子	新島学園	共愛学園	順位
太田女子		7-0	6-0	5-0	6-0	1
高崎商大	0-7		2-2	1-1	2-0	2
渋川女子	0-6	2-2		1-1	4-0	3
新島学園	0-5	1-1	1-1		2-0	4
共愛学園	0-6	0-2	0-4	0-2		5

栃木県
●決勝トーナメント

宇都宮中央女子
宇都宮女子
白鷗足利
大田原女子
宇都宮文星女子
佐野東
小山城南
宇都宮短大附

宇都宮文星女子

〈3位決定戦〉
白鷗足利
宇都宮短大附 ── 宇都宮短大附

●予選リーグ

A	宇都宮中央女子	佐野東	作新学院	順位
宇都宮中央女子		8-0	6-0	1
佐野東	0-8		1-0	2
作新学院	0-6	0-1		3

B	宇都宮女子	栃木翔南	白鷗足利	順位
宇都宮女子		5-0	1-1	1
栃木翔南	0-5		0-3	3
白鷗足利	1-1	3-0		2

C	宇都宮文星女子	宇都宮女	栃木女子	順位
宇都宮文星女子		3-1	3-0	1
宇都宮女	1-3		1-0	2
栃木女子	0-3	0-1		3

D	大田原女子	小山女子	益子芳星	順位
大田原女子		6-0	9-0	1
小山女子	0-6		4-0	2
益子芳星	0-9	0-3		3

千葉県
●決勝トーナメント

暁星国際
※ 合同A
成田北
千葉西
八千代松陰
※ 合同B
市立松戸
船橋法典
千葉経大附
市立船橋
流経大柏
柏の葉
日本大柏
市 川
千葉明徳
船橋芝山
千葉敬愛
流山おおたかの森
県立千葉
幕張総合

暁星国際

※合同A=成田国際・市川東・中央学院
※合同B=市立柏・松戸向陽・船橋古和釜・浦安・行徳

〈3位決定戦〉
船橋法典
幕張総合 ── 幕張総合

埼玉県
●決勝トーナメント

花咲徳栄
大宮開成
寄居城北
川越南
正智深谷
埼玉栄
大宮南
熊谷女子
山村学園
浦和西
狭山ヶ丘
本 庄
叡明
和光国際
宮代
浦和実
代 々
入間向陽
本庄第一
埼玉平成
明の星・幸手桜
※ 合同
大妻嵐山・東野
杉戸農
松山女子
秋草学園
市立川口
久 喜
熊谷女子
市立浦和
昌 平
淑徳与野
浦和一女
庄 和
南 稜

花咲徳栄

※合同=日高・新座・大宮武蔵野

〈3位決定戦〉
浦和西
本庄第一 ── 本庄第一

東京都
●決勝トーナメント

十文字
八王子実践
大泉桜
狛江
戸 山
若葉総合
国分寺
芦 花
千 早
文京学院
日大櫻丘
駒沢学園女子
江戸川女子
東京実
中 村
第 五
大 和
I C U
世田谷総合
大 泉
修 徳
飛 鳥
上 水
吉祥女子
杉並総合
東久留米総合
八王子学園
日大三
成立学園
赤羽商
日本大桜華
晴海総合
東京成徳
野津田
※渋谷教育渋谷
帝 京
成城学園
青梅総合
清 瀬
松
村田女子

十文字

神奈川県
●決勝トーナメント

星槎国際湘南
横浜翠陵
弥 栄
二 宮
藤沢清流
大 和
伊勢原
湘南学院

湘南学院

〈3位決定戦〉
弥 栄
藤沢清流 ── 藤沢清流

●決勝トーナメント進出戦

大 和
桐蔭学園 ── 大 和
弥 栄 ── 弥 栄
海老名
伊勢原 ── 伊勢原
白鷗女子
横浜翠陵 ── 横浜翠陵
湘南台

●予選リーグ

A	白鷗女子	多摩	法政国際	大和	順位
白鷗女子		2-0	1-0	0-3	2
多摩	0-2		3-3	1-6	4
法政国際	0-1	3-3		0-1	3
大和	3-0	6-1	1-0		1

B	湘南台	慶應湘南藤沢	相模女子大	弥栄	順位
湘南台		1-0	1-0	0-1	2
慶應湘南藤沢	0-1		0-1	0-14	4
相模女子大	0-1	1-0		0-1	3
弥栄	2-1	14-0	1-0		1

C	伊勢原	桐蔭学園	厚木東	順位
伊勢原		7-1	9-0	1
桐蔭学園	1-7		4-0	2
厚木東	0-9	0-4		3

D	横浜翠陵	海老名	市立幸	順位
横浜翠陵		1-0	6-0	1
海老名	0-1		3-0	2
川崎市立幸	0-6	0-3		3

山梨県
●決勝トーナメント

日本航空
富士北稜
甲府商
帝京第三

日本航空

〈3位決定戦〉
富士北稜
甲府商 ── 甲府商

新潟県
●決勝トーナメント
開志学園JSC / 国際情報 / ※合同A / 北越 / ※合同B / 帝京長岡 → 開志学園JSC
※合同A=小千谷・長岡・長岡商・三条東
※合同B=高田・高田商・関根学園
〈3位決定戦〉
※合同A / 北越 → 北越

長野県
●決勝トーナメント
松商学園 / ※合同A / 野沢南 / 諏訪二葉 / 大町岳陽 / 佐久長聖 / 上田西 / 塩尻志学館 / ※合同B / 東海大諏訪 → 松商学園
※合同A=明科・ウェルネス筑北
※合同B=辰野・長野日大・飯山

富山県
●決勝トーナメント
富山第一 / 高岡商 / 呉羽 / 富山国際大付 → 富山国際大付
〈3位決定戦〉
富山第一 / 呉羽 → 富山第一

石川県
●決勝トーナメント
星稜 / 金沢市立工 / 大聖寺 / 七尾 / 金沢伏見 → 星稜

福井県
福井工大福井

静岡県
●決勝トーナメント
磐田東 / 藤枝西 / 桐陽 / 東海大静岡翔洋 / 藤枝順心 / 静岡大成 / 磐田北 / 常葉大橘 → 藤枝順心

●予選リーグ

上位	藤枝順心	磐田東	常葉大橘	東海大静岡翔洋	順位
藤枝順心		0-1	1-1	1-0	3
磐田東	1-0		0-1	1-0	1
常葉大橘	1-1	1-0		1-1	2
東海大静岡翔洋	0-1	0-1	1-1		4

下位A	桐陽	吉原	加藤クリストファー	沼津西	藤枝西	順位
桐陽		1-0	1-2	4-0	2-0	1
吉原	0-1		1-2	2-0	2-0	3
加藤クリストファー	2-1	2-1		2-0	0-1	3
沼津西	0-4	0-2	0-2		0-2	5
藤枝西	0-2	2-2	1-0	2-0		2

下位B	清流館	磐田北	清水国際	清水南	静岡大成	順位
清流館		0-0	3-0	4-0	2-3	3
磐田北	0-0		3-0	5-0	3-0	1
清水国際	0-3	0-5		0-3	0-3	5
清水南	0-4	0-1	1-0		0-2	4
静岡大成	3-2	0-3	2-0	2-0		2

●下位リーグ1位決定戦
桐陽 1-0 静岡大成
●下位リーグ3位決定戦
藤枝 1-2 磐田北

愛知県
●決勝トーナメント
聖カピタニオ女子 / 岡崎商 / 岡崎朋 / 岡崎東 / 松蔭 / 旭丘 / ※合同 / 安城 / 愛知啓成 / 至学館 / 一宮商 / 時習館 / 南山 / 岩倉総合 / 椙山女学園 / 豊川 → 豊川
※合同=春日井東・名経大市邦・菊華
〈3位決定戦〉
聖カピタニオ女子 / 至学館 → 聖カピタニオ女子

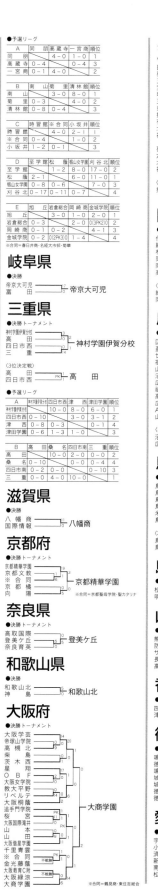

●予選リーグ

A	同朋	高蔵寺	一宮商	順位
同朋		4-0	1-0	1
高蔵寺	0-4		0-4	3
一宮商	0-1	4-0		2

B	南山	菊里	清林館	順位
南山		3-0	8-0	1
菊里	0-3		4-0	2
清林館	0-8	0-4		3

C	時習館	※合同	小坂井	順位
時習館		4-0	2-1	1
※合同	0-4		0-3	3
小坂井	1-2	0-1		2

D	至学館	松蔭	椙山女学園	刈谷北	順位
至学館		1-2	8-0	17-0	1
松蔭	2-1		6-0	11-0	2
椙山女学園	0-8	0-6		7-0	3
刈谷北	0-17	0-11	0-7		4

E	旭丘	岩倉総合	岡崎商	金城学院	順位
旭丘		3-0	2-0	3-0	1
岩倉総合	0-3		2-0	0(3PK2)0	2
岡崎商	0-2	0-2		1-4	3
金城学院	0-2	0(2PK3)0	1-4		4

岐阜県
●決勝
帝京大可児 / 富田 → 帝京大可児

三重県
●決勝トーナメント
神村学園伊賀分校 / 高田 / 四日市西 / 三重 → 神村学園伊賀分校
〈3位決定戦〉
高田 / 四日市西 → 高田（PK）

●予選リーグ

A	神村学園伊賀分校	四日市西	津	津田学園	順位
神村学園伊賀分校		10-0	3-0	6-0	1
四日市西	0-10		3-0	3-1	2
津	0-3	0-3		3-0	3
津田学園	0-6	1-3	1-0		3

B	高田	桑名	四日市南	三重	順位
高田		10-0	2-0	0-0	2
桑名	0-10		0-4	0-4	4
四日市南	0-2	0-0		1-0	3
三重	0-0	4-0	10-0		1

滋賀県
●決勝
八幡商 / 国際情報 → 八幡商

京都府
●決勝トーナメント
京都精華学園 / 京都文教 / ※合同 / 京都橘 / 向陽 → 京都精華学園
※合同=京都聖母学院・聖カタリナ

奈良県
●決勝トーナメント
高取国際 / 登美ケ丘 / 奈良育英 → 登美ケ丘

和歌山県
●決勝
和歌山北 / 神島 → 和歌山北

大阪府
●決勝トーナメント
大阪学芸 / 帝塚山学院 / 高槻北 / 柴島 / 茨木西 / 星翔 / OBF / 大阪女学院 / 教大平野 / リベルテ / 大阪桐蔭 / 追手門学院 / 桜宮 / 大阪国際滝井 / 山田 / 大阪偕星学園 / 千里青雲 / ※合同 / 金光藤蔭 / 大阪暁光R附 / 大阪緑涼 / 大商学園 → 大商学園
※合同=鶴見商・東住吉総合

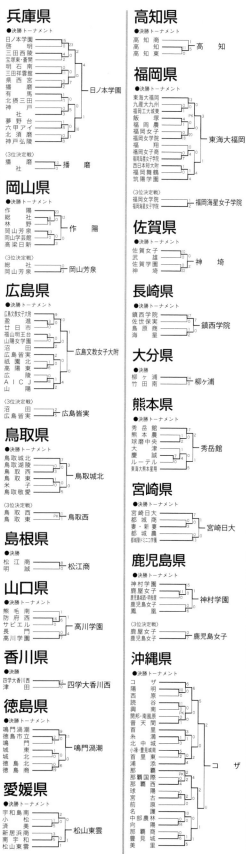

兵庫県
●決勝トーナメント
日ノ本学園 / 啓明 / 三田西陵 / 宝塚東・蒼開 / 明石南 / 三田祥雲館 / 県西宮 / 播磨 / 有馬 / 北摂三田 / 神戸 / 社 / 夢野台 / 六甲アイ / 北須磨 / 神戸弘陵 → 日ノ本学園
〈3位決定戦〉
播磨 / 社 → 播磨

岡山県
●決勝トーナメント
作陽 / 総社 / 林野 / 岡山芳泉 / 岡山学芸館 / 高梁日新 → 作陽
〈3位決定戦〉
総社 / 岡山芳泉 → 岡山芳泉

広島県
●決勝トーナメント
広島文教女子大附 / 盈進 / 廿日市市 / 福山明王台 / 山陽女学園 / 沼田 / 広島皆実 / 祇園北 / 高陽東 / 広 / AICJ / 山陽 → 広島文教女子大附
〈3位決定戦〉
沼田 / 広島皆実 → 広島皆実

鳥取県
●決勝トーナメント
鳥取城北 / 鳥取湖陵 / 鳥取西 / 鳥取東 / 米子 / 鳥取敬愛 → 鳥取城北
〈3位決定戦〉
鳥取西 / 鳥取東 → 鳥取西（PK）

島根県
●決勝
松江商 / 明誠 → 松江商

山口県
●決勝トーナメント
熊毛南 / 防府西 / サビエル / 長門 / 高川学園 → 高川学園

香川県
●決勝
四学大香川西 / 津田 → 四学大香川西

徳島県
●決勝トーナメント
鳴門渦潮 / 徳島市立 / 鳴門 / 城東 / 城北 / 徳島北 / 徳島商 → 鳴門渦潮

愛媛県
●決勝トーナメント
宇和島南 / 小松 / 済美 / 新居浜南 / 南宇和 / 松山東雲 → 松山東雲

高知県
●決勝トーナメント
高知商 / 高知 / 高知東 → 高知

福岡県
●決勝トーナメント
東海大福岡 / 九産大九州 / 福岡工大城東 / 飯塚 / 福岡農 / 福岡女学院 / 福翔 / 福岡女子商 / 福岡海星女子学院 / 西日本短大附 / 福岡舞鶴 / 筑陽学園 → 東海大福岡
〈3位決定戦〉
福岡女学院 / 福岡海星女子学院 → 福岡海星女子学院

佐賀県
●決勝トーナメント
佐賀女子 / 武雄 / 佐賀学園 / 神埼 → 神埼

長崎県
●決勝トーナメント
鎮西学院 / 佐世保実 / 島原商 / 海星 → 鎮西学院

大分県
●決勝
柳ヶ浦 / 竹田南 → 柳ヶ浦

熊本県
●決勝トーナメント
秀岳館 / 熊本農 / 球磨中央 / 大津 / 慶誠 / ルーテル / 東海大熊本星翔 → 秀岳館

宮崎県
●決勝トーナメント
宮崎日大 / 都城商 / 妻・新妻 / 都城農 / 都城東ドミニコ学園 → 宮崎日大

鹿児島県
●決勝トーナメント
神村学園 / 鹿屋女子 / 鹿児島純心女子 / 鹿児島女子 / 鳳凰 → 神村学園
〈3位決定戦〉
鹿屋女子 / 鹿児島女子 → 鹿児島女子

沖縄県
●決勝トーナメント
コザ / 陽明 / 西原 / 読谷 / 興南 / 開邦・南風原 / 普天間 / 首里 / 糸満 / 北中城 / 小禄・豊見城南城 / 首里東 / 浦添 / 那覇 / 那覇国際 / 那覇西 / 球陽 / 宮古 / 前原 / 名護 / 中部農林 / 向陽 / 那覇商業 / 豊見城 / 美里 → コザ

▼後半15分、右サイドのタッチライン際からドリブルで持ち込んだFW池口がクロスを上げると、GKの頭上を越えゴールに。待望の先制点に歓喜

神村学園は試合開始直後からハイプレスで藤枝順心の自由を奪う。寺師監督は「後半も足が止まらなかった」と選手を讃えた

辛抱強く 藤枝順心、
2年ぶり4度目の日本一
神村学園は14年ぶりの優勝ならず

神村学園キャプテンのMF菊池は両チーム最多の6本のシュートを放った。決定機も作ったが得点は奪えず

戦評　神村学園のハイプレスに耐えて得点した藤枝順心

　藤枝順心は準決勝同様、前線の3枚である頂点のFW池口を起点に両ワイドのFW小原、斉藤のドリブル突破からチャンスを窺う。また、池口の両脇をMF金子、柳瀬がスペースを使いながらゴールへと迫る。守備はアンカーに入っているMF浅野が攻守にバランスを取り、DFラインは主将のDF長江を中心に守備をする。対する神村学園は攻守にわたり距離間が良く、攻撃では塚田、田上の2トップの関係性から前向きのMF菊池、溝上ら3人目の攻撃でゴールへと迫る。守備では1stDFのプレッシングからボールを奪われた後の回収が早く、攻守の切り替えの早さが特徴的であった。後半もハードワークしたが、徐々に間延びすることが目立ってきた。迎えた15分、藤枝順心が池口の値千金のゴールでリードする。神村学園は直後から選手交代を交えながら前線がパワーを持った攻撃でゴールへと迫るが、最後まで粘り強く守り切った藤枝順心が4度目の優勝を果たした。

井尻真文（星翔高校）

第24回大会決勝と同カードとなったこの試合、優勝旗を手にしたのは再び藤枝順心。多々良監督は「辛抱強くなった。持ち味の粘り強さが出た象徴的なゲームでした」

準決勝　藤枝順心　2
　　　　　修徳　　　1

藤枝順心、後半45分に決勝ゴール
堅守速攻の修徳、4度目の準決勝も涙

左SBから果敢なオーバーラップを見せた藤枝順心DF角田。後半45分に左サイドからクロス気味のシュートを決めた

後半3分、修徳は得意の奪ってからの速攻でオウンゴールを呼び同点に追いつく

戦評　シュート14本を放たれた修徳、最後に屈する

修徳は全体的に守備意識が非常に高く、守備の原理原則が徹底されており、加えて全員がハードワークし、オーガナイズされている。対する藤枝順心の攻撃は前線3枚のFW池口を頂点に右のFW小原、左のFW斉藤がサイドの起点となり、ドリブル突破、2列目のMF柳瀬、金子が効果的なスペースを狙いながらゴールへ迫る。守備は予測の早いプレッシングでボールを中心に守備をする。前半28分には右サイドの小原が粘り強く仕掛けて、質の高いクロスボールから池口がヘディングシュートを決めて先制点を奪う。後半3分に修徳は右サイドの高い位置でボールを奪い、FW片山が中央へ入れたボールをGKが弾く。このこぼれ球を途中交代のFW小林が右足を振り抜き、DFに当たって同点に追いつく。後半の修徳は、前半に起点を作られたサイドにSHのポジショニングを落として封じ、戦術理解の高さを窺わせた。しかし試合終了間際、藤枝順心のDF角田が左45度付近からニアサイドにゴールを決め、藤枝順心が決勝戦へ駒を進めた。

井尻真文（星翔高校）

神村学園、4年ぶりのファイナルへ
初のベスト4へ進出した大阪学芸、必死の守備も一歩及ばず

準決勝

神村学園　1
大阪学芸　0

◀後半30分、神村学園は左CKからこぼれ球をFW近藤が押し込み貴重な1点を挙げる

集中力の高い守り合いとなった一戦。中盤では激しい攻防が続いた

戦評　選手交代から流れを変え決勝点を生んだ神村学園

神村学園は前線からの積極的な守備でボールを奪う場面を多く作り出し、またセカンドボールの回収も早い。攻撃ではMF愛川、菊池の両ボランチがうまくバランスを取りながら攻撃参加し、前線の選手が流動的なポジションチェンジで多彩な攻撃を繰り広げた。対する大阪学芸も守備の意識は高いが、1stDFの決定がはっきりしない。しかしGK津田やDF陣を中心に猛攻を幾度となく防ぐ。後半、大阪学芸は前線からのハイプレスで流れを掴む。2分にFW矢野を投入し攻撃の起点を作りゴールに迫った。神村学園はハイプレスで押し込まれて

いたが、少しずつ落ち着きを取り戻す。12分にMF吉留、22分にFW近藤を投入し、前線に勢いのある選手を置き得点を奪いにいく。25分過ぎからゴール前でのチャンスが増え、その流れで奪ったCKのこぼれ球を近藤が押し込み待望の先制点を奪った。その後、大阪学芸は32分にFW西山、38分にDF山本とスピードある選手を投入し、前線へボールを供給しゴールを脅かすも、神村学園は最後まで集中を切らさず守り抜き決勝進出を決めた。

安田真季（大阪桐蔭高校）

第1回戦　1月3日

前橋育英（関東1/群馬）0 (0-1 / 0-0) 1 日ノ本学園（関西1/兵庫）★

三木総合防災公園第2陸上競技場　主 小泉朝香　副 森川雅也、松岡伸幸

得	S	学		選手	背	背	選手		学	S	得
0	0	③	GK	伊藤 有里彩	12	1	小笠原 梨紗	GK	③	0	0
0	0	②	DF	鈴木 紋伽	3	2	沖田 有由	DF	②	0	0
0	0	②	DF	藤田 笑歌夏	5	3	竹重 杏奈理	DF	②	0	0
0	0	①	DF	米沢 萌	6	5	渡邊 那奈	DF	③	0	0
0	0	①	DF	相澤 希	25	6	上田 佳奈	MF	③	0	0
0	0	③	MF	小林 真希	9	7	箕輪 千慧	MF	②	0	0
0	0	❸	MF	野口 珠里	8	10	平井 杏幸	MF	③	2	①
0	0	①	MF	伊藤 朱音	23	11	増永 朱里	MF	③	0	0
0	0	①	MF	関根 実咲	26	14	篠田 帆花	MF	①	1	0
0	3	②	FW	木村 華恋	14	25	與那覇 璃音	MF	②	0	0
0	0	①	FW	木村 藍	24	9	山下 寧	FW	②	0	0

【交代】（前橋育英）小林真希→山際知莉(53分)、相澤希→飯芽瓜里(71分)、関根実咲→松本和笑(71分) /（日ノ本学園）篠田帆花→井野梨音(33分)、山下寧→嶋田華(61分)、井野梨音→山田瑞穂(72分)
【得点】（日ノ本学園）平井杏幸(18分)

十文字（関東5/東京）★ 3 (3-0 / 0-0) 0 作陽（中国1/岡山）

三木総合防災公園陸上競技場　主 籍方実央　副 浜根利之、青柳彰洋

得	S	学		選手	背	背	選手		学	S	得
0	0	①	GK	白尾 朱寧	3	1	中村 香苗	GK	③	0	0
0	0	②	DF	杉澤 海星	3	2	松村 菜美	DF	③	0	0
0	0	③	DF	月東 優季乃	4	3	大西 歩花	DF	③	1	0
0	0	②	DF	田頭 花菜	6	4	本多 実夏子	DF	②	0	0
0	0	②	MF	落合 依和	14	9	神田 絢音	DF	❸	0	0
0	0	②	MF	藤田 美優	5	5	伊勢 さつき	MF	②	5	0
0	0	②	MF	村田 莉菜	7	6	岡本 亜子	MF	③	0	0
0	2	❸	MF	三谷 和華奈	8	7	江崎 世来	MF	③	0	0
1	1	③	MF	渡邉 優	13	8	井手段 祐希	MF	①	1	0
1	4	①	FW	藤野 あおば	9	10	森田 美紗希	MF	③	0	0
0	0	①	FW	原田 えな	10	12	兼島 琴未	FW	③	0	0

【交代】（十文字）原田えな→松久琹南(57分)、渡邉優→野中遥陽(68分)、村田莉菜→濱浦李花(76分)、落合依和→長若奈(79分)、杉澤海星→稲垣志峰(80+2分) /（作陽）本多実夏子→原田咲綺(HT)、兼島琴未→森宙海(68分)、井手段祐希→前田佳澄(73分)
【得点】（十文字）オウンゴール(13分)、渡邉優(17分)、藤野あおば(31分)

宇都宮文星女子（関東7/栃木）0 (0-1 / 0-4) 5 藤枝順心（東海2/静岡）★

みきぼうパークひょうご第2球技場　主 黒島有希　副 小久保遼、佐藤翔太

得	S	学		選手	背	背	選手		学	S	得
0	0	❸	GK	伊東 美和	1	1	松井 里央	GK	③	0	0
0	0	②	DF	秋山 明日香	3	3	大道 葵	DF	③	0	0
0	0	②	DF	猪口 弥南	8	2	角田 奏々子	DF	③	0	0
0	0	①	DF	池田 千春	10	10	長江 伊吹	DF	❸	2	0
0	0	②	DF	曽雌 佑香	16	25	井手 ひなた	DF	①	0	0
0	0	②	MF	久留生 唯奈	14	4	浅野 綾花	MF	③	0	0
0	0	①	MF	玉田 紫菜	4	7	金子 麻優	MF	③	4	②
0	2	②	MF	和久井 玲良	20	8	柳瀬 楓奈	MF	③	0	0
0	0	②	FW	猪口 遥南	7	14	小原 蘭菜	FW	③	3	①
0	1	②	FW	黒須 菜緒	11	13	池口 響子	FW	③	3	①
0	0	①	FW	檜山 恵	24	27	斉藤 花菜	FW	①	0	0

【交代】（宇都宮文星女子）猪口遥南→大坪実夢(57分)、秋山明日香→齋藤々衣(65分) /（藤枝順心）後藤花染→渡辺凛(HT)、池口響子→大道奏→堀内意(55分)、小原蘭菜→栗田桃子(61分)、柳瀬楓菜→谷穂花(68分)
【警告】（宇都宮文星女子）久留生唯奈(70分)
【得点】（藤枝順心）小原蘭菜(3分)、池口響子(47分)、野嶋彩未(52分)、金子麻優(58分、71分)

星槎国際湘南（関東3/神奈川）4 (3-0 / 1-0) 0 四学大香川西（四国1/香川）

三木総合防災公園第2陸上競技場　主 萩尾麻衣子　副 大瀬良篤、塩見哲也

得	S	学		選手	背	背	選手		学	S	得
0	0	③	GK	遠藤 希々花	16	1	蜂須賀 桃花	GK	②	0	0
0	0	②	DF	武 莉子	2	2	河原 真子	DF	③	1	0
1	2	③	DF	黒柳 智世	3	5	弥園 真奈	DF	③	0	0
0	0	①	DF	鈴木 真央	15	15	秋山 みゆき	DF	①	0	0
0	0	②	DF	青木 姫樹	20	27	低田 妃良莉	DF	①	0	0
0	0	②	MF	高橋 未有	4	3	菅野 瑞	MF	③	1	0
1	1	③	MF	針生 理瑛	7	6	堀之内 真夕	MF	❸	0	0
0	1	①	FW	松尾 美乃	8	7	人見 有咲	MF	②	0	0
1	1	②	FW	黒古 ひとみ	10	10	井上 京香	MF	③	0	0
0	1	③	FW	高橋 沙矢香	11	11	酒野 円花	FW	③	0	0
0	2	①	FW	鈴木 陽笑	13	13	西山 菜々	FW	①	0	0

【交代】（星槎国際湘南）鈴木真央→大野りく(HT)、松尾美乃→松財真子(61分)、黒古ひとみ→納屋満(64分)、鈴木陽笑→辻幸乃(73分)、青木姫樹→田代芽生(76分) /（四学大香川西）酒野円花→石橋春果(HT)、石橋春果→三谷麻菜(69分)
【得点】（星槎国際湘南）黒古ひとみ(21分)、針生理瑛(35分)、黒柳智世(37分)、大野りく(56分)

日本航空（関東4/山梨）★ 0 (0-0 / 0-3) 3 東海大福岡（九州2/福岡）

五色台運動公園メイングラウンド　主 赤木陽美　副 足立正輝、小林清訓

得	S	学		選手	背	背	選手		学	S	得
0	0	②	GK	横堀 美優	1	17	野美 彩花	GK	②	0	0
0	0	②	DF	漆間 里穂子	2	2	川名 遥香	DF	③	0	0
0	0	②	DF	奈良 百華	3	3	川上 千沙都	DF	❸	1	0
0	0	②	DF	大貫 心湖	4	5	薮田 みちる	DF	②	0	0
0	2	②	MF	中川 奈々	5	16	小緑 瑠夏	DF	②	0	0
0	0	①	MF	田中 萌泉	8	9	吉村 あかり	MF	①	0	0
0	0	①	MF	淀川 知華	9	10	赤尾 侑里	MF	③	1	①
0	0	❷	MF	久保川 莉南	19	20	香椎 彩香	MF	①	0	0
0	0	②	FW	谷島 利実	10	8	川野 愛華	FW	③	2	0
0	2	②	FW	小林 鈴花	11	6	森田 亜優	FW	③	0	0
0	0	①	FW	高梨 智穂	27	15	松崎 こころ	FW	①	2	①

【交代】（日本航空）中川奈々→橋本七海(62分)、久保川莉南→内田朱夏(68分) /（東海大福岡）薮田みちる→島愛香(52分)、島愛香→斉藤彩乃(66分)
【警告】（日本航空）淀川知華(22分)
【得点】（東海大福岡）松崎こころ(52分)、赤尾侑里(71分)、斉藤彩乃(80分)

開志学園JSC（北信越1/新潟）★ 4 (3-1 / 1-3) [6 PK 5] 4 秀岳館（九州4/熊本）

五色台運動公園サブグラウンド　主 中本早紀　副 竹内章、北村朋也

得	S	学		選手	背	背	選手		学	S	得
0	0	①	GK	清水 美来	21	1	竹内 美咲	GK	③	0	0
0	0	③	DF	唐沢 佑奈	7	3	伊藤 晶	DF	②	0	0
2	2	②	DF	工藤 古都子	3	5	原田 明子	DF	②	0	0
0	0	②	DF	平尾 愛穂	2	7	山本 夏央	DF	③	0	0
0	0	②	DF	佐々木 凜	12	6	益田 李依	DF	②	0	0
0	0	①	MF	川島 遥	8	15	重松 寿音	MF	②	0	0
0	0	❸	MF	小河原 彩花	7	8	水野 寧凪	MF	③	5	②
0	0	②	MF	稲村 雪乃	10	16	山本 香月	MF	②	0	0
0	0	②	MF	片山 柊	9	10	加田 菜	MF	③	5	①
0	1	①	FW	北沢 明未	13	4	濱田 紗妃	FW	③	3	①
0	0	①	FW	木暮 若葉	18	18	原 乃乃実	FW	②	0	0

【交代】（開志学園JSC）北沢明未→砂川莉里佳(59分)、川島遥→古本菜乃葉(72分)、唐沢佑奈→兜綺香(78分) /（秀岳館）原乃乃実→シンヒョリム(13分)
【得点】（開志学園JSC）北沢明未(14分)、工藤古都子(17分、45分)、木暮若葉(31分) /（秀岳館）濱田紗妃(4分)、シンヒョリム(49分)、水野寧凪(72分、79分)

聖和学園（東北2/宮城）0 (0-0 / 0-0) [4 PK 5] 0 神戸弘陵学園（開催県/兵庫）★

いぶきの森球技場Bグラウンド　主 朝倉みな子　副 野口健太郎、久保雅範

得	S	学		選手	背	背	選手		学	S	得
0	0	③	GK	大矢内 陽菜	1	1	合田 朱里	GK	②	0	0
0	0	③	DF	夏目 歩実	2	2	三丸 あい	DF	①	0	0
0	0	②	DF	高橋 朝静	12	3	遠山 清瀬	DF	①	0	0
0	0	①	DF	長谷川 来夢	21	4	太田 千颯	DF	②	0	0
0	2	❸	MF	宮田 あすか	7	18	北野 寛奈	DF	①	0	0
0	0	②	MF	田邊 寧	8	7	大場 柚季	MF	②	0	0
0	0	①	MF	櫻井 寧々	19	11	河村 祐実	MF	❸	0	0
0	1	①	MF	樋口 結菜	28	14	鈴木 茉理	MF	②	0	0
0	1	②	MF	櫻井 まどか	29	9	安井 夏帆	MF	①	0	0
0	1	①	FW	野中 花	10	5	竹内 彩加	FW	②	0	0
0	1	③	FW	櫻庭 琴乃	11	13	坊ノ内 希愛	FW	②	0	0

【交代】（聖和学園）樋口結菜→柳原希帆(49分)、田邊寧→鹿山美玖(65分)、櫻井まどか→高橋朝静(80+3分)、櫻井寧々→木村遥菜(HT) /（神戸弘陵学園）坊ノ内希愛→木村遥菜、三丸あい→佐藤伽蓮(60分)、鈴木茉理→村上あい(65分)、安井夏帆→尾崎杏(77分)

AICJ（中国3/広島）★ 0 (0-1 / 0-0) 1 修徳（関東7/東京）

いぶきの森球技場Aグラウンド　主 吉永真紀　副 相良和樹、畑中あずさ

得	S	学		選手	背	背	選手		学	S	得
0	0	①	GK	富永 若葉	1	1	大原 もも	GK	③	0	0
0	0	①	DF	小田 こころ	3	2	脇 美音子	DF	②	0	0
0	0	②	DF	政岡 那奈子	8	5	谷口 愛奈	DF	③	1	0
0	0	①	DF	櫻田 真衣	6	7	長友 優	DF	②	0	0
0	0	①	DF	坂本 葵彩	9	15	佐藤 理々香	DF	③	0	0
0	0	①	DF	岸波 優妃	10	6	栃谷 美羽	MF	③	2	①
0	0	①	MF	中谷 和月	5	10	堀井 綾乃	MF	②	0	0
0	1	①	MF	疋田 咲来	12	8	三尾 梨々子	MF	③	0	0
0	0	①	MF	鶴岡 朱音	13	4	武井 ののこ	FW	❸	2	0
0	0	①	FW	松川 杏美	4	11	高橋 潤	FW	③	1	0
0	1	①	FW	植野 沙耶	7	19	片山 由奈	FW	②	1	0

【交代】（AICJ）中谷和月→江藤侑生(48分)、政岡那奈子→井上歩乃華(64分) /（修徳）高橋潤→土谷葵(49分)、武井ののこ→小林愛果(49分)
【得点】（修徳）栃谷美羽(20分)

第1回戦

神村学園 4 (3-0 / 1-1) 1 文教大明清
（九州1/鹿児島）★ ／ （北海道1）
1月3日　みきほうパークひょうご第1球技場
主 桐原純子　副 福岡渉・石原良徳

得	S	学		神村学園	背	背	文教大明清		学	S	得
0	0	②	GK	若松 杏海	1	1	齊藤 菜々香	GK	②	0	0
0	0	②	DF	國生 乃愛	2	6	高野瀬 紫苑	DF	❸	0	0
0	2	③	DF	西尾 彩花	5	6	石井 愛実	DF	③	0	0
0	0	③	DF	豊村 文香	11	11	齊藤 理子	DF	③	0	0
0	0	①	DF	神水流 琴望	19	17	佐々木 美悠	MF	③	1	0
0	1	③	MF	溝上 可夏	4	2	三上 舞佳	MF	③	0	0
1	2	①	MF	愛川 陽菜	7	4	江藤 里桜奈	MF	①	0	0
1	1	①	MF	田上 歩実	8	14	及川 小枝	MF	③	0	0
0	0	①	MF	桂 亜依	10	10	井田 久美子	MF	①	3	0
2	8	❸	MF	菊池 まりあ	6	24	宮下 侑奈	FW	①	0	0
0	3		MF	近藤 千寛	9						

【交代】(神村学園) 近藤千寛→河野すず (HT)、愛川陽菜→古川華菜 (53分)、田上歩実→椎屋恵美瑠 (56分)、桂亜依→杉本真珠 (68分)、神水流琴望→藤本日菜 (73分) 【文教大明清】三上舞佳→坂本美南 (33分)、齊藤理子→猪又日菜 (HT)、宮下侑奈→及川桃 (HT)、井田久美子→薬師愛美 (52分)
【得点】(神村学園) 桂亜依 (4分、38分)、田上歩実 (28分)、愛川陽菜 (51分) / (文教大明清) 猪又日菜 (41分)

帝京長岡 4 (2-1 / 2-0) 1 広島文教大附
（北信越2/新潟）★ ／ （中国2/広島）
1月3日　五色台運動公園サブグラウンド
主 大谷美珠　副 渡辺一期、トリムジョハイヤ

得	S	学		帝京長岡	背	背	広島文教大附		学	S	得
0	0	②	GK	馬場 ひなの	1	1	渡部 愛生	GK	③	0	0
0	0	②	DF	鈴木 碧	3	2	山本 蕗	DF	②	0	0
1	3	③	DF	南里 杏	4	3	広重 柚那	DF	②	0	0
0	0	②	DF	越路 萌永	5	4	難波 桃子	DF	❸	1	1
0	0	②	DF	鈴木 菫	11	13	西川 姫花	DF	②	0	0
1	4	③	MF	三田 幸望	7	7	尾方 彩瑚	MF	②	1	0
1	2	②	MF	横山 加奈	6	8	岡本 希	MF	③	0	0
1	2	②	MF	宮嵜 彩菜	10	9	清水 杏奈	MF	③	0	0
0	1	③	MF	毛利 ひより	15	14	伊藤 明里	MF	③	2	0
0	0	②	FW	寺田 妃花	30	11	大田 朱莉	MF	②	0	0
						13	新谷 桃菜	FW	③	0	0

【交代】(帝京長岡) 毛利ひより→佐々木琴美 (53分)、宮嵜彩菜→ンザング丹羽茜澄美 (58分)、横山加奈→安島美優 (64分)、寺田妃花→崎田朱莉 (70分)、南里杏→黒川愛奈 (73分) 【広島文教大附】清水杏奈→志濃原優昌 (51分)、新谷桃菜→寺村穂香 (58分)、西川姫花→村上穂乃実 (64分)、大田朱奈→金重美奈 (72分)、山本蕗→吉村弥夢 (76分)
【得点】(帝京長岡) 南里杏 (17分)、三田幸望 (33分)、横山加奈 (49分)、宮嵜彩菜 (55分) / (広島文教大附) 難波桃子 (29分)

専大北上 0 (0-1 / 0-1) 2 大商学園
（東北3/岩手） ／ （関西2/大阪）★
1月3日　みきほうパークひょうご第2陸技場
主 上田千尋　副 佐藤浩太、中川稜絆

得	S	学		専大北上	背	背	大商学園		学	S	得
0	0	③	GK	稲荷 沙希	1	12	竹下 奏彩	GK	②	0	0
0	0	③	DF	中島 優希	3	2	田中 万梨乃	DF	③	0	0
0	0	②	DF	泉 穂奈美	4	4	渡邊 澪	DF	②	0	0
0	0	②	DF	阿部 沙梨菜	7	6	伊東 珠梨	DF	②	3	1
0	0		DF	舘澤 紗花	15	8	稲垣 真衣	DF	③	0	0
0	0	❸	MF	佐々木 玲樺	10	5	北田 琴理	MF	③	0	0
0	0	①	MF	及川 純奈	16	3	大住 六花	MF	③	2	0
0	1	③	MF	二瓶 華実	9	7	高原 天音	MF	❸	2	1
0	1	②	FW	伊藤 心愛	11	14	北岡 梨愛里	MF	②	0	0
0	1	②	FW	三井 瑠来	14	11	森 文佳	FW	③	0	0
0	1		FW	川村 瑠葵	13	13	河原林 紬	FW	②	0	0

【交代】(専大北上) 二瓶華実→小野寺紘那 (71分) / (大商学園) 稲垣真衣→宮本妃菜里 (50分)、大住六花→中津留彩奈 (61分)、河原林紬→福田陽菜 (67分)、高原天音→木村円香 (79分)
【得点】(大商学園) 伊東珠梨 (3分)、高原天音 (55分)

大谷室蘭 1 (1-0 / 0-1) 1 聖カピタニオ女子 [5 PK 4]
（北海道2）★ ／ （東海3/愛知）
1月3日　いぶきの森球技場Aグラウンド
主 一木千広　副 中村翔太、岩崎智広

得	S	学		大谷室蘭	背	背	聖カピタニオ女子		学	S	得
0	0	③	GK	浦崎 瑚乃美	1	17	野村 彩衣	GK	③	0	0
0	0		DF	橘 朱音	2	4	大石 光莉	DF	③	0	0
0	2	③	DF	成澤 遥香	3	5	石原 叶絵	DF	③	0	0
0	0		DF	米田 萌花	4	16	前川 菜瑠	DF	③	0	0
0	0		DF	石川 りん	5	6	八島 理子	DF	③	0	0
0	1	②	MF	宇佐美 愛	6	7	鈴木 栄美里	MF	③	0	0
1	1	③	MF	堀内 千尋	10	8	青木 満菜	MF	③	1	0
1	3	②	MF	落合 夏海	8	9	井上 美梨	MF	③	1	0
0	0	③	FW	富田 愛央	23	13	塩川 莉有	MF	③	0	0
0	0		FW	奥田 琴美	9	14	上田 真子	MF	③	1	0
0	1		FW	久野 日芽香	24	10	落合 凪琉	FW	❸	1	0

【交代】(大谷室蘭) 堀内千尋→遠藤光ノ美 (60分)、宇佐美愛→安達沙綾 (69分)、成澤遥香→保里あづさ (72分)、富田愛央→馬場彩芽 (79分)、落合夏海→荒谷美紀 (79分) / (聖カピタニオ女子) 八島理子→柏植杏海 (33分)、野村彩衣→田中心慶 (79分)
【得点】(大谷室蘭) 堀川千尋 (11分) / (聖カピタニオ女子) 柏植杏海 (58分)

工大福井 6 (3-0 / 3-1) 1 京都精華学園
（北信越3/福井） ／ （関西4/京都）
1月3日　いぶきの森球技場Aグラウンド
主 園師えりな　副 和田雄次、島聡敏

得	S	学		工大福井	背	背	京都精華学園		学	S	得
0	0	③	GK	斎藤 朋風	1	12	梅北 葵	GK	①	0	0
0	1	③	DF	長谷山 真優美	2	2	藤本 希梨	DF	①	0	0
0	0	①	DF	一井 美咲	3	4	若林 真美	DF	③	0	0
1	1	③	DF	桝本 ももこ	4	10	千本 翔子	DF	③	0	0
0	0	③	DF	長友 祭	5	14	桃原 愛歌	DF	①	0	0
1	2	③	MF	中川 冬萌	6	6	森 三紘	MF	③	0	0
1	2	❸	MF	大橋 怜果	7	7	青木 美彩生	MF	③	0	0
1	2	①	MF	奥田 愛理	8	8	高萩 歩々花	MF	❸	1	0
1	7	③	FW	松原 凪	9	9	堀内 明紗実	MF	③	0	0
1	6	③	FW	幹戸 由朋	10	18	小森 愛巳	FW	①	1	1
1	3	①	FW	久保 華恩	30						

【交代】(工大福井) 久保華恩→古山星音 (65分)、中川冬萌→舘澤凪海 (70分)、大橋怜果→伊藤三奈 (76分)、長谷山真優美→福田望愛 (76分)、長友祭→櫻川みそら (79分) / (京都精華学園) 堀内明紗実→丸山日和 (18分)、森三紘→成田瀧可 (HT)、高萩歩々花→西田莉子 (73分)
【得点】(工大福井) 大橋怜果 (1分)、桝本ももこ (16分)、幹戸由朋 (32分)、久保華恩 (56分)、奥田愛理 (69分)、松原凪 (71分) / (京都精華学園) 小森愛巳 (49分)

健大高崎 0 (0-5 / 0-1) 6 鳴門渦潮
（関東6/群馬） ／ （四国1/徳島）★
1月3日　五色台運動公園メイングラウンド
主 的崎睦子　副 寺岡大輔、亀田詩真

得	S	学		健大高崎	背	背	鳴門渦潮		学	S	得
0	0	③	GK	磯田 涼花	1	42	森松 紗羅	GK	②	0	0
0	0	③	DF	酒井 康帆	3	3	作田 梨乃	DF	③	0	0
0	0	③	DF	反町 瑞穂	5	4	橋本 菜月	DF	③	0	0
0	0	②	DF	金井 彩弥	17	5	大崎 梨香	DF	③	0	0
0	0	③	DF	関口 伊奈	20	13	清 悠杏	DF	③	0	0
0	0	❸	MF	山中 花梨	6	28	黒田 一絹	MF	③	0	0
0	0	②	MF	田中 結衣	8	7	長谷原 彩音	MF	③	1	0
0	0	①	MF	岩瀬 海夕	9	9	岡 百々花	FW	③	1	0
0	0	②	MF	本間 萌恵	10	11	小畑 羅南	FW	③	5	4
0	0	③	FW	南實 咲稀	11	10	原田 和佳	FW	③	1	0
						30	古谷 優理亜	FW	③	0	0

【交代】(健大高崎) 金井彩弥→椛史佳 (23分)、本間弥来→小原瑠南 (HT)、南濱咲稀→松本美羽 (53分)、岩瀬海夕→小林桜 (67分)、田中結衣→久保詩織 (76分) / (鳴門渦潮) 古谷優理亜→杉岡美空 (47分)、岡百々花→平野鈴空 (54分)、黒田一絹→白木美涼 (HT)、原田和佳→長谷原麻里萌 (71分)、小畑羅南→藤川麻里萌 (77分)
【得点】(鳴門渦潮) 原田和佳 (6分)、小畑羅南 (9分、10分、35分、40+2分)、白木美涼 (70分)

常葉大橘 1 (0-1 / 1-0) 1 鎮西学院 [5 PK 6]
（東海1/静岡）★ ／ （九州3/長崎）
1月3日　みきほうパークひょうご第1球技場
主 横田碧　副 木下博史、小堀将太郎

得	S	学		常葉大橘	背	背	鎮西学院		学	S	得
0	0	②	GK	工藤 リズム	1	1	小柳 有紅	GK	③	0	0
0	0	③	DF	市川 楓	3	3	金子 育未	DF	②	0	0
0	0	③	DF	加藤 瑞貴	4	4	大川内 結香	DF	③	0	0
0	0	❸	DF	山田 季樹	10	5	島内 日菜子	MF	②	0	0
0	0	②	DF	小林 愛佳	12	7	宗塚 天音	MF	③	0	0
0	0	①	DF	小泉 麻琴	25	9	松本 莉緒	MF	③	0	0
0	4	②	MF	築地 育	6	10	平坂 咲希	MF	③	0	0
0	0	③	MF	影山 未来	16	16	濱崎 穂波	MF	③	0	0
0	0	②	MF	稲葉 菜々香	24	4	常友 梓帆	MF	①	0	0
0	3	②	FW	名和 真理奈	8	8	江口 綾	FW	❸	1	0
0	1	②	FW	小林 莉々子	13	11	坂田 美優	FW	②	1	1

【交代】(常葉大橘) 影山未来→望月真妃 (54分) / (鎮西学院) 松本莉緒→木山優理 (58分)
【得点】(常葉大橘) 望月真妃 (57分) / (鎮西学院) 坂田美優 (13分)

大阪学芸 3 (3-0 / 0-0) 0 常盤木学園
（関西3/大阪） ／ （東北1/宮城）★
1月3日　三木総合防災公園陸上競技場
主 梶山芙紗子　副 奥村勇磨、岸田友論

得	S	学		大阪学芸	背	背	常盤木学園		学	S	得
0	0	③	GK	津田 明日翔	1	1	伊藤 春紀	GK	③	0	0
0	0	❸	DF	中尾 純菜	3	3	武田 悠	DF	③	0	0
0	0	③	DF	小原 愛生	6	6	堀内 璃子	DF	❸	0	0
0	0		DF	谷口 涼	4	4	三野 朱音	MF	③	0	0
0	1	③	DF	速見 リカコ	5	21	加藤 愛	MF	③	0	0
0	0		MF	前原 日向子	6	26	岸田 あかり	MF	③	0	0
0	0	③	MF	小林 結奈	26	8	藤井 映菜子	MF	②	0	0
1	1	③	MF	永田 晶子	11	9	寺尾 星奈	MF	③	2	0
0	0	②	MF	朝倉 加奈子	13	11	沖野 るせり	MF	③	0	0
0	0		FW	新田 萌夏	7	10	及川 莉子	FW	③	0	0
2	3	③	FW	矢野 梨紗	13	13	境 ひより	FW	③	1	0

【交代】(大阪学芸) 矢野梨紗→樋口梨瑚 (60分)、永田晶子→小林安美 (65分)、小林結奈→中川瑚々 (67分)、新田萌夏→星川彩 (76分) / (常盤木学園) 寺尾星奈→山本結菜 (HT)、武田悠→鈴木彩心 (HT)、藤井映菜子→星川彩 (76分)、岸田あかり→中澤凜 (76分)、及川莉子→齊藤綾音 (77分)
【警告】(常盤木学園) 加藤愛 (38分)
【得点】(大阪学芸) 永田晶子 (13分)、矢野梨紗 (20分、25分)

第2回戦 1月4日

日ノ本学園 (関西1/兵庫) 0 (0-0 / 0-0) 0 十文字 (関東5/東京) ★
4 PK 3

会場：三木総合防災公園陸上競技場　主：一木千広　副：萩尾麻衣子、神谷遼平

得	S	学		背	背		学	S	得
0	0	③	GK 小笠原 梨紗	1	1	白尾 朱寧 GK	②	0	0
0	0	②	DF 沖田 有由	2	3	杉澤 海星 DF	②	0	0
0	1	②	DF 竹重 杏歌理	3	4	月東 優季乃 DF	③	1	0
0	0	③	DF 渡邊 那奈	5	6	田頭 花菜 DF	②	0	0
0	0	①	MF 上田 佳奈	6	14	落合 依和 DF	①	0	0
0	1	①	MF 箕輪 千慧	7	5	藤田 美優 MF	②	0	0
0	2	③	MF 平井 杏幸	10	7	村田 莉菜 MF	②	0	0
0	2	③	MF 増永 朱里	11	8	三谷 和華奈 MF	❸	0	0
0	1	②	MF 山田 瑞穂	18	13	渡邉 優 MF	③	0	0
0	0	③	MF 與那覇 あおば	25	9	藤野 あおば FW	③	0	0
0	0	②	FW 山下 寧	9	10	原田 えな FW	③	0	0

【交代】(日ノ本学園) 山田瑞穂→鳴地華 (64分)、増永朱里→武田恵実 (79分)
【警告】(日ノ本学園) 小笠原梨紗 (PK方式)

藤枝順心 (東海2/静岡) 3 (3-0 / 0-0) 0 星槎国際湘南 (関東3/神奈川) ★

会場：三木総合防災公園陸上競技場　主：國師えりな　副：柳村彩乃、足立正輝

得	S	学		背	背		学	S	得
0	0	③	GK 松井 里央	1	16	遠藤 希々花 GK	③	0	0
1	1	③	DF 角田 菜々子	8	2	武 莉子 DF	②	0	0
0	0	❸	DF 長江 伊吹	10	3	黒柳 智世 DF	①	0	0
0	0	②	DF 宮本 仁奈	18	20	青木 姫樹 DF	①	0	0
0	0	①	DF 井手 ひなた	25	5	高橋 未有 MF	③	0	0
0	0	③	MF 浅野 綾花	4	6	針生 理菜 MF	③	1	0
0	1	③	MF 金子 麻優	6	8	松尾 美月 FW	②	1	0
0	2	②	MF 柳瀬 楓菜	19	7	黒古 ひとみ FW	③	2	0
1	3	③	FW 小原 蘭菜	7	10	高橋 沙矢香 FW	③	0	0
0	1	③	FW 池口 響子	13	13	鈴木 陽笑 FW	①	0	0
1	1	③	FW 斉藤 花菜	27					

【交代】(藤枝順心) 斉藤花菜→渡辺凛 (HT)、池口響子→野嶋奈米 (54分)、角田菜々子→堀内意 (67分)、小原蘭菜→甲斐奈菜 (71分)、渡辺凛→窓岩四凛 (78分)/(星槎国際湘南) 青木姫樹→大野りく (HT)、鈴木陽笑→辻幸乃 (60分)、針生理菜→納屋滴 (67分)
【得点】(藤枝順心) 斉藤花菜 (20分)、小原蘭菜 (22分)、角田菜々子 (34分)

東海大福岡 (九州2/福岡) 0 (0-0 / 0-0) 0 開志学園 JSC (北信越1/新潟) ★
5 PK 3

会場：みきぼうパークひょうご第2球技場　主：上田千尋　副：金渕佑亮、相宮和真

得	S	学		背	背		学	S	得
0	0	②	GK 野美 彩花	17	21	清水 美来 GK	①	0	0
0	1	③	DF 川名 遥香	2	2	唐沢 佑奈 DF	②	0	0
0	0	③	DF 川上 千沙都	3	3	工藤 古都子 DF	①	0	0
0	0	③	DF 藪田 みちる	5	4	平尾 愛穂 DF	②	0	0
0	1	③	DF 小緑 瑠夏	16	12	佐々木 凜 DF	①	0	0
0	1	③	DF 吉村 あかり	18	4	川島 遥 MF	②	0	0
0	1	③	MF 赤尾 侑里	6	5	小河原 彩花 MF	❸	0	0
0	1	③	MF 香根 彩香	20	7	稲村 雪乃 MF	②	0	0
0	1	③	FW 川野 愛華	7	8	片山 柊 MF	①	0	0
0	3	③	FW 森田 亜優	9	10	北沢 明未 FW	①	0	0
0	2	①	FW 松崎 こころ	15	9	木暮 若葉 FW	②	0	0

【交代】(東海大福岡) 吉村あかり→中島依真 (49分)、川野愛華→斉藤彩乃 (72分)

神戸弘陵学園 (開催県/兵庫) 0 (0-2 / 0-2) 4 修徳 (関東2/東京) ★

会場：みきぼうパークひょうご第1球技場　主：横田碧　副：梶山芙紗子、落水裕大

得	S	学		背	背		学	S	得
0	0	②	GK 合田 朱里	1	1	大原 もも GK	③	0	0
0	0	①	DF 遠山 清颯	3	2	脇 愛奈 DF	②	0	0
0	0	①	DF 太田 千颯	4	4	谷口 愛奈 DF	③	0	0
0	1	①	DF 佐藤 伽連	5	3	長友 優 DF	③	0	0
0	2	③	DF 河村 祐実	7	15	佐藤 理々香 DF	③	0	0
0	1	①	MF 大場 柚季	8	6	栃谷 美羽 MF	③	0	0
0	0	②	MF 鈴木 茉理	9	8	堀井 綾乃 MF	③	1	0
0	0	③	MF 木村 美桜	10	7	三尾 梨々子 FW	③	1	0
0	0	①	MF 竹内 彩加	11	9	武井 ののこ FW	❸	1	0
0	0	②	MF 尾崎 杏	19	11	高橋 潤 FW	③	2	1
0	0	②	FW 坊ノ内 希愛	9	19	片山 由菜 FW	②	5	3

【交代】(神戸弘陵学園) 坊ノ内希愛→村上あい (14分)、村上あい→三丸あい (HT)/(修徳) 武井ののこ→小林愛果 (53分)、三尾梨々子→土谷葵 (61分)、高橋潤→金原直 (68分)、長友優→山田侑依 (75分)、佐藤理々香→今井美里 (80分)
【得点】(修徳) 片山由菜 (6分、61分、79分)、高橋潤 (18分)

神村学園 (九州1/鹿児島) 1 (0-0 / 1-0) 0 帝京長岡 (北信越2/新潟) ★

会場：三木総合防災公園第2陸上競技場　主：緒方実央　副：堀善仁、福井成弥

得	S	学		背	背		学	S	得
0	0	③	GK 若松 杏海	1	1	馬場 ひなの GK	②	0	0
0	2	②	DF 國生 乃愛	2	3	鈴木 碧 DF	②	0	0
0	0	③	DF 西尾 彩花	5	4	南里 杏 DF	③	0	0
0	0	③	DF 豊村 文香	11	30	越路 萌永 DF	②	0	0
0	1	①	DF 神水流 琴望	19	11	鈴木 葷 DF	③	0	0
0	0	①	MF 溝上 可夏	6	6	三田 幸望 MF	③	0	0
1	4	①	MF 愛川 陽菜	7	5	横山 加奈 MF	③	0	0
0	0	①	MF 田上 歩実	8	10	宮嵜 彩美 MF	②	0	0
0	5	③	MF 桂 亜依	10	30	寺田 妃花 MF	❸	1	0
0	1	❸	MF 菊池 まりあ	9	7	小林 砂珠 FW	②	2	0
0	1	③	FW 塚田 亜希子	17	9	佐々木 琴美 FW	②	0	0

【交代】(神村学園) 塚田亜希子→近藤千寛 (74分)、菊池まりあ→ンザングラ丹邉茜邉美 (68分)、三田幸望→黒川愛奈 (79分)/(帝京長岡) 佐々木琴美→ンザングラ丹邉茜邉美 (72分)
【得点】(神村学園) 愛川陽菜 (60分)

大商学園 (関西2/大阪) 6 (3-0 / 3-0) 0 大谷室蘭 (北海道2) ★

会場：みきぼうパークひょうご第1球技場　主：朝倉みな子　副：中早紀、清田将矢

得	S	学		背	背		学	S	得
0	0	③	GK 竹下 奏彩	1	1	浦崎 瑚乃美 GK	③	0	0
0	1	③	DF 田中 万梨乃	2	2	橘 朱音 DF	③	0	0
1	2	③	DF 渡邊 澪	3	3	成澤 遥香 DF	③	0	0
1	4	②	DF 伊東 珠梨	4	5	米田 萌花 DF	③	0	0
0	0	③	DF 北田 琴理	5	4	石川 りん DF	❸	0	0
0	2	②	MF 大住 六花	6	6	宇佐美 愛 MF	②	1	0
0	3	❸	MF 高原 天音	10	9	堀川 千尋 MF	③	0	0
0	0	②	MF 森 文佳	8	11	落合 夏海 MF	③	0	0
0	1	②	MF 北岡 梨愛里	14	23	富田 愛央 MF	③	0	0
1	2	②	FW 宮本 妃菜里	9	10	富田 愛央 FW	③	0	0
1	3	②	FW 河原林 紬	13	24	久野 日芽香 FW	①	0	0

【交代】(大商学園) 森文佳→中津留彩奈 (55分)、大住六花→恒石亜弓 (60分)、高原天音→福田陽菜 (65分)、宮本妃菜里→青木柚香 (65分)、竹下奏彩→見矢明日香 (67分)/(大谷室蘭) 保里あづさ→遠藤光大 (HT)、興田琴美→保里あづさ (62分)、富田愛央→馬場彩芽 (67分)、浦崎瑚乃美→小林めい (71分)
【得点】(大商学園) 宮本妃菜里 (3分、36分)、オウンゴール (20分)、渡邊澪 (55分)、河原林紬 (57分)、伊東珠梨 (66分)

工大福井 (北信越3/福井) 0 (0-0 / 0-1) 1 鳴門渦潮 (四国2/徳島) ★

会場：みきぼうパークひょうご第2球技場　主：赤木陽美　副：小泉朝香、冨田浩司

得	S	学		背	背		学	S	得
0	0	③	GK 斎藤 朋風	1	42	森松 紗羅 GK	②	0	0
0	0	③	DF 長谷山 真優菜	2	2	作田 梨乃 DF	③	1	0
0	0	①	DF 一井 美咲	4	3	橋本 菜月 DF	③	0	0
0	0	③	DF 桝本 ももこ	3	4	大﨑 梨香 DF	❸	1	0
0	0	③	DF 長友 祭	5	20	清 悠香 DF	③	0	0
0	0	①	MF 中川 冬萌	6	13	黒田 一絹 MF	③	0	0
0	2	❸	MF 大橋 怜果	7	28	長谷原 彩音 MF	③	0	0
0	0	①	MF 香根 愛理	8	9	岡 百々花 FW	③	2	0
0	1	③	FW 松原 凪	9	11	小畑 羅南 FW	②	0	0
0	1	③	FW 幹戸 萌	10	29	原田 和佳 FW	①	0	0
0	0	①	FW 久保 華恩	30	30	古谷 優理亜 FW	②	4	1

【交代】(工大福井) 長谷山真優菜→福岡望愛 (37分)、奥田愛理→古山星音 (61分)、中川冬萌→古山星音 (72分)
【得点】(鳴門渦潮) 古谷優理亜 (47分)

鎮西学院 (九州3/長崎) 0 (0-0 / 0-0) 0 大阪学芸 (関西3/大阪) ★
2 PK 4

会場：三木総合防災公園第2陸上競技場　主：桐原純子　副：中市里実、竹内章

得	S	学		背	背		学	S	得
0	0	③	GK 小柳 有紀	1	1	津田 明日翔 GK	③	0	0
0	0	③	DF 金子 育未	2	3	中尾 純菜 DF	❸	0	0
0	0	①	DF 大川内 結香	3	4	小原 愛生 DF	③	0	0
0	0	②	DF 島内 日菜子	4	5	谷口 涼 DF	③	0	0
0	0	②	MF 宗塚 天音	6	2	速見 リカコ DF	③	2	0
0	0	②	MF 松本 莉緒	7	6	前原 日向子 MF	③	0	0
0	0	②	MF 平坂 咲希	10	10	小林 結奈 MF	③	0	0
0	0	③	MF 濱﨑 穂波	16	11	永田 晶子 MF	③	0	0
0	1	②	FW 常友 梓帆	7	7	朝倉 加奈子 MF	①	0	0
0	0	❸	FW 江口 綾	9	9	新田 萌夏 FW	③	1	0
0	0	②	FW 坂田 美優	11	11	矢野 梨紗 FW	③	2	0

【交代】(鎮西学院) 江口綾→本山理優 (49分)、松本莉緒→濱口友惟 (60分)、濱﨑穂波→藤原吉さら (62分)/(大阪学芸) 永田晶子→中川瑚々 (59分)、小林結奈→小林安来美 (59分)、新田萌夏→樋口梨陽 (68分)、前原日向子→吉隈香音 (71分)、矢野梨紗→西山紗生 (74分)

準々決勝 1月6日 三木総合防災公園第2陸上競技場 主 小泉朝香 副 桐原純子・國師えりな

日ノ本学園（関西1／兵庫） 0（0-0）0 藤枝順心（東海2／静岡） 3 PK 4

得	S	学		選手	背		背	選手		学	S	得
0	0	③	GK	小笠原 梨紗	1		1	松井 里央	GK	③	0	0
0	0	2	DF	沖田 有由	2		8	角田 菜々子	DF	③	1	0
0	0	2	DF	竹重 杏歌理	3		10	長江 伊吹	DF	❸	0	0
0	0	❸	DF	渡邊 那奈	5		18	宮本 仁奈	DF	②	0	0
0	0	1	DF	箕輪 千慧	7		25	井手 ひなた	DF	①	0	0
0	0	3	MF	上田 佳奈	6		5	浅野 綾花	MF	③	0	0
0	0	3	MF	俣野 伶奈	8		6	金子 麻優	MF	②	0	0
0	0	1	MF	平井 杏幸	10		19	柳瀬 楓菜	MF	①	0	0
0	1	3	MF	増永 朱里	11		3	大道 奏	MF	①	0	0
0	0	②	MF	與那覇 璃音	25		7	小原 蘭菜	FW	③	0	0
0	1	2	FW	山下 寧	9		13	池口 響子	FW	③	2	0

【交代】（日ノ本学園）俣野伶奈→山田瑞穂（29分）、増永朱里→鳴山華（80+1分）／（藤枝順心）大道奏→斉藤花菜（30分）、井手ひなた→堀内意（HT）、池口響子→野嶋彩未（64分）

準々決勝 1月6日 三木総合防災公園第2陸上競技場 主 萩尾麻衣子 副 一木千広、赤木陽美

東海大福岡（九州2／福岡） 0（0-0／0-2）2 修徳（関東2／東京）★

得	S	学		選手	背		背	選手		学	S	得
0	0	2	GK	野美 彩花	17		1	大原 もも	GK	③	0	0
0	0	3	DF	川名 遥香	2		2	脇 美音子	DF	②	0	0
0	0	❸	DF	川上 千沙都	3		4	谷口 愛奈	DF	③	0	0
0	0	3	DF	藪田 みちる	5		5	長友 優	DF	②	0	0
0	0	1	DF	小緑 瑠夏	16		15	佐藤 理々香	DF	③	0	0
0	0	1	MF	成松 伽倫	6		7	栃谷 美羽	MF	③	0	0
0	1	2	MF	赤尾 侑里	10		10	堀井 綾乃	MF	③	1	0
0	1	3	MF	岩田 春風	14		8	三尾 梨々子	FW	③	2	1
0	0	1	MF	香椎 李優	20		9	武井 ののこ	FW	❸	1	0
0	0	1	FW	森田 亜優	9		11	高橋 潤	MF	③	0	0
0	4	1	FW	松崎 こころ	15		19	片山 由菜	FW	②	3	1

【交代】（東海大福岡）岩田春風→井上麗叶（37分）、成松伽倫→川野愛華（52分）、井上麗叶→久保田知紗（69分）／（修徳）武井ののこ→土谷葵（52分）、三尾梨々子→小林愛果（80+2分）
【得点】（修徳）片山由菜（62分）、三尾梨々子（79分）

準々決勝 1月6日 三木総合防災公園陸上競技場 主 梶山芙紗子 副 緒方実央、横田碧

神村学園（九州1／鹿児島） 3（2-1／1-0）1 大商学園（関西2／大阪）★

得	S	学		選手	背		背	選手		学	S	得
0	0	②	GK	若松 杏海	1		1	竹下 奏彩	GK	②	0	0
0	0	2	DF	國生 乃愛	2		2	田中 万梨乃	DF	③	0	0
0	0	3	DF	西尾 彩花	5		3	渡邊 澪	DF	③	0	0
0	0	1	DF	豊村 文香	11		4	伊東 珠梨	DF	②	1	0
0	0	1	DF	神水流 琴望	19		7	北田 琴理	DF	①	0	0
0	0	3	MF	溝上 可夏	6		8	大住 六花	MF	②	2	1
0	1	1	MF	愛川 陽菜	7		10	高原 天音	MF	❸	1	0
0	2	3	MF	田上 歩実	8		11	森 文佳	MF	③	0	0
1	3	3	MF	桂 亜依	10		14	北岡 梨愛里	MF	①	1	0
1	2	❸	MF	菊池 まりあ	14		13	河原林 紬	FW	①	0	0
0	2	3	FW	塚田 亜希子	17		24	中津留 彩奈	FW	③	0	0

【交代】（神村学園）田上歩実→近藤千寛（62分）／（大商学園）中津留彩奈→宮本妃菜里（HT）
【得点】（神村学園）菊池まりあ（26分）、桂亜依（32分）、近藤千寛（80+1分）／（大商学園）大住六花（5分）

準々決勝 1月6日 三木総合防災公園陸上競技場 主 中本早紀 副 朝倉みな子、上田千尋

鳴門渦潮（四国2／徳島） 0（0-1／0-1）2 大阪学芸（関西3／大阪）★

得	S	学		選手	背		背	選手		学	S	得
0	0	2	GK	森松 紗羅	42		1	津田 明日翔	GK	③	0	0
0	0	3	DF	作田 梨乃	2		2	中尾 純菜	DF	❸	0	0
0	0	3	DF	橋本 菜月	7		3	小原 愛生	DF	③	0	0
0	0	3	DF	大﨑 梨香	8		4	谷口 涼	DF	③	0	0
0	0	1	DF	清 悠香	20		5	速見 リカコ	DF	③	1	0
0	0	1	MF	黒田 一絹	13		6	前原 日向子	MF	③	1	1
0	0	②	MF	長谷川 彩音	28		10	小林 結奈	MF	③	0	0
0	0	1	FW	岡 百々花	6		8	永田 晶子	MF	③	1	1
0	0	3	FW	小畑 羅南	11		13	朝倉 加奈子	MF	①	0	0
0	2	1	FW	原田 和佳	29		7	新田 萌夏	FW	③	2	0
0	2	2	FW	古谷 優理亜	30		9	矢野 梨紗	FW	③	0	0

【交代】（鳴門渦潮）黒田一絹→平野鈴空（51分）、古谷優理亜→杉岡美空（53分）／（大阪学芸）小林結奈→吉尾香音（69分）、矢野梨紗→西山紗生（77分）、永田晶子→小林安美（80+1分）
【得点】（大阪学芸）永田晶子（40分）、前原日向子（43分）

準決勝 1月7日 ノエビアスタジアム神戸 主 緒方実央 副 横田碧、國師えりな

藤枝順心（東海2／静岡） 2（1-0／1-1）1 修徳（関東2／東京）★

得	S	学		選手	背		背	選手		学	S	得
0	0	3	GK	松井 里央	1		1	大原 もも	GK	③	0	0
1	1	3	DF	角田 菜々子	8		2	脇 美音子	DF	②	0	0
0	0	❸	DF	長江 伊吹	10		4	谷口 愛奈	DF	③	0	0
0	1	2	DF	宮本 仁奈	18		5	長友 優	DF	②	0	0
0	0	1	DF	堀内 意	24		15	佐藤 理々香	DF	③	0	0
0	0	3	MF	浅野 綾花	5		7	栃谷 美羽	MF	③	1	0
0	2	3	MF	金子 麻優	6		10	堀井 綾乃	MF	③	0	0
0	2	1	MF	柳瀬 楓菜	19		8	三尾 梨々子	FW	③	0	0
0	0	3	FW	小原 蘭菜	7		9	武井 ののこ	FW	❸	0	0
1	3	3	FW	池口 響子	13		11	高橋 潤	MF	③	0	0
0	4	1	FW	斉藤 花菜	27		19	片山 由菜	FW	②	1	0

【交代】（藤枝順心）斉藤花菜→渡辺凜（57分）、池口響子→野嶋彩未（79分）／（修徳）武井ののこ→小林愛果（HT）
【得点】（藤枝順心）池口響子（28分）、角田菜々子（90分）／（修徳）オウンゴール（48分）

準決勝 1月7日 ノエビアスタジアム神戸 主 桐原純子 副 朝倉みな子、一木千広

神村学園（九州1／鹿児島） 1（0-0／1-0）0 大阪学芸（関西3／大阪）★

得	S	学		選手	背		背	選手		学	S	得
0	0	2	GK	若松 杏海	1		1	津田 明日翔	GK	③	0	0
0	1	2	DF	國生 乃愛	2		2	中尾 純菜	DF	❸	0	0
0	0	3	DF	西尾 彩花	5		3	小原 愛生	DF	③	0	0
0	2	3	DF	豊村 文香	11		4	谷口 涼	DF	③	0	0
0	0	1	DF	神水流 琴望	19		5	速見 リカコ	DF	③	0	0
0	2	3	MF	溝上 可夏	6		6	前原 日向子	MF	③	0	0
0	1	1	MF	愛川 陽菜	7		10	小林 結奈	MF	③	0	0
0	1	3	MF	田上 歩実	8		11	永田 晶子	MF	③	0	0
0	0	3	MF	桂 亜依	10		13	朝倉 加奈子	MF	①	0	0
0	2	❸	MF	菊池 まりあ	14		7	新田 萌夏	FW	③	0	0
0	0	3	FW	塚田 亜希子	17		8	樋口 梨陽	FW	③	1	0

【交代】（神村学園）田上歩実→吉留ひなた（57分）、塚田亜希子→近藤千寛（67分）／（大阪学芸）樋口梨陽→矢野梨紗（47分）、新田萌夏→西山紗生（77分）、小林結奈→山本菜々美（83分）
【得点】（神村学園）近藤千寛（75分）

決勝戦 1月12日 ノエビアスタジアム神戸 主 小泉朝香 副 中本早紀、柳村彩乃

藤枝順心（東海2／静岡） 1（0-0／1-0）0 神村学園（九州1／鹿児島）

得	S	学		選手	背		背	選手		学	S	得
0	0	3	GK	松井 里央	1		1	若松 杏海	GK	②	0	0
0	0	3	DF	角田 菜々子	8		2	國生 乃愛	DF	②	0	0
0	0	2	DF	長江 伊吹	10		5	西尾 彩花	DF	③	0	0
0	0	2	DF	宮本 仁奈	18		11	豊村 文香	DF	③	0	0
0	0	1	DF	堀内 意	24		19	神水流 琴望	DF	①	0	0
0	1	3	MF	浅野 綾花	5		6	溝上 可夏	MF	③	0	0
0	1	3	MF	金子 麻優	6		7	愛川 陽菜	MF	①	0	0
0	1	1	MF	柳瀬 楓菜	19		8	田上 歩実	MF	③	0	0
0	0	3	FW	小原 蘭菜	7		10	桂 亜依	MF	③	1	0
1	2	3	FW	池口 響子	13		14	菊池 まりあ	MF	❸	6	0
0	1	1	FW	斉藤 花菜	27		17	塚田 亜希子	FW	③	1	0

【交代】（藤枝順心）斉藤花菜→渡辺凜（69分）／（神村学園）田上歩実→吉留ひなた（61分）、塚田亜希子→近藤千寛（62分）
【得点】（藤枝順心）池口響子（60分）

第28回全日本高等学校女子サッカー選手権大会 WINNERS 12,January,2020

高円宮杯 JFA U-18 サッカープレミアリーグ 2019

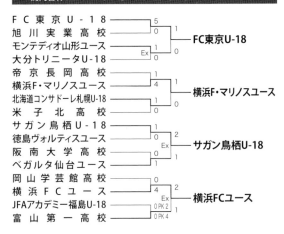

高円宮杯 JFA U-18 サッカープレミアリーグ 2019 プレーオフ

- FC東京U-18 … 5
- 旭川実業高校 … 0
- モンテディオ山形ユース … 1 (Ex)
- 大分トリニータU-18 … 0
  → **FC東京U-18**

- 帝京長岡高校 … 1
- 横浜F・マリノスユース … 4
- 北海道コンサドーレ札幌U-18 … 1
- 米子北高校 … 0
  → **横浜F・マリノスユース**

- サガン鳥栖U-18 … 1 / 2
- 徳島ヴォルティスユース … 0
- 阪南大学高校 … (Ex) 1
- ベガルタ仙台ユース …
  → **サガン鳥栖U-18**

- 岡山学芸館高校 … 0
- 横浜FCユース … 4 / 2
- JFAアカデミー福島U-18 … 0 PK2 (Ex)
- 富山第一高校 … 0 PK4
  → **横浜FCユース**

EAST

チーム名	青森山田	レイソル	レッズ	エスパルス	市立船橋	アルディージャ	流経大柏	ジュビロ	アントラーズ	尚志	勝点	得点	失点	得失点差	順位
青森山田高校		2●1 / 2△2	0●1 / 1△1	4○2 / 2○1	3○0 / 4○0	2△2 / 2△2	3○1 / 2○0	2○0 / 2●3	4○0 / 3○1	2●3 / 2○0	37	42	20	+22	1
柏レイソルU-18	2△? / 1●2		2○1 / 0●1	1△1 / 1○0	3○0 / 4○1	0△0 / 2○0	7○4 / 2△2	3○1 / 1△2	3○2 / 0●1	0●3 / 1●3	28	33	26	+7	2
浦和レッドダイヤモンズユース	1△1 / 1○0	1○0 / 1●2		0●2 / 1○0	1○0 / 1△1	0●2 / 0●1	1△1 / 2△2	1○0 / 1○0	0△0 / 1○0	1○2 / 2○1	28	16	15	+1	3
清水エスパルスユース	1●2 / 2●4	0●1 / 1△1	1△1 / 2○0		1△1 / 0●1	3○0 / 0△0	1●2 / 2△2	3○0 / 2○1	3○2 / 4○1		25	26	20	+6	4
市立船橋高校	0●4 / 0●3	1●4 / 0●3	0●1 / 0●1	1○0 / 1△1		3○1 / 0△0	0●2 / 2○1	1●2 / 2○1	0△0 / 2○1	3○0 / 4○0	24	20	25	-5	5
大宮アルディージャ U18	2△2 / 2△2	0●2 / 0△0	1○0 / 2○0	0△0 / 0●2	0△0 / 1●3		2●3 / 2○0	0●1 / 2△2	1○0 / 0●1	2○0 / 2●4	21	19	22	-3	6
流通経済大学付属柏高校	0●2 / 1●3	2△2 / 4●7	2△2 / 1△1	2○1 / 0●3	1●2 / 2○0	0●2 / 3○2		3○2 / 1△1	4○0 / 1△1	1△1 / 1△1	21	29	34	-5	7
ジュビロ磐田U-18	3○2 / 0●2	2○1 / 1●3	1△1 / 0●1	2△2 / 1△1	1●2 / 2○1	2△2 / 1○0	1△1 / 2●3		0●2 / 1△1	2△2 / 1△1	20	23	28	-5	8
鹿島アントラーズユース	1●3 / 0●4	1○0 / 2●3	0●1 / 0△0	1●2 / 0△0	1●2 / 0△0	1○0 / 0●1	1△1 / 2○1	1△1 / 2○0		3○1 / 2●3	20	18	23	-5	9
尚志高校	0●2 / 3○2	3○1 / 3○0	1●2 / 1△1	1○4 / 2●3	0●4 / 0●3	4○2 / 0●2	1△1 / 0●4	1△1 / 2△2	3○2 / 1●3		19	26	39	-13	10

WEST

チーム名	グランパス	サンガ	ガンバ	大津	サンフレッチェ	ヴィッセル	セレッソ	東福岡	アビスパ	愛媛	勝点	得点	失点	得失点差	順位
名古屋グランパスU-18		6○1 / 3○1	2○1 / 0●2	2○1 / 1●2	1△1 / 1○0	5○2 / 4○2	3○1 / 1○0	7○0 / 4○2	3△3 / 4○0	0●2 / 5○1	41	52	22	+30	1
京都サンガF.C. U-18	1●3 / 1●6		2○1 / 5○3	3○0 / 2○0	1●3 / 2○1	4○0 / 3○1	1○2 / 1○0	2●3 / 1△1	4○1 / 2△2	1○0 / 3○0	35	39	27	+12	2
ガンバ大阪ユース	2○0 / 1●2	3●5 / 1●2		1△1 / 2○1	2△2 / 2○1	0△0 / 0●2	4○2 / 2○0	7○0 / 8○1	8○0 / 2○1	2○1 / 1○0	34	47	22	+25	3
大津高校	2○1 / 1●2	0●2 / 0●3	2○0 / 1△1		0●1 / 2●3	1●4 / 2○1	1△1 / 2○1	2○1 / 2○1	2△2 / 2○1	2○1 / 1○0	30	25	26	-1	4
サンフレッチェ広島F.Cユース	0●1 / 1△1	1●2 / 3○1	1●2 / 2△2	3○2 / 1○0		4●5 / 1●2	3○0 / 1●2	3○0 / 1○0	6○2 / 3●4	2○0 / 2○0	29	38	26	+12	5
ヴィッセル神戸U-18	2●4 / 2●5	1●3 / 0●4	0●2 / 0△0	1●2 / 4○1	2○1 / 5○4		1●3 / 1○0	4○2 / 1●2	4○3 / 0●1	3○0 / 1●4	22	32	41	-9	6
セレッソ大阪U-18	0●1 / 1●3	0●1 / 2○1	1△1 / 2●4	1●2 / 1△1	2○1 / 0●3	0●1 / 3○1		0●2 / 2●4	3○0 / 0△0	0△0 / 1○0	19	19	26	-7	7
東福岡高校	2●4 / 0●7	1△1 / 3○2	0●1 / 0●2	1●2 / 1●2	0●1 / 0●3	2○1 / 2●4	4○2 / 2○0		2●3 / 0●3	2○1 / 2○1	19	24	40	-16	8
アビスパ福岡U-18	0●4 / 3△3	2△2 / 1●4	1●8 / 2●7	1●2 / 2△2	4○3 / 2●6	1○0 / 3●4	0△0 / 0●3	3○0 / 3○2		5○2 / 1●2	19	34	54	-20	9
愛媛FC U-18	1●5 / 2○0	0●3 / 0●1	1●2 / 1○0	0●1 / 1●2	0●2 / 0●2	4○1 / 1●4	0●1 / 0△0	1●2 / 1●2	2○1 / 2●5		10	15	41	-26	10

国体

いきいき茨城ゆめ国体 2019
翔べ 羽ばたけ そして未来へ

静岡県が
最多21回目の全国制覇
広島県は最近4年間で3度目の決勝進出

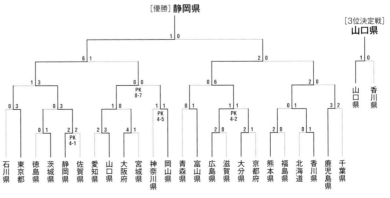

[優勝] 静岡県

[3位決定戦] 山口県

静岡県 1-0 広島県

山口県 1-0 香川県

トーナメント出場県：
石川県　東京都　徳島県　茨城県　静岡県　佐賀県　愛知県　山口県　大阪府　宮城県　神奈川県　岡山県　青森県　富山県　広島県　滋賀県　大分県　京都府　熊本県　福島県　北海道　香川県　鹿児島県　千葉県　山口県　香川県

PK 8-7
PK 4-1
PK 4-5
PK 4-2

国体

開催県の茨城県が初戦突破！
大阪府、山口県は逆転勝ち。香川県は16年ぶりの1勝

茨城県 1
徳島県 0

地元の応援の後押しを受けた茨城県が初戦突破。前半12分、「チームを勝たせないといけない立場」という10番FW淵上がMF伊藤の直接FKのこぼれ球を押し込んだ

▼佐賀県はU-17ワールドカップ日本代表のDF中野が先発フル出場。チームを救う同点弾も勝利には結びつかず

静岡県 2
佐賀県 2 [4 PK 1]

先 静岡県		PK	佐賀県	
鈴木（奎）	○	1	×	中野
東	○	2	×	二田
鈴木（登）	○	3	○	小西
清水	○	4		
大畑	GK		大石	

静岡県は2点リードを後半終了1分前からの2失点で追いつかれたが、PK方式の末、辛くも2回戦へ駒を進めた

山口県 3-2 愛知県

山口県はU-16日本代表FW河野が2得点。いずれもGKに距離を詰められ、「瞬時に上しかないな」という咄嗟の判断力、技術力を活かしたループシュートによる2発で白星をもたらした

大阪府 4-1 宮城県

大阪府は宮城県に先制されたものの、FW下川の勝ち越しゴールなど4得点を奪い返して逆転勝ちした

大分県 2
京都府 1

京都府は後半アディショナルタイムにU-16日本代表FW勝島が左足シュートを決めて1点を返したが、反撃はここまで

広島県 2-0 滋賀県

広島県は前半30分にFW菅野がヘディングシュート。前回大会初戦敗退の悔しさを知るリーダーの渾身の一撃だった

▶大分県は後半17分にMF竹谷の右足シュートでスコアを動かす。試合終了間際にもMF林のゴールで加点した大分県が5年ぶりの初戦突破

熊本県 2
福島県 0

福島県は大型DFアンリ（右）が思い切ったオーバーラップを連発したが、熊本県はFW坂本（11番）のポストワークや武器であるサイド攻撃から2点を奪い、初戦突破

香川県 1-0 北海道

◀香川県は2003年大会で埼玉県を破って以来となる全国1勝。北海道をシュート4本に封じて競り勝った

◀香川県は前半23分に右CKからFW岩佐が頭で先制点。香川県の選手たちは待望の1点を全員で喜んだ

国体

2回戦

山口県が11年連続8強以上の大阪府撃破！

波乱続出。前回大会の2～4位が全て初戦敗退に

東京都 3
石川県 0

東京都が前回準優勝の石川県に快勝。前半22分、FW野澤が折り返しを頭で押し込んで先制点。献身的な守備も見せた10番は2得点の活躍

静岡県 3
茨城県 0

静岡県は村下監督が「得点を獲る感覚は図抜けている」と評するFW千葉がハットトリックの大暴れ。地元・茨城県を破り、8強入りを決めた

岡山県 1 ［5 PK 4］ 1 神奈川県

岡山県が過去11年で5度優勝している神奈川県を撃破。PK方式直前で投入されたGK寺島はPK2本を止め、「自分の力だけじゃないので、感謝しかない」と喜んだ

先 神奈川県	PK	岡山県
花城 ○	1	○ 美濃
宮下 ○	2	× 高岩
高畠 ×	3	× 山本
角田 ○	4	○ 中島
諏訪間 ×	5	○ 植本
鈴木 ○	6	○ 津島
小室 ○	7	○ 大河原
木村	GK	寺島

山口県が前回大会2回戦で逆転負けしている大阪府に見事リベンジ。主将のMF柳井ら前回の経験者たちを中心に今回は集中した守りで1点を許さなかった

山口県 1
大阪府 0

▲大阪府はすでにJ3でゴールを決めているU-16日本代表MF中村も先発したが惜敗。11年連続8強以上の記録もストップした

青森県はFW古澤（11番）やMF松木、MF小野を中心にゴールを目指したが、富山県の粘り強い守備をこじ開けられなかった

◀富山県が2年連続ベスト4の青森県を破った。富山県は計12本のシュートを浴びたが、MF中村が決めた1点を守り抜いた

富山県 1
青森県 0

広島県 1
大分県 1

[4 PK 2]

先 広島県		PK	大分県	
西村	○	1	○	平川
香取	×	2	×	髙崎
森本	○	3	×	三浦
池田	○	4		
棚田	○	5		
波多野		GK		水取

広島県は後半アディショナルタイムにFW棚田（左）のゴールで追いつき、PK方式の末に準々決勝進出。GK波多野と棚田が抱き合って喜び合う

「一番小さい県でも、これだけできると見せよう」(石田監督)と戦う香川県が2試合連続1-0で勝利。堅守で大躍進の8強入り

香川県 1-0 熊本県

鹿児島県 3-2 千葉県

2020年の国体開催県・鹿児島県が前回大会3位の千葉県に逆転勝ち。後半17分には「背後への抜け出しは自分の持ち味のプレーです」という中学生FW福田が鋭い抜け出しから決勝点となる右足シュートを決めた

国体

香川県が初、山口県は49年ぶりの4強
得点力発揮の広島県、静岡県も準決勝へ

後半アディショナルタイム、静岡県はFW千葉が勝負の行方を決定づける3点目。抜群の得点力を発揮した千葉は計8得点で得点工に

静岡県 3-1 東京都

広島県 6-0 富山県

前半から着実に加点した広島県は交代出場のMF高柳とFW山根（写真）もゴール。最後まで全力で戦い、計6得点で4強入り

先 岡山県	PK	山口県
美濃 ○	1	○ 田中（誠）
大河原 ×	2	○ 柳井
津島 ○	3	○ 吉田
梁 ○	4	× 木村
植本 ○	5	○ 河野
高岩 ○	6	○ 末永
西村 ○	7	○ 光永
山本 ○	8	○ 徳本
栢原 ×	9	× 林
横山 ×	10	○ 金坂
寺島	GK	徳若

山口県が岡山県との中国勢対決をPK方式の末に制して、準々決勝突破。4強入りは1970年大会以来49年ぶりとなる快挙

山口県 0 [8 PK 7] 岡山県 0

後半23分、香川県はMF富永のゴールで先制。これまで無失点の香川県は各選手が守備のタスクを全うして、初の準決勝進出を果たした

香川県 2
鹿児島県 0

鹿児島県は2回戦で圧巻の3アシストを記録したMF大迫が後半開始から出場。香川県の厳しい寄せの中でも技術力を発揮したが……

4戦14発の静岡県と
11得点の広島県が決勝へ
静岡県は8年ぶり、広島県は2年ぶりの決勝進出

静岡県 6
山口県 1

◀山口県はCB田中（誠）が度々最終ラインからスプリントして攻め上がるなど、点差が開いても諦めない戦いをみせた

▶静岡県は前半25分にMF松田が左足でゴール。この日も2得点のエースFW千葉以外のアタッカー陣の奮闘、活躍が光った

静岡県は前半11分、所属する沼津U18で元日本代表FW中山雅史から指導を受けているというFW杉本がゴール。右CKをタイミング良く合わせてゴールを破った

広島県 2
香川県 0

◀広島県は前半33分、左CKの折り返しをMF森本が右足で決めた。アクションサッカーを表現する広島県の中でも特にハードワーク、切り替えの速さが印象的なMFが大仕事

▼後半8分、広島県は左CKをDF豊田が頭で決めて2-0。先制点も演出した豊田は1ゴール1アシストの活躍

▶前半29分、香川県はU-15日本代表GK松原が相手のPKをストップ。堅守・香川県の中心人物は4強入りしたことについて「下の代や四国にも良い刺激になったと思います」

第74回 国民体育大会少年の部記録一覧

第1回戦

9月29日
北海浜多目的球技場
主 国吉真樹
副 柳岡拓磨、原田雅士

徳島県 0 (0-1 / 0-0) 1 茨城県 ★

得	S	学			背	背			学	S	得
0	0	①	GK	久保 力輝	1	1	高橋 楓	GK	①	0	0
0	0	①	DF	佐藤 悠安	2	2	山口 諒真	DF	①	0	0
0	0	②	DF	森田 蓮	3	3	福原 陽向	DF	❶	1	0
0	0	❷	DF	藤田 樹	4	5	小林 栞太	DF	①	1	0
0	0	①	DF	谷 聖己	5	16	渕 伸平	DF	①	0	0
0	0	①	DF	小林 洸翔	6	4	中熊 岳琉	MF	②	0	0
0	3	①	MF	藤崎 琉依	7	7	伊藤 龍之介	MF	①	3	0
0	0	①	MF	大本 智也	10	8	村山 剛琉	MF	①	0	0
0	0	①	MF	高田 大鳳	13	10	淵上 涼太	MF	①	2	1
0	0	①	MF	香川 幹弥	15	14	山口 永遠	MF	①	0	0
0	1	①	FW	片山 寛人	11	9	飯塚 輝	FW	②	1	0

【交代】(徳島県)谷聖己→森下翔(53分)、高田大鳳→梅本翼(53分)、小林洸翔→河野陸(66分)、片山寛人→影田壮佑(66分)／(茨城県)山口永遠→溝口修平(49分)、飯塚輝→菊池快(58分)、淵上涼太→松村尚樹(63分)
【警告】(徳島県)藤田樹(12分)、小林洸翔(66分)
【得点】(茨城県)淵上涼太(12分)

第1回戦

9月29日
高松緑地公園多目的球技場
主 森数真治
副 長峯滉希、長谷拓

★ 静岡県 2 (2-0 / 0-2) 2 佐賀県　4 PK 1

得	S	学			背	背			学	S	得
0	0	①	GK	大畑 神唯	1	1	大石 崇太	GK	①	0	0
0	0	①	DF	勝又 大翔	2	2	平島 諒多	DF	①	0	0
0	0	①	DF	菊地 脩太	3	4	安藤 寿叶	DF	❶	0	0
0	0	①	DF	田端 琉聖	4	11	中野 仲哉	DF	①	6	1
0	0	②	DF	鈴木 登偉	5	12	岡 英輝	DF	①	0	0
0	2	①	MF	藤原 健介	7	6	増永 龍平	MF	①	0	0
1	1	❷	MF	東 廉	8	8	吉田 陣平	MF	①	0	0
0	0	①	MF	熊取谷 一星	10	10	中村 尚輝	MF	①	1	0
0	0	①	MF	鈴木 奎吾	15	14	田口 涼太	MF	①	1	0
0	0	①	MF	金子 星太	16	7	二田 理央	FW	①	1	0
1	1	①	FW	千葉 寛汰	9	13	小西 春輝	FW	①	1	0

【交代】(静岡県)金子星太→本保奏希(46分)、熊取谷一星→松田隼風(52分)、千葉寛汰→杉本大雅(58分)、藤原健介→清水和馬(63分)／(佐賀県)吉田陣平→戸田峻平(HT)、田口涼太→福島優(64分)
【警告】(静岡県)松田隼風(69分)、鈴木奎吾(70+2分)／(佐賀県)岡英輝(21分)
【得点】(静岡県)東廉(14分)、千葉寛汰(18分)／(佐賀県)小西春輝(69分)、中野仲哉(70+4分)

第1回戦

9月29日
北海浜多目的球技場
主 井出本瞭
副 大峡諭、横山卓哉

★ 愛知県 2 (2-2 / 0-1) 3 山口県

得	S	学			背	背			学	S	得
0	0	①	GK	宮本 流維	1	1	徳若 碧都	GK	①	0	0
0	0	①	DF	井上 巧	2	2	吉田 光	DF	②	1	0
0	2	❷	DF	野瀬 翔也	3	3	金坂 励耶	DF	①	0	0
0	0	①	DF	水谷 歩夢	4	4	木村 裕貴	DF	②	0	0
0	0	①	DF	佐藤 大晴	5	5	田中 誠太郎	DF	①	0	0
0	0	①	MF	加藤 玄	6	6	末永 章太郎	MF	②	1	0
0	2	①	MF	斉藤 洋大	8	7	柳井 敦志	MF	❷	1	1
0	0	①	MF	甲田 英將	14	8	光永 大晟	MF	①	0	0
0	3	②	FW	山本 隼大	7	13	奥野 獎太	MF	①	0	0
2	2	①	FW	眞鍋 隼虎	9	10	河野 孝汰	FW	①	4	2
0	0	①	FW	松本 皐誠	11	16	林 陸也	FW	①	1	0

【交代】(愛知県)佐藤大晴→戸谷宇慧(33分)、加藤玄→豊田晃大(42分)、井上巧→葉山新之輔(57分)、水谷歩夢→光本和馬(67分)／(山口県)奥野奨太→德本奏太(HT)、光永大晟→林晴己(57分)、林陸也→田中一志(70分)
【警告】(山口県)吉田光(64分)
【得点】(愛知県)眞鍋隼虎(10、12分)／(山口県)柳井敦志(1分)、河野孝汰(26、39分)

第1回戦

9月29日
新浜緑地公園多目的球技場
主 宮原一也
副 宇田川恭弘、加藤正和

★ 大阪府 4 (1-1 / 3-0) 1 宮城県

得	S	学			背	背			学	S	得
0	0	①	GK	山形 慈温	1	1	和田 幹太	GK	①	0	0
0	0	①	DF	土井 結介	2	2	工藤 紫苑	DF	①	0	0
0	0	①	DF	西田 祐悟	3	3	斎藤 慈英	DF	②	0	0
0	0	①	DF	角田 倫伝	4	4	水野 義虎	DF	❷	0	0
0	0	①	DF	脇山 陽登	5	5	市川 怜生	DF	①	1	0
0	1	❶	MF	岡澤 昴星	6	7	須田 菖太	MF	①	0	0
0	0	①	MF	三木 仁太	7	8	大津 瑠要	MF	①	0	0
0	0	①	MF	浅野 直希	8	11	斉藤 涼優	MF	①	0	0
1	4	①	MF	三枝 虎太郎	13	15	野口 陽路	MF	②	1	0
1	1	①	FW	下川 陽輝	9	16	荒川 颯磨	MF	①	0	0
2	3	①	FW	坂本 稀吏也	11	10	加藤 壱盛	FW	①	1	1

【交代】(大阪府)浅野直希→中村仁郎(40分)、下川陽輝→福田渡(52分)、三木仁太→平川祐斗(61分)、山形慈温→岩瀬陽(69分)／(宮城県)加藤壱盛→水津秀斗(HT)、野口陽路→明石海月(46分)、大津瑠要→守屋湧塵(62分)
【得点】(大阪府)坂本稀吏也(26、70分)、下川陽輝(52分)、三枝虎太郎(59分)／(宮城県)加藤壱盛(13分)

第1回戦 9月29日

新浜緑地公園多目的球技場
主 谷弘樹 副 清水拓、矢野浩平

広島県 2 (2-0 / 0-0) 0 滋賀県

得	S	学			背		背			学	S	得
0	0	①	GK	波多野 崇史	12		1	今村 瑞	GK	②	0	0
0	0	①	DF	豊田 将大	3		3	夘田 大揮	DF	①	1	0
0	1	①	DF	西村 岳	10		4	小礒 健志郎	DF	①	0	0
0	0	①	DF	香取 潤	15		5	中村 匡汰	DF	②	0	0
0	0	①	MF	藤野 和樹	5		6	吉永 陸人	DF	❷	0	0
0	1	①	MF	光廣 健利	6		15	西川 裕	DF	①	0	0
0	0	①	MF	池田 柚生	8		2	林 永翔	MF	①	1	0
0	0	①	MF	田部 健斗	16		7	細川 侑駿	MF	②	1	0
0	0	①	FW	棚田 遼	7		8	松浦 蒼波	MF	②	1	0
0	0	②	FW	山根 留偉	9		11	半田 優朔	MF	②	0	0
1	3	❷	FW	菅野 翔斗	11		9	澤田 忠和	FW	②	0	0

【交代】(広島県)山根留偉→高柳英二郎(47分)、菅野翔斗→森本凜(61分)、田部健斗→入江大雅(68分)、豊田将大→北奥蓮(70+1分)／(滋賀県)西川裕→小山千豪(HT)、半田優朔→鮫島拓巳(HT)、夘田大揮→佐藤大地(58分)
【警告】(滋賀県)林永翔(13分)、松浦蒼波(70+2分)
【得点】(広島県)棚田遼(13分)、菅野翔斗(30分)

第1回戦 9月29日

高松緑地公園多目的球技場
主 池田元 副 鹿島裕史、内山翔太

大分県 2 (0-0 / 2-1) 1 京都府

得	S	学			背		背			学	S	得
0	0	①	GK	杉野 伸太朗	1		12	岡田 修樹	GK	①	0	0
0	0	❶	DF	矢野 翔太郎	2		2	大坪 謙也	DF	①	0	0
0	2	②	DF	高崎 弘輝	4		3	植田 陸斗	DF	❶	0	0
0	0	②	DF	三浦 豪太	5		4	嶋 洸輔	DF	①	0	0
0	0	①	DF	豊島 海斗	6		15	神野 太星	DF	①	0	0
0	0	①	MF	犬丸 祥太朗	3		6	藤江 歩夢	MF	①	0	0
0	2	①	MF	幸 優成	8		8	山嵜 陽	MF	③	0	0
1	3	②	MF	竹谷 悠	9		10	遠山 悠希	MF	①	1	0
0	3	②	FW	平川 絢大	10		9	勝島 新之助	FW	①	1	1
0	0	①	FW	阿部 真尋	14		11	木原 励	FW	①	4	0
0	0	①	FW	西尾 悠吾	11		7	中野 紘太郎	FW	①	0	0

【交代】(大分県)西尾悠吾→林修太(HT)、阿部真尋→溝口飛和(47分)、竹谷悠→山下蓮(70+1分)／(京都府)遠山悠希→鎌田翔太(50分)、中野紘太郎→長谷川綾恭(54分)、神野太星→原田太陽(68分)、岡田修樹→藤原光輝(70+2分)、山嵜陽→宮嶋大輝(70+2分)
【得点】(大分県)竹谷悠(52分)、林修太(70+1分)／(京都府)勝島新之助(70+3分)

第1回戦 9月29日

北海浜多目的球技場
主 安川公規 副 西村隆宏、松本康之

熊本県 2 (1-0 / 1-0) 0 福島県

得	S	学			背		背			学	S	得
0	0	①	GK	岩永 倫太朗	12		1	妹尾 弦	GK	❷	0	0
0	0	①	DF	後藤 達平	3		2	出田 海瀬	DF	①	0	0
0	0	①	DF	川副 泰樹	4		3	高橋 翔大	DF	①	0	0
0	0	①	DF	後藤 然	13		5	チェイス アンリ	DF	①	0	0
0	0	①	MF	寺岡 潤一郎	5		6	松尾 春希	MF	①	0	0
0	0	①	MF	森田 大智	6		7	原田 史葉	MF	①	0	0
0	1	①	MF	谷山 湧人	7		8	新谷 一真	MF	①	1	0
0	0	❷	MF	毎床 玲音	8		10	藤原 秀斗	MF	②	0	0
1	2	②	MF	菊池 雄太	9		12	黒瀬 舜	MF	①	0	0
0	1	②	FW	廣田 勇心	10		13	鈴木 彪馬	MF	①	0	0
0	0	①	FW	坂本 光	11		11	村上 力己	FW	①	0	0

【交代】(熊本県)廣田勇心→最上龍聖(57分)、森田大智→上田慎明(62分)、川副泰樹→岩崎成輝(66分)／(福島県)出田海瀬→円道竣太郎(HT)、村上力己→齋藤天心(44分)、鈴木彪馬→小野文也(60分)
【警告】(福島県)齋藤天心(56分)、チェイス アンリ(63分)
【得点】(熊本県)菊池雄太(33分)、上田慎明(70+2分)

第1回戦 9月29日

高松緑地公園多目的球技場
主 塚原健 副 廣瀬成昭、大橋侑祐

北海道 0 (0-1 / 0-0) 1 香川県

得	S	学			背		背			学	S	得
0	0	①	GK	坂本 健太	1		1	松原 快晟	GK	③	0	0
0	0	①	DF	長澤 大輝	2		4	森 怜太郎	DF	①	0	0
0	1	①	DF	藤田 倫太朗	3		5	田尾 佳祐	DF	❶	0	0
0	0	①	DF	青山 稜	4		2	冨家 仁	MF	①	0	0
0	0	①	DF	渡辺 大翔	6		6	江内谷 絹人	MF	①	1	0
0	0	①	DF	青山 佳生	15		7	富永 拓斗	MF	①	1	0
0	1	②	MF	木戸 柊摩	7		8	浅田 彗潤	MF	②	1	0
0	0	①	MF	山本 武蔵	8		15	與田 拓海	MF	①	0	0
0	1	❶	MF	岡本 大地	10		10	小山 聖也	FW	①	3	0
0	0	①	MF	石川 蒼生	14		11	岩佐 麟太郎	FW	①	1	1
0	1	①	FW	佐藤 陽成	16							

【交代】(北海道)青山佳生→西出あおい(HT)、山本武蔵→秋山千颯(HT)／(香川県)浅田彗潤→渡辺淳(56分)、岩佐麟太郎→佐々木浩汰(56分)、小山聖也→井上登剛(70分)
【得点】(香川県)岩佐麟太郎(23分)

第2回戦　石川県 0 (0-2 / 0-1) 3 東京都　★

9月30日　高松緑地公園多目的球技場
主 清水拓　副 塚原健、大塚一輝

得	S	学		名前	背	背	名前		学	S	得
0	0	①	GK	加澤 宙也	1	1	奥谷 将	GK	①	0	0
0	0	❶	DF	宮村 海輝	2	2	宮下 菖悟	DF	①	0	0
0	0	①	DF	波本 頼	3	3	中野 創介	DF	①	0	0
0	0	①	DF	伊東 陸	4	4	石井 玲於奈	DF	①	0	0
0	0	①	DF	吉村 侑大	5	5	谷村 峻	MF	❶	0	0
0	0	①	MF	中道 在	6	7	梶浦 勇輝	MF	①	0	0
0	0	①	MF	橋田 一徹	7	9	小林 慶太	MF	②	0	0
0	0	①	MF	不野 優聖	10	14	加藤 大地	MF	①	0	0
0	0	①	FW	平川 悠人	9	10	野澤 零温	FW	①	7	2
0	0	②	FW	千葉 大護	11	11	須藤 太一	FW	①	0	0
0	1	①	FW	山口 伊歩輝	15	16	横山 歩夢	FW	②	4	0

【交代】(石川県)千葉大護→前出悠杜(47分)、山口伊歩輝→河崎響(47分)、不野優聖→森田春輝(62分)、加澤宙也→田中勇輝(70+3分)、伊東陸→小石祐也(70+3分)／（東京都）梶浦勇輝→小松譲治(64分)、横山歩夢→桜井秀斗(67分)、野澤零温→米陀大洋(68分)、奥谷将→村田新直(70分)
【警告】(石川県)中道在(70+3分)
【得点】(東京都)野澤零温(22、32分)、小松譲治(69分)

第2回戦　茨城県 0 (0-1 / 0-2) 3 静岡県　★

9月30日　北海浜多目的球技場
主 矢野浩平　副 森数真治、小川悠

得	S	学		名前	背	背	名前		学	S	得
0	0	①	GK	高橋 楓	1	1	大畑 神唯	GK	①	0	0
0	1	①	DF	山口 諒真	2	2	勝又 大翔	DF	②	0	0
0	1	❶	DF	福原 陽向	3	3	菊地 脩太	DF	①	0	0
0	1	①	DF	小林 栞太	5	4	田端 琉聖	DF	①	1	0
0	1	①	DF	溝口 修平	6	5	鈴木 登偉	DF	②	0	0
0	0	①	DF	渕 伸平	16	7	藤原 健介	MF	①	1	0
0	0	②	MF	中熊 岳琉	4	8	東 廉	MF	❷	0	0
0	0	①	MF	伊藤 龍之介	7	10	熊取谷 一星	MF	②	2	0
0	0	①	MF	村山 剛琉	8	14	清水 和馬	MF	①	0	0
0	1	②	FW	飯塚 輝	9	9	千葉 寛汰	FW	①	4	3
0	0	①	FW	菊池 快	15	11	杉本 大雅	FW	②	1	0

【交代】(茨城県)菊池快→淵上涼太(40分)、溝口修平→山口永遠(49分)、飯塚輝→松村尚樹(49分)、中熊岳琉→速水紀之(66分)／（静岡県）鈴木登偉→松田隼風(46分)、杉本大雅→本保奏希(55分)、清水和馬→鈴木奎吾(58分)、東廉→金子星太(68分)、大畑神唯→福井レオナルド明(70+1分)
【警告】(静岡県)田端琉聖(6分)
【得点】(静岡県)千葉寛汰(35+1、68、69分)

第2回戦　山口県 1 (1-0 / 0-0) 0 大阪府　★

9月30日　北海浜多目的球技場
主 大橋侑祐　副 斎藤雅也、外山琢磨

得	S	学		名前	背	背	名前		学	S	得
0	0	①	GK	徳若 碧都	1	1	山形 慈温	GK	①	0	0
0	0	②	DF	吉田 光	2	2	土井 結介	DF	①	0	0
0	0	①	DF	金坂 励耶	3	3	西田 祐悟	DF	①	1	0
0	0	②	DF	木村 裕貴	4	4	角田 倫伝	DF	①	1	0
0	0	②	DF	山中 誠太郎	5	5	脇山 陽登	DF	①	0	0
0	0	②	MF	末永 章太郎	6	6	岡澤 昂星	MF	❶	0	0
0	0	❷	MF	柳井 敦志	7	7	三木 仁太	MF	①	0	0
0	1	①	MF	徳本 奏太	8	10	中村 仁郎	MF	①	0	0
0	2	①	MF	光永 大晟	9	13	三枝 虎太郎	MF	①	2	0
0	0	①	MF	河野 孝汰	10	9	下川 陽輝	FW	①	3	0
1	2	①	FW	林 陸也	16	11	坂本 稀吏也	FW	①	0	0

【交代】(山口県)光永大晟→林晴己(62分)／（大阪府）三枝虎太郎→浅野直希(49分)、下川陽輝→福田凌(55分)、三木仁太→平川拓斗(59分)、角田倫伝→宮路峻輔(67分)
【警告】(大阪府)三枝虎太郎(28分)
【得点】(山口県)林陸也(12分)

第2回戦　神奈川県 1 (0-1 / 1-0) 1 岡山県　4 PK 5　★

9月30日　高松緑地公園多目的球技場
主 横山卓哉　副 安川公規、板子和敬

得	S	学		名前	背	背	名前		学	S	得
0	0	①	GK	木村 凌也	1	1	西岡 政智	GK	①	0	0
0	0	①	DF	田鎖 勇作	3	2	栢原 悠聖	DF	①	0	0
0	0	❶	DF	諏訪間 幸成	4	3	植本 大貴	DF	❶	0	0
0	0	①	DF	高畠 捷	5	5	横山 修也	DF	①	0	0
0	0	②	DF	花城 怜志	8	14	大河原 優斗	DF	①	0	0
0	2	①	MF	宮下 渓太	7	4	梁 大翔	MF	①	0	0
0	1	①	MF	小室 愛樹	9	8	山本 佳輝	MF	①	0	0
0	3	①	MF	山崎 太新	10	9	宗川 遼哉	MF	②	1	0
0	1	①	MF	角田 惠風	13	13	山地 一颯	MF	①	1	1
0	3	①	FW	五十嵐 太陽	11	10	美濃 祥真	FW	②	0	0
0	2	①	FW	田中 幹大	16	11	高岩 流星	FW	①	1	0

【交代】(神奈川県)田中幹大→鈴木輪太朗イブラヒーム(52分)、山崎太新→安藤如登(66分)／（岡山県）宗川遼哉→津川克洋(46分)、山地一颯→中島理慶(69分)、西岡政智→寺島紳太郎(70+2分)、梁大翔→岸本桜右(70+2分)
【警告】(岡山県)宗川遼哉(8分)
【得点】(神奈川県)鈴木輪太朗イブラヒーム(59分)／（岡山県）山地一颯(32分)

青森県 0 (0-0 / 0-1) 1 富山県

第2回戦　9月30日　新浜緑地公園多目的球技場　主 鹿島裕史　副 池田元、堤宥太

得	S	学		選手	背	背	選手		学	S	得
0	0	①	GK	沼田 晃季	12	1	堀口 裕斗	GK	①	0	0
0	0	①	DF	磯部 翔	2	2	富田 脩平	DF	②	0	0
0	1	①	DF	三輪 椋平	3	3	細川 赳斗	DF	①	0	0
0	1	①	DF	齋藤 隆仁	4	5	入江 航輝	DF	①	0	0
0	0	①	DF	福田 南波	13	6	春木 慎之介	MF	①	0	0
0	1	①	MF	宇野 禅斗	6	7	宮下 史吹	MF	❷	0	0
0	1	①	MF	小原 由敬	7	8	中川 晟	MF	①	0	0
0	1	①	MF	藤森 颯太	8	11	中村 倖成	MF	①	1	1
0	4	①	MF	松木 玖生	14	14	杉本 和真	MF	①	0	0
0	1	①	MF	小野 暉	14	9	辻 功平	FW	①	1	0
0	0	❷	FW	古澤 ナベル慈宇	11	15	大井 優太郎	FW	①	0	0

【交代】(青森県)古澤ナベル慈宇→渡邊星来(HT)、小野暉→本田真斗(63分)、福田南波→丸山大和(66分)、小原由敬→名須川真光(66分)／(富山県)大井優太郎→里見龍太郎(63分)、辻功平→高畑優輝(70+5分)
【警告】(青森県)松木玖生(35分)／(富山県)春木慎之介(58分)
【得点】(富山県)中村倖成(47分)

広島県 1 (0-0 / 1-1) 1 大分県　4 PK 2

第2回戦　9月30日　新浜緑地公園多目的球技場　主 長峯滉希　副 小田昂佑、小野瀬正二

得	S	学		選手	背	背	選手		学	S	得
0	0	①	GK	波多野 崇史	12	1	杉野 伸太朗	GK	①	0	0
0	0	①	DF	豊田 将大	1	2	矢野 翔太郎	DF	❶	0	0
0	0	①	DF	西村 岳	10	4	髙崎 弘輝	DF	①	0	0
0	0	①	DF	香取 潤	15	5	三浦 豪太	DF	②	0	0
0	0	①	MF	藤野 和樹	5	6	豊島 海斗	DF	①	0	0
0	0	①	MF	光廣 健利	6	3	犬丸 祥太朗	MF	①	0	0
0	0	①	MF	池田 柚生	8	8	幸 優成	MF	①	1	0
0	0	①	MF	田部 健斗	16	9	竹谷 悠	MF	①	0	0
1	2	①	FW	棚田 遼	7	11	林 修太	MF	①	3	1
0	0	②	FW	山根 留偉	9	10	平川 絢大	FW	②	1	0
0	2	❷	FW	菅野 翔斗	14	14	阿部 真尋	FW	①	0	0

【交代】(広島県)山根留偉→高柳英二郎(HT)、菅野翔斗→森本凜(56分)、高柳英二郎→北奥湊(67分)／(大分県)阿部真尋→溝口飛和(44分)、林修太→山下蓮(61分)、杉野伸太朗→水取幹太(70+4分)
【警告】(大分県)杉野伸太朗(70+4分)
【得点】(広島県)棚田遼(70+4分)／(大分県)林修太(45分)

熊本県 0 (0-0 / 0-1) 1 香川県

第2回戦　9月30日　新浜緑地公園多目的球技場　主 西村隆宏　副 森田秀一、浅沼賢治

得	S	学		選手	背	背	選手		学	S	得
0	0	①	GK	北里 大地	1	1	松原 快晟	GK	③	0	0
0	1	①	DF	後藤 達平	3	4	森 怜太郎	DF	①	0	0
0	1	①	DF	川副 泰樹	4	3	田尾 佳祐	DF	❶	0	0
0	0	①	DF	後藤 然	13	2	冨家 仁	MF	①	0	0
0	1	①	MF	寺岡 潤一郎	5	6	江内谷 絹人	MF	①	0	0
0	1	①	MF	森田 大智	6	7	富永 拓斗	MF	①	0	0
0	1	①	MF	谷山 湧人	7	8	浅田 彗潤	MF	①	0	0
0	0	❷	MF	毎床 玲音	8	9	川田 脩斗	MF	②	2	1
0	1	②	MF	菊地 雄太	9	15	與田 拓海	MF	①	0	0
0	0	①	MF	廣田 勇心	10	10	小山 聖也	FW	①	1	0
0	2	①	FW	坂本 光	11	11	岩佐 麟太郎	FW	①	0	0

【交代】(香川県)浅田彗潤→渡辺淳(62分)、岩佐麟太郎→佐々木浩汰(62分)、川田脩斗→井上登剛(70+1分)
【得点】(香川県)川田脩斗(55分)

鹿児島県 3 (0-1 / 3-1) 2 千葉県

第2回戦　9月30日　高松緑地公園多目的球技場　主 柳岡拓磨　副 大泉拓、吉田貴嗣

得	S	学		選手	背	背	選手		学	S	得
0	0	②	GK	吉山 太陽	1	1	近野 勝大	GK	①	0	0
0	0	②	DF	田原 寛人	3	2	伊達 由太嘉	DF	❶	0	0
❶	0	①	DF	畠中 健心	4	3	平良 碧規	DF	①	3	1
0	0	①	DF	前原 慶維	5	4	田中 隼人	DF	①	0	0
0	1	①	DF	抜水 昂太	6	5	大和 優槻	DF	①	0	0
0	0	①	MF	佐藤 璃樹	7	16	夏山 響生	DF	①	0	0
0	1	①	MF	川原 琉翔	9	6	尾形 陸	MF	①	0	0
0	0	①	MF	﨑野 隼人	10	7	山本 大輝	MF	①	0	0
0	3	③	MF	大迫 塁	14	8	坪谷 至祐	MF	②	2	0
0	0	①	MF	笠置 潤	17	13	大輪 昂星	MF	③	3	1
2	3	③	FW	福田 師王	18	9	真家 英嵩	FW	①	0	0

【交代】(鹿児島県)畠中健心→片山捷真(31分)、﨑野隼人→上園慶次郎(58分)、福田師王→大石蓮桜(64分)／(千葉県)夏山響生→藤谷敦也(44分)、尾形陸→田制裕作(53分)、坪谷至祐→針谷楽人(67分)
【得点】(鹿児島県)片山捷真(37分)、福田師王(39、52分)／(千葉県)大輪昂星(7分)、平良碧規(54分)

準々決勝戦 10月1日 北海浜多目的球技場　主 鹿島裕史　副 井出本瞭、甲斐正直

東京都 1 (0-1 / 1-2) 3 静岡県

得	S	学		名前	背	背	名前		学	S	得
0	0	①	GK	奥谷 将	1	1	大畑 神唯	GK	①	0	0
0	0	①	DF	宮下 菖悟	2	2	勝又 大翔	DF	②	0	0
0	0	①	DF	中野 創介	3	3	菊地 脩太	DF	①	0	0
0	0	①	DF	石井 玲於奈	4	4	田端 琉聖	DF	①	1	0
0	0	❶	MF	谷村 峻	6	6	鈴木 登偉	DF	②	0	0
0	0	①	MF	梶浦 勇輝	7	7	本保 奏希	MF	①	0	0
0	0	①	MF	小林 慶太	9	8	東 廉	MF	❷	0	0
0	1	①	MF	加藤 大地	14	10	熊取谷 一星	MF	②	1	0
1	3	①	FW	野澤 零温	10	15	鈴木 奎吾	MF	①	0	0
0	0	①	FW	須藤 太一	11	16	金子 星太	MF	①	1	1
0	0	②	FW	横山 歩夢	16	9	千葉 寛汰	FW	①	3	2

【交代】(東京都)須藤太一→米陀大洋(43分)、横山歩夢→小松誠治(57分)、加藤大地→桜井秀斗(66分)／(静岡県)本保奏希→藤原健介(49分)、金子星太→杉本大雅(56分)、鈴木奎吾→清水和馬(62分)、熊取谷一星→松田隼風(70分)
【得点】(東京都)野澤零温(46分)／(静岡県)金子星太(35+1分)、千葉寛汰(41、70+1分)

準々決勝戦 10月1日 新浜緑地公園多目的球技場　主 柳岡拓磨　副 谷弘樹、大橋侑祐

山口県 0 (0-0 / 0-0) 0 岡山県　8 PK 7

得	S	学		名前	背	背	名前		学	S	得
0	0	①	GK	徳若 碧都	1	1	西岡 政智	GK	①	0	0
0	0	②	DF	吉田 光	2	2	栢原 悠聖	DF	①	0	0
0	0	②	DF	金坂 励耶	3	3	植本 大貴	DF	❶	0	0
0	0	②	DF	木村 裕貴	4	5	横山 修也	DF	①	1	0
0	0	②	DF	田中 誠太郎	5	14	大河原 優斗	DF	①	0	0
0	2	②	MF	末永 章太郎	6	6	梁 大翔	MF	①	2	0
0	0	❷	MF	柳井 敦志	7	7	山本 佳輝	MF	①	1	0
0	1	①	MF	徳本 奏太	8	8	宗川 遼哉	MF	②	1	0
0	3	①	MF	光永 大晟	9	13	山地 一颯	MF	①	1	0
0	6	①	FW	河野 孝汰	10	10	美濃 祥真	FW	②	1	0
0	1	①	FW	林 陸也	11	9	高岩 流星	FW	②	2	0

【交代】(岡山県)宗川遼哉→津島克洋(55分)、山地一颯→西村颯人(61分)、西岡政智→寺島紳太朗(70+2分)

準々決勝戦 10月1日 北海浜多目的球技場　主 宮原一也　副 廣瀬成昭、宮本陸斗

富山県 0 (0-2 / 0-4) 6 広島県

得	S	学		名前	背	背	名前		学	S	得
0	0	①	GK	堀口 裕太	1	12	波多野 崇史	GK	①	0	0
0	0	②	DF	富田 脩平	2	3	豊田 将大	DF	①	0	0
0	0	①	DF	細川 赳斗	3	15	香取 潤	DF	①	0	0
0	0	①	DF	入江 航輝	4	4	森本 凛	MF	②	3	1
0	0	①	MF	春木 慎之介	6	5	藤野 和樹	MF	①	1	0
0	0	❷	MF	宮下 史吹	7	6	光廣 健利	MF	①	0	0
0	0	①	MF	中川 晟	8	8	池田 柚生	MF	①	0	0
0	1	①	MF	中村 倖成	11	10	西村 岳	MF	①	0	0
0	0	①	MF	杉本 和真	14	16	田部 健斗	MF	①	0	0
0	1	①	FW	辻 功平	9	7	棚田 遼	FW	①	4	2
0	0	①	FW	大井 優太郎	15	11	菅野 翔斗	FW	❷	1	1

【交代】(富山県)細川赳斗→片山大治郎(HT)、大井優太郎→高畑優輝(HT)、春木慎之介→常田央都(46分)、杉本和真→里見龍太郎(58分)／(広島県)田部健斗→入江大雅(52分)、菅野翔斗→山根留偉(56分)、棚田遼→高柳英二郎(60分)、池田柚生→北奥蓮(62分)
【警告】(富山県)杉本和真(39分)
【退場】(富山県)宮下史吹(70+2分)
【得点】(広島県)森本凛(21分)、棚田遼(34、51分)、菅野翔斗(36分)、高柳英二郎(63分)、山根留偉(70+4分)

準々決勝戦 10月1日 新浜緑地公園多目的球技場　主 内山翔太　副 安川公規、矢野浩平

香川県 2 (0-0 / 2-0) 0 鹿児島県

得	S	学		名前	背	背	名前		学	S	得
0	0	③	GK	松原 快晟	1	1	吉山 太陽	GK	②	0	0
0	0	①	DF	森 怜太郎	4	3	田原 寛人	DF	②	1	0
0	1	❶	DF	田尾 佳祐	5	4	畠中 健心	DF	❶	0	0
0	0	①	MF	冨家 仁	2	7	前原 慶維	DF	①	0	0
0	0	①	MF	江内谷 絹人	6	8	抜水 昂太	DF	①	0	0
1	1	①	MF	富永 拓斗	7	6	佐藤 璃樹	MF	①	1	0
0	1	①	MF	浅田 彗潤	8	9	川原 琉翔	MF	①	0	0
0	2	②	MF	川田 脩斗	9	10	﨑野 隼人	MF	①	0	0
0	0	①	MF	與田 拓海	15	15	片山 捷真	MF	①	1	0
1	3	①	FW	小山 聖也	10	17	笠置 潤	MF	③	0	0
0	1	①	FW	岩佐 麟太郎	11	16	荒木 太志	FW	①	0	0

【交代】(香川県)浅田彗潤→渡辺淳(63分)、岩佐麟太郎→佐々木浩汰(63分)、富永拓斗→吉田光(70+1分)／(鹿児島県)片山捷真→大迫塁(HT)、荒木太志→福冨師王(HT)、畠中健心→上薗慶次郎(42分)、佐藤璃樹→大石蓮桜(67分)
【警告】(香川県)江内谷絹人(20分)
【得点】(香川県)富永拓斗(58分)、小山聖也(68分)

準決勝戦

静岡県 **6** (3-0 / 3-1) **1** 山口県

10月2日
主 谷弘樹　副 安川公規、廣瀬成昭
新浜緑地公園多目的球技場

得	S	学		選手	背	背	選手		学	S	得
0	0	①	GK	大畑 神唯	1	1	徳若 碧都	GK	①	0	0
0	1	②	DF	勝又 大翔	2	2	吉田 光	DF	②	2	0
0	0	①	DF	菊地 脩太	3	3	金坂 励耶	DF	②	0	0
0	0	①	DF	田端 琉聖	4	4	木村 裕貴	DF	②	0	0
0	0	②	DF	鈴木 登偉	5	5	田中 誠太郎	DF	②	0	0
0	1	①	MF	藤原 健介	7	6	末永 章太郎	MF	②	0	0
0	3	❷	MF	東 廉	8	7	柳井 敦志	MF	❷	0	0
1	2	①	MF	松田 隼風	13	9	光永 大晟	MF	①	0	0
0	1	①	MF	清水 和馬	14	13	奥野 奨太	MF	①	0	0
2	4	①	FW	千葉 寛汰	9	10	河野 孝汰	FW	①	1	1
1	2	②	FW	杉本 大雅	11	16	林 陸也	FW	①	1	0

【交代】(静岡県)杉本大雅→本保秀希(47分)、清水和馬→金子星太(55分)、千葉寛汰→熊取谷一星(60分)、藤原健介→鈴木奎吾(63分)、大畑神唯→福井レオナルド明(67分)／(山口県)奥野奨太→徳本秦也(HT)、林陸也→林晴己(70分)
【警告】(静岡県)松田隼風(63分)／(山口県)徳若碧都(43分)
【得点】(静岡県)千葉寛汰(2、43分)、杉本大雅(11分)、松田隼風(25分)、熊取谷一星(66分)、金子星太(70+3分)／(山口県)河野孝汰(49分)

準決勝戦

広島県 **2** (1-0 / 1-0) **0** 香川県

10月2日
主 宇田川恭弘　副 宮原一也、内山翔太
新浜緑地公園多目的球技場

得	S	学		選手	背	背	選手		学	S	得
0	0	①	GK	波多野 崇史	12	1	松原 快晟	GK	③	0	0
1	1	①	DF	豊田 将大	1	3	森 怜太郎	DF	①	0	0
0	0	①	DF	西村 岳	10	5	田尾 佳祐	DF	❶	0	0
0	0	①	DF	香取 潤	15	2	冨家 仁	MF	①	0	0
1	3	②	MF	森本 凜	2	6	江内谷 絹人	MF	①	0	0
0	1	①	MF	藤野 和樹	5	7	富永 拓斗	MF	①	0	0
0	0	①	MF	光廣 健利	6	8	浅田 彗潤	MF	①	1	0
0	0	①	MF	池田 柚生	8	9	川田 脩斗	MF	②	0	0
0	1	①	MF	田部 健斗	16	15	與田 拓海	MF	①	0	0
0	3	①	FW	棚田 遼	7	10	小山 聖也	FW	①	0	0
0	1	①	FW	菅野 翔斗	11	11	岩佐 麟太郎	FW	①	0	0

【交代】(広島県)田部健斗→入江大雅(50分)、森本凜→山根留偉(55分)、菅野翔斗→高柳英二郎(66分)、光廣健利→北鬼蓮(70+3分)／(香川県)與田拓海→吉田光(58分)、岩佐麟太郎→佐々木浩汰(58分)、浅田彗潤→渡辺淳(70+1分)、小山聖也→井上登剛(70+1分)
【得点】(広島県)森本凜(33分)、豊田将大(43分)

3位決定戦

山口県 **1** (1-0 / 0-0) **0** 香川県

10月3日
主 廣瀬成昭　副 谷弘樹、内田賢一郎
北海浜多目的球技場

得	S	学		選手	背	背	選手		学	S	得
0	0	①	GK	徳若 碧都	1	1	松原 快晟	GK	③	0	0
0	0	②	DF	吉田 光	2	3	吉田 光	DF	①	0	0
0	0	①	DF	金坂 励耶	3	4	森 怜太郎	DF	①	1	0
0	0	②	DF	木村 裕貴	4	5	田尾 佳祐	DF	❶	2	0
0	0	②	DF	田中 誠太郎	5	2	冨家 仁	MF	①	0	0
0	0	②	MF	末永 章太郎	6	6	江内谷 絹人	MF	①	0	0
0	0	❷	MF	柳井 敦志	7	7	富永 拓斗	MF	①	0	0
0	2	①	MF	徳本 奏太	8	9	川田 脩斗	MF	②	1	0
0	1	①	MF	光永 大晟	9	15	與田 拓海	MF	①	0	0
1	3	①	FW	河野 孝汰	10	16	井上 登剛	MF	①	0	0
0	1	①	FW	林 陸也	16	11	岩佐 麟太郎	FW	①	1	0

【交代】(山口県)光永大晟→奥野奨太(HT)、林陸也→林晴己(59分)／(香川県)吉田光→浅田彗潤(HT)、井上登剛→小山聖也(HT)、岩佐麟太郎→佐々木浩汰(59分)、與田拓海→渡辺淳(63分)
【警告】(山口県)吉田光(45分)
【得点】(山口県)河野孝汰(28分)

決勝戦

静岡県 **1** (0-0 / 1-0) **0** 広島県

10月3日
主 安川公規　副 宮原一也、矢野浩平
茨城県立カシマサッカースタジアム

得	S	学		選手	背	背	選手		学	S	得
0	0	①	GK	大畑 神唯	1	12	波多野 崇史	GK	①	0	0
0	0	②	DF	勝又 大翔	2	3	豊田 将大	DF	①	0	0
1	1	①	DF	菊地 脩太	3	10	西村 岳	DF	①	0	0
0	0	①	DF	田端 琉聖	4	15	香取 潤	DF	①	1	0
0	0	②	DF	鈴木 登偉	5	2	森本 凜	MF	②	2	0
0	2	①	MF	藤原 健介	7	5	藤野 和樹	MF	①	0	0
0	1	❷	MF	東 廉	8	6	光廣 健利	MF	①	0	0
0	0	①	MF	熊取谷 一星	10	8	池田 柚生	MF	①	0	0
0	0	①	MF	鈴木 奎吾	15	16	田部 健斗	MF	①	0	0
0	1	①	MF	金子 星太	16	7	棚田 遼	FW	①	2	0
0	2	①	FW	千葉 寛汰	9	11	菅野 翔斗	FW	❷	2	0

【交代】(静岡県)熊取谷一星→松田隼風(47分)、藤原健介→杉本大雅(56分)、金子星太→清水和馬(66分)、鈴木奎吾→本保秀希(70分)／(広島県)田部健斗→入江大雅(58分)
【警告】(静岡県)勝又大翔(40分)
【得点】(静岡県)菊地脩太(55分)

優勝監督 手記

U-16静岡県監督
村下 和之
静岡県立沼津西高校

U-16移行後、初単独優勝

第74回国民体育大会「いきいき茨城ゆめ国体 2019」において、静岡県としてU-18からU-16移行後、初の単独優勝という結果を残すことができました。

静岡県の国体における戦歴を振り返ってみます。単独チームとして 1957 年に藤枝東高校、1958年清水東高校、1966年藤枝東高校が優勝。選抜大会に移行した1970年、埼玉県との両県優勝を皮切りに、1991年から1994年までの 4 連覇を含み、移行後だけでも全国制覇19回の偉業を達成しました。しかし、2006年のU-16化に伴い様相は一変します。選抜移行後、50年連続本大会出場の本県ですが、なかなか以前のような結果を残すことができませんでした。そのような中で、2011年に千葉県と両県優勝を果たし、2019年の今年、単独で茨城国体を制することができました。

チームの成果

静岡県選抜チームの活動日数は、大会期間も含めて36日間。これは本県では例年並みですが、県内の各チームにお願いし、ゲーム中心の活動を進めていきました。さらに3月には、静岡県ヤングサッカーフェスティバルや甲信越静U-16サッカー大会 (山梨県) に参加させていただき、チーム強化を図りました。

メンバー選考については、U-15静岡県トレセンメンバーや静岡県内で海外チームを招いて行うゴールデンサッカーアカデミー参加メンバーを基本線

としました。そのような中で例年と異なったことは、早生まれの選手に注目し、5名を最終メンバー入りさせたことです。とにかく、16名で5日間の大会を勝ち上がらなければなりません。そこで、異なるポジションでもプレーできる選手を選考し、スタメンを固定せず、ローテーションで起用することにより、チームの運動量を分散することにしたのです。同時に、選手はサブにまわることもあるため、人間性も考慮して招集しました。その点で特筆すべきは、セカンドGKの福井レオナルド明 (清水エスパルスユース) が、チームの苦境の場面で本当にチームを支えてくれたことです。

今回のチームの成果として考えられることは、4つです。

《1.チームマネジメント》

スタッフの役割分担の明確化。攻撃、守備、セットプレー、選手起用、ミーティング、トレーニングメニュー、ウォー

ミングアップ等の役割を明確にし、コーチ、トレーナーが自分の能力を最大限発揮できるような環境づくりを意識しました。これにより、試合中も指示が明確になり、効果を発揮することができたと考えます。

《2.選手とのチーム作り》

チーム共通言語の作成と共有化の徹底。選抜チームの活動日数は限られています。細かい戦術的な要素を落とし込むのは難しく、各所属で行うサッカーは異なるため、チーム共通言語を作ることで効果的にチーム作りを進めることができました。また、選手の集中力や理解力を考え、ミーティング内容を必要最小限に絞り込むこと、さらに大会期間中のミーティングは、絶対に30分を超えないことを徹底しました。

《3.チームスタイルの維持》

良い守備から良い攻撃へ繋げること。近年の国体では、守備が整理でき

ているチームが勝ち上がっています。そこで、前線の選手にはアグレッシブにボールを奪いにいくことを求め、次の選手が連続、連動してついていき、インターセプトすることを意識づけました。また、35分ハーフ、給水タイムあり、決勝戦以外は延長なしPK、という大会のレギュレーションもあることから、先制点を挙げることを目指した結果、膠着したゲームでも、前半終了間際などの好機に得点を奪うことができました。選手起用においても、16人全員を信用して起用することを意識するとともに、交代を積極的に行うことによってゲームを動かすことを意識しました。

《4.コンディショニング》

　コンディション作りの徹底。U-18とU-16では、明らかにパフォーマンスの安定度において違いがあります。守備でもハードワークを求めるため、トレーナーが中心となり、コンディション作りに最善の努力をしました。一日に何回も行う体重測定、食事に対する意識づけ、入浴やケアなど、連戦に向けた準備を進めました。また、ゲームスケジュールが第1試合であったため、スケジュールをルーティン化することができました。

サッカー王国・静岡

　本大会49年連続出場という静岡県が築いてきた輝かしい歴史を背負う中、東海予選では敗退の危機がありました。さらに、本大会1回戦、前半2-0の状況で、残り3分から同点にされPK方式に持ち込まれるという場面にも直面しました。この苦しい経験を選手は力に変え、試合ごとに成長する姿を全国に示しました。そして、メディアからは、「サッカー王国　静岡の復活」という言葉が掲げられました。しかし、静岡県のサッカーを支え続ける文化の高さを見れば、本県はこれまでもずっとサッカー王国であり続けたと思うのです。

育成年代からの継続した強化や各チームの選手、指導者の情熱と協力態勢、また他県では味わうことのできないほどの報道量、サッカーファンの厳しい目などが、その証左です。今回の優勝は、静岡のサッカーに関わる方々の想いにより達成できたと思っています。

　選手たちには、「チームのために100%、120%の力を捧げなさい」と呼びかけてきました。一人でもチーム全体の中にいる自分を忘れたり、手を抜いたりしていたら、勝てる力を失い、世界に羽ばたくこともできません。チームに参加しともに戦った選手たちには、この大会を一つのきっかけとして、静岡から羽

ばたき、世界で戦うプレーヤーに成長していってほしいと願っています。

　静岡県サッカー協会をはじめ、2種委員会、3種・4種の活動支援等に関わる皆様、選手・スタッフ等チーム関係者、さらには静岡サッカーを支えてくださる多くの皆様のご支援があり、今回の活動をすることができました。改めてお礼申し上げます。これからも、静岡サッカー発展のために微力ながら尽力していきたいと思います。

　最後に、最高のおもてなしで対応していただきました茨城県民の皆様、茨城国体関係者の皆様に、心から感謝申し上げます。

TSG活動報告
テクニカルスタディグループ

茨城県47FA
川松 隆宏
茨城県立江戸崎総合高校

リフレッシュ研修会について

　4日間にわたり、日本製鉄 鹿島人材育成センター大ホールで研修会を行いました。大会会場から約10分。そして、TSG活動・準備・宿泊とすべて同会場で行われたことで、制限のある時間の中で、最大限準備の時間を設定できました。国体参加チームや各都県の技術担当者等の宿舎からも近いという好条件が整い、初日から120名を超える受講者。4回の研修会ではすべて100名を超える方々の来場がありました。

1日目 「育成年代における アクションプラン」
JFA池内 豊
JFAユース育成ダイレクター

「FIFA U-20W杯2019 ポーランド大会TSG報告」
JFA武藤 覚
ナショナルトレセンコーチ東北チーフ

　研修会3日目の影山氏に先立ち、JFA武藤氏からU-20W杯2019の報告が映像を交えてあった。優勝はウクライナ、準優勝は韓国。日本はラウンド16で韓国に0-1で惜敗した。

2日目 「審判と技術の協調」
JFA大畑 開
中国地域統括ユースダイレクター

「ルール改定説明」
⇒ディスカッション

◉競技規則の改定について（審判部インストラクター佐賀氏、斉藤氏より）
◉競技規則の改定についての説明
→ドロップボール（第8、9条）、FK（第13条）、ハンド（第12条）、PK（第14条）、素早いFK（第12条）、交代（第3

条）、チーム役員（第5、12条）。以上の改定部分について映像で確認。

◉協調とは？
→互いに協力し合うこと、力を合わせて事にあたること。

◉審判と技術の協調がなぜ必要なのか？（ディスカッションあり）
→タフで逞しい選手を育成するため、世界のサッカーの潮流→ハイスピード＆ハイプレッシャー（攻守の一体化の進化、戦術的多様性、対戦相手の分析に基づいた戦術的な戦い、ゲームの中での対応力）、U-17日本代表、U-17パラグアイ代表、U-17チリ代表の映像と今大会の1、2回戦の映像との比較→国体でできている部分もあるが、世界との差があるため世界基準のタフさを日常に！

◉タフで逞しい選手を育成するためには？
→指導者：基準を示すポジティブな声かけ、簡単に倒れない。審判：ゲームの流れ、ジャッジの基準、プレー時間の確保。サポーター：サッカー理解があることでポジティブな応援に。ウェルフェアオフィサー：安心、安全担当者の配置。

「国体初日・2日目報告」
JFA星原隆昭
ナショナルトレセンコーチ関西チーフ

◉守備の個人戦術とテクニック
→ゴールを意識しながら、ボール保持者、相手、味方、スペース等、状況に応じたポジションを取り続ける→1stDFの質、良いポジションから奪いに行く（寄せるで終わらない、球際の激しさ、アプローチの速さ・距離、決断

etc.）→1stDFの判断を周りが共有（連動と連続性）、奪うチャンスを作る・逃さない→コンパクトフィールドの形成、前線の規制、DFラインコントロール、スライド→GKとの連係。

◉攻撃の個人戦術とテクニック
→観ること、身体の向きの徹底→ゴールを意識しながらボール保持者、相手、味方、スペース等、状況に応じたポジションを取り続ける→タイミングよくアクションを起こす、アイコンタクト、インフォメーション、マークを外す動き→プレーへの関わりの質と量（判断の共有）、トライアングル、関われる距離→動きながらのテクニックの質、プレースピード、動きの習慣。分析観点を確認後に今大会の1、2回戦を映像（攻守ともにGOODシーン）で確認・GKプレー分析→3つの局面①ボールにプレーする前②ボールに対するプレー③ボールにプレーした後。上記3つの局面を今大会の1、2回戦の映像で確認。

3日目 「FIFA U-20W杯2019 ポーランド大会 日本の戦い」
影山雅永
U-20/18日本代表監督

◉どんなチームを目指したのか
→「U-20W杯2019出場権獲得→上位進出」「大会ステージへの個人昇格」→一人一人が強い「個」となり「上手いよりも強いチーム」を目指す。これまでの日本人論（個で勝てない、フィジカルで勝てない、自己表現できない等）への挑戦→自立する、ボールは自分たちで奪う、前へ！　ゴールへ迫る！

◉優勝はウクライナ、準優勝は韓国、3位エクアドル、4位イタリア。日本代表は……グループリーグ（イタリア、メキシコ、エクアドルと同組）を1勝2分で突破
→決勝トーナメント1回戦で韓国に敗戦（ベスト16）。日本の通用した部分はテクニック、組織力、持久力、アジリティ、インテンシティ、ハードワーク、コンタクトを嫌がらない、負けない。日本に見られた課題は、腕のブロックも使った推進力、ポジションどりを含めたコンタクトスキル、高さ。活動からの気づき。「本気の戦い、勝つ、負ける、ボールを取られる、奪う、の中で正確な技術を発揮できるか？」ということが最も重要である。これまでの「日本人論」＝「個の力で劣る日本人が組織と団結で世界に挑む」への挑戦。

⚽ 「JFA フットボール・フューチャー・プログラム U-12報告」
4日目
JFA矢野隼人
ナショナルトレセンコーチ関東チーフ

指導者の関わりについて。選手と良い距離感で寄り添ってからプレーを見守る。良いプレーを褒めてから具体的に褒める。選手を成長させるための要求。指導者がやってほしいプレーに対する要求から選手の自立を促すコーチングへ。指導者としての多くの示唆がありました。

⚽ 「国体総括」
JFA和泉茂徳
ナショナルトレセンコーチ四国チーフ、国体TSGチーフ

茨城国体でU-16化から14年目を迎える大会。香川県と山口県の上位進出。登録選手16名のうち、半数以上が同一チーム。4種年代からの着実な強化の必要性。中学3年生の活躍。大きな特徴と傾向から取り組むべき課題も明確になった。FPとGKの分析が行われ、攻撃・守備の切り替え、ボール

を奪われたら素早く奪い返し、再びシンプルに相手ゴールに向かって攻撃をする傾向。ゴールを目指しながらも、自陣からのビルドアップ。背後を狙う動きなど多くの示唆がありました。

試合会場のTSGの現場から

国体すべての試合の映像撮影。ゲームの分析とタイムアドレス。GK分析。すべての業務をJFAの方々と共同で作業を進められました。作業会場では、いすを並べて、目の前で行われているゲームの状況をディスカッションしながら取り組めたことは大変価値のある作業でした。プレーによる質や強度、判断の部分など、日常的に意見交換できたことが収穫でした。「もっと寄せないとボールを奪えない」「中盤での守備の強度を上げないといけない」「最終ラインの間が5枚と4枚とでは、距離が変わらないといけない」「見ようとすれば観える、ただ見ているだけでは観えないものがある」など、技術分析ブースではワンプレーワンプレーに対するJFAと茨城FAのディスカッションが行われ、確実に観点や質が向上しました。3日目以降は、茨城FAの会場担当から会場ごとのゲーム分析の発表等も任せていただき、最終日まで緊張感と分析の学びを含めて意識の向上がありました。

また、「JFAの方々のこのTSG活動をレガシーとして残す」というテーマもありました。国体最終日には茨城FAでも委員会を開き、どうやってこの財産を残して、継続して、発展させていくか意見交換をさせていただきました。この活動を今回だけにせず、継続していくことに意義があると思います。

各組織が力を結集しての作業

今大会は9月29日から10月3日の5日間にわたり、鹿嶋市3会場で行われました。5日間快晴に恵まれ、天然芝2面、人工芝1面の3会場においてベスト

なコンディションでプレーすることができたと思います。

4日間のリフレッシュ研修会は、すべて鹿島人材育成センター（日本製鉄の研修センター）で行われ、TSGの準備、研修会の場所など、本当に環境の整った中で、TSGの活動内容を発信できたことを含めまして、感謝申し上げたいと思います。ここまで準備を進めていただいた鹿嶋市をはじめ、多くのサポートのおかげで開催・運営できましたことを改めて感謝いたします。

第74回国民体育大会 (いきいき茨城ゆめ国体 2019) TSGメンバー		
池内 豊	JFA	ダイレクター
鈴木 淳	JFA	ダイレクター
川俣 則幸	JFA	GKプロジェクトリーダー
山橋 貴史	JFA	サブダイレクター
手倉森 浩	JFA	東北ダイレクター
武藤 覚	JFA	東北チーフ
西川 誠太	JFA	関東ダイレクター
矢野 隼人	JFA	関東チーフ
木村 康彦	JFA	北信越ダイレクター
遠崎 善主	JFA	北信越チーフ
濱崎 芳己	JFA	東海チーフ
内山 篤	JFA	関西ダイレクター
星原 隆昭	JFA	関西チーフ
大畑 開	JFA	中国ダイレクター
梁 圭史	JFA	中国サブ
大橋 浩司	JFA	四国ダイレクター
和泉 茂徳	JFA	四国チーフ
城 和憲	JFA	九州チーフ
奥野 僚右	JFA	地域なしサブ
影山 雅永	JFA	U-20/18日本代表監督
森山 佳郎	JFA	U-17日本代表監督
林 義規	JFA	東京FA 会長
佐藤 孝大	JFA	テクニカルスタッフ
秋江 昌司	JFA	技術部育成G
伊藤 慎平	高体連	技術委員（TSG）
永瀬 裕記	高体連	技術委員（TSG）
石原 康彦	高体連	技術委員（TSG）
石原 哲也	高体連	技術委員（TSG）
奥 岳史	日本クラブユース連盟	
大内 啓行	茨城FA	技術委員長
竹本 浩	茨城FA	指導普及委員長
後藤 義夫	茨城FA	指導普及委員会
車田 幸士	茨城FA	指導普及委員会
石綿 孝一郎	茨城FA	指導普及委員会
照沼 祐治	茨城FA	YD・2種・教員
川松 隆宏	茨城FA	TSG担当・2種・教員
宮山 理	茨城FA	3種・教員
川島 翼	茨城FA	3種・教員
犬塚 将己	茨城FA	3種・教員
上上 靖隆	茨城FA	3種・教員
田山 晋	茨城FA	2種・教員
網中 博史	茨城FA	2種・教員
本橋 康範	茨城FA	2種・教員
髙崎 護	茨城FA	2種・教員
藤田 巧	茨城FA	2種・教員
秋元 利之	茨城FA	2種・教員
萬場 努	茨城FA	2種・教員
浅利 知哉	茨城FA	2種・教員
内藤 清志	茨城FA	指導普及委員会

ENTRY

登録選手一覧

第74回国民体育大会サッカー競技少年の部

北海道選抜

背番号	位置	氏	名	年齢	身長	所属チーム
	監督	崔	準基	30	—	ベアフット北海道U-15
1	GK	坂本	健太	15	175	北海道科学大学高校
2	DF	長澤	大輝	15	172	札幌大谷高校
3	DF	藤田倫太朗		15	170	札幌大谷高校
4	DF	青山	稜	15	172	札幌大谷高校
5	DF	志比川桜雅		15	162	東海大学付属札幌高校
6	DF	渡辺	大翔	15	174	北海高校
7	MF	木戸	柊摩	16	170	北海道コンサドーレ札幌U-18
8	MF	山本	武蔵	15	168	札幌大谷高校
9	MF	高桑	輝人	15	168	札幌大谷高校
10	MF	岡本	大地	15	167	札幌大谷高校
11	FW	秋山	千颯	15	170	札幌大谷高校
12	GK	島田	叶典	15	177	札幌光星高校
13	MF	西出あおい		15	165	札幌大谷高校
14	MF	石川	蒼生	15	168	北海道コンサドーレ札幌U-18
15	DF	青山	佳生	15	166	札幌大谷高校
16	FW	佐藤	陽成	15	168	北海道コンサドーレ札幌U-18

青森県選抜

背番号	位置	氏	名	年齢	身長	所属チーム
	監督	柴崎健太郎		35	—	青森県立弘前実業高校
1	GK	鈴木	尋	15	180	青森山田高校
2	DF	磯部	翔	15	169	青森山田高校
3	DF	三輪	椋平	15	174	青森山田高校
4	DF	丸山	大和	15	177	青森山田高校
5	DF	齋藤	隆仁	15	172	青森山田高校
6	MF	宇野	禅斗	15	172	青森山田高校
7	MF	小原	由敬	15	170	青森山田高校
8	MF	本田	真斗	15	168	青森山田高校
9	MF	藤森	颯太	15	170	青森山田高校
10	MF	松木	玖生	15	176	青森山田高校
11	FW	吉澤	ナベル慈宇	16	181	青森山田高校
12	GK	沼田	晃季	15	183	青森山田高校
13	DF	福田	南波	15	176	青森山田高校
14	MF	小野	暉	15	167	青森山田高校
15	FW	名須川真光		15	174	青森山田高校
16	FW	渡邊	星来	15	174	青森山田高校

宮城県選抜

背番号	位置	氏	名	年齢	身長	所属チーム
	監督	平賀	玄太	33	—	宮城県多賀城高校
1	GK	和田	幹太	15	181	塩釜FCユース
2	DF	工藤	紫苑	15	172	ベガルタ仙台ユース
3	DF	斎藤	慈英	16	177	ベガルタ仙台ユース
4	DF	水野	義虎	16	180	聖和学園高校
5	DF	市川	怜生	15	172	仙台育英学園高校
6	MF	須田	菖太	15	166	ベガルタ仙台ユース
7	MF	守屋	湧磨	15	156	聖和学園高校
8	MF	大津	瑠要	15	174	ベガルタ仙台ユース
9	FW	明石	海月	15	165	仙台育英学園高校
10	FW	加藤	壱盛	15	180	ベガルタ仙台ユース
11	MF	斉藤	涼優	16	169	仙台育英学園高校
12	GK	後藤	謙	15	177	東北学院高校
13	FW	水津	秀斗	15	173	ベガルタ仙台ユース
14	DF	三浦龍之介		15	170	宮城県泉高校
15	MF	野口	陽路	16	170	聖和学園高校
16	MF	荒川	颯磨	15	171	ベガルタ仙台ユース

福島県選抜

背番号	位置	氏	名	年齢	身長	所属チーム
	監督	佐原	明良	35	—	福島県立ふたば未来学園高校
1	GK	妹尾	弦	16	180	尚志高校
2	DF	出田	海瀬	15	165	尚志高校
3	DF	高橋	翔大	15	172	尚志高校
4	DF	齋藤	天心	15	171	いわきFC U-18
5	DF	チェイス	アンリ	15	187	尚志高校
6	MF	松尾	春希	15	170	尚志高校
7	MF	原田	史葉	15	172	尚志高校
8	MF	新谷	一真	15	175	尚志高校
9	FW	本田	陸	15	176	尚志高校
10	MF	藤原	秀斗	16	170	福島県立福島東高校
11	FW	村上	力己	15	168	尚志高校
12	MF	黒瀬	舜	15	168	尚志高校
13	MF	鈴木	彪馬	15	165	尚志高校
14	DF	円道竣太郎		15	180	学法石川高校
15	GK	菅野	遥斗	15	182	尚志高校
16	DF	小野	文也	14	164	アストロンジュニアユース

茨城県選抜

背番号	位置	氏	名	年齢	身長	所属チーム
	監督	内野	弘	39	—	茨城県立麻生高校
1	GK	高橋	楓	15	180	鹿島アントラーズユース
2	DF	山口	諒真	15	175	鹿島アントラーズユース
3	DF	福原	陽向	15	177	鹿島アントラーズユース
4	MF	中熊	岳琉	16	170	明秀学園日立高校
5	DF	小林	栞太	15	171	鹿島アントラーズユース
6	DF	溝口	修平	15	172	鹿島アントラーズユース
7	MF	伊藤龍之介		15	164	鹿島アントラーズユース
8	MF	村山	剛琉	15	171	鹿島アントラーズユース
9	FW	飯塚	輝	16	175	鹿島アントラーズユース
10	MF	淵上	涼太	15	175	鹿島アントラーズユース
11	FW	松村	尚樹	15	174	鹿島学園高校
12	GK	竹本	悠人	15	179	鹿島学園高校
13	FW	菊池	快	15	181	鹿島アントラーズユース
14	MF	山口	永遠	15	172	鹿島学園高校
15	DF	速水	紀之	15	174	茨城県立水戸商業高校
16	DF	渕	伸平	15	171	鹿島学園高校

千葉県選抜

背番号	位置	氏	名	年齢	身長	所属チーム
	監督	田中章太郎		34	—	千葉県立生浜高校
1	GK	近野	勝大	15	187	柏レイソルU-18
2	DF	伊達由太嘉		15	165	柏レイソルU-18
3	DF	平良	碧規	15	170	船橋市立船橋高校
4	DF	田中	隼人	15	184	柏レイソルU-18
5	DF	大和	優槻	15	182	柏レイソルU-18
6	MF	尾形	陸	15	175	千葉県立八千代高校
7	MF	山本	大輝	15	172	船橋市立船橋高校
8	MF	坪谷	至祐	15	167	船橋市立船橋高校
9	FW	真家	英嵩	15	182	柏レイソルU-18
10	MF	田制	裕作	15	180	柏レイソルU-18
11	FW	市瀬	飛翔	15	177	柏レイソルU-18
12	GK	天川	幹	16	187	船橋市立船橋高校
13	MF	大輪	昂星	15	168	船橋市立船橋高校
14	FW	藤谷	敦也	15	163	ジェフユナイテッド千葉U-18
15	DF	針谷	奎人	15	179	船橋市立船橋高校
16	DF	夏山	響生	15	174	ジェフユナイテッド千葉U-18

東京都選抜

背番号	位置	氏	名	年齢	身長	所属チーム
	監督	北	慎	42	—	FC東京U-15むさし
1	GK	奥谷	将	15	180	修徳高校
2	DF	宮下	菖悟	15	164	FC東京U-18
3	DF	中野	創介	15	178	FC東京U-18
4	DF	石井玲於奈		15	173	FC東京U-18
5	MF	小松	譲治	15	173	國學院大学久我山高校
6	MF	谷村	峻	15	164	FC東京U-18
7	MF	梶浦	勇輝	15	168	FC東京U-18
8	FW	桜井	秀斗	15	172	FC東京U-18
9	MF	小林	慶太	16	177	FC東京U-18
10	FW	野澤	零温	15	174	FC東京U-18
11	FW	須藤	太一	15	167	三菱養和SCユース
12	GK	村田	新直	15	182	國學院大学久我山高校
13	DF	大矢	ショラ	15	173	FC東京U-18
14	MF	加藤	大地	15	167	FC東京U-18
15	MF	米陀	大洋	15	170	FC東京U-18
16	FW	横山	歩夢	16	173	東海大学付属高輪台高校

神奈川県選抜

背番号	位置	氏	名	年齢	身長	所属チーム
	監督	小坂	仁	42	—	川崎市立川崎高校
1	GK	木村	凌也	15	181	横浜F・マリノスユース
3	DF	田鎖	勇作	15	176	川崎フロンターレU-18
4	DF	諏訪間幸成		15	182	横浜F・マリノスユース
5	DF	高畠	捷	15	174	川崎フロンターレU-18
6	MF	西田	勇祐	15	177	横浜F・マリノスユース
7	MF	宮下	渓太	15	168	横浜F・マリノスユース
8	DF	花城	怜志	16	173	横浜FCユース
9	MF	小室	愛樹	15	165	川崎フロンターレU-18
10	MF	山崎	太新	15	173	横浜FCユース
11	FW	五十嵐太陽		15	168	川崎フロンターレU-18
12	GK	青山	海	15	180	川崎フロンターレU-18
13	MF	角田	惠風	15	170	横浜F・マリノスユース
14	MF	安藤	如登	16	166	東京ヴェルディユース
16	FW	田中	幹大	15	180	川崎フロンターレU-18
19	FW	鈴木 輪太朗	イブラヒーム	16	190	日本大学藤沢高校
25	DF	馬場	拓己	15	176	桐光学園高校

富山県選抜

背番号	位置	氏	名	年齢	身長	所属チーム
	監督	善本	洋輔	28	—	富山第一高校
1	GK	堀口	裕太	15	172	富山第一高校
2	DF	富田	脩平	16	166	富山第一高校
3	DF	細川	赳斗	15	162	カターレ富山U-18
4	DF	入江	航輝	15	171	富山第一高校
5	DF	常田	央都	15	171	富山第一高校
6	MF	春木慎之介		15	162	カターレ富山U-18
7	MF	宮下	史吹	16	173	カターレ富山U-18
8	MF	中川	晟	15	169	富山第一高校
9	FW	辻	功平	15	174	富山第一高校
10	FW	里見龍太郎		16	169	カターレ富山U-18
11	MF	中村	倖成	15	171	カターレ富山U-18
12	GK	澤田	涼平	16	180	高岡第一高校
13	FW	高畑	優輝	15	165	高岡第一高校
14	MF	杉本	和真	15	168	富山第一高校
15	FW	大井優太郎		15	170	富山第一高校
16	MF	片山大治郎		15	171	富山第一高校

石川県選抜

背番号	位置	氏	名	年齢	身長	所属チーム
	監督	辻田	真輝	34	—	ツエーゲン金沢
1	GK	加澤	宙也	15	180	ツエーゲン金沢U-18
2	DF	宮村	海輝	15	170	ツエーゲン金沢U-18
3	DF	波本	頼	15	187	ツエーゲン金沢U-18
4	DF	伊東	陸	15	172	ツエーゲン金沢U-18
5	DF	吉村	侑大	15	177	ツエーゲン金沢U-18
6	MF	中道	在	15	165	ツエーゲン金沢U-18
7	MF	橋田	一徹	15	170	ツエーゲン金沢U-18
8	MF	前出	悠杜	15	169	星稜高校
9	FW	平川	悠人	15	170	ツエーゲン金沢U-18
10	MF	不野	優聖	15	174	ツエーゲン金沢U-18
11	FW	千葉	大護	16	178	星稜高校
12	GK	田中	勇輝	15	174	星稜高校
13	MF	河崎	響己	15	167	ツエーゲン金沢U-18
14	MF	森田	春樹	15	165	ツエーゲン金沢U-18
15	FW	山口伊歩輝		15	168	金沢学院高校
16	MF	小石	祐也	15	170	星稜高校

静岡県選抜

背番号	位置	氏	名	年齢	身長	所属チーム
	監督	村下	和之	42	—	静岡県立沼津西高校
1	GK	大畑	神唯	15	177	JFAアカデミー福島U-18
2	DF	勝又	大翔	16	178	富士市立高校
3	DF	菊地	脩太	15	179	清水エスパルスユース
4	DF	田端	琉聖	15	182	清水エスパルスユース
5	DF	鈴木	登偉	16	177	静岡県立藤枝東高校
6	MF	本保	奏希	15	170	JFAアカデミー福島U-18
7	MF	藤原	健介	15	175	ジュビロ磐田U-18
8	MF	東	廉	16	178	清水エスパルスユース
9	FW	千葉	寛汰	15	176	清水エスパルスユース
10	MF	熊取谷一星		16	164	浜松開誠館高校
11	FW	杉本	大雅	16	171	アスルクラロ沼津U18
12	GK	福井 レオナルド	明	15	183	清水エスパルスユース
13	DF	松田	隼風	15	170	JFAアカデミー福島U-18
14	MF	清水	和馬	15	163	静岡学園高校
15	MF	鈴木	奎吾	15	172	清水エスパルスユース
16	MF	金子	星太	15	171	清水エスパルスユース

愛知県選抜

背番号	位置	氏	名	年齢	身長	所属チーム
	監督	加藤	到	37	—	愛知県立瀬戸北総合高校
1	GK	宮本	流維	15	185	名古屋グランパスU-18
2	DF	井上	巧	15	172	名古屋グランパスU-18
3	DF	野瀬	翔也	16	181	東邦高校
4	DF	水谷	歩夢	15	178	名古屋グランパスU-18
5	DF	佐藤	大晴	15	168	名古屋グランパスU-18
6	MF	加藤	玄	15	180	名古屋グランパスU-18
7	FW	山本	隼大	16	177	名古屋高校
8	MF	斉藤	洋大	15	173	名古屋グランパスU-18
9	FW	眞鍋	隼虎	15	174	名古屋グランパスU-18
10	MF	豊田	晃大	15	169	名古屋グランパスU-18
11	FW	松本	皐誠	15	170	名古屋グランパスU-18
12	GK	川上	翼	15	175	名古屋グランパスU-18
13	FW	光本	和馬	15	173	中京大学附属中京高校
14	MF	甲田	英將	15	165	名古屋グランパスU-18
15	DF	葉山新之輔		15	165	名古屋グランパスU-18
16	DF	戸谷	宇慧	15	175	中京大学附属中京高校

滋賀県選抜

背番号	位置	氏	名	年齢	身長	所属チーム
	監督	中村	大	47	—	滋賀県立野洲高校
1	GK	今村	瑞	16	177	東山高校
2	MF	林	永翔	15	169	WizardsFC
3	DF	夘田	大揮	15	176	東山高校
4	DF	小礒健志郎		15	176	滋賀県立野洲高校
5	DF	中村	匡汰	16	176	近江高校
6	DF	吉永	陸人	16	174	比叡山高校
7	MF	細川	侑駿	16	170	立命館守山高校
8	MF	松浦	蒼波	16	176	京都橘高校
9	FW	澤田	忠和	16	176	滋賀県立水口高校
10	MF	鮫島	拓巳	16	177	滋賀県立草津東高校
11	MF	半田	優朔	16	178	滋賀県立草津東高校
12	GK	上田	拓真	15	176	立命館守山高校
13	DF	小山	千豪	16	174	滋賀県立水口高校
14	MF	佐藤	大地	15	165	滋賀県立野洲高校
15	DF	西川	裕	15	174	滋賀県立草津東高校
16	FW	渡辺	夢叶	15	173	綾羽高校

京都府選抜

背番号	位置	氏	名	年齢	身長	所属チーム
	監督	藤井	健太	38	—	木津川市立木津南中学校
1	GK	藤原	光輝	15	180	履正社高校
2	DF	大坪	謙也	15	176	京都サンガF.C. U-18
3	DF	植田	陸斗	15	169	京都サンガF.C. U-18
4	DF	嶋	洸輔	15	178	京都サンガF.C. U-18
5	DF	宮嶋	大輝	15	175	京都橘高校
6	MF	藤江	歩夢	15	173	京都サンガF.C. U-18
7	MF	鎌田	翔大	15	170	京都橘高校
8	MF	山嵜	陽	15	172	京都サンガF.C. U-18
9	FW	勝島新之助		15	178	京都サンガF.C. U-18
10	MF	遠山	悠希	15	169	京都サンガF.C. U-18
11	FW	木原	励	15	179	京都橘高校
12	GK	岡田	修樹	15	180	京都サンガF.C. U-18
13	FW	中野紘太郎		15	175	京都サンガF.C. U-18
14	MF	長谷川裟恭		15	169	京都橘高校
15	DF	神野	太星	15	175	京都サンガF.C. U-18
16	DF	原田	太陽	15	182	京都橘高校

大阪府選抜

背番号	位置	氏	名	年齢	身長	所属チーム
	監督	梶田	浩信	47	—	FC Unione柏原
1	GK	山形	慈温	15	181	阪南大学高校
2	DF	土井	結介	15	177	ガンバ大阪ユース
3	DF	西田	祐悟	15	181	阪南大学高校
4	DF	角田	倫伝	15	177	セレッソ大阪U-18
5	DF	脇山	陽登	15	163	ガンバ大阪ユース
6	MF	岡澤	昂星	15	166	セレッソ大阪U-18
7	MF	三木	仁太	15	171	ガンバ大阪ユース
8	MF	浅野	直希	15	171	ガンバ大阪ユース
9	FW	下川	陽輝	15	183	セレッソ大阪U-18
10	MF	中村	仁郎	15	166	ガンバ大阪ユース
11	FW	坂本稀吏也		15	181	セレッソ大阪U-18
12	GK	岩瀬	陽	15	184	興國高校
13	MF	三枝虎太郎		15	184	セレッソ大阪U-18
14	FW	宮路	峻輔	15	176	履正社高校
15	DF	平川	拓斗	15	176	ガンバ大阪ユース
16	FW	福田	凌	15	177	興國高校

岡山県選抜

背番号	位置	氏	名	年齢	身長	所属チーム
	監督	森川	潤一	35	—	ファジアーノ岡山U-18
1	GK	西岡	政智	15	175	ファジアーノ岡山U-18
2	DF	栢原	悠聖	15	173	ファジアーノ岡山U-18
3	DF	植本	大貴	15	172	ファジアーノ岡山U-18
4	MF	梁	大翔	15	169	ファジアーノ岡山U-18
5	DF	横山	修也	15	181	岡山県立玉野光南高校
6	MF	山本	佳輝	15	169	岡山県作陽高校
7	MF	中島	理慶	16	173	岡山県作陽高校
8	MF	岸本	桜右	15	168	岡山県作陽高校
9	MF	宗川	遼哉	16	169	岡山学芸館高校
10	FW	美濃	祥真	16	174	岡山県作陽高校
11	FW	高岩	流星	15	173	ファジアーノ岡山U-18
12	GK	寺島紳太朗		15	183	岡山学芸館高校
13	MF	山地	一颯	15	173	ファジアーノ岡山U-18
14	DF	大河原優斗		15	170	ファジアーノ岡山U-18
15	FW	西村	颯人	15	174	岡山県作陽高校
16	MF	津島	克洋	15	168	ファジアーノ岡山U-18

広島県選抜

背番号	位置	氏名	年齢	身長	所属チーム
監督		岩成 智和	42	—	サンフレッチェ広島FCユース
1	GK	為岡 進悟	16	182	広島県瀬戸内高校
2	MF	森本 凜	16	168	広島県瀬戸内高校
3	DF	豊田 将大	15	177	サンフレッチェ広島FCユース
4	DF	北奥 蓮	15	185	サンフレッチェ広島FCユース
5	MF	藤野 和樹	15	177	サンフレッチェ広島FCユース
6	MF	光廣 健利	15	177	サンフレッチェ広島FCユース
7	FW	棚田 遼	15	171	サンフレッチェ広島FCユース
8	MF	池田 柚生	15	166	サンフレッチェ広島FCユース
9	FW	山根 留偉	16	160	如水館高校
10	MF	西村 岳	15	172	サンフレッチェ広島FCユース
11	FW	菅野 翔斗	16	170	サンフレッチェ広島FCユース
12	GK	波多野崇史	15	182	サンフレッチェ広島FCユース
13	DF	高柳英五郎	15	177	サンフレッチェ広島FCユース
14	MF	入江 大雅	15	169	広島県立広島皆実高校
15	DF	香取 潤	15	175	サンフレッチェ広島FCユース
16	MF	田部 健斗	15	163	広島県立広島観音高校

山口県選抜

背番号	位置	氏名	年齢	身長	所属チーム
監督		松井 大輔	36	—	山口県立西京高校
1	GK	徳若 碧都	15	184	高川学園高校
2	DF	吉田 光	16	169	レノファ山口FC U-18
3	DF	金坂 励耶	15	170	レノファ山口FC U-18
4	DF	木村 裕貴	16	171	レノファ山口FC U-18
5	DF	田中誠太郎	16	177	高川学園高校
6	MF	末永章太郎	16	166	高川学園高校
7	MF	柳井 敦志	16	169	レノファ山口FC U-18
8	MF	徳本 奏太	15	162	レノファ山口FC U-18
9	MF	光永 大晟	15	163	レノファ山口FC U-18
10	FW	河野 孝汰	15	176	レノファ山口FC U-18
11	FW	林 晴己	15	169	高川学園高校
12	GK	紫垣 慈瑛	15	176	レノファ山口FC U-18
13	MF	奥野 奏斗	15	175	レノファ山口FC U-18
14	DF	田中 一志	15	168	山口県立山口高校
15	MF	堀 伊吹	15	174	レノファ山口FC U-18
16	FW	林 陸也	15	169	レノファ山口FC U-18

香川県選抜

背番号	位置	氏名	年齢	身長	所属チーム
監督		石田 英之	36	—	カマタマーレ讃岐U-18
1	GK	松原 快晟	14	182	カマタマーレ讃岐U-15
2	MF	冨家 仁	15	171	大手前高松高校
3	DF	吉田 光	15	162	カマタマーレ讃岐U-18
4	DF	森 怜太郎	15	173	カマタマーレ讃岐U-18
5	DF	田尾 佳祐	15	176	カマタマーレ讃岐U-18
6	MF	江内谷絹人	15	175	カマタマーレ讃岐U-18
7	MF	冨永 拓斗	15	172	カマタマーレ讃岐U-18
8	MF	浅田 慧輔	15	168	カマタマーレ讃岐U-18
9	MF	川田 悌斗	16	172	カマタマーレ讃岐U-18
10	FW	小山 聖也	15	173	カマタマーレ讃岐U-18
11	FW	岩佐麟太郎	15	174	カマタマーレ讃岐U-18
12	GK	西本 海志	15	172	香川県立高松商業高校
13	DF	矢野 公祐	15	182	香川県立高松商業高校
14	MF	渡辺 淳	15	169	寒川高校
15	MF	興田 拓海	15	173	香川県立高松商業高校
16	MF	井上 登剛	15	171	寒川高校

徳島県選抜

背番号	位置	氏名	年齢	身長	所属チーム
監督		羽地登志晃	40	—	(一社)徳島県サッカー協会
1	GK	久保 力輝	15	176	徳島ヴォルティスユース
2	DF	佐藤 悠安	15	176	徳島ヴォルティスユース
3	DF	森田 蓮	15	176	徳島ヴォルティスユース
4	DF	藤田 樹	16	174	徳島ヴォルティスユース
5	DF	谷 聖己	15	165	徳島ヴォルティスユース
6	DF	小林 洸翔	15	173	徳島ヴォルティスユース
7	MF	藤崎 琉依	15	175	徳島ヴォルティスユース
8	MF	河野 智也	15	168	徳島ヴォルティスユース
9	FW	梅本 翼	16	175	徳島県立富岡西高校
10	MF	大本 智也	15	166	徳島ヴォルティスユース
11	FW	片山 寛人	15	166	徳島ヴォルティスユース
12	GK	楠 龍斗	15	179	徳島市立高校
13	MF	高田 一海	15	166	徳島ヴォルティスユース
14	DF	森下 翔	16	174	徳島県立小松島高校
15	MF	香川 幹弥	15	173	徳島ヴォルティスユース
16	MF	影田 壮佑	16	163	徳島県立徳島商業高校

佐賀県選抜

背番号	位置	氏名	年齢	身長	所属チーム
監督		杠 美津司	37	—	佐賀県立佐賀東高校
1	GK	大石 崇太	15	183	サガン鳥栖U-18
2	DF	平島 諒多	15	169	サガン鳥栖U-18
3	DF	戸田 峻平	15	178	サガン鳥栖U-18
4	DF	安藤 寿哉	15	173	サガン鳥栖U-18
5	DF	岡部 羽弥	16	178	佐賀県立佐賀東高校
6	MF	増永 龍平	15	174	サガン鳥栖U-18
7	FW	二田 理央	15	173	佐賀県立佐賀東高校
8	MF	吉田 陣平	15	170	佐賀県立佐賀東高校
9	MF	福島 優	15	166	サガン鳥栖U-18
10	MF	中村 尚輝	15	166	サガン鳥栖U-18
11	MF	中野 伸哉	15	172	サガン鳥栖U-18
12	DF	岡 英輝	15	181	サガン鳥栖U-18
13	FW	小西 春輝	15	179	サガン鳥栖U-18
14	MF	田口 涼太	15	166	サガン鳥栖U-18
15	GK	長瀬 太陽	15	174	サガン鳥栖U-18
16	FW	川原 一太	15	168	佐賀県立佐賀東高校

熊本県選抜

背番号	位置	氏名	年齢	身長	所属チーム
監督		井川 雄一	57	—	菊陽町立菊陽中学校
1	GK	北里 大地	15	183	ロアッソ熊本U-18
2	FW	小倉 渉	15	180	ロアッソ熊本U-18
3	DF	後藤 寿大	15	—	ロアッソ熊本U-18
4	DF	川副 泰樹	15	175	熊本県立大津高校
5	DF	寺岡潤一郎	15	170	熊本県立大津高校
6	DF	森田 大智	15	165	熊本県立大津高校
7	MF	谷山 湧人	15	170	ロアッソ熊本U-18
8	MF	毎床 玲音	16	165	熊本国府高校
9	MF	菊池 雄太	16	170	東海大学付属熊本星翔高校
10	FW	廣田 勇心	16	174	ロアッソ熊本U-18
11	FW	坂本 光	15	180	ルーテル学院高校
12	GK	岩永倫太郎	15	176	ルーテル学院高校
13	DF	後藤 然	15	168	ルーテル学院高校
14	DF	岩崎 成輝	16	168	熊本国府高校
15	MF	最上 龍聖	15	168	ロアッソ熊本U-18
16	DF	上田 慎明	15	171	ルーテル学院高校

大分県選抜

背番号	位置	氏名	年齢	身長	所属チーム
監督		渡里 賢人	33	—	カティオーラFC U-15
1	GK	杉野伸太朗	15	174	大分トリニータU-18
2	DF	矢野翔太郎	15	168	大分県立大分鶴崎高校
3	MF	犬丸祥太朗	15	167	大分県立大分鶴崎高校
4	DF	髙崎 弘輝	16	178	大分トリニータU-18
5	DF	三浦 豪太	16	176	大分トリニータU-18
6	DF	豊島 海斗	15	169	大分トリニータU-18
7	MF	溝口 飛和	15	166	大分県立大分西高校
8	MF	幸 亮太	15	168	大分県立鶴崎工業高校
9	MF	竹谷 悠	16	169	大分高校
10	FW	平川 将	16	170	大分トリニータU-18
11	MF	林 修太	15	167	大分トリニータU-18
12	GK	水取 幹太	15	170	大分県立大分西高校
13	MF	後藤 雄平	15	177	大分県立鶴崎工業高校
14	FW	阿部 真尋	15	168	大分トリニータU-18
15	DF	山下 海	15	166	大分県立鶴崎工業高校
16	FW	西尾 悠斗	15	172	大分県立中津南高校

鹿児島県選抜

背番号	位置	氏名	年齢	身長	所属チーム
監督		大久保 毅	41	—	鹿児島ユナイテッドFC U-18
1	GK	吉山 太陽	16	174	神村学園高等部
3	DF	田原 寛人	15	175	鹿児島県立鹿屋農業高校
4	DF	畠中 健心	15	171	神村学園高等部
5	DF	前原 豪維	15	173	神村学園高等部
6	DF	抜水 昂太	15	169	神村学園高等部
7	MF	佐藤 瑞樹	15	168	神村学園高等部
8	MF	川原 琉翔	15	164	鹿児島城西高校
9	FW	荒木 太志	15	179	鹿児島実業高校
10	FW	﨑 隼人	15	166	鹿児島城西高校
11	FW	大石 連紘	15	173	鹿児島城西高校
12	GK	上薗慶次郎	15	172	鹿児島県立加治木工業高校
14	MF	大迫 塁	14	172	神村学園中等部
15	MF	田原 捷真	15	168	神村学園中等部
16	GK	吉村 耕一	15	185	鹿児島ユナイテッドFC U-18
17	MF	笠置 潤	14	164	姶良市立重富中学校
18	MF	師王 師斗	14	166	神村学園中等部

ブロック大会対戦結果

【東北】 代表：青森県・宮城県・福島県

A	青森県	福島県	山形県	順位
青森県		1-0	8-0	1
福島県	0-1		2-1	2
山形県	0-8	1-2		3

B	宮城県	秋田県	岩手県	順位
宮城県		3-0	2-1	1
秋田県	0-3		4-1	2
岩手県	1-2	1-4		3

【第3代表決定戦】
福島県（Aブロック2位）1-0 秋田県（Bブロック2位）

【関東】 代表：千葉県・東京都・神奈川県

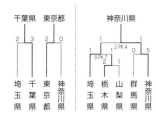

【北信越】 代表：石川県・富山県

【東海】 代表：愛知県・静岡県 ／ 【近畿】 代表：大阪府・滋賀県・京都府

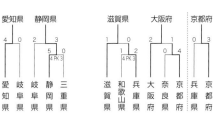

【中国】 代表：山口県・広島県・岡山県

【四国】 代表：香川県・徳島県

	愛媛県	徳島県	香川県	高知県	順位
愛媛県		2-2	0-0	0-0	3
徳島県	2-2		1-2	1-0	2
香川県	0-0	2-1		3-0	1
高知県	0-0	0-1	0-3		4

【九州】 代表：佐賀県・熊本県・鹿児島県・大分県

	長崎県	熊本県	福岡県	佐賀県	順位
長崎県		0-1	0-3	0-2	4
熊本県	1-0		3-1	1-1	2
福岡県	3-0	1-3		0-2	3
佐賀県	2-0	1-1	2-0		1

	鹿児島県	沖縄県	大分県	宮崎県	順位
鹿児島県		3-4	3-0	4-0	1
沖縄県	4-3		1-3	1-2	4
大分県	0-3	3-1		0-0	2
宮崎県	0-4	2-1	0-0		3

※年齢は2019年4月1日時点

回(開催年)	1 (21年)	2 (22年)	3 (23年)	4 (24年)	5 (25年)	6 (26年)	7 (27年)	8 (28年)	9 (29年)	10 (30年)	11 (31年)	12 (32年)
開催地	西宮(兵庫県)	金沢(石川県)	福岡(福岡県)	武蔵野(東京都)	刈谷(愛知県)	広島(広島県)	仙台(宮城県)	松山(愛媛県)	岩見沢(北海道)	藤沢(神奈川県)	西宮(兵庫県)	藤枝(静岡県)
優　勝	湘南中1		広島高師附属1	浦和1	修道1	浦和2	韮崎1	修道2	刈谷1	刈谷2	修道3	藤枝東1
準優勝	神戸一中1		湘南1	宇都宮1	浦和1	三国丘1	明星1	韮崎1	甲府一1	神戸2	藤枝東1	山陽1
三　位			浜松一1	修道1	三国丘1	甲府一1	東千田1	明星1	修道2	日立一1	函館東1	刈谷2
四　位			仙台一1	池田1	刈谷1	国泰寺1	鶴岡工1	宇都宮工1	上野1	島原1	遠野1	関西学院1
参加数	(2)	(0)	(8)	(16)	(12)	(12)	(24)	(30)	(22)	(29)	(32)	(32)
北海道			函館商1	室蘭商1	函館中部1	函館中部2	函館東1	北海1	函館商2	北海2	函館東2	函館東3
青　森												弘前1
岩　手										遠野1	遠野2	盛岡一1
秋　田							秋田商1	秋田商2	秋田商3	秋田商4	秋田1	秋田商5
山　形			鶴岡二1	鶴岡1	鶴岡2	鶴岡工2	鶴岡工3	鶴岡工4			鶴岡南1	
宮　城			仙台一1					仙台育英1	宮城工1	宮城工2	仙台育英2	仙台育英3
福　島												
新　潟												
長　野							上田松尾1	上田松尾2	大町南1	松本県ヶ丘1	上田松尾3	
富　山				富山中部1	富山中部2	富山中部3	入善1	富山商1		富山中部4	富山中部5	富山中部6
石　川							金沢大附属1	金沢大附属2	金沢大附属3			
福　井												福井農林1
茨　城									日立一1	日立一2	日立一3	
栃　木			宇都宮1				宇都宮工1	宇都宮工2	真岡1	宇都宮農1	宇都宮工3	喜連川1
群　馬									館林1			館林2
埼　玉			浦和1	浦和2	浦和3	浦和4	浦和5	浦和6	浦和7	浦和8	浦和市立1	
東　京			都立九高1	大泉1	北園2	桐朋1	教大附属1	石神井1	青山学院1	教大附属2	上井草1	
千　葉							千葉一1			長生一1	長生2	千葉商1
神奈川	湘南中1		湘南2					小田原1		翠嵐1	横浜商1	鎌倉学園1
山　梨			甲府一1			甲府一2	韮崎1	韮崎2	甲府一3	日川1	甲府一4	韮崎3
静　岡			浜松一1		浜松北2			藤枝1		藤枝東2	藤枝東3	藤枝東4
愛　知				刈谷1	刈谷2	刈谷3	刈谷4	挙母1	刈谷5	刈谷6	刈谷7	刈谷8
岐　阜							岐阜商1					岐阜工1
三　重			上野北1				上野2		上野3	上野商工1	上野商工2	
滋　賀								大津東1	八幡1	大津2	甲賀1	甲賀2
京　都			堀川1				山城1	城南1	日吉ヶ丘1	山城2	山城3	山城4
奈　良												
和歌山							桐蔭1	桐蔭2		桐蔭3	桐蔭4	古座1
大　阪				池田1	三国丘1	三国丘2	明星1	明星2	明星3	明星4	追手門学院1	天王寺1
兵　庫	神戸一中1			神戸1	長田1	芦屋1	神戸3	兵庫工1	神戸4	神戸5	神戸6	関西学院1
岡　山			関西1								関西2	関西3
鳥　取												
島　根										浜田1		
広　島			広島高師附属1	修道1	修道2	国泰寺1	東千田2	修道3	修道4	国泰寺2	修道5	山陽1
山　口							多々良学園1	多々良学園2	山口1	多々良学園3		多々良学園4
香　川												高松商1
徳　島			富岡一1	川島1			富岡西1	富岡西2	徳島商1	徳島商2		徳島商3
高　知							高知農1	高知農2			高知農3	
愛　媛					松山東1	松山南1		松山南2	松山南3	松山工1	南宇和1	
福　岡					山田1		筑紫丘1	筑紫丘2	福岡商1			筑紫丘3
佐　賀								小城1				
長　崎			島原1			島原2				島原3	島原商1	島原商2
大　分								大分工1		大分工2	大分工3	大分工4
宮　崎							富島1				延岡向洋1	
熊　本				済々黌1			八代1	熊本工1	熊本工2	熊本工3	松橋1	熊本工4
鹿児島			鹿児島1								鶴丸1	鹿児島2
沖　縄												
備　考	中等学校の部としてスタート。東西対抗戦の形で二チームのみ参加	中等学校の部のみ実施され、中等学校の部は行われず	一般の部のみ実施され、中等学校の部は行われず	学制改革により高校の部となる　湘南←湘南中	神戸←神戸一中　三位決定戦行わず（5回まで）	浜松北←浜松一	北園←都立九高　鶴岡工←鶴岡二　三位決定戦が実施される	東千田←広島高師附属　富山商←富山中部　上野→上野北　決勝戦引き分け、両校優勝　三位決定戦が実施されず	以後、毎回三位決定戦が実施される　松山商←松山東	藤枝東←藤枝	鶴岡南←鶴岡	三位決定戦引き分け

第25回大会より選抜チームが出場することに。次ページ以降「○」は選抜チーム、単独チームは校名を表記しています。

13 (33年)	14 (34年)	15 (35年)	16 (36年)	17 (37年)	18 (38年)	19 (39年)	20 (40年)	21 (41年)	22 (42年)	23 (43年)	24 (44年)
高岡(富山県)	東京(東京都)	八代, 松橋(熊本県)	仁賀保, 西目(秋田県)	津山(岡山県)	小野田(山口県)	新潟(新潟県)	岐阜(岐阜県)	別府(大分県)	浦和(埼玉県)	三国, 芦原(福井県)	島原(長崎県)
清水東1	**浦和市立1**	**山城1**	**修道4**	**浦和市立2**	**浦和市立3**	**明星2**	**浦和西1**	**藤枝東2**	**浦和南1**	**韮崎2**	**浦和南2**
山陽	広島大附属1	秋田商1	浦和市立1	明星1	藤枝東1	藤枝東1	仙台育英1	大分工1	韮崎2	遠野	大垣工1
宇都宮工1	藤枝東1	浦和市立1	秋田商1	山陽	広島市立商1	都立駒場	明星	秋田商2	帝京	山陽	藤枝東
館林2	宇都宮工2	遠野2	藤枝東3	藤枝東4	都立駒場		大分工		仙台育英1	中津1	韮崎
(29)	(32)	(28)	(28)	(32)	(32)	(32)	(32)	(32)	(32)	(32)	(33)
函館有斗1	美唄工1	岩見沢東1	室蘭清水丘1	釧路工1	室蘭工1	函館1	函館2	釧路工2	室蘭工2	函館有斗1	函館東1
		五戸1				三本木農1			五戸3		五戸5
遠野3	盛岡商	遠野4	盛岡商	盛岡商		盛岡商	盛岡商5	盛岡商6		遠野5	
秋田商	秋田商7	秋田商8	秋田商9	船川水産	秋田商10	西目農1	秋田商11	秋田商12	秋田商13	秋田商14	
鶴岡南3	興譲館		鶴岡工1								
	宮城工3		宮城工4	石巻商1	仙台育英4	仙台育英5	仙台育英	仙台育英	仙台育英7	仙台育英8	仙台育英10
					安積	安積		安積		郡山西工1	郡山商1
					柏崎						
穂高1	穂高2	穂高3	上田4	松本県ヶ丘			穂高4	松本県ヶ丘3	上田	松本県ヶ丘4	上田東
富山中部7	富山商2	富山北	富山北	富山一	高岡工芸	富山中部8	富山中部9	高岡工芸2	富山中部10		
					金沢商				金沢泉丘1	坂井農1	坂井農1
			小浜水産								
日立一4	日立一5	日立一6	日立一1	日立一7		水戸商	水戸商	水戸商3			
宇都宮4	宇都宮5		宇都宮工6	宇都宮7	宇都宮学園	宇都宮商	宇都宮8	宇都宮学園2	宇都宮学園	宇都宮9	
館林3	館林4	館林5	館林6		館林	新島学園	新島学園	館林8	新島学園3	高崎	新島学園4
浦和市立2	浦和市立3	浦和市立4	浦和市立5	浦和市立7	浦和市立8	浦和西	浦和南	浦和南	浦和市立9	浦和南	
教大附属2	教大附属4	私立城北	私立城北2	私立城北3	都立駒場	帝京1	私立城北3	帝京2			帝京
	長生一3		習志野	習志野	習志野3	習志野4	習志野5	千葉	習志野6	習志野7	
鎌倉学園	鎌倉学園3		湘南3	湘南4	鎌倉学園	鎌倉学園5				相模工大附属	相模工大附属2
甲府工	韮崎		甲府工2		甲府工	石和	韮崎5	甲府工	韮崎	韮崎7	韮崎
清水東	藤枝東5	清水東2	藤枝東	藤枝東7	藤枝東	藤枝東9	静岡	藤枝東10		藤枝東11	藤枝東12
挙母			中京商	豊田西	豊田西5			刈谷9	刈谷	刈谷	熱田1
	岐阜工2					大垣工	大垣工		大垣工	大垣工	大垣工
上野4	上野商工	上野商工4	上野5	上野6	上野7	上野5		上野工6			
甲賀	甲賀4	甲賀5	甲賀6	甲賀7	甲賀8	甲賀	瀬田工1	草津	甲賀10	甲賀11	甲賀
山城5	山城6	山城	山城	京都商	山城9	京都商	京都商	山城	京都教大附属1	洛北	
								正強			
星林1	古座2			串本	新宮1		新宮2	串本		新宮3	新宮
明星	明星6	明星7	明星8	明星9	明星10	明星11	明星12	明星13	明星14	初芝1	初芝
神戸7	神戸8	神戸9	関西学院2	兵庫工	神戸	関西学院	鳴尾	神戸11	関西学院4	関西学院5	関西学院6
	関西4			久世1	関西5	津山工1			玉島商1		
大社		大社2	大社3	浜田2	浜田		大社4	益田産業1		益田農林2	益田農林
山陽	広島大附属3	修道6	山陽3	修道7	広島市立商	広島県工1	山陽	修道8	山陽	広島市立商
	山口2	山口3		多々良学園5	小野田工1	小野田工2	小野田工3	小野田工	小野田工5	多々良学園6	小野田工6
								高松商1	高松商2	高松商3	高松商
撫養1	徳島商4	徳島商5		徳島商6	徳島商7		徳島商8	徳島商1	徳島商9	徳島商10	
			高知農4	追手前	追手前2	追手前3	追手前4	高知商			高知農5
南宇和2	松山北	松山商	新居浜東	松山北3	松山商	松山工1	松山商3	内子	新田1	八幡浜1	壬生川1
	嘉穂1	福岡商	福岡商2	福岡商							山田1
	小城2					小城3	小城				多久1
島原商3	島原商4	島原商5	島原商6		島原商7	島原商8	島原商9	島原商10	島原商11	島原工1	島原商
大分工5	中津東	中津東2	中津東3	中津南1	中津東	大分工4	大分工5		中津工	中津工2	大分工8
延岡向洋2	延岡向洋	延岡向洋	延岡4	延岡2				宮崎商	延岡工5		
熊本商1	熊本商2	松橋	熊本工5	熊本商3	熊本商4	熊本商6	熊本商5		八代一1	八代一2	熊本一1
	玉竜1			蒲生1	鹿児島商1	蒲生2					鹿児島工1
											那覇1

広島大附属↑東千田　豊田西↑挙母　上田↑上田松尾　上野工↑上野商工　決勝戦引き分け、両校優勝　三位決定戦引き分け　延岡工↑延岡向洋　千葉↑千葉一　益田農林↑益田産業

回(開催年)	25(45年)	26(46年)	27(47年)	特別(48年)	28(48年)	29(49年)	30(50年)	31(51年)	32(52年)	33(53年)	34(54年)	35(55年)	36(56年)	37(57年)	38(58年)	39(59年)	40(60年)	41(61年)	42(62年)	43(63年)	44(元年)	45(2年)	46(3年)	47(4年)	48(5年)
開催地	遠野(岩手県)	新宮(和歌山県)	鹿児島(鹿児島県)	コザ市(沖縄県)	市原(千葉県)	日立(茨城県)	伊賀上野(三重県)	多久(佐賀県)	十和田(青森県)	大町(長野県)	延岡(宮崎県)	矢板(栃木県)	水口(滋賀県)	益田(島根県)	藤岡(群馬県)	橿原(奈良県)	米子(鳥取県)	韮崎(山梨県)	那覇崎(沖縄県)	宇治(京都府)	室蘭(北海道)	福岡(福岡県)	金沢(石川県)	鶴岡(山形県)	紙三木(香川県)
優勝	埼玉1	静岡2	埼玉2	埼玉3	静岡3	茨城1	静岡4	静岡5	東京1	東京2	静岡6	長崎1	兵庫1	長崎2	神奈川1	静岡9	東京3	静岡10	静岡11	徳島1	埼玉3	千葉1	静岡12	静岡13	静岡14
準優勝	静岡	大阪	静岡	静岡	埼玉	東京	兵庫	広島	京都	静岡7	茨城	東京	静岡8	静岡	長崎	埼玉	滋賀	埼玉	神奈川	千葉	千葉	岡山1	兵庫		
三位	広島	広島	鹿児島	鹿児島	大阪	静岡	埼玉	東京	埼玉	千葉	栃木	滋賀	東京	埼玉	長崎	徳島	北海道	鹿児島	福井	茨城	長崎				
四位	山口	千葉	秋田	高知	東京	栃木	東京	埼玉	茨城	神奈川	神奈川	長崎	富山	京都	茨城	群馬	長崎	静岡	茨城	埼玉	千葉				
参加数	(32)	(32)	(32)	(8)	(32)	(32)	(32)	(32)	(32)	(32)	(32)	(32)	(32)	(32)	(32)	(32)	(32)	(32)	(32)	(32)	(32)	(32)	(32)	(32)	(32)
北海道	○	○	○		○	○	○			室蘭大谷1	室蘭大谷2		○	○			○	○	○	○	○	○	○	○	○
青森						○	○					○			○		○	○			○	○			
岩手	○			○							○	○			○			○					○		
秋田			○		○		○	○							○		○						○		
山形			○								○						○							○	
宮城	○					○								○				○						○	
福島			○									○	○			○			○						○
新潟								○				○							○				○		○
長野			○					○		○								○	○	○					
富山								○							○				○						
石川		○				○									○								○		○
福井	○			○	○	○									○			○			○				
茨城						○	○						○				○	○	○	○	○			○	
栃木					○	○	○				○	○					○	○				○			
群馬										○					○				○	○		○			
埼玉	○	○	○	○	○	○	○	○	○	○		○	○	○	○	○	○	○	○	○	○	○	○	○	○
東京	○	○	○	○	○	○	○	○	○	○	○	○	○	○	○	○	○	○	○	○	○	○	○	○	○
千葉		○	○		○	○	○	○	○	○		○			○		○	○	○	○	○	○	○	○	○
神奈川					○			○		○	○			○		○		○	○	○	○				
山梨								○										○							
静岡	○	○	○	○	○	○	○	○	○	○	○	○	○	○	○	○	○	○	○	○	○	○	○	○	○
愛知	○		○		○	○	○			○			○		○		○		○		○				○
岐阜								○																	○
三重	○				○	○	○			四日市中央工1							○	○			○				
滋賀												○	○	○			○								
京都	○				○	○	○	○			○				○						○				
奈良			○							○		○					○								
和歌山	○	○								○								○							○
大阪	○	○	○		○	○	○						○		○		○				○				
兵庫	○		○				○	○		○			○	○			○				○				
岡山								○						○								○			
鳥取								○	○								○								
島根		○							○					○											
広島	○	○	○		○	○		○		○				○			○				○				
山口	○		○			○		○									○				○				
香川		○							○																○
徳島		○														○	○								
高知										○							○								
愛媛		○				○											○				○				
福岡	○	○	○							○							○				○				○
佐賀										佐賀学園1							○				○				
長崎										○		○	○	○	○		○				○		国見1	国見2	○
大分	○	○																			○				
宮崎																									
熊本	○	○	○			○											○				○				
鹿児島			○	○			○			○							○				○		○	○	鹿児島実1
沖縄	○			○										○					○	○	○	○		○	
備考	決勝戦引き分け、両県優勝。各都道府県選抜チームが参加する形になる			沖縄本土復帰を記念する特別国体のため三位決定戦実施されず	高校の部から少年の部となる				単独校の出場も可能となる				外国籍の選手の参加も認められるようになる		優勝決定戦引き分け、両県	三位決定戦引き分け	三位決定戦引き分け			成年二部実施のため登録選手が一チーム15名となる 三位決定戦引き分け	昭和天皇崩御のため、元号が「平成」となる。両県優勝	決勝戦、三位決定戦ともに引き分け		三位決定戦引き分け	

この表は高校サッカー選手権（第49回〜第74回）の開催地・成績一覧である。

回（年）	開催地（県）	優勝	準優勝	第3位	第3位	参加校
49（6年）	刈谷・豊田（愛知県）	静岡15	東京3	群馬2	千葉3	(32)
50（7年）	（福島県）	千葉2	静岡5	東京3	北海道2	(32)
51（8年）	広島（広島県）	静岡16	熊本2	千葉2	大阪2	(32)
52（9年）	高槻・吹田（大阪府）	静岡17	熊本2	千葉2	大阪	(32)
53（10年）	横浜（神奈川県）	千葉3	大阪2	岡山	大阪	(32)
54（11年）	大津（熊本県）	千葉4	静岡6	広島2	宮城	(32)
55（12年）	富山（富山県）	国見1	静岡7	福岡2	宮城	(32)
56（13年）	（宮城県）	埼玉4	静岡	広島	東京	(32)
57（14年）	（高知県）	千葉5	静岡18	群馬	埼玉	(32)
58（15年）	静岡（静岡県）	神奈川2	千葉	千葉	静岡	(32)
59（16年）	さいたま（埼玉県）	静岡19	埼玉	埼玉	石川	(32)
60（17年）	（岡山県）	千葉6	群馬2	千葉2	東京	(32)
61（18年）	三木・滝野・瀬本（兵庫県）	沖縄1	千葉7	群馬	石川	(24)
62（19年）	にかほ（秋田県）	東京4	大阪	宮崎	宮崎	(24)
63（20年）	大分・別府（大分県）	神奈川3	大阪2	京都	京都	(24)
64（21年）	新潟（新潟県）	神奈川4	大阪	兵庫	兵庫	(24)
65（22年）	市原（千葉県）	東京5	大阪	兵庫	京都	(24)
66（23年）	山口・山陽小野田（山口県）	千葉7	大阪	広島	神奈川	(24)
67（24年）	飛騨（岐阜県）	兵庫2	静岡20	広島5	大阪	(24)
68（25年）	府中・調布（東京都）	東京6	福岡	大阪	福島	(24)
69（26年）	雲仙（長崎県）	神奈川6	大阪	群馬	京都	(24)
70（27年）	田辺・上富田（和歌山県）	広島3	大阪7	大阪	新潟	(24)
71（28年）	遠野（岩手県）	神奈川1	広島	神奈川	兵庫	(24)
72（29年）	新居浜・西条（愛媛県）	埼玉5	神奈川	大阪	東京7	(24)
73（30年）	坂井（福井県）	石川	千葉	青森	—	(24)
74（元年）	鹿嶋（茨城県）	静岡21	広島3	山口	香川	(24)

グリッド内に記載された主な出場校：
- 青森山田1（60）, 青森山田2（65）, 青森山田3（66）, 青森山田4（69）, 青森山田5（71）, 青森山田6（74）
- 星稜1（65付近）
- 韮崎9（55）
- 奈良育英1（55）
- 国見3（49）, 国見4（51）, 国見5（53）, 国見6（55）, 国見7（56）, 国見8（58）

下部の注記：
- 五位～八位決定戦が廃止される／延長戦にVゴール方式が導入される
- 三位決定戦引き分け
- 優勝決勝戦引き分け
- 夏季大会で実施。登録人数が一人ふえ16名となる。決勝戦延長16分となる。Vゴールとなる
- 決勝戦延長Vゴール
- 少年の部がU-16で実施され参加チームが24に。決勝戦引き分け、両県優勝
- 優勝決勝戦引き分け、両県
- 優勝決勝戦引き分け、両県
- 元号が「令和」となる

高校サッカーの未来を語る

撮影／村井詩都　構成／奥山典幸
この座談会は、2020年1月13日の選手権決勝の試合前に埼玉スタジアム２○○２の会議室にて行いました。

青森山田と静岡学園による第98回全国高校サッカー選手権大会決勝は、前日のうちにチケットが完売。
埼玉スタジアム２○○２には5万6025人の観客が訪れ、決勝戦の最多入場者数を更新。
さらに大会通算来場者数も33万6999人を数え、
決勝戦が成人の日に固定された第81回大会以降で最多となり、大きな盛り上がりをもって大会は幕を閉じた。
その決勝戦の数時間前、日本サッカー協会（JFA）と全国高等学校体育連盟（高体連）という、
高校サッカー界の垣根を越えた指導者たちが集まり、座談会が行われた。
2年後には選手権は100回を迎えるいま、高校サッカーの未来への思いを語り合った。

◉出席者

林 義規（JFA理事・競技会委員長、関東サッカー協会会長、東京都サッカー協会会長、暁星高校）

池内 豊（JFA技術委員・ユース育成ダイレクター・地域統括ユースダイレクター[東海]）

横田智雄（全国高体連サッカー専門部前部長、都立武蔵丘高校）

滝本 寛（全国高体連サッカー専門部部長、都立南葛飾高校）

蔵森紀昭（全国高体連サッカー専門部技術委員長、成城学園高校）

北原 由（国体U16テクニカルスタディグループ2007年-2018年、都立武蔵高校）

◉司会

嶋野雅春（高校サッカー年鑑編集委員、城西大学附属城西高校）

選手権のレベル向上と
立ちはだかる問題

——今回お集まりいただいてお話しいただきたいテーマは、「高校サッカーの未来」。みなさんそれぞれの立場でお考えになっていることを語っていただければと思っております。林先生は長らく暁星で指導されてきて、今はJFAに入られたことで、高校サッカーの見え方も変わったかもしれないですが。

林 1993年にJリーグが開幕して、高体連のチームだけだった高校生年代にJリーグのユースチームができた。そして、Jリーグと協力体制をとりながらリーグ戦がはじまった。大きく変化したのはそういうところです。ただ、選手権というのはやっぱり特別だと思うんですよ。国民的な文化というか、南米にもヨーロッパにもない、学校教育の中から生まれた一大イベントになっています。自分も監督として選手権に出させてもらったけど、当時は若かったこともあって勝つことしか頭になかった。その後、高体連の技術委員長を長年やらせてもらって、運営とかすべてを見渡した時に、違う絵が見えてきた。10年、20年経った後にどうなるかということを思い描いたんです。いまはJFAの技術委員会に入って、高校生年代以外

にも関わっているので、生意気なようだけれども俯瞰できるようになってきたと思っています。

池内 自分は高校での3年間、選手権に出させてもらって、最後の年は3位になった。卒業後の就職先も決まっていて、もうサッカーはやらないと決めていたところで高校選抜に選ばれて、それを機にいろいろなところから誘ってもらって、今、ここにいるんですね。高校サッカーに育てられたというか、高校サッカーがなかったら僕はここにいないわけで、深い思い入れがあります。現在の選手権は当時に比べると間違いなくレベルが上がっているし、多くの人が見て感動している素晴らしい大会です。長い歴史の中でいろいろな方たちが支えてくれたことで、ここまで来ることができて、日本のサッカー界においてもすごく重要な存在になっていますよね。

横田 私は公立高校に勤務しているので異動もある中でサッカーに関わってきたんですけど、やはり東京では一部の私立高校が強い。その中で全国優勝を何度もしている帝京に、林先生率いる暁星が3－0で勝利したことがあったんですね。あの時は非常に感激しまして、進学校でも、あるいは弱い高校でも勝てるんじゃないかという夢を持たせていただいた。そして、都立国分寺を指導していた時に関東大会に出させていただいて、その翌年に今のプリンスリーグ、プレミアリーグの前身である関東リーグにも出ることができた。その開会式で、市立船橋の布啓一郎監督が言っていたのが、「これからはリーグ戦だ」ということ。帝京の古沼貞雄先生、習志野の本田裕一郎先生ら錚々たるメンバーが、「年間を通して行うリーグ戦ありきなんだ」ということを力説されていて。一時期は選手権が

母校・暁星の監督として選手権へ導くこと8回。現在は東京都サッカー協会会長も務める林義規先生

下火になって、「このまま高校サッカーは終わってしまうのかな」と思ったりもしたんですけど、どんどん盛り返してきた。決勝戦に5万人を超える観客が集まる大会を高校という枠の中で運営していて、さらに大会に出場した長友佑都選手（東福岡）や大迫勇也選手（鹿児島城西）たちが海外でプレーするようにもなった。そういう舞台を支えることができたのは幸せだな、と感じております。

滝本 私は高校生だった時に強豪校に所属していたわけではありませんし、サッカーを教えたくて公立高校の教師になってからも、なんとか全国大会へと思ってやってきたわけです。ところが、あるとき高体連の仕事をやらせていただくことになって。先人たちがつくってこられた選手権は再来年度に100回を迎えますが、それを守っていかなければいけない立場になった。自分にしかできないことは何かといえば、実績のない高校教員から見える高校サッカー。今は部活動の在り方が難しくなっている。生徒数が少なくなっている地域を活性化するとか、合同チームをつくるのかどうかとか、そういった部分も自分が全国部長だから取り組みやすいのかなと考えています。また私もサッカーが大好きで、サッカーが好き

池内豊氏は愛知で3年連続選手権出場。リーグでプレー時にDFとして日本代表にも選出

史上初めて雪で順延になった2012年度の選手権決勝。当時サッカー専門部部長だった横田智雄先生

な生徒をみるのが好きなんだけど、その生徒が熱中症などの大きな事故で命の危険にさらされている。この問題をなんとかしていかないといけない。選手権が100回大会を迎えるにあたって、高校サッカーがターニングポイントに差し掛かっていると感じているので、微力ではありますが、みなさんのいろいろなご意見を頂戴しながらやっていきたいと思っています。

蔵森 高校サッカーがこれだけ盛り上がっているのは、各都道府県大会にもドラマがあるからだと思うんです。僕は選手として全国大会に出ることができなくて、悔しい思いをしましたし、涙を流しました。全国で夢を果たせなかった高校生やそういう経験がある大人たちの思いも選手権にはつまっているし、だからこそこれほど多くの注目を集めているんだろうなと思っています。今大会も非常に面白い。いい選手たちが多くいるんですけど、中学生年代、小学生年代の指導者の方々が指導されているからこそでもありますし、高体連とJリーグのユースチームがある中でこれほどレベルの高い選手が輩出されているのは、日本のサッカーの底上げを示している部分なんじゃないかと感じて

いています。日本代表をはじめ、日本サッカーのレベルの向上に、高校生年代からいかに繋いでいくかが我々の課題です。とはいえ、高校サッカー単体で考えていても何にもならないし、前後の年代といかに協力していくか検討していく必要があるんじゃないかと思っています。

指導者や運営側としても
成長する必要がある

——お話をうかがっていて、これから高校サッカーはどうしていくべきなのか、お話しいただければと思うのですが。

林 2021年度に選手権は100回を迎えて、そこに向けてもいろいろな変化が必要なんだけど、それで終わりじゃなくて100回がスタートというイメージで捉えたほうがいい。今年の東京オリンピック、2022年のカタールでのワールドカップは誰もが注目している。去年のラグビーワールドカップが盛り上がったように、関わる人が一丸となって、さまざまな意見を交換して、まとめていかなければいけないですよね。

——選手権の100回大会が迫っていますが、高体連として実際に動いていることはありますか?

滝本 100回大会は、東京オリンピック効果でスポーツにみんなが注目する、いいタイミングで開催されると思っています。ラグビーワールドカップの効果もありますし、「スポーツで感動することはこんなに気持ちいいんだ」ということを多くの方が体感している。日本のスポーツ界がずっと盛り上がっている状況ですが、では100回大会が終わった後の選手権はどうなっていくのか、そのことに不安を感じています。ここまで盛り上がってきたら、下がっていくことをどうしても心配してしまう。選手権は

アマチュアスポーツにもかかわらず、なぜこんなにも盛り上がっているのか。この盛り上がりを守りつつ、発展もさせなければいけません。

——高校サッカーはどのように発展していったらいいのでしょうか?

横田 継続性じゃないですけど、同じ指導者が長く関わっていくことも一つの力なんだと思いますね。高校選抜が参加しているデュッセルドルフの大会に長く関わっていただいた(故カール・ハインツ・)マイヤーさんが、「日本は良くなったね! 強くなったね!」と言ってくださった(※編集部注:現在は長男のマーチン氏が大会実行委員長を務める)。Jリーグのユースチームだとそう

試合が終われば互いの健闘を讃え合う……。その姿は見る者の感動を呼んでいる

2016年度からサッカー専門部部長を務めている滝本寛先生は、選手権100回大会への展望も明かす

いった同じ指導者が長く関わることは難しくなってしまうけど、高校の監督だったら、長く関わることができる。

池内 ヨーロッパの育成の指導者は地域に根差して、なおかつ仕事を持ちながら、地域の子どもたちをしっかりと育てていくという土壌がある。それが今の高体連の指導者たちがやっていることに近いと思うんですよ。Jリーグができて、育成の指導者までプロになった。そこがうまくいっていないのかなというところで、少しずつよくなってきてはいますが、地域に根差しながらみんなで子どもを育てていくということが、まだ浸透していない。一方で、ノックアウト方式の大会による弊害もあると思っています。選手権やインターハイを目標

青森山田と帝京長岡による2019年度の選手権準決勝は、攻守にハイレベルな一戦となった

蔵森紀昭先生は、サッカー専門部技術委員長という立場から高校サッカーの未来に警鐘を鳴らす

にするのは夢があって素晴らしいことですけど、1回戦で負けたチームが1試合で終わるんじゃなくて、次の週も同じレベルのチームと試合ができるようにしたり、そうやって土台をつくらないと、日本のサッカーは絶対に強くならない。あとは夏場の日程の問題。子どもたちにはいい環境で試合をやらせてあげたいから、年間カレンダーをどうつくるかということにも取り組まないといけない。また、トップレベルの選手がどの時期にどういう大会を選んでいくの

かということも必要で、これは大人が調整してあげなければうまくいかないと思うんですね。

——私は部活動しか見ていないので、これからどのように日本のサッカー、育成年代のサッカーが進んでいったらいいのかというところについて、みなさんのご意見をうかがいたいと思うのですが……。

北原 先日、世界にコーチング法を発信している機関が主催するサッカーの勉強会に参加したんですね。僕も長くサッカーを指導してきましたけど、サッカーの本質の部分で足りないことがたくさんあるんだと気づかされた。僕らがやっていることで日本サッカーが正しい方向に進んでいるとは思うけど、まだまだ足りていない。特に大人がやるべき部分で足りないことがたくさんあると感じています。高校サッカーでもいい選手はたくさんいます。たとえば、今年度の選手権準決勝第1試合（青森山田 対 帝京長岡）は、プレミアリーグのJリーグのユースチームよりいいサッカーをしていたかもしれない。そこには子どもたちの発想力や判断力がある。そういった意味では、林先生はすごく

選手のことを観察しながら指導されているなと感じているんですよ。選手をきちんと見て指導することがいかに大切か。部活動の指導でもライセンスより大事なことがたくさんあるんですよね。

——指導者と技術ということでいうと、蔵森先生はどんなことを考えてらっしゃいますか?

蔵森 たまたま技術委員長という立場でやらせていただいていて、100回大会という節目のタイミングでこういう立ち位置にいることは、責任重大だと思っています。重要なのは、高校サッカーとしてのフィロソフィーといいますか、共

12年間にわたって国体のテクニカルスタディグループ（TSG）のメンバーを務めた北原由先生

高校生年代の新しい在り方

高校サッカー年鑑編集委員である嶋野雅春先生が、緊急座談会の司会進行役を担った

有できるものをしっかりとつくって、その中で一年一年やっていくこと。ただ、正直なところ、僕は危機感しか感じていない。選手権だけで成長するという発想を持ったら、限界が来る。ほかの大会、Jリーグのユースチームとの交流であるリーグ戦やJリーグの大会も含めて、そういうところと切磋琢磨することによって、そこで得たもの、経験したものを最後に選手権で発揮する。選手権はシーズンの一番最後の大会で、リーグ戦の価値を理解しつつも、高体連のチームはこの大会でいい結果を出したい。いろいろな大会をリスペクトしながら、うまく選手権に繋げていくという発想は重要なんじゃないかと思います。やはりこれだけ目立つ大会になって、選手権で活躍した選手はすべてのJリーグのチームから見てもらえますから。

林 選手育成は一人ではできないんですよね。多くの仲間がいなくちゃいけない。それから長い時間がかかるし、評価をされにくい。やったことの結果は10年、20年経ってからわかるものだから。国体の少年の部を16歳以下にしてから13年（2006年度以降）。評価にすごく時間がかかるし、あまり評価されていない（苦笑）。これから池内さんと私で全国の育成年代をまわります。指導者や協会の方々にフェイス・トゥー・フェイスで熱い思いを伝えていきたい。仲間を多くしないと変われるものも変われないですし、それをやっていこうかなと。

北原 県によってはインターハイ予選はすべての競技を集中させていて、応援に行きながら自分たちの試合をやるというようなスケジュールがあったりするじゃないですか。それを変えるとなったら簡単にはいかない。その辺りの事情は僕らも知らなかったりするので理解していかなくちゃいけないし。

池内 各地域や各チームにもこちらの意志を伝えて、大局を見てもらいながら話し合うようにしたいですね。

林 地域大会は予選もやっていたら、ものすごくタイトなスケジュールになってしまう。

池内 大会を選んで参加していくっていうのも視野に入れながらですよね。

林 リーグ戦との兼ね合いで、地域大会には出なかったり、Bチームで出場したりという高校もあります。そういう変化はあるんですけど、そうなると全部がウィンウィンじゃなくなってしまう。どこかに我慢をしてもらわないといけないことも出てしまう。選手権はしっかりとやらなくちゃいけないけど、夏の大会や地域大会については変化が必要なんじゃないかと思っています。

蔵森 いままで通りにやるのは楽じゃないですか。変えるにはエネルギーがいるし、変えてすぐに結果は出ない。だけど、こんな未来があるんだよっていうことを提示していただくという意味では、全国をまわられる中で、逆に課題を吸い上げてきていただくことも非常に重要ですよね。そういった課題を含めた中で、どうやって変えていったらいいのかを我々が考えないといけない。デメリットもあると思うんですよ。林先生がお話しされたようにウィンウィンに

2006年度から国体・少年の部は16歳以下が参加。その大会では酒井宏樹（写真左から2人目）や大迫勇也、原口元気ら後の日本代表になる選手もプレーした

1979年度の選手権決勝。地元・帝京の優勝で国立競技場の興奮は最高潮に

2019年度選手権決勝は前日にチケット完売、5万6025人で超満員となった埼玉スタジアム２○○２

東京オリンピックに向けて新たに建設された国立競技場（Photo：Getty Images）

はならない部分もあるけど、弊害があったとしてもクリアしていきたいという思いを、我々が強く持つ必要があるのではないでしょうか。

――我々が魅力的な大人といいますか、魅力的な指導者でいることも大事だと思います。

横田 今は子どもたちの方が情報を見ていて、「俺はここに行けば伸びるんじゃないか」という期待を持って行くようになっている。たとえば準決勝で点を取った帝京長岡の田中克幸くんは、メディアを見て地元の岡山県を離れて帝京長岡に行くことにしたというし、静岡学園も滋賀県のセゾンFC出身の選手が多い。FCバルセロナの安部裕葵選手だって東京都出身だけど高校は広島県の瀬戸内だし。

池内 中学生年代の子どもたちがいろいろなチームを選べるようになりましたからね。Jリーグのユースチームだけではなく、いい指導をしている高校を選べるようになってきた。そこのレベルが上がっていけば活性化されていきますし。

――ほかにも大人の役割というものはありますか？

林 今はワールドカップに6大会連続で出場していて、今の20代より下の世代だと物心ついた頃から日本のサッカーはアンダー世代も含めて世界大会に出て当たり前だと思っているけど、決して簡単なことじゃなかったし、アジア

の各国だって力をつけてきている。これからも安泰ではない。また、不安に思っていることといえば、選手権の運営側は大会がきちんと開催されるのか、怪我や事故はないかということに毎回ハラハラドキドキしている。けれどこれはむしろ立派なことだと私は思っています。現状に満足していないというか、これでよかったのか常に反省をしているということだから。

蔵森 選手権は子どもたちのための大会であり続けないといけない。仮に選手権に出ることは叶わなくても、地元や学校の中で「いいチームだね」と言われるような活動とか指導をしていく。そういった積み重ねが選手権をつくっていっている。そのことを忘れずに努力を続けていかなければいけないと思います。

高校生の聖地・
国立競技場への思い

林 JFA主催のプリンスリーグ、プレミアリーグでは、ユニフォームに広告ロゴが入っているけど、高体連が主催に入っているインターハイや選手権についてはノーグッド。プレミアリーグも高体連に準じてほしいと言われたんだけど、私が委員長をやっているからということで。チームは全国へ遠征に行く旅費もかかるし、透明性があればなんら問題はない。とは思うけど、やはり高

体連という縛りがある。サッカー専門部は高体連の傘下にあって、そこでのルールは厳守しなくちゃいけない。部長を務めた横田先生と滝本先生はよくおわかりだと思うんだけど。

滝本 高体連の会議の中でもユニフォームのロゴについては、プレミアリーグでは容認する方向で進んでいます。スポーツ庁の鈴木大地長官もおっしゃっていましたけど、アマチュアスポーツでどうやってお金を生み出していくのか？ 模索しながら訴えていく。暑熱対策もそうですけど、サッカー専門部はほかの種目に先んじて動いていて、各大会の運営にあたってはJFAと高体連で力を合わせて日本のサッカーのために協力体制をとっています。あと100回大会の区切りに向けては選手権決勝を国立競技場で行うかどうかという問題もあります。首都圏移転以降、国立が聖地と言われていますし、そこに戻るか戻らないかということもクリアしなければいけない。難しいことは事実ですが。

林 私も多くの方々からよく言われます。「どうなの？」って。がんばりますとしか言えない（笑）。やはり高校生の聖地と言われた国立だから、是非とは思っています。

――話は尽きませんが、JFAと高体連がともに手をとり合って努力を続けていきましょう。

（一同、かたい握手）

高校生年代サッカー選手の
サッカーの科学的トレーニング

安松幹展

（立教大学コミュニティ福祉学部スポーツウエルネス学科、日本サッカー協会技術委員会フィジカルフィットネスプロジェクト、アジアサッカー連盟フィットネスコーチインストラクター）

新たなキーワード「ハードリカバリー」

ラグビーワールドカップ2019の日本代表チームでストレングス＆コンディショニングコーチを務めた太田千尋氏は、「代表チームが大会でハイパフォーマンスを発揮するためには、ハードワーク（ハードなトレーニング）とともにハードリカバリーがとても重要だった」と、大会後に振り返っています。「ハードリカバリー」という言葉はこれまであまり聞いたことがありませんでしたが、アスリートが最高のパフォーマンスを発揮するためには非常に重要なキーワードだと思いました。当然のことですが、ハードなトレーニングをしなければ、パフォーマンスは向上しません。しかし、ハードなトレーニングは疲労も伴いますし、リカバリーを適切に行わなければケガのリスクも増えます。そのため、指導者は、ケガをしない程度にハードなトレーニングを計画・実行していくわけですが、そのトレーニングの量や強度を決定するためには、疲労度合いなどを含めた選手のコンディションを把握することが大変重要です。そこで今回は、サッカー選手のコンディション評価、特に高校

生年代で利用可能な方法を中心に解説したいと思います。

高校生年代でもできるコンディション評価法

一般的にコンディションは、ピッチ外での生理学的指標と、ピッチ内でのトレーニング時のパフォーマンスやトレーニング負荷量から評価されています。ピッチ外での生理学的指標としては、起床時の心拍数や体重、血液や尿、唾液などの体液成分、そして睡眠の質が挙げられます。起床時の心拍数や体重は、特に、長期合宿中におけるコンディション評価の指標として活用されていて、大きく変動した時はパフォーマンスへの影響を考慮する必要があります。夏期の合宿では、同時に尿の量と色をチェックすると、脱水の状態が把握できます。体液成分からは、貧血、筋疲労、ストレス関連項目を検査し、目に見えない体内の変化を観察することができます。サッカー日本代表チームでは、選手への負担が比較的少ない唾液成分から免疫活性状態を測定しており、選手のコンディションを把握する情報の一つとして利用されています。

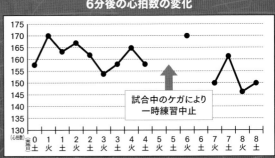

【図1】大学サッカー選手のリーグ戦中のヨーヨー・インターミッテント・リカバリーテスト・レベル1 6分後の心拍数の変化

試合中のケガにより一時練習中止

しかし、体液成分の測定は、選手への負担や検査費用がかかることから、実施するにしても年間で数回しかできないのが現状で、高校生年代での利用は現実的ではありません。より現実的な方法として、近年、睡眠レベルを測定することの重要性が注目されています。睡眠時間そのものよりも、布団やベッドで横になっている時間に対して実際の睡眠時間から評価する睡眠効率や、深い睡眠に入るまでの時間が短いことや、睡眠中に覚醒してしまう回数の少なさといった、睡眠の質が高い選手ほどケガをする機会が少ないことが報告されています。

トレーニング時のパフォーマンスでは、複数のヨーロッパのチームにおいて、ヨーヨー・インターミッテント・リカバリーテスト・レベル1（YYIR1）を選手のコンディ

ション評価に利用していることが報告されています。

YYIR1は、本来、オールアウト（疲労困憊状態）まで追い込むテストですが、コンディション評価を目的とする場合には、最大下負荷であるテスト開始6分後の心拍数から評価します。つまり、毎回同じ運動強度で走行し、その際の心拍数からコンディションを評価する方法で、通常よりも心拍数が高いとコンディションは悪く、逆に低い数値であればコンディションは良いという判断がなされています。YYIR1を利用したコンディション評価は、日本代表をはじめ、各年代の代表チームでも行われています。

通常は、メンバーが集合する合宿初日のトレーニング開始時に行い、連戦の影響や、環境条件の変化などをチェックしたい場合には、その都度、ウォーミン

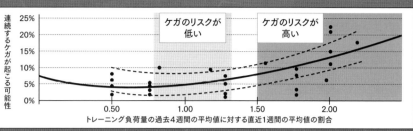

【図2】連続するケガが起こる可能性と
トレーニング負荷量の過去4週間の平均値に対する直近1週間の平均値の割合の関係

連続するケガが起こる可能性

ケガのリスクが低い

ケガのリスクが高い

トレーニング負荷量の過去4週間の平均値に対する直近1週間の平均値の割合

Gabbett, 2016

グアップの時間に行っています。私たちが大学チームを対象にして行った、YYIR1を用いたコンディション評価では、毎週日曜日に行われるリーグ戦の前日土曜日から開始し、毎週火曜日と土曜日のトレーニング前のウォーミングアップ時に行いました（**図1**）。YYIR1の6分後の相対的運動強度は最大強度の約80%で、トレーニング前のウォーミングアップとして支障なく行うことができる強度です。テスト終了時の心拍数の変化は、リーグ前半は試合後のオフ明けの火曜日に高く、試合前の土曜日に低くなる傾向でした。また、一時的にケガなどで戦列を離れると、その後のテストにおいて、高い数値を示すことがわかりました（**図1の矢印後の部分**）。リーグ後半は、試合に出場する時間が少なくなったこともあり、火曜日の値が低くなることもありました。これらのデータから、チームでは、火曜日の値を選手ごとにチェックし、通常よりも顕著に高い場合に、その選手のトレーニング量のコントロールを行い、土曜日に通常レベルに戻すことを目指しました。また、土曜日に低くならない選手に対しては、翌日の試合において、通常よりも早い時間で交代させることを考慮して、サブメンバー選考の資料として参考にすることができました。

ここで紹介したYYIR1で

なくても、毎回、同じペースで間欠的にランニングした際の心拍数を測定することは、高校生年代でも十分実施可能だと思われます。例えば、ゴールラインから逆サイドのゴールラインで折り返しハーフウェイラインまでを30秒でランニングし、30秒かけてゴールラインまで歩き、再びランニングする間欠的ランニングを6分繰り返し、終了後の心拍数を計測する方法も可能です。

セッションRPE（自覚的運動強度）

このようなトレーニング時の心拍数の変化は、主に心肺機能の状態を反映したコンディション評価項目ですが、筋肉の疲労度合いまでは評価できません。そこで、近年、ケガの予防のために利用されているのが、トレーニングセッションごとの身体負荷量の評価です。

プロチームの多くは、GPSを利用し、トレーニング中の移動距離や加速・減速の回数等から身体負荷量を評価しています。しかしながら、GPSは非常に高価で高

校生年代で使用するのは現実的ではありません。そこで、トレーニング中の身体負荷量を評価する別の方法として、セッションRPE（自覚的運動強度）が利用されています。

セッションRPEとは、トレーニングセッションごとに最大強度を10とした10段階評価でトレーニングの強度を自覚的に評価し、その値にそのトレーニングセッションの時間を積算し、1日の各トレーニングセッションの数値を合計した数値を1日の合計セッションRPE、1週間分を合計した数値を週間合計セッションRPEとします。

興味深いのは、過去4週間の週間トレーニング負荷量の平均値に対する直近1週間の週間トレーニング負荷量の平均値が0.8〜1.3

の時に、ケガのリスクが最も低くなることを提唱しているGabbett氏の理論（**図2**）に、このセッションRPEの数値が応用できる点です。

この理論は、現在、ほとんどのヨーロッパのサッカーチームで採用されていて、チームのトレーニング負荷量の調整に利用されています。国内でも、このような数値を継続的にデータ化して管理するツールとして、疲労状態なども合わせて10段階評価で自覚的に記録しながらコンディショニングに利用する試みが始まっています（**図3**）。

このようなケガの発生とトレーニング負荷量の関係に関する研究はまだ始まったばかりですので、今後さらに確立されていくことが期待されています。

【図3】PCやスマホを利用した
コンディションチェックソフトの例

ONE TAP SPORTSより提供

全国高体連サッカー専門部だより

全国委員長会議議事録
2019年7月25日／沖縄県金武町・金武町立中央公民館1階中ホール
【司会】松本一雄（四国）

報 告 事 項

1 (公財)全国高体連サッカー専門部関係
① 体罰根絶について
② 総体の経費削減について
③ 外国人留学生について
④ 2020年度北関東総体について
⑤ 2020年度北関東総体日程について
⑥ 2021年度北信越総体について（福井県坂井市にて実施）
⑦ 2022年度四国、2023年度北海道以降の開催地について

2 全国高等学校選手権大会関係（第98回大会）
① 地区大会（U−17W杯の影響で4県が延期予定）
② 準々決勝会場は東京都会場と神奈川県会場
③ 準決勝・決勝会場は埼玉スタジアム2○○2
④ Go 100について
　（エスコートキッズ、小学生無料チケット配布・プレゼント抽選の実施など）

3 経理部より
2020年度JFA補助金の配分（案）について

4 技術部より
第97回全国選手権大会欧州遠征について

5 審判部より
ルール改正について
（ベンチスタッフにも警告・退場が示されることについて）

6 記録部より
高校サッカー年鑑について

7 女子専門部より
女子部について

8 その他

審 議 事 項

① 2019年度南部九州総体について（沖縄県より）
　・大会運営について
　・暑熱対策について
② 人事について

③ 総体の涼冷地における固定開催について
　・総体開催経費の徴収
　・グラウンド規定の改定
④ 日本高校サッカー選抜　ヨーロッパ遠征（案）
　2020年4月4日（土）〜15日（水）予定
⑤ 全国高体連サッカー専門部表彰候補者案について

全国委員長会議議事録
2020年1月4日／東京都文京区・機山館
【司会】友成義朗（九州）

日 本 サ ッ カ ー 協 会 よ り

田嶋幸三会長、林義規第2種大会部長、山本昌邦技術委員会副委員長よりご挨拶

報 告 事 項

1 (公財)全国高体連サッカー専門部関係
① 体罰根絶について
② 2021年度北信越総体について
　【男子】福井県坂井市
　　7月24日（土）か25日（日）に競技開始予定だが現時点では未定
　【女子】上記同様に未定

2 全国高等学校選手権大会関係（2020年度第99回大会）
スケジュール
地区大会　11月15日（日）終了予定
組み合わせ抽選会　11月16日（月）汐留日本テレビタワー予定
開会式・開幕戦は駒沢陸上競技場
準々決勝会場は千葉県会場と東京都会場
準決勝・決勝会場は未定

3 技術部より
① テクニカルDVDについて
② 研修技術委員申請に関する確認事項

4 審判部より
① 第98回選手権大会より3回戦までは2級審判員も主審を務める
② 準々決勝以降は全て1級審判員
③ 新ルールにおけるベンチスタッフのナンバリングに関し監督を「1」とする

5 記録部より
高校サッカー年鑑について

6 総務部より
① 全国選手権地区大会用優勝旗新調補助について
② 委員長会議における旅費申請について
③ 全国選手権招待券について

7 女子専門部より
女子部について

8 その他
① 日本高校サッカー選抜ヨーロッパ遠征に関して
② 加盟状況

	今年度（令和元年）		前年度（平成30年）	
	男子	女子	男子	女子
加盟校数	4,038校	667校	4,058校	626校
加盟生徒数	162,397人	10,991人	165,351人	11,193人

審 議 事 項

① 2020年度北関東総体について
　・サッカー出場校は総合開会式に出席
　・暑熱対策

② 総体改革の進捗状況について
③ 国際移籍選手の登録手続きの変更について
④ Go 100について
　記念展示会用に各都道府県で保管されている優勝旗、
　カップなど展示品提供の依頼

群馬県高体連サッカー専門部　委員長
内藤秀和
新島学園高校

はじめに

　2020年度（令和2年度）の全国高等学校総合体育大会は、同年行われる東京オリンピック・パラリンピック競技大会の影響で、全国各地での分散開催となりました。多くの競技が開催地の決定が困難な中、サッカー競技は群馬県が手を挙げさせていただきました。群馬県前橋市にて8月19日から25日の日程で開催されます。「夢を追う熱き思い今虹となれ」をスローガンに、選手の皆様が最高のパフォーマンスを発揮できるよう準備を進めていきたいと思います。

群馬県の現状

　今年度の群馬県は、高体連に男子63チーム、女子14チームが加盟し活動しています。1969年度（昭和44年度）に最初のインターハイが群馬県で開催されましたが、サッカー競技は諸般の事情により栃木県での開催となりました。そのため、サッカー競技の開催は今回が初となります。この約50年で、ザスパクサツ群馬のJリーグ昇格を筆頭に、2000年度高円宮杯全日本ユース（U-18）サッカー選手権大会で前橋商業の準優勝、2017年度全国高等学校サッカー選手権大会では前橋育英が全国制覇を成し遂げ、県内のサッカー熱が大変な高まりを見せております。

終わりに

　来年度の大会は、高温となりやすい地理的な理由に加え、昨今の異常気象の影響で酷暑下での開催が予想されます。「選手の安全が第一」とし、暑熱対策および落雷対策に細心の注意を払って準備を進めております。前橋市での一市集中開催、キックオフ時間を1試合目8時45分とする等、選手の負担が少しでも軽減できる方策を考え実行していきます。群馬県高体連サッカー専門部は、群馬県および前橋市実行委員会との連携を密にし、皆様のお力添えをいただきながら、出場される選手が"躍動"する素晴らしい"北関東総体2020"となるよう全力で準備を進めてまいります。

都道府県
レポート

はじめに

　2020年10月3日から、鹿児島県で「熱い鼓動　風は南から」をスローガンに、第75回国民体育大会「燃ゆる感動かごしま国体2020」が開催されます。サッカー競技は少年男子が薩摩半島南西部の豊かな自然に抱かれた南さつま市、成年男子が大隅半島東部の最も「こころざし」のある志布志市、女子が県央部の雄大な霧島連山や温泉に恵まれた霧島市で、10月8日から12日までの5日間にわたり開催されます。

鹿児島県の現状

　県内各会場は、天然芝の張り替えや人工芝の新設など本国体に向けて整備が行われています。また、大会に向けての運営会議や研修会の実施、視察やプレ大会の運営での学び等を通して、各市町村と県協会が連携を取り合いながら大会成功に向けて準備を進めています。

国体に向けての強化

　近年県代表チームは総体や選手権で上位進出できない状況が続いています。また国体も5年連続で本国体出場を逃す時期もあり、このような状況を何とか打破しようと種別に関係なく指導者同士の連携を深め、トレセン活動の充実、海外遠征やFAリーグへの参加等を行い、福井国体、茨城国体と2年連続出場を果たすことができました。かごしま国体での上位進出、そしてサッカー競技総合優勝を目標に更なる強化に取り組んでいるところです。

終わりに

　昭和47年（1972年）の第27回国民体育大会（太陽国体）以来、48年ぶりに鹿児島で開催されるこの大会を県民総参加のもと、鹿児島らしさを活かした温かいおもてなしで選手や訪問者をお迎えし、素晴らしいスポーツの祭典として心に残る大会になるよう、精一杯の準備をして皆さまのお越しをお待ちしております。

鹿児島県高体連サッカー専門部　委員長
鳥越美智人
鹿児島県立甲南高校

県名	総体予選	国体予選	選手権予選	地域大会予選	新人大会	総会（※）	技術研修会	県選抜強化	U-18リーグ	その他
北海道	5月中、6月中	6月中～下、7月上	8月中～下、10月中～下	6月中			6月中、11月中、1月中	7月中、8月中、9月中、11月上	4月中～9月中	専門委員会4月中、6月中、10月、室内1月中
青森	5月中～6月上		一次8月下、二次10月中～下		県5月頃、7月中、9月上、10月中、2月中	6月中		6月中	4月中～9月中	春季大会4月中～5月上
岩手	5月下～6月上	―	10月上～11月上		11月中	4月中、8月下、3月中	―	7月上、3月中	4月中～9月中	選抜交流大会3月中
秋田	5月中、6月上		10月上～下		地区9月上、11月上～中	5月中、2月上		6月中～7月中、8月上	4月中～9月下	
山形	地区5月上、県6月上	8月中	10月上～下		地区9月中、11月上～中	―	11月中	4月～6月中～7月上～8月上	4月上～9月中	
宮城	地区5月上、県6月上		一次7月上、県10月下～11月上		地区10月、県11月中	4月中、2月中		8月中、9月下、12月下	4月下～12月中	
福島	地区5月中、県5月下～6月上		一次8月下、二次10月上～11月上		地区11月中～下、12月上	7月上、2月下	4月下、12月中	7月中、8月上、9月上、3月中	4月中～9月中	県総体4月中
東北					総会(6月中)／東北選手権(6月中)／国体予選(8月中)／東北新人大会(1月下)／プリンスリーグ東北(4月中～9月中)					
茨城	地区5月中、県6月中～下	一次8月～9月上、決勝10月中～11月上		地区4月中、県4月下～5月上	地区11月中～12月中、県1月中、2月中、3月中	8月上、12月上、1月下		5月～10月各上、11月中、12月～1月各上、2月下、3月中	3月下～11月下	
栃木	6月上～下		一次8月上、二次10月中～11月上	4月下～5月中	地区11月下～12月中、1月中～2月中	5月中、7月上、9月下、12月中、3月中		7月上～中、12月中、3月中	4月中～12月中	
群馬	5月中～6月中		一次8月下～9月中、二次10月中～11月上	4月下～5月中	1月中～2月上	4月中、7月上、2月下		2月中	3月中～11月下	
埼玉	支部5月上、県6月上～中		一次8月上～9月中、二次10月中～11月上	4月中～下	支部1月中～下、県2月中～下	支部4月中、県6月上		3月中	4月上～7月上、8月中、9月上～11月下、1月～3月中	4月～12月	U-16リーグ6月～9月
千葉	地区5月下～6月上、県6月中		一次7月中～8月上、決勝10月中～11月中	地区4月中～下、5月上～中	地区10月中～12月上、県1月下～2月中	2月下	10月上	7月中、8月	―	U-16ブロック対抗戦9月下～12月中
東京	地区4月下～5月上、都4月上～6月中	5月	一次8月中～9月中、二次10月中～11月上	4月中～5月上	11月中～12月中	4月中	2月上	6月上、8月上、9月上	4月中～10月中	
神奈川	4月下～6月中		一次T7月中、二次9月中～11月上	4月中～5月上	地区9月下～1月中	3月下	9月上、12月中	4～6月中、7月上、9～11月下、12月上、1月～3月下	3月中～11月中	
山梨	5月中～6月下	8月中	10月上～11月上	4月下～5月中	1月中～2月中	4、5月中、7、9月上、10月上、11月中、2月下	2月中	4月上～6月中、7月中、9月上～11月上、1月～3月中	4月中～12月中	
関東					総会(6月上)／関東大会(6月上、12月上)／国体予選(8月中)／U-18関東リーグ(4月上～12月上)					
長野	地区5月上～中、県5月下～6月上	8月中	8月下～11月上	―	地区11月中～中、県11月下～12月中	2月中		7月上～8月上、1月中、2月中、3月中	3月中～10月中	
新潟	地区5月上、県5月下～6月中		9月中～11月中		9月中、11月中	4月中	2月中	6月中、7月下、8月中、9～12月各下、1月、2月各中、3月下	4月上～10月上	国際ユースサッカー7月
富山	5月中～6月上		9月中～11月中		―	3月上		6月中、7月下、8月中、2月中、3月中	4月上～9月中	新人戦11月中～下
石川	5月下～6月上		10月上～11月中		11月中	5月中、8月中、10月中、11月中、2月中	2月下	4月～7月上、9月上、3月下	4月上～9月中	春季大会4月下
福井	5月下～6月上		9月中～11月中		11月中	4月上、10月下	2月下	4月下～5月中、6月中～7月上、8月上～中	4月中～9月中	
北信越					北信越大会(6月中)／国体予選(8月中)／U-18北信越リーグ(4月上～10月上)					
静岡	支部4月中～5月上、県5月中～6月上	8月中	一次T9月中～10月中、決勝T11月上～中		12月中～2月上	支部4月上、12月上	11月中	7月中、8月下、12月	4月上～12月中	SBSカップ9月下／フェスティバル3月下
愛知	支部4月中～5月上、県5月中～6月上	8月中	支部8月下、県10月中～11月中		支部1月上～中、県1月中～2月中	2月	7月中、3月中	4月～3月	4月上～7月下、8月下～12月上	
岐阜	5月中～6月上	8月中	9月中～11月中	6月中、7月下	1月下～2月上	2月中	11月下、2月	5月上、8月、2月中	4月上～9月	大垣選抜大会3月
三重	5月	8月中	10月上～11月上		県1月	4月中、12月上		8月	4月上～12月中	伊勢杯4月上
東海					東海総体(6月中)／技術研修会(9月)／U-16リーグ(6月下～7月下、11月上～12月下)					
滋賀	5月中～6月上	8月中	10月上～11月中		12月中～1月中	4月下、9月中、11月下、2月中	11月中、1月中	5月上、7月下～8月中、3月中	2月中～10月上	県体1年生大会8月下
京都	4月下～6月上	8月中	地区7月下、府10月中～11月中		地区11月中、1月中～2月中	4月中		7月中～8月上	4月中～10月中	
奈良	5月上～6月上	―	10月上～11月中	5月上～6月上	1月中～下	4月下～5月下、7月上、9月上、10月下、3月上	1月中	5月上～6月、7月下、8月、9月上	2月中～10月中	U-16ユースサッカー7月中
和歌山	5月上～6月上	―	9月中～11月中		1月上～2月中	5月上、9月中、2月下	2月下	7月下、8月中、3月下	2月中～10月中	
大阪	4月中～6月上	8月中	9月中～11月中	4月中～6月上	―	6月中、12月中、3月上	6月中、7月上、12月中	4月、6月上、8月上、9月上	1月中～9月中	
兵庫	5月上～6月上	8月中	9月中～11月中	4月中～6月上	地区11月中～1月上、県1月中～2月中	4月中	7月	6月中～7月下、8月中～9月中	2月中～9月中	
近畿					近畿大会(6月下)／国体予選(8月中)／U-18関西リーグ(4月上～10月中)					
鳥取	5月中～6月上	8月下	10月中～下		地区12月下～1月上、県1月下～2月中	4月下、9月中、2月中	3月上、6月下、11月中、12月中	4月中～8月中	4月上～10月中	
岡山	地区4月下、県5月下～6月中	6月中～下	9月下～10月下	地区12月下～1月上、県1月下～2月中	地区12月下～1月上、県1月下～2月上	2月中		7月下、8月上、3月中	―	県リーグ4月上～7月中、11月上～1月下
広島	地区4月上～下、県5月下～6月中		一次8月中～9月中、決勝10月中～11月中		県1月中～2月上	2月下	7月下、8月上、12月上、2月下、3月中	12月下、2月上、3月下	4月上～12月中	
島根	5月下～6月上		10月中～11月中		2月上	2月中		7月下、8月中	4月上～10月中	
山口	5月、6月		10月中～11月中	5月、6月	2月上～中	9月下、2月中		4月、5月上、6月中、7月、8月	4月中～10月中	
中国					中国大会(5月中)／国体予選(8月下)／ユース(8月下)／全国大会出場校研修大会(12月上)／U-18中国リーグ(3月下～7月中)					
香川	5月下～6月上		10月中～11月中		地区12月下、県1月中～2月下		8月上	5月上、7月下、8月中、3月下	4月中～12月中	
愛媛	6月上		地区8月下、県10月中～11月中	4月中	地区12月下、県1月中～2月上	6月中、11月中、2月中	11月上	7月下、8月上、2月中、3月上	4月中～12月中	審判研修会4月～5月
徳島	5月下～6月中		10月上～11月中		1月中～2月上	4月中～下		5月上、6月	4月中～12月中	
高知	5月上～下		10月中～11月中		12月下～2月中	2月下	7月上、12月上	4月上～一次6月、二次7月中、8月上～中	4月上～6月中～9月中、11月中～12月中	
四国					四国大会(6月中)／国体予選(7月下)／ユース(8月中)／U-18プリンスリーグ四国(4月上～12月上)					
福岡	地区4月中～5月上、県5月中～6月上	―	一次7月下、二次10月中～11月中		地区12月中～1月上、県1月中～2月上	4月、11月		4月上～7月中、8月中	4月上～12月中	九州高校フェスティバル3月下／サニックス杯国際ユース3月下
佐賀	6月上	―	10月中～11月中		1月中～2月上	2月中		4月上～9月中、11月中、3月中	4月～12月	
熊本	5月中～6月上	―	10月中～11月中		1月中～2月中	4月上、12月上	3月中	4月中～6月中、6月中～7月中	開催	熊本フェスティバル7月下／県総合選手権3月中
長崎	6月上		地区8月中～9月上、10月上～11月中		地区12月下～1月上、県1月中～2月上	4月中、7月上、12月上	3月下		4月上～11月中	島原フェスティバル4月
大分	6月上		10月上～11月中	5月下	1月中～2月上	5月上、7月上、2月下		5月各上、9月中～下、10月、1月上、2月上、3月中～中	―	FAリーグ8月下
宮崎	5月中～6月上		10月中～11月中		1月下	5月上		6月中、11月中	4月上～12月中	1年生大会8月下
鹿児島	5月中～6月上		地区9月中～10月上、県11月中～中		1月下	―		7月、8月、3月	―	地区強化大会5月、12月下／1年生県大会7月下／高校招待サッカー大会開催予定12月上
沖縄	5月中～6月上		9月中～11月中		1月中～中	4月上		4月上～6月、6月中～7月下、8月中～9月中	4月中～12月中	県サッカー祭7月／地域強化リーグ12月中～中／招待サッカー3月下
九州					九州大会(6月下)／国体予選(8月下)／新人大会(2月下)／九州国際フェスティバル(3月下)／サニックス杯国際ユース大会(3月下)／U-18プリンスリーグ九州(4月上～12月中)					

※部または顧問・監督

注）北海道は地域と道の年間計画が重なるため、一つにまとめて表示しています。

北海道大会

6月11日〜14日／於・室蘭市入江運動公園ほか
（北海道大会は、総体の北海道予選決選トーナメントを兼ねています。トーナメント表は166ページを参照ください）

決勝

6月14日(金) 室蘭市入江運動公園陸上競技場 (曇)
(主) 岡田渉　(副) 佐藤諒、小松祐也

札幌第一（札） 1 (0-0 / 0-0 / 1-0 / 0-1 / 5 PK 4) 1 北海（札）

得	S	学	選手	背		背	選手	学	S	得
0	0	③	渡邉	17	GK	1	澁谷	②	0	0
0	0	③	前田	2	DF	2	藪中	③	0	0
0	0	③	(番場)	6		3	松本	❸	2	0
0	0	②	梅田	3		5	水上	②	0	0
0	0	②	近藤	4		12	(佐藤)	③	0	0
0	0	③	千葉	5		15	坂本	②	0	0
0	1	②	鶴本	8						
0	1	②	岩井	12	MF	6	大澤	③	0	0
0	3	③	佐藤	14		8	芝西	③	0	0
0	1	②	山田	11		11	(三盃)	③	2	0
1	1	①	(魚住)	16		13	(小田)	②	0	0
						10	杉山	③	1	1
						16	金田	③	1	0
0	4	❸	近江	9	FW	14	湊	②	0	0
0	2	③	清水	10		20	鵜城	②	0	0
0	2	③	岩井	11		18	廣瀬	③	0	0
						9	(中野)	③	2	0
1	14			8	GK	10			11	1
				2	CK	4				
				14	FK	7				
				0	PK	0				

【得点経過】
延前 8分〔札〕岩井→魚住S
延後10分〔北〕×杉山S

▼警告
〔北〕水上、松本

決勝 戦評

延長戦から動いた劇的な試合

　札幌第一1-4-2-3-1、北海1-3-4-3の布陣で試合が始まる。札幌第一はFWを起点に両SHから積極的に仕掛けチャンスを窺う。北海は3バックからのビルドアップで余裕を作り、前半を優位に進めていく。後半は両チームとも交代選手が活躍し、一進一退の攻防が続き延長戦に入る。延長前半8分に北海のDFからのパスを札幌第一の魚住がカットしてそのまま持ち込み先制。試合終了と思われた延長後半10分に、北海MF杉山が鋭いシュートを決め追いついた。PK方式により札幌第一が優勝を決め、決勝に相応しい試合となった。

戦評　石尾浩一（旭川東高校）

総評

　令和元年度第72回北海道高等学校サッカー選手権大会、ならびに令和元年度第8回北海道高等学校総合体育大会女子サッカー競技は、入江運動公園（室蘭市、ローン3面）、まなびの里サッカー場（伊達市、人工芝1面）、月浦運動公園（洞爺湖町、人工芝1面）の5会場において、伊達緑丘高校を当番校として、令和元年6月11日（火）から14日（金）の4日間の日程で実施されました。素晴らしいピッチコンディションと恵まれた気候のもと、選手は十分に力を発揮できる大会となったのではないでしょうか。

　男子1回戦では、プリンスリーグに所属している帯広北と駒大苫小牧が対決、春のプリンスリーグではドローに終わった両チームでしたが、攻守ともにアグレッシブなサッカーを展開した駒大苫小牧が勝利しました。また、昨年度残念ながらプリンスリーグから降格してしまった大谷室蘭が、現プリンスリーグ所属の札幌大谷を迎え撃ちました。地元の大声援を受けた大谷室蘭が粘りと意地を見せて札幌大谷に得点を許さず、後半に劇的なゴールを挙げて勝利。得点時の観客の大歓声は会場周辺にまで響き渡りました。

　2回戦では、初戦となる札幌第一が接戦の末、駒大苫小牧に勝利しました。プリンスリーグ復帰を目指す北海は、下馬評を覆して強豪・旭川実を圧倒し撃破。創部47年目にして初出場を果たした旭川大高が札幌光星に挑みましたが、初勝利は次回以降に持ち越しとなりました。網走南ヶ丘、市立函館の公立2校もチームワークの良さを活かして2回戦を突破し、ベスト8に躍進しました。

　3回戦はすべて接戦となりました。札幌第一vs.札幌光星、北海vs.東海大札幌、という札幌勢同士の対戦では、札幌支部第1代表の意地を見せた札幌第一と、初戦を制して波に乗る北海が1点差のゲームを制しました。また、網走南ヶ丘vs.北照、市立函館vs.帯広大谷、の「公私対決」はどちらも70分をスコアレスで終了し、延長あるいはPK方式までもつれ込みました。最後は両試合とも私立校に軍配が上がりましたが、私立優勢の北海道において最後まで善戦した公立の両校には拍手を送りたいと思います。

　代表決定戦となる準決勝。札幌第一と北照の対戦では、丁寧かつ積極的に攻撃を組み立てる札幌第一に対し、リトリートした守備からのカウンターを狙う北照という構図となりましたが、今大会で相手よりも1試合多く消化しており、前日も延長戦までもつれた北照が延長戦で力尽きた形となり惜敗。この結果により札幌第一は9年ぶりの全国大会出場権を獲得し、北照は3年ぶりの全国大会出場を逃しました。一方、2年連続の総体出場をかけて果敢に攻める北海に対し、初出場を目指して凌ぐ帯広大谷という形になった試合では、互いの恵まれたフィジカルを活かした激しい攻防が繰り広げられましたが、セットプレーが明暗を分け、北海が勝利しました。

　決勝では、すでに全国の切符を手にした喜びと安堵感に包まれ、連戦の疲労も蓄積しているはずの2校でしたが、それらを全く感じさせず、両校の意地とプライドをかけた、激しく競り合いもつれ合う好ゲームとなりました。札幌第一による延長前半ラスト2分の劇的な先制ゴールと、延長後半終了直前の北海の同点ゴールに会場は大きく沸きました。PK方式により、優勝は札幌第一、準優勝は北海という結果になりましたが、死力を尽くして最後まで戦い、大会を盛り上げてくれた両校には感謝の気持ちでいっぱいです。

　M-T-M（Match-Training-Match）メソッドや、PTP（Periodisation Tactic Philosophy）といったトレーニング理論の普及・定着がリーグ戦の日常化に伴い加速することで、自チームのやり方にこだわり続けるのではなく、相手チームの特徴を分析してそれに応じた戦術を採り入れる、という習慣が広く根付いてきているように感じます。また、年間試合数の増加により、各チームの特徴に関する情報も手に入れやすい環境になってきています。そうした影響は短期決戦のトーナメント戦にも及んでおり、今大会においても、相手チームの特徴に応じて戦術を柔軟に変更してゲームに臨んでいるチームが数多く見られました。このことは、指導者の分析力・指導力だけでなく、選手の戦術理解力やその遂行能力が高まりを見せていることの証左でもあり、クレバーな選手を育成するうえで非常に良い流れができていることを強く感じました。

　また期間中、各会場で試合後のベンチやロッカールームを丁寧に清掃・整頓する選手たちの姿を幾度も目にしました。スタンドにゴミの投げ捨てや置き去りもありませんでした。昨年のW杯ロシア大会においても日本代表やサポーターが世界から称賛された「掃除」「後片付け」の文化が、今大会に参加した選手や大会関係者だけでなく、観客においても通底していると実感したことも付記しておきます。

　末筆ではありますが、本大会の開催にあたり、ご支援ご尽力いただいたすべての皆様に深謝いたします。また、平成30年9月6日に発生した北海道胆振東部地震に際し、全国から温かいご支援と励ましの言葉を賜りましたことに、あらためて御礼申し上げます。

総評　河津良多（室蘭清水丘高校）

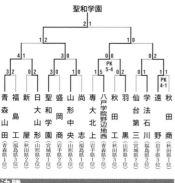

聖和学園
2 1
1 2
1 0 1 0
4 1 0 0 0 2
3 2 0 2 3 0 1 5 0 2 PK 4-1
PK 5-4

青森山田（青森県1位）／福島工（福島県2位）／新地西／日大山形（山形県3位）／聖学院／盛岡中央（岩手県2位）／山形商（山形県1位）／尚志（福島県1位）／専大北上（岩手県1位）／八戸学院野辺地西（青森県2位）／秋田（秋田県1位）／仙台第三（宮城県2位）／学法石川（福島県3位）／遠野（岩手県3位）／秋田商（秋田県3位）

決勝

6月24日（月）　山形県総合運動公園サッカー場（雨）
（主）遠藤真介　（副）河田泰斗、志田翼

聖和学園 2（1-0 / 1-1）1 **八戸学院野辺地西**
★（宮城県1位）　　　　　　　（青森県2位）

得	S	学		背		背		学	S	得
0	0	③	高山		GK	1	石田		0	0
0	0	③	中新井	2	DF	2	花田	③	0	0
0	0	③	宮城			3	堀田	②	0	0
0	0	③	高橋	5		18	(木村)	①	1	0
0	0	③	金子	6		4	宍戸	③	1	1
						5	嶋脇	③	0	0
0	0	③	鳥羽瀬	8	MF	6	山谷	③	0	0
0	0	②	(田村)	15		7	工藤	③	3	0
0	2	③	梅田	10		8	鈴木	③	2	0
0	0	③	局田	11		11	(風穴)	②	0	0
0	0	③	(中山)	16		10	佐々木(大)	③	0	0
0	0	③	瀬尾	13						
1	3	③	古賀	14						
0	3	③	柴田	9	FW	9	吉川	③	0	0
1	2	③	(伊勢本)	17		16	(町屋)	①	1	0
						20	中山	①	1	0
						19	(佐々木(陽))	①	0	0
2	10			2	GK	3			9	1
				5	CK	4				
				3	FK	7				
				0	PK	0				

【得点経過】
前半16分〔聖〕古賀S
後半29分〔聖〕伊勢本S
〃　31分〔八〕×（こぼれ球）宍戸S

決勝 戦評

聖和学園が追撃を振り切り優勝

小雨の中、濡れた天然芝はボールが走る状態で個々の正確な技術が求められるコンディションとなった。両チームともに1-4-4-2システム。聖和学園はドリブルを多用する高い個人技を活かしてボールを保持しながらチャンスを窺う。八戸学院野辺地西は高い守備意識を持ち、深いDFラインを敷き強固なブロックを形成、奪ったボールをシンプルに前線のFW吉川、中山をターゲットにカウンターを狙う。前半16分、聖和学園のMF古賀がセンターサークル付近からドリブルで仕掛け、八戸学院野辺地西CBが下がりながら対応した瞬間につま先でシュートし先制する。後半も前半と同じ様相。次第にピッチコンディションが悪くなり、互いにイージーなミスが目立つようになる。29分、右サイドでCKを得た聖和学園は、ショートコーナーからクロスを入れ、相手がヘディングでクリアしたボールをFW伊勢本が押し込む。直後の31分、八戸学院野辺地西は相手陣左サイド奥から入れたロングスローがゴール前で混戦となり、こぼれ球をDF宍戸が豪快にシュートを決めて2-1。勢いに乗る八戸学院野辺地西は、前線からボールを奪いにいき猛攻を仕掛けるが得点は決まらず、聖和学園が3年ぶり2回目の優勝を飾った。

戦評　羽角哲弘（山形中央高校）

総評

令和元年度の東北選手権は、山形県天童市を主会場に県総合運動公園の3施設（サッカー場、第2運動広場、サブグラウンド）、そして山形市球技場を加えた4会場で開催されました。男子は東北6県から16チーム、女子は各県代表の6チームによるトーナメント戦。男子は各県と自校のプライドをかけた、そして女子は2枠のインターハイをかけた戦いでした。

男子は、初戦で前年度優勝校の尚志が山形県第3代表の山形中央に敗れる波乱がありました。ただ、プレミアリーグEASTの日程と重なったため、尚志と青森山田はトップチームの参加ができず、青森山田も準決勝で聖和学園に敗北。そうした中で、攻撃的なスタイルを貫き、ドリブルを主体としながらも中距離のパスも効果的に織り交ぜ、落ち着いたボールポゼッションから変幻自在の攻撃を繰り出した聖和学園が優勝しました。攻撃力ばかり目につく聖和学園ですが、その攻撃力を支えているのは攻守の切り替えの早さ。相手ボールになったとたんにボールを回収するスピードが速く、守備意識の高さが目立ちました。

準優勝は、堅い守備からスピードあふれる攻撃を仕掛ける八戸学院野辺地西。同校は、自県に青森山田という全国区のチームがあるため全国の舞台に立てずにいますが、攻守にレベルの高い長身ボランチや、迫力のあるサイドアタッカー、安定感のあるCBとGKを擁し、青森県で優秀な選手を育成していることが窺える好チームでした。決勝でも堅いブロックを敷き、聖和学園相手に1点を返し、久しぶりのテレビ中継の試合を盛り上げました。

全般的には、ハイプレッシャー下で技術を適切に用いることができず、無用に焦って自滅するプレーが目立ちました。この大会が東北ブロック最高峰の戦いであることを考えれば、今一度プレーの基本に立ち返ってトレーニングする必要性を感じました。

女子は、東北高等学校新人大会の結果が反映され決定されたシード校が順当に勝ち上がり、聖和学園の優勝、専大北上の準優勝となり、また、東北代表として両校がインターハイに出場することとなりました。決勝でも聖和学園は順当勝ちで、宮城県の代表が抜きんでた力を持つ、東北の女子高校サッカー界の実情通りの結果となりました。専大北上は準決勝をギリギリのところで勝ち抜きましたが、インターハイに向けてレベルアップが必須となるでしょう。競技人口も少なく、経験者を多く集めた方が勝つといった傾向のある東北の女子高校サッカーですが、ジュニアやジュニアユースチームとの連携により、より特徴のあるスタイルを持つチームがもっと出てくる必要があるでしょう。そうしないと、いつまでも宮城一強体制を覆すことはできないと思われます。

報告事項ですが、男子1回戦の第2試合中、延長に突入した1試合で、雷による40分の中断が発生しました。審判・運営サイドの中断・再開の決定に対し、対戦校は速やかに対応してくださり、時間はかかりましたが無事大会日程を終えることができました。

最後になりますが、本大会の実施に当たり、関係各位のご理解とご支援を賜りました。本当にありがとうございました。

総評　今野誉康（山形東高校）

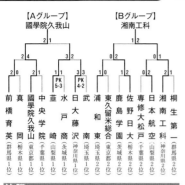

【Aグループ】國學院久我山
【Bグループ】湘南工科

前橋育英（群馬県1位）
真岡（栃木県1位）
國學院久我山（東京都1位）
中央学院（千葉県2位）
韮崎（山梨県1位）
水戸商（茨城県1位）
大津（栃木県2位）
武蔵（東京都2位）
浦和東（埼玉県1位）
東久留米総合（東京都2位）
鹿島学園（茨城県2位）
佐野日東（栃木県2位）
専修大松戸（千葉県1位）
日本航空（山梨県2位）
湘南工科（神奈川県1位）
桐生第一（群馬県2位）

決勝

6月3日（月）　茨城県立カシマサッカースタジアム（晴）
（主）豊野隆匡　（副）田中宏之、飯田慎一郎

國學院久我山 2 (1:1 / 1:0) 1 韮崎
（東京都1位）（山梨県1位）★

得	S	学		背		背		学	得	S
0	0	③	石渡	GK	1	保坂	②	0	0	
0	0	③	野田	3	DF	2	長澤	③	0	0
1	1	③	加納	5		3	清水	③	0	0
0	0	③	山本(航)	11		13	(雨宮)	③	0	0
					4	内田	③	0	0	
					5	萩原	②	0	0	
0	1	③	福井	6	MF	6	真壁	②	1	0
0	0	②	大窟	8		7	佐野❸	①	0	0
0	0	②	(栗原)	13		8	村松	②	0	0
0	0	①	森次	12		17	(飯島)	③	0	0
0	2	②	田中	14		9	望月	②	1	0
0	1	①	(小松)	18		15	(石原(和))	③	0	0
0	1	③	山下	7	FW	10	石原(悠)	③	1	0
0	0	②	(吉田)	16		18	(金丸)	③	0	0
3	3	❸	山本(献)	9		11	坂本	③	1	1
0	2	③	戸坂	10		16	(名執)	③	1	0
2	11			8	GK	9			9	1
				5	CK	4				
				6	FK	11				
				0	PK	0				

【得点経過】
前半12分〔韮〕長澤→佐野→坂本S
〃 28分〔國〕CK戸坂→加納HS
後半 7分〔國〕山本(献)→戸坂→大窟→山本(航)S

決勝 戦評

國學院久我山が
逆転で関東を制す

　涼しい気候と絶好のピッチコンディションの中、國學院久我山は1-4-3-3、韮崎は1-4-4-2でスタート。試合序盤、國學院久我山は韮崎のプレスを巧みなボールコントロールとサポートではがし、チャンスを作る。対する韮崎も、ボールホルダーに対するプレッシングからボールを奪うと、ショートカウンターからチャンスを窺う。前半12分、韮崎は相手DFラインの一瞬の隙を突き、FW坂本が裏へ抜け出し先制ゴールを決めた。その後、球際で上回る韮崎が押し込むが、國學院久我山も徐々に落ち着きを取り戻す。サイドを攻略し相手DFラインを下げさせミドルシュートを放つと、この攻撃で得たCKから得点し同点に追いついた。その後、國學院久我山はプレスをかいくぐりMF大窟、田中がバイタルエリアで前を向くと、サイドアタッカーFW山本(航)、戸坂に効果的なパスを配球し、サイドから何度もチャンスを作った。國學院久我山は後半立ち上がりもボールを保持し、MF福井を中心にサイドチェンジを多用、ピッチを広く使い相手を動かす。すると7分、巧みなパスワークから中央を崩すと最後は山本(航)が決め逆転した。その後、疲れの見え始めた韮崎に対して、國學院久我山は良い距離感で複数の選手が関わり、相手を押し込んだ。反撃したい韮崎は前日にゴールを決めたFW名執を投入すると、相手DFラインのミスを突き決定的な場面を迎えるが、國學院久我山GK石渡が好セーブでしのいだ。勢いを取り戻した韮崎は、立て続けに交代カードを切り前線を活性化させ、クロスボールをゴール前に送り得点を奪いにいく。しかし、國學院久我山は集中した守備で最後まで得点を許さず、勝利した。

戦評　清水健普（白根高校）

総評

　第62回関東高等学校サッカー大会は、5月31日（金）に開会式を行い、6月1日（土）から6月3日（月）までの3日間開催された。3日間とも涼しい環境でプレーすることができ、6月1日は卜伝の郷運動公園（人工芝）、6月2日は北海浜多目的球技場及び新浜緑地公園多目的球技場（天然芝2面）、6月3日はカシマサッカースタジアムで3位決定戦と決勝戦を実施することができた。

　結果は、パスの質にこだわったポゼッションに特化した國學院久我山が優勝を飾った。的確なポジショニングとインサイドキックのパススピードが非常に速く、相手守備者のアプローチを難しくしていた。また、ボールを持たない選手の質も非常に高く、動きの優先順位を意識しているから、足元でゆっくりプレーしているように見えても、ボールに関わる直前の動きは速く、奪いどころを与えない正確なコントロールを見せていた。また、中央のエリアをコンビネーションで崩すプレーや、中央を閉められたときは、両サイドを広く使った攻撃も特徴であった。

　対抗するチームとしては、韮崎のように、相手最終ラインからスタートするポゼッションから2人のFWがパスの出どころを積極的に制限し、2列目のMFがインターセプトを狙うような攻撃的な守備を行うチームの存在もあった。また、奪った後のショートカウンターやサイドを変えて攻撃しようとする姿勢や、攻守にわたって連動していたことも特徴と言える。さらに、自陣の背後のスペースを徹底的に消して、ゴール前にスペースを与えず攻撃の芽を摘むことに特化していた佐野日大。奪ったボールのリスク管理も徹底しており、ボールを奪って前を向いている状況の時は積極的に出ていき、シンプルに相手ゴールへ迫っていく姿勢も特徴の一つと言えるだろう。

　そして、ゲームの終盤で得点が生まれるケースが多く、延長戦の多かった大会と言える。終盤での得点はCKやFKなどのセットプレーやゴール前へ直接届くロングスローからが多かった。また、セットプレーのバリエーションを多く持った浦和東も印象に残る。この関東大会の次の週にはインターハイ予選を控えるチームがほとんどで、初日のメンバーから7人を入れ替えて臨むチームもあり、過密日程の中で戦う選手にはタフさも求められる。交代枠の5名を積極的に使うチームもあり、選手層もポイントになった大会でもあった。

　第8回関東高等学校女子サッカー大会は、決勝戦は十文字（東京都）が連覇を狙う前橋育英（群馬県）を破り、2度目の優勝を果たした。十文字は洗練されたポゼッションサッカーを展開しつつ、勝負すべきところでは高い個人技を発揮し、他を寄せ付けなかった。3位決定戦では、暁星国際（千葉県）が湘南学院（神奈川県）を破り、決勝に進出した2校とともに全国高校総体初出場を決めた。

総評　川松隆宏（土浦第一高校）
**　　　大沼純一（常盤大学高校）**

トーナメント表

```
                        富山第一
                     0│2
          2│0                    0│6
      0│1        0│1         0│0        1│2
    0│1                    PK         0│2
                           5-4
   北  富  金  福  松  星  丸  松  日  富
   越  山  沢  井  本  稜  岡  本  本  山
      中  学  商  国      第  文  第
      部  院      際          一  理  一
  (新潟 (富山 (石川 (福井 (長野 (石川 (福井 (長野 (新潟 (富山
  県1位)県2位)県2位)県2位)県1位)県1位)県1位)県2位)県2位)県1位)
```

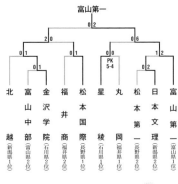

決勝

6月16日(日)　丸岡スポーツランド天然芝グラウンド (雨)
(主) 榎波亮介　(副) 出村友寛、橋本峻佑

金沢学院 0（0-0 / 0-2）2 **富山第一**
★（石川県2位）　　　　　　（富山県1位）

得	S	学		背		背		学	S	得
0	0	③	表	1	GK	1	中村	③	0	0
0	0	❸	上村	3	DF	3	吉藤	❸	0	0
0	0	③	髙畠	5		5	真田	③	0	0
0	0	②	髙山	15		16	浦崎	③	0	0
						17	(鍋田)	③	0	0
						22	清水	③	0	0
0	1	②	川端	3	MF	6	牧野	③	1	1
0	0	②	小谷	6		10	高木	③	2	0
0	1	②	北村	7		14	広瀬	③	0	0
0	0	③	気谷	11		9	(鈴木)	③	1	0
						18	竹内	③	0	0
						15	(中嶋)	③	1	1
						21	(田近)	③	0	0
						19	矢崎	③	1	0
						7	(伊石)	③	1	0
0	1	③	河越	9	FW	11	碓井	③	3	0
0	0	③	川嶋	10						
0	0	①	山口	18						
0	3			12	GK	4			11	2
				1	CK	6				
				5	FK	6				
				0	PK	0				

【得点経過】
後半33分〔富〕牧野S
〃35+1分〔富〕伊石→中嶋S

試合終盤に突き放した富山第一

　6年ぶりの優勝を狙う富山第一は1-4-4-2、初優勝を目指す金沢学院は1-3-4-3の布陣でのスタート。富山第一は、幅を使った攻撃から中央のMF高木、FW碓井に合わせる展開。一方の金沢学院は慌てずボールを回しシュートチャンスを窺う展開が見られた。両チームともボール際の攻防を繰り返していたが富山第一がやや優位に進めた前半であった。後半に入っても富山第一が主導権を握り試合が進む。金沢学院も最終ラインのしっかりとした守備で凌いでいたが33分、富山第一は左サイドでMF牧野が受けるとコントロールからのミドルシュート。プレスがない中でのシュートが決まり均衡を破った。さらにアディショナルタイムには左サイドを駆け上がったMF伊石がゴロでセンタリング、中央にいた碓井がスルーしMF中嶋がフリーでシュートを撃って2-0とし、粘る金沢学院を突き放して優勝を飾った。準優勝の金沢学院は1回戦から粘り強い戦いで勝ち上がり、質の高いゲームで大会を盛り上げてくれた。

戦評　八杉秀樹（高志高校）

　令和元年度、北信越高等学校体育大会サッカー競技大会兼第55回北信越高等学校サッカー選手権大会は、6月14日（金）、15日（土）、16日（日）に福井県坂井市丸岡スポーツランドで開催され、10チーム（各県から2チーム）によるトーナメント戦で優勝を争った。

　各県から勝ち上がった出場校の所属リーグを見てみると、北信越プリンス所属からは4チームで丸岡（福井県）、富山第一（富山県）、北越（新潟県）、星稜（石川県）。県リーグ1部所属からは5チームで福井商（福井県）、富山中部（富山県）、日本文理（新潟県）、松本国際と松本第一（ともに長野県）、県リーグ2部所属からは1チームで金沢学院（石川県）であった。

　大会は日を追うごとに雨や風が強くなる条件下で行われたが、どのチームも積み上げてきた基礎基本やチーム戦術がしっかり落とし込まれ、天候に左右されることは少なかったように感じた。また、前線からのプレス位置はチームごとに差は見られるが、攻守にわたるハードワークはもはやこのレベルでは当たり前となり、拮抗した試合が展開されていった。

　決勝に勝ち上がったチームは、このハードワークに加えて、最終ラインでの粘り強さからカウンターを仕掛けて得点を狙う金沢学院と、中央やサイドからでも攻撃の起点が作れ、攻守にバランスがとれた富山第一。試合は両チームともストロングポイントが随所に見られ、見応えのある試合となった。6年ぶりに優勝を狙う富山第一が優位に試合を進め、プレスの甘くなった瞬間を逃さずシュートで先制すると、サイドからのセンタリングを押し込み2-0で優勝を飾った。

　一方、女子決勝は全国総体への出場権も兼ねており、工大福井（福井県）と開志学園JSC（新潟県）との一戦となった。開催県の工大福井が立ち上がりは攻勢を見せていたが、徐々に開志学園JSCがボールを繋ぎペースを引き寄せ主導権を握り出した。着実に得点を重ね、追いすがる相手に1点を許したものの、4-1という堂々の優勝と全国総体への出場権を勝ち取った。

　最後に本大会を開催するにあたりご尽力いただいた全ての関係者の皆様に深く感謝を申し上げ大会の総評といたします。

戦評　八杉秀樹（高志高校）

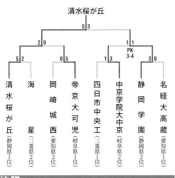

```
                    清水桜が丘
                      5 3
          ┌───────────┴───────────┐
        2 0                       1 1
    ┌─────┴─────┐             ┌────┴────┐
   5 2         0 5          1 3   PK   3 0
  ┌─┴─┐       ┌─┴─┐        ┌─┴─┐ 3-4 ┌─┴─┐
 清   海     岡   帝       四   中    静   名
 水   星     崎   京       日   京    岡   経
 桜         城   大       市   学    学   大
 が         西   可       中   院    園   高
 丘         （   児       央   大         蔵
 （   （   愛   （       工   中   （   （
 静   三   知   岐       （   京   静   愛
 岡   重   県   阜       三   （   岡   知
 県   県   2   県       重   岐   県   県
 1   2   位   1       県   阜   2   1
 位   位   ）   位       1   県   位   位
 ）   ）         ）       位   2   ）   ）
                         ）   位
                             ）
```

決勝

6月23日（日） 清水ナショナルトレーニングセンター東グラウンド（曇）
（主）浦田大雅　（副）夏目透、大久保翔悟

清水桜が丘 5 (0-3 / 5-0) 3 **静岡学園**
★（静岡県1位）　　　　　　　　　（静岡県2位）

得	S	学		背		背		学	S	得
0	0	③	藤原	1	GK	1	國田	❸	0	0
0	0	③	村上	2	DF	2	中辻	③	0	0
0	1	③	望月	3		3	田中	③	2	1
0	0	②	加藤	13		7	岩野	③	0	0
0	0	③	藤浪	14		12	柿本	③	0	0
0	0		（佐野）	14		15	市川	②	0	0
1	2	③	野牧	6	MF	5	西谷	③	0	0
0	0	③	安部	7		14	（矢田）	③	0	0
2	2	③	古長谷	8		6	権平	③	0	0
						10	（井堀）	③	0	0
						8	清水	①	1	0
						16	（新藤）	②	0	0
0	0	③	黒田	5	FW	11	関	③	0	0
1	1	③	前田	9		13	佐野	③	5	2
0	0	③	（平原）	12						
1	3	❸	松永	10						
5	9			6	GK	6			8	3
				3	CK	3				
				5	FK	9				
				1	PK	0				

【得点経過】
前半 1分〔静〕CK清水→田中HS
　〃 6分〔静〕中辻→田中→佐野S
　〃 9分〔静〕権平→佐野S
後半 4分〔清〕松永→前田S
　〃 7分〔清〕松永→古長谷S
　〃 9分〔清〕黒田→松永S
　〃 15分〔清〕PK古長谷S
　〃 21分〔清〕FK野牧S

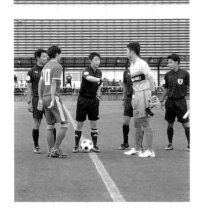

決勝 戦評

清水桜が丘、後半5ゴールで大逆転

　インターハイ予選決勝、プリンスリーグ、この東海総体と3週間で3回目の対戦となった清水桜が丘と静岡学園。試合開始から静岡学園が攻勢に出る展開。開始早々のCKを押し込み先制、さらに攻め続ける静岡学園は、6分、9分とFW佐野の得点で一気に清水桜が丘を突き放した。その後も、静岡学園がドリブルとテンポのいいパス回しで試合の主導権を握るが、清水桜が丘も最後のところで踏ん張り、追加点を許さなかった。

　後半に入ると試合は一変する。清水桜が丘は球際の強度が上がり、静岡学園の自由を完全に奪った。後半からCBに入ったDF佐野の気迫溢れる守備でリズムを摑み、FW松永を起点に右サイドのFW前田、左サイドのMF古長谷が積極的に静岡学園の守備陣背後に仕掛け、9分で同点に追いついた。守備に追われる展開の続く静岡学園は、MF西谷、清水に代えてMF矢田、FW新藤を投入したが、清水桜が丘の勢いを止めることができない。攻勢に出る清水桜が丘は、15分に獲得したPKを古長谷が落ち着いて決めると、21分にはペナルティエリア付近のFKをMF野牧が直接決めて試合を決定づけた。前半の沈黙から一転して攻勢に出た清水桜が丘は、大会を通してスタメンをほぼ固定して闘い続けた。疲労がピークに達する中、最後まで走り切り、大会連覇を飾った。

戦評　鷲巣延圭（科学技術高校）

総評

　第66回東海高等学校総合体育大会サッカー競技は6月22日(土)～23日(日)の2日間、男子は清水ナショナルトレーニングセンター、女子は藤枝市民グラウンドサッカー場・藤枝総合公園陸上競技場で開催された。男子は各県総体を勝ち抜いた上位2チームがトーナメント方式で、女子は各県総体を勝ち抜いた4チームが全国総体の出場枠の上位2チームを決めるリーグ戦方式で実施された。

　男子の部は全国総体の予選ではないため、各チームがそれぞれのチーム事情で大会に臨んでいた。ただ大会の主な様相として選手層を厚くし、チームのベースを底上げするための姿勢で臨むチームが多く見受けられた。それでも勝負にこだわり白熱した戦いが繰り広げられた。結果、ベスト4は両カードとも静岡vs.岐阜の対戦となり、すべてプリンスリーグ東海所属のチームであった。決勝は静岡決戦となり戦評にもある通り白熱した戦いの末、清水桜が丘が2年連続の優勝を飾った。2日目はダブルヘッダーという過酷な日程であったが、天候が曇りベースだったため選手にとっては幸いだった。

　女子の部は、地元の藤枝順心が盤石の戦いで優勝し全国総体への出場を決めた。2位争いは昨年とは違うフレッシュなチームも加わった争いになったが、帝京大可児が2位となり男子とともに全国総体出場を決めた。

　最後に、大会開催にあたりご尽力いただいた、東海・静岡県高体連サッカー専門部の先生方、審判員の方々、補助役員の生徒諸君すべてに感謝し、総評としたい。

総評　大川晃広（清水西高校）

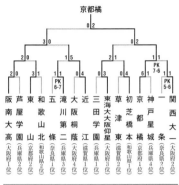

京都橘

阪南大学高 （大阪府1位）	芦屋学園 （兵庫県2位）	東和 （京都府2位）	和歌山北 （和歌山県）	五條 （奈良県1位）	滝川第二 （兵庫県1位）	大阪桐蔭 （大阪府3位）
近江 （滋賀県1位）	三田学園 （兵庫県3位）	東海大大阪仰星 （大阪府2位）	草津東 （滋賀県2位）	初芝橋本 （和歌山県1位）	神戸市立城 （兵庫県3位）	一条 （奈良県2位）	関西大一（大阪府2位）

決勝

6月17日（月） 三木総合防災公園陸上競技場（晴）
（主）足立正輝　（副）梶原彰一、浦元雄一郎

阪南大高　0（0-1 / 0-1）2　京都橘
★（大阪府1位）　　　　　　　　　（京都府1位）

得	S	学		背		背		学	S	得
0	0	③中　本		1	GK	1	松田	③	0	0
0	0	③北　村		4	DF	2	松本	③	0	0
0	1	②脇　田		2		6	（田中）	③	0	0
0	2	③桑波田		6		3	藤橋	③	0	0
0	0	❸高　木		19		4	渋谷	③	1	0
0	0	②菅　田		20		14	木下	③	1	0
0	0	②（大川）		14		11	（梅津）	③	0	0
						16	鈴木	③	0	0
0	1	③窪　田		10	MF	5	志知	③	0	0
0	0	③松　野		11		7	佐藤	❸	2	0
0	2	③中　村		13		13	久保	③	1	0
						9	（梅村）	③	1	0
						15	旭奈	③	3	2
						8	（湊）	③	0	0
0	2	③篠　畑		9	FW	17	古川	③	1	0
0	0	③米　澤		23		10	（髙木）	③	1	0
0	2	②（清水）		18						
0	10			6	GK	7			11	2
				3	CK	3				
				14	FK	9				
				0	PK	0				

【得点経過】
前半35+1分〔京〕久保→（相手FP）×旭奈S
後半17分〔京〕木下〜→旭奈S

決勝 戦評

効果的なゴールで試合を進めた京都橘

　阪南大高1-4-1-4-1、京都橘1-4-4-2でスタート。阪南大高はDFラインで安定したポゼッションを行い、MF中村、松野、FW米澤が相手守備ブロックのギャップに入りボールを保持する。両ワイドMF窪田、DF桑波田が幅をとりながらFW篠畑とともにタイミングよく抜け出し、精度の高いロングボールからチャンスを多く作る。対する京都橘は主導権は握られつつも、自陣ゴール前で粘り強く守り、時間の経過とともにボール奪取のエリアを高くすることに成功し、MF久保、DF木下が連動して動き出しチャンスを作る。前半終了間際、相手陣内でボールを奪うと、久保とMF旭奈が関わり先制する。後半に入ると阪南大高は1-4-2-3-1に変更しサイド攻撃から反撃に出る。しかし京都橘の組織的で連動した守備を崩せない。すると京都橘は17分、ショートカウンターから左サイドを破り、精度の高いグラウンダーのクロスを旭奈が合わせ追加点を挙げる。阪南大高も中村のミドルシュートやサイド攻撃から京都橘ゴールに迫り続けるが試合終了。3日で4ゲームというハードな日程の中、京都橘の最後まで集中した組織的な守備や、それを崩すべく阪南大高の多彩な攻撃は、近畿大会決勝に相応しい好ゲームであった。

戦評　芝切淳（伊丹高校）
　　　上野大樹（芦屋高校）

総評

　第72回近畿高等学校サッカー選手権大会は、6月15日（土）〜17日（月）の3日間の日程で兵庫県の三木総合防災公園内の4会場で開催された。大会初日は未明から強風が吹き、時折強い雨が降るという荒天の中で男子1回戦が始まった。15時からの女子1回戦はキックオフ早々、豪雨雷鳴により大会本部の判断で試合中断、その後中止順延とし、大会日程をスライドさせた。そして女子の決勝を19日（水）に実施することになった。このようなアクシデントはあったが、心配していたほど高温になることもなく、この時期としては比較的涼しい環境のもと大会を実施することができた。

　初日の男子1回戦は、大阪府3校、京都府2校、滋賀県、和歌山県、兵庫県から各1校が勝ち上がった。2日目の男子準決勝に勝ち上がったチームの中で、近江が強さを見せた。先制点を奪われたが慌てることなく、前線の選手がポジションを入れ替えながらボールを保持し、丁寧にパスを繋ぎ相手の守備ブロックを崩して得点を重ね逆転勝ちを収めた。また、前線からの早いプレスと強度の高い安定した守備から2トップを起点にゴールを目指す組織的なサッカーを展開した東海大大阪仰星が印象に残った。準決勝は各チームとも一日2試合の連戦の中、層の厚さなどチーム力が問われる試合であったが、互いの持ち味を出しきり、点差ほど力の差を感じさせない、非常に力の拮抗した強度の高いタフでスピーディな試合であった。

　3日目の男子決勝は、ピッチを広く使い精度の高いロングボールで主導権を握る阪南大高に対し、組織的で連動した守備からボールを奪いリズム良くボールを回し相手ゴールに迫る京都橘が次第に主導権を握り、前後半に効果的に1点ずつ奪い、最後まで集中力を切らすことなく阪南大高の反撃をかわし、5年ぶり2回目の優勝を飾った。

　女子は今年度も各府県予選1位の計6チームが参加し、インターハイの出場権2枠を争った。1回戦を勝ち抜いた京都精華と八幡商は2回戦で日ノ本学園と大商学園の2強に挑むも両チームの牙城を崩すことはできなかった。決勝は一進一退の攻防の中、日ノ本学園が効果的に得点を奪い大会4連覇を果たした。日ノ本学園の試合運びの上手さと勝負強さが際立った試合であった。

　最後に本大会を開催するにあたり、ご尽力いただいた関係者の皆様に深く感謝を申し上げ、大会の総評とさせていただきます。

総評　田村孝次（姫路高校）

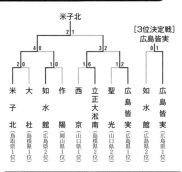

[3位決定戦]
広島皆実 0-1

| 米子北（鳥取県1位） | 大社（島根県1位） | 如水館（広島県2位） | 作陽（岡山県1位） | 西京（山口県1位） | 立正大淞南（島根県2位） | 聖光（広島県2位） | 広島皆実（広島県1位） | 如水館（山口県2位） | 広島皆実（広島県1位） |

決勝

6月17日（月）　広島広域公園補助競技場（晴）
（主）古好飛翔　（副）豊田俊弘、福澤彦明

米子北 2（1-1／1-0）1 立正大淞南
（鳥取県1位）　　　　　　　（島根県2位）★

得	S	学		背		背		学	S	得
0	0	③	岩田	1	GK	20	豊田	③	0	0
0	0	③	(岡)	17						
0	0	❸	田中	2	DF	3	山田(和)	②	0	0
0	1	③	高橋	4		4	北出	②	0	0
0	0	③	為本	5		21	澤田	③	0	0
0	1	③	岡田	15		29	大迫	③	0	0
0	0	③	荒川	15						
0	2	②	崎山	7	MF	18	野口	③	0	0
0	0		(榎本)	13		10	(三原)	①	1	0
0	0	①	(鈴木)	29		22	山田(真)	③	2	1
0	0	③	後藤	8		27	片淵	③	1	0
0	0	②	(横山)	3		12	(楠)	③	0	0
1	4	③	原田	11		28	織田	③	0	0
0	0		(野嶋)	12		13	(高村)	③	0	0
0	1	②	林	25						
1	3	③	植田	9	FW	23	伴木	③	0	0
						24	石橋	❸	1	0
						17	(中村)	③	0	0
2	12			7	GK	11			5	1
				3	CK	0				
				13	FK	14				
				0	PK	0				

【得点経過】
前半11分〔米〕林→岡田→植田S
〃 14分〔立〕FK山田(真)S
後半8分〔米〕TI→植田〜→林→原田S

決勝 戦評

後半突き放した米子北、中国大会初優勝

　米子北、立正大淞南ともに1-4-4-2のシステムで、立ち上がりから両チームともに、2トップの積極的な動き出しに対してシンプルにボールを送り、中盤の素早いサポートからスピーディに

ゴールへ向かう。守備では素早い攻守の切り替えからアグレッシブに前線からプレスをかけて、縦に速い攻撃を防ごうとする。目まぐるしく攻守が入れ替わる中、前半11分に米子北のFW植田がロングボールにタイミングよく抜け出し先制する。しかし、立正大淞南も失点直後の攻撃で得た直接FKをMF山田(真)が決めて、すぐさま試合を振り出しに戻す。時間が経過するにつれ、徐々に前線と最終ラインとの距離が遠くなり、間延びしたスペースで拾ったボールから素早くゴールを目指す展開が続くも、お互いに決定機を作ることができず前半が終了。後半に入っても、両チームともに早いタイミングで相手の背後を目指すが、長身CBのいる米子北が空中戦で強さを発揮しはじめ、流れを引き寄せる。8分には、米子北MF原田がゴール前中央へのスルーパスに反応し再びリードすると、豊富な運動量でセカンドボールの回収率を高め、個人の仕掛けなどからシュートまでもっていく場面を増やす。流れを変えたい立正大淞南は、シンプルなロングボールだけでなく、山田(真)を中心にボールを動かしながら相手ゴールへ迫ろうとするも、米子北の守備に囲まれてしまい思うような攻撃ができない。そのまま1点差を守り切った米子北が中国大会初優勝を飾った。立正大淞南は前への推進力とともに、複数の選手による豊富な運動量を活かした粘り強いサッカーで、今後も活躍してほしい。

戦評　甲田大二（広島工業高校）

総評

　令和元年度第66回中国高等学校サッカー選手権大会が、6月15日（土）〜17日（月）の3日間、コカ・コーラ ボトラーズジャパン広島スタジアムをはじめとする広島市内5会場で開催された。今大会より女子の日程も男子と同じ3日間開催となった。

　女子は各県1チームの計5チームが出場し、インターハイの出場権をかけて熱戦を繰り広げた。プレイヤーズファーストの観点から、今大会より大会期間が3日間となったため、一日2試合という悪条件が解消され、インターハイをかけた試合がより好条件の中で行われるようになった。決勝では岡山県代表の作陽が広島県代表の広島文教大附を3-0で破り、7年連続7回目のインターハイ出場を決めた。年々女子のレベルも上がってきているが、中国地域としてはまだまだ地域によって差があり、普及活動にも力を入れていく必要がある。

　男子は、各県の総体優勝校（計5校）に、開催県（広島県）、中国新人大会の優勝県（島根県）、準優勝県（山口県）からそれぞれ1校（計3校）を加えた8チームが大会に参加した。どのチームも各々のスタイルやストロングポイントが明確になっており、チームとしてトライしていることがよくわかるゲーム内容だった。しかし、勝敗を決めるゴール前の攻防において、個人で違いを見せられる選手の育成に取り組んでいく必要があるのではないだろうか。本大会でも決勝に進んだ米子北、立正大淞南の両チームには、ドリブルやヘディングなど厳しいプレッシャーの中でも自分の長所を発揮できる選手がいた。中国地域のさらなるレベルアップのためには、チーム戦術を徹底するだけでなく、高いレベルでも個人で打開できる選手を育成していきたい。また、自分たちのスタイルをやり続ける強さに加えて、相手の戦術や試合の流れに応じた判断なども必要になってきているのではないだろうか。

　最後に本大会を開催するにあたりご尽力いただいた中国高体連、広島県高体連サッカー専門部、審判部の皆様、準備・運営にご協力いただいた各校サッカー部顧問、補助員の生徒諸君に深くお礼を申し上げ、総評としたい。

総評　甲田大二（広島工業高校）

6月15日〜17日
於・愛媛県総合運動公園陸上競技場ほか

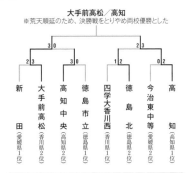

大手前高松／高知
※荒天順延のため、決勝戦をとりやめ両校優勝とした

	新 田（愛媛県1位）	大手前高松（香川県2位）	高知中央（高知県2位）	徳島市立（徳島県2位）	四学大香川西（香川県1位）	徳 島（徳島県1位）	今治東中等（愛媛県2位）	高 知（高知県1位）

（準決勝 2-3 / 3-0 / 3-0 / 2-3 / 1-2 / 0-2）

準決勝

6月17日（月）　愛媛県総合運動公園（晴）
（主）藤田優　（副）永井康朗、横田幸治

大手前高松 3（1-0 / 2-0）0 高知中央
★（香川県2位）　　　　　　　　（高知県2位）

得	S	学		背		背		学	S	得
0	0	②	三 谷	1	GK	1	杉 浦	③	0	0
0	0	③	(佐藤)	12						
0	0	③	八十嶋	3	DF	4	室 屋	③	0	0
0	1	③	亀 山	4		5	三 山	③	0	0
0	1	③	丸 山	5		17	森 岡	②	0	0
0	0	②	岩 部	13		2	(植田)	③	0	0
0	0	③	福 家	6	MF	3	下 吉	①	0	0
0	0	③	滝 平	8		12	(松木)	①	0	0
1	1	③	木 村	9		6	小 松	③	0	0
0	1	③	富 田	15		9	(西田)	③	0	0
0	0	②	(平田)	7		8	津久井	③	0	0
						16	オタボー	②	1	0
1	4	❸	片 上	10	FW	10	オニエ	③	2	0
0	0	②	(松田)	14		11	西 出	③	0	0
0	1	③	大 野	17		14	中 越	③	0	0
1	2	③	(谷本)	11						
3	11			3	GK	6			3	0
				1	CK	0				
				5	FK	11				
				0	PK	0				

【得点経過】
前半25分〔大〕滝平→木村→片上S
後半19分〔大〕×木村HS
〃30分〔大〕谷本S

準決勝

6月17日（月）　愛媛県総合運動公園（晴）
（主）網矢守　（副）大竹博久、藤田充基

徳 島 北 2（0-2 / 2-1）3 高 知
★（徳島県2位）　　　　　　　　（高知県1位）

得	S	学		背		背		学	S	得
0	0	③	住 友	1	GK	1	森	③	0	0
0	0	②	大 平	2	DF	2	畠 中	③	0	0
0	0	②	東 條	3		3	松 岡	③	0	0
0	0	❸	野 田	4		4	林	❸	1	1
0	0	③	相 原	5		6	壬 生	③	1	0
2	2	②	(玉木)	14						
0	0	③	藤 井	6	MF	5	小 黒	③	0	0
0	0	③	森	7		7	西 森	③	1	0
0	0	①	(浦屋)	17		8	吉 尾	③	2	0
0	1	③	前 田	8		10	野 島	③	2	2
0	1	②	豊 田	9		15	(伊富貴)	③	0	0
						11	都 築	③	1	0
0	0	③	渡 辺	10	FW	9	楠 瀬	②	0	0
0	0	③	(津川)	13		13	(松本)	③	0	0
0	2	③	中 村	11						
2	6			9	GK	6			8	3
				2	CK	1				
				6	FK	7				
				0	PK	1				

【得点経過】
前半22分〔高〕PK野島
〃31分〔高〕野島S
後半27分〔高〕CK吉尾→林S
〃31分〔徳〕豊田→玉木S
〃35+4分〔徳〕玉木〜S
▼警告
〔徳〕東條
〔高〕楠瀬

総評

男子第68回、女子第7回四国高等学校サッカー選手権大会は、令和元年のインターハイ予選を四国各県で実施し、そのうち上位各2校が代表として出場。愛媛県では4年ぶりに実施した。

大会前に会場として準備していた県球技場の状態が悪く、急遽女子の会場を変更して実施することとした。

大会1日目に男子会場で雷雨となり、安全上の理由から日程を縮小することを決定した。大会日程から考えると妥当な決断だと思う。

大会2日目からは天気も回復し、次のゲームまでの時間を24時間近く空けることとし、健康面への配慮ができ、大きな怪我などなく、ゲームクオリティを下げることもなかった。

気温も湿度も非常に良い状態で、選手のコンディションは万全の中で実施できた。

大会成績は大手前高松と高知が準決勝を勝ち、両校が優勝を飾った。

女子は鳴門渦潮が優勝し、インターハイへの出場権を摑んだ。

毎年関心の高いサッカーは、どの会場も観戦される方が多い。駐車場の確保が必要であるが、大会会場によっては満車となり一般道に迷惑をかけることもあった。しかし、今回は県内でも駐車スペースの大きな県競技場を会場地にすることで十分対応できた。

一方で、試合開始時間を工夫して宿泊を必要としないようにしているが、選手のコンディションなど検証が必要かもしれない。

今年度は天候に影響を受けた。梅雨という天候不順な時期の開催は、日程変更などの不安定さが常に心配事としてある。

今大会も出場チームの協力と理解、運営に関わっていただいた教職員の協力、保護者のみなさん、一般の観戦の方々の素晴らしいマナーによって無事大会を終えることができ、感謝いたします。

総評　藤本賢二（小松高校）

九州大会

6月15日～17日
於・鳥栖市陸上競技場ほか

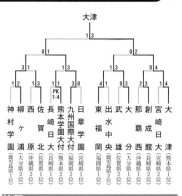

トーナメント表

```
                        大津
                        1 3
              0 1              0 2
         3 1      1 3      0 3      0 4
      1 2   1 3  PK  3 0  4 1   0 3  2 3   1 4
                  1-4
     神  柳  西  佐  長  熊  日  東  出  武  那  創  宮  大
     村  ヶ  南  賀  崎  本  章  海  水  雄  覇  成  崎  津
     学  浦  部      日  学  学  福  中      分  館  日
     園                  大  園  岡  央                  大
     北                  付
    (鹿  (大  (沖  (佐  (長  (熊  (宮  (福  (沖  (長  (大  (佐  (宮  (熊
     児  分  縄  賀  崎  本  崎  岡  縄  崎  分  賀  崎  本
     島  県  県  県  県  県  県  県  県  県  県  県  県  県
     県  1  2  2  2  1  1  1  1  1  2  1  2  1
     1  位)  位)  位)  位)  位)  位)  位)  位)  位)  位)  位)  位)  位)
     位)
```

決勝

6月17日（月）　　　　　　　鳥栖市陸上競技場（晴）
（主）金丸拓哉　（副）西村俊策、小森透匡

九州国際大付 1 (0-3 / 1-0) 3 **大津**
（福岡県2位）　　　　　　　　（熊本県1位）★

得	S	学		背		背		学	S	得
0	0	② 立石	1	GK	1	福山 ❸			0	0
0	1	❸ 稗田	2	DF	2	本多 ②			1	1
0	0	③ 宮本	3		4	金子 ②			1	0
0	4	③ 花田 (晃)	4		13	野田 ③			0	0
0	2	③ 花田	5							
0	0	③ 阿比留	6	MF	6	佐藤 ③			1	0
0	0	③ 尾木	7		18	(寺岡) ①			0	0
0	0	③ (米山)	10		7	樋口 ③			1	0
0	0	③ (宇野)	20		8	藤井 ②			0	0
0	0	③ 髙月	8		19	(大島) ③			0	0
0	1	③ 森永	14			森田 ③			0	0
					10	(濃野) ③			0	0
					15	時松 ③			0	0
1	1	③ 吉田 (直)	9	FW	9	半代 ②			1	1
0	3	③ 坂下	11		11	宮原 ②			1	1
					17	(野口) ③			0	0
1	12		5	GK	13				6	3
			8	CK	5					
			8	FK	12					
			0	PK	1					

【得点経過】
前半21分〔大〕野田→半代S
〃 33分〔大〕PK宮原S
〃 35分〔大〕佐藤→本多S
後半10分〔九〕CK稗田→吉田(晃)HS×吉田(直)S

▼警告
〔九〕髙月

決勝 戦評

前半からのリードを守り
大津が13年ぶり優勝

　ともに1-4-4-2のシステムで、立ち上がりからDFラインを高く保ちながら全体をコンパクトにし、早いプレスをかけて主導権争いをした。先に主導権を握ったのは九州国際大付。球際の強さでボールを奪い、ピッチを幅広く使いながら大津のサイドを突破し、チャンスを多く作った。一方、大津は、粘り強い守備で相手の攻撃を防ぐと、徐々に2ボランチにボールが入ることが多くなる。すると前半21分に九州国際大付のDFラインの背後にFW半代がうまく抜け出しGKの頭上を越す技ありのゴールで先制する。同点を狙い前に出る九州国際大付であったが、逆にPKとセットプレーから立て続けに失点する。後半、九州国際大付は長身のDF吉田（晃）を前線に上げロングボールを集めて得点を狙う。すると10分、CKからの混戦をFW吉田（直）が押し込み1点を返す。その後も長身のMF宇野を投入し、パワープレーからのセカンドボールをMF森永が拾って、厚みのある攻撃を次々と仕掛けチャンスを作るが、最後までGK福山を中心とした大津の守備陣がゴールを許さず、優勝を手にした。

戦評　三浦一輝（鳥栖工業高校）

総評

　新たな時代、令和になって初の男子第71回、女子第8回全九州高等学校サッカー競技大会が、佐賀県総合運動場球技場（人工芝2面）、佐賀市健康運動センターサッカー・ラグビー場（天然芝1面、人工芝1面）、鳥栖市陸上競技場（天然芝）、嬉野総合運動公園みゆき球技場（人工芝）にて3日間の日程で開催された。

　女子の部では、各県1位チームが出場し、九州大会上位2チームに与えられるインターハイ出場権をかけて熱戦が繰り広げられた。決勝戦は前回大会王者の東海大福岡を初戦で破り2年ぶり2回目の優勝を狙う柳ヶ浦（大分県）と3年ぶり5回目の優勝を狙う強豪神村学園（鹿児島県）の対戦となった。両チームとも後半に1点ずつを取り合い延長戦でも決着がつかずPK方式の末、神村学園が優勝した。

　男子の部では、各県代表の上位2チームが出場し、トーナメント戦が行われた。前回大会準優勝の日章学園に1回戦で3-0の勝利をおさめた九州国際大付（福岡県2位）が勢いに乗り決勝に進み、逆パートでは前回大会王者の東福岡（福岡県1位）に2回戦で勝利した大分（大分県1位）を準決勝で破った大津（熊本県1位）が決勝に駒を進めた。決勝戦は、前半に3点を奪った大津が九州国際大付のその後の追撃を抑え、13年ぶり3回目の優勝で閉幕した。

　どのチームも特徴、持ち味を発揮しながら、スピーディでタフな試合展開が多く見られた。2日目の準決勝では一日2試合のレギュレーションということもあり、選手層の厚さ、ボール支配率の高さ、フィジカル的な強さを活かし試合を優位に進めた、プレミア・プリンスリーグでしのぎを削っている2チームが決勝戦へと進んだ。

　一方で惜しくも総体出場を逃したチームや各FAリーグでしのぎを削っているチームも、強豪校に互角以上の戦いを見せるなど九州各県のレベルの高さ、指導者の熱意を感じさせてくれた。

　女子の部では総体出場権がかかっていることもあり拮抗したタフなゲームが多く、年々ハイレベルな戦いになってきている。こちらも九州のレベルの高さと指導者の熱意を感じさせてくれた。

　最後に、今大会の開催に御尽力いただいた佐賀県高体連サッカー専門部を中心とした役員・関係者、審判委員会の方々、補助員として派遣いただいた高校生を含む関係者の皆様に心より感謝申し上げ、総評と致します。

総評　三浦一輝（鳥栖工業高校）

加 盟 校

●校名	●郵便番号	●所在地	●電話

北 海 道

札幌工業　060-0820　札幌市北区北20条
西13　011(727)3341
札幌西　064-8624　札幌市中央区宮の森
4条8−1　011(611)4401
札幌南　064-8611　札幌市中央区南18条
西6　011(521)2311
市立札幌清田　004-8503　札幌市清田区
北野3条4−6−1　011(882)1811
市立札幌旭丘　064-8535　札幌市中央区
旭ヶ丘5−6−18　011(561)1221
函札幌龍谷学園　060-0004　札幌市中央
区北4条西19−1−2　011(631)4386
札幌北　001-0025　札幌市北区北25条西
11　011(736)3191
札幌北陵　002-0857　札幌市北区屯田7
条8−5−1　011(772)3051
市立札幌新川　001-0925　札幌市北区新
川5条14−1−1　011(761)6111
札幌国際情報　001-0930　札幌市北区新
川717−1　011(727)6121
札幌英藍　002-8053　札幌市北区篠路町
篠路372−67　011(771)2004
函札幌創成　001-8501　札幌市北区北29
条西2−1−1　011(726)1578
札幌手稲　006-0829　札幌市手稲区手稲
前田497−2　011(683)3311
札幌西陵　063-0023　札幌市西区平和3
条4−2−1　011(663)7121
札幌あすかぜ　006-0860　札幌市手稲区
手稲山口254　011(694)5033
札幌稲雲　006-0026　札幌市手稲区稲穂
本町6条4−1−1　011(684)0034
函札幌山の手　063-0002　札幌市西区山
の手2条8−5−1−2　011(611)7301
市立札幌藻岩　005-0803　札幌市南区川
沿3条2−1−1　011(571)7811
函北海道文教大学明清　005-0840　札幌
市南区藤野400　011(591)8858
札幌丘珠　007-0881　札幌市東区北丘珠
1条2−589−1　011(782)8370
札幌東陵　007-8585　札幌市東区東苗穂
10条1−2−21　011(791)5055
札幌東豊　007-0820　札幌市東区東雁来
町376−1　011(791)4171
札幌琴似工業　063-0833　札幌市西区発
寒13条11−3−1　011(661)3251
札幌啓成　004-0004　札幌市厚別区厚別
東4条8−1−1　011(898)2311
札幌東　003-0809　札幌市白石区菊水9
条3　011(811)1919
札幌白石　003-0859　札幌市白石区東札
2261　011(872)2071
札幌厚別　004-0069　札幌市厚別区厚別
町山本750−15　011(892)7661
札幌月寒　062-0051　札幌市豊平区月寒
東1−3−1　011(851)3111
札幌平岡　004-0874　札幌市清田区平岡
4条6−13−1　011(882)8212
市立札幌平岸　062-0935　札幌市豊平区
平岸5条18−1−2　011(812)2010
函北嶺　004-0839　札幌市清田区真栄448
−1　011(883)4651
札幌南陵　061-2292　札幌市南区藤野5
条10−1−1　011(591)2101
札幌新陽　005-0005　札幌市南区澄川
5条7−1　011(821)6161
市立札幌啓北商業　005-0841　札幌市南
区石山1条2−15−1
　011(591)2021
函立命館慶祥　069-0832　江別市西野幌
640−1　011(381)8888
函東海大学付属札幌　005-8602　札幌市
南区南沢5条1−1−1
　011(571)5175
函札幌光星　065-0013　札幌市東区北13
条東9−1−1　011(711)7161
函札幌北斗　065-0015　札幌市東区北15
条東2　011(711)6121
函北星学園大学附属　004-0007　札幌市
厚別区厚別町下野幌38
　011(897)2881
函北海　062-8601　札幌市豊平区旭丘4

−1−41　011(841)1161
函北海学園札幌　062-8603　札幌市豊平
区旭町4−1−42　011(841)1161
函北海道科学大学　062-0922　札幌市豊
平区中の島2条6−2−3
　011(821)0173
函希望学園札幌第一　062-0021　札幌市
豊平区月寒西1条9−10−15
　011(851)9361
函札幌大谷　065-0016　札幌市東区北16
条東9　011(731)2451
石狩翔陽　061-3248　石狩市花川東128−
31　0133(74)5772
石狩南　061-3208　石狩市花川南8−5−
1　0133(73)4181
江別　067-8564　江別市上江別444−1
　011(382)2173
野幌　069-0805　江別市元野幌740
　011(382)3477
大麻　069-0847　江別市大麻ひかり町2
　011(387)1661
函とわの森三愛　069-8533　江別市文京
台緑町569　011(386)3111
当別　061-0296　石狩郡当別町春日町84−
4　0133(23)2444
札幌白陵　003-0876　札幌市白石区東米
里2062−10　011(871)5500
市立札幌開成中等教育　065-8558　札幌
市東区北22条東21−1−1
　011(788)6987
函札幌静修　064-0916　札幌市中央区南
16条西6−2−1　011(521)0234
函館工業　041-0844　函館市川原町5−
13　0138(51)2271
函館西　040-0054　函館市元町7−17
　0138(23)8415
函館中部　040-0012　函館市時任町11−
3　0138(52)0303
市立函館　040-0002　函館市柳町11−1
　0138(51)4475
函館商業　041-0812　函館市昭和1−17
−1　0138(41)4248
函館稜北　041-0802　函館市石川町181−
8　0138(46)6235
函函館大学付属有斗　042-8588　函館市
湯川町2−43−1　0138(57)1381
函函館大谷　041-0852　函館市鍛治1−
2−3　0138(52)1834
函函館ラ・サール　041-8765　函館市日吉
町1−12−1　0138(52)0365
函函館大学付属柏稜　042-0942　函館市
柏木町1−34　0138(51)1481
江差　043-0022　檜山郡江差町字伏木戸
町460−1　0139(51)6224
上磯　049-0156　北斗市中野通3−6−1
　0138(73)2304
檜山北　049-4433　久遠郡せたな町北檜
山区丹羽360　0137(84)5331
七飯　041-1112　亀田郡七飯町字鳴川5−
13−1　0138(65)5093
森　049-2394　茅部郡森町字上台町326−
48　01374(2)2059
函館水産　049-0111　北斗市七重浜2−
13−1　0138(49)2411
知内　049-1103　上磯郡知内町字重内984
　01392(5)5071
大野農業　041-1231　北斗市向野2−26
−1　0138(77)8800
国函館高専　042-8501　函館市戸倉町14
−1　0138(59)6300
旭川東　070-0036　旭川市6条通11
　0166(23)2855
旭川西　070-0815　旭川市川端町5条9−
1−8　0166(52)1215
旭川北　070-0901　旭川市花咲町3
　0166(51)4620
旭川永嶺　079-8508　旭川市東旭川町3−
102　0166(47)6006
旭川工業　078-8804　旭川市緑が丘東1条
1−1−1　0166(65)4115
旭川農業　079-8431　旭川市永山6条
−153　0166(48)2887
旭川商業　070-0063　旭川市曙1条3
　0166(22)3556
恵庭北　061-1375　恵庭市南島松359−1

　0123(36)8111
恵庭南　061-1412　恵庭市白樺町4−1−
1　0123(32)2391
北広島　061-1112　北広島市共栄305−3
　011(372)2281
北広島西　061-1102　北広島市西の里東3
−3−3　011(375)2771
函札幌日本大学　061-1103　北広島市虹ヶ
丘5−7−1　011(375)3305
岩見沢東　068-0826　岩見沢市東山8−1
−1　0126(22)0175
岩見沢西　068-0818　岩見沢市並木町30
　0126(22)0071
岩見沢農業　068-0818　岩見沢市並木町
1−5　0126(22)0130
岩見沢緑陵　068-0835　岩見沢市緑ケ丘
74−2　0126(22)1851
栗山　069-1522　夕張郡栗山町中里64−
18　0123(72)1073
長沼　069-1343　夕張郡長沼町旭町南2
−11−1　0123(88)2512
滝川　073-0023　滝川市緑町4−5−77
　0125(23)1114
滝川工業　073-0006　滝川市二の坂町西
1−1−5　0125(22)1601
市立滝川西　073-0044　滝川市西町6−3
−1　0125(24)7341
深川西　074-0012　深川市西町7−31
　0164(22)2263
砂川　073-0122　砂川市吉野2条南4−1
−1　0125(52)3168
稚内　097-0017　稚内市栄1−4−1
　0162(33)4154
函稚内大谷　097-0012　稚内市富岡1−1
−1　0162(32)2660
士別翔雲　095-0006　士別市東6条北6−
24　0165(23)2914
名寄　096-0071　名寄市字徳田204−1
　01654(3)6842
名寄産業　096-0035　名寄市西5条北5−
1　01654(2)3067
剣淵　098-0323　上川郡剣淵町仲町22−
1　01656(2)1681
美深　098-2252　中川郡美深町字西町40
　01656(2)1681
枝幸　098-5822　枝幸郡枝幸町字幸町529
−2　0163(62)1169
利尻　097-0401　利尻郡利尻富士町字神
居189−1　0163(84)2215
帯広農業　080-0834　帯広市稲田町西2
線9　0155(48)2102
帯広柏葉　080-8503　帯広市東5条南1−
1　0155(23)5897
帯広三条　080-2473　帯広市西23条南2
−12　0155(37)5501
帯広緑陽　080-0861　帯広市南の森東2
−1−1　0155(48)6605
帯広工業　080-0872　帯広市清流西2−
1−1　0155(48)5650
函白樺学園　082-0082　河西郡芽室町北
伏古東7線10−1　0155(62)7411
函帯広北　080-0833　帯広市稲田町基線
8−2　0155(47)0121
函帯広大谷　080-2469　帯広市西19条南
4−35−1　0155(33)5811
音更　080-0574　河東郡音更町駒場西1
番地　0155(44)2201
芽室　082-0801　河東郡芽室町東めむろ3
条北1−6　0155(62)2624
池田　083-0003　中川郡池田町字清見ヶ丘
13　0155(72)2663
函江陵　089-0571　中川郡幕別町字依田
101　0155(56)5105
広尾　089-2637　広尾郡広尾町並木通東
1−10　01558(2)2198
鹿追　081-0213　河東郡鹿追町西町1−8
　0156(66)3011
帯広南商業　080-2471　帯広市西21条南
5−36−1　0155(34)5852
清水　089-0123　上川郡清水町北2条西2
−1　0156(62)2156
足寄　089-3732　足寄郡足寄町里見が丘5
−11　0156(25)2269
士幌　080-1275　河東郡士幌町字上音更

●校名	●郵便番号	●所在地	●電話
		21—15	01564(54)3121
更別農業	089-1542	河西郡更別村字更別基線95	0155(52)2362
上士幌	080-1408	河東郡上士幌町字上士幌東1線227	01564(2)2549
大樹	089-2155	広尾郡大樹町緑町1	01558(6)2063
幕別清陵	089-0571	中川郡幕別町依田101—1	0155(55)6500
北見北斗	090-0035	北見市北斗町1—1—11	0157(24)3195
北見柏陽	090-8533	北見市柏陽町567	0157(24)5107
北見緑陵	090-8558	北見市大正255	0157(36)4536
北見工業	099-0878	北見市東相内町602	0157(36)5524
網走桂陽	093-0084	網走市台町2—2—1	0152(43)2930
網走南ケ丘	093-0031	網走市台町2—13—1	0152(43)2353
佐呂間	093-0505	常呂郡佐呂間町字北311	01587(2)3653
紋別	094-8643	紋別市南が丘町6—3—47	0158(23)6848
遠軽	099-0414	紋別郡遠軽町南町1	0158(42)2675
斜里	099-4116	斜里郡斜里町文光町5—1	0152(23)2145
美幌	092-0017	網走郡美幌町報徳94	0152(73)4136
北見商業	099-2198	北見市端野町3区583—1	0157(56)3566
津別	092-0225	網走郡津別町字共和32—2	0152(76)2316
興部	098-1604	紋別郡興部町字興部125—1	0158(82)2316
釧路北陽	085-0814	釧路市緑ケ岡1—11—8	0154(41)4401
釧路明輝	085-0057	釧路市愛国西1—38—7	0154(36)5001
圆武修館	085-0806	釧路市武佐5—1	0154(47)3211
釧路湖陵	085-0814	釧路市緑ケ丘3—1—31	0154(43)3131
釧路工業	085-0821	釧路市鶴ケ岱3—1	0154(41)1285
釧路江南	085-0051	釧路市光陽町24—17	0154(22)7987
圆釧路高専	084-0916	釧路市大楽毛西2—32—1	0154(57)8041
厚岸翔洋	088-1114	厚岸郡厚岸町湾月1—2	0153(52)3195
根室	087-0002	根室市牧の内146	0153(24)4675
中標津	086-1106	標津郡中標津町東6条南5—1	0153(72)2492
別海	086-0214	野付郡別海町別海緑町70—1	0153(75)2253
釧路東	088-0618	釧路郡釧路町富原3—1	0154(36)2750
町立中標津農業	088-2682	標津郡中標津町計根別南2条西1—1—1	0153(78)2053
羅臼	086-1834	目梨郡羅臼町礼文町9—3	0153(87)2481

青森県

●校名	●郵便番号	●所在地	●電話
青森	030-0945	青森市桜川8—1—2	017(742)2411
青森工業	039-3507	青森市馬屋尻字清水流204—1	017(737)3600
青森商業	030-0913	青森市東造道1—6—1	017(736)6116
青森北	038-0058	青森市羽白字富田80—7	017(788)2893
青森南	030-0852	青森市西大野2—12—40	017(739)3421
青森東	030-0921	青森市原別3—1—1	017(736)2440
青森西	038-0042	青森市新城字平岡266—20	017(788)0372
青森中央	030-0847	青森市東大野1—	
浪岡	038-1311	青森市浪岡大字浪岡字稲村101—2	0172(62)4051
圆青森山田	030-8520	青森市青葉3—13—40	017(739)2001
圆青森奥学園	030-0821	青森市勝田2—11—1	017(775)2121
弘前	036-8558	弘前市新寺町1—1	0172(32)0251
弘前工業	036-8585	弘前市馬屋町6—2	0172(32)6241
弘前実業	036-8155	弘前市中野3—6—10	0172(32)7151
弘前南	036-8247	弘前市大開4—1—1	0172(88)8233
弘前中央	036-8550	弘前市蔵主町7—1	0172(35)5000
圆東奥義塾	036-8124	弘前市石川字長者森61—1	0172(92)4111
圆弘前学院聖愛	036-8144	弘前市原ケ平字山元112—21	0172(87)1411
圆弘前東	036-8103	弘前市川先4—4	0172(27)6488
八戸	031-0021	八戸市長者4—4—1	0178(43)0916
八戸工業	031-0801	八戸市江陽1—2—27	0178(22)7348
八戸水産	031-0822	八戸市白銀町人形沢6—1	0178(33)0253
八戸北	031-0833	八戸市大久保町道8—3	0178(33)0810
八戸西	039-1101	八戸市尻内町内馬場頭14	0178(27)5365
八戸東	031-0001	八戸市類家1—4—1	0178(43)0262
圆八戸学院光星	031-8507	八戸市湊高台6—14—5	0178(33)4151
圆八戸工業大学第一	031-0822	八戸市白銀町右岩淵通7—10	0178(33)5121
圆八戸工業大学第二	031-8505	八戸市妙大平68	0178(25)4485
五所川原	037-0066	五所川原市中平井町3—3	0173(35)3073
五所川原農林	037 0093	五所川原市一野坪朝日田12—37	0173(37)2121
五所川原工業	037-0035	五所川原市湊船越192	0173(35)3444
圆五所川原第一	037-0044	五所川原市元町42	0173(34)2347
黒石	036-0388	黒石市西ケ丘65	0172(52)4321
黒石商業	036-0321	黒石市あけぼの町97—2	0172(52)3215
三本木	034-0085	十和田市西五番町7—1	0176(23)3151
三本木農業	034-8578	十和田市相坂高清水78—92	0176(23)5341
十和田工業	034-0001	十和田市三本木下平215—1	0176(23)6178
三沢商業	033-0053	三沢市春日台2—154	0176(53)2880
田名部	035-0054	むつ市海老川町6—18	0175(22)1184
大湊	035-0096	むつ市大湊大近川44—1	0175(24)1244
むつ工業	035-0082	むつ市文京町22—7	0175(24)2164
木造	038-3193	つがる市木造出来島73—2	0173(42)2066
柏木農業	036-0112	平川市荒柳字上駒田130	0172(44)3015
板柳	038-3642	北津軽郡板柳町太田字西上林46	0172(72)2166
圆八戸学院野辺地西	039-3156	上北郡野辺地町枇杷野51	0175(64)4166
七戸	039-2516	上北郡七戸町舘野47—31	0176(62)4111
百石	039-2223	上北郡おいらせ町苗平5—2	0178(52)2828
五戸	039-1569	三戸郡五戸町根岸6	0178(62)2828
名久井農業	039-0502	三戸郡南部町下名久井字諏訪平1	0178(76)2215
三沢	033-0037	三沢市松園町1—1—1	0176(53)2168
野辺地	039-3157	上北郡野辺地町松ノ木106—1	0175(64)2266
六ヶ所	039-3215	上北郡六ヶ所村倉内笹崎305	0175(74)2304
国八戸高専	039-1192	八戸市田面木字上野16—1	0178(27)7223
圆八戸聖ウルスラ学院	039-1104	八戸市田面木字上野53—2	0178(27)2245
圆青森明の星	030-0961	青森市浪打2—6—32	017(741)0121

岩手県

●校名	●郵便番号	●所在地	●電話
盛岡第一	020-8515	盛岡市上田3—2—1	019(623)4491
盛岡第三	020-0114	盛岡市高松4—17—16	019(661)1735
盛岡第四	020-0835	盛岡市津志田26—17—1	019(636)0742
盛岡北	020-0632	滝沢市牧野林298—1	019(687)2310
盛岡南	020-0833	盛岡市西見前20—113—1	019(638)9373
不来方	028-3615	紫波郡矢巾町南矢幅9—1—1	019(697)8247
盛岡農業	020-0605	滝沢市砂込1463	019(688)4211
盛岡商業	020-0866	盛岡市本宮2—35—1	019(636)1026
平舘	028-7405	八幡平市平舘25—6	0195(74)2610
盛岡市立	020-0053	盛岡市上太田上川原96	019(658)0491
圆岩手	020-0062	盛岡市長田町7—60	019(624)4445
圆江南義塾盛岡	020-0127	盛岡市前九年3—8—20	019(646)1866
圆盛岡誠桜	020-0114	盛岡市高松1—14	019(661)3633
圆盛岡大学附属	020-0124	盛岡市厨川5—4—1	019(641)1121
圆盛岡中央	020-0122	盛岡市みたけ4—26—1	019(641)0458
紫波総合	028-3305	紫波郡紫波町日詰朝日田1	019(672)3690
花巻北	025-0061	花巻市本館54	0198(23)4134
花巻南	025-0053	花巻市中北万丁目288—1	0198(24)4211
花北青雲	028-3172	花巻市石鳥谷町北寺林11—1825—1	0198(45)3731
圆花巻東	025-0066	花巻市松園町55—1	0198(41)1135
遠野	028-0525	遠野市六日町3—17	0198(62)2823
遠野緑峰	028-0541	遠野市松崎町白岩21—14—1	0198(62)2827
黒沢尻北	024-0012	北上市常盤台1—1—69	0197(63)4121
北上翔南	024-0051	北上市相去町高前檀13	0197(71)2123
圆専修大学北上	024-8508	北上市新穀町4—4—64	0197(63)2341
金ケ崎	029-4503	胆沢郡金ケ崎町西根荒巻43—1	0197(44)3141
水沢	023-0864	奥州市水沢区字龍ケ馬場5—1	0197(24)3151
水沢農業	023-0402	奥州市胆沢区小山笹森1	0197(47)0311
水沢工業	023-0003	奥州市水沢区佐倉河字羽田町下100—1	0197(24)5155
圆水沢第一	023-0875	奥州市水沢区字森下20—1	0197(35)2018
岩谷堂	023-1101	奥州市江刺区岩谷堂字根岸116	0197(35)2018
一関第一	021-0894	一関市磐井町9—1	0191(23)4311
一関第二	021-0041	一関市赤荻字野中23—1	0191(25)2242
一関工業	021-0902	一関市萩荘字釜ケ淵50	0191(24)2331
圆一関学院	021-0871	一関市八幡町5—24	0191(23)4240
千厩	029-0803	一関市千厩町千厩字石堂45—2	0191(53)2091
釜石	026-0055	釜石市甲子町10—614—1	0193(23)5317
釜石商工	026-0021	釜石市大平町3—2—1	0193(23)3029
大槌	028-1131	上閉伊郡大槌町大槌15—71—1	0193(42)3025
高田	022-0006	大船渡市立根町字堂ノ215—1	0192(26)5565
大船渡	022-0004	大船渡市猪川町長洞7—1	0192(26)4441
大船渡東	022-0006	大船渡市立根町冷清水1—1	0192(26)2380
山田	028-1361	下閉伊郡山田町織笠8—6—2	0193(82)2637
岩泉	027-0501	下閉伊郡岩泉町岩泉字松橋4	0194(22)2721
宮古	027-0052	宮古市宮町2—1—1	0193(62)1812
久慈	028-0033	久慈市畑田26—96	0194(55)2211
久慈東	028-0021	久慈市門前36—10	0194(53)4489
大野	028-8802	九戸郡洋野町大字大野58—12—55	0194(77)2125
葛巻	028-5402	岩手郡葛巻町葛巻5—178—1	0195(66)2253
福岡	028-6101	二戸市福岡上平10	0195(23)3385
福岡工業	028-6103	二戸市石切所大行塚2—1	0195(23)3315
沼宮内	028-4398	岩手郡岩手町大字五日市10—4	0195(62)2334
国一関高専	021-8511	一関市萩荘字高梨	0191(24)4700

秋田県

●校名	●郵便番号	●所在地	●電話
秋田	010-0851	秋田市手形字中台1	018(832)7200
秋田南	010-1437	秋田市仁井田緑町4—1	018(833)7431
秋田工業	010-0902	秋田市保戸野金砂町3—1	018(823)7326
新屋	010-1651	秋田市豊岩石田坂字鎌塚77—3	018(828)2611
市立秋田商業	010-1603	秋田市新屋勝平台1—1	018(823)4308
市立御所野学院	010-1413	秋田市御所野地蔵田4—1—1	018(889)9150
圆明桜	010-8525	秋田市下北手桜字守沢8—1	018(836)2471
国秋田高専	011-8511	秋田市飯島文京町1—1	018(847)6005
能代	016-0184	能代市高塙2—1	0185(54)2230
能代松陽	016-0851	能代市緑町4—7	0185(89)2021
横手	013-0008	横手市睦成字鶴谷地68	0182(32)3020
横手清陵学院	013-0041	横手市大沢字前田174—1	0182(35)4033
大曲	014-0061	大仙市大曲栄町6—7	0187(63)4004
大曲農業	014-0054	大仙市大曲金谷町26—9	0187(63)2257
大曲工業	014-0045	大仙市大曲若葉町3—17	0187(63)4060
大館鳳鳴	017-0813	大館市金坂後6	0186(42)0002
大館桂桜	017-0872	大館市片山町1—10—43	0186(59)6299
本荘	015-8585	由利本荘市陳場ら6	0184(22)0832
由利工業	015-8530	由利本荘市石脇字田尻30	0184(22)5520
西目	018-0604	由利本荘市西目町沼田字新道下2—142	0184(33)2203
矢島	015-0404	由利本荘市矢島町七日町助の渕1—5	0184(55)3031
男鹿工業	010-0341	男鹿市船越字内子1	

245

●校名　●郵便番号　●所在地　●電話

—1　0185(35)3111
湯沢　012-0853　湯沢市字新町27　0183(73)1160
花輪　018-5201　鹿角市花輪明堂長根12　0186(23)2126
秋田西　010-0101　潟上市天王字追分西26—1　018(873)5251
秋田北鷹　018-3314　北秋田市伊勢町1—1　0186(60)0151
小坂　017-0201　鹿角郡小坂町小坂字団平66—1　0186(29)3065
増田　019-0701　横手市増田町増田一本柳137　0182(45)2073
仁賀保　018-0148　にかほ市象潟町下浜山3—3　0187(54)2560
角館　014-0335　仙北市角館町細越町37　0187(75)1002
西仙北　019-2112　大仙市刈和野字上沢嶋山5—1　0186(50)6090
大館国際情報学院　017-0052　大館市松木字大上25—1

山形県

山形東　990-8525　山形市緑町1—5—87　023(631)3501
山形南　990-0034　山形市東原町4—6—16　023(622)3502
山形工業　990-0041　山形市緑町1—5—12　023(622)4934
山形中央　990-2492　山形市鉄砲町2—10—73　023(643)5494
市立山形商業　990-2481　山形市あかねケ丘1—9—1　023(643)4115
圏山形学院　990-0039　山形市香澄町3—10—8　023(641)4116
圏日本大学山形　990-2433　山形市鳥居ケ丘4—55　023(641)6631
圏東海大学山形　990-2339　山形市成沢西3—4—5　023(688)3022
圏山形明正　990-2332　山形市飯田1—1—8　023(631)3098
圏山形城北　990-0824　山形市肴町1—13　023(645)3377
寒河江　991-8511　寒河江市六供町2—2—1　0237(86)2195
寒河江工業　991-8512　寒河江市緑町148　0237(86)4278
上山明新館　999-3193　上山市仙石650　023(672)1701
圏山本学園　990-0832　山形市城西町3—13—7　023(643)0321
天童　994-0021　天童市大字山元850　023(653)6120
圏創学館　994-0069　天童市清池東2—10—1
米沢興譲館　992-1443　米沢市大字笹野1101　0238(38)4741
米沢工業　992-0117　米沢市川井300　0238(28)7050
米沢商業　992-0037　米沢市本町3—1—12　0238(22)8055
米沢東　992-0052　米沢市丸の内2—5—63　0238(23)3450
圏米沢中央　992-0045　米沢市中央7—5—70—4　0238(22)4223
圏九里学園　992-0039　米沢市門東町1—1—72　0238(22)0091
長井　993-0015　長井市四ツ谷2—5—1　0238(84)1660
長井工業　993-0051　長井市幸町9—17　0238(84)1662
南陽　992-0472　南陽市宮内4600　0238(47)7401
高畠　992-0334　東置賜郡高畠町一本柳2788
荒砥　992-0831　西置賜郡白鷹町荒砥甲367　0238(85)2171
新庄北　996-0061　新庄市飛田字備前川61　0233(22)5781
新庄神室産業　996-0051　新庄市松本370　0233(28)8775
圏新庄東　996-0051　新庄市松本596　0233(22)1562

鶴岡南　997-0037　鶴岡市若葉町26—31　0235(22)0061
鶴岡工業　997-0036　鶴岡市家中新町8—1　0235(22)5505
鶴岡中央　997-0017　鶴岡市大宝寺字日本国410　0235(25)5723
圏鶴岡東　997-0022　鶴岡市切添町22—30　0235(22)0223
庄内農業　999-7601　鶴岡市藤島古楯跡221　0235(64)2151
圏鶴岡高専　997-8511　鶴岡市井岡字沢田104　0235(25)9014
圏羽黒　997-0296　鶴岡市羽黒町手向薬師山198　0235(62)2105
庄内総合　999-7707　東田川郡庄内町廿六木字三ツ車8　0234(43)3452
加茂水産　997-1204　鶴岡市加茂大崩595　0235(33)3116
酒田東　998-0842　酒田市亀ヶ崎1—3—60　0234(22)0456
酒田西　998-0013　酒田市東泉町5—9—1　0234(22)1360
圏酒田南　998-0025　酒田市南千日町4—50　0234(26)3111
酒田光陵　998-0015　酒田市北千日堂前字松境7—3　0234(28)8833
村山産業　995-0011　村山市楯岡北町1—1
東桜学館　999-3730　東根市中央南1—7—1　0237(53)1540

宮城県

仙台第一　984-8561　仙台市若林区元茶畑4　022(257)4501
仙台第二　980-8631　仙台市青葉区川内澱橋通1　022(221)5626
仙台第三　983-0824　仙台市宮城野区鶴ケ谷1—19　022(251)1246
仙台向山　982-0832　仙台市太白区八木山緑町1—1　022(262)4130
仙台南　982-0844　仙台市太白区根岸町14—1　022(246)0131
仙台西　982-0806　仙台市太白区御堂平5—1　022(244)6151
仙台東　984-0832　仙台市若林区下飯田高野東70　022(289)4140
宮城工業　980-0813　仙台市青葉区米ケ袋3—2—1　022(221)5656
松島　981-0215　宮城郡松島町高城字迎山3—5　022(354)3307
宮城広瀬　989-3126　仙台市青葉区落合4—4—1　022(392)5512
泉　981-3132　仙台市泉区将監10—39—1　022(372)4411
泉松陵　981-3109　仙台市泉区鶴が丘4—26—1　022(373)4125
泉館山　981-3211　仙台市泉区長命ケ丘2—1　022(378)0975
市立仙台　981-8502　仙台市青葉区国見6—52—1　022(271)4471
市立仙台工業　983-8543　仙台市宮城野区東宮城野3—1　022(237)5341
市立仙台商業　981-3131　仙台市泉区七北田字古内75　022(218)3141
塩釜　985-0056　塩釜市泉ケ岡10—1　022(362)1011
多賀城　985-0831　多賀城市笠神2—17—1　022(368)4111
利府　981-0133　宮城郡利府町青葉台1—1—1　022(356)3111
圏東北学院　983-8565　仙台市宮城野区小鶴字高野123—1　022(786)1231
圏仙台育英学園　983-0045　仙台市宮城野区宮城野2—4—1　022(256)4141
圏東北　981-0905　仙台市青葉区小松島4—3—1　022(234)6361
圏仙台城南　982-0836　仙台市太白区八木山松波町5—1　022(305)2111
富谷　981-3341　富谷市成田2—1—1　022(351)5111
圏明成　981-8570　仙台市青葉区川平2—26—1　022(278)6131
圏東北学院榴ケ岡　981-3105　仙台市泉区天神沢2—2—1　022(372)6611
圏聖和学園　982-0026　仙台市太白区土手内2—1—1　022(304)2030
圏東北生活文化大学　981-8585　仙台市泉区虹の丘1—18　022(272)7511
仙台二華　984-0052　仙台市若林区連坊1—4—1　022(296)8101
圏仙台ウルスラ学院英智　984-0828　仙台市若林区一本杉町1—2　022(286)3557
市立仙台青陵中等教育　989-3201　仙台市青葉区国見ケ丘7—144　022(303)5551
圏尚絅学院　980-0873　仙台市青葉区広瀬町9—1　022(264)5881
宮城第一　980-0871　仙台市青葉区八幡1—6—2　022(227)3211
宮城農業　981-1201　名取市高舘川上東金剛寺1　022(384)2511
名取　989-2474　岩沼市朝日50　0223(22)3151
名取北　981-1224　名取市増田柳田103　022(382)1261
亘理　989-2361　亘理郡亘理町舘南56—2　0223(34)1213
白石　989-0247　白石市八幡町9—10　0224(25)3154
白石工業　989-0203　白石市郡山鹿野43　0224(25)3154
大河原商業　989-1201　柴田郡大河原町大谷西原町154—6　0224(52)1064
柴田農林　989-1233　柴田郡大河原町上川原7—2　0224(53)3101
柴田　989-1621　柴田郡柴田町大字本船迫十八津入7—3　0224(56)3801
角田　981-1505　角田市角田牛館1　0224(63)3001
村田　989-1305　柴田郡村田町村田字金谷1　0224(83)2275
石巻　986-0838　石巻市大手町3—1　0225(93)8022
石巻商業　986-0031　石巻市南境大槻60　0225(22)9188
石巻工業　986-0851　石巻市貞山5—1—1　0225(22)6338
石巻北　986-1111　石巻市鹿又用水向126　0225(74)2211
石巻西　981-0501　東松島市赤井字七反谷地27　0225(83)3311
古川　989-6155　大崎市古川諏訪2—3—17　0229(22)3034
古川工業　989-6171　大崎市古川北町4—7—1　0229(22)3166
岩出山　989-6437　大崎市岩出山城山2　0229(72)1110
中新田　981-4294　加美郡加美町一本柳28　0229(63)3022
宮城水産　986-2113　石巻市宇田川町1—24　0225(24)0404
涌谷　987-0121　遠田郡涌谷町涌谷八方谷三・1　0229(42)3331
小牛田農林　987-0004　遠田郡美里町牛飼字伊勢堂裏30　0229(33)2017
鹿島台商業　989-4102　大崎市鹿島台広長字杢師前44　0229(56)2664
圏古川学園　989-6143　大崎市古川中里6—2—8　0229(22)2030
黒川　981-3685　黒川郡大和町吉岡東栄崎62　022(345)2171
古川黎明　989-6175　大崎市古川諏訪1—4—26　0229(23)3148
圏大崎中央　989-6105　大崎市古川福沼1—27—1　0229(22)2030
加美農業　981-4111　加美郡色麻町四竃字北條152　0229(65)3900
築館　987-2216　栗原市築館字下宮野町浦22　0228(22)3138
岩ケ崎　989-5351　栗原市栗駒中野愛宕下1—3　0228(45)2266
佐沼　987-0511　登米市迫町佐沼末広1　0220(22)2022
登米　987-0702　登米市登米町寺池桜小路3　0220(52)2670
登米総合産業　987-0602　登米市中田町上沼字北桜場223—1　0220(34)4666

追桜　989-5502　栗原市若柳川南戸ノ西184　0228(35)1818
気仙沼　988-0051　気仙沼市常楽130　0226(24)3400
志津川　986-0775　本吉郡南三陸町志津川廻館92—2　0226(46)3643
本吉響　988-0341　気仙沼市本吉町津谷桜子2—24　0226(42)2627
圏東陵　988-0812　気仙沼市大峠山1—1　0226(23)3100

福島県

福島　960-8002　福島市森合町5—72　024(535)2391
福島商業　960-0111　福島市丸子辰之尾1　024(553)3451
福島明成　960-1192　福島市永井川北原田1　024(546)3381
福島工業　960-8003　福島市森合小彩原1　024(557)1395
福島東　960-8107　福島市浜田町12—21　024(531)1551
福島南　960-8141　福島市渡利字七社宮17　024(523)4740
福島西　960-8163　福島市方木田字上原37　024(546)3391
橘　960-8011　福島市宮下町7—41　024(535)3395
圏福島成蹊　960-8134　福島市上浜町5—10　024(522)2049
圏福島　960-8012　福島市御山町9—1　024(534)3480
圏聖光学院　960-0486　伊達市字六角3　024(583)3325
保原　960-0604　伊達市保原町字元木23　024(575)3207
安達　964-0904　二本松市郭内2—347　0243(22)0016
二本松工業　964-0937　二本松市榎戸1—58—2　0243(23)0960
本宮　969-1101　本宮市高木字井戸上45　0243(33)2120
安積　963-8851　郡山市開成5—25—63　024(922)4310
郡山商業　963-8862　郡山市菜根5—6—7　024(922)0724
郡山北工業　963-8052　郡山市八山田2—224　024(932)1199
郡山　963-0201　郡山市大槻町字上篠林3　024(951)0215
郡山東　963-8832　郡山市山根町13—45　024(932)0898
あさか開成　963-8018　郡山市桃見台15—1　024(932)1714
圏尚志　963-0201　郡山市大槻町字担ノ腰2　024(951)3500
安積黎明　963-8017　郡山市長者2—3—2　024(932)0043
須賀川　962-0863　須賀川市緑町88　0248(75)3325
清陵情報　962-0403　須賀川市大字滑川字西町179—6　0248(72)1515
須賀川桐陽　962-0012　須賀川市陣馬町128　0248(75)2151
岩瀬農業　969-0401　岩瀬郡鏡石町桜町207　0248(62)3145
光南　969-0227　西白河郡矢吹町田町532　0248(42)2600
白河　961-0851　白河市南登り町54　0248(24)1116
白河実業　961-0822　白河市瀬戸原6—1　0248(24)1176
白河旭　960-0912　白河市旭町1—3　0248(22)2535
塙工業　963-5341　東白川郡塙町台宿字北原121　0247(43)2131
田村　963-7763　田村市三春町持合畑88—1　0247(62)2185
船引　963-4398　田村市船引町船引石森15—3　0247(82)1511
圏帝京安積　963-0101　郡山市安積町日出山字神明下43　024(941)7755
圏日本大学東北　963-1165　郡山市田村

町徳定中河原1　024(956)8838
圏石川　963-7853　石川郡石川町字大室502　0217(26)5151
圏会津北嶺　965-0031　会津若松市相生町3—2　0242(22)1004
会津　965-0831　会津若松市表町3—1　0242(28)0211
若松商業　965-0875　会津若松市米代1—3—31　0242(27)0753
会津工業　965-0802　会津若松市徒之町1—37　0242(27)7456
葵　965-0877　会津若松市西栄町4—61　0242(27)5461
喜多方　966-0802　喜多方市桜が丘1—129　0241(22)0174
喜多方東　966-0085　喜多方市江中子4167　0241(22)2161
喜多方桐桜　966-0914　喜多方市豊川町米室字高吉4344—5　0241(22)1230
大沼　969-6262　大沼郡会津美里町字法憧寺北平3473　0242(54)2151
坂下　969-6571　河沼郡会津坂下町白猫古川甲1090　0242(83)2911
会津学鳳　965-0003　会津若松市一箕町八幡字八幡1—1　0242(22)0174
圏会津若松ザベリオ学園　965-0877　会津若松市西栄町1—18　0242(27)1970
ふたば未来学園　979-0403　双葉郡広野町大字下浅見川字築地12　0240(23)6825
相馬　976-0042　相馬市中村字大手先57—1　0244(36)1331
相馬東　976-0014　相馬市北飯渕字阿弥陀堂200　0244(36)3505
原町　975-0014　南相馬市原町区西町3—380　0244(23)6196
相馬農業　975-0012　南相馬市原町区三島町1—65　0244(22)0174
小高産業技術　979-2157　南相馬市小高区吉名字玉ノ木平78　0244(44)3141
新地　979-2703　相馬郡新地町小川貝塚西13—1　0244(62)2009
磐城　970-8026　いわき市平高月7　0246(23)2566
平工業　970-8032　いわき市平下荒川割1—3　0246(28)8281
平商業　970-8016　いわき市平中塩一水口37—1　0246(23)2628
磐城桜が丘　970-8026　いわき市平字桜町5　0246(25)9101
いわき総合　973-8404　いわき市内郷内町駒谷3—1　0246(26)3505
いわき光洋　970-8047　いわき市中央台高久4—1　0246(28)0301
湯本　972-8322　いわき市常磐上湯長谷町五反田55　0246(42)2178
勿来　979-0141　いわき市勿来町窪田町通2—1　0246(65)2221
勿来工業　974-8261　いわき市植田町堂ノ作10　0246(63)5135
遠野　972-0161　いわき市遠野町上遠野赤坂1—1　0246(89)2515
福島高専　970-8034　いわき市平上荒川字長尾30　0246(46)0705
いわき海星　970-0316　いわき市小名浜字神白字舘の腰153　0246(54)3001
圏いわき秀英　971-8185　いわき市泉町滝ノ沢2—1　0246(56)2111
圏東日本国際大学付属昌平　970-8011　いわき市平上片寄字上ノ内152　0246(57)1123

茨城県

水戸第一　310-0011　水戸市三の丸3—10—1　029(224)2254
水戸第三　310-0011　水戸市三の丸2—7—27　029(224)2044
水戸商業　310-0036　水戸市新荘3—7—2　029(224)4402
水戸工業　310-0836　水戸市元吉田町1101　029(247)5711
緑岡　310-0852　水戸市笠原町1284

水戸桜ノ牧　310-0914　水戸市小吹町2070　029(243)3644
圏茨城　310-0065　水戸市八幡町16—1　029(221)4936
圏水戸啓明　310-0851　水戸市千波町464　029(241)1573
圏水城　310-0804　水戸市白梅2—1—45　029(247)6509
圏水戸葵陵　310-0851　水戸市千波町中山2369—3　029(292)6525
圏常磐大学　310-0036　水戸市新荘3—2—28　029(224)1707
笠間　309-1611　笠間市笠間1668　029(72)1171
那珂　311-0111　那珂市後台1710—1　029(295)2710
水戸農業　311-0114　那珂市本倉983　029(298)6266
小瀬　319-2401　常陸大宮市上小瀬1881　0295(56)2204
常陸大宮　319-2255　常陸大宮市野中町3257—2　0295(52)2175
茨城東　311-3157　東茨城郡茨城町小幡2524　029(292)6245
中央　319-0133　小美玉市張星500　0299(46)1321
大子清流　319-3526　久慈郡大子町大子224　0295(72)0174
日立第一　317-0063　日立市若松町3—15—1　0294(22)6488
日立第二　317-0071　日立市若松町3—2　0294(22)3254
日立工業　317-0077　日立市城南町2—12—1　0294(22)1049
多賀　316-0036　日立市鮎川町3—9—1　0294(33)0044
日立商業　319-1222　日立市久慈町6—20—1　0294(52)2115
日立北　319-1411　日立市川尻町6—11—1　0294(43)2101
圏茨城キリスト教学園　319-1295　日立市大みか町6—11—1　0294(52)3215
圏明秀学園日立　317-0064　日立市神峰町3—2—26　0294(21)6328
圏科学技術学園日立　316-0032　日立市西成沢町2—17—1（日専校内）　0294(35)6561
太田第一　313-0005　常陸太田市栄町58　0294(72)2115
太田西山　313-0007　常陸太田市新宿町210　0294(72)2136
那珂湊　311-1224　ひたちなか市山ノ上町4—6　029(262)2642
海洋　311-1214　ひたちなか市和田町3—1　029(262)2642
勝田工業　312-0016　ひたちなか市松戸町3—10—1　029(272)4351
勝田　312-0003　ひたちなか市足崎608　029(273)7411
佐和　312-0061　ひたちなか市稲田636—2　029(285)1819
国茨城高専　312-8508　ひたちなか市中根866　029(272)5201
高萩　318-0034　高萩市高萩1111　0293(23)3161
高萩清松　318-0001　高萩市赤浜1864　0293(23)4121
圏第一学院　318-0001　高萩市赤浜2086　0293(20)5800
麻生　311-3832　行方市麻生1806　0299(72)0098
玉造工業　311-3501　行方市芹沢1552　0299(55)0138
潮来　311-2448　潮来市須賀3025　0299(66)2142
鉾田第一　311-1517　鉾田市鉾田1090—2　0291(33)2161
鉾田第二　311-1517　鉾田市鉾田1158　0291(33)2171
鹿島　314-0038　鹿嶋市城山2—2—19　0299(82)1903
圏鹿島学園　314-0042　鹿嶋市田野辺141—9　0299(83)3211

圏清真学園　314-0031　鹿嶋市宮中伏見4448—5　0299(83)1811
波崎　314-0343　神栖市土合本町2—98—1　0479(48)0044
波崎柳川　314-0252　神栖市柳川1603—1　0479(46)2711
神栖　314-0125　神栖市高浜1468　0299(92)4169
土浦第一　300-0051　土浦市真鍋4—4—2　029(822)0137
土浦第二　300-0041　土浦市立田町9—6　029(822)5027
土浦第三　300-0835　土浦市大岩田1599　029(821)1605
土浦湖北　300-0021　土浦市菅谷町1525—1　029(831)4170
土浦工業　300-0051　土浦市真鍋6—11—20　029(821)1953
圏土浦日本大学　300-0826　土浦市小松ケ丘町4—46　029(822)3382
圏常総学院　300-0849　土浦市中村西根1010　029(842)8771
石岡第一　315-0001　石岡市石岡1—9　0299(22)4135
石岡第二　315-0013　石岡市府中5—14—14　029(23)2101
竜ケ崎第一　301-0844　龍ヶ崎市平畑248　0297(62)2146
竜ケ崎南　301-0021　龍ヶ崎市北方町120　0297(64)2167
取手第一　302-0013　取手市台宿2—4　0297(72)2141
取手松陽　302-0001　取手市小文間4770　0297(77)8934
圏江戸川学園取手　302-0025　取手市西1—37—1　0297(74)8771
藤代　300-1537　取手市毛有640　0297(82)6283
藤代紫水　300-1508　取手市紫水1—660　0297(83)6427
江戸崎総合　300-0504　稲敷市江戸崎甲476—2　029(892)2103
牛久　300-1204　牛久市岡見町2081—1　029(873)6220
牛久栄進　300-1201　牛久市東猯穴町876　029(843)3110
圏東洋大学附属牛久　300-1211　牛久市柏田町1360—2　029(872)0350
圏霞ケ浦　300-0301　稲敷郡阿見町青宿50　029(887)0013
つくば工科　305-0861　つくば市谷田部1818　029(836)1441
圏茗溪学園　305-8502　つくば市稲荷前1—1　029(851)6611
圏つくば秀英　300-2655　つくば市島名151　029(847)1611
伊奈　300-2341　つくばみらい市福田711　0297(58)6175
古河第一　306-0012　古河市旭町2—4—5　0280(32)0434
古河第二　306-0024　古河市幸町19—18　0280(32)0444
古河第三　306-0054　古河市中田新田12—1　0280(48)2755
古河中等教育　306-0225　古河市磯部846　0280(92)4551
下館第一　308-0825　筑西市下中山590　0296(24)6344
下館第二　308-0051　筑西市岡芹1119　0296(22)2359
下館工業　308-0847　筑西市玉戸1336—111　0296(22)3632
鬼怒商業　307-0011　結城市小森1513—2　0296(33)3322
結城第一　307-0001　結城市結城1076　0296(33)2195
結城第二　307-0001　結城市結城7355　0296(33)2136
下妻第一　304-0067　下妻市下妻乙226—1　0296(44)5158
下妻第二　304-0067　下妻市下妻乙348—8　0296(44)2549
水海道第一　303-0025　常総市水海道亀岡町2543　0297(22)0029

水海道第二　303-0003　常総市水海道橋本町3549—4　0297(22)1330
岩井　306-0631　坂東市岩井4319—1　0297(35)1667
境　306-0433　猿島郡境町175　0280(87)0123
総和工業　306-0211　古河市葛生1004—2　0280(92)0660
三和　306-0123　古河市五部54—1　0280(76)4959
友部　309-1738　笠間市大田町352—15　0296(77)7676
岩瀬　309-1294　桜川市岩瀬1511—1　0296(75)2475
圏岩瀬日本大学　309-1453　桜川市友部1739　0296(75)2242
下石紫峰　300-2706　常総市新石下1192—2　0297(42)3118
八千代　303-3561　結城郡八千代町平塚4824—2　0296(48)1836
竹園　305-0032　つくば市竹園3—9—1　029(857)7515
並木中等教育　305-0044　つくば市並木4—5—1　029(851)1346
圏つくば国際大学　300-0051　土浦市真鍋1—3—5　029(821)0670
守谷　302-0107　守谷市大木70　0297(48)6409
筑波　300-4231　つくば市北条4387　029(867)0041
明野　300-4515　筑西市倉持1176—1　0296(52)3121
圏茨城朝鮮初中高級　310-0851　水戸市千波町2846　029(241)3535

栃木県

宇都宮　320-0846　宇都宮市滝の原3—5—70　028(633)1426
宇都宮東　321-0912　宇都宮市石井町3360—1　028(656)1311
宇都宮南　321-0123　宇都宮市東谷町660—1　028(653)2081
宇都宮北　321-0973　宇都宮市岩曽町606—1　028(663)1311
宇都宮商業　320-0014　宇都宮市大曽3—1—46　028(622)0488
宇都宮白楊　321-0954　宇都宮市元今泉8—2—1　028(661)1525
宇都宮工業　321-0198　宇都宮市雀宮町52　028(678)6500
宇都宮清陵　321-3236　宇都宮市竹下町908—3　028(667)6251
圏文星芸術大学附属　320-0865　宇都宮市睦町1—4　028(636)8584
圏作新学院　320-8525　宇都宮市一の沢1—1—41　028(648)1811
圏宇都宮短期大学附属　320-8585　宇都宮市睦町1—35　028(634)4161
足利　326-0808　足利市本城1—1629　0284(41)3573
足利工業　326-0817　足利市西宮町2908—1　0284(21)1318
足利清風　326-0846　足利市山下町2110　0284(62)2011
足利南　326-0334　足利市下渋垂町980　0284(71)3118
圏白鷗大学足利　326-0054　足利市伊勢南町1—2　0284(41)0890
圏足利大学附属　326-0397　足利市福富町2142　0284(71)1285
真岡　321-4331　真岡市白布ヶ丘24—1　0285(82)3413
真岡工業　321-4362　真岡市寺久保1—2—9　0285(82)3303
真岡北陵　321-4415　真岡市下籠谷396　0285(82)3415
大田原　324-0058　大田原市紫塚3—2651　0287(22)2042
栃木　328-0016　栃木市入舟町12—4　0282(22)2595
栃木工業　328-0063　栃木市岩出町129　0282(22)4138
栃木農業　328-0054　栃木市平井町911

248 2020 SOCCER YEARBOOK

●校名 ●郵便番号 ●所在地 ●電話

栃木翔南 329-4407 栃木市大平町川連370 0282(22)0326
國國學院大學栃木 328-8588 栃木市井町608 0282(22)5511
小山 323-0028 小山市若木町2—8—51 0285(22)0236
小山南 329-0205 小山市間々田23—1 0285(45)2424
小山西 323-0007 小山市松岩741 0285(37)1188
小山北桜 323-0802 小山市東山田448—29 0285(49)2932
國佐野日本大学 327-0192 佐野市石塚町1555 0283(25)0111
國佐野日本大学中等教育 327-0192 佐野市石塚町2555 0283(25)3987
佐野松桜 327-0102 佐野市出流原町643—5 0283(25)1313
佐野 327-0847 佐野市天神町761—1 0283(23)0161
佐野東 327-0025 佐野市金屋下町12 0283(23)0239
鹿沼 322-0043 鹿沼市万町960 0289(62)5115
鹿沼東 322-0002 鹿沼市千渡2050 0289(62)7051
鹿沼南 322-0524 鹿沼市みなみ町8—73 0289(75)2231
日光明峰 321-1436 日光市久次良町104 0288(53)0264
今市 321-1277 日光市千本木432 0288(22)0148
今市工業 321-2336 日光市荊沢615 0288(21)1127
矢板 329-2155 矢板市片俣618—2 0287(43)1231
矢板東 329-2136 矢板市東町4—8 0287(43)1243
國矢板中央 329-2161 矢板市扇町2—1519 0287(43)0447
黒磯 325-0051 那須塩原市豊町6—1 0287(62)0101
黒磯南 325-0026 那須塩原市上厚崎747—2 0287(63)0373
茂木 321-3595 芳賀郡茂木町茂木288 0285(63)1201
益子芳星 321-4216 芳賀郡益子町塙2382—1 0285(72)2525
高根沢 329-1204 塩谷郡高根沢町文挟32—2 028(676)0531
さくら清修 329-1311 さくら市氏家2807 028(682)4500
石橋 329-0511 下野市石橋845 0285(53)2517
壬生 321-0221 下都賀郡壬生町壬生1194 0282(82)0411
烏山 321-0641 那須烏山市中央3—9—8 0287(82)2075
那須拓陽 329-2712 那須塩原市下永田4—3—52 0287(36)1225
那須清峰 329-2712 那須塩原市下永田6—4 0287(36)1155
那須 329-3215 那須郡那須町寺子乙3932—48 0287(72)0075
黒羽 324-0234 大田原市前田町780 0287(54)0179
馬頭 324-0613 那須郡那珂川町馬頭1299—2 0287(92)2009
上三川 329-0524 河内郡上三川町多功994—4 0285(53)2367
國幸福の科学学園 329-3434 那須郡那須町梁瀬487—1 0287(75)7777
國青藍泰斗 327-0501 佐野市葛生東2—8—3 0283(86)2511
小山城南 323-0820 小山市西城南4—26—1 0285(27)1245

群馬県

前橋 371-0011 前橋市下沖町321—1 027(232)1155
前橋東 371-0002 前橋市江木町800 027(263)2855
前橋南 379-2147 前橋市亀里町1 027(265)2811
前橋西 370-3574 前橋市清野町180 027(251)8686
市立前橋 371-0051 前橋市上細井町2211—3 027(231)2738
前橋工業 371-0006 前橋市石関町137—1 027(264)7100
前橋商業 371-0805 前橋市南町4—35—1 027(221)4486
國前橋育英 371-0832 前橋市朝日が丘町13 027(251)7087
國共愛学園 379-2185 前橋市小屋原町1115—3 027(267)1000
勢多農林 371-0017 前橋市日吉町2—25 027(231)2403
高崎 370-0861 高崎市八千代町2—4 027(324)0074
高崎北 370-3534 高崎市井出町1080 027(373)1611
高崎東 370-0014 高崎市元島名町1101 027(352)1251
高崎工業 370-0046 高崎市江木町700 027(323)5450
高崎商業 370-0041 高崎市東貝沢町3—4 027(361)7000
中央中等教育 370-0003 高崎市新保田中町184 027(370)6663
國東京農業大学第二 370-0864 高崎市石原町3430 027(323)1483
市立高崎経済大学附属 370-0081 高崎市浜川町1650—1 027(344)1230
高崎健康福祉大学高崎 370-0033 高崎市中大類町531 027(352)3460
高崎科学技術 370-0803 高崎市大橋町237—1 027(322)2827
桐生 376-0025 桐生市美原町1—39 0277(45)2756
桐生南 376-0013 桐生市広沢町3—4193 0277(54)1900
桐生西 376-0011 桐生市相生町3—551—1 0277(52)2455
桐生工業 376-0054 桐生市西久方町1—1—41 0277(22)7141
桐生市立商業 376-0026 桐生市清瀬町6—1 0277(45)2477
國桐生第一 376-0043 桐生市小曾根町1—5 0277(22)8131
國樹徳 376-0023 桐生市錦町1—1—20 0277(45)2258
伊勢崎商業 372-0001 伊勢崎市波志江町1116 0270(25)1000
伊勢崎工業 372-0042 伊勢崎市中央町3—8 0270(25)3216
市立四ツ葉学園中等教育 372-0013 伊勢崎市上植木本町1702—1 0270(21)4151
伊勢崎清明 372-0031 伊勢崎市今泉町2—331—6 0270(25)4550
伊勢崎 372-0033 伊勢崎市南千木町1670 0270(40)5005
太田 373-0033 太田市西本町12—2 0276(31)7181
太田東 373-0801 太田市台之郷町448 0276(45)6511
市立太田 373-0842 太田市細谷町1513 0276(31)3321
太田工業 373-0809 太田市茂木町380 0276(45)4742
國常磐 373-0817 太田市飯塚町141—1 0276(45)4372
沼田 378-0054 沼田市西原新町1510 0278(23)1313
利根実業 378-0014 沼田市栄町165—2 0278(23)1131
館林 374-0041 館林市富士原町1241 0276(72)4307
國関東学園大学附属 374-8555 館林市大谷町625 0276(74)1213
渋川 377-0008 渋川市渋川1678—3 0279(22)4120
渋川工業 377-0008 渋川市渋川8—1 0279(22)2551
渋川青翠 377-0008 渋川市渋川3912—1 0279(24)2320
藤岡工業 375-0012 藤岡市下戸塚47—2 0274(22)2153
藤岡中央 375-0015 藤岡市中栗須909 0274(24)6660
富岡 370-2343 富岡市七日市1425—1 0274(63)0053
富岡実業 370-2316 富岡市富岡451 0274(62)0690
國新島学園 379-0116 安中市安中3702 027(381)0240
安中総合学園 379-0116 安中市安中1—2—8 027(381)0227
榛名 370-3342 高崎市下室田町953 027(374)0053
國明和県央 370-3511 高崎市金古町28 0273(73)5773
大間々 376-0102 みどり市大間々町桐原193—1 0277(73)1611
西邑楽 370-0514 邑楽郡大泉町朝日2—3—1 0276(63)5851
館林商工 370-0701 邑楽郡明和町南大島660 0276(84)4731
板倉 374-0132 邑楽郡板倉町板倉2406—2 0276(82)1258
吾妻中央 377-0424 吾妻郡中之条町中之条1303 0279(75)3455
新田暁 370-0347 太田市新田大根町999 0276(57)1056
尾瀬 378-0301 沼田市利根町平川1406 0278(56)2310
利根商業 379-1313 利根郡みなかみ町夜野591 0278(62)2116
吉井 370-2104 高崎市吉井町馬庭1478—1 0273(88)3511
玉村 370-1134 佐波郡玉村町与六分14 0270(65)2309
國ぐんま国際アカデミー 373-0813 太田市内ケ島町1361—4 0276(47)7711

埼玉県

浦和 330-9330 さいたま市浦和区領家5—3—3 048(886)3000
浦和西 330-0042 さいたま市浦和区木崎3—1—1 048(831)4847
浦和商業 336-0022 さいたま市南区白幡2—19—39 048(861)2564
浦和工業 338-0832 さいたま市桜区西堀5—1—1 048(862)5634
浦和北 338-0815 さいたま市桜区五関595 048(855)1000
浦和東 336-0976 さいたま市緑区寺山365 048(878)2113
市立浦和 330-0073 さいたま市浦和区元町1—28—17 048(886)2151
市立浦和南 336-0026 さいたま市南区辻6—5—31 048(862)2568
國浦和実業学園 336-0025 さいたま市南区文蔵3—9—1 048(861)6131
國浦和学院 336-0975 さいたま市緑区代山172 048(878)2101
國浦和ルーテル学院 336-0974 さいたま市緑区大崎3642 048(711)8221
國浦和麗明 330-0054 さいたま市浦和区東岸町10—36 048(885)8625
与野 338-0004 さいたま市中央区本町東2—8—1 048(852)4505
いずみ 338-0007 さいたま市中央区円阿弥7—4—1 048(852)6880
國開智中高 339-0004 さいたま市岩槻区徳力186 048(795)0786
蕨 335-0001 蕨市北町5—3—8 048(443)2473
國武南 335-0002 蕨市塚越5—10—21 048(441)6948
上尾 362-0073 上尾市浅間台1—6—1 048(772)3322
上尾南 362-0052 上尾市中新井585 048(781)3355
上尾橘 362-0059 上尾市平方2187—1 048(725)3725
國秀明英光 362-0058 上尾市上野1012 048(781)8821
上尾鷹の台 362-0021 上尾市原市原2800 048(722)1246
川口 333-0826 川口市新井宿諏訪山963 048(282)1615
川口工業 333-0846 川口市南前川1—10—1 048(251)3081
川口北 333-0831 川口市木曽呂1477 048(295)1006
川口東 333-0807 川口市長蔵3—1—1 048(296)7022
川口青陵 333-0832 川口市神戸東520—1 048(296)1154
川口市立 333-0844 川口市上青木3—1—40 048(483)5917
大宮 330-0834 さいたま市大宮区天沼町2—323 048(641)0931
大宮武蔵野 331-0061 さいたま市西区西遊馬1601 048(622)0181
大宮工業 331-0802 さいたま市北区本郷町1970 048(651)0445
市立大宮北 331-0822 さいたま市北区奈良町90—1 048(663)2912
大宮東 337-0021 さいたま市見沼区膝子567 048(683)0995
大宮南 331-0053 さいたま市西区植田谷本793 048(623)7329
大宮光陵 331-0057 さいたま市西区中野林145 048(622)1277
國埼玉栄 331-0078 さいたま市西区西大宮3—11—1 048(624)6488
國栄東 337-0054 さいたま市見沼区砂町2—77 048(651)4050
國大宮開成 330-8567 さいたま市大宮区堀の内町1—615 048(641)7161
國栄北 362-0806 伊奈町小室1123 048(723)7711
桶川西 363-0027 桶川市川田谷1531—2 048(787)0081
北本 364-0003 北本市古市場1—152 048(592)2200
南稜 335-0031 戸田市美女木4—23—4 048(421)1211
伊奈学園総合 362-0813 伊奈町学園4—1—1 048(728)2510
桶川 363-0008 桶川市坂田945 048(728)4421
國国際学院 362-0806 伊奈町小室10474 048(721)5931
鳩ヶ谷 334-0005 川口市里225—1 048(286)0565
岩槻 339-0043 さいたま市岩槻区城南1—3—38 048(798)7107
岩槻北陵 339-0009 さいたま市岩槻区慈恩寺117—2 048(794)6060
國開智 339-0004 さいたま市岩槻区徳力西186 048(793)1370
岩槻商業 339-0052 さいたま市岩槻区太田1—4—1 048(756)0100
三郷 341-0041 三郷市花和田600—1 048(953)0021
三郷北 341-0022 三郷市大広戸808 048(952)0151
三郷工業技術 341-0003 三郷市彦成3—325 048(958)2231
春日部 344-0061 春日部市粕壁5539 048(752)3141
春日部東 344-0002 春日部市樋籠363 048(761)0011
春日部工業 344-0053 春日部市梅田本町1—1—1 048(761)5235
國春日部共栄 344-0037 春日部市上大増新田213 048(737)7611
不動岡 347-8513 加須市不動岡1—7—45 0480(61)0140
國花咲徳栄 347-8502 加須市花崎519 0480(65)7181
羽生実業 348-8502 羽生市羽生323 048(561)0341
羽生第一 348-0045 羽生市下岩瀬153 048(561)6511
杉戸 345-0025 杉戸町清地1—1—36 0480(34)6074
幸手桜 340-0111 幸手市北1—17—59 0480(42)1303

●校名	●郵便番号	●所在地	●電話
栗橋北彩	349-1121	久喜市伊坂1	0480(52)5120
吉川美南	342-0035	吉川市高久600	048(982)3308
庄和	344-0117	春日部市金崎583	048(746)7111
松伏	343-0114	松伏町ゆめみ野東2ー7ー1	048(992)0121
鷲宮	340-0213	久喜市中妻1020	0480(58)1200
囲昌平	345-0044	杉戸町下野851	0480(34)3381
越ヶ谷	343-0024	越谷市越ヶ谷2788ー1	048(965)3421
越谷北	343-0044	越谷市大沼500ー1	048(974)0793
越谷南	343-0828	越谷市レイクタウン7ー9	048(988)5161
越谷西	343-0801	越谷市野島460ー1	048(977)4155
越谷東	343-0011	越谷市増林5670ー1	048(966)8566
越谷総合技術	343-0856	越谷市谷中町3ー100ー1	048(966)4155
囲獨協埼玉	343-0037	越谷市恩間新田寺前316	048(977)5441
久喜工業	346-0002	久喜市野久喜474	0480(21)0761
久喜北陽	346-0031	久喜市久喜本837ー1	0480(21)3334
白岡	349-0213	白岡市高岩275ー1	0480(92)1505
宮代	345-0814	宮代町東611	0480(32)4388
草加	340-0002	草加市青柳5ー3ー1	048(935)4521
草加南	340-0033	草加市柳島町66	048(927)7671
草加東	340-0001	草加市柿木町1110ー1	048(936)3570
草加西	340-8524	草加市原町2ー7ー1	048(942)6141
八潮	340-0802	八潮市鶴ヶ曽根650	048(996)1130
八潮南	340-0814	八潮市南川崎根通519ー1	048(995)5700
蓮田松韻	349-0101	蓮田市黒浜4088	048(768)7820
囲開智未来	349-1212	加須市麦倉1238	0280(61)2021
川越	350-0053	川越市郭町2ー6	049(222)0224
川越工業	350-0035	川越市西小仙波町2ー28ー1	049(222)0206
市立川越	350-1126	川越市旭町2ー3ー7	049(243)0800
川越南	350-1162	川越市南大塚1ー21ー1	049(244)5223
川越西	350-1175	川越市笠幡2488ー1	049(231)2424
川越初雁	350-1137	川越市砂新田2564	049(244)2171
囲川越東	350-0011	川越市久下戸6060	049(235)4811
囲城西大付属川越	350-0822	川越市山田東町1042	049(224)5665
囲秀明	350-1175	川越市笠幡4792	049(232)6617
囲城北埼玉	350-0014	川越市古市場1ー1	049(235)3222
囲星野	350-0824	川越市石原町2ー71ー11	049(222)4489
囲山村学園	350-1113	川越市田町16ー2	049(225)3565
所沢	359-1131	所沢市久米1234	04(2922)2185
所沢商業	359-1167	所沢市林2ー88	04(2948)0888
所沢北	359-0042	所沢市並木5ー4	04(2995)5115
所沢西	359-1155	所沢市北野新町2ー5ー11	04(2949)2411
所沢中央	359-0042	所沢市並木8ー2	04(2995)6088
飯能	357-0032	飯能市本町17ー13	042(973)4191
飯能南	357-0046	飯能市阿須298ー2	042(973)1001
囲聖望学園	357-0006	飯能市中山292	042(973)1500
囲自由の森学園	357-8550	飯能市小岩井613	042(972)3131
狭山工業	350-1306	狭山市富士見2ー5ー1	04(2957)3141
狭山清陵	350-1333	狭山市上奥富34	04(2953)7161
狭山経済	350-1324	狭山市稲荷山2ー6ー1	04(2952)6510
囲西武学園文理	350-1336	狭山市柏原新田311ー1	04(2954)4080
松山	355-0018	東松山市松山町1ー6ー10	0493(22)0075
囲東京農業大学第三	355-0005	東松山市松山1400ー1	0493(24)4611
豊岡	358-0003	入間市豊岡1ー15ー1	04(2962)5216
入間向陽	358-0001	入間市向陽台1ー1ー1	04(2964)1805
囲狭山ヶ丘	358-0011	入間市下藤沢981	04(2962)3844
囲武野	358-8558	入間市二本木112ー1	04(2934)5292
坂戸	350-0271	坂戸市上吉田586	049(281)3535
囲山村国際	350-0214	坂戸市千代田1ー22ー3	049(281)0221
富士見	354-0002	富士見市上南畑950	049(253)1551
坂戸西	350-0245	坂戸市四日市場1ー1	049(286)9473
囲筑波大学附属坂戸	350-0214	坂戸市千代田1ー24ー1	049(281)1541
和光	351-0115	和光市新倉3ー22ー1	048(463)1207
和光国際	351-0106	和光市広沢4ー1	048(467)1311
志木	353-0001	志木市上宗岡1ー1ー1	048(473)8111
囲慶應義塾志木	353-0004	志木市本町4ー14ー1	048(471)1361
囲細田学園	353-0004	志木市本町2ー7ー1	048(471)3255
新座	352-0015	新座市池田1ー1ー2	048(479)5110
新座柳瀬	352-0004	新座市大和田4ー1ー1	048(478)5151
新座総合技術	352-0013	新座市新塚1ー3ー1	048(478)2111
囲立教新座	352-8523	新座市北野1ー2ー25	048(471)6640
囲西武台	352-0005	新座市中野2ー9ー1	048(481)1701
朝霞西	351-0013	朝霞市膝折2ー1ー1	048(466)4311
朝霞	351-0015	朝霞市幸町3ー13ー65	048(465)1010
鳩山	350-0313	鳩山町松ヶ丘4ー1ー2	049(296)5395
日高	350-1203	日高市旭ヶ丘866	042(989)7920
ふじみ野	356-0053	ふじみ野市大井1158ー1	049(264)7801
鶴ヶ島清風	350-2223	鶴ヶ島市鶴ヶ丘646ー1	049(286)7501
囲武蔵越生	350-0417	越生町上野東1ー3ー10	049(292)3245
囲埼玉平成	350-0434	毛呂山町市場333ー1	049(295)1212
小川	355-0328	小川町大塚1105	0493(72)1158
滑川総合	355-0815	滑川町月の輪4ー18ー26	0493(62)7000
熊谷	360-0812	熊谷市大原1ー9ー1	048(521)0050
熊谷農業	360-0812	熊谷市大原3ー3ー1	048(521)0051
熊谷商業	360-0833	熊谷市広瀬800	048(523)4545
熊谷工業	360-0832	熊谷市小島820	048(523)3354
熊谷西	360-0843	熊谷市三ケ尻2066	048(532)8881
本庄	367-0045	本庄市柏1ー4ー1	0495(21)1195
囲本庄東	367-0022	本庄市日の出1ー4ー5	0495(22)6351
囲早稲田大学本庄	367-0035	本庄市栗崎239ー3	0495(21)2400
深谷商業	366-0035	深谷市原郷80	048(571)3321
深谷第一	366-0034	深谷市常盤町21ー1	048(571)3381
深谷	366-8515	深谷市宿根315	048(572)1215
囲正智深谷	366-0801	深谷市上野台369	0495(71)1065
秩父	368-0035	秩父市上町2ー23ー45	0494(22)3606
秩父農工科学	368-0005	秩父市大野原2000	0494(22)3017
小鹿野	368-0105	小鹿野町小鹿野962ー1	0494(75)0205
皆野	369-1623	皆野町大渕19ー1	0494(62)2076
児玉	367-0217	本庄市児玉町八幡山410	0495(72)1591
児玉白楊	367-0216	本庄市金屋980	0495(72)1566
寄居城北	369-1202	寄居町桜沢2601	048(581)3111
妻沼	360-0203	熊谷市弥藤吾480	048(588)6800
進修館	361-0023	行田市長野1220	048(556)6291
鴻巣	365-0054	鴻巣市大間1020	048(541)1613
囲本庄第一	367-0002	本庄市仁手1789	0495(24)1331
囲東京成徳大学深谷	366-0810	深谷市宿根559	048(571)1065
囲叡明	343-0828	越谷市レイクタウン7ー2ー1	048(990)2211

千葉県

●校名	●郵便番号	●所在地	●電話
市原	290-0225	市原市牛久655	0436(92)1541
京葉	290-0034	市原市島野222	0436(22)2196
市原緑	290-0011	市原市能満1531	0436(75)0600
姉崎	299-0111	市原市姉崎2632	0436(62)0601
市原八幡	290-0062	市原市八幡1877ー1	0436(43)7811
囲市原中央	290-0215	市原市土宇1481	0436(36)7131
囲東海大学付属市原望洋	290-0011	市原市能満1531	0436(74)4721
袖ケ浦	299-0257	袖ケ浦市神納530	0438(62)7531
木更津	292-0804	木更津市文京4ー1	0438(22)6131
囲木更津総合	292-8511	木更津市東太田3ー4ー1	0438(30)5511
囲拓殖大学紅陵	292-8568	木更津市桜井1403	0438(37)2511
囲暁星国際	292-8565	木更津市矢那1083	0438(52)3291
囲志学館	292-8568	木更津市真舟3ー29ー1	0438(52)3291
国木更津高専	292-0041	木更津市清見台東2ー11ー1	0438(30)4000
君津	299-1142	君津市坂田454	0439(52)4583
上総	299-1107	君津市上957	0439(32)2311
囲翔凜	299-1172	君津市三直1348ー1	0439(55)1200
君津商業	293-0043	富津市岩瀬1172	0439(65)1131
天羽	299-1606	富津市数馬229	0439(67)0571
安房	294-0047	館山市八幡385	0470(22)0130
館山総合	294-8505	館山市北条106	0470(22)2242
安房拓心	299-2795	南房総市和田町海発1604	0470(47)2551
長狭	296-0001	鴨川市横渚500	0470(92)1225
大原	298-0004	いすみ市大原7985	0470(62)1171
大多喜	298-0216	夷隅郡大多喜町大多喜481	0470(82)2621
一宮商業	299-4301	長生郡一宮町一宮3287	0475(42)4520
囲茂原北陵	299-4122	茂原市吉井上128	0475(34)3211
長生	297-0029	茂原市高師286	0475(23)3378
茂原	297-0029	茂原市高師1300	0475(22)4505
茂原樟陽	297-0019	茂原市上林283	0475(22)3315
東金	283-0802	東金市東金1410	0475(54)1581
東金商業	283-0805	東金市松之郷久我台1641ー1	0475(52)2265
千葉学芸	283-0005	東金市田間1999	0475(52)1161
大網	299-3251	大網白里市大網435ー1	0475(72)0003
成東	289-1326	山武市成東3596	0475(82)3171
松尾	289-1594	山武市松尾町大堤546	0479(86)4311
囲横芝敬愛	289-1733	山武郡横芝光町栗山谷台4508	0479(82)1239
八街	289-1144	八街市八街ろ145ー3	043(444)1523
囲千葉黎明	289-1115	八街市八街は625	043(443)3221
匝瑳	289-2144	匝瑳市八日市場イ1630	0479(72)1541
囲敬愛大学八日市場	289-2143	匝瑳市八日市場ロ390	0479(72)1588
佐原白楊	287-0003	香取市佐原イ861	0478(52)5137
旭農業	289-2516	旭市ロ1	0479(62)0129
東総工業	289-2505	旭市鎌数字川西5146	0479(62)2522
銚子商業	288-0813	銚子市台町1781	0479(25)5678
市立銚子	288-0814	銚子市春日町2689	0479(25)0311
多古	289-2241	香取郡多古町多古3236	0479(76)2557
小見川	289-0313	香取市小見川4735ー1	0478(82)2146
下総	289-0116	成田市名古屋247	0476(96)1161
佐原	287-0003	香取市佐原イ2685	0478(52)5131
成田西陵	286-0846	成田市松崎20	0476(26)8111
成田国際	286-0036	成田市加良部3ー16	0476(27)2610
成田北	286-0011	成田市玉造5ー1	0476(27)3411
囲成田	286-0023	成田市成田27	0476(22)2131
印旛明誠	270-1337	印西市草深1420ー9	0476(47)7001
囲東京学館	285-0902	印旛郡酒々井町伊篠21	043(496)3881
富里	286-0221	富里市七栄181ー1	0476(92)1441
佐倉	285-0033	佐倉市鍋山町18	043(484)1021
佐倉西	285-0841	佐倉市下志津263	043(489)5881
四街道	284-0003	四街道市鹿渡809ー2	043(422)6215
四街道北	284-0027	四街道市栗山1055	

東 京 都

—5—1　03(3986)0221

私豊島学院　170-0011　豊島区池袋本町2—10—1　03(3988)5511

私豊南　171-0042　豊島区高松3—6—7　03(3959)5511

私本郷　170-0003　豊島区駒込4—11—1　03(3917)1456

私巣鴨　170-0012　豊島区上池袋1—21—1　03(3918)5311

私城西大学附属城西　171-0044　豊島区千早1—10—26　03(3973)6331

私淑徳巣鴨　170-0001　豊島区西巣鴨2—22—16　03(3918)6451

私立教池袋　171-0021　豊島区西池袋5—16—5　03(3985)2707

晴海総合　104-0053　中央区晴海1—2—1　03(3531)5021

私貞静学園　112-8625　文京区大塚1—2—10　03(3943)3711

板橋　173-0035　板橋区大谷口1—54—1　03(3973)3150

北園　173-0004　板橋区板橋4—14—1　03(3962)7885

板橋有徳　175-0083　板橋区徳丸2—17—1　03(3937)6911

大山　173-0037　板橋区小茂根5—18—1　03(3958)2121

高島　175-0082　板橋区高島平2—7—1　03(3938)3215

北豊島工業　174-0062　板橋区富士見町28—1　03(3963)4331

私城北　174-8711　板橋区東新町2—28　03(3956)3157

私帝京　173-8555　板橋区稲荷台27—1　03(3963)4711

私大東文化大学第一　175-8571　板橋区高島平1—9—1　03(5399)7890

私芝浦工業大学　174-8524　板橋区坂下1—5　03(5994)0721

私淑徳　174-8643　板橋区前野町5—14—1　03(3969)7411

上野　110-8717　台東区上野公園10—14　03(3821)3706

白鷗　111-0041　台東区元浅草1—6—22　03(3843)5678

私岩倉　110-0005　台東区上野7—8—8　03(3841)3086

私上野学園　110-0015　台東区東上野4—24—12　03(3847)2201

赤羽商業　115-0056　北区西が丘3—14—20　03(3900)0251

飛鳥　114-8561　北区王子6—8—8　03(3913)5071

王子総合　114-0023　北区滝野川3—54—7　03(3576)0602

私駿台学園　114-0002　北区王子6—1—10　03(3913)5735

私聖学院　114-8502　北区中里3—12—1　03(3917)5484

私成立学園　114-0001　北区東十条6—9—13　03(3902)5494

私順天　114-0022　北区王子本町1—17—1　03(3908)2966

私東京成徳大学　114-0002　北区王子6—7—14　03(3911)5196

私桜丘　114-8854　北区滝野川1—51—12　03(3910)6161

私武蔵野　114-0024　北区西ケ原4—56—20　03(3910)0151

戸山　162-0052　新宿区戸山3—19—1　03(3202)4301

新宿　160-0014　新宿区内藤町11—4　03(3354)7411

私海城　169-0072　新宿区大久保3—6—1　03(3209)5880

私成城　162-8670　新宿区原町3—87　03(3341)6141

私早稲田　162-8654　新宿区馬場下町62　03(3202)7674

私保善　169-0072　新宿区大久保3—6—2　03(3209)8756

私大智学園　169-0074　新宿区北新宿1—21—10　03(5925)2773

私目白研心　161-8539　新宿区中落合4—

31—1　03(5996)3131

広尾　150-0011　渋谷区東4—14—14　03(3400)1761

青山　150-0001　渋谷区神宮前2—1—8　03(3404)7801

第一商業　150-0035　渋谷区鉢山町8—1　03(3463)2606

私國學院　150-0001　渋谷区神宮前2—3　03(3403)2331

私青山学院高等部　150-8366　渋谷区渋谷4—4—25　03(3409)3880

私渋谷教育学園渋谷　150-0002　渋谷区渋谷1—21—18　03(3400)6363

日比谷　100-0014　千代田区永田町2—16—1　03(3263)7190

千代田区立九段中等教育　102-0073　千代田区九段北2—2—1

私暁星　102-8133　千代田区富士見1—2—5　03(3262)3291

私東洋　101-0061　千代田区三崎町1—4—16　03(3291)3824

私正則学園　101-8456　千代田区神田錦町3—1　03(3295)3011

私二松學舍大学附属　102-0074　千代田区九段南2—1—32　03(3261)9288

私錦城学園　101-0054　千代田区神田錦町3—1　03(3291)3211

私大原学園　101-0051　千代田区神田神保町2—42　03(3237)3141

国東京工業大学附属科学技術　108-0023　港区芝浦3—3—6　03(3453)2251

芝商業　105-0022　港区海岸1—8—25　03(3431)0760

三田　108-0073　港区三田1—4—46　03(3453)1991

私芝　105-0011　港区芝公園3—5—37　03(3431)2629

私明治学院　108-0071　港区白金台1—2—37　03(5421)5011

私麻布　106-0046　港区元麻布2—3—29　03(3446)6541

私高輪　108-0074　港区高輪2—1—32　03(3441)7201

私正則　105-0011　港区芝公園3—1—36　03(3431)0913

私東海大学付属高輪台　108-8587　港区高輪2—2—16　03(3448)4011

私広尾学園　106-0047　港区南麻布5—1—14　03(3444)7271

小山台　142-0062　品川区小山3—3—32　03(3714)8155

大崎　142-0042　品川区豊町2—1—7　03(3786)3355

私文教大学付属　142-0064　品川区旗の台3—2—17　03(3783)5511

私立正大学付属立正　143-8557　大田区西馬込1—5—1　03(6303)7683

私攻玉社　141-0031　品川区西五反田5—14—2　03(3493)0331

私青稜　142-8550　品川区二葉1—6—6　03(3782)1502

私朋優学院　140-8608　品川区西大井6—1—23　03(3784)2131

八潮　140-0002　品川区東品川3—27—22　03(3471)7384

大森　144-0051　大田区西蒲田2—2—1　03(3753)3161

雪谷　146-0085　大田区久が原1—14—1　03(3753)0115

田園調布　145-0076　大田区田園調布南27—1　03(3750)4346

蒲田　144-0053　大田区蒲田本町1—1—30　03(3737)1331

美原　143-0012　大田区大森東1—33—1　03(3764)3883

私東京　146-0091　大田区鵜の木2—39—1　03(3750)2635

国日本体育大学荏原　146-8588　大田区池上8—26—1　03(3759)3291

私大森学園　143-0015　大田区大森西3—2—12　03(3762)7336

私東京実業　144-0051　大田区西蒲田8—18—1　03(3732)4481

つばさ総合　144-8533　大田区本羽田3—11—5　03(5737)0151

六郷工科　144-8506　大田区東六郷2—18—2　03(3737)6565

大田桜台　143-0027　大田区中馬込3—10　03(6303)7980

大島海洋国際　100-0211　大島町差木地下原　04992(4)0385

八丈　100-1401　八丈島八丈町大賀郷3020　04996(2)1181

大島　100-0101　大島町元町八重の水127　04992(2)1431

国東京学芸大学附属国際中等教育　178-0063　練馬区東大泉5—22—1　03(5905)1326

井草　177-0044　練馬区上石神井2—2—43　03(3920)0319

練馬　179-8908　練馬区春日町4—28—25　03(3990)8643

大泉　178-0063　練馬区東大泉5—3—1　03(3924)0318

石神井　177-0051　練馬区関町北4—32—48　03(3929)0831

光丘　179-0071　練馬区旭町2—1—35　03(3977)2555

練馬工業　179-8909　練馬区早宮2—9—18　03(3932)9251

田柄　179-0072　練馬区光が丘2—4—1　03(3977)2555

第四商業　176-0021　練馬区貫井3—45—19　03(3990)4221

私武蔵　176-0011　練馬区豊玉上1—26—1　03(5984)3741

私早稲田大学高等学院　177-0044　練馬区上石神井3—31—1　03(5991)4151

国東京大学教育学部附属中等教育　164-8654　中野区南台1—15—1　03(5351)9050

富士　164-0013　中野区弥生町5—21—1　03(3382)0601

鷺宮　165-0033　中野区若宮3—46—8　03(3330)0101

武蔵丘　165-0031　中野区上鷺宮2—14—1　03(3999)9308

中野工業　165-0027　中野区野方3—5—5　03(3385)7445

私明治大学付属中野　164-0003　中野区東中野3—3—4　03(3362)8704

私東亜学園　164-0002　中野区上高田5—44—3　03(3387)6331

私堀越　164-0011　中野区中央2—56—2　03(3363)7661

私実践学園　164-0011　中野区中央2—34—2　03(3371)5268

私宝仙学園　164-8628　中野区中央2—28—3　03(3371)7109

杉並　166-0016　杉並区成田西4—15—15　03(3391)6530

豊多摩　166-0016　杉並区成田西2—6—18　03(3393)1331

西　168-0081　杉並区宮前4—21—32　03(3333)7771

杉並工業　167-0023　杉並区上井草4—13—31　03(3394)2471

杉並総合　168-0073　杉並区下高井戸5—17—1　03(3303)1003

私専修大学附属　168-0063　杉並区和泉4—4—1　03(3323)0023

私佼成学園　166-0012　杉並区和田2—6—29　03(3381)7227

私日本大学鶴ヶ丘　168-0063　杉並区和泉2—26—5　03(3322)7521

私中央大学杉並　167-0035　杉並区今川2—7—1　03(3390)3177

私日本大学第二　167-0032　杉並区天沼1—45—33　03(3391)9700

私國學院大學久我山　168-0082　杉並区久我山1—9—1　03(3334)1151

私杉並学院　166-0004　杉並区阿佐谷南2—30—17　03(3316)3311

私東京立正　166-0013　杉並区堀ノ内2—41—15　03(3312)1111

私文化学園大学杉並　166-0004　杉並区阿佐谷南3—48—16　03(3392)6636

田無工業　188-0013　西東京市向台町1—9—1　042(464)2225

田無　188-0013　西東京市向台町5—4—34　042(463)8511

保谷　202-0005　西東京市住吉町5—8—23　042(422)3223

目黒　153-0052　目黒区祐天寺2—7—15　03(3792)5541

駒場　153-0044　目黒区大橋2—18—1　03(3466)2481

国際　153-0041　目黒区駒場2—19—59　03(3468)6811

私目黒学院　153-8631　目黒区中目黒1—1—50　03(3711)6556

私日本工業大学駒場　153-8508　目黒区駒場1—35—32　03(3467)2130

私多摩大学目黒　153-0064　目黒区下目黒4—10—24　03(3714)2661

私目黒日本大学　153-0063　目黒区目黒1—6—15　03(3492)3388

私日出　153-0063　目黒区目黒1—6—15　03(3492)3388

私自由ヶ丘学園　152-0035　目黒区自由が丘2—21—1　03(3717)0388

桜修館中等教育　152-0023　目黒区八雲1—1—2　03(3723)9966

国東京学芸大学附属　154-0002　世田谷区下馬4—1—5　03(3421)5151

国筑波大学附属駒場　154-0001　世田谷区池尻4—7—1　03(3411)8521

芦花　157-0063　世田谷区粕谷3—8—1　03(5315)3322

松原　156-0045　世田谷区桜上水4—3—5　03(3327)

千歳丘　156-0055　世田谷区船橋3—18—1　03(3429)7271

私大東学園　156-0055　世田谷区船橋7—22—1　03(3483)1901

桜町　158-0097　世田谷区用賀2—4—1　03(3700)4330

深沢　158-0081　世田谷区深沢7—3—14　03(3702)4145

世田谷総合　157-0076　世田谷区岡本2—9—1　03(3700)4771

総合工科　157-0066　世田谷区成城9—25—1　03(3483)0204

私駒場東邦　154-0001　世田谷区池尻4—5—1　03(3466)8221

私成城学園　157-8511　世田谷区成城6—1—20　03(3482)2104

私日本大学櫻丘　156-0045　世田谷区桜上水3—24—22　03(5317)9300

私東京都市大学付属　157-8560　世田谷区成城1—13—1　03(3415)0104

私駒澤大学　158-8577　世田谷区上用賀1—17—12　03(3700)6131

私日本学園　156-0043　世田谷区松原2—7—34　03(3322)6331

私世田谷学園　154-0005　世田谷区三宿1—16—31　03(3411)8661

私駒場学園　155-0032　世田谷区代沢1—23—8　03(3413)5561

私東京農業大学第一　156-0053　世田谷区桜3—33—1　03(3425)4481

私国士舘　154-8553　世田谷区若林4—32—1　03(5481)3136

私東京都市大学等々力　158-0082　世田谷区等々力8—10—1　03(5962)0104

私科学技術学園　157-8562　世田谷区成城1—11—1　03(5494)7711

町田　194-0021　町田市中町4—25—3　042(722)2201

野津田　195-0063　町田市野津田町2001　042(734)2311

町田工業　194-0035　町田市忠生1—20—2　042(791)1035

山崎　195-0074　町田市山崎町1453—1　042(792)2891

成瀬　194-0044　町田市成瀬1222—1　042(725)1533

小川　194-0003　町田市小川2—1002—1　042(796)9301

町田総合　194-0037　町田市木曽西3—5

●校名　●郵便番号　●所在地　●電話

—1　042(791)7980
囲玉川学園　194-8610　町田市玉川学園6
—1—1　042(739)8111
囲桜美林　194-0294　町田市常盤町3758
042(797)2667
囲和光　195-0051　町田市真光寺町1291
042(734)3403
囲日本大学第三　194-0203　町田市図師
町11—2375　042(793)2123
狛江　201-0013　狛江市元和泉3—9—1
03(3489)2241
若葉総合　206-0822　稲城市坂浜1434—
3　042(350)0300
三鷹中等教育　181-0004　三鷹市新川6
—21—21　0422(46)3311
囲大成　181-0012　三鷹市上連雀6—7—
5　0422(43)3196
囲法政大学　181-0002　三鷹市牟礼4—
3—1　0422(79)6230
神代　182-0003　調布市若葉町1—46—1
03(3300)8261
調布北　182-0011　調布市深大寺北町5
—39—1　042(487)1860
調布南　182-0025　調布市多摩川6—2
—1　042(483)0765
囲明治大学付属明治　182-0033　調布市
富士見町4—23—25　042(444)9100
府中東　183-0012　府中市押立町4—21
042(365)7611
府中　183-0051　府中市栄町3—3—1
042(364)8411
府中西　183-0036　府中市日新町4—6
—7　042(365)5933
府中工業　183-0005　府中市若松町2—
19　042(362)7237
囲明星学園　181-0002　三鷹市牟礼4—
15—22　0422(48)6221
囲明星　183-8531　府中市栄町1—1
042(368)5111
国立　186-0002　国立市東4—25—1
042(575)0126
囲桐朋　186-0004　国立市中3—1—10
042(577)2171
立川　190-0022　立川市錦町2—13—5
042(524)8195
立川国際中等教育　190-0012　立川市曙
町3—29—37　042(524)3903
囲昭和第一学園　190-0003　立川市栄町
2—45—8　042(536)1611
日野　191-0021　日野市石田1—190—1
042(581)7123
日野台　191-0061　日野市大坂上1—4—16
—1　042(582)2511
南平　191-0041　日野市南平8—2—3
042(593)5121
永山　206-0025　多摩市永山5—22
042(374)9891
囲多摩大学附属聖ヶ丘　206-0022　多摩
市聖ヶ丘4—11—1　042(372)9393
囲帝京大学　192-0361　八王子市越野322
042(676)9511
富士森　193-0824　八王子市長房町420—
2　042(661)0441
片倉　192-0914　八王子市片倉町1643
042(635)3621
南多摩中等教育　192-8562　八王子市明
神町4—20—1　042(642)2431
八王子東　192-8568　八王子市高倉町68
—1　042(644)6996
八王子北　193-0803　八王子市楢原町601
042(626)3787
松が谷　192-0354　八王子市松が谷1772
042(676)1231
翔陽　193-0944　八王子市館町1097—136
042(663)3318
八王子桑志　193-0835　八王子市千人町
4—8—1　042(663)5970
囲工学院大学附属　192-8622　八王子市
中野町2647—2　042(628)4912
囲八王子　193-0931　八王子市台町4—
35—1　042(623)3461
囲八王子実践　193-0931　八王子市台町
1—6—15　042(622)0654
囲帝京八王子　192-0151　八王子市上川

町3766　042(654)6141
囲明治大学付属中野八王子　192-0001
八王子市戸吹町1100　042(691)0321
囲穎明館　193-0944　八王子市館町2600
042(664)6000
囲聖パウロ学園　192-0154　八王子市下
恩方町2727　042(651)3893
武蔵　180-0022　武蔵野市境4—13—28
0422(51)4554
武蔵野北　180-0011　武蔵野市八幡町2
—3—10　0422(55)2071
囲成蹊　180-8633　武蔵野市吉祥寺北町
3—10—13　0422(37)3818
囲聖徳学園　180-8601　武蔵野市境南町
2—11—8　0422(31)5121
囲中央国際　180-0004　武蔵野市吉祥寺
本町2—21—8　0422(22)7639
小金井北　184-0003　小金井市緑町4—
1—1　042(385)2611
多摩科学技術　184-8581　小金井市本町
6—8—9　042(381)4164
囲中央大学附属　184-8575　小金井市貫
井北町3—22—1　042(381)5413
囲国際基督教大学　184-8503　小金井市
東町1—1—1　0422(33)3401
囲東京電機大学　184-0002　小金井市梶
野町4—8—1　042(237)6441
小平　187-0042　小平市仲町112
042(341)5410
小平西　187-0032　小平市小川町1—502
—95　042(345)1411
小平南　187-0032　小平市上水本町6—
21—1　042(325)9331
囲錦城　187-0001　小平市大沼町5—3
—7　042(341)0741
囲創価　187-0024　小平市たかの台2—1
042(342)2611
国分寺　185-0004　国分寺市新町3—2
—5　042(323)3371
囲早稲田実業　185-8505　国分寺市本町
1—2—1　042(300)2121
清瀬　204-0022　清瀬市松山1—1—56
042(492)3500
囲東星学園　204-0024　清瀬市梅園3—
14—47　042(493)3201
東久留米総合　203-0052　東久留米市幸
町5—8—46　042(471)2510
久留米西　203-0041　東久留米市野火止
2—1—44　042(465)9321
囲自由学園　203-8521　東久留米市学園
町1—8—15　042(422)3111
東村山　189-0011　東村山市恩多町4—26
—1　042(392)1235
東村山西　189-0024　東村山市富士見町
5—4—41　042(395)9121
囲明治学院東村山　189-0024　東村山市
富士見町1—12—3　042(391)2142
囲明法　189-0024　東村山市富士見町2
—4—12　042(393)5610
東大和　207-0015　東大和市中央3—945
042(563)1741
東大和南　207-0022　東大和市桜が丘3
—44—8　042(565)7117
武蔵村山　208-0035　武蔵村山市中原1—
7—1　042(560)1271
囲拓殖大学第一　208-0013　武蔵村山市
大南4—64—5　042(590)3311
上水　208-0013　武蔵村山市大南4—62
—1　042(590)4580
秋留台　197-0812　あきる野市平沢153—
4　042(559)6821
囲東海大学菅生　197-0801　あきる野市菅
生1817　042(559)2200
五日市　190-0164　あきる野市五日市894
042(596)0176
多摩　198-0088　青梅市裏宿町580
0428(23)2151
青梅総合　198-0041　青梅市勝沼1—60
—1　0428(22)7604
羽村　205-0012　羽村市羽4152—1
042(555)6631
昭和　196-0033　昭島市東町2—3—21
042(541)0222
拝島　196-0002　昭島市拝島町4—13—1

囲啓明学園　196-0002　昭島市拝島町5
—11—15　042(541)1003
福生　197-0005　福生市北田園2—11—3
042(552)5601
多摩工業　197-0003　福生市熊川215
042(551)3435

神奈川県

鶴見　230-0012　横浜市鶴見区下末吉6
—2—1　045(581)4692
鶴見総合　230-0031　横浜市鶴見区平安
町2—28—8　045(506)1234
市立東　230-0076　横浜市鶴見区馬場3
—5—1　045(571)0851
市立横浜サイエンスフロンティア　230-0046
横浜市鶴見区小野町6
045(511)3654
横浜翠嵐　221-0854　横浜市神奈川区三
ツ沢南町1—1　045(311)4021
神奈川工業　221-0812　横浜市神奈川区
平川町19—1　045(491)9461
城郷　221-0862　横浜市神奈川区三枚町
364—1　045(382)5226
囲浅野　221-0012　横浜市神奈川区子安
台1—3—1　045(421)3281
神奈川総合　221-0812　横浜市神奈川区
平川町19—2　045(491)2000
横浜創英　221-0004　横浜市神奈川区
西大口28　045(421)3121
磯子工業　235-0023　横浜市磯子区森5
—24—1　045(761)0251
磯子　235-0042　横浜市磯子区上中里町
444　045(772)0166
氷取沢　235-0043　横浜市磯子区氷取沢
町938—2　045(772)0606
横浜平沼　220-0073　横浜市西区岡野1
—5—8　045(313)9200
横浜緑ケ丘　231-0832　横浜市中区本牧
緑ケ丘37　045(621)8641
横浜立野　231-0825　横浜市中区本牧間
門40—1　045(621)0261
囲聖光学院　231-8681　横浜市中区滝之
上100　045(621)2051
市立南　233-0011　横浜市港南区東永谷
2—1—1　045(822)1910
永谷　233-0016　横浜市港南区下永谷1
—28—1　045(824)2126
横浜南陵　234-0053　横浜市港南区日野
中央2—26—1　045(842)3764
市立横浜商業　232-0006　横浜市南区南
太田2—30—1　045(713)2323
横浜清陵　232-0007　横浜市南区清水ケ
丘3—1　045(242)1926
横浜国際　232-0066　横浜市南区六ッ川1
—731　045(721)1434
囲関東学院　232-0002　横浜市南区三春
台4　045(793)5151
希望ケ丘　241-0824　横浜市旭区南希望
が丘79—1　045(391)0061
旭　241-0806　横浜市旭区下川井町2247
045(953)3301
囲横浜商科大学　241-0005　横浜市旭区
白根7—1—1　045(951)2246
市立桜丘　240-0011　横浜市保土ケ谷区
桜ケ丘2—15—1　045(331)5021
光陵　240-0026　横浜市保土ケ谷区権太
坂1—7—1　045(712)5577
商工　240-0035　横浜市保土ケ谷区今井
町743　045(353)0591
保土ケ谷　240-0045　横浜市保土ケ谷区
常盤台55—1　045(371)7781
横浜清風　240-0023　横浜市保土ケ谷
区岩井町447　045(731)4361
市立金沢　236-0027　横浜市金沢区瀬戸
22—1　045(781)5761
金沢総合　236-0051　横浜市金沢区富岡
東6—34—1　045(773)6771
釜利谷　236-0042　横浜市金沢区釜利谷
東4—58—1　045(785)1670
囲関東学院六浦　236-8504　横浜市金沢
区六浦東1—50—1　045(781)2525
囲横浜創学館　236-0037　横浜市金沢区

六浦東1—43—1　045(781)0631
囲横浜　236-0053　横浜市金沢区能見台
通46—1　045(781)3396
川和　224-0057　横浜市都筑区川和町
2226—1　045(941)2436
霧が丘　226-0016　横浜市緑区霧が丘6
—16—1　045(921)6611
囲森村学園　226-0026　横浜市緑区長津
田町2695　045(984)2505
囲神奈川大学附属　226-0014　横浜市緑
区台村町800　045(934)6211
白山　226-0006　横浜市緑区白山4—71—
1　045(933)2231
荏田　224-0007　横浜市都筑区荏田南3
—9—1　045(941)3111
囲サレジオ学院　224-0029　横浜市都筑
区南山田3—43—1　045(591)8222
市ケ尾　225-0024　横浜市青葉区市ケ尾
町1854　045(971)2041
田奈　227-0034　横浜市青葉区桂台2—
39—2　045(962)3135
元石川　225-0012　横浜市青葉区元石川
町4116　045(902)2692
囲桐蔭学園　225-8502　横浜市青葉区鉄
町1614　045(971)1411
囲桐蔭学園中等教育　225-8502　横浜市
青葉区鉄町1614　045(971)1411
港北　223-0057　横浜市港北区大倉山7
—35—1　045(541)6251
新羽　223-0057　横浜市港北区新羽町
1348　045(543)8631
新栄　224-0035　横浜市都筑区新栄町1
—1　045(593)0307
岸根　222-0034　横浜市港北区岸根町370
045(401)7421
囲武相　222-0023　横浜市港北区仲手原
2—34—1　045(401)9042
囲慶應義塾　223-8524　横浜市港北区日
吉4—1—2　045(566)1381
囲日本大学　223-8566　横浜市港北区箕
輪町2—9—1　045(560)2600
市立戸塚　245-8588　横浜市戸塚区汲沢
2—27—1　045(871)0301
上矢部　245-0053　横浜市戸塚区上矢部
町460　045(861)3500
舞岡　244-0814　横浜市戸塚区南舞岡3
—36—1　045(823)8761
囲公文国際学園　244-0004　横浜市戸塚
区小雀町777　045(853)8200
柏陽　247-0004　横浜市栄区柏陽1—1
045(892)2105
金井　244-0845　横浜市栄区金井町100
045(852)4721
横浜栄　247-0013　横浜市栄区上郷町555
045(891)5581
囲山手学院　247-0013　横浜市栄区上郷
町460　045(891)2111
横浜桜陽　245-0062　横浜市戸塚区汲沢
町973　045(862)9343
松陽　245-0016　横浜市泉区和泉7713
045(803)3036
横浜修悠館　245-0016　横浜市泉区和泉
町2563　045(800)3711
横浜緑園　245-0003　横浜市泉区岡津町
2667　045(812)3371
瀬谷　246-0011　横浜市瀬谷区東野台29
—1　045(301)6747
瀬谷西　246-0004　横浜市瀬谷区中屋敷
2—5—1　045(302)3535
囲横浜隼人　246-0026　横浜市瀬谷区阿
久和南1—3—1　045(364)5101
囲秀英　245-0016　横浜市泉区和泉町
7865　045(806)2100
囲横浜学園　235-0021　横浜市磯子区岡
村2—4—1　045(751)6941
囲橘学苑　230-0073　横浜市鶴見区獅子
ケ谷1—10—35　045(581)0063
囲神奈川朝鮮中高級　221-0844　横浜市
神奈川区沢渡21　045(311)0063
囲横浜翠陵　226-0015　横浜市緑区三保
町1　045(921)0301
囲鶴見大学附属　230-0063　横浜市鶴見
区鶴見2—2—1　045(581)6325
囲中央大学附属横浜　224-8515　横浜市

●校名 ●郵便番号 ●所在地 ●電話

南3－6－1 025(283)0326
新潟 950-8639 新潟市東区小金町2－6－1 025(271)7055
市立万代 950-8666 新潟市中央区沼垂東6－8－1 025(241)0193
圀新潟第一 951-8141 新潟市中央区関新3－3－1 025(231)5643
市立高志中等教育 950-0926 新潟市中央区高志1－15－1 025(286)9811
新潟北 950-0804 新潟市東区本所847－1 025(271)1281
圀新潟青陵 951-8121 新潟市中央区水道町1－5932 025(266)8131
圀新潟明訓 950-0116 新潟市江南区北山1037 025(257)2325
圀北越 950-0916 新潟市中央区米山1－12－1 025(245)5681
圀東京学館新潟 950-1141 新潟市中央区 025(283)...
圀日本文理 950-2035 新潟市西区新通1072 025(260)1000
圀敬和学園 950-3112 新潟市北区太夫浜325 025(259)2391
新津 956-0832 新潟市秋葉区秋葉1－19－1 0250(22)1920
新津工業 956-0816 新潟市秋葉区新津東町1－12－9 0250(22)3441
新潟向陽 950-0121 新潟市江南区亀田向陽4－3－1 025(382)3221
新津南 956-0113 新潟市秋葉区矢代田3200－1 0250(38)2912
長岡 940-0041 長岡市学校町3－14－1 0258(32)0072
長岡工業 940-0084 長岡市幸町2－7－70 0258(35)1976
長岡商業 940-0817 長岡市西片貝町木1726 0258(35)1502
長岡大手 940-0857 長岡市沖田2－357 0258(32)0096
長岡向陵 940-2184 長岡市喜多町川原1030－1 0258(29)1300
長岡農業 940-1198 長岡市曲新田3－13－13 0258(37)2266
圀帝京長岡 940-0044 長岡市住吉3－9－1 0258(36)4800
圀中越 940-8585 長岡市新保町1371－1 0258(24)0203
高田 943-8515 上越市南城町3－5－5 025(523)2525
上越総合技術 943-8503 上越市本城町3－1 025(525)1160
高田商業 943-8550 上越市中田原90－1 025(523)2271
圀関根学園 943-0893 上越市大貫1325－1 025(523)2702
有恒 944-0131 上越市板倉区針583－3 025(578)2003
久比岐 949-3216 上越市柿崎区柿崎7075 025(536)2379
新井 944-0031 妙高市田町1－1－1 0255(72)4151
柏崎 945-0065 柏崎市学校町4－1 0257(22)4195
柏崎工業 945-0061 柏崎市栄町5－16 0257(22)5178
柏崎総合 945-0826 柏崎市元城町1－1 0257(22)5288
圀新潟産業大学附属 945-1397 柏崎市安田2510－2 0257(24)6644
柏崎常盤 945-0047 柏崎市比角1－5－57 0257(23)6205
柏崎翔洋中等教育 945-0072 柏崎市北園町18－88 0257(22)5320
三条 955-0803 三条市月岡1－2－1 0256(35)5500
三条東 955-0053 三条市北入蔵2－9－36 0256(38)6461
新潟県央工業 955-0823 三条市東本成寺13－1 0256(32)5251
三条商業 955-0044 三条市田島2－24－8 0256(33)2631
見附 954-0051 見附市本所1－20－6 0258(62)0080
新発田 957-8555 新発田市豊町3－7

新西新発田 957-8522 新発田市西園町3－1－2 0254(22)2009
新発田南 957-8567 新発田市大栄町3－5 0254(22)2178
新発田商業 957-8558 新発田市板敷521－1 0254(26)1388
新発田農業 957-8502 新発田市大栄町6－4－23 0254(22)2303
圀新発田中央 957-8533 新発田市曽根570 0254(27)2466
加茂 959-1313 加茂市幸町1－17－13 0256(52)2030
加茂農林 959-1325 加茂市神明町2－15－5 0256(52)3115
圀加茂暁星 959-1322 加茂市学校町16－18 0256(52)2000
十日町 948-0083 十日町市本町6－1 0257(52)3575
五泉 959-1861 五泉市粟島1－23 0250(43)3314
栃尾 940-0293 長岡市金沢1－2－1 0258(52)4155
糸魚川 941-0047 糸魚川市平牛248－2 025(552)0056
糸魚川白嶺 941-0063 糸魚川市清崎1－1 025(552)0046
村上桜ヶ丘 958-0856 村上市飯町桜ヶ丘10－25 0254(52)5201
村上 958-0854 村上市田端町7－12 0254(53)2109
小千谷 947-0005 小千谷市旭町7－1 0258(83)2262
小千谷西 947-0028 小千谷市城内3－3－11 0258(82)4335
豊栄 950-3343 新潟市北区上土地亀大曲761 025(387)2761
阿賀黎明 959-4402 東蒲原郡阿賀町津川131－1 0254(92)2049
巻 953-0044 新潟市西蒲区巻乙2－1 0256(72)2351
巻総合 953-0041 新潟市西蒲区巻甲4295－1 0256(72)3261
分水 959-0113 燕市笈ヶ島104－4 0256(98)2191
吉田 959-0265 燕市吉田東町1－1 0256(93)3225
村松 959-1704 五泉市村松甲5545 0250(58)6003
圀開志学園JSC 957-0103 北蒲原郡聖籠町網代浜925－1 0254(32)5357
阿賀 959-2032 阿賀野市学校町3－9 0250(62)2049
津南中等教育 949-8201 中魚沼郡津南町下船渡戊298－1 025(765)2062
小出 946-0043 魚沼市青島810－4 025(792)0221
国際情報 949-7302 南魚沼市浦佐5664－1 025(777)5355
六日町 949-6681 南魚沼市余川1380－2 025(772)3224
中条 959-2643 胎内市東本町19－1 0254(43)2047
正徳館 940-2401 長岡市与板町東与板173 0258(72)3121
塩沢商工 949-6433 南魚沼市泉盛寺701 025(782)1111
佐渡 952-1322 佐渡市石田567 0259(57)2155
佐渡総合 952-0202 佐渡市栗野江377－1 0259(66)3158
十日町総合 948-0055 十日町市高山461 0257(52)3585
村上中等教育 958-0031 村上市学校町6－8 0254(52)5115
燕中等教育 959-1201 燕市灰方815 0256(63)9319
直江津中等教育 942-8505 上越市西本町4－20－1 025(543)2325
佐渡中等教育 952-0005 佐渡市梅津1750 0259(27)3138
圀上越 943-0892 上越市寺町3－4－34 025(523)2601
圀開志国際 959-2637 胎内市長橋上439

－1 0254(44)3330

長野県

長野 380-8515 長野市上松1－16－12 026(234)1215
長野工業 380-0948 長野市差出南3－9－1 026(227)8555
長野東 381-0022 長野市大豆島2743－1 026(221)8111
長野吉田 381-8570 長野市吉田2－12 026(241)6161
篠ノ井 388-8007 長野市篠ノ井布施高田1161－2 026(292)0066
更級農業 388-8007 長野市篠ノ井布施高田200 026(292)0037
松代 381-1232 長野市松代町西条4065 026(278)2044
長野南 381-2214 長野市稲里町田牧大北236－2 026(284)8850
長野西 380-8530 長野市箱清水3－8 026(234)8880
圀長野俊英 388-8006 長野市篠ノ井御幣川1045 026(292)0726
圀長野日本大学 381-0038 長野市東和田253 026(243)1079
長野市立長野 381-0041 長野市徳間1133 026(296)1241
松本深志 390-8603 松本市蟻ケ崎3－8－1 0263(32)0003
松本県ヶ丘 390-8543 松本市県2－1－1 0263(32)1142
松本蟻ヶ崎 390-8605 松本市蟻ケ崎1－1－54 0263(32)0005
松本工業 390-8525 松本市筑摩4－11－1 0263(25)1184
松本美須々ヶ丘 390-8602 松本市美須々2－1 0263(33)3690
圀松商学園 390-8515 松本市県3－6－1 0263(33)1210
圀松本第一 390-0303 松本市浅間温泉1－4－107 0263(46)0555
圀松本秀峰中等教育 390-0813 松本市埋橋2－1－1 0263(31)8311
上田 386-8715 上田市大手1－4－32 0268(22)0002
上田染谷丘 386-8685 上田市上田1710 0268(22)0435
上田東 386-8683 上田市常田3－5－68 0268(22)0101
上田千曲 386-8585 上田市中之条626 0268(22)7070
圀上田西 386-8624 上田市下塩尻868 0268(22)0412
岡谷工業 394-0004 岡谷市神明町2－10－3 0266(22)3161
岡谷南 394-0034 岡谷市湖畔3－3－30 0266(23)2355
岡谷東 394-0033 岡谷市田宮2－1－17 0266(22)2144
飯田OIDE長姫 395-0804 飯田市鼎名古熊2535－2 0265(22)7117
飯田 395-0004 飯田市上郷黒田450 0265(22)4500
飯田風越 395-8543 飯田市上郷黒田6462 0265(22)1515
下伊那農業 395-0804 飯田市鼎名古熊2366－4 0265(22)5550
諏訪清陵 392-8548 諏訪市清水1－10－1 0266(52)0201
諏訪二葉 392-8549 諏訪市岡村2－13－28 0266(52)4628
諏訪実業 392-0007 諏訪市清水3－3663－3 0266(52)0359
須坂 382-0091 須坂市須坂1518－2 026(245)0334
須坂東 382-0013 須坂市田立4－4 026(245)0331
須坂創成(須園キャンパス) 382-0097 須坂市須坂1616 026(245)0103
(須商キャンパス) 382-0076 須坂市須坂1150 026(245)0421
小諸 384-0023 小諸市東雲4－1－1 0267(22)0216

小諸商業 384-0028 小諸市荒町3－1－1 0267(22)0103
大町岳陽 398-0002 大町市大町3691－2 0261(22)0024
伊那北 396-8558 伊那市山寺2165 0265(72)2221
伊那弥生ヶ丘 396-0026 伊那市西町5703 0265(72)6118
中野立志館 383-8567 中野市三好町2－1－53 0269(22)2141
中野西 383-8511 中野市三条544－1 0269(22)7611
飯山 389-2253 飯山市飯山2610 0269(62)4175
赤穂 399-4117 駒ヶ根市赤穂11041－4 0265(82)3221
駒ヶ根工業 399-4117 駒ヶ根市赤穂14－2 0265(82)5251
塩尻志学館 399-0703 塩尻市広丘高出4－4 0263(52)0015
田川 399-0701 塩尻市広丘吉田2645 0263(86)3000
圀東京都市大学塩尻 399-0703 塩尻市広丘高出2081 0263(88)0104
屋代 387-8501 千曲市屋代1000 0268(272)0069
圀東海大学付属諏訪 391-8512 茅野市玉川675 0266(72)3147
圀佐久長聖 385-8588 佐久市岩村田951 0267(68)5588
佐久平総合技術(浅間キャンパス) 385-0022 佐久市岩村田991 0267(67)4010
(臼田キャンパス) 384-0301 佐久市臼田751 0267(82)2035
野沢北 385-0053 佐久市沢村449－2 0267(62)0020
野沢南 385-0052 佐久市原86－1 0267(62)0064
梓川 390-1401 松本市波田10000－1 0263(92)2119
明科 399-7101 安曇野市明科東川手100 0263(62)4388
木曽青峰 397-8571 木曽郡木曽町福島1827－2 0264(22)2119
軽井沢 389-0102 北佐久郡軽井沢町軽井沢1323－43 0267(42)2390
豊科 399-8205 安曇野市豊科2341 0263(72)2151
南安曇農業 399-8205 安曇野市豊科4537 0263(72)2139
穂高商業 399-8303 安曇野市穂高6839 0263(82)2162
池田工業 399-8601 北安曇郡池田町池田2524 0261(62)3124
坂城 389-0601 埴科郡坂城町坂城6727－1 0268(82)2112
辰野 399-0428 上伊那郡辰野町伊那富3644－2 0266(41)1001
上伊那農業 399-4594 上伊那郡南箕輪村9110 0265(72)5281
箕輪進修 399-4601 上伊那郡箕輪町中箕輪13238 0265(79)2140
高遠 396-0293 伊那市高遠町小原824 0265(94)2130
阿智 395-0301 下伊那郡阿智村春日2840 0265(43)2242
松川 399-3301 下伊那郡松川町上片桐919－1 0265(37)2011
丸子修学館 386-0405 上田市中丸子810－1 0268(42)2827
富士見 399-0211 諏訪郡富士見町富士見3330 0266(62)2282
下諏訪向陽 393-0025 諏訪郡下諏訪町7401 0266(28)7582
北部 389-1206 上水内郡飯綱町普光寺156 026(253)2030
阿南 399-1501 下伊那郡阿南町北條2237 0260(22)2052
圀松本国際 399-0036 松本市村井町南3－6－25 0263(88)0033
国長野工業高等専門 381-8550 長野市徳間716 026(295)7003

●校名	●郵便番号	●所在地	●電話
岩村田	385-0022	佐久市岩村田1248―1	0267(67)2439
蘇南	399-5301	木曽郡南木曽町読書2937―45	0264(57)2063
私文化学園長野	380-0915	長野市上千田141	026(226)8386
東御清翔	389-0517	東御市県276	0268(62)0014

富山県

●校名	●郵便番号	●所在地	●電話
泊	939-0743	下新川郡朝日町道下603	0765(82)1191
入善	939-0626	下新川郡入善町入膳3963	0765(72)1145
桜井	938-8505	黒部市三日市1334	0765(52)0120
魚津	937-0041	魚津市吉島945	0765(22)0221
魚津工業	937-0001	魚津市浜経田3338	0765(22)2577
滑川	936-8507	滑川市加島町45	076(475)0164
上市	930-0424	中新川郡上市町斉神新444	076(472)2345
雄山	930-0221	中新川郡立山町前沢1437―1	076(463)0680
富山北部	931-8558	富山市蓮町4―3―20	076(437)7188
富山東	931-8443	富山市下飯野荒田6―1	076(437)9018
富山南	939-8191	富山市布市98	076(429)1822
富山	939-8076	富山市太郎丸1	076(421)2925
富山中部	930-0097	富山市芝園町3―1―26	076(441)3541
富山工業	930-0887	富山市五福2238	076(441)1971
富山商業	930-8540	富山市庄高田413	076(441)3438
水橋	939-3551	富山市水橋中村24	076(479)1077
呉羽	930-0138	富山市呉羽町2070―5	076(436)1056
富山西	939-2706	富山市婦中町速星926	076(466)2156
八尾	939-2376	富山市八尾町福島213	076(454)2205
中央農業	930-1281	富山市東福沢2	076(483)1911
私不二越工業	930-0964	富山市東石金町7―3―7	076(425)8304
富山いずみ	939-8081	富山市堀川小泉町1―21―1	076(424)4274
私富山第一	930-0916	富山市向新庄町5―1―54	076(451)3396
私富山国際大学付属	930-0175	富山市願海寺水口444	076(434)0577
私龍谷富山	930-0855	富山市赤江町2―10	076(441)3141
高岡	933-8520	高岡市中川園町1―1	0766(22)0166
高岡工芸	933-8518	高岡市中川1―1―20	0766(21)1630
伏木	933-0116	高岡市伏木一宮2―1―1	0766(44)0366
新湊	934-8585	射水市西新湊21―10	0766(84)2330
高岡南	939-1104	高岡市戸出町3―4―2	0766(63)0261
高岡西	933-8506	高岡市横田町3―4―1	0766(22)0164
大門	939-0234	射水市二口1―2	0766(52)5571
高岡商業	933-8510	高岡市横田286	0766(21)4319
私高岡第一	933-8508	高岡市本郷2―1―1	0766(22)6336
私高岡向陵	933-8538	高岡市石瀬281―1	0766(23)0762
私高岡龍谷	933-8517	高岡市古定塚4―1	0766(22)5141
氷見	935-8535	氷見市幸町17―1	
砺波	939-1385	砺波市東幸町3―36	0763(32)2447
砺波工業	939-1335	砺波市鷹栖285―1	0763(33)2047
南砺福野	939-1521	南砺市苗島443	0763(22)2014
福岡	939-0127	高岡市福岡町上義561	0766(64)5275
私片山学園	930-1262	富山市東黒牧10	076(483)3300
国立山高専(本郷キャンパス)	939-8630	富山市本郷町13	076(493)5402
(射水キャンパス)	933-0293	射水市海老江練合1―2	0766(86)5100

石川県

●校名	●郵便番号	●所在地	●電話
大聖寺	922-8510	加賀市大聖寺永町33―1	0761(72)0054
小松工業	923-8567	小松市打越町丙67	0761(22)5481
小松	923-8646	小松市丸内町二ノ丸15	0761(22)0034
小松明峰	923-8545	小松市平面町へ72	0761(21)8545
小松市立	923-8501	小松市八幡ト1	0761(47)2910
私小松大谷	923-0313	小松市津波倉町チ1	0761(44)2551
松任	924-0864	白山市馬場1―1	076(275)2242
翠星	924-8544	白山市三浦町500―1	076(275)1144
野々市明倫	921-8831	野々市市下林3―309	076(246)3191
金沢錦丘	921-8151	金沢市窪6―218	076(241)8341
金沢泉丘	921-8517	金沢市泉野出町3―10―10	076(241)6117
金沢二水	921-8117	金沢市緑が丘0―15	076(241)3167
国金沢大学人間社会科学域学校教育学類附属	921-8105	金沢市平和町1―1―15	076(226)2154
金沢伏見	921-8044	金沢市米泉町5―85	076(242)6175
金沢辰巳丘	920-1302	金沢市末町ニ	076(229)2552
県立工業	920-0964	金沢市本多町2―3―6	076(261)7156
金沢桜丘	920-0942	金沢市小立野7―5―4―1	076(262)8281
私金沢	921-8515	金沢市泉本町3―111	076(243)0600
金沢星稜	920-0811	金沢市小坂町南206	076(252)2237
私金沢龍谷	920-0374	金沢市上安原町169―1	076(249)7777
金沢学院	920-1393	金沢市末町10	076(229)1180
私遊学館	920-0964	金沢市本多町2―2―3	076(262)8484
金沢桜丘	920-0818	金沢市大桜町16―1	076(251)1225
金沢市立工業	920-0344	金沢市畝田東1―1―1	076(267)3101
金沢西	920-0344	金沢市畝田東3―526	076(267)3101
金沢北陵	920-3114	金沢市吉原町ワ21	076(258)1100
金沢向陽	920-3121	金沢市大場町東ツ1	076(258)2355
津幡	929-0325	河北郡津幡町加賀爪ヲ45	076(289)4111
羽咋	925-8550	羽咋市柳橋町柳橋1	0767(22)1166
羽咋工業	925-8521	羽咋市西釜屋町ク21	0767(22)1193
鹿西	929-1602	鹿島郡中能登町能登部上ヲ1	0767(72)2299
七尾	926-0817	七尾市西藤橋町エ―1―1	0767(52)3187
七尾東雲	926-8555	七尾市下町戊部12	0767(57)1411
私鵬学園	926-0022	七尾市天神川原町ハ32	0767(53)2184
輪島	928-0001	輪島市河井町18部42―2	0768(22)2105
私日本航空石川	929-2372	輪島市三井町洲衛9部2―7	0768(26)2255
飯田	927-1213	珠洲市野々江町1―1	0768(82)0693
内灘	920-0277	河北郡内灘町千鳥台3	0768(88)0690
志賀	925-0141	羽咋郡志賀町高浜町ア170	0767(32)1166
寺井	923-1123	能美市吉光町ト90	0761(58)5855
国石川高専	929-0392	河北郡津幡町北中条タ1	076(288)8000
私国際高専	921-8601	金沢市久安2―270	076(248)1080

福井県

●校名	●郵便番号	●所在地	●電話
羽水	918-8114	福井市羽水1―302	0776(36)1678
科学技術	918-8037	福井市下江守町28	0776(36)1856
藤島	910-0017	福井市文京2―8―30	0776(24)5171
福井農林	910-0832	福井市新保町49―1	0776(54)5187
高志	910-0854	福井市御幸2―25―8	0776(24)5175
足羽	918-8155	福井市杉谷町44	0776(38)2225
三国	913-8555	坂井市三国町緑ケ丘2―1―3	0776(81)3255
坂井	919-0512	坂井市坂井町宮領57―1	0776(66)0268
丸岡	910-0293	坂井市丸岡町篠岡23―11―1	0776(66)0160
金津	919-0621	あわら市姫4―5―1	0776(73)1255
勝山	911-0802	勝山市昭和町2―3―1	0779(88)0200
大野	912-0085	大野市新庄10―1	0779(66)3411
奥越明成	912-0016	大野市友江9―10	0779(66)4610
鯖江	916-8510	鯖江市舟津町2―5―42	0778(51)0001
武生	915-0085	越前市八幡1―25―15	0778(22)5151
武生工業	915-0841	越前市文京1―14―16	0778(22)2730
武生商業	915-0801	越前市家久町2―21	0778(22)2630
武生東	915-0004	越前市北町89―10	0778(22)2253
敦賀	914-0807	敦賀市松葉町2―1	0770(25)1521
敦賀工業	914-0035	敦賀市山泉13―1	0770(25)1533
私敦賀気比	914-8558	敦賀市昭見164―1	0770(24)2150
美方	919-1395	三方上中郡若狭町気山114	0770(45)0793
若狭	917-8507	小浜市千種1―6―13	0770(52)0007
福井商業	910-0021	福井市乾徳4―8―19	0776(24)5180
丹生	916-0147	丹生郡越前町内郡41―1	0776(36)0321
私福井工業大学附属福井	910-8505	福井市学園3―6―1	0776(29)2630
私北陸	910-0017	福井市文京1―8―1	0776(23)0321
私啓新	910-0001	福井市乾徳4―15―1	0776(23)3489

静岡県

●校名	●郵便番号	●所在地	●電話
下田	415-8527	下田市蓮台寺152	0558(22)3164
伊東商業	414-0051	伊東市吉田748―1	0557(45)0350
伊東	414-0055	伊東市岡入の道1229―3	0557(37)8811
伊豆総合	410-2401	伊豆市市之郷892	0558(72)3322
伊豆中央	410-2122	伊豆の国市寺家970―1	055(949)4771
韮山	410-2143	伊豆の国市韮山韮山229	055(949)1009
田方農業	419-0124	田方郡函南町塚本961	055(978)2265
三島	411-0803	三島市大場608	055(977)8333
三島北	411-0033	三島市文教町1―3―18	055(988)0107
私日本大学三島	411-0033	三島市文教町2 31 145	055(988)3500
私知徳	411-0944	駿東郡長泉町竹原354	055(975)0080
小山	410-1313	駿東郡小山町竹之下369	0550(76)1188
御殿場	412-0028	御殿場市御殿場192―1	0550(82)0111
御殿場南	412-0043	御殿場市新橋1450	0550(82)1272
私御殿場西	412-0041	御殿場市ぐみ沢644―1	0550(89)2466
裾野	410-1118	裾野市佐野町900―1	055(992)1125
沼津東	410-0011	沼津市岡宮812	055(921)0341
沼津城北	410-0012	沼津市岡一色875	055(921)0344
沼津西	410-0867	沼津市本字千本1910―9	055(921)0343
沼津工業	410-0822	沼津市下香貫八重129―1	055(931)0343
沼津商業	411-0917	駿東郡清水町徳倉1205	055(931)7080
市立沼津	410-0031	沼津市三枚橋鐘突免673	055(921)0805
私飛龍	410-0013	沼津市東熊堂491	055(921)7942
私誠恵	410-0058	沼津市沼北町2―9―12	055(921)5088
私加藤学園	410-0022	沼津市大岡自由ケ丘1979	055(921)0347
私加藤学園暁秀	410-0011	沼津市岡宮中見代1361―1	055(924)1900
私沼津中央	410-0033	沼津市杉崎町11―20	055(921)0346
私桐陽	410-0055	沼津市高島本町1―52	055(921)0350
国沼津高専	410-8501	沼津市大岡3600	055(921)2700
私富士見	416-8555	富士市平垣町1―1	0545(61)0250
富士市立	417-0847	富士市比奈1654	0545(31)1024
吉原工業	417-0847	富士市比奈2300	0545(34)1045
富士	416-0903	富士市松本17	0545(61)0100
富士東	417-8571	富士市今泉2921	0545(21)4371
吉原	417-8545	富士市今泉2160	0545(52)1440
富士宮北	418-0053	富士宮市宮北町230	0544(27)2533
富士宮西	418-0051	富士宮市淀師1550	0544(23)1124
富士岳館	418-0073	富士宮市弓沢町732	0544(27)3205
富士宮東	418-0022	富士宮市小泉1234	0544(26)4177
私星陵	418-0035	富士宮市星山1068	0544(24)4811
清水東	424-8550	静岡巿清水区秋吉町5―10	054(366)7030
清水西	424-8637	静岡市清水区葉梨町5―1	054(352)2225
市立清水桜が丘	424-8752	静岡市清水区桜が丘町7―15	054(353)5388

東海大学付属静岡翔洋　424-8611　静岡市清水区折戸3－20－1　054(334)0726

圏清水国際　424-0809　静岡市清水区天神1－4－1　054(366)4155

静岡　420-8608　静岡市葵区長谷町66　054(245)0567

静岡東　420-0923　静岡市葵区川合3－24－1　054(261)6636

静岡西　421-1221　静岡市葵区牧ヶ谷680－1　054(278)2721

科学技術　420-0813　静岡市葵区長沼500－1　054(267)1100

静岡商業　420-0068　静岡市葵区田町7－90　054(245)5421

静岡城北　420-0881　静岡市葵区北安東2－3－1　054(245)5466

静岡市立　420-0803　静岡市葵区千代田3－1－1　054(245)0417

駿河総合　422-8032　静岡市駿河区有東3－4－17　054(260)6688

静岡中央　420-8502　静岡市葵区城北2－29－1　054(209)2431

静岡北　420-0911　静岡市葵区瀬名5－14－1　054(261)5801

圏常葉大学附属橘　420-0911　静岡市葵区瀬名2－1－1　054(261)2256

圏静岡学園　420-0833　静岡市葵区東瀬匠町7　054(200)0191

圏静岡聖光学院　422-8021　静岡市駿河区小鹿1440　054(285)9136

圏静大成　420-0839　静岡市葵区鷹匠2－4－18　054(254)7334

圏城南静岡　422-8074　静岡市駿河区南八幡町1－1　054(285)6156

藤枝東　426-8577　藤枝市天王町1－1　054(641)1680

藤枝北　426-0016　藤枝市郡970　054(641)2400

藤枝西　426-0021　藤枝市城南2－4－6　054(641)0207

圏静清　426-0007　藤枝市潮87　054(641)6693

圏藤枝明誠　426-0051　藤枝市大洲2－2－1　054(635)8155

焼津中央　425-0086　焼津市小土157－1　054(628)6000

焼津水産　425-0026　焼津市焼津5－5－1　054(628)6148

島田　427-0038　島田市稲荷1－7－1　0547(37)2188

島田商業　427-0058　島田市祇園町8707　0547(37)3116

島田工業　427-8541　島田市阿知ヶ谷201　0547(37)4194

金谷　428-0018　島田市金谷扇町35　0547(45)4155

圏島田樟誠　427-0034　島田市伊太2705－1　0547(37)3116

清流館　421-0206　焼津市上新田292－1　0547(32)3411

榛原　421-0422　牧之原市静波850　0548(22)0380

相良　421-0596　牧之原市波津1700－3　0548(52)1133

川根　428-0301　榛原郡川根本町徳山1644－1　0547(57)2221

掛川西　436-0054　掛川市城西1－1－6　0537(22)7165

掛川工業　436-0018　掛川市城西15－1　0537(22)7255

掛川東　436-0024　掛川市南西郷1357　0537(22)3155

小笠　439-0022　菊川市東横地1222－3　0537(35)3181

池新田　437-1612　御前崎市池新田2907－1　0537(86)2460

横須賀　437-1301　掛川市横須賀1491－1　0537(48)3421

圏常葉大学附属菊川　439-0019　菊川市半済1550　0537(35)3171

圏菊川南陵　437-1506　菊川市河東5442－5　0537(73)5141

遠江総合　437-0215　周智郡森町森2085

圏東海大学付属静岡翔洋　038(85)6000

袋井　437-0031　袋井市愛野2446－1　0538(42)0191

袋井商業　437-0061　袋井市久能2350　0538(42)2285

天竜　431-3314　浜松市天竜区二俣町二俣601　053(925)3139

磐田南　438-8686　磐田市見付3084　0538(32)7286

圏磐田東　438-0086　磐田市見付180－5　0538(32)6118

磐田西　438-0078　磐田市中泉2680－1　0538(34)5217

磐田農業　438-8718　磐田市中泉168　0538(32)2161

磐田北　438-0086　磐田市見付2031－2　0538(32)2181

浜松北　432-8013　浜松市中区広沢1－30－1　053(454)5548

浜松西　432-8038　浜松市中区西伊場町3－1　053(454)4471

浜松南　432-8056　浜松市南区米津町1　053(441)1486

浜松湖東　431-1112　浜松市西区大人見町3600　053(485)0115

浜松湖南　431-0203　浜松市西区馬郡町3791－1　053(592)1625

浜松江之島　430-0844　浜松市南区江之島町630－1　053(425)6020

浜松東　431-3105　浜松市東区笠井新田町1442　053(434)4401

浜松大平台　432-8686　浜松市中区大平台4－25－1　053(482)1011

浜松工業　433-8567　浜松市北区初生町1150　053(436)1101

浜松城北工業　430-0906　浜松市中区住吉5－16－1　053(471)8341

浜松商業　432-8004　浜松市中区文丘町4－11　053(471)2104

圏浜松学院　430-0907　浜松市中区高林1－17－2　053(471)4136

圏浜松日体　431-3125　浜松市東区半田山3－30－1　053(434)0632

圏聖隷クリストファー　433-8558　浜松市北区三方原町3453　053(436)5313

圏中野学園オイスカ　431-1115　浜松市北区和地町5835　053(486)3011

圏浜松学芸　430-0905　浜松市中区下池川町34－3　053(471)5336

圏浜松修学舎　430-0851　浜松市中区向宿2－20－1　053(461)7356

浜松市立　432-8013　浜松市中区広沢1－21－1　053(453)1105

圏浜松開誠館　430-0947　浜松市中区池城町207－2　053(456)7111

圏浜松啓陽　433-8101　浜松市北区三幸町421　053(420)0431

浜名　434-0033　浜松市浜北区西美薗2939－1　053(586)3153

浜北西　434-0003　浜松市浜北区新原4175－1　053(587)1135

新居　431-0304　湖西市新居町中山2036　053(594)1515

湖西　431-0431　湖西市鷲津1510－2　053(575)0511

浜松湖北　431-2213　浜松市北区引佐町金指1428　053(542)0016

圏浜松聖星　432-8018　浜松市中区鴨塚3－14－1　053(454)5376

愛知県

瑞陵　467-0811　名古屋市瑞穂区北原町2－1　052(851)7141

昭和　467-8639　名古屋市瑞穂区玉水町1－18　052(831)6326

圏名古屋大谷　467-8511　名古屋市瑞穂区高田町4－19　052(852)1121

圏享栄　467-8626　名古屋市瑞穂区汐路町1－1　052(841)8151

市立富田　454-0953　名古屋市中川区富田町榎津上鵜之垂111　052(301)1975

市立向陽　466-0042　名古屋市昭和区広池町47　052(841)7138

名古屋工業　466-0054　名古屋市昭和区円上町22－38　052(871)2681

圏南山　466-0838　名古屋市昭和区五軒家町6　052(831)6455

中京大学附属中京　466-8525　名古屋市昭和区川名山町122　052(761)5311

天白　468-0006　名古屋市天白区植田東1－601　052(801)1145

市立桜台　457-0033　名古屋市南区霞町21　052(821)0186

南ights工業　457-0063　名古屋市南区阿原町1　052(822)0242

名古屋南　457-0833　名古屋市南区東又兵エ町1－11　052(613)0001

圏大同大学大同　457-0811　名古屋市南区大同町2－21　052(611)0511

熱田　456-0054　名古屋市熱田区千年1－17－71　052(652)5858

市立工業　454-0851　名古屋市中川区北江町3－13　052(361)3116

中川商業　454-0912　名古屋市中川区野田3－280　052(361)7457

惟信　455-0823　名古屋市港区惟信町2－262　052(382)1355

南陽　455-0861　名古屋市港区大西2－99　052(301)1973

市立緑　458-0031　名古屋市緑区旭出1－1104　052(895)0461

鳴海　458-0825　名古屋市緑区左京山801　052(623)3001

圏名古屋経済大学市邨　464-8533　名古屋市千種区北千種3－1－37　052(721)0161

圏名古屋国際　466-0841　名古屋市昭和区広路本町1－16　052(853)5151

東郷　470-0162　愛知郡東郷町春木城山3801－2　0561(39)1515

豊明　470-1101　豊明市沓掛町海老池10　0562(93)1166

圏星城　470-1161　豊明市栄町新左山20　0562(97)1324

圏愛知朝鮮　470-1168　豊明市栄町南舘55　0562(97)1324

松蔭　453-0855　名古屋市中村区烏森町2－2　052(411)7760

中村　453-0068　名古屋市中村区菊水町1－2－18　052(481)7436

圏名古屋大学附属　453-0031　名古屋市中村区新富町1－3　052(411)1159

圏同朋　453-8540　名古屋市中村区稲葉地町7－1　0561(73)6221

中部大学第一　470-0101　日進市三本木町細廻間425　0561(73)8111

圏東海学園　468-0014　名古屋市天白区中平2－901　052(801)6222

圏東海工業専門学校熱田校　456-0033　名古屋市熱田区花表町19－14

圏名古屋情報専門学校高等課程　458-0924　名古屋市緑区有松912　052(624)5658

圏名古屋経済大学高蔵　467-8558　名古屋市瑞穂区高田町3－28－1　052(853)0050

圏愛知みずほ大学瑞穂　467-8521　名古屋市瑞穂区春敬町2－13　052(882)1811

日進　470-0111　日進市米野木町三ケ峯4－18　0561(73)6221

日進西　470-0124　日進市浅田町上小深田8－4　052(804)2131

半田　475-0903　半田市出口町1－30　0569(21)0272

半田東　475-0016　半田市更生町30　0569(29)1122

圏半田工業　475-0916　半田市柊町3－1　0569(21)2164

半田農業　475-0916　半田市柊町1－1　0569(21)0247

常滑　479-0003　常滑市金山四井池10　0569(43)1151

東海商業　477-0031　東海市大田町曽根1　0562(32)5158

東海南　477-0032　東海市加木屋町社山55　0562(34)3811

大府　474-0036　大府市月見町6－180　0562(46)5101

大府東　474-0011　大府市横根町膝折1－4　0562(48)5811

内海　470-3321　知多郡南知多町内海奥鈴ヶ谷1－1　0569(62)1010

知多翔洋　478-0001　知多市八幡字堂ヶ島50－1　0562(33)2100

東浦　470-2104　知多郡東浦町生路富士塚20　0562(83)0111

武豊　470-2366　知多郡武豊町ヲヲガケ8　0569(72)0706

阿久比　470-2213　知多郡阿久比町平井大比尾社2－1　0569(48)7111

圏日本福祉大学付属　470-3233　知多郡美浜町奥田中之谷2－1　0569(87)2311

横須賀　477-0037　東海市高横須賀広脇1　0562(32)1278

時習館　441-8064　豊橋市富本町　0532(45)3171

豊橋東　440-0864　豊橋市向山町西猿22－1　0532(61)3146

豊橋商業　440-0864　豊橋市向山町官有地　0532(52)2256

豊橋工業　441-8141　豊橋市草間町官有地　0532(45)5635

豊丘　440-0034　豊橋市豊岡町74　0532(62)3281

豊橋南　441-8132　豊橋市南大清水町町450　0532(25)1476

豊橋西　441-8087　豊橋市牟呂町西明治新右前4　0532(31)8800

圏豊橋中央　440-0856　豊橋市鍵田町106　0532(54)1301

圏桜丘　440-8516　豊橋市南牛川2－1－11　0532(61)6421

国府　442-8586　豊川市国府町下坊入10－1　0533(87)3141

豊川工業　442-8671　豊川市新道町2－1　0533(85)4425

圏豊川　442-0029　豊川市末広通1－37　0533(86)4121

蒲郡　443-0058　蒲郡市上本町8－9　0533(68)2074

蒲郡東　443-0013　蒲郡市大塚町上千尾3－1　0533(59)8621

新城東　441-1301　新城市矢部広見100　0536(22)2725

小坂井　441-0103　豊川市小坂井町欠田100－1　0533(72)2221

吉良　444-0514　西尾市吉良町白浜新田南切1－4　0563(32)2231

一色　444-0496　西尾市一色町坂田中14　0563(72)8165

岡崎　444-0864　岡崎市明大寺町伝馬1　0564(51)0202

岡崎北　444-0079　岡崎市石神町17－1　0564(22)2536

岡崎工業　444-8555　岡崎市羽根町字陣馬47　0564(51)1646

岡崎東　444-3524　岡崎市竜泉寺町後山27　0564(52)8911

圏愛知産業大学三河　444-0005　岡崎市岡町字原山12－10　0564(48)5211

圏岡崎城西　444-0942　岡崎市中園町川成98　0564(31)4165

岡崎西　444-0915　岡崎市日名南町1　0564(25)0751

岩津　444-2146　岡崎市東蔵前町字馬場5　0564(45)2005

碧南　447-0871　碧南市向陽町4－12　0566(41)2564

碧南工業　447-0066　碧南市丸山町3－10　0566(42)2525

圏国立愛知教育大学附属　448-8545　刈谷市井ヶ谷町広沢1　0566(36)1881

刈谷　448-8504　刈谷市寿町5－101　0566(21)3171

刈谷北　448-0846　刈谷市寺横町1－67　0566(21)5107

刈谷工業　448-0035　刈谷市矢場町2－1

●校名	●郵便番号	●所在地	●電話
	210		0566(21)2227
豊田	470-0374	豊田市伊保町字三本松1	0565(45)8622
豊田西	471-0035	豊田市小坂町14—65	0565(31)0313
衣台	471-0057	豊田市太平町平山5	0565(33)1080
豊田工業	473-0913	豊田市竹元町南細畔3	0565(52)4311
松平	444-2204	豊田市鵜ケ瀬町桐山1	0565(58)1144
豊田南	473-0915	豊田市若林東町中根1—1	0565(53)1011
豊田北	471-0016	豊田市千石町2—100—1	0565(80)5151
圀杜若	470-0331	豊田市平戸橋町波岩87—1	0565(45)5000
豊野	470-1202	豊田市渡刈町3—3—1	0565(28)8800
圀豊田大谷	470-0344	豊田市保見町南山1	0565(48)3511
圀科学技術学園豊田	470-0344	豊田市保見町井ノ内57—28	0565(43)3210
安城	446-0046	安城市赤松町大北103	0566(76)6218
安城東	446-0011	安城市北山崎町大土塚10	0566(74)1231
安城南	444-1154	安城市桜井町内原1	0566(99)2000
安城農林	446-0066	安城市池浦町茶筅木1	0566(76)6144
圀安城学園	446-8635	安城市小堤町4—25	0566(76)5105
西尾	445-0803	西尾市桜町奥新田2—1	0563(57)2270
西尾東	445-0006	西尾市小島町大道1—4	0563(56)1911
知立	472-8585	知立市弘法2—5—8	0566(81)0319
知立東	472-8639	知立市長篠町大山18—6	0566(82)0568
高浜	444-1311	高浜市本郷町1—6—1	0566(52)2100
三好	470-0224	みよし市三好町東山110—1	0561(34)4881
足助	444-2451	豊田市岩神町原5	0565(62)1661
幸田	444-0111	額田郡幸田町高力神山78	0564(62)1445
御津	441-0322	豊川市御津町豊沢松ノ下1	0533(75)4155
千種	465-8507	名古屋市名東区社台2—206—1	052(771)2221
市立菊里	464-0802	名古屋市千種区星が丘元町13—7	052(781)0445
圀愛知	464-0006	名古屋市千種区光が丘2—11—41	052(721)1521
圀愛知工業大学名電	464-8540	名古屋市千種区若水3—2—12	052(721)0311
圀東邦	465-8516	名古屋市東区平和が丘3—11	052(782)1171
市立桜台	465-0064	名古屋市東区大針1—351	052(703)3313
旭丘	461-0032	名古屋市東区出来町3—6—15	052(721)5351
明和	461-0011	名古屋市東区白壁2—32—6	052(961)2551
市立工芸	461-0027	名古屋市東区芳野2—7—51	052(971)5617
圀至学館	461-0047	名古屋市東区大幸南2—1—10	052(723)0851
圀東海	461-0003	名古屋市東区筒井1—2—35	052(936)5112
圀名古屋	461-8676	名古屋市東区砂田橋2—1—58	052(721)5271
市立北	462-0008	名古屋市北区如意町50	052(901)0338
名古屋西	451-8561	名古屋市西区天神山4—7	052(521)1561
市立山田	452-0817	名古屋市西区二方町19—1	052(501)7800
守山	463-8503	名古屋市守山区中志段味元屋敷1267	052(736)3500
圀菊華	463-0011	名古屋市守山区小幡5—8—13	052(791)8261
瀬戸	489-0988	瀬戸市東山町1—1	0561(82)7710
瀬戸西	489-0875	瀬戸市緑町1—55	0561(84)7400
瀬戸北総合	489-0906	瀬戸市本郷町260	0561(82)2003
瀬戸窯業	489-0883	瀬戸市東権現町2—1	0561(82)2003
旭野	488-0830	尾張旭市東印場町3—1	0561(53)0261
長久手	480-1103	長久手市岩作高山38	0561(62)0016
圀栄徳	480-1103	長久手市岩作三ケ峯1—32	0561(62)5000
春日井	486-0844	春日井市鳥居松町1—55	0568(81)2251
春日井南	486-0918	春日井市如意申町3—5—1	0568(57)7688
春日井商業	486-0812	春日井市大泉寺町1059—1	0568(81)1885
春日井西	486-0808	春日井市田楽町1320	0568(32)9631
春日井東	487-0031	春日井市廻間町東屋洞703—73	0568(88)4801
春日井工業	486-0822	春日井市熊野町五反田1180—1	0568(84)1115
圀中部大学春日丘	487-8501	春日井市松本町1105	0568(51)1131
一宮	491-8533	一宮市北園通6—9	0586(72)0191
一宮西	491-0376	一宮市萩原町串作河田1878	0586(68)1511
一宮工業	491-0804	一宮市千秋町佐野辻目2112	0586(76)2255
一宮北	490-0131	一宮市笹野氏神東1	0586(51)1171
一宮南	491-0813	一宮市千秋町大字穂積塚本松6—1	0586(76)1441
一宮興道	491-0924	一宮市大和町於保字十二ノ一一	0586(46)0221
圀大成	491-0814	一宮市千秋町小山大福田1878—2	0586(77)9900
津島	496-0853	津島市宮川町3—80	0567(28)4158
津島東	496-0004	津島市蛭間町字弁日1	0567(24)6001
圀清林館	496-8006	愛西市持中町八町88	0567(28)3010
佐屋	496-0914	愛西市東條町鴨8	0567(31)0579
犬山	484-0081	犬山市犬山北首塚2	0568(61)0236
犬山南	484-0835	犬山市蓮池2—21	0568(67)5211
江南	483-8177	江南市北野町川石25—1	0587(56)3511
圀滝	483-8418	江南市東野町米野1	0587(56)2127
尾北	483-8157	江南市北山町西4	0587(56)3038
木曽川	494-0001	一宮市開明樋西30	0586(62)6155
尾西	494-0014	一宮市上祖父江小稲葉18	0586(69)6161
小牧	485-0041	小牧市小牧1—321	0568(77)1231
小牧南	485-0059	小牧市小木東2—183	0568(73)1911
小牧工業	485-0003	小牧市久保一色3737—1	0568(77)6275
圀誉	485-0821	小牧市本庄郷浦2613—2	0568(79)7700
稲沢東	492-8214	稲沢市大塚南6—33	0587(21)2631
圀愛知啓成	492-8529	稲沢市西町1—41	0587(32)5141
稲沢	492-8264	稲沢市平町加世1	0587(32)3168
岩倉総合	482-8555	岩倉市北島町川田1	0587(37)4141
五条	490-1104	あま市西今宿阿弥陀寺56	052(441)1515
佐織工業	496-8018	愛西市渕高町鍋島1	0567(37)1288
美和	490-1211	あま市篠田町五ツ藤1	052(443)1700
圀愛知黎明	498-0048	弥富市稲吉2—1	0567(68)2233
西春	481-0032	北名古屋市弥勒寺西2—1	0568(23)6166
新川	452-0901	清須市阿原北野21	052(400)1108
丹羽	480-0102	丹羽郡扶桑町高雄柳前95	0587(93)7575
圀誠信	480-0104	丹羽郡扶桑町斉藤本新田1	0587(93)5380
豊田東	471-0811	豊田市御立町11—1	0565(80)1177
海翔	490-1401	弥富市六條町大崎22	0567(52)3061
杏和	495-8505	稲沢市祖父江町二俣宮1	0587(97)1311
海陽中等教育	443-8588	蒲郡市海陽町3—12—1	0533(58)2406
鶴城丘	445-0847	西尾市亀沢町300	0563(57)5165
愛知総合工科	464-0808	名古屋市千種区星が丘手107	052(788)2020
三谷水産	443-0021	蒲郡市三谷町水神通2—1	0533(69)2265
加茂丘	470-0451	豊田市藤岡飯野町太田2—1	0565(76)2265
新城有教館	441-1301	新城市矢部字広見100	0536(22)2725

岐阜県

●校名	●郵便番号	●所在地	●電話
岐阜	500-8889	岐阜市大縄場3—1	058(251)1234
加納	500-8276	岐阜市加納南陽町3—17	058(271)0431
岐阜北	502-0931	岐阜市則武清水1841—1	058(231)1186
長良	502-0071	岐阜市長良西後町1716—1	058(231)1186
岐山	502-0071	岐阜市長良小山田2587—1	058(231)2905
岐阜商業	502-0931	岐阜市則武新屋敷1816—6	058(231)6177
岐阜工業	501-6083	羽島郡笠松町常磐町1700	058(387)4141
各務原	504-8585	各務原市蘇原新生町2—63	058(383)1015
各務原西	504-8545	各務原市那加東亜町24—1	058(371)0123
羽島北	501-6112	岐阜市柳津町高桑3—110	058(388)3611
羽島	501-6241	羽島市竹鼻町梅ヶ枝町200—2	058(392)2500
圀岐阜聖徳学園	500-8288	岐阜市中鶉1—50	058(279)5451
圀岐阜東	500-8226	岐阜市野一色4—1—7	058(246)2956
圀岐阜第一	501-0407	本巣市仏生寺884—7	058(324)2161
圀富田	500-8765	岐阜市野一色4—17	058(245)3621
圀鶯谷	500-8053	岐阜市鶯谷町7	058(265)5571
華陽フロンティア	500-8286	岐阜市中鶉6—69	058(275)7185
圀岐阜高専	501-0495	本巣市上真桑2236—2	058(320)1211
岐阜清流高等特別支援	501-3133	岐阜市芥見南山3—11—1	058(243)0710
大垣北	503-0017	大垣市中川町4—110—1	0584(81)2244
大垣東	503-0857	大垣市美和町1784	0584(81)2331
大垣南	503-8522	大垣市浅中2—69	0584(89)2331
大垣西	503-8520	大垣市中曽根町大畔147—1	0584(91)5611
大垣工業	503-8521	大垣市南若森町301	0584(81)1280
大垣商業	503-0002	大垣市開発町4—300	0584(81)4483
池田	503-2425	揖斐郡池田町六之井242	0585(45)7755
揖斐	501-0619	揖斐郡揖斐川町三輪1852	0585(22)1261
大垣養老	503-1305	養老郡養老町祖父江向野1418—4	0584(32)3161
圀大垣日本大学	503-0015	大垣市林町6—5	0584(81)7323
不破	503-2124	不破郡垂井町宮代1919—1	0584(22)1002
関	501-3903	関市桜ケ丘2—1—1	0575(22)5688
武義	501-3729	美濃市泉町2—3	0575(33)1011
郡上	501-4221	郡上市八幡町小野970—1	0575(65)3178
関有知	501-3217	関市下有知松ケ洞6191—1	0575(22)1675
加茂	505-0027	美濃加茂市本郷町2—6—/8	0574(25)2133
加茂農林	505-0027	美濃加茂市本郷町3—13	0574(25)1238
可児工業	509-0202	可児市中恵土2358—1	0574(62)1185
東濃実業	505-0125	可児市姫治町伏見891	0574(67)0504
可児	509-0241	可児市坂戸987—2	0574(62)1000
八百津	505-0303	加茂郡八百津町伊岐津志2803—6	0574(43)1231
東濃	505-0116	可児市御嵩町御嵩2854—1	0574(67)2136
市立関商工	501-3938	関市桐ケ丘1—1	0575(22)4221
圀美濃加茂	505-0027	美濃加茂市本郷町7—6—60	0574(26)7181
圀帝京大学可児	509-0237	可児市桂ケ丘1—1	0574(64)3211
多治見北	507-0022	多治見市上山町2—49	0572(22)3361
多治見	507-0804	多治見市坂上町9—49	0572(22)4155
圀多治見西	507-0072	多治見市明和町1—18	0572(27)2547
土岐紅陵	509-5202	土岐市下石町1795—1	0572(57)7131
土岐商	509-5122	土岐市土岐津町土岐口1259—1	0572(54)1291
恵那	509-7201	恵那市大井町1023—1	0573(26)1311
中津	508-0001	中津川市中津川1088—2	0573(66)1361
中津川工業	509-9131	中津川市千旦林1521—3	0573(68)2115
圀中京学院大学付属中京	509-6101	瑞浪市土岐町5—51	0572(68)4558
圀麗澤瑞浪	509-6102	瑞浪市稲津町萩原1661	0572(66)3107
飛騨高山(岡本部校舎)	506-0052	高山市下岡本町2000—30	0577(32)5320
（山田校舎）	506-0058	高山市山田町711	0577(33)1060
斐太	506-0807	高山市三福寺町736	0577(32)0075
高山工業	506-0032	高山市千島町291	0577(32)0418
古城	509-4212	飛騨市古川町上気多1987—2	0577(73)4555
飛騨神岡	506-1143	飛騨市神岡町小萱2138—2	0578(82)1147
圀高山西	506-0059	高山市下林町353	0577(32)2590

三重県

●校名	●郵便番号	●所在地	●電話
津	514-0042	津市新町3—1—1	059(228)0256
津工業	514-0823	津市半田534	059(226)1285
津西	514-0065	津市河辺町2210—2	

●校名	●郵便番号	●所在地	●電話

059(225)1361

津東 514-0061 津市一身田上津部田1470 059(227)0166
囲高田 514-0114 津市一身田町2843 059(232)2004
四日市 510-8014 四日市市富田4−1−43 059(365)8221
四日市工業 510-0886 四日市市日永東3−4−63 059(346)2331
四日市西 512-1211 四日市市桜町6100 059(326)2010
四日市南 510-8562 四日市市日永岡山4917 059(345)3177
四日市中央工業 512-0925 四日市市菅原町678 059(326)3100
四日市四郷 510-0947 四日市市八王子町字高花1654 059(322)1145
囲海星 510-0882 四日市市追分1−9−34 059(345)0036
囲暁 512-8538 四日市市萱生町238 059(337)2347
宇治山田 516-0062 伊勢市浦口1−3−1 0596(28)7158
伊勢 516-8515 伊勢市神田久志本町1703−1 0596(22)0281
宇治山田商業 516-0018 伊勢市黒瀬町1193 0596(22)1101
伊勢工業 516-0017 伊勢市神久2−7−18 0596(23)2234
囲皇学館 516-8577 伊勢市楠部町138 0596(22)0205
囲伊勢学園 516-0018 伊勢市黒瀬町562−13 0596(22)4155
松阪 515-8577 松阪市垣鼻町1664 0598(21)3511
松阪工業 515-0073 松阪市殿町1417 0598(21)5313
囲三重 515-8533 松阪市久保町1232 0598(29)2959
桑名 511-0811 桑名市東方1795 0594(22)5221
桑名工業 511-0944 桑名市芳ヶ崎1330−1 0594(31)5221
桑名西 511-0937 桑名市志知東山2839 0594(31)2521
桑名北 511-0808 桑名市下深谷部字山王2527 0594(29)3610
囲津田学園 511-0904 桑名市野田5−3−12 0594(31)6421
上野 518-0873 伊賀市上野丸之内107 0595(21)2550
伊賀白鳳 518-0837 伊賀市緑ヶ丘西町2270−1 0595(21)2110
囲桜丘 518-0192 伊賀市下神戸2756 0595(38)1201
あけぼの学園 519-1424 伊賀市川北412 0595(45)3050
神戸 513-0801 鈴鹿市神戸4−1−80 059(382)0071
白子 510-0243 鈴鹿市白子4−17−1 059(386)0017
石薬師 513-0012 鈴鹿市石薬師町寺東452 0593(74)3101
稲生 510-0201 鈴鹿市稲生町8232−1 059(368)3900
囲鈴鹿 513-0831 鈴鹿市庄野町1823 059(378)0307
尾鷲 519-3659 尾鷲市古戸野3−12 0597(22)2115
名張 518-0711 名張市東町2067−2 0595(63)2131
名張青峰 518-0476 名張市百合が丘東6−1 0595(64)1500
鳥羽 517-0021 鳥羽市安楽島町1459 0599(25)2935
国鳥羽商船高専 517-8501 鳥羽市池上町1−1 0599(25)8000
木本 519-4394 熊野市木本町1101−4 0597(85)3811
亀山 519-0116 亀山市本町1−4 0595(83)4560
久居農林 514-1136 津市東鷹跡町105 059(271)8100
久居 514-1138 津市戸木町3569−1 059(271)8100
白山 515-3133 津市白山町南家城678 059(262)3525
囲青山 515-2692 津市白山町大字八対野2739 059(262)4321
いなべ総合学園 511-0222 いなべ市員弁町御園632 0594(74)2006
志摩 517-0209 志摩市磯部町恵利原1308 0599(55)1166
相可 519-2181 多気郡多気町相可50 0598(38)2811
昂学園 519-2593 多気郡大台町茂原48 05987(6)0040
川越 510-8566 三重郡川越町豊田2302−1 059(364)5800

滋賀県

堅田 520-0242 大津市本堅田3−9−1 077(572)1206
北大津 520-0246 大津市仰木の里1−23−1 077(573)5881
囲幸福の科学学園 520-0248 大津市仰木の里東2−16−1 077(573)7774
囲比叡山 520-0113 大津市坂本4−3−3 077(578)0091
大津商業 520-0037 大津市御殿浜2−1 077(524)4284
囲滋賀短期大学附属 520-0052 大津市朝日が丘1−18−1 077(522)3465
膳所 520-0815 大津市膳所2−11−1 077(523)2304
大津 520-0802 大津市馬場1−1−1 077(523)0386
石山 520-0844 大津市国分1−15−1 077(537)3371
瀬田工業 520-2132 大津市神領3−18−1 077(545)2510
東大津 520-2122 大津市瀬田南大萱町1732−2 077(545)8025
玉川 525-0058 草津市野路東3−2−1 077(565)1581
草津 525-0051 草津市木川町955−1 077(562)1220
草津東 525-0025 草津市西渋川2−8−65 077(564)4681
湖南農業 525-0036 草津市草津町1839 077(564)5255
囲光泉 525-8566 草津市野路町457 077(564)5600
囲綾羽 525-0025 草津市西渋川1−18−1 077(563)3435
栗東 520-3016 栗東市小野618 077(553)3350
国際情報 520-3016 栗東市小野36 077(554)0600
甲西 520-3231 湖南市針1 0748(72)3611
水口 528-0022 甲賀市水口町梅が丘3−1 0748(62)4104
水口東 528-0073 甲賀市水口町古城が丘7−1 0748(62)6745
甲南 520-3301 甲賀市甲南町竜法師427 0748(86)4145
信楽 529-1851 甲賀市信楽町長野317−1 0748(82)0167
守山 524-0022 守山市守山3−12−34 077(582)2289
守山北 524-0004 守山市笠原町1263 077(585)0431
囲立命館守山 524-8577 守山市三宅町250 077(582)8000
野洲 520-2341 野洲市行畑2−9−1 077(587)0059
八幡 523-0031 近江八幡市堀上町105 0748(33)2302
八幡商業 523-0895 近江八幡市宇津呂町10 0748(32)2072
八幡工業 523-0816 近江八幡市西庄町5 0748(37)7227
囲近江兄弟社 523-0851 近江八幡市市井町177 0748(32)3444
日野 529-1642 蒲生郡日野町上野田150 0748(52)1200
八日市 527-0022 東近江市八日市上之町1−25 0748(22)1515
八日市南 527-0032 東近江市春日町1−15 0748(22)1513
囲滋賀学園 527-0003 東近江市建部北町520−1 0748(23)0858
能登川 521-1235 東近江市伊庭町13 0748(42)1305
河瀬 522-0223 彦根市川瀬馬場町975 0749(25)2200
彦根工業 522-0222 彦根市南川瀬町1310 0749(22)2201
囲彦根総合 522-0033 彦根市芹川町328 0749(26)0016
彦根翔西館 522-0033 彦根市川瀬町580 0749(23)1491
彦根東 522-0061 彦根市金亀町4−7 0749(22)4800
囲近江 522-0002 彦根市松原町大黒前3511−1 0749(22)2323
米原 521-0092 米原市西円寺1200 0749(52)1601
伊吹 521-0226 米原市朝日302 0749(55)2350
伊香 529-0425 長浜市木之本町木之本251 0749(82)4141
長浜農業 526-0824 長浜市名越町600 0749(62)0876
長浜北 526-0033 長浜市平方町270 0749(62)0238
長浜北星 526-0036 長浜市地福寺町3−72 0749(62)3370
虎姫 529-0112 長浜市宮部町2410 0749(73)3055
高島 520-1621 高島市今津町今津1936 0740(22)2002
安曇川 520-1212 高島市安曇川町西万木1168 0740(32)0477

京都府

国京都教育大学附属 612-8431 京都市伏見区深草越後屋敷町111 075(641)9195
市立紫野 603-8231 京都市北区紫野大徳寺町22 075(491)0221
山城 603-8335 京都市北区大将軍南町29 075(463)8261
囲立命館 617-8577 長岡京市調子1−1−1 075(323)7111
囲洛星 603-8342 京都市北区小松原南町33 075(466)0001
洛北 606-0851 京都市左京区下鴨梅ノ木町59 075(781)0020
北稜 606-0015 京都市左京区岩倉幡枝町2005 075(722)8400
囲同志社 606-8558 京都市左京区岩倉大鷹町89 075(781)7121
囲東山 606-8445 京都市左京区永観堂町51 075(771)9121
囲京都朝鮮高級 606-8282 京都市左京区北白川外山町1 075(791)1131
鴨沂 602-0867 京都市上京区寺町通荒神口下ル松蔭町131 075(231)1512
囲京都産業大学附属 600-8577 京都市下京区中堂寺命婦町1−10 075(279)0001
嵯峨野 616-8226 京都市右京区常盤段ノ上町15 075(871)0723
囲嵯峨 616-8353 京都市右京区嵯峨天沢柳井手町 075(872)1700
桂 615-8102 京都市西京区川島松ノ木本町27 075(391)2151
洛西 610-1146 京都市西京区大原野西境谷町1−12−1・2 075(332)0555
囲京都明徳 610-1111 京都市西京区大枝東長町3−8 075(311)3361
囲京都学園 616-8036 京都市右京区花園寺ノ中町5 075(461)5105
囲花園 616-8034 京都市右京区花園木辻北町1 075(463)5221
囲京都外大西 615-0074 京都市右京区山ノ内苗町37 075(321)0712
市立西京 604-8437 京都市中京区西ノ京中合町1 075(841)0010
市立堀川 604-8254 京都市中京区東堀川通錦小路上る四坊堀川町622−2 075(211)5351
朱雀 604-8384 京都市中京区西ノ京式部町1 075(841)0127
囲京都両洋 604-8851 京都市中京区壬生上大竹町13 075(841)2025
囲洛陽総合 604-8453 京都市中京区西ノ京春日町8 075(802)0394
洛東 607-8017 京都市山科区安朱川向町10 075(581)1124
市立日吉ヶ丘 605-0000 京都市東山区今熊野悲田院山町5−22 075(561)0710
囲大谷 605-0965 京都市東山区今熊野池田町12 075(541)1312
囲龍谷大学付属平安 600-8267 京都市下京区大宮通七条上ル御器屋敷町30 075(361)4231
鳥羽 601-8449 京都市南区西九条大国町1 075(672)6788
洛水 612-8283 京都市伏見区横大路向ヶ丘63 075(621)6330
市立塔南 601-8348 京都市南区吉祥院観音堂町41 075(681)0701
囲洛南 601-8478 京都市南区壬生通八条下ル東寺町559 075(681)6511
市立京都工学院 612-0884 京都市伏見区深草西出山町23 075(646)1515
桃山 612-0063 京都市伏見区桃山毛利長門東町8 075(601)8387
東稜 601-1326 京都市伏見区醍醐新町裏町25−1 075(572)2323
京都すばる 612-8156 京都市伏見区向島西定請120 075(621)4788
囲京都橘 612-8026 京都市伏見区桃山町伊賀50 075(623)0066
西舞鶴 624-0841 舞鶴市引土145 0773(75)3131
東舞鶴 625-0026 舞鶴市泉源寺766 0773(62)5510
囲舞鶴工業高専 625-8511 舞鶴市字白屋234 0773(62)5600
福知山 620-0857 福知山市土師650 0773(27)2151
京都府立工業 620-0804 福知山市石原4−57 0773(27)5161
囲福知山成美 620-0876 福知山市堀3471−1 0773(22)6224
囲福知山淑徳 620-0936 福知山市字正明寺30−1 0773(22)6247
囲京都共栄学園 620-0933 福知山市篠尾62−5 0773(22)6241
宮津 626-0034 宮津市滝馬23 0772(22)2116
海洋 626-0074 宮津市上司1567−1 0772(25)0331
綾部 623-0042 綾部市岡町長田18 0773(42)0451
城南菱創 611-0042 宇治市小倉町南堀池 0774(23)5030
東宇治 611-0002 宇治市木幡平尾43−2 0774(32)6390
莵道 611-0011 宇治市五ヶ庄五雲峰4−1 0774(33)1691
囲京都翔英 611-0013 宇治市莵道大垣内33−10 0774(23)2238
囲立命館宇治 611-0031 宇治市広野町八軒屋谷33−1 0774(41)3000
亀岡 621-0812 亀岡市横町23 0771(22)0103
南丹 621-0008 亀岡市馬路町中島1 0771(24)1821
乙訓 617-0843 長岡京市友岡1−1−1 075(951)1008
西乙訓 617-0845 長岡京市下海印寺西明寺41 075(955)2210
向陽 617-0006 向日市上植野町西大田 075(922)4500
城陽 610-0121 城陽市寺田宮ノ平1 0774(52)6811
北桑田 601-0534 京都市右京区京北下

●校名　●郵便番号　●所在地　●電話

弓削町沢ノ奥15　075(854)0022
木津　619-0214　木津川市木津内田山34　0774(72)0031
南陽　619-0224　木津川市兜台6—2　0774(72)8730
囲京都廣学館　619-0245　相楽郡精華町下狛中垣内48　0774(93)0518
園部　622-0004　南丹市園部町小桜町97　0771(62)0051
農芸　622-0059　南丹市園部町南大谷　0771(65)0013
加悦谷　629-2313　与謝郡与謝野町字三河内810　0772(42)2171
峰山　627-8688　京丹後市峰山町古殿1185　0772(62)1012
網野　629-3101　京丹後市網野町網野2820　0772(72)0379
田辺　610-0361　京田辺市河原神谷24　0774(62)0572
京都八幡　614-8363　八幡市男山吉井7　075(981)3508
囲同志社国際　610-0321　京田辺市多々羅都谷60—1　0774(65)8911
久御山　613-0033　久世郡久御山町林　0774(43)9611
久美浜　629-3444　京丹後市久美浜町字橋爪65　0772(82)0069
大江　620-0303　福知山市大江町金屋578　0773(56)0033
囲京都文教　606-8344　京都市左京区岡崎円勝寺町5　075(771)6155
囲京都聖カタリナ　622-0002　南丹市園部町美園町1—78　0771(62)0163
囲京都精華学園　606-8305　京都市左京区吉田河原町5—1　075(771)4181

奈良県
国奈良女子大学附属中等教育　630-8305　奈良市東紀寺町1—60—1　0742(26)2571
奈良　630-8113　奈良市法蓮町836　0742(23)2855
市立一条　630-8001　奈良市法華寺町1351　0742(33)7075
西の京　630-8044　奈良市六条町3—24　0742(46)7501
平城　631-0806　奈良市朱雀2—11　0742(71)5174
高円　630-8302　奈良市白毫寺町633　0742(22)5838
登美ケ丘　631-0008　奈良市二名町1944—12　0742(46)0017
囲奈良育英　630-8558　奈良市法蓮町1000　0742(26)2845
囲奈良大学附属　631-8555　奈良市秋篠町50　0742(41)8840
囲帝塚山　631-0034　奈良市学園南3—1—3　0742(41)4685
囲東大寺学園　631-0803　奈良市山陵町1375　0742(47)5511
囲奈良学園登美ケ丘　631-8522　奈良市中登美ケ丘3—15—1　0742(93)5111
高田　635-0061　大和高田市磯野東町6—6　0745(22)0123
市立高田商業　635-0011　大和高田市材木町1—11　0745(22)0094
郡山　639-1011　大和郡山市城内町1—26　0743(52)0012
囲奈良学園　639-1093　大和郡山市山田町430　0743(54)0351
二階堂　632-0082　天理市荒蒔町100—1　0743(63)5727
囲天理　632-8585　天理市杣之内町1260　0743(63)7691
囲天理教校学園　632-0015　天理市三島町70　0743(63)1511
畝傍　634-0078　橿原市八木町3—13—2　0744(22)5321
橿原　634-0823　橿原市北越智町282　0744(27)8282
桜井　633-0091　桜井市桜井95　0744(45)2041
奈良情報商業　633-0051　桜井市河西770

0745(42)4014
御所実業　639-2247　御所市玉手300　0745(62)2085
五條　637-0092　五條市岡町1428　0747(22)4116
生駒　630-0222　生駒市壱分町532—1　0743(77)8084
奈良北　630-0131　生駒市上町4600　0743(78)3081
法隆寺国際　636-0104　生駒郡斑鳩町高安2—1—1　0745(74)3630
西和清陵　636-0813　生駒郡三郷町信貴ケ丘4—7—1　0745(72)4101
王寺工業　636-0012　北葛城郡王寺町本町3—6—1　0745(72)3116
大和広陵　635-0802　北葛城郡広陵町の場401　0745(57)0300
香芝　639-0233　香芝市真美ヶ丘5—1—53　0745(76)6772
囲西大和学園　636-0082　北葛城郡河合町薬井295　0745(73)6565
高取国際　635-0131　高市郡高取町田井455—2　0744(52)4552
大淀　638-0821　吉野郡大淀町下渕983　0747(52)4171
山辺　632-0246　奈良市都祁友田町937　0743(82)0222

和歌山県
橋本　648-0065　橋本市古佐田4—10—1　0736(32)0049
紀北工業　648-0086　橋本市神野々809　0736(32)1240
囲初芝橋本　648-0005　橋本市小峰台2—1　0736(37)5600
囲高野山　648-0288　伊都郡高野町高野山212　0736(56)2204
笠田　649-7161　伊都郡かつらぎ町笠田東825　0736(22)1029
那賀　649-6223　岩出市高塚115　0736(62)2117
粉河　649-6595　紀の川市粉河4632　0736(73)3411
貴志川　640-0415　紀の川市貴志川町長原440　0736(64)2521
和歌山商業　640-8272　和歌山市砂山南町3—3—94　073(424)2446
向陽　640-8323　和歌山市太田127　073(471)0621
桐蔭　640-8137　和歌山市吹上5—6—18　073(436)1366
市立和歌山　640-8482　和歌山市六十谷45　073(461)3690
星林　641-0036　和歌山市西浜2—9—9　073(447)2025
和歌山工業　641-0036　和歌山市西浜1—6—1　073(444)0158
和歌山北　640-0112　和歌山市西庄1148—1（西校合）　073(455)0451
和歌山東　640-8312　和歌山市森小手穂136　073(472)5620
和歌山　649-6264　和歌山市新庄188　073(477)3933
国和歌山工業高等専門　644-0023　御坊市名田町野島77　0738(29)2301
囲近畿大学附属和歌山　640-8471　和歌山市善明寺516　073(452)1161
囲開智　640-8481　和歌山市直川113—2　073(461)8080
海南　642-0022　海南市大野中651　073(482)3363
有田中央　643-0021　有田郡有田川町下津野459　0737(52)4340
耐久　643-0004　有田郡湯浅町湯浅1985　0737(62)4148
日高　644-0003　御坊市島45　0738(22)3151
紀央館　644-0012　御坊市湯川町小松原43—1　0738(22)4011
和歌山南陵　649-1443　日高郡日高川町和佐2223—5　0738(53)0316
南部　645-0002　日高郡みなべ町芝407　0739(72)2056

田辺　646-0024　田辺市学園1—71　0739(22)1880
神島　646-0023　田辺市文里2—33—12　0739(22)2550
田辺工業　646-0021　田辺市あけぼの51—1　0739(22)3983
新翔　647-0071　新宮市佐野1005　0735(31)7087
新宮　647-0044　新宮市神倉3—2—39　0735(22)8101
串本古座　649-3503　東牟婁郡串本町串本1522　0735(62)0004
囲近畿大学附属新宮　647-0081　新宮市新宮4966　0735(22)2005

大阪府
国大阪教育大学附属池田校舎　563-0026　池田市緑丘1—5—1　072(761)8473
芥川　569-1027　高槻市浦堂1—12—1　072(689)0109
阿武野　569-1141　高槻市氷室町3—38—1　072(693)4670
池田　563-0022　池田市旭丘2—2—1　072(761)1131
茨木　567-8523　茨木市新庄町12—1　072(622)3423
茨木西　567-0045　茨木市紫明園10—1　072(625)5711
園芸　563-0037　池田市八王寺2—5—1　072(761)8830
春日丘　567-0031　茨木市春日1—1—1　072(623)2061
北千里　565-0873　吹田市藤白台5—6—1　072(872)0535
北野　532-0025　大阪市淀川区新北野2—5—13　06(6303)5661
北淀・淀川清流　533-0013　大阪市東淀川区豊里2—11—35　06(6328)2331
桜塚　561-0881　豊中市中桜塚4—1—1　06(6853)2244
渋谷　563-0021　池田市畑4—1—1　072(751)2895
大冠　569-0034　高槻市大塚町4—50—1　072(672)0550
島本　618-0023　三島郡島本町桜井台15—1　075(962)3265
吹田　564-0004　吹田市原町4—24—14　06(6387)6651
吹田東　565-0802　吹田市青葉丘南16—1　06(6877)6715
摂津　566-0033　摂津市学園町1—5—1　072(635)1441
千里　565-0861　吹田市高野台2—17—1　06(6871)0050
高槻北　569-1112　高槻市別所中町36—3　072(683)8739
豊島　560-0001　豊中市北緑丘3—2—1　06(6849)7651
刀根山　560-0045　豊中市刀根山6—9—1　06(6843)3781
豊中　560-0011　豊中市上野西2—5—12　06(6854)1207
東淀川　532-0003　大阪市淀川区宮原4—4—5　06(6391)2427
福井　567-0067　茨木市西福井3—33—1　072(641)4361
三島　569-1135　高槻市今城町27—1　072(682)5884
箕面　562-0004　箕面市牧落4—8—66　072(721)7091
箕面東　562-0025　箕面市粟生外院5—4—63　072(729)4008
山田　565-0821　吹田市山田東3—28—1　06(6875)5010
市立東淀工業　532-0031　大阪市淀川区加島1—52—81　06(6302)1035
囲追手門学院　567-0013　茨木市太田東芝町1—1　072(697)8185
囲大阪　533-0007　大阪市東淀川区相川2—18—51　06(6340)3031
囲大阪学院大学　564-0012　吹田市南正雀3—12—1　06(6381)6661

囲大阪青凌　569-0021　高槻市前島3—2—1　072(669)4111
囲関西大倉　567-0052　茨木市室山2—14—1　072(643)6321
囲関西大学高等部　569-1098　高槻市白梅町7—1　072(684)4327
囲関西大学第一　564-0073　吹田市山手町3—3—24　06(6337)7750
囲金蘭千里　565-0873　吹田市藤白台5—25—2　06(6872)0263
囲金光大阪　569-0002　高槻市東上牧1—3—1　072(669)5211
囲早稲田摂陵　567-0051　茨木市宿久庄7—20—1　072(643)6363
囲高槻　569-8505　高槻市沢良木町2—5　072(671)0001
囲大商学園　561-0846　豊中市利倉東1—2—1　06(6862)5223
囲星翔　566-0022　摂津市三島3—5—36　06(6381)0220
囲関西大学北陽　533-0006　大阪市東淀川区上新庄1—3—26　06(6328)5964
囲箕面学園　562-0001　箕面市箕面7—7—31　072(723)6551
囲箕面自由学園　560-0056　豊中市宮山町4—21—1　06(6852)8110
囲履正社　561-0874　豊中市長興寺南4—3—19　06(6864)0456
囲英真学園　532-0023　大阪市淀川区十三東5—4—38　06(6303)2181
槻の木　569-0075　高槻市城内町2—13　072(675)2600
柴島　533-0024　大阪市東淀川区柴島1—7—106　06(6323)8351
千里青雲　560-0084　豊中市新千里南町1—5—1　06(6831)3045
北摂つばさ　567-0848　茨木市玉島台2—1　072(633)2000
能勢　563-0122　豊能郡能勢町上田尻580　072(737)0666
囲アサンプション国際　562-8543　箕面市如意谷1—13—23　072(721)3080
旭　535-0031　大阪市旭区高殿5—6—41　06(6951)3133
芦間　570-0096　守口市外島町1—43　06(6993)7687
市岡　552-0002　大阪市港区市岡元町2—12—12　06(6582)0330
大手前　540-0008　大阪市中央区大手前2—1—11　06(6941)0051
交野　576-0064　交野市寺南野10—1　072(891)9251
門真なみはや　571-0016　門真市島頭4—9—1　072(881)2331
門真西　571-0038　門真市柳町1—29—1　06(6909)0318
香里丘　573-0093　枚方市東中振2—18—1　072(832)3421
四條畷　575-0035　四條畷市雁屋北町1—1　072(877)0004
城東工科　578-0976　東大阪市西鴻池町2—5—33　06(6745)0051
成城　536-0021　大阪市城東区諏訪3—11—41　06(6962)2801
大正　551-0031　大阪市大正区泉尾7—11—1　06(6554)3100
長尾　573-0102　枚方市長尾家具町5—1—1　072(855)1700
西寝屋川　572-0075　寝屋川市幸町19—1　072(828)6700
西野田工科　553-0007　大阪市福島区大開2—17—62　06(6461)0471
寝屋川　572-0832　寝屋川市本町15—64　072(821)0546
野崎　574-0014　大東市寺川1—2—1　072(874)0911
枚方　573-0027　枚方市大垣内町3—16—1　072(843)3081
枚方津田　573-0121　枚方市津田北町2—50—1　072(858)7003
牧野　573-1123　枚方市南船橋1—11—1　072(851)1050
港　552-0001　大阪市港区波除2—3—1

43　0798(45)2043
鳴尾　663-8182　西宮市学文殿町２－１－60　0798(47)1324
西宮今津　663-8154　西宮市浜町子園４－１－５　0798(45)1941
西宮甲山　662-0004　西宮市鷲林寺剣谷10　0798(74)2460
市立西宮　662-0872　西宮市高座町14－117　0798(74)6711
市立西宮東　663-8185　西宮市古川町１－12　0798(47)6013
私仁川学院　662-0812　西宮市甲東園２－13－９　0798(51)3621
私関西学院　662-8501　西宮市上ケ原一番町１－155　0798(51)0975
私甲陽学院　662-0096　西宮市角石町３－138　0798(73)3011
私報徳学園　663-8003　西宮市上大市５－28－19　0798(51)3021
芦屋　659-0063　芦屋市宮川町６－３　0797(32)2325
芦屋国際中等教育　659-0031　芦屋市浜町１－２　0797(38)2293
私甲南　659-0096　芦屋市山手町31－3　0(9/(31)1021
私雲雀丘学園　665-0805　宝塚市雲雀丘４－２－１　072(759)1300
私芦屋学園　659-0011　芦屋市六麓荘町16－18　0797(31)0666
東灘　658-0023　神戸市東灘区深江浜町50　078(452)9600
御影　658-0045　神戸市東灘区御影石町４－１－１　078(841)1501
市立六甲アイランド　658-0032　神戸市東灘区向洋町中４－４　078(858)4000
国神戸大学附属中等教育　658-0063　神戸市東灘区住吉山手５－11－１　078(811)0232
私灘　658-0082　神戸市東灘区魚崎北町8－5－1　078(411)7234
神戸　657-0804　神戸市灘区城の下通１－5－１　078(861)0434
私六甲学院　657-0015　神戸市灘区篠原伯母野山町２－４－１　078(871)4161
市立葺合　651-0054　神戸市中央区野崎通１－１　078(291)0771
市立科学技術　651-0072　神戸市中央区脇浜町１－４－70　078(272)9900
私神港学園　650-0003　神戸市中央区山本通４－19－20　078(241)3135
私神戸龍谷　651-0052　神戸市中央区中島通５－３－１　078(241)0076
私神戸第一　651-0058　神戸市中央区葺合町寺ケ谷１　078(242)4811
神戸鈴蘭台　651-1102　神戸市北区山田町下谷上字中一里山９－107　078(591)1331
神戸甲北　651-1144　神戸市北区大脇台９－１　078(593)7291
私神戸弘陵学園　651-1101　神戸市北区山田町小部妙賀山10　078(593)3535
神戸北　651-1332　神戸市北区唐櫃台２－41－１　078(981)0131
兵庫工業　652-0863　神戸市兵庫区和田宮通２－１－63　078(671)1431
市立神港橘　652-0043　神戸市兵庫区会下山町３－16－１　078(579)2000
私神戸学院大学附属　652-0043　神戸市兵庫区会下山町１－７－１　078(511)6004
兵庫　653-0804　神戸市長田区寺池町１－４－１　078(691)1135
夢野台　653-0801　神戸市長田区房王寺町２－１－１　078(691)1546
長田　653-0821　神戸市長田区池田谷町２－５　078(621)4101
私神戸村野工業　653-0003　神戸市長田区五番町８－５　078(575)0230
私育英　653-0855　神戸市長田区長尾町２－１－15　078(611)6001
北須磨　654-0142　神戸市須磨区友が丘9－23　078(792)7661
須磨東　654-0152　神戸市須磨区東落合１－１－１　078(793)1616

市立須磨翔風　654-0155　神戸市須磨区西落合１－１－５　078(798)4155
須磨友が丘　654-0142　神戸市須磨区友が丘１－１－５　078(791)7881
私滝川　654-0007　神戸市須磨区板宿町２－１－１　078(732)1625
私須磨学園　654-0009　神戸市須磨区板宿町３－15－14　078(732)1968
私啓明学院　654-0131　神戸市須磨区横尾9－5－1　078(741)1506
私神戸星城　654-0113　神戸市須磨区緑が丘１－２－１　078(741)1860
星陵　655-0038　神戸市垂水区星陵台４－３－２　078(707)6565
舞子　655-0004　神戸市垂水区学が丘３－２　078(783)5151
私神戸国際大学附属　655-0004　神戸市垂水区学が丘５－１－１　078(707)1001
伊川谷　651-2104　神戸市西区伊川谷町長坂910－5　078(974)5630
伊川谷北　651-2103　神戸市西区伊川谷町有瀬6－1　078(792)6902
市立工業高専　651-2194　神戸市西区学園東町８－３　078(795)3268
私神戸朝鮮高級　655-0017　神戸市垂水区上高丸１－5－１　078(709)0255
私滝川第二　651-2276　神戸市西区春日台9－１　078(707)1001
神戸高塚　651-2277　神戸市西区美賀多台9－１　078(992)7000
明石　673-8585　明石市荷山町1744　078(911)4376
明石南　673-0001　明石市明南町３－２－１　078(923)3617
明石西　674-0094　明石市二見町西二見1642－1　078(943)3350
明石北　674-0053　明石市大久保町松陰364－1　078(936)9100
明石清水　674-0074　明石市魚住町清水630－１　078(947)1182
明石城西　674-0062　明石市大久保町八木1190－7　078(936)8495
市立明石商業　674-0072　明石市魚住町長寺1250　078(918)5950
国明石高専　674-8501　明石市魚住町西岡679－３　078(946)6191
加古川東　675-0039　加古川市加古川町粟津232－２　079(424)2726
加古川西　675-0037　加古川市加古川町本町118　079(424)2400
加古川北　675-0019　加古川市野口町水足867－１　079(426)6511
加古川南　675-0035　加古川市友沢65－１　079(421)2373
農業　675-0101　加古川市平岡町新在家902－４　079(424)3341
東播工業　675-0057　加古川市東神吉町神吉1748－１　079(432)6861
私相生学院　678-0044　相生市那波町700　0791(24)0100
東播磨　675-1127　加古郡稲美町中一色594－２　079(495)8000
播磨南　675-0163　加古郡播磨町古宮４－３－１　078(944)1157
高砂　676-0021　高砂市高砂町朝日町２－５－１　079(442)2371
高砂南　676-0025　高砂市西畑２－１－12　079(443)5900
私白陵　676-0827　高砂市阿弥陀町甲弥陀2260　079(447)1675
松陽　676-0082　高砂市曽根町2794－１　079(447)4021
三木　673-0402　三木市加佐931　0794(82)5001
三木東　673-0434　三木市別所町小林625－２　0794(82)8000
三木北　673-0521　三木市志染町青山６－25　0794(85)6781
吉川　673-1129　三木市吉川町渡瀬300－12　0794(73)0068
社　673-1461　加東市木梨1356－１　0795(42)2055
小野　675-1375　小野市西本町518

小野工業　675-1335　小野市片山町1034－１　0794(63)1941
北条　675-2241　加西市段下町847－5　0790(48)2311
西脇　677-0054　西脇市野村町1794－60　0795(22)3566
西脇工業　677-0054　西脇市野村町1790　0795(22)5506
多可　679-1105　多可郡多可町中区東山553　0795(32)3214
姫路東　670-0012　姫路市本町68－70　079(285)1166
姫路西　670-0877　姫路市北八代２－１－33　079(281)1575
姫路工業　670-0871　姫路市伊伝居600－１　079(284)0111
姫路商業　670-0983　姫路市井ノ口468　079(284)5010
姫路別所　671-0223　姫路市別所町北宿303－１　079(253)0755
姫路南　671-1143　姫路市大津区天満191－５　079(236)1835
網干　671-1286　姫路市網干区新在家259－１　079(274)2012
飾磨工業　672-8064　姫路市飾磨区細江319　079(235)1951
市立姫路　670-0083　姫路市辻井９－１　079(297)2753
市立琴丘　670-0052　姫路市今宿668　079(292)4925
市立飾磨　672-8031　姫路市飾磨区妻鹿672　079(245)1121
私自由ヶ丘　671-2131　姫路市夢前町戸倉566　079(336)3333
私淳心学院　670-0012　姫路市本町68　079(222)3581
私東洋大学附属姫路　671-2201　姫路市書写1699　079(266)2626
太子　671-1532　揖保郡太子町糸井宇井池19　079(277)0123
夢前　671-2103　姫路市夢前町前之庄643－１　079(336)0039
香寺　679-2163　姫路市香寺町土師547　079(232)0048
福崎　679-2212　神崎郡福崎町福田234－１　0790(22)1200
私市川　679-2395　神崎郡市川町東川辺776－18　0790(26)0001
龍野　679-4161　たつの市龍野町日山554　0791(62)0886
龍野北　679-4316　たつの市新宮町芝田125－２　0791(75)2900
相生　678-0001　相生市山手１－722－10　0791(23)0800
相生産業　678-0062　相生市千尋町10－50　0791(22)0595
赤穂　678-0225　赤穂市海浜町139　0791(43)2151
上郡　678-1233　赤穂郡上郡町大持207－１　0791(52)0069
佐用　679-5381　佐用郡佐用町佐用260　0790(82)2434
山崎　671-2570　宍粟市山崎町加生340　0790(62)1730
姫路飾西　671-2216　姫路市飾西148－２　079(266)5355
兵庫県立大学附属　678-1205　赤穂郡上郡町光都３－11－１　0791(58)0722
有馬　669-1531　三田市天神２－１－50　079(563)2881
北摂三田　669-1545　三田市狭間が丘１－33　079(563)2881
私三田学園　669-1535　三田市南が丘２－13－65　079(564)2291
三田西陵　669-1324　三田市ゆりのき台３－１　079(565)5287
三田祥雲館　669-1337　三田市学園１－１　079(560)6080
私三田松聖　669-1342　三田市四ツ辻1430　079(568)1001
篠山鳳鳴　669-2318　丹波篠山市大熊369　079(552)0047
篠山産業　669-2341　丹波篠山市郡家403

－１　079(552)1194
柏原　669-3302　丹波市柏原町東奥50　0795(72)1166
氷上　669-4141　丹波市春日町黒井77　0795(74)0104
八鹿　667-0031　養父市八鹿町九鹿85　079(662)2176
豊岡　668-0042　豊岡市京町12－91　0796(22)2111
豊岡総合　668-0023　豊岡市加広町6－8　0796(22)7177
私近畿大学附属豊岡　668-0065　豊岡市戸牧100　0796(22)4305
出石　668-0211　豊岡市出石町下谷35－１　0796(52)3131
和田山　669-5215　朝来市和田山町枇目岡376－１　079(672)3269
香住　669-6563　美方郡香美町香住区矢田41－１　0796(36)1101
但馬農業　667-0043　養父市八鹿町高柳300－１　079(662)6107
浜坂　669-6701　美方郡新温泉町芦屋853－２　0796(82)3174
洲本　656-0063　洲本市上物部２－８－５　0799(22)1550
洲本実業　656-0012　洲本市宇山２－８－65　0799(22)1240
私蒼開　656-0013　洲本市下加茂１－９－48　0799(22)2552
津名　656-2131　淡路市志筑249－１　0799(62)0071
淡路　656-1711　淡路市富島171－２　0799(81)1137
淡路三原　656-0461　南あわじ市市円行寺345－１　0799(42)0048
私神村学園淡路島　656-2131　淡路市志筑111－７オルガノ１Ａ　電話なし

岡山県

岡山朝日　703-8278　岡山市中区古京町２－２－21　086(272)1271
岡山操山　703-8573　岡山市中区浜412　086(272)1241
岡山大安寺　700-0961　岡山市北区北長瀬本町19－34　086(252)5225
岡山芳泉　703-8527　岡山市南区当新田51－１　086(264)2801
岡山工業　700-0013　岡山市北区伊福町４－３－92　086(252)5231
東岡山工業　703-8217　岡山市中区土田290－１　086(279)0565
高松農業　701-1334　岡山市北区高松原古才336－２　086(287)3711
西大寺　704-8112　岡山市東区西大寺上２－１－17　086(942)4150
興陽　701-0297　岡山市南区藤田1500　086(296)2221
岡山一宮　701-1202　岡山市北区楢津221　086(284)2241
岡山御津　709-2133　岡山市北区御津金川940　086(724)0831
市立岡山後楽館　700-0807　岡山市北区南方１－３－15　086(226)7100
私岡山理科大学附属　700-0005　岡山市北区理大町１－１　086(256)8511
私関西　700-0056　岡山市北区西崎本町16－１　086(282)6336
私岡山　701-0206　岡山市南区箕島1500　086(282)6336
私岡山商科大学附属　700-0807　岡山市北区南方５－２－45　086(252)3407
私岡山学芸館　704-8502　岡山市東区西大寺上１－19－19　086(942)3864
私就実　700-0086　岡山市中区西川原５－３－１　086(252)5247
私就実　700-0817　岡山市北区弓之町14－23　086(225)1326
私創志学園　700-0054　岡山市北区下伊福西町7－38　086(252)2101
私吉備高原学園　709-2393　加賀郡吉備中央町上野2400　0866(56)8211

和気閑谷 709-0422 和気郡和気町尺所15 0869(93)1188
邑久 701-4221 瀬戸内市邑久町尾張404 0869(22)0017
備前緑陽 705-8507 備前市西片上91—1 0869(63)0315
圀岡山白陵 709-0715 赤磐市勢力588 086(995)1255
玉野 706-8555 玉野市築港3—11—1 0863(31)4321
市立玉野商工 706-0012 玉野市玉6—1—1 0863(31)5341
玉野光南 706-0226 玉野市東7区244 0863(51)2311
倉敷鷲羽 711-0915 倉敷市児島由加山田町2301 086(472)2888
瀬戸 709-0876 岡山市東区瀬戸町光明谷316—1 086(952)1031
倉敷青陵 710-0043 倉敷市羽島1046—2 086(422)8001
倉敷天城 710-0132 倉敷市藤戸町天城269 086(428)1251
倉敷南 710-0842 倉敷市吉岡330 086(423)0600
倉敷工業 710-0826 倉敷市老松町4—9—1 086(422)0476
水島工業 710-0807 倉敷市西阿知町1230 086(465)2504
玉島 713-8121 倉敷市玉島阿賀崎3—1—1 086(522)2972
玉島商業 713-8122 倉敷市玉島中央町2—9—30 086(522)8397
倉敷古城池 712-8046 倉敷市福田町古新田116—1 086(455)5811
圀倉敷 710-0012 倉敷市鳥羽283 086(462)9000
圀おかやま山陽 719-0252 浅口市鴨方町六条院中2069 0865(44)3100
圀金光学園 719-0104 浅口市金光町占見新田1350 0865(42)3131
圀倉敷翠松 710-0003 倉敷市平田155 086(422)3565
笠岡 714-0081 笠岡市笠岡3073—2 0865(62)5128
笠岡商業 714-0081 笠岡市笠岡3203 0865(62)5245
笠岡工業 714-0043 笠岡市横島808 0865(67)0311
圀岡山龍谷 714-0081 笠岡市笠岡874 0865(63)2525
井原 715-0019 井原市井原町1802 0866(62)0057
圀興譲館 715-0006 井原市西江原町2257—1 0866(62)0124
矢掛 714-1201 小田郡矢掛町矢掛1776—2 0866(82)0045
総社 719-1126 総社市総社3—9—1 0866(93)0891
総社南 719-1132 総社市三輪626—1 0866(93)6811
高梁 716-0004 高梁市内山下38 0866(22)3047
高梁城南 716-0043 高梁市原田北町1216—1 0866(22)2237
新見 718-0011 新見市新見1394 0867(72)2260
津山 708-0051 津山市椿高下62 0868(22)2204
津山商業 708-0004 津山市山北531 0868(23)2421
津山工業 708-0004 津山市山北411—1 0868(22)4174
津山東 708-0822 津山市林田1200 0868(22)9307
圀岡山県作陽 708-8518 津山市八出1320 0868(23)2188
圀岡山県美作 708-0004 津山市山北500 0868(22)4838
昭和日塾中等教育 709-2136 岡山市北区御津紙工2590 086(726)0111
国津山高専 708-8509 津山市沼624—1 0868(24)8200
勝山 717-0013 真庭市勝山481 0867(44)2628

真庭 719-3144 真庭市落合垂水448—1 0867(52)0056
勝間田 709-4316 勝田郡勝央町勝間田47 0868(38)3168
林野 707-0046 美作市三倉田58—1 0868(72)0030

鳥取県

鳥取東 680-0061 鳥取市立川町5—210 0857(22)8495
鳥取工業 689-1103 鳥取市生山111 0857(53)8011
鳥取商業 680-0941 鳥取市湖山町北2—401 0857(28)0056
鳥取西 680-0011 鳥取市東町2—112 0857(22)8281
鳥取湖陵 680-0941 鳥取市湖山町北3—250 0857(28)0250
圀鳥取城北 680-0811 鳥取市西品治848 0857(23)3502
倉吉東 682-0812 倉吉市下田中町801 0858(22)5205
倉吉総合産業 682-0044 倉吉市小田204—5 0858(26)2851
倉吉西 682-0925 倉吉市秋喜20 0858(28)1811
圀倉吉北 682-0013 倉吉市福庭町1—180 0858(26)1351
米子東 683-0051 米子市勝田町1 0859(22)2178
米子西 683-0045 米子市大谷町200 0859(22)7421
米子工業 683-0052 米子市博労町4—220 0859(22)9211
圀米子北 683-0804 米子市米原6—14—1 0859(22)9371
圀米子松蔭 689-3541 米子市二本木316—1 0859(27)0300
圀米子北斗 683-0851 米子市夜見町50 0859(29)6000
境 684-8601 境港市上道町3030 0859(44)0441
境港総合技術 684-0043 境港市竹内町925 0859(45)0411
八頭 680-0451 八頭郡八頭町久能寺725 0858(72)0022
圀鳥取敬愛 680-0022 鳥取市西町1—111 0857(22)8397
鳥取中央育英 689-2221 東伯郡北栄町由良宿291—1 0858(37)3211

島根県

情報科学 692-8500 安来市能義町310 0854(23)2700
松江北 690-0872 松江市奥谷町164 0852(21)4888
松江南 690-8519 松江市八雲台1—1—1 0852(21)6329
松江東 690-0823 松江市西川津町510 0852(27)3700
松江商業 690-8525 松江市浜乃木8—1—1 0852(21)3261
松江工業 690-8528 松江市古志原4—1—10 0852(67)2121
松江農林 690-8507 松江市乃木福富町51 0852(21)6772
圀立正大学淞南 690-8517 松江市大庭町1794—2 0852(21)9634
圀松江西 690-0015 松江市上乃木3—21—10 0852(21)2925
圀開星 690-0017 松江市西津田9—11—1 0852(21)4915
横田 699-1821 奥出雲町稲原2178—1 0854(52)1511
三刀屋 690-2404 雲南市三刀屋町三刀屋912—1 0854(45)2721
平田 691-0001 出雲市平田町 0853(62)2117
浜田商業 697-0062 浜田市熱田町675 0855(27)0064
浜田 697-0024 浜田市黒川町3749 0855(22)0042

出雲 693-0001 出雲市今市町1800 0853(21)0008
出雲農林 693-0046 出雲市下横町950 0853(28)0321
出雲工業 693-0022 出雲市上塩冶町420 0853(21)3131
出雲商業 693-0011 出雲市大津町2525 0853(21)0016
圀出雲西 693-0032 出雲市下古志町1163 0853(21)1183
圀出雲北陵 693-0073 出雲市西林木町3 0853(21)1871
益田 698-0017 益田市七尾町1—17 0856(22)0044
益田翔陽 698-0041 益田市高津3—21—1 0856(22)0642
圀益田東 698-0011 益田市染羽町1—24 0856(23)3435
圀明誠 698-0006 益田市三宅町7—37 0856(23)6877
大田 694-0064 大田市大田町大田イ568 0854(82)0520
江津工業 695-0011 江津市江津町1477 0855(52)2120
圀石見智翠館 695-8502 江津市渡津町1904—1 0855(52)2457
江津 695-0021 江津市都野津町293 0855(53)0838
大社 699-0722 出雲市大社町北荒木1473 0853(53)3002
吉賀 699-5522 吉賀町七日市937 0856(77)0029
大東 699-1251 雲南市大東町大東637 0854(43)2511
隠岐水産 685-8555 隠岐の島町東郷吉津2 0851(22)1411
国松江工業高専 690-8518 松江市西生馬町14—4 0852(36)5111
島根中央 696-0001 邑智郡川本町川本222 0855(72)0355

広島県

国広島大学附属 734-0005 広島市南区翠1—1—1 082(251)0192
広島皆実 734-0001 広島市南区出汐2—4—76 082(251)6441
広島国泰寺 730-0042 広島市中区国泰寺町1—2—49 082(241)1527
広島観音 733-0034 広島市西区観音町4—10 082(232)1371
広島工業 734-0001 広島市南区出汐2—1 082(232)1371
市立広島商業 732-0068 広島市東区牛田新町1—1—1 082(228)2481
広島市立基町 730-0005 広島市中区白島町25—1 082(221)1510
広島商業 730-0847 広島市中区舟入南6—7—11 082(231)9315
広島市立舟入 730-0847 広島市中区舟入南1—4—4 082(232)1261
市立広島工業 734-0025 広島市南区東本浦町1—18 082(282)2216
可部 731-0222 広島市安佐北区可部東4—27—1 082(814)2032
高陽東 739-1732 広島市安佐北区落合南8—12—1 082(843)1167
広島中等教育 731-0212 広島市安佐北区三入東1—14—1 082(818)0600
安古市 731-0152 広島市安佐南区伴中央7—45 082(879)4511
安西 731-0142 広島市安佐南区高取南2—15—1 082(872)1321
祇園北 731-0138 広島市安佐南区祇園8—25—1 082(875)4607
広島市立沼田 731-3164 広島市安佐南区伴東6—1—1 082(848)4168
高陽 739-1741 広島市安佐北区真亀3—22—1 082(842)7781
広島井口 733-0841 広島市西区井口明神2—11—1 082(277)1003
安芸南 736-0085 広島市安芸区矢野西2—15—1 082(885)2341
五日市 731-5157 広島市佐伯区観音台3—15—1 082(923)4181
広島市立美鈴が丘 731-5113 広島市佐伯区美鈴が丘緑2—13—1 082(927)2249
圀広島学院 733-0875 広島市西区古江上1—630 082(271)0241
圀崇徳 733-8511 広島市西区楠木町4—15—13 082(237)9331
圀広陵 731-3161 広島市安佐南区伴東3—14—1 082(848)1321
圀山陽 733-8551 広島市西区観音新町4—12—5 082(232)9156
圀瀬戸内 732-0047 広島市東区尾長西2—12—1 082(261)1296
圀広島工業大学 733-0842 広島市西区井口5—34—1 082(277)9205
圀修道 730-0055 広島市中区南千田西町8—1 082(241)8291
圀広島城北 732-0015 広島市東区戸坂城山町1—3 082(229)0111
圀広島朝鮮高級 732-0048 広島市東区山根町37—50 082(280)0028
圀AICJ 731-0138 広島市安佐南区祇園2—33—16 082(832)5037
広 737-0141 呉市広大新開3—6—4 0823(72)6211
呉宮原 737-0024 呉市宮原3—1—1 0823(21)9306
呉三津田 737-0814 呉市山手1—5—1 0823(21)7788
呉工業 737-0001 呉市阿賀北2—10—1 0823(71)2177
呉昭和 737-0905 呉市焼山町山の神 0823(33)9557
呉市立呉 737-0003 呉市阿賀中央5—11—1 0823(71)9163
圀武田 739-2611 東広島市黒瀬町大多田443—5 0823(82)2331
圀呉武田 737-0141 呉市広大新開3—3—4 0823(71)9163
国広島大学附属福山 721-8551 福山市春日町5—14—1 084(941)8350
福山誠之館 720-0082 福山市木之庄町6—11—1 084(922)0085
松永 729-0112 福山市神村町113 084(933)5141
福山工業 720-0815 福山市野上町3—9—2 084(922)0261
福山葦陽 720-0083 福山市久松台3—1—1 084(923)0400
福山市立福山 720-0843 福山市赤坂町赤坂910 084(951)5978
大門 721-0913 福山市幕山台3—1—1 084(947)7363
福山商業 720-0832 福山市水呑町3535 084(956)1511
福山明王台 720-8502 福山市明王台2—4—1 084(952)1110
圀盈進 720-8504 福山市千田町千田487—4 084(955)2233
圀近畿大学附属福山 720-0835 福山市佐波町389 084(951)2695
圀銀河学院 721-0921 福山市大門町大門119—8 084(941)9292
三原 723-0016 三原市宮沖4—11—1 0848(62)2151
三原東 723-0003 三原市の町2—7—1 0848(62)7271
総合技術 729-0417 三原市本郷南5—25—1 0848(86)4314
圀如水館 723-8501 三原市深町1183 0848(63)2423
尾道東 722-0043 尾道市東久保町17—1 0848(37)7137
尾道北 722-0046 尾道市長江3—7—1 0848(37)6106
尾道商業 722-0002 尾道市古浜町1—1 0848(25)2115
圀尾道 722-0073 尾道市向島町5548—10 0848(20)6612
因島 722-2194 尾道市因島重井町5574 0845(24)1281
府中 726-0032 府中市出口町898 0847(41)4223

●校名　●郵便番号　●所在地　●電話

府中東　726-0021　府中市土生町399－1
　0847(41)3300
三次　728-0017　三次市南畑敷町155
　0824(63)4104
三次青陵　729-6211　三次市大田幸町696
　0824(66)1212
庄原格致　727-0021　庄原市三日市町515
　0824(72)2191
庄原実業　727-0013　庄原市西本町1－24－34
　0824(72)2151
東城　729-5125　庄原市東城町川西476－2
　08477(2)2151
竹原　725-0021　竹原市竹原町3444－1
　0846(22)0745
忠海　729-2314　竹原市忠海床浦4－1
　0846(26)0800
広島　739-2125　東広島市高屋町中島31－7
　082(491)0270
西条農業　739-0046　東広島市鏡山3－16－1
　082(423)2921
賀茂　739-0043　東広島市西条本町16－22
　082(423)2559
囲近畿大学附属東広島　739-2116　東広島市高屋うめの辺2
　082(434)7111
海田　736-0051　安芸郡海田町つくも1－60
　082(822)3030
熊野　731-4223　安芸郡熊野町川角5－9
　082(854)4155
安芸府中　735-0004　安芸郡府中町山田5－1－1
　082(282)5311
囲広島国際学院　736-0003　安芸郡海田町曽田1－5
　082(823)3401
廿日市　738-0004　廿日市市桜尾3－3－1
　0829(32)1125
廿日市西　738-0055　廿日市市阿品台西6－1
　0829(39)1571
宮島工業　739-0425　廿日市市物見西2－6－1
　0829(55)0143
囲広島なぎさ　731-5138　広島市佐伯区海老山南2－2－1
　082(921)2137
囲広島新庄　731-2198　山県郡北広島町新庄848
　0826(82)2323
吉田　731-0501　安芸高田市吉田町吉田719－3
　0826(42)0031
向原　739-1201　安芸高田市向原町坂丸山6－1
　0826(46)2322
黒瀬　739-2622　東広島市黒瀬町乃美尾1
　0823(82)2525
世羅　722-1112　世羅郡世羅町本郷870
　0847(22)1118
神辺　720-2123　福山市神辺町川北375－1
　084(963)0031
神辺旭　720-2126　福山市神辺町徳田75－1
　084(963)3383
戸手　729-3102　福山市新市町相方200
　0847(52)2002
油木　720-1812　神石郡神石高原町油木乙1965
　0847(82)0006
日彰館　729-4211　三次市吉舎町吉舎293
　0824(43)3135
囲広島翔洋　731-4312　安芸郡坂町平成ヶ浜3－3－16
　082(884)1616
西城紫水　729-5731　庄原市西城町西城345
　0824(82)2511
安芸　732-0032　広島市東区上温品4－65－1
　082(289)3101
大崎海星　725-0301　豊田郡大崎上島町中野3989－1
　0846(64)3535
千代田　731-1503　山県郡北広島町有間600－1
　0826(72)3121
大柿　737-2213　江田島市大柿町大原1118－1
　0823(57)2055
囲並木学院　730-0041　広島市中区小町8－32
　082(241)9066
国呉高専　737-8506　呉市阿賀南2－2－11
　0823(73)8101
囲広島桜が丘　732-0048　広島市東区山根町36－1
　082(262)0128
囲星槎国際広島　733-0034　広島市西区南観音町1－1
　082(503)1430
囲広島修道大学ひろしま協創　733-8622　広島市西区井口4－6－18
　082(278)1101

山口県

山口　753-8508　山口市米屋1－9－1
　083(922)8511
西京　753-0851　山口市黒川2580－1
　083(923)8508
囲野田学園　753-0094　山口市野田56
　083(922)5000
山口中央　753-0043　山口市宮島町6－1
　083(922)0032
豊浦　752-0984　下関市長府宮崎町1－1
　083(245)2161
下関西　751-0826　下関市後田町4－10
　083(222)0892
市立下関商業　751-0826　下関市後田町4－11－1
　083(223)4278
下関工科　759-6613　下関市富任町4－1
　083(258)0065
囲早鞆　750-8524　下関市上田中町8－3
　083(231)0080
宇部　755-0078　宇部市寺の前町3－1
　0836(31)1055
宇部商業　759-0207　宇部市際波岡の原220
　0836(41)8233
宇部工業　755-0036　宇部市北琴芝2－1－1
　0836(31)0258
宇部中央　755-0039　宇部市東梶返4－10－30
　0836(31)7266
囲慶進　755-0035　宇部市西琴芝2－12－18
　0836(34)1111
囲宇部鴻城　759-0207　宇部市際波の場370
　0836(41)8109
囲宇部フロンティア大学付属香川　755-8560　宇部市文京町1－25　0836(35)9574
徳山　745-0061　周南市鐘楼町2－50
　0834(21)0099
徳山商工　745-0823　周南市周陽3－1－1
　0834(28)0026
南陽工業　746-0036　周南市福川南町1－1
　0834(62)4168
囲山口県桜ケ丘　745-0874　周南市大字徳山5626－1
　0834(21)0331
防府　747-0803　防府市岡村町2－1
　0835(22)0136
防府西　747-1232　防府市台道36－1
　0835(32)1905
囲高川学園　747-1292　防府市中央町3－1
　0835(33)0101
下松　744-0063　下松市若宮町2－1
　0833(41)0157
下松工業　744-0073　下松市美里町4－13－1
　0833(41)1430
岩国　741-0082　岩国市川西4－6－1
　0827(43)1141
岩国工業　741-0061　岩国市錦見2－4－85
　0827(41)1105
囲高水　740-0032　岩国市尾津町2－24－18
　0827(31)7191
岩国総合　740-0036　岩国市藤生町4－41－1
　0827(31)6155
小野田　756-0080　山陽小野田市撫山1－26－1
　0836(83)2373
小野田工業　756-0824　山陽小野田市中央2－6－1
　0836(83)2153
光　743-0011　光市光井6－10－1
　0833(72)0340
囲聖光　743-0011　光市光井9－22－1
　0833(72)1187
囲長門　759-4101　長門市東深川1621
　0837(22)2944
囲成進　759-2212　美祢市大嶺町3294
　0837(52)1350
高森　742-0333　岩国市玖珂町1253
　0827(82)3234
山口農業　754-0001　山口市小郡上郷980
　083(972)0950
囲山口県鴻城　754-0002　山口市小郡下郷258－2
　083(972)0307
厚狭　757-0001　山陽小野田市厚狭束の東1
　0836(72)0204
豊北　759-5511　下関市豊田町滝部1003
　083(782)0023
熊毛南　742-1103　熊毛郡平生町竪ヶ浜666
　0820(56)3017
田布施農工　742-1502　熊毛郡田布施町波野195
　0820(52)2157
囲柳井学園　742-0032　柳井市古開作410
　0820(22)0214
防府商工　747-0802　防府市中央町3－1
　0835(22)3790

香川県

高松　760-0017　高松市番町3－1－1
　087(831)7251
高松工芸　760-0017　高松市番町2－9－30
　087(851)4144
高松商業　760-0068　高松市松島町1－18－54
　087(833)1971
高松東　761-0322　高松市前田東町690－1
　087(847)6221
高松南　761-8084　高松市一宮町531
　087(885)1131
高松第一　760-0074　高松市桜町2－5－10
　087(861)0244
高松西　761-8025　高松市鬼無町山口257－1
　087(882)6411
高松桜井　761-8076　高松市多肥上町1250
　087(869)1010
囲香川県大手前高松　761-8062　高松市室新町1166
　087(867)5970
囲高松中央　760-0068　高松市松島町1－14－8
　087(831)1291
囲香川誠陵　761-8022　高松市鬼無町佐科469－1
　087(881)7800
囲英明　760-0006　高松市亀岡町1－10
　087(833)3737
丸亀　763-8512　丸亀市六番丁1
　0877(23)5248
丸亀城西　763-0052　丸亀市津森町位267
　0877(23)5138
囲藤井　763-0063　丸亀市新浜町1－3
　0877(23)2131
坂出　762-0031　坂出市文京町2－1－5
　0877(46)5125
坂出商業　762-0037　坂出市青葉町1－13
　0877(46)5671
善通寺第一　765-0013　善通寺市文京町1－1－5
　0877(62)1456
囲尽誠学園　765-0053　善通寺市生野町855－1
　0877(62)1515
観音寺第一　768-0069　観音寺市茂木町4－2－38
　0875(25)4155
観音寺総合　768-0068　観音寺市天神町1－1－15
　0875(25)3168
志度　769-2101　さぬき市志度366－5
　087(894)1101
三本松　769-2601　東かがわ市三本松1500－1
　0879(25)4147
津田　769-2401　さぬき市津田町津田1632－1
　0879(42)3125
石田　769-2321　さぬき市寒川町石田東甲1065
　0879(43)2530
囲藤井学園寒川　769-2322　さぬき市寒川町石田西甲280－1
　0879(43)2701
小豆島中央　761-4302　小豆郡小豆島町蒲生甲1001
　0879(82)2101
農業経営　761-2395　綾歌郡綾川町北1023－1
　087(876)1161
飯山　762-0083　丸亀市飯山町下法軍寺664－1
　0877(98)2525
多度津　764-0011　仲多度郡多度津町栄町1－1－82
　0877(33)2131
琴平　766-0002　仲多度郡琴平町142－2
　0877(73)2131
高瀬　767-0011　三豊市高瀬町下勝間2093
　0875(72)5193
囲四国学院大学香川西　767-8513　三豊市高瀬町下勝間2351－2
　0875(72)5193
高松北　761-0121　高松市牟礼町牟礼1583－1
　0877(45)2155
三木　761-0702　木田郡三木町平木750
　087(891)1100
香川中央　761-1794　高松市香川町大野2001
　087(886)7151
囲坂出第一　762-0032　坂出市駒止町2－1－3
　0877(46)2157

徳島県

城北　770-0003　徳島市北田宮4－13－6
　088(631)8105
城東　770-0853　徳島市中徳島町1－5
　088(653)9111
城南　770-8064　徳島市城南町2－2－88
　088(652)8151
徳島科学技術　770-0006　徳島市北矢三町2－1－1
　088(631)4185
徳島商業　770-0862　徳島市城東町1－4－1
　088(623)0461
徳島市立　770-0872　徳島市北沖洲1－15－60
　088(664)0111
城ノ内　770-0003　徳島市北田宮1－9－30
　088(632)3711
徳島北　771-1153　徳島市応神町古城字新開10－6
　088(698)8004
囲生光学園　771-1152　徳島市応神町中ノ瀬40－6
　088(641)1032
囲徳島文理　770-8054　徳島市山城西4－20
　088(623)0611
鳴門　772-0002　鳴門市撫養町斎田岩崎135－1
　088(685)3217
鳴門渦潮　772-0032　鳴門市大津町吉永595
　088(686)4565
富岡西　774-0030　阿南市富岡町小山18－3
　0884(22)0041
富岡東　774-0011　阿南市領家町走寄102－2
　0884(22)2120
阿南光　774-0045　阿南市宝田町今市中新開10－6
　0884(22)1111
小松島　773-0010　小松島市日開野町高須47－1
　0885(32)2166
海部　775-0203　海部郡海陽町大里古畑山43－1
　0884(73)1371
阿波　771-1401　阿波市吉野町柿原ヒロナカ180
　088(696)3131
板野　779-0102　板野郡板野町川端字関ノ本47
　088(672)1101
川島　779-3303　吉野川市川島町桑村367－1
　0883(25)2824
吉野川　776-0005　吉野川市鴨島町喜来681－9
　0883(24)2117
脇町　779-3610　美馬市脇町脇町1270－1
　0883(52)2208
穴吹　777-0005　美馬市穴吹町穴吹岡33
　0883(52)2108
つるぎ　779-4101　美馬郡つるぎ町貞光馬出63－2
　0883(62)3135
池田　778-8506　三好市池田町ウエノ2834
　0883(72)1280
池田辻　779-4802　三好市井川町御領田61－1
　0883(78)2331
名西　779-3233　名西郡石井町石井字石井21－11
　088(674)2151
城西　770-0046　徳島市鮎喰町2－1
　088(631)5138

高知県

高知小津　780-0916　高知市城北町1－14
　088(822)5270
高知追手前　780-0842　高知市追手筋2－2－10
　088(873)6141
高知東工　780-8052　高知市鴨部2－1－5－70
　088(844)1221
高知工業　780-8010　高知市桟橋通2－11－6
　088(831)9171
市立高知商業　780-0947　高知市大谷6
　088(844)0267
高知東　781-8133　高知市一宮徳谷23－1
　088(845)5751
高知南　780-8010　高知市桟橋通6－2－1
　088(831)2811
高知土佐　780-8014　高知市塩屋崎町1－1－1
　088(833)4394
囲高知　780-0956　高知市北端町100
　088(840)1111
囲高知学芸　780-8064　高知市横山町111－12
　088(844)1831
囲高知中央　781-5103　高知市大津乙324－1
　088(866)3166
囲土佐塾　780-8026　高知市北中山85

263

●校名	●郵便番号	●所在地	●電話

088(831)1717
高知丸の内 780-0850 高知市丸ノ内2－2－40 088(873)4291
須崎総合 785-0030 須崎市多ノ郷甲4167－3 0889(42)1861
囲明徳義塾 785-0195 須崎市浦ノ内下中山160 088(856)1211
安芸 784-8505 安芸市清和町1－54 0887(34)1145
安芸桜ケ丘 784-0026 安芸市桜ケ丘町784 0887(35)2020
宿毛 788-0008 宿毛市与市明5－82 0880(63)2164
宿毛工業 787-0783 宿毛市平田町戸内2272－2 0880(66)0346
中村 787-0003 四万十市中村丸の内24 0880(34)2141
幡多農業 787-0010 四万十市古津賀3711 0880(34)2166
清水 787-0336 土佐清水市加久見893－1 0880(82)1236
大方 789-1931 幡多郡黒潮町入野5507 0880(43)1079
岡豊 783-0049 南国市岡豊町中島511－1 088(866)1313
高知農業 783-0024 南国市東崎957－1 088(863)3155
高知東工業 783-0006 南国市篠原1590 088(863)2188
山田 782-0033 香美市土佐山田町旭町3－1－3 0887(52)3151
伊野商業 781-2110 吾川郡いの町332－1 088(892)0548
春野 781-0303 高知市春野町弘岡下3860 088(894)2308
窪川 786-0012 高岡郡四万十町北琴平町6－1 0880(22)1215
城山 781-5310 香南市赤岡町1612 0887(55)2126
国高知高専 783-8508 南国市物部乙200－1 088(864)5500

愛媛県

川之江 799-0101 四国中央市川之江町2257 0896(58)2061
三島 799-0405 四国中央市中央5－11－30 0896(23)2136
土居 799-0701 四国中央市土居町入野892 0896(74)2017
新居浜東 792-0864 新居浜市東雲町2－9－1 0897(37)0149
新居浜西 792-0024 新居浜市宮西町4－46 0897(37)2735
新居浜工業 792-0004 新居浜市北新町8－1 0897(37)3029
新居浜商業 792-0821 新居浜市瀬戸町2－16 0897(43)6736
西条 793-8509 西条市明屋敷234 0897(56)2030
小松 799-1101 西条市小松町新屋敷乙42－1 0898(72)2731
東予 799-1371 西条市周布650 0898(64)2119
丹原 791-0502 西条市丹原町願連寺163 0898(68)7325
今治東中等教育 799-1596 今治市桜井2－9－1 0898(47)3630
今治西 794-0055 今治市中日吉町3－5－47 0898(32)5030
今治南 794-0015 今治市常盤町7－2－17 0898(22)0017
今治北 794-0052 今治市宮下町2－2－14 0898(32)2200
今治工業 794-0822 今治市河南町1－1－36 0898(32)2661
囲今治明徳 794-0054 今治市北日吉町1－4－47 0898(22)6767
北条 799-2430 松山市北条辻600－1 089(993)0333
松山東 790-0855 松山市持田町2－2－12 089(943)0187
松山西中等教育 791-8016 松山市久万ノ台1485－4 089(922)8931

松山南 790-8506 松山市末広町11－1 089(941)5431
松山北 790-0826 松山市文京町4－1 089(925)2161
松山工業 790-0021 松山市真砂町10 089(931)8195
松山商業 790-8530 松山市旭町71 089(931)3751
松山中央 791-1114 松山市井門町1220 089(957)1022
囲新田 791-8604 松山市山西町663 089(951)0188
囲新田青雲中等教育 791-8551 松山市山西町600－1 089(951)6655
囲愛光 791-8051 松山市衣山1－1610 089(922)8980
囲松山聖陵 791-8016 松山市久万ノ台1112 089(924)8783
囲松山城南 790-8550 松山市北久米町815 089(976)4343
囲済美 790-8560 松山市湊町7－9－1 089(943)4185
東温 791-0204 東温市志津川960 089(964)2400
伊予農業 799-3111 伊予市下吾川1433 089(982)1225
伊予 791-3102 伊予郡松前町北黒田119－2 089(984)9311
内子 791-3301 喜多郡内子町内子3397 0893(44)2105
大洲 795-8502 大洲市大洲737 0893(24)4115
大洲農業 795-0064 大洲市東大洲15－1 0893(24)3101
囲帝京第五 795-0072 大洲市新谷甲233 0893(25)0151
八幡浜工業 796-8003 八幡浜市古町2－3－1 0894(22)2515
野村 797-1211 西予市野村町野村7－6－2 0894(72)0102
宇和島東 798-0066 宇和島市文京町1－1 0895(22)0261
宇和島南中等教育 798-0066 宇和島市文京町5－1 0895(22)0262
宇和島水産 798-0068 宇和島市明倫町1－2－20 0895(22)6575
吉田 799-3794 宇和島市吉田町北小路甲10 0895(52)0565
北宇和 798-1397 宇和島市三間町迎三942 0895(45)1241
津島 798-3302 宇和島市津島町高田甲2469－1 0895(32)2304
南宇和 798-4192 南宇和郡愛南町御荘平城3269 0895(72)1241
弓削 794-2505 越智郡上島町弓削明神305 0897(77)2021

福岡県

福岡 812-0043 福岡市博多区堅粕1－29－1 092(651)4265
筑紫丘 815-0041 福岡市南区野間2－13－1 092(541)4061
修猷館 814-8510 福岡市早良区西新6－1－10 092(821)0733
福岡工業 814-8520 福岡市早良区荒江2－19－1 092(821)5831
市立福岡西陵 819-0041 福岡市西区拾六町字広石 092(881)8175
福岡講倫館 814-0033 福岡市早良区田3－9－1 092(871)2710
早良 811-1112 福岡市早良区小笠木403－1 092(804)2015
城南 814-0111 福岡市城南区茶山6－21－1 092(831)0986
筑前 819-0374 福岡市西区大字千里11 092(807)0611
香椎工業 813-0012 福岡市東区香椎駅東2－23－1 092(681)2131
市立福岡 811-1347 福岡市南区弥永3－31－1 092(565)1670
市立博多工業 814-0155 福岡市城南区東油山4－20－1 092(862)6575
宇美商業 811-2104 糟屋郡宇美町井野52－1 092(932)0135
新宮 811-0119 糟屋郡新宮町緑ヶ浜1－12－1 092(962)2937
光陵 811-3223 福津市光陽台5 0940(43)5301
宗像 811-3436 宗像市東郷6－7－1 0940(36)2019
糸島 819-1139 糸島市前原南2－21－1 092(322)2604
筑紫 818-0081 筑紫野市針摺東2－4 092(924)1511
武蔵台 818-0053 筑紫野市天拝坂5－2－1 092(925)6441
筑紫中央 816-0942 大野城市中央2－1－1 092(581)1470
春日 816-0811 春日市春日公園5－17 092(574)1511
福岡魁誠 811-2311 糟屋郡粕屋町長者原122 092(938)2021
玄界 811-3114 古賀市舞の里3－6－1 092(944)2735
玄洋 819-0383 福岡市西区女字田尻2490 092(806)3001
須恵 811-2221 糟屋郡須恵町大字旅石72－3 092(935)5566
太宰府 818-0122 太宰府市高雄3－4114 092(921)4001
香住丘 813-0003 福岡市東区香住ヶ丘1－26－1 092(661)2171
福岡農業 818-0134 太宰府市大佐野250 092(924)5031
柏陵 811-1353 福岡市南区柏原4－47－1 092(566)3232
糸島農業 819-1117 糸島市前原西3－2－1 092(322)2654
囲純真 815-8510 福岡市南区筑紫丘1－1－1 092(541)9710
囲福岡第一 815-0037 福岡市南区玉川町22－1 092(541)0165
囲西南学院 814-8512 福岡市早良区百道浜1－1－1 092(841)1317
囲上智福岡 810-0032 福岡市中央区輝国1－10－10 092(712)7181
囲福岡大学附属大濠 810-0044 福岡市中央区六本松1－12－1 092(771)0731
囲東福岡 812-0007 福岡市博多区東比恵2－24－1 092(411)3702
囲博多 813-0041 福岡市東区水谷1－21－1 092(681)0331
囲九州産業大学附属九州 813-0012 福岡市東区香椎駅東2－22－1 092(681)0461
囲福岡工業大学附属城東 811-0214 福岡市東区和白東3－30－1 092(606)0797
囲筑陽学園 818-0103 太宰府市朱雀5－6－1 092(922)7361
囲筑紫台 818-0119 太宰府市連歌屋1－1－1 092(923)0010
囲東海大学付属福岡 811-4193 宗像市田久1－9－2 0940(32)3311
囲福岡舞鶴 819-0375 福岡市西区徳永1110－2 092(806)3334
囲中村学園三陽 819-0162 福岡市西区今宿青木1042－33 092(882)6611
囲九州産業大学付属九州産業 818-0061 筑紫野市紫2－5－1 092(923)3031
囲福岡常葉 818-0025 筑紫野市大字筑紫901 092(926)0731
門司学園 800-0102 北九州市門司区猿喰1462－2 093(483)1755
門司大翔館 800-0047 北九州市門司区藤松2－7－1 093(372)5225
小倉南 802-0801 北九州市小倉南区富士見1－9－1 093(921)2293
小倉南 802-0801 北九州市小倉南区富士見3－5－1 093(921)2245
北九州 802-0816 北九州市小倉南区企救丘5－1－1 093(931)3554
小倉 803-0828 北九州市小倉北区愛宕2－8－1 093(592)3901
小倉工業 803-0825 北九州市小倉北区白萩町6－1 093(571)1738
小倉東 800-0225 北九州市小倉南区田原5－2－1 093(473)4466
若松 808-0015 北九州市若松区上原町15－13 093(751)1911
八幡 805-0034 北九州市八幡東区清田3－1－1 093(651)0035
八幡中央 806-0015 北九州市八幡西区元城町1－1 093(681)2335
八幡工業 806-0068 北九州市八幡西区別所町1－1 093(641)6611
東筑 807-0832 北九州市八幡西区東筑1－1－1 093(691)0505
北筑 807-0857 北九州市八幡西区北筑1－1－1 093(603)6221
八幡南 807-0841 北九州市八幡西区引野町6－1 093(611)1881
囲折尾愛真 807-0861 北九州市八幡西区堀川町12－10 093(602)2100
戸畑 804-0042 北九州市戸畑区夜宮3－1－1 093(871)0928
戸畑工業 804-0052 北九州市戸畑区丸町3－1－1 093(881)3868
育徳館 824-0121 京都郡みやこ町豊津973 0930(33)2003
苅田工業 800-0354 京都郡苅田町集2569 093(436)0988
京都 824-0032 行橋市南大橋4－5－1 0930(23)0036
行橋 824-0034 行橋市泉中央1－17－1 0930(23)0164
豊津 828-0028 豊前市青豊3－1 0979(82)2105
築上西 829-0301 築上郡築上町椎田764 0930(56)0049
北九州市立 804-0062 北九州市戸畑区浅生1－1－1 093(871)1161
ひびき 804-0041 北九州市戸畑区天籟寺1－2－1 093(881)2355
中間 809-0021 中間市朝霧5－1－1 093(246)0120
遠賀 811-4332 遠賀郡遠賀町上別府2110 093(293)1226
囲高稜 808-0103 北九州市若松区二島1－3－60 093(791)3911
囲希望が丘 809-0033 中間市土手ノ内3－19－1 093(245)0481
囲自由ケ丘 807-0867 北九州市八幡西区自由ケ丘1－3 093(693)3090
囲豊国学園 800-0025 北九州市門司区柳町4－1－1 093(371)3037
囲敬愛 800-0035 北九州市門司区別院6－1 093(381)3537
囲常磐 802-0985 北九州市小倉南区志井1937 093(961)2334
囲九州国際大学付属 805-0002 北九州市八幡東区枝光5－9－1 093(671)8443
囲東筑紫学園 803-0841 北九州市小倉北区清水4－10－1 093(571)0488
囲西日本短大附 804-8558 北九州市戸畑区仙水町1－1 093(881)2861
囲星琳 806-8558 北九州市八幡西区青山3－3－1 093(631)5350
国北九州工業高専 802-0985 北九州市小倉南区志井5－20－1 093(964)7200
三池 837-0917 大牟田市草木245 0944(53)2172
三池工業 836-8577 大牟田市上官町4－77 0944(53)3036
ありあけ新世 837-0904 大牟田市吉野1389－1 0944(59)9688
大牟田北 837-0905 大牟田市甘木109 0944(58)0011
明善 830-0022 久留米市城南町1－1 0942(32)5241
久留米 830-0038 久留米市西町482 0942(33)1288
市立南筑 839-0851 久留米市御井町1360－5 0942(43)1295
三井 838-0122 小郡市松崎650

校名	郵便番号	所在地	電話
佐伯豊南	876-0012	佐伯市大字鶴望2851—1	0972(22)2361
圏日本文理大学附属	876-0811	佐伯市鶴谷町2—1—10	0972(22)3501
国大分工業高専	870-0152	大分市大字牧1666	097(552)6075
国大分国際情報	870-0911	大分市新貝11—40	097(558)3734
圏昭和学園	877-0082	日田市日の出町14	0973(22)7420
玖珠美山	879-4403	玖珠郡玖珠町大字帆足160	0973(72)1148
竹田	878-0013	竹田市大字竹田2642	0974(63)3401

宮崎県

校名	郵便番号	所在地	電話
宮崎大宮	880-0056	宮崎市神宮東1—3—10	0985(22)5191
宮崎工業	880-8567	宮崎市天満町9—1	0985(51)7231
宮崎商業	880-0023	宮崎市和知川原3—24	0985(22)8218
宮崎農業	880-0916	宮崎市恒久春日1061	0985(22)8511
宮崎南	880-0926	宮崎市月見ケ丘5—2—1	0985(51)2314
宮崎西	880-0951	宮崎市大塚町柳ケ迫3975—2	0985(48)1021
宮崎北	880-0124	宮崎市新名爪4567	0985(39)1288
宮崎海洋	880-0856	宮崎市日ノ出町1	0985(22)4115
本庄	880-1101	東諸県郡国富町本庄5071	0985(75)2049
日南	889-2533	日南市星倉5800	0987(25)1669
日南振徳	889-2532	日南市板敷410	0987(25)1107
福島	888-0001	串間市大字西方4015	0987(72)0049
都城泉ケ丘	885-0033	都城市妻ケ丘町27—15	0986(23)0223
都城農業	885-0019	都城市祝吉1—5—1	0986(22)4280
都城工業	885-0084	都城市五十町2400	0986(22)4349
都城西	885-0094	都城市都原町3405	0986(23)1904
小林	886-8505	小林市真方124	0984(23)4164
小林秀峰	886-8506	小林市水流迫664—1	0984(23)2252
飯野	889-4301	えびの市原田3068	0984(33)0300
妻	881-0003	西都市右松2330	0983(43)0005
佐土原	880-0211	宮崎市佐土原町下田島21567	0983(55)3657
高鍋	884-0002	児湯郡高鍋町北高鍋4262	0983(23)0005
高鍋農業	884-0006	児湯郡高鍋町上江1339—2	0983(23)0002
延岡	882-0837	延岡市古城町3—233	0982(32)5331
延岡星雲	882-0023	延岡市牧町472—1	0982(31)2491
延岡工業	882-0863	延岡市緑ケ丘1—8—1	0982(33)3323
延岡商業	882-0007	延岡市桜ケ丘3—7122	0982(32)6348
圏聖心ウルスラ学園	882-0863	延岡市緑ケ丘3—7—21	0982(52)2158
富島	883-0052	日向市鶴町3—1—43	0982(52)2158
日向工業	883-0022	日向市平岩8750	0982(52)2411
日向	883-0021	日向市財光寺6265	0982(54)3400
門川	889-0611	東臼杵郡門川町川尾末2680	0982(63)1336
五ヶ瀬中等教育	882-1203	西臼杵郡五ヶ瀬町大字三ヶ所9468—30	0982(82)1255
高千穂	882-1101	西臼杵郡高千穂町三田井1234—1	0982(72)3111
圏日向学院	880-0878	宮崎市大和町110	0985(22)8296
圏宮崎日本大学	880-0121	宮崎市大字芳之内6822—2	0985(39)1121
圏宮崎第一	880-0924	宮崎市大字郡司分字平田迫甲767	0985(56)2626
圏日章学園	880-0125	宮崎市広原836	0985(39)1321
圏鵬翔	880-0916	宮崎市恒久4336	0985(52)2020
圏延岡学園	882-0001	延岡市大峡町7820	0982(33)3227
圏都城	885-8502	都城市蓑原町7916	0986(23)2477
圏日南学園	887-0041	日南市吾田東3—5—1	0987(23)1311
高城	885-1298	都城市高城町穂満坊156	0986(58)2330
圏都城東	889-1996	北諸県郡三股町大字樺山1996	0986(52)1010

熊本県

校名	郵便番号	所在地	電話
済々黌	860-0862	熊本市中央区黒髪2—22—1	096(343)6195
熊本	862-0972	熊本市中央区新大江1—8	096(371)3611
第一	860-0003	熊本市中央区古城町3—1	096(354)4933
第二	862-0901	熊本市東区東町3—13—1	096(368)4125
熊本商業	862-0954	熊本市中央区神水1—1—2	096(381)1551
熊本工業	862-0953	熊本市中央区上京塚町5—1	096(383)2105
熊本農業	861-4105	熊本市南区元三町5—1—1	096(357)8800
熊本西	860-0067	熊本市西区城山大塘5—5—15	096(329)3711
東稜	862-0933	熊本市東区小峯4—5—10	096(369)1008
熊本北	861-8082	熊本市北区兎谷3—1—1	096(338)1110
湧心館	862-0941	熊本市中央区出水4—1—2	096(372)5311
市立必由館	860-0863	熊本市中央区坪井4—15—1	096(343)0236
市立千原台	860-0073	熊本市西区島崎2—37—1	096(355)7261
圏熊本国府	862-0949	熊本市中央区国府1—1	096(366)1276
圏九州学院	862-8676	熊本市中央区大江5—2—1	096(364)6134
圏鎮西	862-0975	熊本市中央区九品寺3—1—1	096(364)8176
圏真和	862-0976	熊本市中央区九品寺2—14—1	096(364)6177
圏開新	862-8677	熊本市中央区大江6—1—33	096(366)1201
圏熊本学園大学付属	862-0971	熊本市中央区大江2—5—1	096(371)2551
圏東海大学付属熊本星翔	862-0970	熊本市東区渡鹿9—1—1	096(382)1146
圏熊本マリスト学園	862-0911	熊本市東区健軍2—11—54	096(368)2131
圏文徳	860-0082	熊本市西区池田4—22—1	096(354)6416
圏ルーテル学院	860-0862	熊本市中央区黒髪3—12—16	096(343)3246
圏慶誠	862-0971	熊本市中央区大江3—9—58	096(366)0128
岱志	864-0041	荒尾市荒尾2620—1	0968(63)0384
圏有明	864-0032	荒尾市増永2200	0968(63)0545
玉名	865-0064	玉名市中1853	0968(73)2101
北稜	865-0061	玉名市立願寺247	0968(73)2123
玉名工業	869-0295	玉名市岱明町下前原368	0968(73)2215
圏専修大学玉名	869-0293	玉名市岱明町野口1046	0968(72)4151
菊池	861-1331	菊池市隈府1332—1	0968(25)3175
大津	869-1233	菊池郡大津町大津1340	096(293)2751
翔陽	869-1235	菊池郡大津町室1782	096(293)2055
菊池農業	861-1201	菊池市泗水町吉富250	0968(38)2621
阿蘇中央	869-2612	阿蘇市一の宮町宮地2460	0967(22)0070
鹿本	861-0532	山鹿市鹿校通3—5—1	0968(44)5101
鹿本農業	861-0331	山鹿市鹿本町来民2055	0968(46)3101
城北	861-0598	山鹿市志々岐798	0968(44)8111
鹿本商工	861-0304	山鹿市鹿本町御宇田312	0968(46)3191
御船	861-3204	上益城郡御船町木倉1253	096(282)0056
矢部	861-3515	上益城郡山都町城平954	0967(72)0024
宇土	869-0454	宇土市古城町63	0964(22)0043
松橋	869-0532	宇城市松橋町久具300	0964(32)0511
小川工業	869-0631	宇城市小川町北新田770	0964(43)1151
八代	866-0885	八代市永碇町856	0965(33)4138
八代工業	866-0082	八代市大福寺町473	0965(33)2663
八代農業	869-4201	八代市鏡町鏡村129	0965(52)0076
八代清流	866-0061	八代市渡町松上1576	0965(35)5455
秀岳館	866-0881	八代市興国町1—5	0965(33)5134
水俣	867-0023	水俣市南福寺6—1	0966(63)1261
芦北	869-5431	葦北郡芦北町乙千屋20—2	0966(82)2034
球磨中央	868-0303	球磨郡錦町西192	0966(38)2052
球磨工業	868-8515	人吉市城本町800	0966(22)4189
南稜	868-0422	球磨郡あさぎり町上北310	0966(45)1131
人吉	868-8511	人吉市北泉田町350	0966(22)2261
天草	863-0003	天草市本渡町本渡557	0969(23)5533
天草工業	863-0043	天草市亀場町亀川38—36	0969(23)2343
天草拓心	863-0002	天草市本渡町本戸馬場495	0969(23)2141
上天草	869-3603	上天草市大矢野町中5424	0964(56)0077
牛深	863-1902	天草市久玉町1216—5	0969(73)3105

鹿児島県

校名	郵便番号	所在地	電話
甲南	890-0052	鹿児島市上之園町23—1	099(254)0175
鹿児島工業	890-0014	鹿児島市草牟田2—57—1	099(222)9205
鶴丸	890-8502	鹿児島市薬師2—1—1	099(251)7387
鹿児島東	892-0861	鹿児島市東坂元3—28—1	099(247)7387
鹿児島南	891-0141	鹿児島市谷山中央8—4—1	099(268)2255
市立鹿児島玉龍	892-0806	鹿児島市池之上町20—57	099(247)7161
市立鹿児島商業	892-0863	鹿児島市西坂元町58—1	099(247)7171
鹿児島中央	892-0846	鹿児島市加治屋町10—1	099(226)1574
錦江湾	891-0133	鹿児島市平川町4047	099(261)2121
武岡台	890-0022	鹿児島市小野町3175	
圏鹿児島	890-0042	鹿児島市薬師1—21—9	099(281)5233
圏樟南	890-0031	鹿児島市武岡1—120—1	099(281)2900
圏鹿児島実業	891-0180	鹿児島市五ケ別府町3591—3	099(286)1313
圏ラ・サール	891-0192	鹿児島市小松原2—10—1	099(268)3121
圏鹿児島情報	891-0141	鹿児島市谷山中央2—4118	099(267)1111
圏志學館	890-0069	鹿児島市南郡元町32—1	099(252)1038
圏池田	890-0033	鹿児島市西別府町1680	099(282)7888
明桜館	891-1105	鹿児島市郡山町100	099(298)4124
鹿児島高等特別支援	892-0861	鹿児島市東坂元3—28—1	099(248)3670
枕崎	898-0052	枕崎市岩崎町3	0993(72)0217
鹿児島水産	898-0083	枕崎市板敷南町650	0993(76)2111
加世田	897-0003	南さつま市加世田川畑2660	0993(53)3600
加世田常潤	897-0002	南さつま市加世田武田14863	0993(53)3600
圏鳳凰	897-1121	南さつま市加世田唐仁原1202	0993(53)3633
圏神村学園	896-8686	いちき串木野市別府4460	0996(32)3232
川内	895-0061	薩摩川内市御陵下町16—3	0996(23)7274
川内商工	895-0012	薩摩川内市平佐町1835	0996(25)2554
圏れいめい	895-0041	薩摩川内市隈之城町2205	0996(23)3178
鶴翔	899-1611	阿久根市赤瀬川1800	0996(73)7310
出水工業	899-0214	出水市五万石町358	0996(62)0010
出水	899-0213	出水市西出水町1700	0996(62)0281
市立出水商業	899-0131	出水市明神町200	0996(67)1069
圏出水中央	899-0213	出水市西出水町448	0996(62)0500
大口	895-2511	伊佐市大口里2670	0995(22)1441
伊佐農林	895-2506	伊佐市大口原田574	09952(2)1445
国鹿児島工業高専	899-5193	霧島市隼人町真孝1460—1	0995(42)9000
国分	899-4332	霧島市国分中央2—8—1	0995(46)0001
市立国分中央	899-4332	霧島市国分中央1—10—1	0995(46)1535
圏鹿児島第一	899-4345	霧島市国分府中214	0995(46)4608
鹿屋工業	893-0032	鹿屋市川西町4490	0994(42)2165
鹿屋	893-0016	鹿屋市白崎町13—1	0994(42)4145
鹿屋農業	893-0014	鹿屋市寿2—17—5	0994(42)5191
圏鹿屋中央	893-0014	鹿屋市寿8—12—26	0994(43)3110
指宿	891-0402	指宿市十町236	0993(22)3535
市立指宿商業	891-0315	指宿市岩本2747	0993(25)2204
大島	894-8588	奄美市名瀬安勝町7—1	0997(52)4451
奄美	894-8567	奄美市名瀬古田町1—1—1	0997(52)6121
薩南工業	897-0302	南九州市知覧町郡5232	0993(83)2214
川辺	897-0221	南九州市川辺町田部田4150	0993(56)1151
川薩清修館	895-1401	薩摩川内市入来町浦田5961	0996(44)5020
薩摩中央	895-1811	薩摩郡さつま町虎居1900	0996(53)1207
加治木	899-5214	姶良市加治木町仮屋	

●校名	●郵便番号	●所在地	●電話
		町211	0995(63)2052
加治木工業	899-5211	姶良市加治木町新富町131	0995(62)3166
霧島	899-6507	霧島市牧園町宿窪田330-5	0995(76)0039
隼人工業	899-5106	霧島市隼人町内山田1-6-20	0995(42)0023
蒲生	899-5304	姶良市蒲生町下久徳848-2	0995(52)1155
志布志	899-7104	志布志市志布志町安楽178	099(472)0200
曽於	899-8605	曽於市末吉町二之方6080	0986(76)6646
圖尚志館	899-7104	志布志市志布志町安楽6200	099(472)1318
吹上	899-3305	日置市吹上町今田1003	099(296)2411
伊集院	899-2504	日置市伊集院町郡1984	099(273)2195
松陽	899-2702	鹿児島市福山町573	099(278)3986
市来農芸	899-2101	いちき串木野市湊町160	0996(36)2341
圖育英館	899-2505	日置市伊集院町猪鹿倉550	099(273)1407
圖鹿児島実業西	899-2593	日置市伊集院町清藤1938	099(273)1234
頴娃	891-0702	南九州市頴娃町牧之内2000	0993(36)1141
屋久島	891-4205	熊毛郡屋久島町宮之浦2479-1	0997(42)0013
古仁屋	894-1508	大島郡瀬戸内町古仁屋399-1	0997(72)0034
沖永良部	891-9293	大島郡知名町余多241	0997(93)2014
圖樟南第二	891-7611	大島郡天城町天城297	0997(85)2511
徳之島	891-7101	大島郡徳之島町亀津784	0997(82)1850
与論	891-9301	大島郡与論町茶花1234-1	0997(97)2064
種子島	891-3196	西之表市西之表9607-1	0997(22)1270
種子島中央	891-3604	熊毛郡中種子町野間4258-1	0997(24)2401
喜界	891-6201	大島郡喜界町赤連2536	0997(65)0024
楠隼	893-1206	肝属郡肝付町前田5025	0994(65)1192
福山	899-4501	霧島市福山町福山5399-1	0995(56)2734

沖 縄 県

●校名	●郵便番号	●所在地	●電話
名護	905-0018	名護市大西5-17-1	0980(52)2615
名護商工	905-0019	名護市大北4-1-23	0980(52)3278
国沖縄工業高専	905-2192	名護市辺野古905	0980(55)4003
石川	904-1115	うるま市石川伊波861	098(964)2006
前原	904-2213	うるま市田場1827	098(973)3249
具志川	904-2236	うるま市喜仲3-28-1	098(973)1213
中部農林	904-2213	うるま市田場1570	098(973)3578
普天間	901-2202	宜野湾市普天間1-24-1	098(892)3354
宜野湾	901-2224	宜野湾市真志喜2-25-1	098(897)1020
中部商業	901-2214	宜野湾市我如古2-2-1	098(898)4888
浦添	901-2121	浦添市内間3-26-1	098(877)4970
浦添工業	901-2111	浦添市経塚1-1-1	098(879)5992
陽明	901-2113	浦添市大平488	098(879)3062
圖昭和薬科大学附属	901-2112	浦添市沢岻450	098(870)1852
首里	903-0816	那覇市首里真和志町2-43	098(885)0028
那覇	900-0014	那覇市松尾1-21-44	098(867)1623
真和志	902-0072	那覇市真地248	098(833)0810
小禄	901-0151	那覇市鏡原町22-1	098(857)0481
首里東	903-0804	那覇市首里石嶺町3-178	098(886)1578
圖沖縄尚学	902-0075	那覇市国場747	098(832)1767
那覇西	901-0155	那覇市金城3-5-1	098(858)8274
圖興南	902-0061	那覇市古島1-7-1	098(884)3293
那覇国際	900-0005	那覇市天久1-29-1	098(860)5931
沖縄工業	902-0062	那覇市松川3-20-1	098(832)3831
糸満	901-0361	糸満市糸満1696-1	098(994)2012
宮古	906-0012	宮古島市平良字西里718	0980(72)2118
宮古工業	906-0007	宮古島市平良字東仲宗根968-4	0980(72)3185
八重山農林	907-0022	石垣市大川477-1	0980(82)3955
八重山商工	907-0002	石垣市真栄里180	0980(82)3892
八重山	907-0004	石垣市登野城275	0980(82)3972
美来工科	904-0001	沖縄市越来3-17-1	098(937)5451
コザ	904-0011	沖縄市照屋5-5-1	098(937)3563
美里工業	904-2172	沖縄市泡瀬5-42-2	098(937)5848
美里	904-2151	沖縄市松本2-5-1	098(938)5145
球陽	904-0035	沖縄市南桃原1-10-1	098(933)9301
宜野座	904-1302	国頭郡宜野座村字宜野座1	0980(968)8311
北山	905-0204	国頭郡今帰仁村字仲尾次540-1	0980(56)2401
知念	901-1303	島尻郡与那原町与那原11	098(946)2207
豊見城	901-0201	豊見城市真玉橋217	098(850)5551
豊見城南	901-0223	豊見城市翁長520	098(850)1950
南部商業	901-0411	島尻郡八重瀬町字友寄850	098(998)2401
南風原	901-1117	島尻郡南風原町字津嘉山1140	098(889)4618
開邦	901-1105	島尻郡南風原町字新川646	098(889)1715
向陽	901-0511	島尻郡八重瀬町字港川150	098(998)9324
読谷	904-0303	中頭郡読谷村伊良皆198	098(956)2157
北谷	904-0103	中頭郡北谷町桑江414	098(936)1010
西原	903-0117	中頭郡西原町翁長610	098(945)5418
与勝	904-2312	うるま市勝連平安名3248	098(978)5230
具志川商業	904-2215	うるま市みどり町6-10-1	098(972)3287
北中城	901-2302	中頭郡北中城村字渡口1997-13	098(935)3377
嘉手納	904-0202	中頭郡嘉手納町字屋良806	098(956)3336
本部	905-0214	国頭郡本部町字渡久地377	0980(47)2418
沖縄水産	901-0305	糸満市西崎1-1-1	098(994)3483
北部農林	905-0006	名護市宇茂佐13	0980(52)2634
圖KBC学園未来	900-0034	那覇市東町23-5	098(863)7665
南部農林	901-0203	豊見城市字長堂182	098(850)6006
宮古総合実業	906-0013	宮古島市平良下里280	0980(72)2249
圖日本ウェルネス(沖縄キャンパス)	904-1103	うるま市石川赤崎2-20-1	098(963)0570

全国高等学校女子サッカー部加盟校（高体連登録）

●校名	●郵便番号	●所在地	●電話

北海道
私北海道文教大学明清 005-0840 札幌市南区藤野400 011(591)8858
私北海道大谷室蘭 050-0061 室蘭市八丁平3-1-1 0143(44)5641
室蘭広北 080-0833 帯広市稲田町基線8-2 0155(47)0121
札幌東商業 004-0053 札幌市厚別区厚別中央3条5-6-10 011(891)2312
帯広南商業 080-2471 帯広市西21条南町36-1 0155(34)5852
私札幌北斗 065-0015 札幌市東区北15条東2 011(711)6121
函館稜北 041-0802 函館市石川町181-8 0138(46)6235
私北照 047-8558 小樽市最上2-5-1 0134(32)0331
旭川南 078-8803 旭川市緑が丘東3条3-1-1 0166(65)8770
私旭川実業 071-8138 旭川市末広8条1 0166(51)1246
稚内 097-0017 稚内市栄1-4-1 0162(33)4154
私帯広大谷 080-2469 帯広市西19条南4-35-1 0155(33)5811
私函館白百合学園中高 041-8560 函館市山の手2-6-3 0138(55)6682

青森県
三本木 034-0085 十和田市西五番町7-1 0176(23)4181
三本木農業 034-8578 十和田市相坂南清水78-92 0176(35)5341
三沢 033-0037 三沢市松園町1-1-1 0176(53)2168
百石 039-2223 上北郡おいらせ町苗平谷地46 0178(52)2088
私千葉学園 031-0001 八戸市類家1-11-11 0178(43)4321
青森東 030-0852 青森市西大野2-12-40 017(739)3421
私八戸工業大学第二 031-8505 八戸市妙大開67 0178(33)4311

岩手県
大槌 028-1131 上閉伊郡大槌町大槌15-71-1 0193(42)3025
水沢 023-0864 奥州市水沢区龍ヶ馬場5-1 0197(24)3151
私専修大学北上 024-8508 北上市新穀町2-4-64 0197(63)2341
釜石 026-0055 釜石市甲子町10-614-1 0193(55)5317
久慈東 028-0021 久慈市門前36-10 0194(53)4489
不来方 028-3615 紫波郡矢巾町南矢幅9-1-1 019(697)8247
私岩手女子 020-0025 盛岡市大沢川原1-5-34 019(623)6467
宮古商業 027-0024 宮古市磯鶏3-5-1 0193(62)6856
花北青雲 028-3172 花巻市石鳥谷町北寺林11-1825-1 0198(45)3731
宮古 027-0052 宮古市宮町2-1-1 0193(62)1812

宮城県
私尚絅学院 980-0873 仙台市青葉区広瀬町9-1 022(264)5881
私聖ウルスラ学院英智 984-0828 仙台市若林区一本杉町1-2 022(286)3557
私聖和学園 984-0047 仙台市太白区郡中町下3-4-1 022(257)7777
私仙台育英学園 983-0045 仙台市宮城野区原町2-4-1 022(256)4141
私常盤木学園 980-0003 仙台市青葉区小田原4-3-20 022(263)1755
私東北 981-0905 仙台市青葉区小松島4-3-1 022(234)6361
私明成 981-8570 仙台市青葉区川平2-26-1 022(278)6131
気仙沼 988-0171 気仙沼市赤岩牧沢155-1 0226(24)1414
宮城第一 980-0871 仙台市青葉区八幡1-6-2 022(227)3211
古川黎明 989-6175 大崎市古川諏訪1-4-26 0229(22)3148
宮城広瀬 989-3126 仙台市青葉区落合1-2 022(392)5512
私東北生活文化大学 981-8585 仙台市泉区虹の丘1-18 022(272)7511

秋田県
私秋田和洋女子 010-0875 秋田市千秋明徳町2-26 018(833)1153
大館鳳鳴 017-0813 大館市金坂後6 0186(42)0002
私ノースアジア大学明桜 010-8525 秋田市下北手桜守沢8-1 018(836)2471

山形県
鶴岡北 997-0037 鶴岡市若葉町16-5 0235(25)4752
鶴岡中央 997-0017 鶴岡市大宝寺字日本国410 0235(25)5723
私鶴岡東 997-0022 鶴岡市切添町22-30 0235(23)2465
山形西 990-2492 山形市鉄砲町11-15-64 023(641)3504
私山形城北 990-0824 山形市肴町1-13 023(645)3377
私羽黒 997-0296 鶴岡市羽黒町手向薬師沢198 0235(62)2105
私米沢中央 992-0045 米沢市中央7-5-70-4 0238(22)2994
酒田光陵 998-0842 酒田市亀ヶ崎1-3-60 0234(22)0456
私酒田南 998-0025 酒田市南千日町4-50 0234(26)3111

福島県
磐城桜が丘 970-8026 いわき市平字桜町5 0246(25)9101
あさか開成 963-8018 郡山市桃見台15-1 024(932)1714
私桜の聖母学院 960-8585 福島市花園町3-6 024(535)3141
ふたば未来学園 979-0403 双葉郡広野町大字下浅見川字築地12 0240(23)6825
私尚志 963-0201 郡山市大槻町字坦ノ腰2 024(951)3500

茨城県
日立第二 317-0071 日立市鹿島町3-2-1 0294(22)3254
私常磐大学 310-0036 水戸市新荘3-2-28 029(224)1707
水戸第三 310-0011 水戸市三の丸2-7-27 029(224)2044
那珂湊 311-1224 ひたちなか市山ノ上町4-6 029(262)2642
私鹿島学園 314-0042 鹿嶋市田野辺141-9 0299(83)3211
土浦第二 300-0041 土浦市立田町9-6 029(821)4888
大成女子 310-0063 水戸市五軒町1-2-61 029(221)4888
石岡第二 315-0013 石岡市府中5-14-14 0299(23)2101
日立第二 317-0071 日立市鹿島町3-2 0294(22)3254
水戸第三 310-0011 水戸市三の丸2-7-27 029(224)2044

栃木県
宇都宮女子 320-0863 宇都宮市操町1-19 028(633)2315
私宇都宮文星女子 320-0048 宇都宮市北一の沢町24-35 028(621)8156
私作新学院 320-8525 宇都宮市一の沢1-1-41 028(648)1811
佐野東 327-0431 佐野市金屋下町12 0283(23)0239
栃木翔南 329-4407 栃木市大平町川連370 0282(24)4739
小山城南 323-0820 小山市西城南4-26

大田原女子 324-0053 大田原市元町1-5-43 0287(22)2073
栃木女子 328-0074 栃木市薗部町1-2 0282(22)0220
私宇都宮中央女子 320-0072 宇都宮市若草2-2-46 028(622)1766
私宇都宮短期大学附属 320-8585 宇都宮市睦町1-35 028(634)4161
私白鷗足利 326-0054 足利市伊勢南町3-2 0284(41)0890
私宇都宮海星女子学院 321-3233 宇都宮市上籠谷町3776 028(667)0700
益子芳星 321-4216 芳賀郡益子町塙2382-1 0285(55)5525

群馬県
館林女子 374-0019 館林市尾曳町6-1 0276(72)0139
渋川女子 377-0008 渋川市渋川2684 0279(22)4148
市立太田 373-0842 太田市細谷町1510 0276(31)3321
私高崎商科大学附属 370-0803 高崎市大橋町237-1 027(322)2827
桐生女子 376-0601 桐生市梅田町1-185-1 0277(32)2182
私高崎健康福祉大学高崎 370-0033 高崎市中大類町531 027(352)3460
太田女子 373-8511 太田市八幡町16-7 0276(22)6651
沼田女子 378-0043 沼田市東倉内町753-3 0278(22)4495
前橋女子 371-0025 前橋市紅雲町2-19-1 027(221)4188
高崎女子 370-0062 高崎市稲荷町20 027(362)2585
伊勢崎清明 372-0031 伊勢崎市今泉町1-331-6 0270(25)5221
私新島学園 379-0116 安中市安中3702 027(381)0240
私前橋育英 371-0832 前橋市朝日が丘町13 027(251)7087
私関東学園大学附属 374-8555 館林市大谷町625 0276(74)1213
私桐生第一 376-0043 桐生市小曽根町1-5 0277(22)8131

埼玉県
庄和 344-0117 春日部市金崎583 048(746)7111
大宮南 331-0053 さいたま市西区植田谷本793 048(623)7329
私山村学園 350-1113 川越市的場1716-2 049(225)3565
入間向陽 358-0001 入間市向陽台1-1-1 04(2964)3805
私埼玉平成 350-0434 入間郡毛呂山町毛呂本郷333-1 049(295)1212
和光国際 351-0106 和光市広沢4-1 048(467)1311
私埼玉栄 331-0078 さいたま市西区西大宮3-11-1 048(624)6488
熊谷女子 360-0031 熊谷市末広2-131 048(521)0015
越ヶ谷 343-0024 越谷市越ヶ谷2788-1 048(965)3421
久喜 346-0005 久喜市本町3-12-1 0480(21)0008
川口市立 333-0844 川口市上青木3-1-40 048(483)5917
私淑徳与野 338-0007 さいたま市中央区円阿弥1-11-26 048(853)3193
私大宮開成 330-8567 さいたま市大宮区堀の内町1-615 048(641)7161
秩山女子 355-0026 東松山市六軒町5-2 0493(22)0251
私本庄第一 367-0002 本庄市仁手1789 0495(24)1331
私浦和明の星女子 336-0926 さいたま市緑区東浦和6-4-19 048(873)1160
杉戸農業 345-0024 北葛飾郡杉戸町大字堤根1684-1 0480(32)0029
北本 364-0003 北本市古市場1-152

浦和西 330-0042 さいたま市浦和区木崎3-1-1 048(831)4847
浦和第一女子 330-0064 さいたま市浦和区岸町3-8-45 048(829)2031
南稜 335-0031 戸田市美女木4-23-4 048(421)1211
市立浦和 330-0073 さいたま市浦和区元町1-28-17 048(886)2151
私花咲徳栄 347-8502 加須市花崎519 0480(65)7181
私浦和実業学園 336-0025 さいたま市南区文蔵3-9-1 048(861)6131
所沢 359-1131 所沢市久米1234 04(2922)2185
私昌平 345-0044 北葛飾郡杉戸町下野851 0480(34)3381
私狭山ヶ丘 358-0011 入間市下藤沢981 04(2962)3844
本庄 367-0045 本庄市柏1-4-1 0495(21)1195
私大宮武蔵野 331-0061 さいたま市西区西遊馬1601 048(622)0181
私大妻嵐山 355-0221 比企郡嵐山町菅谷558 0493(62)2281
私自由の森学園 357-8550 飯能市小岩井613 042(972)3131
古代 345-0814 南埼玉郡宮代町東611 0480(32)4388
私秋草学園 350-1312 狭山市堀兼2404 04(2958)4111
寄居城北 369-1202 大里郡寄居町桜沢2601 048(581)3111
川越南 350-1162 川越市南大塚1-21-1 049(244)5223

千葉県
成田北 286-0011 成田市玉造5-1
成田国際 286-0036 成田市加良部3-16 0476(27)2610
私八千代松陰 276-0028 八千代市村上727 047(482)1234
市立松戸 270-2221 松戸市紙敷2-7-5 047(385)3201
千葉 260-0853 千葉市中央区葛城1-5-2 043(227)7434
千葉南 260-0803 千葉市中央区花輪町45-3 043(264)1362
泉 265-0061 千葉市若葉区高根町875-1 043(228)2551
流山おおたかの森 270-0122 流山市大畔275-5 04(7154)3551
幕張総合 261-0014 千葉市美浜区若葉3-1-1-6 043(211)6311
私中央学院 270-1131 我孫子市都部765-1 04(7188)1101
柏の葉 277-0882 柏市柏の葉6-1 04(7132)7521
私市川 272-0816 市川市本北方2-38-1 047(339)2681
市川東 272-0811 市川市北方町4-2191 047(337)6651
匝瑳 289-2144 匝瑳市八日市場イ1630 0479(72)1541
私千葉明徳 260-8685 千葉市中央区南生実町1412 043(265)1612
私流通経済大学付属柏 277-0872 柏市十余二1-20 04(7131)5611
私敬愛大学八日市場 289-2143 匝瑳市八日市場ロ390 0479(72)1588
松戸向陽 270-2223 松戸市秋山682 047(391)4361
私船橋法典 273-0047 船橋市藤原4-1-1 047(438)0721
市立船橋 273-0001 船橋市市場4-5-1 047(422)5516
船橋古和釜 274-0061 船橋市古和釜町586 047(466)1141
私暁星国際 292-8565 木更津市矢那1083 0438(52)3291
市立柏 277-0801 柏市船戸山高野325-1 04(7132)3460
千葉西 261-0012 千葉市美浜区磯辺3-

30—3　043(277)0115
図千葉経済大学附属　263-8585　千葉市稲毛区轟町4—3—30　043(251)7221

東京都

図江戸川女子　133-8552　江戸川区東小岩5—22—1　03(3659)1241
図大妻多摩　206-8540　多摩市唐木田2—7—1　042(372)9113
図神田女学園　101-0064　千代田区猿楽町2—3—6　03(6383)3751
図吉祥女子　180-0002　武蔵野市吉祥寺東町4—12—20　0422(22)8117
図共立女子第二　193-8666　八王子市元八王子町1—710　042(661)9952
図恵泉女学園　156-0055　世田谷区船橋5—8—1　03(5313)3479
図国際基督教大学　184-8503　小金井市東町1—1—1　042(233)3401
図品川エトワール女子　140-0004　品川区南品川5—12—4　03(3474)2231
図修徳　125-8507　葛飾区青戸8—10—1　03(3601)0116
図十文字　170-0004　豊島区北大塚1—10—33　03(3918)0511
図成城学園　157-8511　世田谷区成城6—1—20　03(3482)2104
図成立学園　114-0001　北区東十条6—9—13　03(3902)5494
図東京成徳大学　114-8526　北区豊島8—26—9　03(3911)7109
図中村　135-8404　江東区清澄2—3—15　03(3642)8041
図日本大学櫻丘　156-0045　世田谷区桜上水3—24—22　03(5317)9300
図八王子学園八王子　193-0931　八王子市台町4—35—1　042(623)3461
図文京学院大学女子　113-8667　文京区本駒込6—18—3　03(3946)5301
図村田女子　113-8665　文京区本駒込2—29—1　03(5940)4455
飛鳥　114-8561　北区王子6—8—8　03(3913)5071
板橋有徳　175-0083　板橋区徳丸2—17—1　03(3937)6911
青梅総合　198-0041　青梅市勝沼1—60—1　0428(22)7604
大泉　178-0063　練馬区東大泉5—3—1　03(3924)0318
大泉桜　178-0062　練馬区大泉町3—5—7　03(3978)1180
国際　153-0041　目黒区駒場2—19—59　03(3468)6811
狛江　201-0013　狛江市元和泉3—9—1　03(3489)2241
上水　208-0013　武蔵村山市大南4—62—1　042(590)4580
杉並総合　168-0073　杉並区下高井戸5—17—1　03(3303)1003
第五商業　186-0004　国立市中3—4　042(572)0132
戸山　162-0052　新宿区戸山3—19—1　03(3202)4301
野津田　195-0063　町田市野津田町2001　042(734)2311
晴海総合　104-0053　中央区晴海1—2—1　03(3531)5021
東久留米総合　203-0052　東久留米市幸町5—8—46　042(471)2510
松原　156-0045　世田谷区桜上水4—3—5　03(3303)5381
芦花　157-0063　世田谷区粕谷3—8—1　03(5315)5322
若葉総合　206-0822　稲城市坂浜1434—3　042(350)0300
図日本大学第三　194-0203　町田市図師町11—2375　042(793)2123
世田谷総合　157-0076　世田谷区岡本2—9—1　03(3700)4771
図広尾学園　106-0047　港区南麻布5—1—14　03(3444)7271
赤羽商業　115-0056　北区西が丘3—14—1　03(3900)0251
図日体桜華　189-0024　東村山市富士見町2—5—1　042(391)4133
国分寺　185-0004　国分寺市新町3—2—5　042(323)3371
図八王子実践　193-0931　八王子市台町1—6—15　042(622)0654
王子総合　114-0023　北区滝野川3—54—7　03(3576)0602
図駒沢学園女子　206-8511　稲城市坂浜238　042(350)7123
図渋谷教育学園渋谷　150-0002　渋谷区渋谷1—21—18　03(3400)6363
清瀬　204-0022　清瀬市松山1—3—56　042(492)3500
千早　171-0044　豊島区千早3—46—21　03(5964)1721
図東京実業　144-0051　大田区西蒲田8—18—1　03(3732)4481
図中央中際　180-0004　武蔵野市吉祥寺本町2—21—8　0422(22)7639

神奈川県

図慶應義塾湘南藤沢　252-0816　藤沢市遠藤5466　0466(49)3585
図法政大学国際　230-0078　横浜市鶴見区岸谷1—13—1　045(571)4482
市立幸　212-0023　川崎市幸区戸手本町1—150　044(522)0125
図横浜翠陵　226-0015　横浜市緑区三保町1　045(921)0301
多摩　214-0021　川崎市多摩区宿河原5—14—1　044(911)7107
伊勢原　259-1142　伊勢原市田中1001　0463(95)2578
弥栄　252-0229　相模原市中央区弥栄3—1—8　042(758)4695
海老名　243-0422　海老名市中新田1—26—1　046(232)2231
図湘南学院　239-0835　横須賀市佐原2—2—20　046(833)3433
神奈川総合　221-0812　横浜市神奈川区平川町1—5　045(491)9000
秦野曽屋　257-0031　秦野市曽屋3613—1　0463(82)4000
大和　242-0002　大和市つきみ野3—4　046(274)0026
厚木東　243-0817　厚木市王子1—1—1　046(221)3158
湘南台　252-0805　藤沢市円行1986　0466(45)6600
図相模女子大学高等部　252-0383　相模原市南区文京2—1—1　042(742)1442
図洗足学園　213-8580　川崎市高津区久本2—3—1　044(856)2777
図白鵬女子　230-0074　横浜市鶴見区北寺尾4—10—13　045(581)6721
図星槎学園　259-0123　中郡二宮町二宮1352—4　0463(71)0991
図森村学園　226-0026　横浜市緑区長津田町2695　045(984)2505
二宮　259-0134　中郡二宮町一色1363　0463(71)3215

山梨県

市立甲府商業　400-0845　甲府市上今井町300　055(241)7511
富士北稜　403-0017　富士吉田市新西原1—23—1　0555(22)4161
図日本航空　400-0108　甲斐市宇津谷445　0551(28)3355
図帝京第三　408-0044　北杜市小淵沢町2148　0551(36)2411

新潟県

柏崎総合　945-0826　柏崎市元城町1—1　0257(22)5288
国際情報　949-7302　南魚沼市浦佐5464—1　025(777)5355
高田　943-8515　上越市南城町3—5—5　025(526)2325
図帝京長岡　940-0044　長岡市住吉3—9—1　0258(36)4800
図開志学園JSC　950-0925　中央区弁天橋通1—4—1　025(287)3390
図関根学園　943-0893　上越市大貫1325—1　025(523)2702
図北越　950-0916　新潟市中央区米山5—12—1　025(245)5681

長野県

諏訪二葉　392-8549　諏訪市岡村2—13—28　0266(52)4628
大町岳陽　398-0002　大町市大町3691—2　0261(22)0024
野沢南　385-0052　佐久市原86—1　0267(62)0064
辰野　399-0428　上伊那郡辰野町伊那富3644—2　0266(41)0070
図東海大学付属諏訪　391-8512　茅野市玉川675　0266(72)3147
塩尻志学館　399-0703　塩尻市広丘高出1—4　0263(52)0015
明科　399-7101　安曇野市明科東川手100　0263(62)4388
図松商学園　390-8515　松本市県3—6—1　0263(33)1210
図上田西　386-8624　上田市下塩尻868　0268(22)0413
図佐久長聖　385-0022　佐久市岩村田951　0267(68)5588
飯山　389-2253　飯山市大字飯山2610　0269(62)4175
図長野日本大学　381-0038　長野市東和田253　026(243)1079
図日本ウェルネス筑北　399-7501　東筑摩郡筑北村西条4228　0263(66)0057

富山県

呉羽　930-0138　富山市呉羽町2070—5　076(436)1056
高岡商業　933-8510　高岡市横田286　0766(21)4319
図富山国際大学付属　930-0175　富山市願海寺水口444　076(434)0577
図富山第一　930-0916　富山市向新庄町5—1—54　076(451)3396

石川県

金沢伏見　921-8044　金沢市米泉町5—85　076(242)6175
大聖寺　922-8510　加賀市大聖寺永町33—1　0761(72)0054
図星稜　920-0811　金沢市小坂町206　076(252)2237
金沢市立工業　920-0344　金沢市畝田東1—1　076(267)3101
内灘　920-0277　河北郡内灘町千鳥台3—1　076(238)5301
七尾　926-0817　七尾市西藤橋町エ—1—1　0767(52)3187
金沢向陽　920-3121　金沢市大場町東590　076(258)2355

福井県

図福井工業大学附属福井　910-8505　福井市学園3—6—1　0776(29)2630

静岡県

図静岡大成　420-0839　静岡市葵区鷹匠2—4—18　054(254)7334
沼津西　410-0867　沼津市本字千本1910—9　055(962)0345
図桐陽　410-0055　沼津市高島本町7—1　055(921)0350
吉原　417-8545　富士市今泉2160　0545(52)1440
図磐田東　438-0086　磐田市見付180—5　0538(32)6118
磐田北　438-0086　磐田市見付2031—2　0538(32)6015
藤枝西　426-0021　藤枝市城南2—4—6　054(641)0207
図常葉大学附属橘　420-0911　静岡市葵区瀬名2—1—1　054(261)2256
図藤枝順心　426-0067　藤枝市前島2—3—1　054(635)1311
榛原　421-0422　牧之原市静波850　0548(22)0380
図清水国際　424-0809　静岡市清水区天神1—4—1　054(366)4155
清水南　424-8622　静岡市清水区折戸3—2—1　054(337)4141
図東海大学付属静岡翔洋　424-8611　静岡市清水区折戸3—20—1　054(334)0726
図聖隷クリストファー　433-8558　浜松市北区三方原町3453　053(436)5313
図浜松聖星　432-8018　浜松市中区蜆塚3—14—1　053(454)5376
清流館　421-0206　焼津市上新田291—1　054(622)3411

愛知県

図椙山女学園　464-0832　名古屋市千種区山添町2—2　052(751)8131
岩倉総合　482-8555　岩倉市北島町川井1—1　0587(66)3100
小坂井　441-0103　豊川市小坂井町欠田100—1　0533(72)2211
松蔭　453-0855　名古屋市中村区烏森町2—2　052(481)9471
旭丘　461-0032　名古屋市東区出来町3—6—15　052(721)5351
時習館　441-8064　豊橋市富本町1059—1　0532(45)3171
春日井商業　486-0812　春日井市大泉寺町1059—1　0568(81)1885
図名古屋経済大学市邨　464-8533　名古屋市千種区北千種3—1—37　052(721)0161
図金城学院　461-0011　名古屋市東区白壁4—64　052(931)6236
図同朋　453-8540　名古屋市中村区稲葉地町1—1　052(411)1159
市立菊里　464-0802　名古屋市千種区星が丘元町13—7　052(781)0445
図愛知啓成　492-8529　稲沢市稲葉1—11—41　0587(32)5141
図聖カピタニオ女子　489-0929　瀬戸市西長根町137　0561(82)7711
図安城学園　446-8635　安城市小堤町4—25　0566(76)5105
岡崎商業　444-0012　岡崎市栄町3—76　0564(21)3599
図南山高等部女子　466-0833　名古屋市昭和区隼人町17　052(831)0704
高蔵寺　487-0035　春日井市高蔵寺町1—2　0568(92)9000
図至学館　461-0047　名古屋市東区大幸南2—1—10　052(723)0851
一宮商業　491-0041　一宮市西萩原100—1　0586(73)7191
図南山国際　470-0375　豊田市亀首町八ツ口洞13—45　0565(46)5300
図清林館　496-8006　愛西市持中町八町88　0567(28)3010

岐阜県

図富田　500-8765　岐阜市一色4—17—1　058(245)3621
図済美　500-8741　岐阜市正法寺町33　058(271)0345

三重県

津西　514-0065　津市河辺町2210—2　059(225)1361
四日市南　510-8562　四日市市日永岡山4917　059(345)3177
四日市西　512-1211　四日市市桜町6100　059(326)2010
図三重　515-8533　松阪市久保町1232　0598(29)2959
桑名　511-0811　桑名市東方1795　0594(22)5221
図津田学園　511-0904　桑名市野田5—3—12　0594(31)6311
図高田　514-0114　津市一身田町2843　059(232)2004
図神村学園伊賀分校　518-0204　伊賀市北山1373　0595(41)1234

滋賀県

八幡商業　523-0895　近江八幡市宇津呂町10　0748(32)2072

国際情報　520-3016　栗東市小野36　077(554)0600

京都府

圏京都聖母学院　612-0878　京都市伏見区深草田谷町1　075(645)8103

圏京都橘　612-8026　京都市伏見区桃山町伊賀50　075(623)0066

圏京都精華学園　606-8305　京都市左京区吉田河原町5—1　075(771)4181

圏京都文教　606-8344　京都市左京区岡崎円勝寺町5　075(771)6155

向陽　617-0006　向日市上植野町西大田　075(922)4500

圏京都聖カタリナ　622-0002　南丹市園部町美園町1—78　0771(62)0163

奈良県

登美ケ丘　631-0008　奈良市二名町1944—12　0742(46)0017

圏奈良育英　630-8558　奈良市法蓮町1000　0742(26)2845

高取国際　635-0131　高市郡高取町佐田455—2　0744(52)4552

和歌山県

神島　646-0023　田辺市文里2—33—12　0739(22)2550

和歌山北　640-8464　和歌山市小倉388（北校舎）　073(455)3528

大阪府

圏大阪桐蔭　574-0013　大東市中垣内3—1—1　072(870)1001

圏大阪学園　561-0846　豊中市利倉東1—2—1　06(6862)5223

茨木西　567-0045　茨木市紫明館10—68　072(625)5711

柴島　533-0024　大阪市東淀川区柴島1—7—1—06　06(6323)8351

圏星翔　566-0022　摂津市三島3—5—36　06(6381)0220

東住吉総合　547-0026　大阪市平野区喜連南2—11—66　06(6702)1231

勝山　544-0014　大阪市生野区巽東3—10—75　06(6757)9171

千里青雲　560-0084　豊中市新千里南町1—5—1　06(6831)3045

圏大阪国際滝井　570-0062　守口市馬場町2—8—24　06(6996)5691

松原　580-0041　松原市三宅東3—4—1　072(334)8008

市立鶴見商業　538-0054　大阪市鶴見区緑2—10—9　06(6911)0415

圏帝塚山学院　558-0053　大阪市住吉区帝塚山中3—10—51　06(6672)1151

圏香ケ丘リベルテ　590-0012　堺市堺区浅香山町1—2—20　072(238)7881

圏追手門学院　567-0013　茨木市太田東三宅町1—1　072(697)8185

成美　590-0137　堺市南区城山台4—1—1　072(299)9000

圏大阪女学院　540-0004　大阪市中央区玉造2—26—54　06(6761)4113

市立大阪ビジネスフロンティア　543-0042　大阪市天王寺区烏ケ辻2—9—26　06(6772)7961

圏梅花　560-0011　豊中市上野西1—5—30　06(6852)0001

大阪府教育センター附属　558-0011　大阪市住吉区苅田4—1—72　06(6692)0006

圏大阪学芸　558-0003　大阪市住吉区長居1—4—15　06(6693)6301

市立桜宮　534-0001　大阪市都島区毛馬町5—22—28　06(6921)5231

国大阪教育大学附属平野校舎　547-0032　大阪市平野区流町2—1—24　06(6707)5800

山本　581-0831　八尾市山本町北1—1—44　072(999)0552

圏大阪偕星学園　544-0021　大阪市生野区勝山南2—6—38　06(6716)0003

高槻北　569-1112　高槻市別所本町36—3　072(683)8739

市立東　534-0024　大阪市都島区東野田町4—15—14　06(6354)1251

山田　565-0821　吹田市山田東3—28—1　06(6875)5010

圏上宮太子　583-0995　南河内郡太子町太子1053　0721(98)3611

圏大阪緑涼　583-8558　藤井寺市春日丘3—8—1　0721(955)0718

圏関西福祉大学金光藤蔭　544-0003　大阪市生野区小路東4—1—26　06(6751)2461

布施北　577-0024　東大阪市荒本西二2—72　06(6787)2666

狭山　589-0011　大阪狭山市半田4—1510　072(366)8400

兵庫県

圏啓明学院　654-0131　神戸市須磨区横尾9—5—1　078(741)1506

播磨南　675-0163　加古郡播磨町古宮4—3—1　078(944)1157

北摂三田　669-1545　三田市狭間が丘1—1—1　079(563)6711

三田西陵　669-1324　三田市ゆりのき台3—1　079(565)5287

圏日ノ本学園　679-2151　姫路市香寺町香呂890　079(232)5578

有馬　669-1531　三田市天神2—11—50　079(563)2881

西宮　662-0813　西宮市上甲東園2—4—32　078(52)0185

夢野台　653-0801　神戸市長田区房王寺町2—1—1　078(691)1546

三田祥雲館　669-1337　三田市学園1—1　078(560)6080

宝塚東　665-0871　宝塚市中山五月台1—12—1　0797(89)3751

社　673-1461　加東市木梨1356—1　0795(42)2055

明石南　673-0001　明石市明南町3—2—1　078(923)3617

淡路　656-1711　淡路市富島171—2　0799(82)1137

北須磨　654-0142　神戸市須磨区友が丘9—23　078(792)7661

圏神戸第一　651-0058　神戸市中央区葺合町宮ケ谷1　078(242)4811

圏神戸学院大学附属　650-0046　神戸市中央区港島中町4—6—3　078(302)2016

圏蒼開　656-0013　洲本市下加茂1—9—48　0799(22)2552

神戸　657-0804　神戸市灘区城の下通1—5—1　078(861)0434

市立六甲アイランド　658-0032　神戸市東灘区向洋町中4—4　078(858)4000

圏神戸弘陵学園　651-1101　神戸市北区山田町小部妙賀山10　078(593)3535

播磨　670-0964　姫路市豊沢町83　079(224)1711

鳥取県

鳥取東　680-0061　鳥取市立川町5—210　0857(22)8495

鳥取西　680-0011　鳥取市東町2—112　0857(22)8281

米子　683-0023　米子市博労町30—1　0859(26)1311

鳥取湖陵　680-0941　鳥取市湖山町北3—250　0857(28)0250

圏鳥取敬愛　680-0022　鳥取市西町1—111　0857(22)8397

鳥取城北　680-0811　鳥取市西品治848　0857(23)3502

島根県

松江商業　690-8525　松江市浜乃木8—1—1　0852(21)3261

圏明誠　698-0006　益田市三宅町7—37　0856(22)1052

岡山県

総社　719-1126　総社市総社3—9—1　0866(93)0891

岡山芳泉　700-8527　岡山市南区当新田155—1　086(264)2801

圏岡山県作陽　708-8518　津山市八出1320　0868(23)2188

圏高梁日新　716-0004　高梁市内山下150　0866(22)2205

圏岡山学芸館　704-8502　岡山市東区西大寺上1—19—19　086(942)3864

林野　707-0046　美作市三倉田58—1　0868(72)0030

広島県

廿日市　738-0004　廿日市市桜尾3—3—1　0829(32)1125

広島皆実　734-0001　広島市南区出汐2—4—76　082(251)6441

広島市立沼田　731-3164　広島市安佐南区伴東5—1　082(848)4168

祇園北　731-0138　広島市安佐南区祇園8—25—1　082(875)4607

圏山陽女学園　738-8504　廿日市市佐方本町1—1　0829(32)2222

圏広島文教大学附属　731-0222　広島市安佐北区可部東1—2—3　082(814)3192

高陽東　739-1732　広島市安佐北区落合南8—12—1　082(843)1167

福山明王台　720-8502　福山市明王台2—4—1　084(952)1110

圏山陽　733-8551　広島市西区観音新町4—12—5　082(232)9156

圏盈進　720-8504　福山市千田町千田487—4　084(955)2333

圏広陵　731-3164　広島市安佐南区伴東3—14—1　082(848)1321

山口県

熊毛南　742-1103　熊毛郡平生町堅ケ浜666　0820(56)3017

防府西　747-1232　防府市台道36—1　0835(32)1905

圏サビエル　756-0080　山陽小野田市くし山3—5—1　0836(83)3587

香川県

津田　769-2401　さぬき市津田町津田1632—1　0879(42)3125

圏英明　760-0006　高松市亀岡町1—10　087(833)3737

圏四国学院大学香川西　767-8513　三豊市高瀬町下勝間2351—2　0875(72)5193

徳島県

城東　770-0853　徳島市中徳島町1—5　088(653)9111

徳島商業　770-0862　徳島市城東町1—4—1　088(623)0461

城北　770-0003　徳島市北田宮4—13—6　088(631)8105

徳島市立　770-0872　徳島市北沖洲1—15—60　088(664)0111

鳴門　772-0002　鳴門市撫養町斎田岩崎135—1　088(685)3217

徳島北　771-1153　徳島市応神町古井字中ノ瀬40—6　088(698)8004

鳴門渦潮　772-0032　鳴門市大津町吉永595　088(686)4565

高知県

市立高知商業　780-0947　高知市大谷6　088(844)0267

高知東　781-8133　高知市一宮徳谷23—1　088(845)5751

圏高知　780-0956　高知市北端町100　088(840)1111

愛媛県

南宇和　798-4192　南宇和郡愛南町御荘平城3269　0895(72)1241

新居浜商業　792-0821　新居浜市瀬戸ケ2—16　0897(43)6736

小松　799-1101　西条市小松町新屋敷乙42—1　0898(72)2731

宇和島南中等教育　798-0066　宇和島市文京町1—1　0895(22)0262

圏済美　790-8560　松山市湊町7—9—1　089(943)4185

圏松山東雲　790-8541　松山市大街道3—2—24　089(941)4136

福岡県

圏福岡女子商業　811-1203　那珂川市片縄北1—4—1　092(952)2231

圏豊国学園　800-0025　北九州市門司区柳町4—3—1　093(371)3037

市立福岡女子　819-0013　福岡市西区愛宕浜3—2—2　092(881)7344

市立福翔　811-1347　福岡市博多区野多目5—31—1　092(565)1670

圏福岡女学院　811-1313　福岡市南区日佐3—42—1　092(575)2470

圏福岡舞鶴　819-0375　福岡市西区徳永1110—2　092(806)3334

圏西日本短期大附属　834-0065　八女市亀甲1—1　0943(22)5163

圏九州産業大学付属九州　813-0012　福岡市東区香椎駅東2—22—1　092(681)0461

圏東海大学付属福岡　811-4193　宗像市田久1—9—2　0940(32)3311

圏福岡海星女子学院　811-1346　福岡市東区松香台1—1　092(606)0797

圏福岡工業大学附属城東　811-0214　福岡市東区和白東3—30—1　092(606)0797

福岡農業　818-0134　太宰府市大佐野250　092(924)5031

圏飯塚　820-0003　飯塚市立岩1224　0948(22)6571

圏久留米信愛学院　839-8508　久留米市御井町2278—1　0942(43)4533

圏筑陽学園　818-0103　太宰府市朱雀5—6—1　092(922)7361

佐賀県

神埼　842-0002　神埼市神埼町田道ヶ里2213　0952(52)3118

武雄　843-0022　武雄市武雄町武雄5540—2　0954(22)3103

圏佐賀女子短期大学付属佐賀女子　840-0027　佐賀市本庄町本庄1263　0952(24)5341

圏佐賀学園　840-0801　佐賀市駅前中央2—9—10　0952(30)4281

長崎県

圏海星　850-8586　長崎市東山手町5—3　095(826)7321

圏鎮西学院　854-0082　諫早市西栄田町1212—1　0957(25)1234

島原商業　855-0036　島原市城内1—1213　0957(62)4059

圏長崎玉成　850-0822　長崎市愛宕1—29—41　095(826)6321

圏佐世保実業　858-8588　佐世保市母ケ浦町888—1　0956(48)8881

熊本県

大津　869-1233　菊池郡大津町大津1340　096(293)2751

熊本農業　861-4105　熊本市南区元三町5—1—1　096(357)8800

球磨商業　868-0303　球磨郡錦町西192　0966(38)2052

圏東海大学付属熊本星翔　862-0970　熊本市東区渡鹿9—1—1　096(382)1146

圏慶誠　862-0971　熊本市中央区大江14—9—58　096(366)0128

圏秀岳館　866-0881　八代市興国町1—5　0965(33)5134

松橋　869-0532　宇城市松橋町久具300　0964(32)0511

圏ルーテル学院　860-0862　熊本市中央区黒髪3—12—16　096(343)3246